Living My Life

エマ・ゴールドマン自伝

㊤

E m m a G o l d m a n

エマ・ゴールドマン

小田光雄・小田透訳

ぱる出版

装幀――工藤強勝＋横澤寛子

エマ・ゴールドマン自伝／上巻　目次

下巻・目次

謝辞

回想録を書いたらどうかという勧めを受けたのは、私が活動を始めたばかりの頃であり、その後も長年にわたって言われ続けてきた。しかし私はずっとその提案に対して耳を傾けることはなかった。私は人生を激しく生きていた――それをどうして書く必要があるのだろうか。もうひとつ、その気になれなかった理由は、人生の激流の渦中に立つことをやめた時、初めて人は自らの人生について語るべきであるという確信を抱いていたからだ。

「時に風化することのない意味ある自叙伝を書こうとすれば、何よりも自分自身の生涯を客観的かつ冷静に、悲劇、喜劇も含めて俯瞰できるそれ相応の年輪が必要である」と私は友人たちに常々語っていた。かなりの年齢になっていたが、まだ青春の只中にいると感じていたので、自分としてはそのような仕事を引き受ける資格があると思えなかった。またそれ以上に、私には著述に専念する自由な時間が圧倒的に不足していた。

ところが、ヨーロッパで活動できなくなったために、伝記や自叙伝を含む多くの書物を読む時間が私にもたらされた。読書を通じて、年を取るということが英知や円熟を培うどころか、老害と偏屈、そして狭量な悪意に満ちていることを知り、しばしば愕然とした。私はそのような醜態をさらしたくなかったので、自叙伝の執筆を真剣に考え始めた。

しかし仕事を始めようとすると、歴史的資料の不足という最大の困難に直面した。三十五年間に及ぶアメリカ合衆国での生活の間に蓄積された書物や書信、それに類する資料は、司法省の捜索にあって押収され、すべて没収されたままだった。私が十二年間発行してきた雑誌『母なる大地《マザー・アース》』の一揃いすらも手元になかった。資料の不足は問題であり、私だけで解決できることではなかった。私は懐疑的な性格であるので、人生においてしばしば大きな救いであった友情という不思議な力を見逃していた。その時、信頼すべき友人レオナード・D・アボット、アグネス・イングリス、W・S・ファン・ファルケンブルク、さらにその他の多くの人たちが、私の懐疑を恥じ入らせるかのようにただちに支援を申し出てくれた。アメリカにおける急進的、革命的運動の資料を最も豊富に所蔵しているデトロイトのラバディ図書館の創立者であるアグネスは、いつもながら快く支援してくれた。レオナードは仕事を分担してくれ、ファンは時間を割いて私のための調査活動に当たってくれた。

ヨーロッパ関係の資料は、私たちの仲間の中で最も優れた歴史家であるマックス・ネットラウとルドルフ・ロッカーに頼むつもりでいた。このように協力者が勢揃いしたことで、もはや何の心配もする必要はなかった。

しかしそれでも、私は何かが欠けているような思いにとらわれた。私自身の生活の特有な環境を再現するためにはさらに何かが必要だった。大小を問わず、私を感情的に翻弄させた様々な出来事についての何かが。そのためには、私の古い悪癖とでも称すべき、文字通り山ほどの書簡が手助けとなった。別名アレクサンダー・バークマンとして知られるサーシャや、別の友人から、手紙に私事を書きすぎる性癖があるとしばしば叱責されてきた。だが因果応報どころか、私が何よりも必要としていたもの、即ち過ぎし日の真実の環境を伝えてくれたのは、その悪癖であった。ベン・ライトマン、ベン・ケープス、ヤコブ・マーゴリス、アグネス・イングリス、ハリー・ワインバーガー、ヴァン、私の熱烈な崇拝者であるレオン・バス、その他の多くの友人が、私の求めに応じてただちに手紙を返却してくれた。姪のステラ・バランタインは、私がミズーリ州刑務所に投獄されている間に彼女に出した手紙をすべて保管していて、親友のM・エレノア・フィッツジェラルドと同様に、私のロシアからの手紙も保存されていた。とどのつまり、私は感情を吐露した一千通を超える手紙を、たちまち入手したのである。正直に告白すると、その多くは読むことが辛かった。というのは、どのような場合でも親しい者への手紙ほど自分をさらけだしているものはないからだ。しかし、自叙伝を書くためにそれらはこの上もなく貴重なものだった。

私はこうした資料を携えて、絵に描いたように美しい南フランスの漁村サン・トロペに、秘書役を務めてくれるエミリー・ホームズ・コルマンと一緒に出発した。彼女はドゥミという愛称で呼ばれていて、激しい気性で、野性的な森の精のようだった。それでいて、陰険さや悪意とは無縁の、世にも優しい心の持ち主であった。想像力豊かで繊細な、天性の詩人だった。私の世界観とはかけ離れていたが、彼女は生来の反逆者であり、アナキストだった。私たちは激しく衝突して、お互いにサン・トロペの海に突き落としてやりたいと思うこともしばしばあった。しかしそれは、彼女の魅力、私の仕事に対する彼女の深い関心、私の内心の葛藤についての彼女の細やかな理解と比べると、まったく取るに足りないことだった。

自叙伝を書くことは、私にとって決して容易な仕事ではなかった。それは手軽な執筆作業ではなく、久しく忘れていた過去を想起させ、意識の深層から掘り起こしたくない記憶を甦らせることを意味していた。また私の創造力に疑念が生じ、ストレスに見舞われ、落ちこんだりもした。その間一貫して、ドゥミは辛抱強く支えてくれた。私が執筆との闘いに入った最初の一年は、彼女の信頼と激励によって、慰めとインスピレーションを与えられた。

総じて言えば、私は自叙伝の執筆を円滑にしてくれた多くの献身的な友人に恵まれ、とても幸運であった。ペギー・グッゲンハイムは、私に金銭的苦労をかけまいと、最初に資金集めを始めてくれた。他の友人や同志も彼女にならい、限られた生活費を割いて、惜しみなく援助してくれた。ドゥミがイギリスへ去らなければならなくなると、若いアメリカの友人であるミリアム・ラーナーが、後任の役を務めることを申し出てくれた。ドロシー・マーシュとベティ・マルコウとエミィ・エクスタインは、進んで草稿の一部をタイプしてくれた。この上なく親切で労をいとわないアーサー・レナード・ロスは、法定代理人兼アドバイザーとして、たゆみなく尽力してくれた。どうすればこのような友情に報いることができるのだろうか。

さらにサーシャに対しては、どのように報いるべきだろうか。二人で草稿の修正に取りかかった時、私は不安でいっぱいだった。私の目を通して描かれた自分の姿を見て、サーシャが憤慨するのではないかと恐れていた。彼がこの仕事に超然として、また客観的でいられるだろうかと心配していた。しかし、私の物語にこれほど重要な関わりを持っている人にもかかわらず、彼は驚くほど冷静だった。一年半にわたって、サーシャと私は昔と同じように隣り合わせて仕事をした。もちろん、批評的立場からではあったが、常に細やかで、しかもとらわれない精神で対処してくれた。『リヴィング・マイ・ライフ』というタイトルを提案してくれたのも、サーシャだった。

私が生きてきた人生は、時の長短の違いはあれ、そこに登場し、立ち止まり、やがて通り過ぎていった人々にすべてを負っている。彼らの愛はその憎しみと同様に、私の人生を価値あるものにしてくれたのである。

『リヴィング・マイ・ライフ』は、それらの人々すべてに捧げる敬意と感謝でもある。

エマ・ゴールドマン

一九三一年一月　フランス、サン・トロペにて

◇第1章◇ ロシアからアメリカ、そしてニューヨークへ

一人でニューヨークにやってきた若い女性

私がニューヨークに着いたのは、一八八九年八月十五日であった。私は二十歳だった。それ以前の私の人生の出来事は、すべて背後に追いやられ、着古した外套のように脱ぎ捨てられた。私の前に、見も知らず、恐ろしくもあるひとつの新しい世界が出現したのだ。しかし、私は若く、健康で、燃えるような理想を抱いていた。行く手に何が待ち構えていようとも、怯むことなく立ち向かおうと決意していた。

私はその日のことを何と鮮やかに記憶していることだろう！　その日は日曜日だった。手持ちの金がわずかしかなかったので、ニューヨーク州ロチェスターから出る最も運賃の安いウエストショア線を利用して、朝八時にウィーホーケンに着いた。そこからフェリーでニューヨークに来たのである。ニューヨークに友人は一人もいなかったが、私は三ヵ所の住所を控えていた。結婚した叔母、一年前にニューヨーク・ヘーヴンのコルセット工場で働いていた頃知り合った若い医学生、それからヨハン・モストが発行しているドイツ語のアナキスト新聞『自由』の住所だった。

その時の私の全財産は、五ドルと小さなハンドバッグだけであった。私の生活を支えてくれるはずのミシンはチッキで送っておいた。西四十二番街から叔母の住んでいるバワリー地区までの距離がわからなかったし、さらにニューヨークの八月の猛暑も知らなかったので、私は歩いて行った。新参者にとっ

て、大都市ニューヨークは迷路のようで果てしなく、何と冷淡でよそよそしく見えたことだろうか！

何度も道を尋ね、時には間違えて教えられたり、しばしば交差点で立ち往生したりして、三時間もかかって、ようやく私は叔母と叔父の営む写真館にたどりついた。疲れ果て、暑さに参っていたので、当初私の不意の訪問が親戚の人たちを当惑させたことに気づかなかった。彼らは寛ぐようにと言い、朝食を食べさせてくれ、それから矢継ぎ早に質問を浴びせてきた。どうしてニューヨークに来たのか？　夫とはきっぱり別れたのか？　お金は持っているか？　これからどうやっていくつもりなのか？　もちろんここにいてもかまわない。「ニューヨークで若い女が一人、他のどこに行けるというの？」。確かにそうだった。だが私はすぐにでも職を探さなければならないだろう。景気が悪くなっていたが、生活費は高かったからだ。

私は彼らの言い分をすべて聞いていたが、呆然自失の状態だった。不眠の夜旅、徒歩での長い道程。さらに太陽の炎熱によって、私はすっかり疲れきっていた。彼らの声が蝿の羽音のように遠くに聞こえ、それが眠気を誘った。しかし努力して、我に戻った。世話をかけるつもりで来たのではなく、ヘンリー街に住んでいる友人が待っていて、私を泊めてくれるはずだと言って、彼らを安心させた。もはや私にはひとつの望みしかなかった。ここから出ることで、くだくだしく、冷淡な声から逃れたかった。ハンドバッグを置いたまま、私は出かけることにした。

親戚の「手厚いもてなし」から逃れるために口に出した友人とは、わずかな面識しかないA・ソロタロフという名前の若いアナキストで、私はニュー・ヘーヴンで一度だけ彼の講演を聞いたことがあった。こんな時であるが、彼を訪ねてみることにした。ところが、長く訪ね回って見つけたのは、主のいない住居で、引越しした後だった。管理人は最初とても無愛想だったが、私の落胆した様子に同情してくれたようだ。彼は、引越すに際して残していった移転先の住所を探してみると言ってくれた。ほどなく通りの名前は判明したが、番地がわからなかった。私はどうしたらいいのだろうか？　この巨大な都市で、どうしたらソロタロフを見つけ出せるのだろうか？　とりあえず、通りに面した両側の家をしらみつぶしに当たってみることにした。七階まで続く階段を昇ったり降りたりして歩き回っていると、頭痛に襲われ、足元はふらついた。重苦しかった一日が終わろうとしていた。あきらめようとしていた時、私はようやくモンゴメリー街の彼のアパートを探しあてた。安アパートの五階に彼は住んでいて、そこは人間味にあふれていた。

新しい友人たちとの出会い

最初に会ってから一年が経っていたが、ソロタロフは私を忘れてはいなかった。彼は旧友に出会ったかのように、笑みを浮かべて温かく迎え入れてくれた。彼は狭いアパートに、両親と小さな弟と一緒に住んでいたが、自分の部屋を使っても構わない、数日なら仲間の学生の部屋に泊まるつもりだと言った。それに住む所は簡単に見つかるよと、彼は私を安心させてくれた。実際、二部屋のアパートに両親と暮らしている二人の姉妹を彼は知っていて、彼女たちは一緒に住むもう一人の女性をちょうど探しているということだった。私の新しい友人となったソロタロフは、お茶と彼の母親が焼いたおいしいユダヤ風ケーキをふるまってくれた後で、私が出会うことになるかもしれない様々な人々、ユダヤ人アナキストの活動、その他にも興味深いことを話した。お茶やケーキだけでなく、何よりも彼が親身になって、私を同志として心配してくれたことに、私は深く感謝していた。親戚のつれないもてなしにわだかまりを抱いていたが、その苦々しさをもはや忘れてしまった。どのくらい時間がかかるかわからずに、足を棒にしてバワリー地区を歩いていた時には、ニューヨークは怪物のように見えたが、もはやそうとは思えなくなっていた。

歓待の後、ソロタロフはサフォーク街にあるサッチのカフェに私を伴った。彼の話によれば、その店は若いイディッシュ語系のユダヤ人作家や詩人はもちろんのこと、イーストサイドの急進派、社会主義者、アナキストのたまり場だった。「みんな集まってくるんだ。ミンキン姉妹もきっと来ているよ」と彼は言った。

ロチェスターのような単調な田舎町から出てきたばかりで、しかも暑苦しい夜汽車の旅をして、神経が苛立っている者にとって、サッチの店での喧騒は確かに心地よいものではなかった。店は二部屋からなり、あふれんばかりの人で埋まっていた。誰もが発言し、身振りを交えて、イディッシュ語やロシア語でお互いに競いながら論争していた。この奇妙で雑多な人間模様に、私はほとんど圧倒されてしまった。ソロタロフがひとつのテーブルにいる二人の女性を見つけた。ミンキン姉妹のアンナとヘレンだと言って、私に紹介した。

彼女たちはロシア系ユダヤ人の労働者だった。姉のアンナは私とほぼ同年齢で、妹のヘレンは十八歳くらいであった。私たちは一緒に住むことにすぐに同意し、私の心配や不安は消え去った。何とか住む所を確保し、友人たちもできたのである。サッチの店の大騒ぎももはや気にならなくなった。私は安堵し、場違いな感じもなくなり始めていた。

私たち四人で食事をしている間に、ソロタロフはカフェにいる様々な人々を指差して、私に教えてくれた。その時突然、「特大ステーキ！　それからコーヒーをマグカップで」という大声の注文が聞こえてきた。私はわずかしかお金を持っていなかったし、節約を心がける必要があったので、そのような大盤振舞に驚いてしまった。

それにソロタロフからは、サッチの店の常連客は貧しい学生や作家や労働者だけだと聞かされていたのだ。あの無謀な男は一体誰で、どうして食事にそんな金を払えるのだろうか。「あの食いしん坊は誰なの？」と私は尋ねた。ソロタロフは大きく笑った。「あれはアレクサンダー・バークマンだ。彼ときたら三人分は軽くたいらげる。だけど大喰らいするほどの金はほとんど持ち合わせていない。金がある時だって、それ以上食べてしまい、サッチを困らせている。後で紹介するよ。」

私たちは食事を終えた。すると何人かがテーブルにやってきて、ソロタロフに話しかけた。特大ステーキの男は、まるで何週間も腹を空かせていたかのように、ひたすら食べ続けていた。私たちがちょうど店を出ようとした時、バークマンがやってきたので、ソロタロフは彼を私に紹介した。彼はようやく十八歳になったばかりで、まだ少年であったが、首と胸は巨人のようだった。彼の顎はたくましく、厚い唇がそれをさらに際立たせていた。思慮深さをうかがわせる広い額と賢そうな眼差しがなければ、彼の顔は重苦しく見えたことだろう。毅然とした若者のように私には思われた。ほどなく、バークマンは私に言った。

「今夜、ヨハン・モストが話をする。聞きに行かないか？」

ヨハン・モストに魅了される

ニューヨークに着いた最初の日に、あの炎の人をこの目で見、この耳で聞く機会に恵まれようとは、何とも驚くべきことだと私は思った。ロチェスターの新聞は、いつだって彼を悪魔の化身、犯罪者、血に飢えた悪の権化として報道していたのだ！　しばらくしたら、私は彼の編集事務所を訪ねるつもりでいたが、このように思いもかけず、その機会がめぐってきたのだ。何かすばらしいこと、生涯を決定づけるようなことが起こりそうな気がした。

会場に向かいながら思いにふけっていたので、私はバークマンとミンキン姉妹との間で交わされている話をほとんど聞いていなかった。突然、私はつまずいてしまった。バークマンが私の腕をつかみ、支えてくれなかったら、転んでいたにちがいない。「僕はあなたのつっかい棒だよ」と彼はふざけて言った。「そのうち、あなたに力添えできるといいけど」と、私は即座に言い返した。

会場は酒場の裏の小さなホールで、酒場を通らなければ行けないようになっていた。場内にはドイツ人が多く、彼らはグラスを傾け、煙草をふかし、会話を交わしていた。まもなくヨハン・モストが入ってきた。私にとって彼の第一印象は最悪といってよかった。中背で、灰色がかったぼさぼさの髪をして、頭でっかちだった。顔は左顎脱臼のために、明らかに不恰好に歪んでいた。せめてもの慰めは彼の目で、思いやりにあふれた青い瞳をしていた。

彼の演説はアメリカの状況を激しく弾劾し、独占権力の不正と残虐を鋭く風刺し、ヘイマーケットの悲劇と一八八七年十一月のシカゴ・アナキストの処刑の責任者に対して、激烈な言葉を浴びせかけた。雄弁で、臨場感あふれる話しぶりだった。あたかも魔法でも行使したかのように、彼の不恰好さはその背後に隠れ、見栄えのしない容貌は忘れ去られてしまった。彼は憎しみと慈しみ、強さとひらめきを発光するある種の太古の神に変身したかのように見えた。淀みなく言葉は流れ、声は音楽のように響き、機知はきらめき、それらのすべてが相まって、圧倒的な感銘をもたらした。ヨハン・モストは私を心底から衝き動かしたのだ。

演壇に向かって殺到する人込みに巻きこまれて、気がつくと私はモストの前にいた。バークマンが近くにいて、私を紹介した。しかし、私はモストの演説で感情が高ぶっていて、興奮と緊張のあまり口もきけなかった。

ヨハンナ・グレイエの講演

その夜、私は眠れなかった。一八八七年の出来事を再び生々しく思い返した。シカゴの男たちが殉教した十一月十一日の黒い金曜日から、一年九ヵ月が経っていた。それでも、その細部に至るまでのすべてが目の前にくっきりと浮かび上がり、あたかも昨日の出来事のように、私を揺り動かした。姉のヘレナと私がその男たちの運命に関心を抱くようになったのは、彼らの裁判過程においてだった。ロチェスターの新聞報道はあからさまな偏見に満ちていたので、私たちは苛立ち、当惑し、動揺していた。新聞は暴力でもあり、被告への悪意のこもった非難とすべての外国人への攻撃を行なっていたことから、私たちはヘイマーケットの犠牲者に共感するようになった。

私たちはロチェスターにドイツ人社会主義者のグループがあることを知っていた。そのグループは日曜日にゲルマニア・ホールで会合を開いていた。私たちはその会合に出席するようになり、姉のヘレナは数回だったが、私は常連になった。その集いはほとんどつまらないものであったが、灰色の淀んだロチェスターの生活からの逃避の場にはなっていた。そこでは少なくとも、うんざりするような金や商売の話題とは異なる話が聞けたし、信念と理想を持った人たちに触れ合えた。

ある日曜日に、ニューヨークの有名な社会主義者ヨハンナ・グレイエが、判決が下ったばかりのシカゴ事件についての講演を行なうという報告がなされた。当日、私は会場に一番乗りした。会場の大ホールは関心のある男女で上から下まで埋まっていたが、壁に沿って警官が並んでいた。私はそれまで、このような大きな集会に参加したことがなかった。また、ペテルブルグで小さな学生集会を「憲兵」が追い散らすのを見たことがあったが、言論の自由が保障されている国においてさえ、長い警棒で武装した警官が合法的な集会に入りこんでいることに愕然とし、抗議の気持ちで一杯になった。

まもなく、司会者がヨハンナ・グレイエの名を告げた。彼女は三十代で、青白くストイックな容貌をしていて、目は大きく輝いていた。声は張りつめたように響き、全身全霊をこめて話した。その姿に打たれ、私は聞き入った。警官、聴衆、その他すべての周囲のことを忘れ去っていた。私の目には黒い服をまとった華奢な女性だけが映っていて、そこで彼女は渾身の力をふりしぼり、八人の命を葬り去らんとしている権力を激しく糾弾していた。

ヘイマーケット事件

講演の中心はシカゴ事件の経過に置かれていた。まず彼女は事件の歴史的背景から語り始めた。一八八六年に、一日八時間労働を要求して全国で勃発した労働者のストライキについて語った。その運動の中心地となったのがシカゴであり、そこでは労使間の闘争が激しく深刻なものになった。シカゴマコーミック農機具会社でストライキ中の従業員たちの集会が警官に襲われ、男女を問わず殴打され、数人が殺害された。その暴挙に抗議する大衆集会が五月四日、ヘイマーケット広場で開かれた。集会の呼びかけ人はアルバート・パーソンズ、オーガスト・スピエズ、アドルフ・フィッシャーをはじめとする人たちであり、騒ぎもなく整然としたものだった。このことはシカゴ市長カーター・ハリソンの証言からも明らかである。

その当日、市長は様子を見るために集会に出ていた。市長はすべてが不穏なものでないことに安心し、広場を離れ、管区の警察署長にその事実を伝えた。空が曇ってきて、小雨が降りだし、人々は帰り始めた。最後の演説者が聴衆に語りかけていたが、その場に残っているのはわずかな人数だった。その時、警察署長のワードが武装した警官隊を伴って、突然広場に現われた。彼は集会をただちに解散するように命じた。「これは合法的集会だ」と議長が応酬した。すると、警官が人々に襲いかかり、警棒でめった打ちにし始めた。その時、何かが空中で光り、爆発が起き、数人の警官が死亡し、多数の人々が負傷した。誰が犯人であるのかまったく不明だった。しかし当局は、犯人を突き止めようともしなかった。それどころか、ヘイマーケット集会の演説者全員と他の著名なアナキストに、ただちに逮捕命令を出したのだった。

シカゴだけでなく全国の新聞と「ブルジョワ階級」は、逮捕者を血祭りにあげろと、こぞって叫び始めた。反テロルのキャンペーンはまさに警察によって進められ、市民協会はそれを道徳的かつ財政的に支持し、アナキストを葬り去る殺人計画が助成された。新聞が流し続ける、ストライキ指導者に対する悪質なデマによって一般大衆は激昂し、彼らの公正な裁判は不可能になった。実際に、その裁判はアメリカ史上最悪の冤罪を引き起こした。有罪判決を下すことを前提として、陪審員の人選がなされた。地方検事は公開の法廷で宣言した。「逮捕者だけが被告なのではない。アナキーが裁かれているのだ。我々はアナキーを根絶しなければならないのだ」。裁判官もその席から繰り返し被告を非難し、陪審員に対しても圧力をかけた。目撃者たちは暴力で脅されるか買収されるかして、口を封じられた。その結果、無実であり、まったく何の関係もなかった八人の男たちに有罪宣告が下された。

扇動された大衆の心理状態とアナキストに対する一般的偏見が、八時間制労働運動に対する雇用者側の激しい敵意と相乗して、シカゴ・アナキストを合法的に殺害してもかまわないという雰囲気を作り上げたのだ。彼らのうち、アルバート・パーソンズ、オーガスト・スピエズ、ルイス・リング、アドルフ・フィッシャー、ジョージ・エンゲルの五人は絞首刑、ミカエル・シュワブとサミュエル・フィールデンは終身刑、ネーブェは十五年の刑をそれぞれ宣告された。ヘイマーケットの殉教者の無実の血の叫びは報復を呼びかけていた。

私の社会的目覚め

グレイエの講演が終わり、以前から推測してきたように、シカゴの男たちが無実であることを私は確信した。彼らは自らの理想ゆえに死刑に処せられようとしていた。だが彼らの理想とは何なのだろうか。ヨハンナ・グレイエはパーソンズ、スピエズ、リングその他の人々を社会主義者だと言ったが、私は真の意味での社会主義を理解していなかった。地元の講演者から社会主義について聞いてはいたが、漠然と唯物論的印象を抱いていた。一方で新聞は彼らをアナキスト、爆弾魔と呼んだ。アナキズムとは何なのだろうか。私は困惑するばかりだったし、それ以上考えをめぐらす時間もなかった。

人々は列をなして退出したので、私も席を立った。グレイエや司会者や友人たちはまだ壇上に残っていた。私が彼らの方に足を向けると、グレイエが手招きした。私は驚き、心臓がどきどきして、足がすくむのを感じた。そばに行くと、彼女は私の手を取って言った。「あなたの顔に表われていたあのような激しい表情は、会場のどの顔にも見られないものでしたわ。緊迫している悲劇を強く感じられたのでしょう。あの人たちをご存知なの?」。私は声を震わせながら答えた。「残念ながら知ってはおりません。でも全身でこの事件を受け止めています。あなたの話を聞いて、まるで彼らを知っているように思えてきたのです」。すると彼女は私の肩に手を置いて言った。「あなたが彼らの理想としているものを学ぶならば、もっとよく彼らを理解し、その大義をあなた自身のものにされるのではないかという気がします。」

私は夢でも見たような気持ちで、歩いて家に帰った。姉のヘレナはすでに眠っていたが、自分の経験したことを、彼女に打ち明けずにはいられなかった。ヘレナを起こして、話の一部始終をほとんどそのまま伝えた。私はとても感情を高ぶらせていたにちがいない。というのは、ヘレナが興奮して次のように言ったからだ。「この次に私が妹のことを耳にするとしたら、危険なアナキストとしてでしょうよ。」

数週間後、私は知り合いのドイツ人の一家を訪ねる機会があった。彼らはとても興奮していた。ヨハン・モスト編集のドイツ語新聞『自由』が、ある人の手を通して、ニューヨークから届いたところだったのだ。その紙面はシカゴ事件に関する記事で埋めつくされていた。独特の言い回しが、私には息をもつけぬほどの衝撃であったし、社会主義者の集会で聞いていたものとも、ヨハンナ・グレイエの話しぶりともかなり異なっていた。それは嘲笑と軽蔑と反逆の炎を溶岩のように噴き上げていて、シカゴで犯罪を遂行しようとしている権力への憎悪がこもっていた。

私は『自由』を定期購読し始めた。そこに掲載されている広告欄の文献を取り寄せ、入手できるアナキズムについてのあらゆる情報、アナキストたちの生活と仕事に関するあらゆる記事を貪るように吸収した。法廷での彼らの英雄的反抗と驚嘆すべきその答弁を読んだ。そして私の前に新しい世界が開かれていくのを感じていた。

八人の殉教者

すべての者が恐れ、起こらないように願っていた恐怖の出来事が現実のものになってしまった。ロチェスターの新聞の号外がそのニュースを伝えた。「シカゴ・アナキスト、絞首刑にさる！」

ヘレナと私は押しつぶされたような気持ちに陥った。そのショックで姉はすっかり打ちひしがれ、ただ手を組み合わせて、声もなく泣くばかりだった。私も茫然自失の状態にあった。恐怖感に襲われ、何かひたすら恐ろしく、涙さえも出なかった。その夜、私たちは父の家に行った。家中、シカゴ事件の話でもちきりだった。かけがえのない人たちを失ったという思いで、私はすっかり落ちこんでいた。その時、女の下卑た笑い声が聞こえてきた。甲高い声で、せせら笑って言ったのだ。「何を一体嘆き悲しんでいるのさ。あいつらは人殺しなんだ。首をくくられて当然さね」。私はその女の首に跳びかかった。だがすぐに後ろに引き戻された。誰かが言った。「この娘《こ》は気が狂ってしまったよ」。私は身体をふりほどき、テーブルから水差しをひったくると、それを女の顔に向けて思いきり投げつけた。「出てけ、出ていけ、出ていかなきゃ殺してやる」と私は叫んだ。怯えた女はドアの方に駆けだし、私は床にわっと泣きくずれた。それから私はベッドに運ばれ、すぐに深い眠りに落ちた。

翌朝目を覚ますと、長い病の床からようやく起き上がったような気がした。しかしその最後の憤慨がおさまると、待ち望んでいた、数週間にわたる重苦しい虚無感と憂鬱感から解放された。私は魂のうちに新しくすばらしい何かが誕生したという鮮やかな感情を抱いた。それは偉大な理想、燃えるような信念であり、殉教した同志たちの記憶に私自身を捧げ、彼らの大義を自らのものとし、彼らの見事な人生と英雄的な死を全世界に伝えるという決意であった。ヨハンナ・グレイエの予言は、おそらく彼女が考えていた以上に的確だったのだ。

アメリカへの旅

私の気持ちは決まっていた。ニューヨークに行って、ヨハン・モストを訪ねるつもりだった。彼は私の新しい使命を支援してくれるだろう。しかし私の夫や両親——彼らは私の決意にどのように応じるだろうか。

私は十ヵ月前に結婚したばかりだった。結婚は幸せではなかった。ほとんど最初からわかっていたのだが、夫と私は正反対の性格で、共に分かつものが何もなく、性の交わりですらそうだった。結婚生活にかけてはみたものの、手痛い失望を味わっただけで、アメリカに来て以来、私に生じた他のすべての事柄と何ら変わることがなかった。現在ではアメリカという「自由の地、勇者の地」は、私にとってファルスでしかなかったのだ！　それなのにヘレナと一緒になってアメリカに行かせてくれと、私はどんなに父と言い争ったことだろうか！　最後には私が勝って、一八八五年の末に、ヘレナと私はペテルブルグを発ち、ハンブルグを経由し、そこで汽船エルベ号に乗って、「約束の地」へとやってきたのだ。

もう一人の姉のレナは、私たちより数年前にアメリカに渡り、結婚してロチェスターに住んでいた。彼女は淋しかったので、自分の所に来るように、ヘレナに繰り返し手紙を寄こした。ようやくヘレナはアメリカに行く決心をした。しかし私は離れ離れになるという思いに耐えきれなかったし、彼女は母親以上の存在だった。ヘレナもまた私を残していきたくなかったし、父と私のどうしようもない軋轢をよく知っていた。彼女は私の旅費を自分が負担すると言ったが、父は私が行くことに同意しなかった。私はせがみ、乞い、泣いた。しまいには、ネヴァ河に身を投げると脅したりした。それでやっと、父は折れたのだ。二十五ルーブル持たされて――父が私にくれたのはそれだけだった――何の後悔もなく、父の家を後にした。思い出せる最初の記憶をたどってみても、家庭はいつも息苦しく、父は怖い存在だった。

母は子供にそれほど暴力をふるうことはなかったが、ほとんど温かい愛情を示さなかった。私に愛情を与えてくれたのはいつもヘレナだったし、子供の頃に味わう喜びは彼女によって満たされていた。いつも妹や弟をかばい、その責めを一身に引き受けていた。本来ならば、弟や妹が殴られるはずなのに、ほとんどいつも彼女が身代わりになってくれた。今や私たちは完全に二人きりだった――引き離そうとする者は誰もいない。

私たちの旅は三等だった。三等船室には家畜の群れのように乗客たちがひしめいていた。生まれて初めて見た海は恐ろしくも魅惑的だった。千変万化の無限の広がりの美しさと驚異は、家からの自由を告げ、新たな土地で待っているものにめくるめくような期待を抱かせ、想像力をかきたて、血をわきたたせるのだった。

旅の最後の日のことがまざまざと思い出される。誰もが甲板に出ていた。ヘレナと私は身を寄せ合って立ち、霧の中から突然現われた港の光景と自由の女神に狂喜した。ああ、あそこに希望と自由と幸運の象徴が立っているのだ！　女神の高く掲げるトーチは自由の国、あらゆる国々で抑圧された人々の安息の地への道を照らしだしているのだ。ヘレナと私も、アメリカで寛容な精神の居場所を発見するだろう。私たちの気持ちは昂揚し、目は涙であふれた。

突然、荒々しい声が私たちの夢想を打ち破った。周囲の人々が騒然として、何やら身振りで訴えていた――男たちは怒り、女たちはヒステリックになり、子供たちは泣き叫んだ。警備兵が私たちをあちらこちらに乱暴に駆りたて、移民の手続きセンターであるキャスル・ガーデンに移動しろと高飛車に命令していた。

ロチェスターに落ち着く

キャスル・ガーデンでの対応は威圧的で、その雰囲気は敵意と不快感に満ちていた。好意的な役人の顔はどこにも見られなかった。新しい入国者や妊婦や幼児に対する配慮は何もなされていなかった。初めてアメリカの地を踏んだ日に体験した激しいショックであった。私たちはこの非人間的な場所から逃れたいという一心で、じっと耐えていた。ロチェスターはニューヨーク州の「花の都」と聞いていたが、私たちが着いたのは風の吹く寒い日の朝だった。最初の子供を身ごもっていた姉のレナと、叔母のレイチェルが出迎えてくれた。レナの家は手狭ではあったが、明るくて清潔だった。ヘレナと私のために用意された部屋には花があふれていた。その日は人の出入りが絶えなかった――私のまったく知らない親戚、姉夫婦の友人、近所の人々だった。全員が私たちに会って、母国の話を聞きたがっていた。彼らはロシアで苦労を重ねてきたユダヤ人だった。何人かは迫害を受けてもいた。新しい国での生活は辛いと、彼らは言った。母国は一度たりともそれに価しなかったのに、彼らは全員が依然として母国への郷愁にとらわれていた。

来客の中には、成功している者もいた。ある男は六人の子供が全員、新聞売りや靴磨きをして稼いでいると自慢していた。誰もがこれからの私たちの身の振り方に関心を持っていた。その中に、粗野な目付きで私を見つめている男がいた。彼はその晩ずっと、片時も目を離さず、私のことを上から下まで探るように見ていた。近寄ってきて、私の腕にさわろうともした。私は市場で裸のまま立っているような気持ちになった。腹立たしかったが、姉の友人を侮辱したくなかった。私は孤立しているような気がして、その部屋から飛び出した。しかし後に残してきたものへの切々たる思い――ペテルブルグ、大好きなネヴァ河、友人たち、書物、それに音楽――によって、私は耐えていた。隣の部屋から聞こえる声高な話し声で、私は我に返った。

私を怒らせたあの男が話していた。「ガーソン・アンド・メーヤー工場の仕事をあの娘に世話してやるよ。給料は安いけど、結婚相手はすぐ見つかるさ。赤いほっぺでくりっとした青い目の丸ぽちゃ娘だから、長く働くことはないよ。男が放っておかないし、すぐに玉の輿ってことになるさ」。私は父のことを思い出した。父は私を十五歳で強硬に嫁にやろうとしたのだ。私は抵抗し、勉強を続けさせてほしいと泣きついた。父は逆上して、フランス語の文法書を暖炉の中に投げこみ、怒鳴った。「女に学問はいらん。ほどほどにすればいいんだ。ユダヤの娘が知っていなければならないのは、大きな魚の料理と麺類のうまい切り方と、男のために子供をたくさん産むことだ」。私は父の目論見に耳を貸さなかった。私は勉強をして、人生を知り、旅に出ることを望んでいた。それに、愛情抜きでの結婚は絶対にしないと主張し続けた。

実際に父の計画から逃れるために、アメリカ行きを曲げなかった。しかし今でも、私を結婚させようとする企みは、新しい土地にあってさえ続いている。私は身を売りはしまいと決心したし、働くつもりだった。

家族関係のこと

私が十一歳くらいの時に、姉のレナはアメリカに向かった。私はコヴノの祖母の所で過ごすことが多かったが、家族はバルト県クールランドの小さな町ポペランに住んでいた。レナは私に対して常に敵意を示していたが、ふとしたことで、その理由を知った。私が六歳になったかならないかの頃のことで、レナは私より六つ年上だった。私たちはおはじきをして遊んでいた。どのようないきさつだったのか、レナは私が勝ちすぎると考えた。彼女は怒りだし、私を荒々しく蹴とばし、わめき散らした。「あんたの父さんにそっくりだわ！　あいつは私たちを騙したのよ！　私たちの父さんが残してくれたお金を盗ったのよ！　あんたなんか大嫌い！　私の妹じゃないんだから。」

彼女の突然の激昂に、私は茫然としてしまった、しばらくの間、地面にうずくまり、黙ってレナを見つめていた。それから不意に緊張がゆるみ、わっと泣きだした。へレナの所へ走っていって、私は子供心の悲しみをすべてぶつけた。レナの言う、私の父がお金を盗ったこと、それから私は妹ではないというのはどうしてか、教えてくれと頼んだ。

いつものように、ヘレナは私を抱き寄せ、慰めようとして、レナの言ったことには取り合わなかった。そこで私は母の所へ行って、ヘレナとレナには別の父がいたことを母から知らされた。彼は若くして亡くなり、それで母は、私と赤子である弟の父と再婚したのだ。ヘレナとレナが継子であるにしても、私の父は彼女たちの父でもあるのだとは母は言った。確かに父は二人の娘に残されたお金を商売に投資して使い果たしてしまったが、それは私たち全員に良かれと考えてしたことだと、母は説明した。私はひどく傷ついていたので、母の言うことは何の気休めにもならなかった。「父さんにそのお金を使う権利はなかったんだわ！　姉さんたちは片親のいない子なの。その子供たちからお金を盗るのは悪いことだわ。私が大きくなったら、そのお金を返す。きっと返すわ。私が父の罪を償わなければならない」と私は叫んだ。

孤児から物を盗むという罪を犯した者は絶対に天国に行けないと、私はドイツ人の乳母から聞かされていた。私にとって天国という場所についての明確な概念はなかった。私の家族はユダヤ人の習慣を守り、土曜日と休日にはユダヤ教会に行っていたが、私たちにほとんど宗教の話をしなかった。私が神と悪魔、罪と罰という観念を得たのは、乳母と使用人のロシア人農夫からだった。私が返済しなかったら、父は罰せられるだろうと確信していた。

仕事を得る

その出来事から十一年が経っていた。レナから受けた心の傷はずっと忘れていたが、ヘレナに抱くような深い愛情をレナに感じたことはなかった。アメリカに来るまでずっと、私に対してレナがどう思っているのか、気がかりだった。しかし最初の子供を身ごもり、小さな顔が青ざめ、しわが寄っているレナに会うと、何のわだかまりもなかったかのように、私の胸は彼女への同情であふれた。

私たちが着いた翌日、姉妹三人だけになった。どれほど淋しかったか、私たちの家族にどんなに会いたかったか、レナは打ち明けた。私たちは彼女の苦しかった生活を知った。最初レナは叔母のレイチェルの家で家政婦として、後にはスタイン衣料工場でボタン穴かがり工として働きづめだった。しかし今ではついに家を持ち、「出産を待ちわびる喜びでとても幸福よ！　暮らしはまだ楽ではないけれど」とレナは言い、それから付け加えた。「夫はブリキ職人として週に十二ドル稼いでいるの。焼けつくような太陽の日も、凍えるような風の日も、いつだって危ない屋根の上で働いている。夫はロシアのベルディチェフで八歳の時から働きに出て、それからずっと働きづめなの。」

ヘレナと私は自分たちの部屋に戻ると、二人ともすぐに働きに出なくてはいけないということで、意見が一致した。義兄の負担をこれ以上増やすわけにはいかなかった。週給十二ドルで、その上子供が生まれるのだ！　数日後、ヘレナはロシアで仕事としていた写真のネガ修正の職を得た。私はガーソン・アンド・メーヤー工場に雇われた。私の仕事は外套の縫い子で、一日十時間半働いて、週給二ドル五十セントだった。

◇第2章◇ ロチェスターでの仕事、結婚と別離

「模範」工場の条件

私は以前、ペテルブルグのいくつかの工場で働いたことがあった。一八八二年の冬、母と二人の弟と私はケーニヒスベルクから、帝政ロシアの首都にいる父と一緒に暮らすために上京したのだが、そこで父が職を失ったことを知った。父は、従兄弟が経営する織物商の支配人だった。しかし私たちが着く少し前に、その商売は破産していた。父の失業は私たち一家にとっても悲劇であり、それに父には何の貯えもなかった。稼ぎ手はただ一人、ヘレナだけになってしまった。母はしかたなく、自分の兄弟に借金を申し出た。彼らが用立ててくれた三百ルーブルは、食料品店をやるために投資されたが、その商売は当初ほとんど利益を上げられなかったので、私も職を見つける必要に迫られた。

当時、手編みの肩掛けが流行で、近所の人が家で作れることを母に教えてくれた。その仕事は長時間労働で、時には夜中までかかったが、一ヵ月でようやく十二ルーブルになる程度だった。

生計のために私が編んだ肩掛けは決して上出来な代物と言えなかったが、それでも通用した。私はその仕事が嫌いだったし、休みない酷使のため目をすっかり悪くしてしまった。ちょうどその時、織物商で失敗した父の従兄弟が手袋工場を始め、私に仕事を教えるので、働いてみないかと申し出てくれた。その工場は家から遠く離れていた。七時から仕事が始まるので、朝五時に起きなければならなかった。

仕事部屋は風通しが悪くて、息苦しく、暗かった。オイルランプの明かりだけで、日が少しも差しこまなかった。

あらゆる年齢層の人々からなる六百人が、安い賃金で来る日も来る日も、高価で美しい手袋を作る仕事に従事していた。それでも私たちは、昼食と日に二度のお茶の時間を充分取ることが認められていた。仕事中、話したり歌うこともできた。私たちは酷使されたり迫害されることはなかった。それは一八八二年のペテルブルグでのことだった。

今、私はアメリカに、ニューヨーク州の「花の都」に、そこで言うところの模範工場にいた。確かに、ガーソンの衣料生産はバスイレブスキー・オストロブ街にあった手袋工場より、格段に進歩していた。仕事部屋は広かったし、明るく風通しも良かった。自由に肘を動かすだけの余地もあった。従兄弟の工場でいつも吐き気を催させた、あのひどい臭気もなかった。しかしここでの仕事はそれより重労働で、昼食時間は三十分しか取れず、一日が無限のように思われた。厳しい就業規則があり、自由な行動はできなかった（許可なしにトイレに行くことさえできなかった）。さらに工場長の絶え間ない監視が私の心を重くした。一日の仕事が終わると極度に消耗し、姉の家まで身体を引きずるようにしてたどりつき、ベッドにもぐりこむのだった。このような死ぬほど単調な日が、来る日も来る日も続いた。

ところが私にとって驚きであったのは、隣にいる、弱くて小さなタニヤ以外に、その工場で働いている誰もが、私のようには消耗している様子がなかったことだ。タニヤは弱々しく青白い顔をして、しばしば頭痛を訴え、重い外套を扱う仕事に耐えられなくなると、よく泣きだしてしまった。ある朝、仕事の手を休めてふと顔を上げると、彼女の所に外套が積み上がっていた。彼女は気を失っていたのだ。工場長を呼んで、彼女を更衣室に運んでもらおうとした。しかし耳をつんざくばかりの機械の音で、私の声はかき消されてしまった。近くにいた何人かの女性が聞きつけ、叫びだし、仕事の手を止めてタニヤに駆け寄った。工場長も気づいたのか、突然機械が止まった。そして私たちの所へやってきたが、何かあったのか問うこともなく叫んだ。「持ち場に戻れ！　仕事を止めるとは何事だ。馘にされたいのか。すぐ戻るんだ！」。彼はそこにタニヤが倒れているのを見つけると、さらに声を張り上げた。「どうしたんだ？」。私は何とか冷静に、「気を失ったんです」と答えた。「気を失ったって？　どうってことないさ。こいつは病気のふりをしているんだ」と彼はせせら笑って言った。

「あなたは嘘つきだ！　人間ではない！」と私はもはや怒りを抑えることができず、叫んでいた。

私はタニヤの上にかがみ、彼女の腹部を暖め、昼食の容器に入れておいたオレンジジュースを、半ば開いている彼女の口に含ませた。その顔は蒼白で、額には冷や汗が滲んでいた。工場長にも仮病ではないとわかるほど容態は悪かった。彼はしかたなくタニヤを仕事から外した。「私がタニヤにつきそいます。その時間分は給料から差し引いて結構です」と私は言った。すると工場長は、「くたばっちまえ、このでしゃばり女！」という罵倒を背後から浴びせた。

給料値上げを要求する

タニヤと二人で喫茶店に行った。私も空腹で疲れ果てていた。持ち合わせは二人で七十五セントしかなかったが、四十セントを食事代にして、残りを公園に行くための電車賃に使うことを二人で決めた。公園の新鮮な空気の中で、花々や樹木に囲まれ、私たちは忌まわしい仕事のことを忘れた。騒動で始まったその一日は、穏やかに静かに終わったのである。

しかし翌日からは再びうんざりするような毎日の仕事が始まり、何週間も何ヵ月も続いたが、私たちの家族に女の子が生まれ、新しい家族の一員が加わったことで中和された。子供の存在は、私のうんざりする日常生活の唯一の慰めになった。ガーソン工場での雰囲気に耐えられなくなった時には、しばしば家で待っているおちびさんのことを考えて、元気を取り戻していた。もはや夜も侘しくなく、意味あるものになった。このかわいいステラは家庭の中に喜びをもたらしてくれたのだ。だがそれは同時に、姉と義兄の物質的負担の増加を意味していた。

レナは私に、食費として渡している一ドル五十セントが充分ではないと、言葉や態度で一度も表わすことはなかった（交通費が週六十セント、残りの四十セントが私の小遣いだった）。しかし次第に増えていく家計費に、義兄が不満をもらしているのを立ち聞きしてしまった。私は彼が言うのももっともだと思った。姉は育児に追われていたし、心配をかけたくなかった。私は賃上げを要求しようと決意した。工場長に話しても効果がないことはわかっていたので、直接ガーソン氏に面会を申し込んだ。

私は豪華なオフィスに通された。テーブルの上には真紅のバラ「アメリカン・ビューティ」が飾られていた。花屋の前を通ると、よくそのバラに魅せられていたし、一度だけその美しさの誘惑に負けて店の中に入り、値段を尋ねたことがあった。確か一本一ドル五十セント——私の週給の半分以上——だった。ガーソン氏のオフィスの素敵な花瓶にはそのバラがあふれていた。

私は座るようにと言われなかった。しばらくの間、自分がここに何しに来たのかを忘れていた。それほど、美しい部屋やバラ、そしてガーソン氏が青白く燻らす葉巻の香りにうっとりとしてしまったのだ。私は雇い主の質問によって、現実に引き戻された。「さて、用件は何かね？」

昇給をお願いしに来ました。現在の一ドル五十セントでは食費にも事欠き、ましてたまに本を買ったり、二十五セントする演劇を見ることもできないと私は言った。ガーソン氏はそれに答えて、言った。女工として、君の趣味はかなり高尚だ。私の所の「働き手」は充分に満足しているし、それなりにうまく生活している——君も何とかやれるはずだ。さもなければ、他に職を探すしかないだろう。「もし君の給料を上げれば、他の女工たちも上げねばならなくなる。私にはそんな余裕はない」。私はガーソン工場を辞めようと決意した。

ジャコブ・カーシュナーに会う

数日後に、週給四ドルでロビンスタインの工場に職を得た。そこは小さな工場で、私の住んでいる所からさほど離れていなかった。工場は庭の中に建っていた。そこにはわずか十二人の男女が雇われているだけだった。ここではガーソンでのような就業規則や酷使はなかった。

私の機械の隣で、ジャコブ・カーシュナーという名の魅力的な青年が働いていた。彼はレナの家の近くに住んでいたので、仕事が終わるとよく二人で帰った。しばらくすると、朝、私を迎えに来るようになった。私の英語はまだたどたどしく、私たちはロシア語で話していた。彼のロシア語は心地よい音楽のようだった。ロチェスターに来て以来、ヘレナを除いて、耳にすることのできた最初の、しかも本物のロシア語だった。

カーシュナーはオデッサで「ギムナジウム」を終え、一八八一年にアメリカへ渡ってきた。職がなかったので、外套の裁断工になった。暇な時にはほとんど読書かダンスに行っていると話していた。彼は友人を持とうとしなかった。なぜならばロチェスターの職場の同僚は金儲けにしか興味がなく、夢と言えば、自分の工場を持つことだけだとわかったからだ。彼はヘレナと私がこの町に来たのを知っていた――私を道で何度も見たことさえあった――が、どうしたら知り合いになれるのか、わからなかったのである。もう一人で淋しく思うこともないだろう、これからはいろんな所に一緒に行こう、本も貸してあげるよと、彼はほがらかに言った。私の淋しさもそれほどひどいものではなくなった。

私は二人の姉に新しい友人のことを話した。するとレナは次の日曜日に彼を招待するようにと言った。カーシュナーが来ると、レナは彼に好感を持ったが、ヘレナは最初からまったく気に入らなかった。ヘレナはそれを長いこと口にすることはなかったが、私はすぐに感じ取っていた。

ある日のこと、カーシュナーが私をダンスに誘ってくれた。それはアメリカに来て以来、初めてのことで、ペテルブルグでの最初の舞踏会を思い出して、私は大きな期待に胸をときめかせていた。

私の最初の舞踏会

その時、私は十五歳だった。ヘレナの雇い主が二枚のチケットをくれた。洒落たジャーマン・クラブに招待してくれたので、私も同伴できたのだ。姉は私の最初のロングドレス用にと、美しい青いビロードの服地をプレゼントしてくれた。しかしその服地は仕立てる前に家の使用人の農夫に持ち逃げされてしまった。そのビロードを失った悲しみで、私は何日も落ちこんでいた。ドレスさえあれば、父は私が舞踏会に出ることを許可してくれるのにと思ったからだ。「ドレスの生地は何とかするけど、お父さんが許さないんじゃないかしら」と、ヘレナが私を慰めて言った。「その時は無視するしかないわ」と私は宣言した。

姉はもう一枚、青い服地を買ってくれた。前のビロードほど美しくなかったが、私はそんなことは気にかけなかった。

初めての舞踏会への期待と人前で踊れるという無上の喜びで、私はとても幸福だった。それに何とかヘレナが父の承諾を取りつけてくれていた。ところがその間際になって、父は気を変えてしまった。その日、私はちょっとした過ちを犯し、父から外出禁止をはっきり申し渡されたのである。それならば、ヘレナも行かないと言った。だが私はその結果がどうであろうと、父の言うことは無視しようと決意していた。両親が寝室へ引き上げるのを息を潜めて待っていた。そしてドレスを着て、ヘレナを起こし、一緒に来ないのなら私は家出すると彼女に言った。「お父さんが起きる前に戻れるわよ」と私は主張した。ヘレナ姉さん――あなたはいつも臆病なのよ！　苦労することや忍耐することには限りない力があるのに、闘うことができないのよ。この時は、彼女も私の覚悟に突き動かされ、身支度をして、二人で静かに家を抜け出した。

ジャーマン・クラブでは、すべてが明るく華やかだった。私たちはヘレナの雇い主のカディソンを見つけた。彼は何人かの若い友人と一緒だった。曲が変わるたびに、私はダンスの誘いを受け、熱狂して、自由奔放に踊った。カディソンがもう一曲と申し出た時には時間も遅くなっていて、かなりの人々がすでに帰り始めていた。ヘレナが、もう疲れたでしょうと、まだ踊ろうとする私を押し止めたが、そんなことはないと私は言い張った。「まだ踊るわよ！　踊り続けるのよ！」。パートナーが私をきつく抱きしめて、踊り場中に私を振り回すと、私の肉体は熱く燃え、胸は激しく高鳴るのだった。死ぬまで踊り続けること――これに勝る華やかな終焉があるだろうか！

私たちが家に戻ったのは、朝の五時近くだった。家族の者はまだ眠っていた。私は頭痛を口実にして、その日は遅くなってから起きた。そして年老いた父を出し抜いた勝利を密かに誇っていた。

その舞踏会の体験の思い出がまだ心に焼きついていたので、ジャコブ・カーシュナーと同伴するパーティに大いなる期待を寄せていた。ところが、待ち受けていたのは失望でしかなかった。そこには美しい踊り場も、洒落た女性も、威勢のいい男性も、華やかな雰囲気もなかった。音楽は騒々しく、踊り手たちはぎこちなかった。ジャコブのダンスは下手ではないが、精気と情熱に欠けていた。「四年間も機械に使われて、活力を吸い取られてしまったんだ。すぐに疲れてしまう」と彼は言った。

カーシュナーとの結婚

カーシュナーが結婚を申し込んできたのは、知り合って四ヵ月ほど経った頃だった。私は彼を好きではあったが、そんなに若くして結婚するつもりはなかった。それに、私たちはお互いをそれほど理解していなかった。君が納得するまで待つつもりだが、何度となくデートし、これまでいろんなことを話したはずだ。そう言って、「婚約してはいけない理由がどこにあるんだ?」と彼は訴えた。それで結局、合意したのだ。ジャコブに対するヘレナの敵意もほとんど強迫観念になっていた。彼女は彼を本当に嫌っていた。そのことで、私は淋しかった――私はパートナーを必要としていたので、最終的には姉の承諾を得たのである。ヘレナの私に対する絶大な愛情は、どんなことでも拒絶したり、私の望みに反対したりできなかったのである。

一八八六年の晩秋になって、残っていた家族――父、母、二人の弟のヘルマンとイエゴル――が、ロチェスターに移ってきた。ペテルブルグの状況はユダヤ人にとって耐え難いものになっていた。食料品の商売も充分な利益を上げていなかったし、そのために父が払う賄賂の額も増える一方であった。アメリカに来ることが唯一の解決の道だった。

ヘレナと一緒に、私は両親のための家を用意し、彼らが到着すると一緒に住み始めた。現在の報酬では家計を維持するのは不充分だとすぐにわかった。するとジャコブ・カーシュナーが多少の助けになればと下宿を申し出て、ほどなく引越してきた。

家は狭く、居間、台所、それに寝室が二つだった。寝室のひとつを両親が使い、もうひとつはヘレナと私、それに小さい弟のイエゴル用にあてた。ジャコブとヘルマンは居間で寝ることになった。ジャコブがすぐ近くにいることとプライバシーがないことで、私はいつも苛々していた。夜の不眠と白昼の幻覚と仕事でのひどい疲労に苦しめられた。生活は次第に耐え難いものになっていき、ジャコブも自分たちの家が必要だと強調していた。

身近で接するようになると、私たちがあまりに異なっていることに気づき始めた。最初に私を惹きつけたはずの、本に対する彼の関心はすっかり衰えてしまっていた。仕事仲間の流儀に倣い、トランプに興じ、つまらないダンスに出かけていった。逆に、私は努力して様々な抱負を抱くようになった。精神は、いまだにロシア、愛するペテルブルグにあり、そこで読んだ本、聴いたオペラ、知り合った学生のサークルの世界に生きていた。以前にもまして、ロチェスターが嫌いになった。しかしそれでも、ジャコブは私がロチェスターに来て以来、唯一知り合った友人であった。侘しい生活を紛らわせてくれたことで、彼に惹かれたのだった。一八八七年二月ロチェスターにおいて、ユダヤの慣習に従ってラビの手で、私たちは結婚した。当時の国の法律では、それで充分に結婚と見なされたのである。その日、私の熱い興奮と不安、そしてわくわくするような期待感は、夜になると一転して、当惑へと変わってしまった。ジャコブは震えながら私の傍らに横たわっていた。彼は性的不能者だったのである。

子供時代の性的体験

私が覚えている最初の性的感覚の体験は、六歳の頃だった。当時、両親はポペランに住んでいて、私たち子供にとっては本当の意味での家庭とは言えなかった。父は酒場を経営していて、そこはいつも酔って口論する農夫や政府の役人であふれていた。母は大きく雑然とした家で働く使用人の監視で忙しかった。姉のヘレナとレナはそれぞれ十四歳と十二歳で、手伝いをさせられていた。私は一日のほとんどをひとりぼっちで過ごしていた。長く働いていた使用人の中にペトルシュカという若い農夫がいて、牧童として牛や羊の世話をしていた。彼は私をよく牧草地に連れていって、甘い音色の笛を聴かせてくれた。夕暮れになると、肩車をして家に連れ帰ってくれた。彼はよく馬の真似をした――思いきり走ったかと思うと、いきなり私を宙に投げ、その腕に受け止め、抱きしめるのだった。それはいつも特別な興奮となって私を狂喜させ、その後、心地よい解放感が広がるのだった。

私はペトルシュカから離れられなくなった。彼のために食料貯蔵庫からケーキや果実を盗み出すほど、好きになっていた。ペトルシュカと野原に出て、その笛の音を聴き、帰りに肩車をしてもらうことが、寝ても覚めても頭の中から離れなかった。ところがある日、ペトルシュカは父と口論して、馘にされてしまった。彼を失ったことは子供時代の最大の悲しみだった。その後の何週間も、ペトルシュカや牧草地や笛の音色を何度も夢想し、私たちの戯れの楽しさと歓喜をずっと想い起こしていた。ある朝、私は眠りから引きずりおろされた。母が私の右手をきつく握って、顔を覗きこんでいた、母が怒鳴った。

「もしまたこんなことをやったら、本当にお仕置きするよ。まったく困った娘だよ!」

思春期が訪れると、私は初めて男性というものを意識し始めた。それは十一歳の時だった。初夏のある日、激しい苦痛で目を覚ますと、頭と脊椎、そして両脚が引き裂かれるような痛みに襲われた。大声で母を呼んだ。母は掛布団をはいだ。それから突然、私は顔がひりひりした。母が殴ったのだ。私は金切り声を上げて、怯えた目で母を見つめた。

「女の子が耐えなきゃいけないことなの。女性になる時の屈辱に対する心構えよ」と母は言って、私を腕に抱こうとした。しかし私は押しのけた。痛みに悶え苦しみ、怒っていたし、母に触れられたくなかったので、「死んでしまいそうだわ。見習い医師を呼んで」と言った。見習い医師がやってきた。若い男で、村では新参者だった。私を診察して、眠れるようにと薬をくれた。そのことがあって以来、夢の中にその見習い医師が現われた。

惨めな子供時代の恋愛ごっこ

十五歳の時、ペテルブルグのハーミテッジ・アーケードにあるコルセット工場で、私は働いていた。仕事が終わり、他の少女たちと作業場を出ると、若いロシア人の将校や町の青年たちが待ち伏せしていた。ほとんどの少女たちが恋人を持っていたが、私と仲良しユダヤ人の少女だけは、菓子屋や公園に誘われても、断っていた。

ハーミテッジから少し行くと、必ず通りかかるホテルがあった。ホテルの受付係の一人で、二十歳ぐらいのハンサムな男が私に気のある素振りを示していた。最初、私は取り合わなかったが、次第に彼に魅力を感じるようになった。彼の辛抱強さが少しずつ私のプライドを突き崩し、その求愛を受け入れさせた。私たちは静かな場所か、通りから外れた菓子屋で会っていたので、なぜ仕事の帰りが遅くなったのか、あるいはなぜ九時まで外にいたのかを父に説明するために、あらゆる口実を作り上げなければならなかった。ある日、父はサマー・ガーデンで、私が他の少女たちや何人かの男子学生と一緒にいるのを見つけた。家に帰ると、父は私を店の商品棚に激しく突き飛ばした。母のおいしい料理を入れた壺が床に転がった。ふしだらな娘は許さないと叫んで、父は私を拳で殴りつけた。この体験は家庭をさらに耐え難いものとしたし、そこから真剣に脱出する必要を感じた。

何ヵ月間か、私は恋人と人目を忍んで会っていた。ある日、彼はホテルに入って、贅沢な部屋を見たくないかと尋ねた。それまで私はホテルに入ったことがなかった。仕事の帰りにそこを通るとき、美しい窓の向こうにきっとあるらしい喜びと楽しさに、私はいつも憧れていた。

恋人は私を脇の入口に誘った。分厚いカーペットの敷かれた廊下を通り、大きな部屋に入った。その部屋には輝くような照明が施され、美しい家具が備えられていた。ソファのそばのテーブルには花が飾られ、お茶のトレイが置かれていた。私たちはソファに座った。すると若者は金色の液体をグラスに注ぎ、友情に乾杯しようと言った。私がワインを唇に持っていくと、突然彼は私を抱きしめ、ブラウスをはだけ——情熱的なキスの雨を私の顔や首や胸に降らせた。私の身体に対するせっかちな接触は激しい痛みを伴い、私はようやく自分を取り戻した。大声を上げて、男の胸を拳で猛烈に叩いた。その時突然、玄関の方からヘレナの声が聞こえた。「妹がここにいるはずよ、いるにちがいないわ!」。私は黙り、男もまた恐くなったのか、私をつかんでいる手を緩め、二人で息を殺し、耳をそばだてていた。私にはそれが何時間にも思われたが、ヘレナの声は聞こえなくなった。男が立ち上がった。私も放心したように立って、ブラウスのボタンをはめ、髪の毛をとかした。

奇妙なことに、私は恥ずかしさを感じなかった——ただ男と女が身体を共にすることがこんなにも野暮で、こんなにも痛みを伴うものであるという発見に、大きなショックを受けた。眩暈のする思いで外に出た。あらゆる神経がささくれだっていた。

家に帰ると、ヘレナが恐ろしいほど苛立っていた。彼女は私がしばしば男と会っているのに気づき、ずっと心配していたのだ。彼女は男の働いている所を突き止めるのを自分の役目のように思い、私が帰ってこないので、ホテルまで探しに来たのだった。男の腕の中では感じなかった恥ずかしさに、私はさいなまれた。私の体験をヘレナに告白する勇気はとてもなかった。

その後、男性を前にすると、いつも二つの感情の間を揺れ動くようになった。男性の魅力は依然として感じていたが、常に激しい嫌悪も伴っていた。男たちが私に触れることに我慢できなかった。

結婚の初夜、夫の傍らに身を横たえると、あの時の光景が私の胸にまざまざと浮かんできた。夫は早々と眠ってしまった。

カーシュナーとの離婚

数週間が過ぎたが、何の変わりもなかった。私はジャコブに医者と相談するように促した。最初、彼は恥ずかしいと言って拒んでいたが、ようやく出かけていった。すると「男に仕立てる」には相当の時間が必要だと医者に言われた。私自身の愛情も薄らいでいった。家計のやり繰りの心配で他のことまで気が回らなかったのだ。それに私は仕事を辞めてしまっていた。というのは、結婚した女が工場に働きに行くことは不謹慎なこととされていたからだ。ジャコブは週十五ドル稼いでいたが、賭けトランプに入れこむようになり、収入の相当額が注ぎこまれていた。彼は嫉妬深くなり、誰彼となく猜疑の気持ちを持つようになった。

生活は耐え難いものになっていった。そんな深い絶望感から私を救ったのは、ヘイマーケット事件への関心であった。シカゴ・アナキストの死後、カーシュナーと別れることを私は主張した。長い間、彼は別れることに反対していたが、ようやく離婚に同意した。二人の結婚式を執り行なってくれた同じラビによって、離婚も許可されたのである。そうして、私はコネティカット州ニュー・ヘーヴンへ旅立ち、そこのコルセット工場で働くことになった。

カーシュナーと別れようとしていた時、ただ一人味方になってくれたのは姉のヘレナだった。そもそも、彼女はこの結婚に強く反対していた。しかしその時は、一言もとがめようとしなかった。逆に私を助け、慰めてくれた。離婚するという私の決意を、彼女は両親とレナに説き、支援してくれた。いつもそうであるように、彼女の献身は尽きることがなかった。

ヘレナの結婚

ニュー・ヘーヴンで、ほとんど学生でありながらも様々な職に就いて働いている、若いロシア人グループと出会った。彼らの多くは社会主義者であり、アナキストだった。彼らは頻繁に集会を組織し、主にニューヨークから講演者を招いていた。その一人にA・ソロタロフがいた。ニュー・ヘーヴンでの生活は面白く、変化に富んでいたが、仕事の束縛が私の衰弱した生命力を次第に蝕み始めていた。そのためついに、ロチェスターへ戻らなければならなくなった。

私はヘレナの所へ行った。彼女は夫と子供とともに、彼らの小さな印刷屋の上に住んでいた。そこは汽船代理業の事務所も兼ねていた。しかし二つの商売を経営していながら、赤貧洗うがごとき生活から脱け出せるほどの利潤は上がっていなかった。ヘレナは十歳年長のジャコブ・ホチスタインと結婚していた。彼は優秀なヘブライ語学者で、英語やロシア語の古典の権威であり、さらに特異な個性の持ち主だった。しかし清廉で妥協のない性格のために、強欲な商売には向いていなかった。客が二ドルほどの印刷の注文を出すと、ジャコブ・ホチスタインは五十ドル分に見合うほどの大変な時間を費やしてしまうのだ。それでも客が値切ろうとすると、追い返してしまっていた。余分に儲けようと思われることに耐えられないのだった。彼の収入では家族を充分に養えなかったので、かわいそうなヘレナはいつも心配し、悩んでいた。彼女は二人目の子供を身ごもっていたが、それでも愚痴の一言もこぼすことなく、朝から晩まで家計のやり繰りに骨身を削らなければならなかった。しかし、彼女はこれまでもいつも諦めの境地で、同じように黙って苦しみに耐え続けてきたのだ。

ヘレナの結婚は情熱的な愛情から生じたものではない。それはよき伴侶と静かな生活を切望する二人の、いわば成熟した大人の結びつきだった。姉も情熱に身を焦がしたことはあったが、それは二十四歳の時に燃え尽きてしまったのだ。私がポペランに住んでいた十六歳の時、彼女は心の美しいリトアニア人のスシャという青年と恋に落ちた。しかし彼は異教徒だったので、ヘレナは二人の結婚が不可能であることを承知していた。激しい葛藤を経て、悲しい運命に多くの涙を流し、若いスシャとの関係を断ち切った。何年か経って、アメリカに渡る途中で、私たちは生まれ故郷のコヴノに立ち寄った。ヘレナはそこでスシャと会う手はずをつけていた。別れの挨拶もしないで遠くに去ってしまうことができなかったのだ。二人は会った。そして良き友として別れた――二人の青春の炎は灰と化したのである。

カーシュナーと再婚、そして再び彼のもとを去る

ニュー・ヘーヴンから帰ると、ヘレナはいつものように優しく、私の家はあなたの家でもあると請け合い、私を迎えてくれた。再び愛する人の近くに、かわいいステラや弟のイエゴルと一緒に住めることは幸福だった。しかしほどなくヘレナの家庭の苦しい台所事情を察知した。私は工場へ戻った。ユダヤ人地区に住んでいると、会いたくない人たちを避けて過ごすことは不可能だった。私が戻ると、たちまちカーシュナーと出会ってしまった。それから毎日、彼は私を捜すようになった。そして戻ってくれと懇願し始めた――すべてを反省して、前とは違うと言った。自殺すると脅した日もあった――実際に、毒薬の瓶を取り出した。そして執拗に最後の返事を私に迫った。

カーシュナーとの生活をやり直せば、最初の時よりも満足がいき、長続きすることができると考えるほど、私はうぶではなかった。それに私はニューヨークに行って、シカゴの同志たちの死後、彼らの仕事を引き継ぐことに献身しようと固く決意していた。ところが、カーシュナーの脅迫は私を恐れさせた。

彼の死に責任を負うことはできなかった。私たちは再婚した。両親は喜び、レナと夫も同様だったが、ヘレナだけは深い悲しみにくれた。

カーシュナーには内緒で、工場で働かなくてもすむような仕事を得るために、洋裁のコースを受講した。三ヵ月の長きにわたって、私は自分の道を歩みたいと夫を説得した。取り繕った生活を続ける無益さをわかってもらおうとしたが、彼は相変わらず強情を張っていた。ある晩遅く、互いに罪をなすり合う口論の末、ジャコブ・カーシュナーと自分の家から、今度こそ決定的に立ち去ることになった。

まもなく私は、ロチェスターの全ユダヤ人から村八分にされた。非難されずに町を歩くことさえできなくなった。両親も私に家の敷居をまたがせなかったけれども、ヘレナだけが再び私の味方になってくれた。彼女は貧しい収入の中から、ニューヨークまでの運賃さえ負担してくれた。

こうして、あまりにも多くの痛みと苦しい仕事と孤独を味わったロチェスターを後にした。しかし出発の喜びは、ヘレナやステラ、そして私がとても愛していた小さな弟との別れで、相殺されてしまった。


ミンキン姉妹のアパートで新しい日を迎えたが、私はまだ眠れないでいた。過去の扉が今や永遠に閉じたのだ。新しい世界が呼んでいる。私は懸命にそれに手を伸ばした。そして深い眠りに落ちていった。

アレクサンダー・バークマンが来たことを告げるアンナ・ミンキンの声で、私は目を覚ました。すでに午後も遅くなっていた。

◎第3章◎ ヘイマーケット事件、サーシャ、モスト、フェジャとの出会い

ニヒリズムに関する私の初期の印象

ヘレン・ミンキンは仕事に出ていたが、アンナはその時失業中だった。彼女がお茶を用意してくれて、私たちは座って話をした。バークマンは運動に関する仕事や実践についての私の計画を尋ねた。それから『自由』の編集室を訪ねてみないか、自分に何かできることはないか、今は暇だから案内もできると言った。バークマンは煙草工場の工場長と争って仕事を辞めていた。「奴は奴隷の監督のようだった。僕をこき使ったりはしなかったが、工場の仲間のために立ち上がるのが僕の義務だった」と彼は説明した。さらに現在、煙草製造の商売は不景気だが、一人のアナキストとして、自分の馘を覚悟して抗議した。個人的なことは問題ではない。不正と闘うという大義が問題なのだとも話した。

何と力強い人だろうと私は思った。彼の革命への熱意は驚嘆すべきだ！　まさにシカゴで殉教した同志たちのようだった。

荷物預かり所からミシンを受け取るために、私は西四十二番街に行かなければならなかった。バークマンが一緒に行こうと申し出た。帰りに、高架鉄道でブルックリン橋まで行って、それからウィリアム通りまで歩いていくと、そこに『自由』の編集室があると言った。

ニューヨークで婦人服の仕立屋として身を立てられるかどうか、私は彼に尋ねた。工場での過酷な労

働と隷属から自由になりたいと熱望していたし、本を読む時間もほしかった。そしていつかは、私の夢である共同経営の店を実現したかったのだ。『何をなすべきか』のヴェラの試みのようなものよ」と私は説明した。「チェルヌイシェフスキーを読んだことがあるんですか。もちろんロチェスターにいる時ではないでしょう」とバークマンは驚いて尋ねた。「確かにそうよ。姉のヘレナを除いて、あそこではそんな本を読んだ人は誰もいません。あんなに沈滞した街ではなく、ペテルブルグで読んだのです」。彼は疑わしそうに私を見て、注釈を加えた。「チェルヌイシェフスキーはニヒリストだった。だからロシアでは彼の著作は発禁になっている。君はニヒリストたちとつながりがあったのかい。君にその本を提供できるのは彼らだけだからね」。私は憤りを感じた。どうして私の言葉を疑うのだろう！　発禁のその本や、同じ類のツルゲーネフの『父と子』やゴンチャロフの『オブローモフ』も読んでいると、私は語気荒く繰り返した。姉が学生からそれらの本をもらい、彼女が私に読ませてくれたのだ。「君を傷つけたのなら謝る。本当に君の言葉を疑ったわけではない。あまりにも若い女性がそんな本を読んでいたのを知って、ただ驚いてしまったんだ」と、バークマンは優しい声で言った。

少女時代から、何とはるかな時間をさすらってきたことだろうかと、私は深い感慨にとらわれた。「残忍なニヒリストに暗殺された」皇帝の死を伝える一枚の大きなビラを前にした、ケーニヒスベルクでの朝のことを思い起こした。そのビラは、一時期、私たちの家庭を奈落の底に突き落とした、幼い頃のある事件の記憶を蘇らせた。母は彼女の兄のマーティンから、弟のイエゴルが逮捕されたという恐ろしい出来事を手紙で知らされた。イエゴルはニヒリストたちと関係があり、ペトロ・パブロブスキー要塞に投獄され、すぐにもシベリアへ送られるだろうと、その手紙に書かれていた。私たちはその知らせに恐ろしい衝撃を受けた。母はペテルブルグに行く決心をした。その数週間というもの、私たちは心配で不安な状態におかれた。ようやく母が帰ってきた。その顔は喜びに満ちていた。彼女はイエゴルがすでにシベリアに向かっていることを知った。そして万難を排し、大金を使って、ペテルブルグの総督であるトレポフに謁見することに成功した。総督の息子がイエゴルの大学の仲間であることを知り、それを証拠として、弟が恐ろしいニヒリストたちと関わりがあるはずはないと主張したのだ。総督の息子ととても近しい者であるのだから、ロシアの敵とは何の繋がりもないと彼女は訴え、イエゴルの若さゆえの未熟を申し立て、跪いて泣きながら懇願した。とうとう最後には、トレポフも少年を流刑地から連れ戻すことを約束した。もちろん、総督は彼を厳しい監視下に置くことだろう。そしてイエゴルには、残忍なグループに決して近づかないことを厳粛に誓わせなければならないだろう。

私たちの母は、読んだ本のストーリーを語る時、常にとても臨場感にあふれていた。私たち子供は彼女の話に聞き惚れたものだ。この時もまた、その話は私たちを夢中にさせた。いかめしい総督の前での母が、豊かな髪を抱いた美しい顔を涙で濡らしている場面を私は思い浮かべた。ニヒリストたちのことも想像できた――皇帝を殺すために叔父を罠にかけた、陰気で人相の悪い人々。立派で慈悲深い皇帝――と母は言っていた――は、ユダヤ人にできるだけの自由を与えてくれた最初の人だった。ユダヤ人虐殺をやめさせ、小作農を解放しようとしていた。そんな皇帝をニヒリストたちは殺すなんて！「冷血な殺し屋たちだ。彼らは皆殺しにされて当然だよ。一人残らずね！」と母は叫んだ。

ニヒリズムについての疑惑が消える

母の激烈な言葉は私を恐れさせた。皆殺しという表現が私をぞっとさせたのである。ニヒリストは人でなしだと感じてはいたが、母の中に見たそのような残酷さにも耐えられなかった。その後、ニヒリストについて考えながら、彼らが一体何者で、何が彼らをそんなにも凶暴にさせるのか、よく不思議に思っていた。皇帝を暗殺したニヒリストの絞首刑のニュースをケーニヒスベルクで聞いた時、もはや彼らに対して悪意を感じていなかった。不思議なことに、私の中の何かが彼らへの同情を呼び覚ましたのである。私は彼らの運命を考えて、さめざめと泣いた。

数年後、『父と子』の中で「ニヒリスト」という言葉に出会った。そして『何をなすべきか』を読んだ時、処刑された男たちに感じた本能的な同情を理解した。彼らは民衆の苦しみに対して抗議することのない傍観者であることができず、民衆のために命を犠牲にしたのだと感じた。一八七九年にトレポフを射殺したヴェーラ・ザスーリッチの話を知った時、私はさらに確信した。若いロシア語の教師がそれについて話してくれたのである。母はトレポフは親切で人間的だと言っていたが、私の先生は彼がいかに暴君であり、コサック兵を指揮し、学生たちの集会を鞭で襲わせてたたきつぶし、そして囚人たちをシベリア送りにしている真の怪物であると話してくれた。「トレポフのような役人は野獣だ。奴らは小作農から略奪し、彼らを鞭打つ。奴らはまた、監獄にいる理想主義者を拷問するんだ」と、彼は激怒して言った。

私の先生は真実を述べているとわかった。ポペランでは、誰もが小作農に対する鞭打ちを語っていた。ある日、私は半裸の人間が皮ひもで鞭打たれている場面に遭遇した。それで感情を取り乱し、数日の間、その恐ろしい光景が頭に浮かんでいた。先生の話を聞いていると、その恐ろしい光景がまざまざと浮かんできた。血を流している身体、罵声、憲兵の醜い顔、半裸の男の上に空を切って、鋭利な音を立てて振り降ろされる鞭。ニヒリストに対するすべての疑念が、今や子供時代の印象も含めて消えてしまった。彼らは私にとって英雄で、殉教者であり、それゆえに私を導く星であった。

ヨハン・モストを訪ねる

なぜ急に黙ってしまったのかというバークマンの声で、私はもの思いから覚めた。彼にその思い出を話した。すると、彼は自分が子供時代に受けた影響のいくつか、特に愛していたニヒリストの叔父マクシムのことや、彼が処刑されたという知らせを受けた時に体験した衝撃について語った。「僕たちはよく似ている。そう思わないか。それに同じ街の出身だし。コヴノの街が革命運動に多くの勇敢な青年を輩出していることは知っているだろう」と彼は言って、さらに付け加えた。「今度はおそらく勇敢な娘もだ」。私は赤面すると同時に、誇らしく感じた。「その時が来たら、期待を裏切らないようにしたいわ」と私は答えた。

列車は狭い街路を通り過ぎていった。みすぼらしい佇まいの家屋があまりにも接近していたので、その部屋の中の光景まで目に入ってきた。非常階段には汚い枕や毛布が散乱し、垢で汚れた洗濯物が掛けてあった。バークマンは私に合図して、次の駅がブルックリン橋だと告げた。私たちは列車を降りて、ウィリアム通りへと歩いた。

古い建物の中に入り、暗くきしむ階段を二つ上がると、そこが『自由』の編集室だった。数人の男が手前の部屋で活字を組んでいた。奥の部屋で、ヨハン・モストが高い机の所に立って、原稿を書いていた。私たちを横目に見ると、彼は座るようにと勧めた。「意地悪して悩ませる向こうの部屋の奴らによって、私は血を絞り取られている。原稿、原稿、原稿だ！　原稿を催促することしか知らない！　奴らに一行でも書くように言ってみな――まず無理だろう。奴らは愚かすぎるし、とんでもなく怠け者だ」と、彼は不平をこぼした。モストの癇癪に応えて、活字を組んでいる部屋から快活な笑い声が上がった。

初めて彼を見た時に不快に思ったしゃがれ声と歪んだ顎は、ロチェスターの新聞に掲載されたモストのカリカチュアを想起させた。私の前にいるこの怒れる男と、雄弁で私に我を忘れさせるような霊感を与えた昨夜の演説者とが、なぜか同一人物のようには思えなかった。

バークマンは私が困惑し、怯えていることに気づいた。彼はロシア語で、モストは仕事中はいつもこの調子なんだから気にするなとささやいた。私は天井から床までしつらえてある棚を埋めつくす本を見せてもらおうと立ち上がった。その中に私の読んだ本は数冊しかなかった。私は自問した。学生時代の数年間はわずかしか読んでいない、それをいつか埋め合わせできるだろうか？　読む時間を持てるだろうか？　そして本を買うお金はどうするのか？　モストは私に本を貸してくれるだろうか？　そして読書と学習の進め方を教えてくれるだろうかと考えていた。すると、またしてもモストの怒りの声が響いた。「さあ、ここに私の肉の一ポンドがある。貴様らシャイロックめ！　紙面を埋めるのには十二分だ。バークマン、向こうの黒い悪魔たちに原稿を持っていってくれ！」

モストとバークマンの支援

モストが私の近くに来た。深く青い目で私を探るように見つめた。「さて、お嬢さん、何か読みたい本が見つかりましたか。それともドイツやイギリスの本は読まないのかな」と彼は言った。その荒々しい声音は、温かく親しみやすいものに変わっていた。「英語はだめです、でもドイツ語でしたら」と私は彼の声の調子に安堵し、勇気づけられて答えた。読みたい本があればどんな本でも持っていくようにと、彼は言った。それから、私に質問を浴びせた。――どこから来たのか。何をしようとしているのかと。私はロチェスターから来たと答えた。「ああ、その街は知っている。あそこにはうまいビールがある。しかしあそこのドイツ人は馬鹿の集まりだ。どうしてわざわざニューヨークに出てきたのですか？　ここの生活は厳しい。賃金は安いし、それになかなか職も見つからない。やっていけるだけのお金を持っているのですか？」と彼は尋ねた。まったく見ず知らずの私に対する、この人物の気遣いに深く感動した。私はニューヨークがアナキスト運動の拠点で、そしてあなたがそのリーダー的存在であると読んだことがあり、この街を選んだのだと説明した。だから実際に、示唆と助言を請うためにここに来たのだ。私は彼と話すことを切望していた。私は言った。「でも、今でなくてもかまいません。いつか他の時でも。それと、あなたの黒い悪魔たちがいない時に。」

「あなたはユーモアのセンスがある。もしあなたが私たちの運動に加わるとすれば、それが必要になるでしょう」と、モストは顔を綻ばせながら言った。それから、『自由』の配送、宛名書き、折り仕事を手伝ってほしいので、次の木曜日に来てくれないかとも言った。「そしてその後なら、話をすることができるでしょう。」

私は数冊の本を小脇に抱え、モストと温かい握手を交わした。モストは私を見送ってくれた。バークマンも私と一緒に外に出た。

私たちはサッチの店に行った。アンナが用意してくれたお茶以来、私は何も口にしていなかった。それはバークマンも同様で、お腹をすかせていたが、明らかに前の晩ほどではなかった。彼は特大ステーキもマグカップのコーヒーも注文しなかった。お金がないのだろうか？　私はまだ持ち合わせのお金があったので、彼にもっと注文するように頼んだ。見知らぬ街に着いたばかりで、まだ仕事も見つかっていない人間からそんなことをしてもらうわけにはいかないと言って、彼は素っ気なく拒んだ。私は少し腹を立てたが、おかしくもあった。あなたを傷つけるつもりはないし、同志とはいつも物を分け合うものだと信じていると私は説明した。彼は自分の無作法を謝ったが、お腹は空いていないとはっきり言った。私たちはレストランを出た。

八月の暑さは重苦しいばかりだった。バークマンは暑さしのぎにバッテリー公園へ行こうと提案した。私はアメリカに着いて以来、港を見ていなかった。港の美しさはあの記念すべき日と同様に私の心をとらえたが、自由の女神はもはや魅力あるシンボルではなくなっていた。私はなんと子供っぽく、ナイーブであったことか。あの日がはるか遠い過去のように思われた。

私たちは午後の話題に立ち返った。バークマンは友人として、この街ではつてがなければ、婦人服の仕立ての仕事を見つけることは難しいのではないかという意見を言った。コルセットや手袋、あるいは紳士服の工場をあたってみるつもりだと私は答えた。彼は裁縫の仕事をしているユダヤ人仲間に問い合わせてみようと約束してくれた。彼らがきっと仕事を見つける手助けしてくれるだろうとも言った。

フェジャに会う

私たちが別れたのは夜も更けてからだった。バークマンは反宗教的な文章を書いたためにギムナジウムを放校になったこと、それから家には永久に帰らないということを除いて、彼自身のことはほとんど語らなかった。合衆国は自由で、そこでの生活は誰にでも平等なチャンスがあると信じて、彼はこの国にやってきた。ところが今ではそうでないことがよくわかっていた。さらに過酷な搾取を見てしまっていたし、シカゴ・アナキストの処刑以来、アメリカはロシアと同じように専制的であると確信するに至った。

「『私たちを大砲で襲うなら、私たちもダイナマイトで応えるだろう』と、リングが言ったのは正しかった。いつの日か、僕も処刑された人たちの復讐をするつもりだ」と、彼はとても真剣に付け加えた。

「私だってそのつもりよ。本当にそうだわ。彼らの死が私に生命を与えてくれたわ。今や私の人生は彼らの記憶——彼らのなしとげた仕事に捧げられるのよ」と私は叫んだ。彼は私の腕を痛いほど強くつかんだ。「我々は同志だ。友達になろう——一緒に活動しよう」。ミンキンのアパートの階段を昇りながら、私は彼の激しさに深く感動していた。

翌週の金曜日、バークマンは私をイースト・サイドのオーチャード五十四丁目での、ソロタロフによるユダヤ人向け講演会に誘った。ニュー・ヘーヴンでのソロタロフはとてもすばらしい演説者として印象づけられていたが、モストの演説を聞いた後の今となっては、彼の話は無味乾燥で、そのもって回った声音は心地よいものではなかった。それにもかかわらず、彼の熱意はそれを補って余りあった。この街に初めて来た時に、彼がしてくれた歓待に深く感謝していたので、その講演に対し批判がましいことは言えなかった。それに、誰もがモストのような演説者になれるわけではないと私は自戒した。私にとってモストは別格であり、全世界で最も非凡な人物であった。

会合の後で、バークマンが私を多くの人々に紹介した。「全員が優秀な活動家だ。それからこっちが僕の親友のフェジャだ」と、彼は傍らにいる青年を指し示しながら言った。「もちろん彼もアナキストだ。しかしまだ期待には充分応えていないがね。」

その若者はおそらくバークマンと同じ年頃だったが、彼のように強健な身体つきではなかったし、自己主張が強いようでもなかった。容貌はむしろ繊細で、神経質な口元をし、いくらか出目で、夢見がちな表情をしていた。友人にからかわれても少しも気にしていない様子で、愛想よく笑みを浮かべて、一緒にサッチの店に行くことを提案して言った。「優れたアナキストがどんなものか、サーシャがあなたに話す機会を与えてあげましょう。」

私もまた美を愛した

バークマンはカフェに着くまで待ちきれなかった。彼は深い信念を持って話し始めた。「優れたアナキストとは大義のためにのみ生き、そのためにすべてを捧げる者だ。ここにいる僕の友人は依然としてあまりにもブルジョワ的で、それを理解していない。母親の箱入り息子で、家から仕送りさえ受けている」と、フェジャを指差した。さらに革命家がブルジョワ階級の両親や親類と関係を保っていることは自己矛盾であると説明し、友人のフェジャの矛盾を大目に見ている唯一の理由は、彼が家から受け取るほとんどの物を活動に回しているからだと付け加えた。「それに放っておくと、役に立たないもの――彼に言わせれば美しいもの――に全部使ってしまうだろう。そうだろう、フェジャ」とバークマンは友人を振り返り、優しく肩をたたいた。

カフェは相変わらず混んでいて、煙草のけむりとおしゃべりで騒然としていた。私の二人の同伴者が友人につかまってしばらく話をしている間、私は今週知り合った何人かに挨拶された。ようやくテーブルを確保し、コーヒーとケーキを注文した。すると私を見つめ、私の顔を興味深げに見ているフェジャに気づいた。きまりが悪かったので、バークマンの方を向いて尋ねた。「どうして美しいものを愛してはいけないの? たとえば、花や音楽や演劇――美しいものでしょう?」。バークマンが答えた。「僕はいけないとは言わなかった。活動の資金が必要な時に、そのようなものに金を使うことが悪いと言ったんだ。人々が貧しい暮らしをしている時に贅沢を楽しむことは、アナキストとして矛盾している。」

私も主張した。「でも美しいものが贅沢だとは限らないわ。必要なものだし、それがなければ生活が耐えられないものになるでしょう」。そうは言ったものの、心の底ではバークマンの主張が正しいと感じていた。革命家は自らの生活すらも放棄する――それならばどうして美しいものも捨てられないのか。だが若い芸術家フェジャは私の琴線に触れた。私も美しいものを愛していた。教師との時折の野外活動によってのみ、ケーニヒスベルクでの貧窮生活は耐えられたのだ。野原に銀白色の光を差しかけている月、森、髪に巻いた緑の花冠、摘んだ花々――これらは重苦しい家庭環境をひとときでも忘れさせてくれた。母に叱られた時や学校で困難にぶつかった時、隣の家の一枚のライラック、あるいは商店に飾られた色彩豊かなシルクやベルベットの光景は、悲しみを忘れさせ、世界を美しく明るいものに思わせてくれた。それだけでなく、少ししか機会がなかったが、ケーニヒスベルクやペテルブルグで聴くことができた音楽もそうだった。優れた革命家になるためには、これらのすべてを忘却しなければならないのだろうか。それだけの強さを持つべきなのだろうか。

醜いものへのフェジャの強い反発

その夜別れる前に、私がこの街を見物したがっていると友人から聞いたので、明日は暇だし、喜んで案内したいと、フェジャが申し出た。「時間の都合がつくということは、あなたも失業しているの？」と私が尋ねると、「バークマンが言ったように、僕は芸術家です。あなたは芸術家が働くなんて聞いたことがありますか？」と、笑いながら彼は答えた。私はそれまで芸術家に会ったことがないことを認め、顔を赤らめて、「芸術家は霊感を持った人物で、すべてのことがうまくいくのね」と言った。バークマンが追い討ちをかけた。「もちろんだ。なぜなら一般大衆が彼らのために働いているからだ」。その言い方があまり辛辣だったので、私はフェジャに同情した。彼の方を向いて、明日迎えに来てくれるように頼んだ。しかし自分の部屋で一人になると、私は心の中でバークマンに感服し、あの言葉は「傲慢な若者」の妥協することのない情熱だと思った。

翌日、フェジャがセントラルパークへ連れていってくれた。五番街を歩いている時、所有者の名前を挙げながら様々な豪華な建物を指差した。大衆が貧しく暮らしている一方にある、そういった金持ちの富と浪費について読んだことがあった。彼らのすばらしい宮殿とイースト・サイドのみすぼらしいアパートとの落差に憤りを感じた。「確かに、少数の者がすべてを所有し、大多数の者は何も持っていないのは罪悪だ。特にいやなのは、金持ちたちの、見るからの悪趣味です——あれらの建物は醜い」と、芸術家は続けざまに言った。私はバークマンの美しいものに対する態度を思い出して、「あなたは生活における美しいものの必要性と重要性について、バークマンには賛成しないでしょうね？」と尋ねた。「もちろんですよ。だが何よりもまず、彼は一人の革命家だ。僕もそうありたいと願っているが、残念ながらそうではない」。私は彼の素直さと飾りのなさに好感を抱いた。だが、革命の倫理について語る際のバークマンのようには感銘しなかった。子供時代に、夕日が最後の輝きによってポペランの草原を金色に変える風景にいつも感じていた神秘的な憧れを、ペトルシュカの甘いフルートの音色のように、フェジャは私に思い起こさせるのだった。

翌週、私は『自由』の編集室に行った。そこにいる人たちはすでに封筒の宛名書きや新聞を折ることに追われていた。誰もが言葉を交わしていた。ヨハン・モストは彼の机にいた。私は場所を割り当てられ、仕事を与えられた。この喧騒の中で原稿を書くことのできるモストの能力に驚いた。何度か、彼の仕事の妨げになるから静かにするように言おうとしたが、そのつどじっとこらえた。結局のところ、モストがうるさいと感じているかどうか、彼らにはわかっているのだろう。

わが師としてのヨハン・モスト

夕方になると、モストは原稿を書くことをやめ、おしゃべりしている人たちを「歯の抜けた婆さん」とか、「うるさい鵞鳥」とか、その他にも私が今まで聞いたことのないドイツ語で、荒々しく罵倒した。彼はラックから大きなフェルト帽をひったくると、私についてくるように言って、部屋を出た。私もその後に続き、高架鉄道に乗った。「テラスガーデンへ行こう。もしお望みなら、劇場にも入れる。今夜は『ジプシー男爵』をやっている。それがいやなら、どこか適当な所に座って、飲んだり、食べたり、話をすることもできる」と彼は言った。私は軽いオペラは好きではないし、本当に望んでいるのはあなたと話すこと、それにもましてあなたの話を聞くことだと答えた。「でも事務所でのように、あまり荒っぽい話し方はごめんです」と私は付け加えた。

彼は食物とワインを選んだ。私はそれらの名前を知らなかった。ワインの瓶のラベルには「リープフラウエンミルヒ」とあった。「女性の愛のミルク――何て美しい名称でしょう」と私は言った。しかし彼は反駁した。「確かにワインにはふさわしい。だが女性の愛は違う。ワインは常に詩的である――ところが女性の愛はみみっちい散文以外の何物でもない。それは苦い味を残す。」

私はあたかも何か失言したか、心の傷に触れてしまったかのような罪の意識を感じた。それでも、イースター用のワインの他に、今までどんなワインも飲んだことがないと言った。モストは身体をゆすって笑い、私は泣きたくなった。私の困惑に気づき、彼は自制して、二つのグラスにワインを注いで言った。「私の若くて、ナイーブなレディに乾杯」。そして一気に飲み干した。私がグラスの半分を飲む前に、彼は一瓶あけてしまい、さらにもう一瓶頼んだ。

彼は活気にあふれ、機知に富み、才気をひらめかせた。壇上で熱弁をふるっている時の辛辣さや憎悪や、反逆的な態度は微塵もなかった。その代わり、まったくの別人がいた。もはやロチェスターの新聞の冷笑的なカリカチュアでも、事務所での荒々しい人間でもなかった。愛想のいい話し相手であり、行き届いた思いやりのある友人であった。彼は私の話を聞き、過去の生活と縁を切る決心をさせた動機を知ると、感慨深げになった。そして思いきったことをする前には熟慮するようにと忠告して、言った。「アナキズムへの道は険しくて、苦しい。多くの者がその頂に登ろうと企てて、失敗した。その代償は過酷だ。ところがほとんどの人たちはその代償を払う覚悟をしていないし、ほとんどの女性もそれがまったく欠けている。ルイーズ・ミシェル、ソフィア・ペロフスカヤ――彼女たちは偉大な例外だ」。パリ・コミューンやあのすばらしいロシアの女性革命家のことを読んだことがあるかと私は聞かれた。知らないことを認めなければならなかった。その偉大なロシア人について知ってはいたけれども、ルイーズ・ミシェルの名前はそれまで聞いたことがなかった。「彼女たちの生涯についての本を読むべきだ。それらはきっと君の励みとなるだろう」とモストは言った。

モストの幸福に私を捧げる

アメリカのアナキスト運動において、範に足る女性はいないのかと私は尋ねた。「まったくいない。愚かな女ばかりだ。ほとんどの若い娘は男をつかまえるために集会に来る。そしてローレライの誘惑にのる哀れな漁夫のように、男女とも消えてしまう」と彼は答えた。その目がいたずらっぽく光った。女性の革命的情熱をあまり信じていないようだった。だがロシアから来た私は違うし、彼は私を支援するだろう。もし本当に真剣であれば、なすべき仕事をたくさん見つけることができるだろう。「私たちの運動は若くて自発的な人々を強く必要としている——君のような熱心な人をね——それに私は熱烈な友情を強く求めている」と、彼は感情をこめて言った。

「あなたが？　あなたはニューヨークに、いや世界中に何千という友人を持っているし、愛され、偶像視されているのではないですか」と私は聞いた。「確かに、多くの者に偶像視されているが、誰にも愛されてはいない。人は何千という人に囲まれていても、とても孤独なこともありうる。それがどういうことかわかるかい？」。何かが私の心を締めつけた。彼の手を取って、私が友人になりましょうと言いたかった。しかし、その勇気はなかった。私がこの人に何を与えられるというのか？——私は女工で、教養もなかった。一方で彼は有名なヨハン・モストだった。大衆のリーダーで、魔術的な言葉と力強い文章力を持った人物ではないか。彼は読むべき書物のリストをくれると約束した——それには革命詩人、フライリヒラート、ヘルヴェーク、シラー、ハイネ、ベルネの著作、それにもちろんアナキズム文献も含まれていた。私たちがテラスガーデンを出たのは夜明け近くになってからだった。モストが車を呼び止め、私たちはミンキンのアパートへ行った。ドアの所で、彼は私の手に軽く触れた。そして、「君は絹のようなブロンドの髪と青い瞳をどこで手に入れたのかい。君はユダヤ人だと告白したが」と言った。「豚の市場です。父がそう言いました」と私は答えた。「君は気のきいた言い方を知っているね。私たちは同類だよ」。彼は私がドアの鍵を外すのを待ち、それから私の手を取り、目を深く覗きこんで言った。「久しい間、こんなに幸福な夜はなかったよ」。彼の言葉は大きな喜びで私を満たした。車が走り去ると、私はゆっくり階段を昇った。

翌日、バークマンが訪れた時、私はモストとのすばらしい一夜のことを話した。彼の顔が曇った。「モストには金を浪費する権利はないはずだ。高級なレストランに行って、高価なワインを飲むなんて。彼は運動のために寄付された金を使っている。説明責任がある。僕が彼に言うよ」と、真剣な表情で言った。「いいえ、だめよ。私が原因でモストを傷つけることには耐えられないわ。彼はとてもよく貢献しているのに、少しの楽しみも許されないの？」

革命運動においては、私はまだひよっ子で、革命の倫理や革命の善悪の意味を何もわかっていないと、バークマンは主張した。私は自分の無知を認め、モストを傷つけること以外なら、何であってもこれから学ぶし、実行すると確約した。それでも彼は、さよならも言わずに立ち去った。

自由恋愛を主張する

私の心はとても動揺していた。モストに惹かれつつあった。彼の非凡な才能、生活や友情に対する真摯な態度は、深く私を動かしていた。一方で、バークマンもまた私の心を深くとらえていた。彼の真面目さ、自負、若さ——彼のすべてが抗し難い力で私を引き寄せた。しかし私は二人のうち、モストの方にさらに惹かれていると感じていた。

フェジャが会いに来た時、彼はすでにバークマンから昨日の話を聞いていた。驚かないねとフェジャは言った。バークマンが妥協しないこと、厳格であること、そして自分自身に最も厳しいことを彼はよく知っていたからだった。「それは人間に対する無私の愛からきているし、ひとつの愛がやがて彼を偉大な行為へと駆りたてるだろう」と付け加えた。

その一週間というもの、バークマンは姿を現わさなかった。次に来た時、プロスペクト公園へ出かけようと私を誘った。セントラルパークよりもこちらの方が人工的でないから好きだと言った。私たちは手入れされていない自然の美しさに感嘆しながら、長い間散歩し、ようやく私が持ってきた昼食を食べる絶好の場所を見つけた。

そこでペテルブルグとロチェスターでの私の生活を語り合った。私はジャコブ・カーシュナーとの結婚とその失敗について話した。バークマンは私が結婚についてどのような本を読んでいたのか、それらが夫と別れる決心にどのような影響を与えたかを知りたがっていた。私はそのような本は読んだことがなかったが、結婚生活の悲惨さは自分の家庭を見てよく知っていた。父の母に対する冷たい仕打ち、絶え間ない口論、そして母が殴られて気を失うことで終わる悲惨な光景。叔父叔母の結婚生活の卑しさ、あさましさも見た。それはロチェスターの知り合いの家でもまったく同じだった。私自身の経験を含めて、結婚とは人間を生涯にわたって束縛するもので、悪であると確信するようになった。同じ家、同じ部屋、同じベッドに絶えず一緒にいることは私にとって耐えられなかった。「もし再び男性を愛するとしたら、ラビや法律によって縛られることなく、その人に全身を捧げるでしょう。そして愛情がなくなったら、誰の許しも乞わずに別れます」と私は宣言した。

サーシャに惹きつけられる

バークマンは私が結婚をそのように考えていることを知って、うれしいと言った。すべての真の革命家は結婚を放棄して、自由に生きている。それが逆に、彼らの愛を強固なものにするのだと言って、共通の目的に向かって支え合っていたソフィア・ペロフスカヤとジェリャーボフのことを語った。二人はずっと恋人同士であり、同じグループで活動していた。そして一緒に、アレクサンドル二世の暗殺計画を企てていた。爆弾が炸裂した後、ペロフスカヤは姿を消した。彼女は地下に潜っていたが、逃亡するあらゆるチャンスがあり、同志たちは彼女に逃げるように頼んだ。しかし彼女はそれを拒絶し、暗殺の結果にも責任を持つべきであり、同志たちと運命を共にし、ジェリャーボフと一緒に死ぬつもりだと主張した。「彼女が個人的な感情に動かされたことはよくなかった。彼女の大義に対する愛は、それとは別の個人的衝動と混同されてしまった」と、彼は注釈した。私は再び彼に同意できなかった。共通する闘いにおいて、愛する人とともに死ぬことが悪いはずはない——それは美しくも崇高な行為である。すると彼は、私が革命家としてはあまりにロマンチックで、感傷的であり、私たちの前にある仕事は困難であるから、強くならねばならないと言った。

私はこの人がそんなに強いのか、それとも単に優しさを隠そうとしているのかと思った。私は彼の中に直観的に優しさを感じ取り、彼に惹かれる思いになり、腕を回したくなったが、恥ずかしさのあまり、できなかった。

その日は燃えたつように輝く日没の中に終わった。私の心は喜びであふれていた。家に帰る途中、ずっと私はドイツ語とロシア語の歌を唄った。「風そよぎ、風そよぐ」という歌詞もその中のひとつだった。「それは僕の大好きな歌だよ。エマ、愛しい女よ。君のことをそう呼んではいけないかい？　もしよければ僕のことはサーシャと呼んでくれないか？」と彼は言った。私たちは自然に唇をよせていた。

私はヘレン・ミンキンが雇われていたコルセット工場で働き始めた。しかし数週間すると、その重労働に耐えられなくなった。やっとの思いで毎日を送っていたが、激しい頭痛に悩まされていた。ある夜、絹のブラウス工場なら、家でできる仕事があるという話をしてくれた少女と出会った。彼女は仕事をいくらかでも取ってくると約束してくれた。ミンキンのアパートでミシンを踏むことはできないし、全員に迷惑をかけることになるとわかっていた。特にミンキン姉妹の父親は私の神経を苛立たせていた。彼は実に不愉快な人間で、決して働くことなく、娘たちに頼って生きていた。アンナを性的な対象として見ているようで、まるで貪るような視線を注いでいた。さらに驚くべきことにヘレンをひどく嫌い、絶えず争いを引き起こした。ついに私は転居を決意した。

サッチのカフェからそれほど遠くないサーフォーク街に部屋を見つけた。狭くて薄暗かったが、家賃は一ヵ月わずか三ドルであったので、契約を申し込んだ。そこで私は絹のブラウス作りの仕事を始めた。時には、知り合いの少女やその友達の服を作る仕事もあった。この仕事は体力を消耗したが、工場とそのうるさい規則から私を解放してくれた。それにより得られる収入は、慣れてしまえば工場での収入より少ないということはなかった。

モストとのオペラ鑑賞

モストは講演旅行に出かけていた。時々、短い手紙が届き、彼が出会った人々についての機知に富み、しかも痛烈な批判と、彼にインタビューをして中傷記事を書いたレポーターへの激しい非難が書かれていた。ある時には、手紙に自分のカリカチュアを入れて、欄外に注をつけ、「マダム・キラーにご用心！」とか、「これが幼児を狙う人食い男だ」とか書いて送ってきた。

そのカリカチュアは私がそれまで見たどれよりも凶悪で残忍だった。シカゴ事件の間、ロチェスターの新聞に感じていた嫌悪感は、今やアメリカの全新聞に対する否応なき憎悪へと変わった。粗暴な考えが頭をもたげ、それをサーシャに打ち明けた。「腐敗した新聞社のひとつくらい、爆破されるべきだと思わない？――編集者も報道記者も全部一緒に――それは新聞社に対する教訓を与えることになるわ」。しかしサーシャは首を振って、それは無益なことだと言った。新聞社は資本主義の手先にすぎない。「我々はその根幹に打撃を与えなければならないのだ。」

モストが旅行から帰ってくると、私たちはその報告を聞きに行った。彼は以前にもまして話に磨きがかかり、痛烈な批判に富み、制度に対して挑戦的になっていた。私は完全に魅了されていた。講演が終わると、どんなにすばらしかったかを言いに、彼の所に行かずにはいられなかった。「月曜日に、メトロポリタン・オペラハウスに『カルメン』を聴きに行かないか？」と彼はささやき、月曜日には悪魔たちに複写させなければならないので、とても忙しいが、君が行くと約束するなら、日曜に仕事をすませると付け加えた。「世界の果てでも行くわ！」と私は衝動にかられて答えた。

オペラの席は売り切れていた――どんな金額を出しても席は取れなかった。立ち見するしかなく、それが耐え難いものであることもわかっていた。子供の頃から、私は左足の爪先が短いのに悩まされていた。新しい靴を履くと、数週間の苦痛を余儀なくされた。それなのに私は新しい靴を履いていた。しかしモストにそれを告げることはとても恥ずかしかったし、つまらない女だと思われることを恐れていた。大勢の観客にまじって、彼の近くに立っていた。足は炎の上にかざされているように熱をもってきた。だが第一楽章のすばらしい歌唱を耳にすると、その苦痛を忘れた。第一幕が終わり、ライトがつくと、夢中になってモストにしがみついていた。だが私の顔は苦痛でゆがんでいた。「どうしたのか」と彼が尋ねた。「靴をぬがないと悲鳴を上げてしまいそうだわ」と、私は喘ぐように言った。彼によりかかりながら、ボタンをゆるめようとしてかがんだ。オペラの後半はモストの腕に支えられて聴き、靴は手に持っていた。私の幸福な気持ちが『カルメン』の音楽によるものか、靴からの解放にあるのか、どちらとも言えなかった。

初めてのオペラ鑑賞

私たちは腕を組んでオペラハウスを出た。私は足を引きずっていた。カフェに入ると、モストは私の虚勢をからかった。しかし、窮屈な靴を履くということは愚かなことだが、君が意外と女らしいのを知って、むしろうれしかったと彼は言った。とても機嫌がよく、私が以前オペラを聴いたことがあるか知りたがり、その話を聞かせてくれと言った。

私は十五歳になるまで、父の馬丁ペトルシュカの哀愁を帯びたフルートの音色以外に、どんな音楽も聴いたことがなかった。ユダヤ教会での結婚式のバイオリンの甲高い音や歌唱の授業でのピアノの単調な音は、いつも私にとって嫌悪でしかなかった。ケーニヒスベルクで、オペラ『トゥルヴァトーレ』を聴いた時、初めて音楽が創り出す法悦を実感した。この深い感動の体験は、その多くを私の先生に負っていた。彼女は自分の好きなドイツ人作家のロマンスを私によく語り聞かせ、トゥルヴァトーレとレオノーラの悲しい恋物語についての私の想像力をかきたててくれた。母から先生と一緒にオペラに行っていいという同意を得る前の何日間かの不安によって、張りつめた期待感はますます膨らんでいた。私たちは開演の一時間前にオペラ座へ着いていた。それでも遅れはしないかと冷や汗を流していた。先生は虚弱体質で、夢中で会場に急ぐ私の若い足についてこれなかった。私は天井桟敷へと一度に三段ずつ駆け上がった。劇場にはまだ人もいなくて、薄暗く、最初は少しがっかりしていたが、たちまち魔法を使ったように変わり始めた。劇場はまたたく間に、多くの観客で埋めつくされていった――女性たちは目の覚めるような絹やビロードの服を着て、肌の露わな首や腕には輝く宝石をつけていた。クリスタルのシャンデリアからは緑や黄色、それから紫の色彩の光が放たれていた。それはこれまでに読んだ物語に描かれたすべての光景にもまして、壮麗なお伽の国であった。先生がいることも、忌まわしい家庭の環境も忘れてしまった。手すりから身を半分のりだし、眼下の魅力的な世界にうっとりしていた。オーケストラの感動的な調べが暗くなった劇場から神秘的に湧き上がった。それらが背筋を震わせ、高鳴っていく響きに固唾をのんだ。レオノーラとトゥルヴァトーレは、私のロマンチックな夢想を目の前で演じてくれた。私は二人とともに生き、彼らの情熱的な歌声に興奮し、酔いしれた。二人の悲劇にまさしく引きこまれ、彼らの喜びも悲しみも自分自身のことのように思われた。トゥルヴァトーレと母親の場面では、彼女の悲歌「ああ、私は許そう。そしてここで死ぬのだ」に対して、トゥルヴァトーレの「おお、愛する母よ」という返歌がなされて、私を深い悲しみで満たし、心臓が哀れみの気持ちで震えた。オペラの魔力は大きな拍手で破られ、新たな光の洪水が注いだ。私もまた熱狂的に手を叩き、座席に上がり、わがお伽の国のヒーローとヒロインであるトゥルヴァトーレとレオノーラにあらんかぎりの声援を送った。先生が私のスカートを引っぱりながら、「さあ早く、行きましょうよ」と言うのが聞こえた。私は茫然としたまま、その後についていった。感きわまり、涙にむせんで身体が震え、耳の中では音楽が鳴り続けていた。ケーニヒスベルクでも、また後にはペテルブルグでもオペラを聴いたが、『トゥルヴァトーレ』の印象は私の娘時代の最もすばらしい音楽体験として、長い間、際立って残っていた。

この話をモストにし終えると、彼がはるか遠くを見つめていることに気づいた。夢から覚めたように目を上げ、子供時代の感動をこれほどドラマチックに聞かされたことはないと、おもむろに言った。君には大変な才能があるし、ただちに人前で話すことを始めるべきだ。私は君を卓抜した演説家にしてみせよう——そうなれば、「私がいない時でも、その代わりが務まる」と彼は付け加えた。

単なる冗談か、あるいはお世辞にすぎないと私は思った。いつか彼の代わりを務め、その熱情と魔力を体現することになると本当に信じているはずがない。私を買いかぶってもらいたくなかった——馬鹿げたドイツ流のお世辞ではなく、率直で正直な、真の同志であってほしかった。モストはにっこり笑い、「最初の演説」を期して、と言って、グラスを空けた。

その後も、私たちはしばしば一緒に出かけた。彼は私に新しい世界を啓き、様々な音楽や書物や演劇へと導いた。それに何よりも彼の豊かな個性が私にとって大きな意味を持っていた——それは、柔軟な精神の振幅、資本主義体制への敵対心、万人のための美と喜びに満ちた新しい社会についてのビジョンであった。

モストは私の偶像となり、私は彼を崇拝した。

◎第4章◎ シカゴ殉教者追悼集会と様々な愛のかたち

シカゴ殉教者追悼集会

シカゴ殉教者追悼集会の十一月十一日が近づいていた。サーシャと私は二人にとって特に重要な意味を持つ、この大きな式典の準備に忙殺されていた。追悼集会の場所として、クーパー・ユニオンが確保されていた。この集会は急進的な労働団体の協力のもとに、アナキストと社会主義者の共催で行なわれることになっていた。

数週間にわたって、毎日夕方になると、私たちは様々な労働組合を訪れて参加を呼びかけた。その場合、私は短い立ち話しかできないこともあり、出かける時はいつも不安であった。かなり前のことではあるが、ドイツ人とユダヤ人の講演会で、思いきって質問しようとしたが、そのつど気力がなえてしまう感覚を味わった。講師の話を聞いている間に、質問の内容はたやすく組み立てられるのだが、いざ立ち上がると意気阻喪してしまう。必死の思いで前の椅子を握りしめても、胸の鼓動が高まり、膝が震えるのである――会場の中のすべてが霞んで見え、そして自分の声がはるか遠くに聞こえ、最後には冷や汗にまみれて、椅子に崩れ落ちてしまうのだった。

短いスピーチを頼まれた時、私は断った。うまくやってのける自信がなかったのだ。しかしどのように断っても、モストは承知しなかったし、他の同志たちも同様だった。大義のためには、どのようなことでもできなくてはならないと言われたし、私も大義に奉仕したいと心から望んでいた。

私の話は繰り返しばかりで、説得力に欠け、首尾一貫していないといつも思っていた。そのため常に陰鬱な無力感につきまとわれていた。ところが、誰もが私のうろたえぶりをわかっているはずだと思っていたのに、一人もそれに気づいていなかった。サーシャでさえ、沈着冷静だったとよく私を評した。それは私がまだ若く、初心者であるからなのか、それとも殉教した人々への深い感情を抱いていたからなのかどうか、私にはわからなかった。そのことはさておくとしても、情宣に行って、労働者の関心を引きつけるのに失敗したことは一度もなかった。

アンナ、ヘレン、フェジャ、サーシャと私からなる小グループは、花輪を送ることに決めた――それは幅広い、黒と赤のサテンのリボンをあしらった月桂樹の花輪だった。最初、私たちは八つの花輪を買いたかったが、働いているのはサーシャと私だけだったので、お金がとても足りなかった。結局、ひとつの花輪をリングに捧げることにした。というのも、八人の中ではリングが気高い英雄として際立っているように私たちには思われたからだ。彼の不屈の精神、告訴人や判事に対する徹底した侮蔑、意思力、それらが彼を敵に屈服させることなく、進んで絞首台へと赴かせることになったのだ――この二十二歳の青年が持ち合わせていたすべてのものが、その人柄にロマンと美を添えていたし、リングは私たちを導く篝火となっていた。

ついに待ち望んでいた夕べはやってきた――殉教者を悼む私の最初の公の集会だった。私はロチェスターの新聞で、ワルトハイムまでの感銘深い行進のことをすでに読んで知っていた――亡くなった偉人たちを、その永眠する墓地まで見送る、五マイルに及ぶ労働者の参列であった。その後、世界中で大集会が開催されたし、私はそのような式典に出席したいと心から待ち望んでいた。ついにその時が来たのだ。私はサーシャと一緒にクーパー・ユニオンに出かけていった。

歴史あるホールは超満員だった。それでも何とか頭上に花輪を掲げて通り抜けると、壇上もやはり混んでいた。一組のカップルの隣にモストが立っているのを見るまで、私は戸惑っていた。モストの存在は私を安心させた。彼の二人の連れは見るからに名士然としていた。男性は愛想よく見えたが、女性の方は踝《くるぶし》まである黒いベルベットのぴったりしたドレスを着て、豊かなブロンドの髪に縁どられた顔は青白く、冷淡でよそよそしかった。明らかに彼女は別世界の人間だった。

「モストの隣の男はセルゲイ・シェヴィッチだよ。ロシアの有名な革命家で、今は社会主義日刊紙『人民新聞』の編集者だ。あの女はその細君で、かつてのヘレーネ・フォン・デニゲスだよ」とすぐにサーシャが言った。「じゃあ、フェルディナンド・ラサールが愛した女? ラサールがそのために命を落としたという女なの?」と私は尋ねた。「そうだよ。同一人物だ。彼女はずっと貴族のままで、実際は僕たちの仲間ではないが、シェヴィッチは立派だよ。」

モストが私に読むようにとラサールの著作をくれたことがあった。そしてその著作の深遠な思想、力強さ、明晰さに、私は感銘を受けていた。それに、一八五〇年代のドイツにおける初期労働運動のために、彼が多方面にわたって活動したことを学んでいた。彼の劇的な一生や、ヘレーネ・フォン・デニゲスをめぐっての決闘で、一士官の手にかかって夭折してしまったことに、私は深い感動を覚えていたのだった。

しかし、その女性の高慢で人を見下したような態度には反感を抱いた。長い裾や、人を無遠慮に見ている柄付き眼鏡に強い憤りを持った。シェヴィッチの方に目をやると、彼はあけっぴろげな優しい顔付きで、物腰に気取ったところはなく、好感を持った。リングの写真に花輪をかけたいのだが、高すぎて、梯子がなければ届かないと、私がシェヴィッチに伝えた。すると「かわいい同志よ、私があなたを持ち上げて、花輪をかけるまで支えますよ」と彼は愛想よく言って、まるで幼児を扱うように、軽々と私を持ち上げた。私はとてもきまりが悪かったが、花輪をかけ終えた。シェヴィッチは私を下に降ろすと、なぜ殉教者の中から、特にリングを選んだのかと尋ねた。リングの訴えが最も強烈だったからだと私は答えた。力強い手で私の姿勢を直しながら、「そうです。リングは他の誰よりもロシアの英雄に似ています」とシェヴィッチは感情をこめて言った。

追悼集会が始まった。シェヴィッチと『人民新聞』の共同編集人であるアレクサンドル・ヨナス、それから様々な言語を操る講師や演説者たちが、私がヨハンナ・グレイエから初めて聞き、それから何度となく読み、すでに暗記してしまった事件の経過を話した。

シェヴィッチとヨナスは印象的な演説者だったが、他の人たちには共感を覚えなかった。それからモストが壇上に昇ると、他のすべてが跡形もなく消えてしまったように思えた。私は彼の嵐のような雄弁に聞き入り、ひきずり回され、その声の高低によって、魂までが伸縮するようだった。それはもはや演説といったものではなく、雷鳴の轟く中の閃光に似ていた。シカゴで起こった忌まわしい事件に抗議する、荒々しく激情のこもった叫びだった——敵と闘うことへの燃えるような呼びかけ、それぞれへの行動と報復の呼びかけだった。

サーシャとの愛

集会は終わった。サーシャと私は他の人たちと列を作って会場を出た。私は言葉を発することができず、黙ったまま歩き続けた。家に着くと、全身が熱に浮かされたように震えだした。私は抗し難い慕情にとらわれ、サーシャに身を任せたい、その腕の中に抱かれて今夜の恐ろしいほどの緊張から逃れたいという、言葉にできない欲望にかられた。

今、二人で狭いベッドに身を寄せ合って横たわっていた。部屋はもはや暗くなく、柔らかい、心を和らげてくれるような光がどこからか射しこんでいると感じられた。子供の頃に耳にした、淡く美しいロシアの童謡のように、夢の中で甘く懐かしい言葉が聞こえていた。私は眠りに吸いこまれ、考えは途切れた。

集会……シェヴィッチが私を持ち上げる……ヘレーネ・フォン・デニゲスの冷たい顔……ヨハン・モスト……その演説の力強さとすばらしさ、皆殺しにせよという彼の呼びかけ――その言葉を以前どこかで聞いたことがある？ ああ、そうだ、母の言葉だった――ニヒリストに向けられた母の言葉！ 母の残酷さを知って感じた恐怖心が再び襲ってきた。だがあの時、母は理想主義者として言ったのではなかった！ モストは理想主義者であるにもかかわらず、同様に皆殺しを主張する。理想主義者でも残酷になれるのだろうか？ 生命と喜びと美に敵対する者は残酷である。彼らは情け容赦もないし、私たちの貴い同志を殺したのだ。しかし私たちもまた皆殺しをしなければならないのだろうか？

サーシャと結ばれる

私は電流に打たれたかのように、まどろみから目を覚ました。サーシャの手がおずおずと震えながら、私をいとおしそうに愛撫しているのを感じたからだ。激しく燃えるその手を、恋人を私は求めていた。私たちは狂おしい抱擁を交わした。またしても鋭いナイフで切られるような激しい痛みを感じたが、それも私の情熱によって麻痺し、今まで抑圧され、無意識のままに眠っていたすべてのものが炸裂したようだった。

朝になっても、私はまだしきりに手を差し伸べ、激しく求めていた。私のいとしい人は側に横たわり、至福に満たされて眠っていた。身を起こし、顔に手をあてて、長い間、その人の顔を見つめていた。魅かれると同時に反発もし、あまりに厳しくあることも、とても優しく接してくれることもある彼に対して、深い愛情が湧き上がってきた——二人の人生が永遠に結び合わされたという確信にも似た感情だった。彼の濃い髪に唇を押しあて、それから私も眠った。

部屋を貸してくれている一家は壁の向こう側で眠っていた。大家がすぐ近くにいるというのは居心地が悪く、こうしてサーシャがいると見張られているような気持ちにさせられた。サーシャの下宿もプライバシーが保てない状態であり、私が小さなアパートを見つけようと言うと、サーシャは喜んで同意した。二人の計画をフェジャに話すと、彼も同居させてほしいと言った。私たちの小さな共同体の四人目はヘレン・ミンキンだった。私がミンキンの所を出て以来、彼女は父親との争いが絶えず、辛抱しきれなくなっていたので、仲間に入れてほしいと頼んだ。私たちは四十二番街に四部屋のアパートを借りて、自分たちだけの場を持つことの贅沢さを満喫した。

本当に最初から、私たちは何でも分け合い、真の同志のように暮らすつもりでいた。ヘレンはコルセット工場の仕事を続け、私は絹のブラウスを縫い、家事を担当する時間を割りふりした。フェジャは絵を描くことに打ちこみ、絵の具やキャンバスや筆を買うための出費が許容範囲をこえることもよくあったが、三人とも文句は言わなかった。時々、どこかの画商に絵を十五ドルか二十ドルで売って、それで私にひと抱えもある花や何かの贈り物を買ってきてくれた。そのことで、サーシャはフェジャを咎めた。運動にいくらでも金が必要な時に、そんなものに金を使うことにサーシャは我慢できなかったのだ。しかしサーシャがいくら怒っても何の効き目もなく、フェジャは笑い飛ばし、サーシャを狂信家と呼び、美的センスが欠如していると言った。

ある日、フェジャは当時とても流行していた、美しい青と白の縞の絹のブラウスを携えて現われた。

帰宅したサーシャはその絹のブラウスを見ると怒りだし、フェジャは浪費家で、運動にまったく寄与することのないどうしようもないブルジョワだと言った。二人は殴り合いになりそうだったが、最後には二人ともアパートを出ていった。私はサーシャの厳しさに気分を悪くして、彼の愛にも疑念を持ち始めた。その愛は深いものではないし、もし深いものであれば、フェジャが私の生活にもたらしてくれる小さな喜びを台無しにするはずはなかった。確かに、絹のブラウスは二ドル五十セントもする。どちらかといえば、そんな大金を使うことはフェジャの贅沢かもしれないが、彼も美しいものを愛さずにはいられないのだし、芸術家の精神には不可欠なものなのだ。私は情けなくなってきて、その夜、サーシャが帰ってこなかったのを幸いに思った。

フェジャに答える

数日間、サーシャは帰ってこなかった。その間、私はフェジャとずっと一緒だった。サーシャに欠けていた、私の欲するものをフェジャは多く持っていた。彼はあらゆる環境に柔軟に対応し、生活と色彩を愛していたので、それが彼をさらに人間的で、私に近しい存在にしていた。大義に恥じない生活をするようにとの過剰な期待を寄せることもなく、一緒にいると開放感を味わった。

ある朝、フェジャがモデルになってくれないかと頼んできた。彼の前に裸で立っていても、羞恥心は感じなかった。彼はしばらくの間、絵を描くことに没頭し、私たちはどちらもしゃべらなかった。やがて、彼は落ち着きを失い始め、しまいには、描くのをやめよう、集中できないし気分が乗らなくなったと言った。私は衝立の後ろに下がり、服を着ようとした。しかし着終わらないうちに、激しい泣き声を耳にしたので、飛び出してみると、フェジャがソファにうつ伏せになって、頭を枕に乗せ、すすり泣いていた。私がかがみこむと、彼は身体を起こし、せきを切ったように話しだした――僕は君を愛している。最初からそうだったが、サーシャのために身を引こうとしてきた。君に対するこの感情と懸命に闘ってきたが、今ようやく無駄なことがわかった。僕は出て行くべきだと彼は言った。

私は彼のそばに座り、その手を握り、その柔らかいウェーブのかかっている髪を撫でていた。フェジャの思いやりのある気配り、細やかな対応、美しいものを愛する心はいつも私を魅きつけていた。今、何か強いものが心の中に動きだすのを感じた。フェジャに対する愛なのか。一人の女性が同時に二人の男性を愛することができるのだろうか？　私はサーシャを愛していた。サーシャの厳しさに対して感じる私の憤りも、強固で、根気強い愛する人への切なる思いの前には、たちまちくじけてしまうのである。それでもサーシャには触れることのできない何かが私の中にあり、その何かをフェジャなら呼び覚ますことができそうだった。きっと、複数の男性を愛することだってありうるにちがいないのだ！　この芸術家の若者に感じていたすべてのことは、今まで気づかなかっただけのことで、紛れもない愛だったのだと私は断定した。

同時に二人、あるいはそれ以上の人を愛することをどう思うかと私はフェジャに尋ねた。彼は驚いて私を見上げ、僕にはわからない、これまで誰も愛したことがないからと言った。君への愛で夢中だったので、他の人のことは考えられなかった。君を愛している間は、他の女性を求めることはできないとわかっているし、それにサーシャが決して君を分かち合うことを望んでいないことは確かだ。彼は独占欲がとても強いからだと言った。

私は共有という考えに憤慨した。そして、サーシャは私が求めること以上には要求できないと主張した。サーシャが独占欲が強いということは信じない。あれほど一生懸命に自由を説く人が、私の自由な恋愛に反対するはずがない。私たちは心を通じ合わせたし、どんなことがあっても、ごまかしてはならないのだ。直接、サーシャに私たちの思いを率直に話すべきだし、彼はきっと理解してくれるだろう。

その日の夕方、サーシャは仕事からまっすぐに帰ってきた。いつものように、私たち四人は夕食のテーブルに着いた。色々なことが話題にのぼったが、サーシャが長く留守にしていたことには誰も触れなかった。そして私の人生に射しこんできた新しい光に関して、サーシャと向かい合って話す機会を持てなかったのである。私たちは全員で、オーチャード通りでの講演に出かけることにした。

すっかりサーシャに魅せられる

集会の後、フェジャとヘレンを残して、私はサーシャと一緒に帰宅した。アパートに入ると、彼は私の部屋に入ってもいいかと尋ねた。それから、彼は魂のすべてを吐き出すかのように熱心に話し始めた。君を心から愛している。君に美しいものを持ってもらいたいし、僕だって美を愛している。だが世界で何よりも大義を愛しているのだ。大義のためなら、僕たちの恋愛すら断念するだろう。そうだ、僕の命さえもね。

サーシャはロシアの有名な革命教理のことを話した。その革命教理には、真の革命家に対して、家庭や親や恋人や子供を、自らの存在にとって大切なものをすべて捨てよと書かれているという。彼はそれに全面的に賛成で、行く手を阻むものは容赦しないと決心している。「だが僕が君を愛していることは確かだ」と繰り返した。その過激さ、妥協を許さない熱意は私を苛立たせたが、同時に磁石のように私を魅きつけたのである。フェジャのそばにいた時に感じていたあれほどの熱い思いも今は沈静していた。サーシャが、私自身にとってすばらしく献身的で、大義に打ち込んでいるサーシャが呼びかけているのだった。

最初の講演旅行

その日、私はモストに会わなければならなかった。彼は私のために短期の講演旅行を計画していると話していた。私はその話を本気にしていなかったが、そのことで会いに来てくれと言ってきたのだ。『自由』の編集室はごった返していた。モストは近くの酒場に行こうと言った。午後を過ぎるとそこは静かになることがわかっていたからだ。酒場で、モストはロチェスター、バッファロー、それからクリーヴランドを訪れることになっている私の講演旅行計画を説明し始めた。私は動揺してしまった。「そんなのだめよ！　講演の何たるかが私にはわかっていないのよ」と抗った。モストは私の抵抗を気にすることなく、誰でも最初のうちはそう思うものだと主張した。彼は私を演説家に仕立てるつもりでいたので、私は決心するしかなかった。すでに演題は選ばれていて、彼はその準備を支援するつもりでいた。当時、労働戦線でさかんに論議されていた、一日八時間労働のための闘争がいかに不毛であるかについて、私は演説する予定だった。彼の指摘によれば、一八八四年、八五年、八六年の八時間制労働運動は、八時間制という「下らぬもの」の現実的有効性をはるかに上回る被害をすでにもたらしていた。「シカゴの同志はそのために命を落としたのだ。それなのに、労働者は相変わらず長時間働かされている」。八時間制労働制が制定されたとしても、現実に得るものは何もないだろう。それどころか本当の問題――つまり新しい社会のための、資本主義と賃金制度に抗する闘争から、大衆の目をそらせる役目を果たすだけだと彼は主張した。いずれにしても、私がしなければならないのは彼の作った原稿を暗記することに尽きる。それ以外は、私のかもし出すドラマチックな表現や情熱次第だと彼は信じていた。いつものように、モストはその雄弁で私を抑え、私には抗う力はなかった。

帰宅して、モストの存在が目の前からなくなると、私はまたしても初めて人前で話そうとした時に襲ってきたのと同じ無力感にとらわれてしまった。原稿を読み上げ、自分のものにするのにまだ三週間あったが、それをやりとげることはとてもできないと思った。

自信がないこともあるが、それ以上にロチェスターへの嫌悪もあった。両親と姉のレナとは完全に関係を断っていたが、ヘレナや四歳になるあどけないステラや一番下の弟は懐かしかった。ああ、もし私が本当に一人前の演説家であれば、ロチェスターに飛んでいって、私をあれほど酷く扱った連中のとりすました顔に、積もりに積もった悪罵を投げつけてやれるのに。だが今の私では、せいぜい私を中傷した連中から嘲笑されるだけだろう。不安にさいなまれて、私は友人たちの帰りを待っていた。

サーシャとヘレン・ミンキンがモストの計画に熱狂したのは、私にとって何とも大きな驚きであった。それは絶好の機会だと彼らは言った。勉強しなければならないし、講演の準備は大変だとしても、それが何だって言うんだ？　それは君を講演者に、アメリカにおけるドイツ人によるアナキスト運動の最初の女性演説家に仕立てることになるのだ！　サーシャは特に積極的だった。君は何の気遣いもする必要はない、ただ大義にどれだけ役立てるかどうかだけを考えていればいいと言った。フェジャの態度はあいまいだった。

三人の友人はもっと勉強する時間を取れるように仕事を辞めることも主張した。それからすべての家事の責任も免除してくれた。私は原稿を読むことに没頭した。時々、フェジャが花を持ってやってきた。私が、まだサーシャに話していないことを知っていたが、催促がましいことはせず、彼の持ってきた花が言葉以上の何かを強く語りかけていた。もはやサーシャも、無駄使いだと言ってフェジャを責めたりしなかった。「君が花を好きなことはわかっている。花が新しい仕事の励みになるといいね」と言ってくれた。

私は八時間労働運動についての膨大な資料を読み、その問題が論議されることになっているすべての集会に出かけた。しかし、この問題について研究すればするほど困惑するようになった。「賃金鉄則」「需要と供給」「反乱の唯一の潜在力としての貧困」――私はそれらのすべてについていけなかった。それはロチェスターの社会主義協会支部で説かれ、聴かされていた唯物論と同様によそよそしく思われた。しかしモストの原稿を読むと、すべてが明確になった。彼の言葉のもたらすイメージ、現在の諸状況に対する反論の余地のない批判、そして新しい社会についての輝かしいビジョンが、私の心に情熱を呼び覚ました。私は自分自身に対しては疑いを抱き続けてきたが、モストの言っていることには何ひとつ異論がなかった。

ひとつの考えが私の心の中にはっきりとした形を整えてきた。モストの原稿を丸暗記することは断念すべきだ。彼の言葉、その毒舌の甘美さと苦みを知りつくしていたので、それらの模倣を繰り返すわけにはいかなかった。私は彼の思想を借用して、自分なりに消化して提出するつもりだった。しかしその思想――それも結局は、モストのものではないのか？　ああ、それにその思想はあまりにも私の骨肉と化していたので、どこまでが彼の模倣で、またどこまでが自家薬籠中のものなのか、判別できないでいた。

ロチェスターへの出発

ロチェスターへ出発する日が来た。最後の打ち合わせのために、私はモストに会った。気が滅入っていたが、一杯のワインとモストの意気ごみが心配を和らげた。彼は長時間熱意をこめて話し、数々の提案をしてくれた。聴衆に対して過剰な期待を持つことがないように、ともかくほとんどの聴衆は鈍感だからと彼は言った。さらにユーモアの必要性を強調した。「もし君が聴衆の笑いを誘うことができれば、すべり出しは順調ということになる」。講演の組み立て方は大して問題ではない。君が初めてオペラを観た時の印象を私に語ったように、話すべきだ。そうすれば、聴衆は感動する。「後は大胆さと自負心次第だ。君が立派にやってくれると信じているよ。」

モストの愛の告白

モストは私を車でグランドセントラル駅へ連れていった。その途中で、彼は私に身を寄せてきた。君をこの腕に抱きしめたいが、いいだろうかと言った。私がうなずくと、彼は私を引き寄せた。錯綜する様々な思考と感情がかけめぐった。待ちかまえている講演、サーシャ、フェジャ、サーシャへの情熱、フェジャに対して芽生え始めていた愛情。しかし私はモストの熱い抱擁に身を任せ、その渇いて飢えたような接吻に唇を奪われていた。彼の渇きをいやしたのだ。何であれ、拒むことはできなかった。彼は言った。君を愛している、これまでどんな女性に対しても、このような切ない思いをしたことは一度もない。ここ数年というもの、誰に対しても魅力を感じることすらなかった。寄る年波を感じ、挫けそうにもなったし、長い闘争と迫害に耐えてきたので、疲れを感じてもいる。さらに気を滅入らせるのは、最も親しい同志でさえ、私を誤解しているという思いだ。だが君の若さが私に生気を与え、君の熱情が私を昂揚させた。君のすべてが私の生活に新しい意味を目覚めさせてくれた。君は私の「金髪の愛しい娘」で、「青い瞳」だ。私のものに、私のパートナーに、私の声になってほしい。

私は目を閉じ、後ろへもたれかかった。彼の告白に圧倒されてものも言えず、身動きすらできなかった。説明できない何ものかが私を突き動かした。それは、サーシャに対する衝動やフェジャへの感覚的対応とは似ても似つかないものであり、まったく異なっていた。私の横にいる偉大な男の子に対する限りない優しさの感情だった。そこに座っているモストは、風や嵐を受けて揺れ動き、その中で太陽に向かって伸びようとして、最後の渾身の努力を重ねている、いかつい木を思わせた。「すべてを大義のために」とサーシャはよく言っていた。私の隣にいる闘士はすでにすべてを大義に捧げてしまっていた。しかし彼にすべてを与えた者はいるのだろうか？　彼は愛され、理解されることに飢えていた。私は彼に、そのふたつながらを与えたかった。

駅では三人の友人が待っていた。サーシャは私にアメリカン・ビューティという名前のバラを差し出した。「ドゥーシェンカ、僕の愛のしるしとして受け取ってくれ。君の最初の講演旅行の餞となればよいのだが。」

敬愛すべきサーシャは、つい数日前にヘスター通りに買物に行った時、私が六ドルほどのスーツと二十五セントの帽子を買うように言うと、頑なに拒否した。「できるだけ安いものでいい」と繰り返した。ところが今は――厳格な外面の下にはこの上ない優しさが秘められていたのだ。モストとよく似ていた。不思議なことに、それまで一度たりとも、二人がよく似ていると考えたことはなかった。青年と大人のこの二人はどちらも厳しかった。一方はまだ人生の辛酸を味わっていなかったからだし、他方は苦い経験をなめつくしてきたからだ。それでも二人とも同じように熱中し、妥協を知らず、また愛を必要としていることにおいてはまったく子供じみていた。

汽車はロチェスターに向かってスピードを上げていった。無意味な過去と縁を切って以来、まだわずか六ヵ月しか経っていなかった。その月日の間に、私は何年分をも生きたのだ。

◎第5章◎　最初の講演旅行と、不幸だった少女時代の記憶

ロチェスターでの講演の成功

私はロチェスターのドイツ人労働組合で講演することになっていたが、モストに到着の時間を伝えないでほしいと頼んでおいた。まず最初に、最愛の姉ヘレナに会いたかったからだ。私が行くことは彼女に手紙で伝えてあったが、その目的については知らせていなかった。彼女は駅に出迎えてくれ、私たちは何十年ぶりで再会したかのように抱擁を交わした。

私はヘレナにロチェスターでの自分の使命を説明した。彼女は口を半ば開けて、私を見つめた。どうしてあなたは聴衆を前にするような仕事を引き受けたのか？　わずか六ヵ月の間に、そんな短い時間に何を学んだというのか？　どこでその勇気を身につけたのか？　しかも多くの街があるというのに、よりによってロチェスターでやるとは！　両親はショックのあまりきっと立ち直れないだろう。

私はそれまで一度たりともヘレナに対して怒りを示したことはなかったし、その機会もなかった。実際に、彼女の怒りを爆発させるようなことをしていたのはいつも私の方だった。しかし両親に関するその言葉は私を激怒させ、ポペランでの出来事、スシャとヘレナの若き日の悲恋やその他のおぞましい光景のすべてを思い起こさせた。私はいきなり家族、特に父に関して、激しい非難を吐き出した。父の厳しさは子供時代の悪夢であり、その横暴は私が結婚してからでさえ、苦しみを与えた。ヘレナの青春を

奪ったのも両親であり、それを許すことはどういうことなのかとヘレナを難詰した。「彼らは私にだってそうしようとしていたのよ！」と私は叫んだ。彼らがロチェスターの偽善者たちの仲間入りをし、私を追い出してから、私は関係を断ってしまっていた。私の生活は、現在私自身のものであり、選んだこの活動は自身の生活よりも貴いものだ！　何ものもそれから私を引き離すことはできないし、両親への配慮など、もってのほかであった。

敬愛する姉の顔に表われた苦しみの表情を見て、私は自分を抑えた。彼女を抱きしめ、恐れることは何もないし、家族は私の行動計画を知る必要もないと言って、安心させた。講演はドイツ人労働組合の人間を対象とするだけであり、宣伝がなされても家族とはかかわりはない。それにセント・ジョセフズ通りに住むユダヤ人は先進的ドイツ人についても、その他に関しても、彼ら自身の単調で狭量な生活以外には実際に何も知らない。ヘレナの顔が明るくなった。もしあなたの演説が私を納得させたように雄弁であれば、きっと好評を博するだろうと彼女は言った。

その翌晩、私は聴衆を前にした途端、記憶が空っぽになり、覚書のたったひとつの言葉さえ思い出すことができなかった。とまどって一瞬目を閉じると、不思議なことが起きた。一瞬のうちに――ロチェスターでの三年間のすべての出来事がまざまざと浮かんだのだ。ガーソン工場とそこでの苦しい仕事と屈辱、失敗に終わった結婚生活、シカゴの事件。そしてオーガスト・スピエズの最後の言葉が、私の耳の中で響き渡った。「我々の沈黙は、君たちが今日押し殺している声よりも大きく響くだろう。」

私は話し始めた。これまでの私自身が発したことのない言葉が次から次へととめどなくあふれてきた。それらは激しい情熱を伴っていた。絞首台での英雄的な人間の姿、安らぎと美しさに富んだ彼らの理想的生活の燃え立つような展望。自由の中で輝く男と女、喜びと愛情に包まれて生まれ変わった子供たち。あふれ出る言葉がそれらを描き出した。聴衆の姿は見えなくなり、ホール自体も消えてしまった。私は自分の言葉、忘我を伴う歌の中だけに生きていた。

私の講演は終わった。降り注ぐ割れるような拍手と喝采、反響のざわめき、そして人々は私に聞きとれないことを何か言っていた。その時、かなり近くで誰かが私に言った。「感動的な演説だった。しかし八時間制労働運動に関してはどうなんだ？　あなたはそれについて少しも言及していない」。私は絶頂からどん底に突き落とされ、絶望的な思いを感じた。疲れすぎていて、質問に答えられないと議長に言って、心身の苦痛を感じながら、ホールを後にした。ヘレナのアパートに足を忍ばせて入り、服を着たまま、ベッドの上に身を投げかけた。

私にこの旅行を押しつけたモストへの腹立たしさ、彼の影響にたやすく屈する自分自身に対する怒り、聴衆を騙したのではないかという疑心――それらのすべてが、ひとつの新しい経験による発見を通じて、私の心の中で沸騰していた。だが私は言葉で人々の心を動かすことができたのだ！　私の内側から、未知の深淵から湧き上がってくる不思議な、魔法の言葉。私はそれを知った喜びに涙を流した。

クリーヴランドでの目覚め

私はさらなる努力を決意して、バッファローへ向かった。そこでの集会の準備は、私をロチェスターと同様の精神的緊張に追いやった。そのため聴衆を前にしても、私の心を燃え立たせるビジョンが浮かんでこなかった。講演では際限なく同じことを繰り返し、八時間制労働運動への労力と時間を不毛なものとして、そのような小事のために闘っている労働者の愚行を嘲弄した。私にとって何時間にも思えた演説が終わった。明確で論理的な説明の仕方を賞賛された。いくつかの質問がなされたので、私はそれらに反論を許さない確信に満ちた態度で答えた。しかし集会から帰る途中、私の心は重かった。精神を昂揚させる言葉が欠けていた。自分自身が昂揚することもなく、どうして他者の心に働きかけることを期待できよう！　翌朝、クリーヴランドへ行かなくてすむように、モストに電報を打とうと決心した。私は意味のない無駄話を繰り返すことに耐えられなかった。

しかし一晩眠ると、私の決意は幼稚で、軟弱なように思われた。どうしてすぐにあきらめてしまうのか？　モストだったらあきらめていただろうか？　サーシャもそうだったのか？　違う、私だってあきらめることなく続けるべきなのだ。私はクリーヴランド行きの汽車に乗った。

クリーヴランドの集会は大規模で、活気に満ちていた。土曜の夜ということもあり、労働者たちは妻や子供を連れてやってきていた。全員が酒を飲んでいた。私はひとつのグループに囲まれ、軽食を提供され、いくつかの質問を受けた。どうしてこの運動にかかわることになったのか？　ドイツ人なのか？　何で生計を立てているのか？　先進的な考えに最も関心があると想定していた人々の些細な好奇心は、アメリカに到着した日にロチェスターの人々から受けた細かい質問を思い出させた。それは私にとって腹立たしいものだった。私の話の主旨はバッファローでのものと同じであったが、その論点は異なっていた。それは体制や資本家に対してではなく、労働者自身に関しての皮肉な糾弾であった――それは小さなその場の要求獲得のために偉大な未来をあきらめようとしている労働者の態度に向けられていた。聴衆はそんな遠慮のない言い方で論じられるのを楽しんでいるようだった。彼らはある箇所では不満をもらし、また別の箇所では力強い拍手を送った。これは集会とは言えず、サーカスの見世物のようであり、私は道化師の役割を果たしていたのだ！

白髪で痩せていて、そのやつれた顔が私の注意を引いていた最前列の男が立ち上がり、話しだした。一日に数時間の労働の短縮、あるいは一週間に数ドルの賃上げという小さな要求にあなたが苛立っているのは理解できると言った。それは時間が切実ではない若い人々にとっては正当であるが、私たちのような年齢の者に何をしろと言うのだろうか？　資本主義体制の最終的打倒を見るまで生きているとはとても思えない。それでも嫌な仕事から一日に二時間ほど解放されるのをあきらめなければならないのか？　それは生きている間に実現の可能な希望のすべてではないのか？　私たちはそんなささやかな要求の獲得すらも拒否しなければならないのか？　読書をしたり、自由に外出したりする、少しばかり多くの時間も許されないのだろうか？　どうして障害につながれた人々に対して公平になれないのか？

その男性の生真面目さ、八時間制労働運動に含まれている本質的原理に関する明確な分析は、モストの見解の誤りを私に悟らせた。私はモストの意見をオウム返しに繰り返すことで、自分自身にも、労働者に対しても、罪を犯していたことを自覚した。なぜ聴衆と心を通じそこなっていたのか、その理由がわかった。自らの内なる確信の欠如を覆い隠すために、辛い仕事に就いている労働者に対して、つまらない冗談や思いやりのない攻撃に逃げこんでいたのだ。大衆を前にした初めての講演の体験はモストが望んでいた結果をもたらさなかったが、私にとっては価値ある教訓を得たことになる。それは私の師の無謬性を何とはなしに無邪気に信じていた自分を反省させ、自立した自分自身の考えを持つことの必要性を痛感させた。

モストは単に女を望んだ

ニューヨークでは、友人たちが私のために盛大な慰労会を準備していた。私たちのアパートは汚れひとつなく、花で埋まっていた。彼らは講演旅行について知りたがり、私の態度の変化からモストに対する認識に何らかの影響が生じたことを感じ取っていた。

その翌晩、私は再びモストとともにテラスガーデンへ出かけた。私のいない二週間の間に、彼は若々しくなっていた。ぼさぼさの顎鬚はよく手入れされ、しゃれた新しい灰色のスーツを着て、そのボタン穴に赤いカーネーションを挿していた。陽気な感じでやってきて、スミレの大きな花束を差し出した。君のいない二週間は耐えられないほど長く、二人の関係がとても緊密になったこんな時に君を旅立たせたことで自分を責めた。もう二度と再び君を行かせはしない――何にしても、一人きりではねと、彼は言った。

私は講演旅行のことを何度も話そうとした。それなのに、彼がそのことについて何も尋ねなかったので、ひどく心が痛んだ。私の意志に反して送り出したのだし、彼は私を偉大な講演家にしようと熱望していたのだ。できの良い生徒であったかどうか、知りたいと思っていないのだろうか？

もちろん、知りたいよと彼は答えた。だが彼はすでに、人々の心を動かしたロチェスター、私の出現がすべての反対者たちを沈黙させたバッファロー、そして辛辣な皮肉で鈍感な者たちを酷評したクリーヴランド、それぞれの会場からの報告を受け取っていた。「私自身が受けた刺激についてはどうなの？あなたはそれを私から聞きたくないの？」と私は尋ねた。「そうだね。それはまた別の時に」。今、彼は私を――彼のブロンドのかわいい娘を身近に感じていたいだけだったのだ。

私は怒りにとらわれ、単なる女として扱ってほしくないとはっきり言った。そして、これから二度と盲目的につき従うことはないだろうし、笑い者になってしまったし、それに年老いた労働者の五分の話がモストのどんな巧みな言葉よりも説得力のあるものだったと言ってしまった。彼はずっと何も言わずに聞いていたので、私は話し続けた。私の話が終わると、彼はウエイターを呼んで、お金を払った。それから私たちは店を出た。

通りに出ると、彼は私をいきなり罵った。猫が鼠を弄ぶようにあしらったな。君を蝮や蛇や心ない男たらしのように育ててしまった。自分の大義を訴えるために君を送り出したのに、裏切った。他の連中とまったく同じだ。そんなことは許せない。中途半端な友人としてどころか、今ここで縁を切る。「自分に与しない者は敵だ。味方でない者は去れ！」と彼は叫んだ。その時、私は取り返しのつかない喪失を経験してしまったような、大きな悲しみに襲われた。

サーシャとモスト、それからフェジャ

アパートに戻ると、私は泣き崩れた。友人たちは動揺し、何とかして私を慰めようとした。そのまま持ち帰ってしまったスミレの花束を含めて、事の真相を始めから終わりまで、私は告白した。「真冬のスミレとは一体何を考えているんだ。モストは浪費家で、何千人もの人たちが仕事もなく、腹をすかせているというのに！」とサーシャが叫んだ。モストは浪費家で、運動資金で生活していると、彼は常に言っていた。それにしても、モストに気に入られようとしてきた君は、一体どのような革命家だったのか？　彼が単に女性を肉体的にしか愛していないことをわかっていなかったのか？　大半のドイツ人がそうなんだ。女性をただ性の対象としてしか考えていない。君は僕とモストのどちらかをこの場で選ばなければならない。モストはもはや革命家ではない、大義を裏切ったのだ。

怒りのあまり、サーシャは家を出ていった。そして私はようやく見つけた新しい世界が足元から崩れ去るのを感じて、途方に暮れたままでいた。その時、優しい手が私を誘って、何も言わずに部屋に連れていき、一人にしてくれた。それはフェジャだった。

その後すぐに、ストライキに入っている労働者からの新たな呼びかけがあり、私はそれに懸命に従事した。以前に会ったことのあるジョセフ・バロンデスからの要請だった。彼は若いユダヤ人からなる社

会主義者とアナキストのグループに属し、外套服職工と他のユダヤ人の組合を組織していた。その集団はバロンデスよりも事情に通じた人間や有能な演説家を有していたが、彼は崇高なほどの純真さゆえに際立っていた。この魅力的で、ひょろ長い男には何の誇張もなかった。彼の思想は学者的ではなく、実践的だった。労働者たちが日々の闘争の中で、その助けを必要とするような人物だった。バロンデスは今や組合の先頭に立ち、外套服職工たちのストライキを指揮していた。

人前で少し話のできるイーストサイドの人々はすべてその闘争に加わることになった。その参加者たちはほとんどすべてが男性で、アニー・ネターだけが例外だった。この若い女性はアナキストと労働者戦線におけるたゆみない活動によって、すでに名をなしていた。長年にわたって八〇年代の激烈な運動の中心組織であった労働騎士団のストライキも含めて、彼女は様々なストライキに加わった最も知的で、忍耐強い婦人労働者の一人であった。シカゴ事件で殺されたパーソンズ、スピエズ、フィールデン、その他の人々に指揮された八時間制闘争において、労働騎士団はその頂点に達していた。しかし、労働騎士団の指導者であるテレンス・V・パウダリーが死に瀕していた同志を裏切り、敵と連合した時、この組織は下降の道をたどり始めた。三十枚の銀の見返りに、パウダリーがシカゴ事件の男たちを絞首台に送る手助けをしたことはよく知られていた。戦闘的な労働者は労働騎士団から身を引き、そこは次第に無法な仕事を求める人間の掃き溜めとなったのである。

外套服職工のストライキへの没頭

アニー・ネターはユダの組織と化した労働騎士団を見限った最初のメンバーの中にいた。そして現在では、彼女はニューヨークの活動的ユダヤ人が属している「自由の開拓者」という組織のメンバーであった。よく働き、自分の時間とわずかな収入を惜しみなく組織に注いでいた。彼女の献身的努力は、ユダヤ教正統派から無神論と社会主義へ転身した父親に支えられていた。彼は類稀な資質の持ち主で、偉大な学者であり、温かい人間性に包まれ、人生と若者を愛する人でもあった。ネターの家は家族の経営する小さな食料品店の裏にあり、急進分子のオアシス、知的中心地となっていた。ネター夫人は家を開放していて、お茶やザクースカを取り揃え、テーブルの上に欠かすことがなかった。私たち若き反逆者は、ネター食料品店にお金を落とす客ではなかったので、それに感謝していた。

私は本当の家庭というものをそれまで知らなかった。初めてネターの家で、両親と子供たちの間の、見事なまでの相互理解からかもし出される温かい環境にひたった。そこでの集いはとても楽しく、夜には討論に時間を費やし、思いやりあふれる主人の愉快な冗談でにぎわった。常連の中には、ニューヨークの貧民街で名前のよく知られた非常に優秀な若者が何人もいた。その他にはデビッド・エデルスタットがいた。彼は高潔な理想主義者で、イディッシュ語を話すすべての急進派に愛されている革命歌は彼の精神を訴えかけていた。それからボブショバーもいた。彼はバジル・ダールというペンネームで文章を書き、非凡な詩的才能に恵まれた、鋭くて迫力のある人物だった。さらにマイケル・コーン、M・カッツ、ギージダンスキー、ルイス、その他の才能も将来性もある青年たちがネター家によく集まり、夜ごと真の知的な宴とすることに全員が一役買っていた。ジョセフ・バロンデスもたびたび顔を出していたし、ストライキを支援してほしいと呼びかけたのも彼だった。

私は全精力を傾けて、その仕事に打ちこんだ。他のあらゆることには目もくれず、没頭するようになった。私の役目は職場の少女たちをストライキに参加させることだった。その目的のために、集会やコンサート、パーティやダンス会などが企画された。そうした催しの時に、ストライキを闘う仲間と協力する必要性を少女たちに説くことは難しくはなかった。私はしばしば演説しなければならなかったが、次第に壇上で動揺することが少なくなっていた。ストライキの正当性についての私の信念は話をドラマチックに盛り上げ、説得力を持たせるのに貢献した。数週間のうちに、私の働きによって、ストライキの隊列に多数の少女を動員させることになったのである。

自由──自己表現の権利の主張

私は再び活力を取り戻してきた。ダンスをする時には、最も疲れ知らずで、陽気に振舞う一人だった。ある晩、サーシャの従弟の年端も行かぬ少年が私を脇に呼び、親しい仲間の死を知らせるかのような厳粛な顔で、運動家がダンスをするのはふさわしくないとささやいた。ともかく、そのような軽率さは捨てたほうがいい。アナキズム運動の戦力となりつつある人間にとって威厳を損ねるし、軽々しい言動は主義を傷つけるだけだと彼は言った。

私はその少年のあつかましい干渉に腹が立ってきた。そんなことはあなたの知ったことではない。私は絶えず大義のことを言われ続けて、もう飽き飽きしている。美しい理想やアナキズム、そして因襲や偏見からの解放と自由を表わすはずの大義が、生と喜びの否定を要求するとは思っていない。私たちの大義は修道女になることを期待していないし、その運動が修道院に入るようなものであるべきではないと私は主張した。もし大義がそういうことを意味するのであれば、私はそんなものを望みはしない。「私は自由と自己表現の権利、美しいものや楽しいものに対する全員の権利を望んでいる」。アナキズムは私にとってそういう意味であり、全世界を敵に回しても──それが刑務所や迫害やその他の何であっても──私はそういうアナキズムを実践するだろう。そうだ、たとえ最も身近な同志の非難を受けたとしても、私は自分の美しい理想を生きるのだ。

私は情熱に突き動かされ、私の声は響きわたった。気がつくと、大勢の人に取り囲まれていた。拍手に混じって、抗議がなされた。騒ぎの中で、サーシャが一段と大きな声で言った。間違っている、何よりも大義のことを尊重しなければならない。すべてのロシアの革命家はそうしてきたし、彼らは自分自身のことなど決して考えなかった。運動と関係のないことを楽しみたいと思うのは狭量なエゴイズム以外の何ものでもない。

私は彼の方を向いた。彼はアンナ・ミンキンのそばに立っていた。サーシャと最後に口論したずっと前から、二人の関心がお互いに深まっていることに私は気づいていた。アンナがほとんど毎日のように訪ねてきていた私たちのアパートから、サーシャはその時すでに引越してしまっていた。彼らのどちらとも、こうして会うのは数週間ぶりのことだった。熱烈で頑固な恋人を思う気持ちで、私の胸は痛んだ。彼が最も愛しているドゥーシェンカという名前で、呼びかけたかった――彼に手を差し伸ばしたかった。しかし、彼の顔にはつけいる隙がなく、その目は非難に満ちていたので、自分を抑えるしかなかった。もはやその晩、私はダンスをしなかった。

しばらくすると、私は委員会室へ呼ばれた。そこではすでにジョセフ・バロンデスと他のストライキの指導者たちによって、会議が始められていた。バロンデスの隣にはT・H・ガーサイド教授がいた。彼はスコットランド人で、以前に労働騎士団の講師を務め、現在はこのストライキの先頭に立っていた。ガーサイドは三十五歳ぐらい、長身で、顔色は蒼白く、ものうげに見えた。その物腰はいんぎんで、愛想がよく、いくらかキリストの肖像に似ていた。彼は対立し合う個々の事情を常にうまく取りまとめて、事態を収拾しようと努力していた。

もし我々が妥協案に同意しないなら、ストライキは敗北に終わるだろうとガーサイドは発言した。私は彼の意見に賛成できず、その提案に反対の意を表わした。数名のメンバーが私に賛同したが、ガーサイドの影響力の方が強かった。ストライキは彼の提案に従って決着をみた。

ストライキに奮闘した数週間が終わり、比較的平穏な生活が始まった。夜になると、ネター家や私たちのアパートで話し合ったり、再び職を得ようと努力する毎日だった。フェジャはクレヨンで写真を拡大彩色する仕事を始めていた。絵の具のために、ヘレンや私の金を浪費し続けることはできないし、いずれにしても、自分はどうせ偉大な画家にはなれないだろうとはっきり言った。それには何か他の理由があるのではないかと思った。間違いなく、彼は私が辛い仕事をしなくてもすむように、お金を稼ぎたがっていたのだ。

子供の頃かかった病気に苦しむ

私はずっと気分がすぐれず、特に生理の間は、数日間激しい痛みでいつもベッドに横たわっていなければならなかった。それは母に平手で顔を打たれて、ショックを受けた時からだった。ケーニヒスベルクからペテルブルグへ行く途中で風邪を引いてから、さらにひどくなった。母と二人の弟と私は国境を越えて密入国しなければならなかった。それは一八八一年の終わり頃で、その冬はとりわけ寒さが厳しかった。密入国者たちが母に伝えたところによると、深い雪を踏み分け、半ば凍っている小川さえも渡って逃げなければならないということだった。ケーニヒスベルクを発つことに興奮して、私は予定より数日早く生理になってしまったので、母は心配していた。朝の五時、寒さと恐れにおののきながら、私たちは出発した。まもなくドイツとロシアの国境を隔てている小川に到着した。身を切るような冷たい水のことを考えただけで、身体がしびれてきたが、逃れようはなかった。その川に飛びこむか、あるいは国境を巡回している兵士に捕らえられて、おそらく射殺されるかのどちらかだった。ところが兵士たちに数ルーブル渡すと、彼らは結局、見逃してくれて、急いで行くようにと警告した。

母は数個の包みを背負い、私は下の弟を抱いて、川に飛びこんだ。いきなり水の冷たさが私の血を凍てつかせた。それから熱い焼きごてを当てられたような鋭い痛みを背骨や腹部や両足に覚えた。叫び声を上げたくなったが、兵士を恐れる気持ちがそれを抑えた。急いで川を渡り切ると、刺すような痛みはおさまった。だが歯の根は合わず、全身に熱い汗をかいていた。ロシア側にある宿屋に向かって全力で走った。ジャム入りの熱い紅茶をもらい、暖めたレンガを身体に当て、大きな羽根布団を借りてもらった。ペテルブルグへ向かう間、ずっと熱っぽく、背骨と両足の痛みは耐え難いほどだった。その後数週間寝こんでしまい、それ以来私の背骨はことあるごとに痛むようになってしまった。

アメリカに来てから、ソロタロフに私の病気について相談すると、彼は専門医の所へ連れて行ってくれた。医者はしきりに手術を受けるように勧めた。私がとても長い間こんな状態によく耐えられたことと肉体的交渉が可能であったことに彼は驚いているようだった。手術を受けないと、この痛みからずっと解放されないし、完全な性的自由を経験することもないだろうとの医者の言葉を、友人たちが教えてくれた。

子供への憧れ

ソロタロフは、子供を欲しいと思ったことはないのかと私に聞いた。「というのも、もし手術をすれば、子供を産めるようになるだろうが、今のままでは不可能だよ」と彼は説明するのだった。

子供！　私は物心ついてからずっと、子供がとても好きだった。少女だった頃、近所の娘が洋服を着せたり、寝かしつけたりしてあやしている幼い小さな赤ん坊を羨望の眼差しでよく眺めていた。私には彼らがあまりにかわいかったので、生きている赤ん坊のように思えたが、それらは本物の赤ん坊ではなく、ただの人形だと私は教えられた。その人形を欲しくてたまらなかったが、一度も手に入れることはできなかった。

弟のヘルマンが生まれた時、私はわずか四歳だった。私の生活において、ヘルマンが人形にとって代わった。二年後に下の弟のレイバルが生まれると、私は激しい喜びに満たされた。いつも彼のそばにいて、あやしたり歌を歌ってやっては寝かしつけた。彼が一歳ぐらいの時、母が一度私のベッドに弟を入れた。母が行ってしまうと、弟は泣きだした。お腹が空いているにちがいないと私は考え、母がどのようにお乳を与えているかを思い出した。私も同じようにお乳をやろうとして、弟を抱き上げ、小さな口を私の胸に押しあて、あやしながらお乳を飲ませようとした。すると、弟はお乳を吸うどころか、顔が蒼ざめ、あえいでいた。母が駆けこんできて、赤ん坊に何をしたのかと問い質した。私が説明すると、母は笑いだしたが、すぐに私を叩いて叱った。叩かれて痛かったのではなく、私の胸からレイバルにやるお乳が出なかったことを思い出し、私は泣いた。

苦痛に満ちた子供時代は父への反抗で終わる

私が召使いのアマリアに対して同情したのは、彼女がほどなく出産するという状況に置かれていたからだった。私は子供を熱烈に愛していた。そして現在――まさに今になって私は自分の子供を持ち、初めて母親となる神秘と驚きを経験するかもしれないのだ！　目を閉じて、喜びに満ちた想いにひたった。

私の心は過酷な手に支配されていた。思い出してもぞっとするような少女時代は愛情への飢餓感にとらわれ、それは母では満たせないものだった。子供たちに対する父の厳しさと荒々しい怒り、姉や私への暴力。二つの恐ろしい体験が特に生々しく心に焼きついている。一度目は父が革ひもで私を激しく打ちのめした時で、私の悲鳴に目を覚ました弟のヘルマンが飛び起きて、父のふくらはぎにかみついた。それで父の打つ手は止まった。ヘレナは私を自分の部屋に連れていき、みみずばれになった私の背中を洗い、ミルクを運んできて、私を抱きしめた。ヘレナの涙と私の涙とが混じり合った。その間も、父は部屋の外で、「あいつを殺してやる！　あのガキを殺してやる！　言うことを聞くように仕込んでやるぞ！」とわめき散らしていた。

二度目はケーニヒスベルクにいた時のことだった。私の家族はポペランですべてを失ってしまっていたので、あまりにも生活が苦しく、ヘルマンと私に人並みの学校教育を受けさせる余裕がなかった。遠い親戚にあたる市のラビが学校の手配を約束してくれたが、父は学校での私たちの素行や成績を毎日報告するようにと主張した。そのような報告をすることは屈辱であり、私は腹を立てたが、報告を提出するしかなかった。ある日、素行が悪いという理由で、ひどい点数をもらってしまった。私は恐ろしさに震えながら帰宅した。父と顔を合わせることができなかった。私は母にその通知表を見せた。それを見ると母は泣きだして、お前は私たちを破滅させるつもりか、恩知らずで頑固者だ。父に通知表を見せなければならない。お前はかばうに値しない子供だけれど、何とかとりなしてあげると言った。私は重苦しい気持ちで母のそばから離れた。張り出し窓から、遠くの原っぱを見渡すことができた。そこでは子供たちが遊んでいて、別世界のように見えた——私の生活には思いきり遊ぶということはありえなかった。奇妙な考えを思いついた。もし自分の身体が少しずつ憔悴していく病気にかかったとすれば、どんなにすばらしいことだろう！　そうなれば、父の気持ちも和らぐにちがいない。秋の楽しいユダヤ教の祝日以外に、私は優しい父を見たことがなかった。父はふだん酒を飲まなかったが、ある特定のユダヤ教の祝日、特にこの日は少しだけ酒を飲んだ。すると彼は陽気になり、子供たちを周りに集めて、新しい洋服や玩具を買ってやると約束するのだった。それは私たちの生活の中の明るく楽しいひとときで、いつもその日が来るのを待ち望んでいた。それは一年にたった一度の出来事であった。思い起こしてみると、私の誕生は望んでいなかったと父が言ったことを覚えている。男の子がほしかったのに、あの孕み女に騙されたとも言った。おそらく、私が死ぬほど重い病気にかかれば、父は優しくなり、二度と殴ったり、部屋の隅に何時間も立たせておいたり、あるいは手に水の入ったコップを持たせて行ったり来たりさせることはしなくなるだろう。「もし一滴でもこぼしたら、鞭を食らわせてやるぞ」と父は脅した。鞭と小さな台がいつも父の手許にあった。この二つは私の恥辱と悲劇を象徴していた。何度もやらされ、かなりの罰を受けてから、私は水をこぼさないでコップを運ぶ術を学んだ。しかしそのコップ運びは私を苛立たせ、その後の数時間は気持ちが悪くなった。

父は男前で、派手だったし、活力がみなぎっていた。父を恐れる一方で、私は父が好きでもあった。かわいがってもらいたかったが、どうすれば父の心をつかむことができるのかわからなかった。父の過酷さは私をますます反抗的にするばかりだった。張り出し窓から外を眺めながら、なぜ父はこれほどまでに厳しいのかといぶかり、もの思いにふけっていた。

突然、鉄棒で殴られたような激しい痛みを頭に感じた。困るほど量の多い髪の毛をまとめるために差していた丸い櫛を父が拳で強打したのだ。

「お前はわしの恥さらしだ！　いつだってそうじゃないか！　わしの子供であるはずがない。わしにもお前の母親にも似てやしない。お前はわしらとやることが違う！」とわめきたてながら、私を連打し、ひきずりまわした。

姉のヘレナが私を助けようとして、父と取っ組み合いになった。私を強くつかんでいる手を放させようとしているうちに、私を打つつもりの拳がヘレナに当たった。結局、父は疲れ果て、立ちくらみに襲われ、頭から床に倒れた。父が気を失ったとヘレナが大声で母を呼んだ。それから彼女は急いで私を自分の部屋に連れていき、ドアの鍵をおろした。

父に対して持っていた私のあらゆる愛情と憧れの気持ちは、憎しみに変わってしまった。それ以来、私は父を避け、何か言われた時以外は決して自分から話をしなかった。言われたことは無表情でこなした。こうして、父と私の間の溝は年とともに深まるばかりであった。家庭は私にとって監獄になってしまった。逃げようとするたびに、捕らえられ、父が私のためにしつらえた鎖に再び囚われの身となるのだった。ペテルブルグからアメリカ、ロチェスターを去ってから結婚に至るまで、何度も逃げようと試みた。最後に決定的な逃亡を試みたのは、ロチェスターを出てニューヨークに向かう直前であった。

母の気分がすぐれなかったので、私は家を整頓するために戻ってきていた。カーシュナーと結婚したこと、彼と別れたこと、それからまたよりを戻したことについて、父は私に小言を言った。「お前はだらしない性格なんだ。いつだって家族の恥さらしだ」と、私が床を洗っている間、父は言い続けた。その時、私の中で何かがプツンと切れた。孤独で哀しい子供時代、苦しみの思春期、喜びのない青春時代——それらのすべてを父の顔に向かって吐き出した。床を洗うブラシを叩きつけながら、今まで受けたひとつひとつの迫害を声を荒立てて言うと、父は茫然と立ちつくしてしまった。これまでの私の生活における過酷な出来事のすべてが、父を非難しているうちにまざまざと浮かび上がってきた。父の怒鳴り声が家の大きな納屋に響き渡ったこと、召使いに対する不当な虐待、母に対する冷酷な暴君ぶり——昼となく夜となく、私を監視し、怯えさせたこれらのすべての出来事を、あらためて苦々しく思い出していた。父は何度も私を「売女め」と呼んだ。もし私が売春婦になっていたら、それは父のせいだと言ってやった。実際に一度ならず、夜の女になろうとしたことさえあった。そんな私を救ってくれたのはヘレナの愛情と献身だった。

私の言葉は奔流のように流れ出していた。父に感じていた憎しみと嫌悪をこめて、ブラシを床に叩きつけていた。このすさまじい場面は私のヒステリックな叫び声で幕がおりた。弟たちが私をかつぎあげ、ベッドに寝かせてくれた。翌朝、私は家を出た。それからニューヨークに発つまで、再び父と会うことはなかった。

子供を産むことを断念する

それ以来、私の経験した悲劇的な子供時代は例外的なものではないと知るようになった。望まれずに生まれ、貧困とさらに無知による誤解のために、いじめられ傷つけられる子供が無数にいるのだ。私の子供はどんなことがあってもこれらの不幸な犠牲者に加えてはならないのだ。さらに子供を持ちたくないもうひとつの理由があった。それは新しく発見した理想に夢中になっていたことである。その理想に決定的に仕えようと決意していた。その使命を果たすためには、何にも邪魔されず、束縛されてはならない。子供がほしいと思って苦悶し、子供に感じていた憧れを抑えつけてきた数年間――それらの年月も多くの殉教者たちがすでに支払ってきた代償に比較すれば、何であろうか？　私もまたその代償を払い、苦しみに耐えていこう。あらゆる子供を愛することで、私の母性が求めるものの捌け口を見出していこう。それゆえに、私は手術を受けなかった。

数週間の休息と友人たちの愛情――家に戻ってきてくれたサーシャ、よく訪ねてくれたり、花を送ってくれたミンキン姉妹とモスト、そしてとりわけ芸術家の青年によって、私は健康を取り戻した。自分自身の強さにあらためて確信を得て、病の床から起き上がった。サーシャと同様に、私もまた今は理想のためなら、あらゆる困難を克服し、すべての試練に立ち向かうことができると感じていた。しかし子供を持ちたいという欲望——女性の最も強く、最も原始的な欲望に本当に打ち勝っていたのだろうか？

大義に命を捧げる

この数週間の間に、フェジャと私は愛し合うようになっていた。フェジャに対する感情とサーシャへの愛情はまったく関係がないということがわかってきた。二人とも私という存在から異なる感性を引き出し、異なる世界へと誘ってくれた。私にとって彼らは相反することなく、充足感だけをもたらすのだった。

私はサーシャにフェジャへの愛を告白した。彼の返答は予想していた以上に寛大で、見事なものだった。「君が誰を愛そうと自由だと思っている」と彼は言った。サーシャは独占欲が自分に強くあることに気づいていて、ブルジョワ階級という自分の出身環境に由来する他のすべてのことと同様に、それを嫌っていた。もしフェジャが彼の友人でなかったら、彼は嫉妬しただろう。サーシャは自分が嫉妬深いことにも気づいていた。しかしフェジャは友人であるばかりでなく、闘争の同志でもあった。それに彼にとって私は単なる女性以上の存在だった。私に対するサーシャの愛は激しいものがあったが、革命家や闘士としての私の方が彼には重要だった。

その日、私たちの友人である芸術家が家に戻ってきた時、二人の青年は抱き合った。夜遅くまで、私たちはさらなる活動計画を語り合った。そして散会する時に、誓い合った——それは意味ある至高の行為によって大義に献身すること、必要とあれば共に死ぬこと、あるいは私たちの一人が命を投げ出さなければならないかもしれない理想のために、生き続け、活動し続けるという誓いであった。それからの日々は、私たちの中に点った輝かしく、新しい光で包まれた。私たちはそれまで以上に辛抱強くなり、理解を深め合うようになった。

◎第6章◎　モストとの愛と決裂

モストが過去の生活を語る

モストが私にニュー・イングランドを回る短期の講演旅行を計画していると言った。もうすぐ出発すると告げ、一緒に行かないかと誘った。君はやつれて、痩せてしまったようだし、気分転換が必要だと彼が言うので、私は考えてみると約束した。

男たちは私に行くように勧めた。フェジャはたまには家事仕事から離れてみることも必要だと強調し、サーシャは同志と知り合えるし、さらなる活動のための道を切り開くことにも役立つだろうと言った。

二週間後、モストと私はフォール・リバー航路でボストンへ向かった。私はいまだかつてこれほど広々とした豪華な船も、こんなに感じのよい特等客室も見たことがなかった。モストの部屋からさほど離れていない私の部屋は、彼が贈ってくれたライラックの花で輝くようだった。船が出港する時、私たちはデッキに出ていた。やがて美しい緑の島が見えてきた。大きながっしりとした樹々が灰色の石造の建物にその影を落としていた。

その風景は、ずっと同じような住宅ばかりが続いていた後なので、心地よいものだった。モストの方を振り返ると、彼の顔は灰色で、拳を固く握りしめていた。

「一体どうなさったの?」と私は驚いて叫んだ。「あれはブラックウエルズ島収容所だ。スペインの宗教裁判所だったものがアメリカへ移管されたものだ。近いうちに、私は再びあの壁の中に収容されるだろう」と彼は言った。

私は痙攣を起こしている彼の指にそっと手を重ねた。次第に彼の指は和らぎ、私の手の中で正常に戻った。私たちは長い間そこに立っていて、それぞれの思いにひたっていた。その夜は暖かく、五月の風が肌に心地よかった。モストが私に腕を回して、ブラックウエルズ島でのことや、彼の生い立ちと青年時代について話してくれた。

モストは私生児として生まれたらしい。彼の父親はそもそも山師的な生活をしていたが、その後法律事務所の筆耕人となった。母親はある裕福な家庭で家庭教師をしていた。モストは法律的にも道徳的にも、また宗教的にも認知されずに生まれた。後になって、ようやく両親は法律上の結婚をした。

子供時代の彼に最も強い影響を与えたのは母親であった。彼女は彼に最初の教育を授け、さらに何より重要だったのは、宗教的ドグマにとらわれることなく、彼の若い精神を自由に育てたことだった。生まれてから七歳の頃までは苦労知らずで幸福な日々であった。それから大きな悲劇が起きた――彼の片方の頰に毒がたまり、その手術の結果、顔が醜く変形してしまったのだ。おそらく彼の愛する母親が生きていさえすれば、醜い顔をなじられたとしても、彼女の愛情が心の支えになっていたことだろう。しかし彼女は彼がわずか九歳の時に亡くなってしまった。数年後に父親は再婚した。継母が来てから、それまで楽しかった家庭が子供にとって苦しみの場となってしまった。彼の人生はもはや耐えがたいものになった。十五歳になると、学校をやめさせられ、製本屋へ奉公に出された。それはひとつの地獄が別の地獄に取って代わったにすぎなかった。彼の醜い姿は災いのようにつきまとい、言葉に表わせない悲惨な思いを味わわせた。

モストは演劇に熱中し、節約した金のほとんどを演劇見物に費やした。彼は舞台に上がることに憧れ始めた。シラーの作品、特に『ヴィルヘルム・テル』『群盗』『フィエスコの叛乱』に魅了され、それらに出演したいと願っていた。ある時、彼は劇場の支配人に雇ってくれるように頼んだ。しかし支配人は君の顔は役者より道化師の方が向いていると、にべもなく断った。その時の失望は彼を打ちのめし、劣等感にさらに悩まされることになった。自分自身の存在に恐れを感じた。特に女性の前に出ると、病的なほどおじけづいた。熱烈に女性を欲していたが、自分が醜いという強迫観念ゆえに、常に女性から遠ざかってしまった。顎鬚が伸びるようになるまでの長い年月、彼は病的なまでの内向性を克服できなかった。そのため危うく彼の人生に自ら終止符を打とうとするところまで追いこまれたが、ある時精神的な目覚めによって救われたのだ。彼が知ることになった新しい社会思想は大きな目的を与え、生き続けることを鼓吹した。しかし、ブラックウエルズ島が容姿について忘れていた恐怖心を彼に思い出させた。そこで顎鬚を剃り落とされてしまったのだ。密かに独房に持ちこんだ鏡の断片の中の、今まで髭で隠されていた姿は刑務所よりも恐ろしかった。現在の社会体制や生活の残酷さや不正に対する彼の激しい憎悪の大半は、その身体的欠陥と、それゆえの侮蔑や虐待に起因していると彼は確信したのである。

モストへの深い感動

モストの話には激しい感情がこめられていた。彼はさらに話し続けた。これまで二度結婚したが、いずれも失敗に終わった。それ以来、人を愛することはあきらめてしまっていた——だが君に会ってから、昔の情熱が戻ってきた。しかしそれとともに、怪物めいた身をさいなむ内向性が蘇ってきた。数ヵ月の間、激しい葛藤に襲われていた。君に拒絶されるのではないかという恐怖にずっと悩まされた。自分はひとつの考えに取りつかれていた——それは君を自分のものにする、自分に縛りつける、君にとって自分をなくてはならない存在にするという考えだった。君に有望な演説家としての才能があるとわかった時、君の心をとらえる手段として、それに取り入ったと告白した。

四十二番街へ向かう車の中で、彼の愛はその恐怖に打ち勝ったのだ。その苦悩にもかかわらず、私もまた彼を愛することを願っていた。しかし私が旅行から戻った時、彼は即座に私の変化を読みとった。自立した考えを持たなければならないということに目覚めた私は、彼の手元からすでに離れていたのだ。それは彼を狂乱させ、苦い過去の思い出を想起させ、激しく愛し、欲していた者を攻撃させることになったのである。今や彼は友情以上のものを望んではならないと、その決意を語った。

悩める者の飾りけのない率直な告白に私は深く心を打たれていた。それは言葉にならないほどの圧倒的な力があった。何も言えずに私はモストの手を取った。長い年月抑えつけてきた激情が私の身体の中ではじけ、我知らずにざわめき、溶けていった。彼の接吻は私の涙と混じり合い、その哀しく歪んだ顔を覆った。その顔は今や美しかった。

二週間の旅行の間、モストが一人でいるのを見たことはほとんどなかった。それはひとつの市から別の市へと移動する間か、日中の一、二時間だけだった。その他の時間は同志と一緒で忙しかった。壇上に上がる間際まで話をしたり、酒を飲んだりしていて、それからどうしてあのように熱烈で、縦横無尽の演説ができるのか、私には驚きだった。聴衆は眼中にないように見えたが、それでいて、その周りの状況のすべてを確実に弁えていた。モストは演説の途中で時計を取り出して、話が長すぎないか確かめもした。彼の話は念入りに計算されたものなのかどうか、私は不思議に思った。彼の演説は計算されたものではなく、内側から自然に湧き出てくるものであったのだろうか？　そのことは私を大いに悩ませた。考えたくはなかったが、彼は何を語っているかを強く意識することはなく、その雄弁や表現の素振りはインスピレーションというよりはむしろ、意図した芝居のようにも思われた。私はそのように考える自分がいやになり、そのことについてモストには話せなかった。それに二人だけでいるわずかの時間はとても重要だった。彼が活躍した国々での社会闘争の話を聞きたかった。ドイツ、オーストリア、スイス、そして後にイギリスといった国がモストの舞台だった。彼の敵たちはこの若い情熱的な反逆者が危険であると見極めるのに手間を取らなかった。彼らはモストを叩きつぶそうと躍起になった。相次ぐ逮捕、何年にも及ぶ投獄、そして亡命と続いた。ドイツ議会の議員に許されていた慣例的免責処分さえも拒否されていた。

モストに私の幼年期のことを話す

モストは多数の社会主義者の支持を得て、連邦下院議会の議員に当選した。しかし他の議員たちと異なり、彼は自分が「あやつり人形の館」と名づけた立法議会の裏側で何が行なわれているかをすぐに発見した。そして大衆はそこから何も得るものがないと悟り、政治機構に失望した。後にドイツ皇帝暗殺計画を企てたとして処刑された、アウグスト・ラインスドルフという非常に優れた若いドイツ人によって、モストはアナキストの思想に導かれた。その後、彼はイギリスで社会民主党の支持者ときっぱり袂を分かち、アナキズムの代弁者となった。

私たちが共に過ごした二週間は多くの収穫をもたらした。何年もかけて読書から得ることができる以上のヨーロッパ各国の政治、経済闘争についての情報を与えてくれた。それにモストは革命運動の歴史に詳しかった。ラサール、マルクス、エンゲルスを発起人として社会主義は勃興し、革命的情熱に根底から燃えて、社会民主党が結成された。しかし次第に政治的野心へと専念するようになり、様々な社会主義思潮に分裂していく。社会民主主義とアナキズムの激しい闘争、一方はマルクスとエンゲルス、他方はミハエル・バクーニンとラテン系グループが体現していた。この対立が最終的に第一インターナショナルの崩壊を導いていた。

モストは自分の過去を詳しく話してくれたが、私の子供時代や青春期の生活について知りたがっていた。私にとってニューヨークに来る以前のすべてのことは大して重要でないと思われたが、モストは私の考えに反対した。幼い時の環境と状況は人生を形成する上での強い因子になると主張した。私の社会問題への目覚めは全面的にシカゴ事件の衝撃によるものなのか、あるいは私の過去や少女時代の状況にその起源を持って開花したものなのではないかとモストは考えていた。

私は彼に昔の思い出を話した——特に彼の関心を引いたのは学生時代のいくつかの体験だった。

私が八歳の時に、父が私を祖母と暮らすようにケーニヒスベルクへ送り、そこで学校へ通った。祖母は三人の娘がやっている美容院の経営者であると同時に、ずっと密貿易の仕事を続けていた。父は私をコヴノまで連れていき、そこで祖母に出迎えられた。それまでの道中、私の食費と学費のために毎月四十ルーブルも仕送りするのは大変な出費だと、父は仮借なく印象づけたのだった。父は私を公立学校へ行かせたくなかったので、私は私立学校へ通うことになった。私がよい子にしていて、一生懸命勉強し、先生や祖母、それから叔母に従順であれば、どんなことでもかなえてやると父は言った。だがもし私に対して何らかの苦情が生じたら、二度と家には連れ帰らないし、ケーニヒスベルクに折檻しに来るとのことだった。父の恐ろしさを考えると心が重かった。祖母の温かい出迎えを感謝することができないほど、私は惨めな気持ちになった。私はただ父から遠去かりたい一心だった。

ケーニヒスベルクでの体験

ケーニヒスベルクの祖母の家は狭く、わずか三部屋と台所があるだけだった。一番いい部屋は叔父と叔母が使い、私は末の叔母と一緒に寝なければならなかった。誰かと一緒にベッドに寝るのはいつだっていやだった。実際に、ヘレナと私の間でもそのことがいつも不和の原因となった。私たちは毎晩、どちらが壁側に寝るか、外側に寝るかで同じ口論を繰り返した。私はいつも外側を主張したが、その方が自由を感じたからだ。またしても今、叔母と寝なければならないことで、心が重かった。だが他に寝る場所はなかった。

まさに最初から、私は叔父に対して強い嫌悪を感じていた。私は自分の家の広い庭や野原や丘をもはや見ることができなくなってしまったので、この生活環境に息苦しさと孤独を感じた。まもなく私は学校に通うことになった。学校で他の子供たちと友達になると、孤独感がいくらか和らいできた。一ヵ月ほどはすべてが順調だった。ところがその後、祖母が理由もわからず、家を出なければならなくなった。それとほとんど同時に、私の苦難が始まった。叔父は私の学費が無駄遣いであり、四十ルーブルの仕送りでは生活費にも足りないと言い張った。叔母たちが抗議したが、何の効き目もなかったし、彼女たち全員が、暴力で脅すその男を恐れていた。私は学校をやめさせられ、家事の手伝いをすることになった。

早朝から、私は朝食のロールパンとミルクとチョコレートを取りに行かなければならなかったし、夜は遅くまでベッドの用意、靴磨き、床洗い、衣類の洗濯で忙しかった。しばらくすると、料理まで作らされることになったが、叔父はそれでも満足しなかった。一日中やかましく命令する彼の乱暴な声を聞くと身の縮む思いがした。私は働き続けて、夜になると泣きながら眠ってしまうこともあった。

私は痩せてしまって、顔色も悪くなった。靴の踵はすり減り、衣服もすり切れてきた。私には慰めてくれる者もいなかった。友達といえば、私たちのアパートの持ち主で階下に住んでいる二人の老嬢と、気品のある母の妹だけだった。彼女は病気がちで、ほとんど会いに行けなかったが、二人の優しい老嬢はよく招いてくれて、コーヒーや大好物のアーモンドをふるまってくれた。よく喫茶店の前で、そのような菓子類を食べたくて覗きこんだものだ。しかし買うだけの金を持っていなかった。二人の友達は彼女たちのすてきな庭に咲く花も含めて、私のほしいものは何でもくれた。

叔父の暴力

叔父のいる間は、私は彼女たちの部屋を決して訪れなかったが、彼女たちはいつも優しく迎えてくれて、傷ついた心を慰めてくれた。いつも決まって、「まあ、いまだにゴム靴なの？」と言った。なぜなら、私の靴はあまりにひどくすり減ってしまっていたので、代わりに大きなゴム靴をはいていたからだ。

滅多にないことだったが、ある時私がイエッタ叔母さんに会いに行くと、家族に手紙を書き、連れ戻しに来てもらいなさいと私に強く言った。彼女の言うことを聞くわけにはいかなかったし、父の最後の言葉を決して忘れていなかった。それに私は毎日、祖母が戻ってくるのを待っていた。祖母なら、恐ろしい叔父から私を救ってくれることがわかっていたからだ。

ある日の午後、特につらい仕事と際限なくいいつけられる用足しの後で、叔父が台所に入ってきて、もうひとつ荷物を届けてくるように言った。その住所から届け先がかなり遠いことを知った。疲れていたからか、それともその男をひどく嫌っていたためだったか、私は勇気を奮い起こして、足の具合がとても悪いのでその配達はできないと言った。彼は私の顔を思いきり殴って、怒鳴った。「自分の食い扶ちも働いていないくせに！　このなまけ者め！」。彼が部屋を立ち去ると、私は廊下へ出て階段に座った。すると悲しくて涙があふれてきた。その時突然、背中を蹴られた。ころげながら、手すりにつかまろうとしたが、そのまま下まで転落してしまった。物音に驚いた老嬢姉妹が何事が起きたのかとあわてて見に来て、叫んだ。「あの子が死んだ！　悪党が彼女を殺してしまったわ！」。彼女たちは私を自分たちの部屋へ連れていった。私は彼女たちにすがりつき、叔父の所へ連れ戻さないでと懇願した。医者が呼ばれ、骨に異常はないが、足首をねんざしていると言った。私はベッドに寝かされ、姉のヘレナ以外にはこれまでしてもらったことのないような手厚い看護を受けた。

老嬢の姉のウィルヘルミナが手に棒を持って階上へ行った。彼女が叔父に何と言ったのかはわからなかったが、それ以後、彼は二度と私のそばに近寄らなかった。私は恩人たちの所にとどまり、彼女たちの美しい庭と温かい愛情につつまれ、好きなだけアーモンドを食べさせてもらった。

まもなく父と祖母がやってきた。叔母のイエッタが電報を打ったのだ。父は私の姿にショックを受けていた。実際に、彼は私を腕の中に抱きしめて、キスした。そんな行為は私が四歳を過ぎてから絶えてないことだった。祖母と義理の息子との間のすさまじい争いがあって、叔父は妻を連れて出ていくことになった。それからほどなく父は私をポペランに連れて帰った。その時、父が毎月きちんと四十ループル送っていたこと、私が学校で立派にやっていると叔父が父に報告していたことを知った。

モストは私の話に深く心を動かされた。私の髪を優しく撫で、手に口づけをした。「おお、何とも哀しかっただろう。君の子供時代は、私の家に意地の悪い継母が来てからの私のものと同じだ」と彼は言って、さらに、自分がかくあるのは子供時代の影響によるものだということを確信したと私に告げた。

論争の背後にあるもの

私はヨハン・モストの信頼と愛情を得たことを光栄に思い、自分の信念をより強くして、ニューヨークへ戻った。私は若い友人たちにモストが見せたありのままの姿を知ってほしかった。上気して、この二週間の旅行で起きたすべてのことを話した――船上のエピソードは除いた。それを語ってしまうとモストの心を傷つけてしまうような気がしたからだ。彼の言葉や行動に対しての、ささいな非難すらも私には耐えられなかった。

私たちは十三番街へ引越した。ヘレン・ミンキンは再び姉と一緒に住むことになり、元のアパートへ戻った。というのも彼女たちの父親はもはやいなかったからである。サーシャとフェジャと私は一緒に新しいアパートに住んだ。そこは騒々しい『自由』の編集室で働くモストにとってオアシスとなった。だがしばしばサーシャとモストの間に言い争いが起きた。それは個人的な問題ではなく、革命の一貫性と情宣方法、ドイツ人とロシア人の同志の間の革命に対する熱意の差異、あるいはそれに類することについてだった。しかしその言い争いの根底には、何か別の要因、私に関する何かがあるという思いは払拭できなかった。彼らの論争はいつも私を不安にさせたが、私は常にその個別な議論を一般的な話題へとうまく転化させ、最後には論争を友好的に終わらせた。

その年（一八九〇年）の冬、アメリカ人ジャーナリストのジョージ・ケナンによるシベリア・リポートがもたらされ、急進派の人々の関心を呼んだ。ロシアの政治犯や流刑囚に関する彼の現状報告リポートについては、アメリカの新聞にさえ長い論評が掲載された。イーストサイドにいた私たちは、地下組織からのメッセージを通じて、その悲惨さを当初から知っていた。一年前に、ヤクーツクで恐ろしい出来事が起きた。同志の虐殺に対して抗議行動を起こした政治犯が刑務所の中庭へおびき出され、看守に銃撃されたのだ。多くの囚人が殺され、その中には女性もいた。その後数週間にわたって、立て続けに何人かの囚人たちが「暴動を扇動した」という罪で、刑務所において絞首刑にされた。私たちは他にも同じような恐ろしい事件を知っていたが、アメリカの新聞はツァーによる非人間的行為に対して沈黙を守っていた。

ロシアへの旅行計画

しかし一人のアメリカ人が信頼できる資料と写真を持って帰ったとなると、無視できなくなった。彼の報告は多くの人々の社会的関心を呼び起こした。彼らの中にはジュリア・ワード・ホウ、ウイリアム・ロイド・ガリソン、エドマンド・ノーブル、ルーシー・ストーン・ブラックウェル、ジェイムズ・ラッセル・ロウエル、ライマン・アボットといった人たちがいて、いち早く「ロシア自由の友の会」を組織した。彼らの月刊誌『自由ロシア』は、ロシアとの間に締結されようとしていた犯罪者引き渡し協定に反対する運動を立ち上げた。彼らの活動と情宣はめざましい成果をもたらした。その中でも特筆すべきは、有名な革命家であるハートマンのツァーへの引き渡しを阻止したことだった。

ヤクーツクの暴動を最初に知った時、サーシャと私はロシアへの帰国を話題にするようになった。このアメリカという不毛の地で、私たちは何をなしうるというのか？　言葉を完全に覚えるだけで何年もかかってしまうだろう。それにサーシャは演説家になるつもりもなかった。ロシアに行けば、私たちは革命の仕事に参画できる。私たちはロシア人なのだ。何ヵ月にもわたって、その考えを検討したが、必要な資金がないことで、あきらめざるをえなかった。ところが今や、ジョージ・ケナンのロシア恐怖体制に関する「すっぱ抜き」により、私たちの計画が甦った。そのことをモストに思いきって話すと、彼は私たちの考えに熱狂した。

「エマ、君が優れた演説家になるのにそれほどの時間はかからない。君が言葉を完全にマスターすれば、この国での運動の力となるだろう。だがロシアに行けばそれ以上のことができる」とモストは言って、サーシャに賛同の意を示した。モストは信頼できる仲間にサーシャの旅行費用とその後の活動資金の調達を依頼するつもりだった。実際にサーシャはその資金でドキュメントを書き上げることができた。またサーシャがロシアでアナキズム文献の地下出版を始めることができるように、印刷の仕事を習っておくのが望ましいと、モストはサーシャに助言した。

モストが私たちの計画に情熱を燃やし、元気になったのを見て、私はうれしかった。サーシャを信頼する彼を私は愛したが、私が一緒に行くことを望んでいないのではないかと考えると、心が痛んだ。ロシアへサーシャを一人で行かせることが、私にとってどんな意味を持つのかをモストは理解していなかった。いや、それはできない。私は心の中でそう決心した。

サーシャがニュー・ヘーヴンに行くべきだということについては賛成だった。そこの同志の印刷工場で、彼は印刷に関するあらゆることをマスターする。私もまたニュー・ヘーヴンに行き、サーシャのそばにいよう。

ニュー・ヘーヴンへ

私はアンナとヘレンのミンキン姉妹、それにフェジャにも同行を頼んだ。私たちは一軒家を借りることができた。そこでついに私たちは前から抱いていた計画を実現させることになる。それはつまり、共同経営の洋裁店を開くことだった。そしてまた大義のためにも働く。講演会を開いて、モストや他の演説家を招いたり、コンサートや劇を催したりして、情宣のための資金を調達するのだ。友人たちはそんな私の計画を喜んで受け入れてくれた。モストは、訪問できる家や友人といった真の安息の場が得られてうれしいと言った。サーシャはただちにニュー・ヘーヴンに向かった。フェジャと一緒に、私は持っていけない家財道具を処分し、手元に残した私の忠実なるミシンを携えて、ニュー・ヘーヴンへ行った。そこでまず「ゴールドマンとミンキンの洋裁店」の看板を出してみた。しかし待っていれば客が次々とやってくるという考えは間違いであることに気づき、最初のうちは他の手段でお金を稼がなければならないと悟らされた。私は最初にカーシュナーと別居した時に働いていたコルセット工場に戻った。あれから三年しか経っていなかったが、何十年ものように思われた。それほど私の世界は完全に変わってしまい、それとともに私も変わったのだ。

ヘレンは私と一緒に工場に通い、その間アンナは家に残っていた。アンナは優秀なお針子だったが、服の裁断や仮縫いはできなかった。私は夜のうちにアンナの仕事を補助したので、彼女はそれを昼間に完成することができた。

一日中工場でミシンを踏み、家に戻って夕食の用意をし(ささやかな共同生活であり、他に料理のできる者がいなかった)、それから翌日のための服の裁断や仮縫いをするのは肉体的にかなりの負担だった。だがその当時私は健康だったし、大きな目的も持っていた。それにまた社会的関心もあった。学習グループを作って、講演やパーティやダンスの会を催した。自分たちのことを考える時間はほとんどなく、生活は多忙であったが、充実していた。

モストが連続講演のためにやってきて、私たちの所に立ち寄った。またソロタロフも同様で、私はニュー・ヘーヴンで初めてソロタロフの話を聞いたことを思い出して、その来訪を祝った。私たちのグループは急進的なロシア人とユダヤ人、それからドイツ人の分子の中心となった。私たちの運動は外国語で進められていたので、新聞や警察の注意を引くことはなかった。

次第に得意客も増えてきたので、私はまもなく工場をやめられる見通しがついた。サーシャは印刷屋としてかなり腕を上げていた。フェジャはニュー・ヘーヴンでは仕事が見つからなかったため、ニューヨークへ帰ってしまった。私たちの情宣活動は成果を上げ始めていた。講演には多くの人々が集まり、印刷物の売れ行きも良く、『自由』の定期購読者を多く獲得した。その生活は活気にあふれ、楽しいものであったが、やがて不穏な気配が漂い始めた。ニューヨークにいた時から病弱であったアンナの症状が今頃になって悪化し、肺病の兆候を示していた。そしてある日曜日の午後、モストの講演が終わった時に、ヘレンがヒステリーを起こした。彼女の発作には特定の原因はないように思われたが、翌朝になって、彼女は私にモストへの愛を打ち明け、彼と離れていることは耐えられないので、ニューヨークに戻るつもりだとはっきり言った。

愛、愛、セックスがあるだけだ

私自身も最近モストと二人でいる時間をあまり持つことがなくなっていた。彼は講演が終わると私たちの所へやってきたが、いつも周りに他の訪問者がいたし、夕方にはニューヨーク行きの汽車に乗ることになっていた。時々、私はモストの要望に応えてニューヨークに行ったが、そこでの私たちの逢瀬もえてして仲違いで終わってしまった。彼は私と肉体関係を持ちたがっていたが、私は許すことができなかった。一度彼は腹を立てて、君に頼む必要はない、「ヘレンとならいつでもできるんだ」と口にしたことがあった。ヘレンの告白を聞くまでは、私はそれを冗談だと思っていた。今になると、モストが本当にヘレンを愛しているのか、疑問に思われた。

次の日曜日に、モストは私たちの所で昼食を取り、その後二人で散歩に出かけた。私は彼にヘレンに対する気持ちを打ち明けてほしいと頼んだ。「こっけいな話さ。あの娘はただ男が必要なだけだ。彼女は私を愛していると思いこんでいる。だがそれは別の男であっても同じことなのだ。本当だよ」と彼は答えた。私は彼のそのようなあてこすりに腹を立てた。というのは、私はヘレンのことがわかっていたし、彼女が彼の言うような動機で自分自身をさらけだせる人ではないと知っていたからだ。「彼女は愛を求めているのよ」と私は言葉を返した。モストは皮肉っぽく笑って、叫んだ。「愛、愛——そんなものはセンチメンタルなたわごとさ。ただセックスがあるだけだ!」。そうだ、サーシャは結局正しかったと私は思った。モストは女性を雌としてだけ求めているのだ。おそらくそれ以外の理由で私を求めたことも一度もなかったのだ。

かなり以前に、私にとってのモストの魅力とは肉体的なものではないと認識していた。私を魅惑したものは彼の知性であり、きらめく才能であり、彼特有の矛盾した人間性だった。たとえ、彼の性格に多くの憤りを感じたとしても、彼が耐えてきた苦痛や迫害は私の心の琴線に触れていた。モストは私が冷たいとか、愛していないとか責めることもあった。かつて、二人でニュー・ヘーヴンを散歩していた時、特に執拗に迫った。私が拒否すると怒りだし、サーシャに関して攻撃的な言葉を浴びせ始めた。モストはずっと前から私が「あの傲慢なロシア系ユダヤ人」を好きなことをわかっていたと言った。サーシャはモストに革命倫理をどのように貫くか説明してくれと、あえて問うたことがあったのだ。モストは「人生について何も知らない馬鹿な若者」の批判を無視した。それでいてモストはサーシャの存在そのものに耐えきれず、それが理由で私から遠去けるために彼をロシアへ送る手助けをしているのだ。私はモストかサーシャのどちらかを選ばなければならなかった。

「父親」を法から救う

私は二人の間の暗黙の対立に気づいていた。それでも以前には、モストは一度もこんなふうにサーシャを悪く言わなかった。モストの言葉に心が痛んだ。そしてその偉大さが消えてしまった。モストが私の最も大切にしていることや、私のたくましく、使命に燃えている青年サーシャをあえて攻撃したことだけを考えていた。私はモストにも周りの人々にも、この「傲慢なロシア系ユダヤ人」に対する私の愛を知ってほしかった。私は衝動にかられて、激しく叫んだ。私もロシア系ユダヤ人だと。モストはアナキストでありながら、反ユダヤ主義者なのか？　それなのに私のすべてをほしいとどうしたら言えるのか？　私は奪われたり、所有されたりするものなのか？　それはどのようなアナキズムなのか？　モストはもはやアナキストではないと言ったサーシャが正しかったのだ。

モストはずっと黙っていた。まもなく私は傷ついた獣のようなうめき声を聞いた。私の激情の噴出は不意に途切れた。彼は地に伏せ、頭を下げ、拳を握りしめていた。私の中で様々な感情が揺れ動いていた——サーシャへの愛、激情にかられて口にしてしまったことへの後悔、モストに対する怒り、目の前で子供のように泣きながら地に伏せているモストに対する強い同情が揺れ動いていた。私は優しく彼の頭を持ち上げた。すまないという思いを伝えたかったが、言葉は陳腐に思えた。彼は私の顔を見上げて、弱々しく言った。「本当に愛しい人よ。サーシャはそんなに愛されて幸せな奴だ。だが君の愛を本当にわかっているかどうかは疑問だ」。彼は頭を私の膝に埋め、私たちは何も言わずに座っていた。

突然、人の声がした。「立て、二人とも立て！　人前でいちゃついてどういうつもりなんだ。風紀を乱したかどで捕まるぞ」。モストはすぐさま立ち上がろうとした。私は自分のことよりモストのことを心配して、ひやりとした恐怖に襲われた。もしモストだとわかれば、警察に連れていかれて、さらに翌朝には新聞が彼についての下品な記事を載せるに決まっている。一瞬のうちに、スキャンダルを防ぐための作り話が頭に浮かんだ。「駆けつけていただいて本当に有難いわ。父が突然めまいを起こしたんです。どなたかが通りかかって病院まで連れていってもらえたらと思っていましたの。どちらかお手伝いしてもらえませんか?」。二人の男は大きな笑い声を発した。「父親だって、ふん! よく言うよ。わかった、それならば父上が五ドルくれたら、今回は見逃してやるさ」。私はあわてて財布の中を探り、持っていた五ドル紙幣を取り出した。男たちは立ち去ったが、彼らの意味ありげな笑い声が耳に不快に残響していた。

モストは締め釘のようにまっすぐ座って、懸命に笑いをこらえていた。そして「君は機転がきくよ。だが私は今、自分が君にとって父親以外の何者でもないということがわかったよ」と彼は言った。その夜、講演が終わった後で、私はモストを駅に見送りに行かなかった。

翌日の早朝、私はサーシャに急に眠りを破られた。アンナが喀血したというのだ。大急ぎで医者を呼ぶと、容態が思わしくないのでサナトリウムに行くようにとの診断だった。数日後、サーシャはアンナをニューヨークへ連れて帰った。私は事務処理のためにニュー・ヘーヴンに残った。共同事業という私の大計画は砕け散ってしまった。

ニューヨークへ帰る

ニューヨークで、私たちはフォーサイズ通りにアパートを借りた。フェジャは幸いなことにかなり注文があるので、写真の拡大彩色の仕事を続けていた。私は再び賃仕事を始めた。サーシャは『自由』の植字工として働き、モストが彼をロシアへ行かせてくれるという希望にいまだに執着していた。資金カンパ要請書はモストとサーシャが作成し、すでに送付され、私たちは心配しながらその結果を待っていた。

『自由』の編集室で、私は多くの時間を過ごした。そこのテーブルの上には、ヨーロッパからの交換雑誌が山積みされていた。特にその中の一冊が私の注意を引いた。それは『自治』という新聞で、ドイツ人アナキストがロンドンで毎週発行していた。言葉の迫力や臨場感に関しては『自由』と比較にならなかったが、それでも私にとっては、『自由』以上に明晰かつ確信に満ちた態度でアナキズムを表現しているように思われた。

一度その新聞についての意見をモストに言った時、彼は怒りの表情を示した。その新聞の刊行の背後にいるのはいかがわしい人物たちで、「最も優れたドイツ人同志ヨハン・ネーヴェを裏切り、警察の手に引き渡したスパイのポイケルト」とつながりのある連中だと、モストはぶっきらぼうに言った。その時にはモストの言葉を疑うことなど思いもよらず、私は『自治』を読むことをやめた。

だが運動に対して私の理解が深まり、他の経験も積まれてくると、モストの偏向が見えてくるようになった。私は再び『自治』を読み始めた。やがてその新聞に関係している人間に対してモストがいかに正しい評価を下したとしても、その大義は、『自由』以上にアナキズムが私に示してきたものに近いという結論に至った。『自治』の方が個人の自由や集団の独立をより強調していた。その全体の論調は私にとって力強い訴えのように映った。他の二人の友人も私と同様に感じていた。サーシャはロンドンの同志との接触を提案した。

「自治」グループ

しばらくすると、私たちは『自治』のグループがニューヨークに存在していることを知った。彼らは毎週火曜日に集会を開いていて、私たちは五番街のその会場を訪ねてみることにした。そこには「偉大なる野性人」という風変わりな表札がかけられていて、その所有者である大男の荒削りな風貌やぶっきらぼうな態度とよく似通っていた。グループの指導的活動家はジョセフ・ポイケルトだった。

私たちはポイケルトに対してモストの影響を受けていたので、ネーヴェの逮捕と投獄に責任があるともされる本人から、その一件の説明を受けても、長い間懐疑的だった。しかしポイケルトと数ヵ月付き合ううちに、彼があの恐ろしい事件に何か関与していたとしても、故意に仲間を裏切る人間ではないと確信するに至った。

ジョセフ・ポイケルトはかつて、オーストリアの社会主義運動において非常に重要な役割を担っていた。しかし彼はヨハン・モストと比較すべきセンスは持ち合わせていなかった。モストが持っている活発な人間性や、天才的で魅力あふれる奔放さに欠けていた。ポイケルトは重苦しく、学者的で、生真面目すぎた。私は最初、彼の陰気さは蒙ってきた迫害、つまり裏切り者と非難され、除け者にされてきた事情によるものだと信じていた。

しかしまもなく、彼の欠点はその存在状況に起因していて、実際にそれがモストに対する彼の嫌悪の主要な要因であると理解するようになった。それでもなお、私たちはポイケルトに同情的だった。二人のアナキスト同士の反目——それはモストとポイケルトの取り巻きたちの反目であり、大部分は個人的な虚栄心からもたらされたものだと私たちは感じた。ポイケルトが中立の同志たちの前で弁明できればいいのにとも思った。この見解は、サーシャとフェジャが属している「自由の開拓者」の何人かのメンバーの支持を得た。

一八九〇年十一月のユダヤ系アナキスト諸団体の全国会議で、モストとポイケルトの問題は徹底的な検証がなされるべきであり、また二人に対してそれぞれの証言が求められるべきだとサーシャは提案した。モストがそれを知った時、サーシャに対するあらゆる個人的敵意と苦々しさが抑えがたい怒りとなって爆発した。「あの傲慢なユダヤ人の若造が。青二才め！　私と同志たちがとっくの昔にポイケルトはスパイであると証明したのに、今さらどうしてそれを疑うのか？」と彼は叫んだ。またしても、モストに対するサーシャの評価は正しいと私は思った。モストはアナキズムの仮面のもとに鉄の手をふりかざして支配することを望んでいる暴君だと、ずっとサーシャは主張していなかったか？　モストはもはや革命家ではないと、私に繰り返し言っていなかったか？「君は自分の好きなようにするがいい。だが僕はモストと『自由』から去る」と、今となってサーシャは私に言った。彼はすぐに新聞の仕事を辞めるつもりだった。

モストの側に立つ

モストの側に立つ私はあまりにもモストに近づいてしまっていたし、彼の魂を奥深く覗きこみ、その魔力と魅力、その振幅に呪縛されていたので、それほど簡単に彼との関係を断つことができなかった。私はそれまでしばしばそうしてきたように、彼の所へ行って、すさんだ気持ちを慰めるつもりでいた。モストが私たちの美しい理想を愛していると確信していた。そのために彼はすべてを断念したのではないのか？　そのために苦痛や憤怒を耐え忍んできたのではないのか？　確かにポイケルトとの反目がすでに引き金となってしまって、モストの運動は大きな痛手を蒙っている。私は彼の所へ行こうと思った。サーシャは私を盲目の崇拝者と呼んだ。彼はすべてをわかっていた。私にとって革命家としてのモストより、男としてのモストの方が意味があるのだと彼は言った。しかし私はサーシャの厳格な区別には同意できなかった。サーシャが、生命や美よりも大義はさらに重要性があると強調したのを最初に聞いた時、何か私の中で反発するものがあった。しかし彼が間違っているという確信も少しも持てなかった。目的に対してそのような潔さ、そのような自己献身を持ち合わせている人間が間違っているはずはない。だが私を大地へと、私の人生の中に入りこんできた人々の人間的側面へと導いたのは、自分の内部にある何かにちがいないのだ。私は弱い人間で、サーシャのような革命的、理想的高みには決して到達できないだろうとしばしば考えた。しかし――そうだ、少なくとも私はその熱意ゆえに彼を愛することができる。いつの日か、私は彼に、その献身がいかに大きなものであったか示すことになるだろう。

私は『自由』の編集室にいるモストに会いに行った。しかし最初の記念すべき訪問とは対照的に、私に対するモストの態度は何と変わっていたことだろう！　彼が一言も言わなくても、それが感じられた。「君は今、あんな不快な連中と一緒にいるのに、私に何の用があるのか？　君はよりによって友人として私の敵を選んだのだ」。これが彼の挨拶だった。私は彼に近づき、事務所では議論できない、かつての友情のために今晩どこかで時間をとってくれませんかと言った。「かつての友情のために？」と彼は嘲笑するように叫んだ。「友情も続いている間は美しいさ。だが今それはどこにあるんだ？　君は私の敵とよろしくやるのが似合っているし、つまらない若造の方が私よりお好みだ！　去る者日々にうとしさ！」。しかし腹を立てて話し続けているうちに、彼の口調が変わってきたことを感じた。それはもはや激しいものではなくなっていた。彼の声は私の心に深い感動を与えてきた。その声を愛しているとわかっていたし、その声が震えがちになり、鉄の固さから柔らかく和んでいく変化も理解していた。声の響きによって、彼の感情の振幅をいつも私は判断できた。それゆえ彼がもはや怒っていないとはっきりわかった。

私は彼の手を取った。「お願いだから、ハネス、来てくれない？」。彼は私を抱き寄せた。「君は魔女だ。ひどい女だ。君はすべての男を破滅させることになるだろう。それでも私は君を愛している。行くことにしよう。」

モストとの決裂

私たちは六番街の四百十二丁目にあるカフェに行った。そこは劇場関係者、賭博師、売春婦が集まることで有名な場所だった。彼がその場所を選んだのは同志たちが決して行ったりしなかったからだ。私たちが一緒に出かけ、ワインを二、三杯飲むといつも起きるモストのすばらしい変わり様を最後に見たのは、かなり前のことだった。彼の変身によって、私は異なった世界へ、不和や争いがなく、人を束縛する主義や、考慮しなければならない同志の意見もない世界へと運ばれていくのだ。すべての落差が忘れられてしまうのだ。私たちは別れる時も、ポイケルトの件については何も話さなかった。

翌日、私はモストからポイケルト事件に関する資料を同封した手紙を受け取った。手紙を先に読むと、彼はボストンへ旅行した時と同様の心中をもらしていた。彼の訴えは愛についてであり、それがなぜ終わらなければならないのか、他の人間と君を分かち合うことを続けることもできないし、これ以上二人の間で大きくなる違いに耐えられない。君は成長し続けるだろうし、運動においてさらに影響力を増していくと確信していると書いていた。しかしこの保証がまた、私たちの関係が永久に続かないことを彼に確信させたのだ。普通の女性が与えてくれる家庭、子供、その世話や愛情、人生において愛する男とその間に生まれた子供以外に何の関心もない女性——それがモストの必要としているものであり、ヘレンの中にそれを見出したのだと思ったのだ。彼にとってのヘレンの魅力は、私が呼び覚ました激しい情熱ではなかった。私たちの最後の抱擁は、私に残っていた彼に対するただひとつの痕跡だった。それは甘美なものだったが、モストを混乱と葛藤に追いやり、不幸にした。

運動の前線でのつまらない口論、『自由』の不安定な状況、そして迫りつつあるモスト自身のブラックウエルズ島への帰還、これらのすべてが結びついて、彼から平安を奪い去り、結局のところ、モストは生涯の大仕事となる作業に取りかかれる状態ではなかった。彼は自分の求めている平和を私に理解してもらいたがったし、またそれを探す手助けをしてくれと望んでさえいた。

答えもなく、平安もなく

私は部屋に閉じこもって、何度も手紙を読み返した。モストが私にとって何であったのか、彼が私に与えてくれたものすべてについて、一人になって考えたかった。私は彼に何を与えることができたのか？　彼の多くの願望にこたえられなかったことを自分でも認めたくなかった。もし私が手術を受ければ、彼の子供を産めることもわかっていた。この特異な人物の子供ができたら何とすばらしいだろう！　私はもの思いにふけって座っていた。だがすぐにもっと意味のあることが頭に浮かんだ——サーシャのことだった。彼と一緒の生活と運動。私はそれをすべて断念できるのか？　いや、それはできない。不可能であり、してはならないのだ！　しかしなぜモストではなくサーシャなのだろうか？　確かにサーシャには若さと不屈の熱意がある。そうだ、彼の熱意なのだ——それが私と彼をつないできたセメントのようなものではないか？　だが考えてみれば、サーシャもまた妻と家庭と子供を求めるはずだ。その時はどうするのか？　私はそれを彼に与えることができるだろうか？　しかしサーシャはそのようなことを決して期待しないだろう――彼は大義のためにだけ生き、また私に対しても大義に殉ずることだけを望んでいたからだ。

苦悶の夜が明けたが、私は何の答えも平安も見出せなかった。

◎第7章◎ モストの収監と食堂の開店

モストのブラックウエルズ島への収監

一八八九年にパリで国際労働者会議が開かれ、五月一日を労働者の国際的休日とする決定がなされた。その考えは各国の先進的労働者の想いを捉えた。春の訪れの日が、解放への新たな奮起を大衆に目覚めさせようとしていた。一八九一年になると、この会議の決定は多くの賛同を得ることになった。五月一日を迎えて、労働者たちは工具を置き、機械を止め、工場や炭坑を放棄した。祭りの盛装で、精神を鼓舞させる革命曲や革命歌に合わせて、横断幕を掲げ、デモ行進をすることになっていた。あらゆる国で労働者の大志を訴える集会がもたれた。

ラテン系諸国ではすでにその準備が進められていた。社会主義者やアナキストが刊行している新聞や雑誌は、その記念すべき日に予定されている熱気あふれる諸行事について、詳細なレポートを掲載していた。アメリカでも同様に、五月一日を労働者の威力と活力を強く示威する日とするべき呼びかけが発せられた。その行事を組織するために相次いで夜間の会合がもたれた。私は再び労働組合を担当することになった。アメリカの新聞業界は革命を策略しているとして、過激分子を告発する悪辣なキャンペーンを開始した。各組合は「民主主義制度を破壊するためにアメリカに入国している外国人下層民と犯罪者たち」の一群を排除するようにとの勧告を受けた。キャンペーンにはそれなりの効果があった。保守的な労働団体は、五月一日に工具を置きデモに参加することを拒否した。その他の組合はあまりにも小規模で、人数も少なかったので、この期に及んでもシカゴ・ヘイマーケット事件の時にドイツ人労働組合に加えられた攻撃を恐れていた。だがドイツ人、ユダヤ人、ロシア人諸組合の最も急進的なメンバーは当初の決定に従い、デモに参加する予定でいた。

ニューヨークでのメーデーの行事は社会主義者たちによって準備されていた。彼らはユニオン広場を確保し、アナキストにも演説を許可する約束をしていた。しかし土壇場になって、社会主義者の主要メンバーが、広場に私たちの演壇を設置することを拒否した。その時、モストはまだ来ていなかったが、私はサーシャ、フェジャ、そして数人のイタリア人同志からなる青年たちの一団とその場にいた。私たちはこの記念すべき機会にぜひとも発言すべきだと決意していた。独自の演壇を確保できないことがはっきりした時、青年たちは私を社会主義者のひとつのワゴンの上に担ぎ上げた。そこで私は演説を始めた。ワゴンの持ち主はいなかったが、すぐに戻ってきた。それでも私は話し続けた。男はワゴンに馬をつないで、動かし始めた。事情をのみこめないでいた群衆は、私の話している間に広場の外へ二ブロックほど広がっていた。

すぐに警察が駆けつけてきて、群衆をけちらし始めた。馬車が止まった。青年たちは素早く私を降ろし、逃がしてくれた。翌日の朝刊は、赤い旗を振って革命を主張したワゴンの上の謎の若い女性の話で埋まっていた。そこには次のように書かれていた。「彼女の切迫した声が馬を追い立てた」と。

それから数週間後、最高裁判所がヨハン・モストの控訴を却下する決定を下したという知らせを受けた。それはモストが再びブラックウエルズ島へ収監されることを意味していた。サーシャはモストとの意見の対立を忘れてしまっていた。私も、モストが彼の気持ちと生活から私を排除してしまったことをその気にかけている場合ではなかった。モストが再び監獄入りとなり、鬚を剃られ、苦しみ続けてきたその歪んだ顔が嘲りと屈辱の的になるだろうという残酷な現実が、差し迫った問題であった。私たちは法廷に最初に駆けつけた。モストは、彼の弁護士や保証人である私たちの古い同志ジュリアス・ホフマンに伴われて入廷した。多くの友人たちが続々と列席し、その中にはヘレン・ミンキンもいた。モストは彼に対する判決を気にしている様子はなく、誇り高く、決然とし、老練な強者、断固たる反逆者に戻っていた。

法廷審理はわずか数分で終了した。廊下で私はモストに駆け寄り、手を取って、「ハネス、あなたの身代わりになれるものなら、何でもするわ!」と耳元で言った。「わかっているよ、私の金髪のかわいい娘。島へ手紙をくれ」。そして彼は収監されてしまった。

サーシャはモストに付き添ってブラックウエルズ島まで行き、彼の見事なまでの態度に感動して戻ってきた。モストはかつてないほど不屈で、威厳があり、輝かしく見え、新聞記者たちでさえ感銘を受けていた。「我々の意見の相違は葬り去って、モストとともに運動を続けなければならない」とサーシャは宣言した。

最高裁判所の判決に対する私たちの抗議声明と、モストの支援闘争を続け、獄中生活を可能なかぎり耐えられるものとする資金カンパを決議する大集会が開かれることになった。獄中の同志に対する支援はそれぞれの急進派にあって通常行なわれていた。四十八時間にわたって大会場を満員にすることに成功し、私も演説者の一人だった。私の演説は、単に万国の反逆のシンボルであり、アナキズムの代弁者としてのヨハン・モストだけでなく、私を大いに鼓舞してくれた教師であり、同志でもあったことにまで及んでいた。

ウスターの写真スタジオ

その年の冬、フェジャはある写真家のもとで働くために、マサチューセッツ州のスプリングフィールドへ行くことになった。しばらくすると手紙が届き、こちらに注文係の仕事があると書いてきた。私はよい機会だと知らせを喜んだ。それはニューヨークから、うんざりするミシンの音から抜け出す機会だった。サーシャと私は生活のために少年用ジャンパーを作る賃仕事を引き受けていた。私たちはアパートの一部屋で電気をつけっぱなしにして、しばしば日に十八時間も働き、その上私は料理と家事をしなければならなかった。スプリングフィールドは何らかの変化と慰めを与えてくれることだろう。

その仕事は重労働ではなく、モストやサーシャとあまりにも異なるフェジャと一緒にいることは心が和んだ。私たちは運動以外に、美しいものや花や演劇への愛といった多くの共通の好みを持っていた。しかしスプリングフィールドではほとんど演劇は上演されていなかったし、実際にアメリカの芝居や演劇は肌に合わなくなっていた。ケーニヒスベルクやペテルブルグ、それからニューヨークのジャーマン・アービング・プレイス劇場を体験した後では、アメリカの普通の芝居は退屈で安っぽく思えた。

フェジャの仕事はとても順調だったので、これ以上雇い主を儲けさせてやるのが馬鹿らしくなってきた。そこで自分たちの店を始めるべきであり、サーシャも呼び寄せようと私たちは考えた。サーシャは一度も不平をもらさなかったが、私はその手紙からニューヨークの居心地の悪さを感じていた。フェジャは自前のスタジオを開くことを提案した。私たちはマサチューセッツ州のウスターへ行くことと、サーシャと合流することを決めた。

店をしつらえ、看板を出して、客が来るのを待った。しかし客は誰も現われず、わずかな貯えは少なくなる一方だった。そこで私たちは周辺の田舎を巡回して、農家の人々から家族写真の拡大彩色の注文が取れるように馬車を借りた。サーシャが手綱を取り、森や横道に行きあった時には、馬の気まぐれな進み具合に任せて遊んだ。何らかの注文を取る前に、私たちはよく何時間も馬車を乗り回した。

食堂を開く

私たちが驚いたのは、ニュー・イングランドの人々とロシアの農民の間には大きな違いがあることだった。ロシアの農民は自分たちが食べるものに事欠いても、必ず行きずりの人にパンとクバス（サイダー）を勧める。それはドイツの農民も同様で、学生時代の記憶をたどると、彼らの「最上の部屋」に招き入れ、テーブルの上にミルクとパンを出して、一緒に食べるように勧めてくれた。しかし、この自由の国アメリカの農民は何エーカーもの土地や多くの牛を所有しているのに、まったくこうしたことはしなかったし、コップ一杯の水でも恵まれれば幸運な方だった。アメリカの農民は充足しているため、思いやりや優しさに欠けているとサーシャがよく言っていた。そして「アメリカの農民はまさに小資本家だ。ロシアの農民やドイツの農民とは異なっている。彼らはプロレタリアートだ。それゆえに彼らは温かい心と思いやりがあるのだ」とも主張した。私は同意できなかった。いくつかの工場でプロレタリアートたちと一緒に働いてきたが、彼らがいつも親切で寛大だとは言いかねた。しかしサーシャの民衆への信頼が伝染して、私の懐疑を打ち消してしまった。

私たちはしばしば廃業の瀬戸際に立たされた。同居していた家主が定食屋かアイスクリーム屋を開いたらどうかと、よく勧めてくれた。この提案は最初突拍子もないように思われ、その開業資金も意欲も持ち合わせていなかった。それだけでなく、商売にかかわることは私たちの道義に反していた。ちょうどその頃、ロシアにおける新たなる残虐行為が急進的な新聞によって再び報道された。私たちは故国へ戻るというかつての熱望にとらわれた。しかしどこでそのために必要な資金を調達できるのか？　モストによる私的呼びかけも充分な反応を得られなかった。そこでアイスクリーム屋がその目的のための手段になるのではないかと考えた。考えるにつれて、それが唯一の解決の道であるという確信を抱くようになった。

私たちの貯えは全部で五十ドルだった。このアイディアの提案者である家主が百五十ドルの貸与を申し出た。私たちは店を確保した。そして二週間かけて、サーシャの大工仕事、フェジャのペンキ塗り、私の伝統的なドイツ式家事の切り盛りで、あばら家がこぎれいな定食屋に生まれ変わった。季節は春だったので、まだアイスクリームが欲しくなるほど暑くはなかった。しかし私の入れたコーヒーや特製のサンドイッチ、風味の良い料理は次第に評判を得るようになり、まもなく私たちは夜明けまで忙しく働き続けることになった。短期間に家主からの借金を返済し、ソーダ水の貯蔵容器ときれいな色の食器を買うことができた。私たちは長い間抱き続けてきた夢が実現途上にあると感じていた。

◇第8章◇ カーネギー鉄鋼会社のストライキとサーシャの暗殺計画

カーネギー鉄鋼会社のストライキ

一八九二年の春のことだった。ピッツバーグからのニュースで、カーネギー鉄鋼会社と鉄鋼労働者合同連盟に加盟している従業員の間に紛争が起きたことを伝えてきた。連盟は国内最大、かつ最有力の労働団体のひとつで、ほとんどアメリカ人で構成されていた。彼らは決断力と気概があり、自分たちの権利を堂々と主張していた。一方、カーネギー社は厳しい雇用主として知られている有力な会社だった。そのオーナーであるアンドリュー・カーネギーが、労働者に敵意を抱いている社長のヘンリー・クレイ・フリックに一時的に全経営を任せたことから、特に重大な問題が起きたのだ。

輸入鉄鋼に対する高い関税がアメリカの鉄鋼産業の繁栄を支えていた。特にカーネギー社はその独占企業であったので、未曾有の繁栄を享受していたのである。最大の工場群はピッツバーグの近くのホームステッドにあり、そこでは何千人もの労働者が雇われていて、その仕事は長期の修業と高度な技術が要求されていた。賃金は鉄鋼製品の優勢的市場価格に基づくスライド制で、会社と組合との間で調停されていた。それまでの協定の失効の時期が近づいていたので、労働者たちは上昇する市場価格と工場生産量の増大を理由として賃上げを要求する給与案を提出した。

博愛主義者のアンドリュー・カーネギーは素知らぬ顔でスコットランドの彼の城に引きこもり、フリックがその事態の全処理を預かった。今後スライド制は廃止されるだろうと彼は宣言した。それは、会社がもはや合同連盟と協定を結ばないということであり、会社が独自に賃金を決めることを意味した。実際に、彼は組合をまったく認めなかったし、以前のように従業員を一体として扱わなかった。工場は閉鎖され、労働者は解雇とみなされる。そのうえで労働者は個人的に仕事に応募しなければならないし、賃金も各労働者別に取り決められるのである。フリックは労働組織の平和的な交渉をすげなく拒絶して、「調停することは何もない」と言い放った。まもなく工場は閉鎖された。「ストライキではなく、ロックアウトなのだ」とフリックは発表した。それは正面切っての宣戦布告でもあった。

ホームステッドとその周辺では感情が高ぶっていた。労働者に対して全国から同情が寄せられた。最も保守的な新聞でさえ、フリックの専横と行き過ぎたやり方を非難した。フリックの行為によって締め出された膨大な労働者と、加盟組合や関連産業に与えるあからさまな影響を考えると、全国的規模に及ぶ危機を引き起こそうとしていると彼を告発した。

全国の労働者が立ち上がった。鉄鋼労働者はフリックの挑戦を受けて立つ用意があるとの声明を発し、組合の権利と雇用主との団体交渉権を主張した。その声明は雄々しく、革命戦争の反逆的先人たちの魂と共鳴し合っていた。

差し迫っている闘争の現場から遠く離れて、ウスターの町で小さなアイスクリーム屋をやりながら、私たちは事態の進展を熱心に見守っていた。それはアメリカの労働者の目覚めであり、長い間待ち望んでいた復活の日のように思われた。生まれついてから抑圧されてきた人々が立ち上がり、自らの大きな力を自覚するようになり、長い間つながれていた鉄鎖を断ち切ろうと決意したのだと私たちは考えた。ホームステッドの労働者に対する賞賛の気持ちで心が燃えていた。

私たちはいつものように仕事を続け、客を待ち、パンケーキを焼き、紅茶やアイスクリームを出していたが、思いはホームステッドの鉄鋼労働者に向けられていた。ホームステッドからのニュースに熱中するあまり、眠る時間も惜しむようになった。夜明けに誰かが新聞の早朝版を取りに出かけた。他の記事には目もくれず、ホームステッドの出来事だけに没頭した。夜通しその状況をあらゆる面から検討し、巨大な闘争の可能性にほとんど心を奪われていた。

ストライキへの参加を決意する

ある日の午後、私が店に一人でいる時、アイスクリームを買いに客が入ってきた。彼の前に皿を置いた時、彼の持っていた新聞の大きな見出しが目に入った。「ホームステッドの近況――ストライキ労働者の家族が社宅を追い立てられる――立てこもった婦人が警官によって道路へ連れ出される」。私は客の肩越しにフリックの労働者に対する発言を読んだ。彼は労働者の要求に譲歩するくらいなら彼らを死に追いやってやると言い、ピンカートン探偵社を雇うと脅しをかけていた。その発言の粗野で思いやりのなさと、立ち退かされた婦人に対するフリックの非人間性が私の心を燃え上がらせた。憤怒が全身をかけめぐった。テーブルに座っていた男が私に話しかけていることに、その時気づいた。「お嬢さん、気分が悪いのですか？　何かお役に立つことがあるかね？」。私はつい言ってしまった。「あります。新聞をいただけませんか。その代わりアイスクリームの代金は結構です。でもあなたには帰っていただきたい。店を閉めなければならないんです」。その男は気でも狂ったかといわんばかりに私を見た。

私は店に鍵をかけ、三ブロック先にある小さなアパートまで全速力で走った。ロシアではなく、ホームステッドで起きているのだ。私は今それを実感していた。私たちはホームステッドに行かなければならないのだ。夜勤に備えて休んでいた仲間は、私が手に新聞を握りしめて部屋に飛びこむと、驚いて起き上がった。「どうしたんだ、エマ。そんな怖い顔をして！」。私は言葉が出てこなかったので、新聞を差し出した。

サーシャがまず立ち上がった。そして「ホームステッドだ！　ホームステッドに行かなければならない」と彼は叫んだ。私は彼の名前を呼びながら、飛びついた。私も行くつもりだった。「今夜行こう。ついに待ちに待っていた時が来たんだ」と彼は言った。国際主義者であるのだから、どこで労働者の闘争が始められようと、そんなことは問題ではない、彼らと連帯しなければならないと付け加えた。彼らに私たちの意義ある思想を伝え、ストライキに臨む時だけでなく、それがどんな時でも、自由な生活とアナキズムのためにあることをわかってもらわなければならない。ロシアには多くの英雄的な男女がいたが、アメリカにおいては誰がいるだろうか？　きっといるにちがいない。私たちは今夜ホームステッドへ行かなければならないのだ！

私たちはサーシャがこんなにも雄弁に語るのを聞いたことがなかった。彼は一回り大きく見えた。勇ましく反逆的で、彼の顔には内面の輝きが表われていて、これまでは決して見たことのなかった美しさに包まれていた。

私たちはただちに家主の所に行き、立ち去ることを告げた。気でも狂ったのか、商売は繁盛しているし、お金もたまりかけているのにと、彼は信じられない様子だった。夏の終わりまで我慢すれば、少なくとも三千ドルは儲かると彼は説得を試みたが、無駄だった――私たちは心を動かさなかった。近親者が死の瀬戸際にあり、それゆえにどうしても行かなければならないという作り話をして、店を彼に譲ろうとした。私たちが本当にほしかったのはその晩の売上げだけだった。閉店の時間まで店にいて、すべてを整えてから彼に鍵を渡して出ていくことにした。

その晩は特に忙しかった。これほど多くの客があったのは初めてだった。一時までにすべてが売り切れてしまい、その売上げは七十五ドルに達していた。私たちは早朝の汽車で出発した。

ホームステッドでの残虐行為

その途中で、私たちは緊急の計画を検討した。まず最初に、鉄鋼労働者に対する声明文を印刷する。それを英語に翻訳する人間を探さなければならない。というのも私たちはまだ英語で自分たちの考えを正確に表明できなかったからだ。ニューヨークでドイツ語と英語の原稿を印刷して、ピッツバーグに持って行く。そこでドイツ人同志の助けを借りて、私が演説する集会を準備する。フェジャは事態の進展を見ながらニューヨークにとどまる。私たちは駅からまっすぐモロックのアパートに行った。彼はオーストリア人の同志で、『自治』の集まりで面識を得ていた。彼はパン屋で夜働いていたが、妻のペピーは二人の子供と家にいるはずで、私たちを泊めてくれるにちがいなかった。

私たち三人がバッグと荷物を抱えて入っていくと、彼女は驚いたが、歓迎してくれた。食事がすむとベッドを用意してくれたが、私たちにはやるべきことがあった。

サーシャと私は旧知の熱心なドイツ人アナキストであるクラウス・ティマーマンを探しに出た。彼は優れた詩的才能を持ち、力強い情宣文を書いた。実際、ニューヨークに来る前は、セントルイスのアナキスト新聞の編集者で、大酒飲みだったが信頼に足る好人物だった。クラウスこそが私たちの計画に安心して引き入れられる人物だと考えていた。彼はすぐに私たちの意図を察知して、声明文はその日の午後に書き上げられた。それはホームステッドの労働者に対して、資本主義支配を克服し、現在の闘争に関して賃金制度を打ち壊す踏み台として位置づけ、社会革命とアナキズムに向けて闘争を続けようという熱い呼びかけだった。

私たちがニューヨークに戻って数日後に、ピンカートン探偵社による鉄鋼労働者の虐殺というニュースが全国をかけめぐった。フリックはホームステッドの工場の防備を固め、その周辺に高いフェンスを張った。そして、重武装したピンカートンの殺し屋たちに守られて、スト破りを詰めこんだ艀船が夜の闇に紛れてモノガヘラ川をゆっくりと上っていった。鉄鋼労働者はフリックの陰謀に気づき、川岸に待機してフリックが雇った人間を追い返す覚悟でいた。ところが艀船が岸に近づくや、ピンカートンの一味は警告もなしに銃撃を開始し、岸にいる数多くのホームステッドの労働者を殺害したのだ。その中には小さな男の子もいて、その他にも多くの負傷者が出た。

サーシャのフリック暗殺計画

この残虐な殺人行為に対しては、日刊紙でさえ抗議の声が上がった。何紙かは強硬な論調の社説を載せ、フリックを手厳しく非難した。彼はやりすぎてしまった。労働者階級の炎に油を注いだのであり、次にどのような悲惨な事態が発生してもその責はフリックにあるというものだった。

私たちは茫然としてしまった。すぐに声明文を発表する時期を逸したことがわかった。モノガヘラ川の岸辺で流された無辜の血を前にして、言葉はその意味を失ってしまった。私たちは直観的にお互いの心の中に押し寄せているものを感じた。サーシャが沈黙を破った。「この犯罪の責任はフリックにある。その報いを受けなければならない」と彼は言った。暗殺を決意した瞬間であった。国中が騒然とし、誰もがフリックを冷酷非道な殺人者だと見なしていた。フリックを狙う一撃は最も貧しい家にもこだまし、ホームステッド闘争の背後に潜む真の原因に対して全世界の目を向けさせることになる。またそれは敵の階級に恐怖を与え、アメリカのプロレタリアートにも復讐をする者がいることを知らしめるだろう。

サーシャはそれまで爆弾を作っていなかったが、モストの『革命戦争の科学』が優れたテキストになった。彼はスタトン島で知り合った同志からダイナマイトを入手し、主義に殉じ、民衆のために命を投げ出す至高の瞬間を待っていた。そしてピッツバーグへ向けて出発した。

「私たちも一緒に行く！」と、フェジャと私は同時に叫んだ。しかしサーシャは耳を貸そうとしなかった。一人の男のために三人の命を犠牲にするのは不必要だし、罪であると彼は主張した。

サーシャを中心にして、私たちは手を取り合って座った。彼は静かな抑えた声で自分の計画を話し始めた。フリックの命を奪うが、自分自身は助かるように爆弾の時限装置を正確に合わせておく。といっても逃げたいからではなく、法廷で自己の行為の正当性を明らかにするまで生きていたいからだ。そうすればアメリカの民衆は、僕が犯罪者ではなく、理想主義者であることがわかるだろう。

単独で実行することを主張する

「僕はフリックを殺す。それで間違いなく死刑を宣告されるだろう。民衆のために命を捧げたという確信を持って誇り高く死ぬ。リングのように自ら絞首台に登る。決して敵の手に命を委ねたりしない」。

私は感嘆して聞いていた。彼の明晰さ、静けさと力強さ、理想にかける聖なる炎は、私を魅了し、呪縛した。彼は私の方を向いて低い声で話を続けた。君は生まれついての演説家で情宣者だ。自分の行為について多くのことを語ってくれるし、労働者にその意味を伝え、フリックに対して何の個人的怨恨もなかったこと、フリックが一人の人間として他の者と同様であることなどを説明できる。フリックは富と権力、そして資本家階級の不正と悪の象徴であるばかりでなく、労働者の血を大量に流した個人的責任がある。僕の行為は人間としてではなく、労働者の敵としてのフリックに向けられている。だから僕のなす行為の意味とそのメッセージを国中に伝えるために、残ってもらうのがとても重要なのだ。彼の言うひとつひとつの言葉が大きな鉄槌のように私の脳に響いた。彼が話せば話すほど、その偉大な最期の時に私が必要とされていないという恐ろしい事実にひしひしと気づかされた。そのことを悟ると他のすべて――メッセージ、大義、義務、情宣といったものが追い払われてしまった。サーシャと初めて会って、その声を聞き、その手を握った時から、私たちの血と肉は混じり合った。その力と比べれば、一体どんな意味を持つというのか？　サーシャが粉々に吹き飛ばされ、縛り首になった後でも平然と生き続けるようにと言えるほど、一緒に暮らした三年間、彼は私の気持ちを理解していなかったのか？　真の愛――日常的な愛ではなく、愛する人と最期の時まで生を共にしたいという愛は、何ものにもましてやみ難いものではないのか？　ロシアの革命家だったジェシー・ヘルフマンとソフィア・ペロフスカヤはそれをわかっていた。彼女たちは愛する男と生死を共にした。私もそうするしかない。
「サーシャ、私はあなたと一緒に行くわ。行かなければならないの！　女として役立つことがきっとあるはずよ。あなたより私の方がフリックに接近しやすいし、あなたの行動の道案内をするわ。いずれにしても、私はあなたと同行すべきよ。わかるでしょう、サーシャ？」と私は叫んだ。

それから私たちは熱に浮かされたような一週間を送った。サーシャの爆弾作りは皆が寝静まった夜に行なわれた。サーシャが取り組んでいる間、私はじっと見守っていた。サーシャやアパートにいる友人たち、子供やその他の住人のことを案じて、ひとときも気が休まらなかった。もし万が一取り扱いを誤ったとしたら――しかしそうはいっても、目的が手段を正当化するのではないのか？　私たちの目的は、抑圧され搾取されている人々に身を捧げるという大義に基づいている。私たちが命を捧げるのは彼らのためなのだ。もし何人かが犠牲にならなければならないとすればどうなのか？――だが多くの人々が自由になり、美しく幸福に暮らすことができる。そうだ、この場合には目的は手段を正当化する。

ウスターからニューヨークまでの旅費を払うと、手元には六十ドルほどしか残らなかった。ニューヨークに着いてからすでに二十ドルは使っていた。サーシャの爆弾作りの材料にかなり金がかかっていたし、もう一週間ニューヨークにいなければならない。さらに私の服と靴が必要であり、二人のピッツバーグまでの旅費を合わせると五十ドルになる。初めからかなりの金が必要になることはわかっていた。だがそれだけの額を私たちに提供できる人間は誰もいなかったし、それを何に使うか話すことはできなかった。焼けつくような七月の暑さの中で何日間も歩き回り、私はようやく二十五ドルを集めることができた。サーシャは爆弾作りを終え、爆弾を実験するためにスタトン島へ行った。彼が戻ってくると、その表情から何かよくないことが起きたのを察知した。それはすぐに判明した。爆弾が破裂しなかったのだ。

モストからの支援をあきらめる

その原因は薬品の調合を間違えたか、ダイナマイトが湿っていたかのどちらかだとサーシャが言った。二つ目の爆弾も同じ材料で作られているので、爆発しない確率が高かった。一週間に及ぶ努力と不安と貴重な四十ドルが無駄になってしまったのだ！　今どうするべきなのか？　嘆いたり後悔したりしている余裕はなかった。ただちに行動しなければならない。

念頭にあったのは他ならぬヨハン・モストであった。彼は突き進もうとする論理を旨とする人物であったし、常に個人的実践行動主義を訴えてきた。彼の書く文章や演説は行動への直接の呼びかけだった。アメリカでついに英雄的行為をなす者が現われたことを知ったら、モストも喜ぶだろう。彼もフリックの極悪犯罪について充分わかっているだろう。それに『自由』はフリックも事件の責任者だと糾弾していた。モストはきっと支援してくれるだろう。

サーシャはこの提案に反対した。ブラックウエルズ島釈放後のモストの行動から、私たちともはや関係を持ちたくないということが明白だと、サーシャは言った。それにモストは、私たちと「自治」グループとの関係を苦々しく思っている。サーシャが正しいと私は思った。モストが刑務所にいる間に、私は何度も手紙を書いたが、何の返事もなかった。出所してからも私に会おうとはしなかった。彼がヘレンと住んでいるのも、彼女に子供ができたのも私は知っていた。彼らの生活に踏み入る権利は私にはない。確かにサーシャは正しく、溝はあまりにも広がってしまっていた。

私はポイケルトと彼の友人の一人が、同志の残したわずかな遺産を任されていることを思い出した。その同志の残したものの中から、情宣を目的として金と拳銃を使うようにポイケルトに一任する手紙が見つかった。私はその同志を知っていたし、彼なら間違いなく私たちの計画を承認しただろう。だがポイケルトはどうだろうか？　彼はモストのようには個人の革命的行為を高らかに擁護しないが、フリックに対する行動の重要性を見逃しはしないだろう。彼はきっと協力してくれる。これは、彼にまつわる疑惑を永久に葬り去る、またとない機会でもあるのだ。

ポイケルトが支援を拒否

翌日の夜、私はポイケルトを捜し出した。彼は支援をそっけなく拒絶した。誰のために何に使うかも聞かずに、金もそうだが、まして拳銃など渡すわけにはいかないと言い張った。計画を打ち明けることには大きな抵抗があったが、もしその金を手にできないなら、すべてが水泡に帰すという恐れから、フリックの命を狙っていると、つい話してしまった。しかし誰が実行するのかは言わなかった。彼はその行動が情宣効果のあることを認めはしたが、私の求めるものを渡す前に、グループのメンバーに相談しなければならないと言った。私はそんなに多くの人々が計画を知ってしまうことに同意できなかった。確実に、そのニュースは広まり、新聞記者の耳にも入るだろう。これらのこと以上に、この件にはかかわりたくないという、ポイケルトのはっきりとした気持ちが窺われた。この男に感じた私の第一印象が証明されてしまった。彼は英雄とか殉教者とかいう性質を持ち合わせていなかったのだ。

私の失敗をサーシャやフェジャに伝える必要はなかった。それは私の顔に書かれていたからだ。資金が足りなかろうとも、計画は実行しなければならないとサーシャは言った。だが今、二人では行けないことが明らかとなった。彼の願いを聞き入れ、一人で行かせなければならない。彼は私の強さを信じていると繰り返し、ピッツバーグへ同行すると主張したことに大いに感激したと言った。「しかしあまりにも資金が少ない。いつだって貧しさが行動の決定的要因になる。それに単に仕事を分担するだけでなく、それぞれが一番見合ったことをすべきだ」。続けて、自分はアジテーターではないが、君はそれに向いているし、民衆に自分の行為を伝えるのが君の仕事だと彼は言った。私は彼の論議に反発したが、その説得力に押されていた。私たちには金がなかった。だがどうあっても彼は行くだろう。私にはわかっていた。何者も彼を引き止められない。それだけは確かだった。

私たちの残金は五十ドルだった。それでサーシャをピッツバーグへ行かせ、必要なものを買うと、最初の日の食事代と宿賃には一ドルしか残らない。サーシャがあてにしているアレゲーニーの同志ノルドとバウアーが数日間は面倒をみてくれるだろう。その間に私はもう少しお金を集める。サーシャは彼らに自らの使命を明かさない決心をしていた。その必要がないと感じてもいたが、多くの人を暗殺計画に引きこむことはしてはならないことだった。彼には少なくとも拳銃とスーツのために、あと二十ドル必要だった。その武器はどこかの質屋で安く買うことになろう。私にはその金を都合するあてはなかったが、どうにかなるであろう。

サーシャがピッツバーグへ発つ

一緒に住んでいる人たちはサーシャがその夜発つことを知らされたが、その理由については明かされていなかった。ささやかな歓送会が開かれ、全員が陽気に笑い、私もその騒ぎに加わった。サーシャを励まそうと明るく振舞ったが、それは涙をこらえる装いの笑いであった。その後で私たちはサーシャをバルチモア・オハイオ駅まで見送った。友人たちは少し離れて見送っていた。サーシャと私はプラットホームを歩きながら、お互いに胸がいっぱいで言葉が出てこなかった。

「ご乗車願います！」という車掌の声が聞こえた。私はサーシャに抱きついた。彼は汽車の乗車口に立ち、私は一段下のステップにいた。彼は手で私の身体を押さえながら、身をかがめ顔を近づけてささやいた。「水兵のお嬢さん（彼の好きな私の愛称）、同志よ。君は最後まで僕と共にあるだろう。僕が自分にとっても最も大切なものを、理想のために、多くの苦しみに喘ぐ人々のために捧げたと、君は説明してくれるだろう。」

汽車は動きだした。サーシャは私の身体を離し、優しくステップから降ろしてくれた。私は走り去る汽車を追いかけ、手を振り、彼の名を呼んだ。「サーシャ、サーシェンカ！」と。蒸気を吹き上げる巨大な車両は線路を迂回して消えていった。私は立ちつくし、なおも汽車の姿を追い求め、私から取り上げられてしまった大切な人に向かって腕を差し伸べていた。

どうしたらサーシャの資金を集めることができるか、明解な考えが浮かんで、私は目覚めた。私は売春婦になるつもりだった。どうしてそのような考えを思いついたのか、横になったまま不思議に思った。

私はドストエフスキーの『罪と罰』を思い起こしていた。この小説、とりわけマルメラドフの娘ソーニャは私に強い印象を与えた。彼女は小さな弟や妹を養い、肺病の義母の苦労を救おうとして売春婦になったのだ。ソーニャがベッドに横たわり、顔を壁に向けて、肩を震わせている姿を思い描いた。私もほとんど同じように考えてしまった。心の細やかなソーニャに身を売ることができたのに、私にできないはずがあろうか？　それに私の動機はソーニャのものより強靭だ。サーシャと彼の偉大な民衆のためなのだ。しかし私にそれができるだろうか？　見知らぬ男と寝る——お金のために。そう考えると激しい嫌悪を感じた。明るさから逃れようとして枕に顔をうずめた。すると頭の中で声が聞こえてきた。「弱虫の意気地なし。サーシャは命を投げ出している。それなのにお前は身体を汚すことに尻込みしている。哀れな意気地なしめ！」。自分を取り戻すのに数時間を要した。ベッドから出る時、私の気持ちは固まっていた。

今や大きな関心は、街で女たちを漁っている男を惹きつけることが私にできるかどうかであった。私は鏡の方に歩みより、自分の身体を映してみた。疲れているように見えたが、顔色はよかったので、化粧の必要はない。私のカールした金髪は青い瞳によくつりあっていた。ただ年齢の割にはヒップが大きすぎた。私はちょうど二十三歳であることを思った。確かに私はユダヤ人の血を引いている。コルセットを着け、ハイヒールを履いて背を高く見せるべきだろう（私はそのどちらも一度も着けたことも履いたこともなかった）。

資金作りのために売春婦を試みる

コルセット、高いヒールのサンダルにきれいな下着——だがそれらのすべてを買う金をどこから手に入ればいいのか？　私はコーカサス刺繍で縁どられている白いリンネルの服を持っていた。柔らかい肌色の生地を手に入れれば、下着は自分で縫える。私は大通りに安い商品を並べている店を知っていた。

急いで服を着替え、私に好意を持っているアパートの女中を探した。彼女は何も尋ねずに五ドルを貸してくれた。私は買い物をすませ、部屋に戻ると鍵をかけて、誰にも会わなかった。支度を整えながら、サーシャのことを考えていた。彼は何と言うだろうか？　認めてくれるだろうか？　必ず認めてくれると私は確信していた。目的は手段を正当化し、真の革命家は大義のためなら何ものにもおじけることはないと、彼は常に言っていたからだ。

一八九二年七月十六日の土曜の晩、これまでよく見かけていた商売に励む女たちがずっと立ち並ぶ通りのひとつである十四丁目を、私は行ったり来たりしていた。最初は何の緊張感も感じなかったが、通りを行き交う男たちを眺めて、彼らの下品な視線や女たちに近寄る態度がわかると私の心は重く沈んだ。その場を逃げ出して、部屋に走り去り、安っぽい派手な服を脱ぎ捨て、汚れを洗い落としたかった。しかし私の耳にはひとつの声が反響していた。「我慢しなければならない。サーシャも彼の行為も、私が失敗すれば、すべてが水泡に帰してしまうのだ。」

私は通りを往来し続けた。しかし男たちが近づくたびに理性よりも強い何ものかが私を早足にさせるのだ。そのうちの一人は少しばかりしつこかったので、私は逃げ出した。十一時頃になると、私は完全に消耗しきっていた。足はハイヒールのために痛み、頭がずきずきしていた。疲労と、やるべきことを実行できない不甲斐なさに腹が立ち、涙が出そうになった。

それでももうひとふんばりした。銀行の建物の近くの十四丁目と四番街の角に立ち、声をかけてきた最初の男と寝ることを決意していた。背が高く、紳士然とし、身なりもいい男が近づいてきた。「一杯飲まないか、かわい子ちゃん」と彼は言った。髪は白く、六十歳ぐらいだったが、血色はよかった。

「いいわよ」と私は答えた。彼は私の腕を取り、モストと私がよく行ったユニオン広場の酒場に連れていった。「ここはだめよ。ここだけはやめて！」と私は思わず叫んだ。私は彼を十三丁目と三番街の交差点にある酒場の裏口に案内した。ある日の午後、一杯のビールを飲むために、そこに行ったことがあった。その時にはそこは清潔で静かな店だった。

みじめな失敗

その夜は混んでいて、すぐにテーブルを確保できなかった。その男は飲み物を注文した。私は喉がとても渇いていたので、大ジョッキのビールを頼んだ。二人とも黙っていたが、その男が私の顔や身体をじろじろ見ていることに気づいていた。次第に怒りがこみ上げてくるのを感じた。まもなく彼は「君はこの商売では新入りだね？」と尋ねた。「そうよ、今夜が初めてよ——でもどうしてわかったの？」。彼は答えた。「私の前を君が歩くのを見ていたからね」。恐怖に憑かれた私の表情と、男が近づくたびに逃げ足になるのを見ていたと彼は言った。その時、私が未経験であることをわかっていた。私が通りに立つようになった理由が何であれ、単なる自堕落でもなければ、アバンチュールを求めてでもないことを彼は知っていた。「でも何千人もの女が、お金を必要とするためにこの道に入っているのよ」と私はうっかり口を滑らせた。彼は驚いて私を見た。「どこでそんなことを覚えたんだね？」。私は彼に社会問題や私の思想、私が何者であるか、すべてを語りたかったが、自分を抑えた。自分を明かしてはならないのだ。私がアナキストのエマ・ゴールドマンであり、十四丁目で客引きをやっていることを彼に知られたら、それこそとんでもないことになるだろう。新聞の話題にはうってつけの話なのだ！

彼は経済問題に関心はないし、私の動機が何であるのかもかまわないと言った。だが売春婦にふさわしい特性がなければ、売春の意味は何もないとだけ私に言いたかったのだ。「君にはそれがない。ただそれだけだ」。彼はそう言うと、十ドル紙幣を取り出して、私の前に置いた。「これを持って家に帰りなさい」と彼は言った。「あなたは私と寝ようともしないのにどうしてお金をくれるの?」と私は尋ねた。「そうだね、そんな格好をするのにかかった衣装代だと思ってくれ。君の服はとても素敵だ。ただそんな安物の靴やストッキングは似合わないよ」と彼は答えた。それらは俗物と理想家である。私はあまりのショックに口もきけなかった。私はこれまで二つのタイプの男性に会ってきた。それらは俗物と理想家である。前者は女を自分のものにするあらゆる機会を決して逃さないし、女性に対して性の欲望以外のどんな配慮も払わない。理想家たちは少なくとも理論上では男女の平等を果敢に擁護している。しかし彼らの中で自らの説くことを実践している男は急進的ロシア人とユダヤ人だけだった。私を街で拾い、今酒場の奥でこうして私と一緒にいる男は、まったく新しいタイプのように思われた。彼は私に興味を示したし、金持ちにちがいなかった。しかし金持ちが無償で何かを与えるということがあるだろうか? ガーソン工場の経営者のことが私の心に蘇った。彼は私のわずかな給料を上げることさえ拒んだ。

多分この男は私が読んで知った魂の救済者の一人であり、ニューヨークから悪法を一掃しようとしている人間なのだろう。私がそう尋ねると、彼は笑って、自分はそんな本格的なお節介者ではないと言った。私が本当に売春婦になりたいと望んでいるとしたらどうなのか、それも気にしない。「もちろんまったく私の誤解ということもありうるからね。でもかまいはしない。君は売春婦になるつもりはないし、たとえなったとしてもそのことを後で後悔すると、たった今私は確信した」。そして彼は付け加えた。もしそれを確信しなかったら、私を情婦にしていただろうと。「ずっと、ということなの?」と私は叫んだ。「ほら、君の地が出た! 君はそのことに少し触れただけでも恐れてしまう。それでいて街に出ればうまくいくことを望んでいる。君はとてもいい子だよ。ただし無分別で未熟で子供だよ」。子供扱いされて腹が立ち、私は言い返した。「私は先月二十三歳になったわ」。彼は笑みを浮かべて言った。「君はおばさんだよ。しかし森の中では年寄り連中でさえ赤ん坊になることができる。私を見給え。私は六十一歳だが、しばしば馬鹿げたことをする」。私はやり返した。「たとえば私の無邪気を信じるようなことをね」。だが彼の誠実な態度は私を喜ばせた。いつか十ドルを返せるように名前と住所を尋ねたが、彼は断った。謎めいたことが好きなんだと彼は言った。通りに出ると、私の手をしばらく握った。それから私たちは反対の方向に歩きだした。

サーシャからの金の依頼

その夜、私は何回も寝返りを繰り返し、安らかに眠れなかった。夢の中にサーシャやフリック、ホームステッドや十四丁目のこと、それからあの感じのいい名前も知らぬ男が現われた。翌朝目が覚めてしばらくしても、夢の中の光景が脳裏を離れなかった。そしてテーブルの上の小さな財布が目に入った。私は飛び起きて、震える手でそれを開けた——確かに十ドルが入っていた！　あれは実際の出来事だったのだ！　月曜日に、サーシャから短い手紙が届いた。それによれば、カール・ノルドとヘンリー・バウアーに会ったということだった。彼は私がすぐに必要な金を送ってくれるものと想定して、次の土曜日に行動を起こすことを決めたのだ。私が期待を裏切らないと確信していた。私はその手紙に少し失望した。その文面には愛情がこもっておらず、形式的だったからだ。もしあの名前も知らない男なら、愛人にどのような手紙を書くだろうか。だが、はっとして私はそんな想像を振り払った。サーシャが命を賭して、この計画に自らを失う覚悟でいる時に、そんなことを考えるのはどうかしている。あの名前も知らない男とサーシャを同列に考えることがどうしてできよう？　私は愛しい男のために金を都合しなければならないのだ。

ヘレナに資金を求める

私はヘレナに電報を打って、十五ドルを頼むつもりだった。姉にはずっと手紙を書いていなかったし、彼女の貧しさも知っていたので借金を頼みたくなかった。それは犯罪的行為に思われたが、結局私は病気になってしまったので、十五ドル入用であるという電報を打った。私が病気であると言えば、彼女はどんなことをしてでもその金を用立ててくれることはわかっていた。以前にも一度、ペテルブルグで彼女をあざむいたことがあり、恥ずかしい気持ちで心が痛んだ。

私はヘレナから電報為替でそのお金を受け取った。そして私は二十ドルをサーシャに送り、売春婦の身支度のために借りた五ドルを返却した。

◎第9章◎　サーシャの直接行動と二十二年の刑

サーシャがフリックを撃つ

　ニューヨークに戻って以来、私は仕事を見つけることができないでいた。サーシャが出発してから数週間は、彼を一人で行かせたことに対する内面的葛藤や売春婦になろうとしたことで、神経が消耗していた。それに加えてヘレナをあざむいたことで惨めな気持ちになり、完全にうちひしがれてしまった。そして今度はサーシャが決行を予定している七月二十三日の土曜日を待機する苦しみで、精神状態がさらに悪化した。私は次第に落ち着きを失い、七月の炎天下をあてもなく歩き回り、夕方はミカエル亭で、夜はサッチのカフェで過ごした。

　七月二十三日の正午過ぎに、フェジャが新聞を持って私の部屋に駆け込んできた。そこには大きな黒い見出しが掲載されていた。「アレクサンダー・バーグマンと名乗る若い男がフリックを狙撃――乱闘の末、テロリストは労働者に取り押さえられる。」

　労働者、労働者がサーシャを取り押さえたというのか？　新聞は嘘を書いている！　サーシャは労働者のためにその行動を起こしたのだ。その彼を労働者が捕らえようとするはずがない。

　私たちは急いですべての夕刊を買い求めた。それぞれの新聞報道は異なっていたが、主要な事実は伝えられていた――私たちの勇敢なサーシャはその行為を成し遂げたのだ！　フリックはまだ生きていたが、致命傷を負っていた。おそらく夜までもたないだろう。そしてサーシャ——彼は殺されるだろう。彼らはサーシャを生かしてはおかない、それは間違いない。私は彼を一人で死なせるのか？　彼が虐殺されようとしている時、私は話し続けなければならないのか？　私も彼と同じ犠牲を払わなければならない——この結果を引き受け、その責任を分かち合わなければ！

モストの怒り

その晩、モストがドイツ人アナキスト第一支部で講演することを『自由』で読んで知っていた。「きっと彼はサーシャの行為について話すはずよ。その集会に行く必要があるわ」と私はフェジャに言った。

私は一年間モストに会っていなかった。彼は老けて見えた。ブラックウエルズ島の苦労が刻まれていた。彼はいつもと同じように話したが、サーシャの行為に関しては、最後に簡単に触れただけだった。「バーグマンという名の若者がフリックの命を狙ったと新聞は報道している。だがそれはおそらく、いつもの新聞のでっち上げだ。フリックへの同情を集めようとして、どこかの気紛れ者が、たぶん彼の手下がやったのだろう。フリックは世論が敵対しているのをわかっている。だからその趨勢を自分に有利なように導く何かの必要があったのだ」と彼は言った。

私は自分の耳を疑った。モストを見つめたまま呆気にとられて座っていた。彼は酔っ払っているにちがいないと思った。周囲を見回すと、多くの顔に驚きの表情が表われていたが、聴衆のある者はモストの言ったことに納得したようだった。出口の付近に何人かの怪しげな男たちがいるのに気づいた。明らかに刑事だった。

モストが講演を終えると、私は演壇に上がらせてほしいと頼んだ。酔っ払って聴衆の前によく立てるものだと、モストを痛烈に非難した。それとも正気で、ただ刑事を恐れているからなのかと問い質した。なぜ「フリックの手下」とかいうありもしない話をでっち上げたのか？　「バーグマン」を知らないとでも言うのか？　反論と抗議の声が上がり始め、すぐに騒ぎが大きくなったので、私は話をやめなければならなかった。モストは壇上から降りた。彼は何ひとつ私の質問に答えなかった。気分が悪くなり、私とフェジャは会場を出た。二人の男が私たちをつけてくるのに気づいた。何時間も街路を連れまわして、ようやく彼らの尾行をまくことができた。それからロウ公園に行き、そこで日曜の朝刊を待った。

思いを高ぶらせて、「テロリスト、アレクサンダー・バークマン」について詳細な記事を読んだ。サーシャは自分の名刺を持った黒人の守衛の後について行って、フリックの執務室に押し入り、その場で発砲した。フリックは身体に三発の銃弾を浴び床に倒れた。新聞によれば、彼を助けに最初に駆けつけたのは、その時間に事務所にいた部下のレイシュマンである。次に建物の中で大工仕事をしていた労働者が駆けこんできて、その一人がバークマンをハンマーで床に打ち倒した。最初彼らはフリックが死んだと思った。するとフリックの呻き声が聞こえた。バークマンは彼のところまで這って行き、短剣でその太股を刺した。それからバークマンは袋叩きにされ、意識を失った。

警察署で意識を取り戻したが、当局の訊問には何も答えなかった。刑事の一人がバークマンの顔の様子を怪しく思い、その口を開けさせようとして、青年の顎を砕かんばかりに殴りつけた。口の中に特殊なカプセルが隠されていた。それは何だと問われて、バークマンは吐き捨てるように「キャンディだ」と答えた。調べた結果、ダイナマイトのカートリッジであると判明した。警察は単独犯でないことを確信し、現在共犯者の割り出しを急いでいる。特に「ピッツバーグのホテルに泊まっていたバクメトフという男を捜索中である。」

全体として、新聞報道は正確だと私は感じた。サーシャは毒を塗った短剣を持っていた。「爆弾と同様に、拳銃でも失敗したら」と彼は言っていた。確かに短剣には毒が塗られていた――フリックが助かることはありえない。サーシャがレイシュマンに発砲したという新聞記事は偽りであると確信した。

フリック以外の誰にも危害を加えてはならないとサーシャがどれほど強く決意していたかを、私は覚えていた。それなのに、労働者が彼らの敵であるフリックを助けに来ることが信じられなかった。

「自治」の全員がサーシャの行為に興奮していた。ポイケルトは、私が金と拳銃を誰のために必要としていたのかを言わなかったと責めた。私は彼を相手にせずに、言い渡した。あなたは腰抜けの革命家よ。本当にかかわりたくないので、私の頼みを聞こうとしなかったに決まっているわ。

「自治」グループは週刊新聞『アナキスト』の次週号で、勇敢なる同志アレクサンダー・バークマンとその英雄的行為についての特集を組むことを決定した。私はサーシャに関する記事を書くように依頼された。一度だけ『自由』に小さな記事を寄稿した以外に、新聞や雑誌にものを書いたことはなかった。私にこの事件の本質を正当化する能力があるかどうかを非常に心配していた。しかし一晩苦闘し、何枚かの原稿用紙を反故にした末に、「虐殺されたホームステッドの労働者たちの報復者、アレクサンダー・バークマン」という熱い讃辞をこめた原稿を書き上げることができた。

『アナキスト』の称賛記事は、闘牛を挑発する赤い布のような反応をモストにもたらした。モストのサーシャに対する敵意はあまりにも堆積していたし、彼の憎んでいるポイケルトグループに私たちが参加したことを、とても苦々しく思っていた。そのためすぐさまモストは『自由』において、正面切ってではなく間接的に陰険なやり方で意見を述べ始めた。翌週号の『自由』はフリックを鋭く攻撃した。しかしフリック暗殺の企ては軽く扱われ、サーシャは貶められた。モストは記事の中で、サーシャが「玩具同然の拳銃を使用した」と仄めかし、ピッツバーグでのノルドとバウアーの逮捕を過大な言葉で非難した。彼らはフリックの暗殺計画に何も関係はありえないし、それは「最初からバークマンを信用していなかった」からだと指摘した。

その二人の同志が計画を知らなかったことは、もちろん事実であった。サーシャは出発する前に、彼らには話さないと決めていた。だから、彼らがサーシャを信用していなかったというモストの言葉が偽りであることはわかっていた。特にカール・ノルドはそうではなかった。サーシャはカールがどんなに好意的であったかを私への手紙に書いてきていた。それはモストの復讐の表われにすぎず、サーシャの信用を貶めたいという欲望でしかなかった。

私が崇拝し、愛し、信じてきた男がこれほど小心者だったことを知り、途方もなく幻滅した。いつもサーシャをライバルだと見なしていたモストの個人的感情が何であったにしても、私の憧れを導く海燕であったヨハン・モストが、どうしてサーシャを攻撃できるのだろうか？　モストに対する強い憤りが私の心の中に湧き上がった。反撃に転じ、サーシャの純粋さと理想主義を高らかに訴え、全世界がそれに耳を傾け、知ってほしいと、情熱をこめて伝えようとする願望に私は身を焦がした。モストは宣戦布告したのだ――やるがいい！　私は『アナキスト』で彼を迎え撃つのだ。

警察に追われる

その間に一般の新聞はアナキストに対する悪意に満ちたキャンペーンを展開していた。それらは警察に行動を呼びかけ、「ヨハン・モスト、エマ・ゴールドマンその他の扇動家を検挙せよ」というものだった。これまで私の名前が新聞に載ることは稀であったが、今では毎日のように最も衆目を集める記事の中に見られることとなった。警察はやっきになってエマ・ゴールドマン検挙に取りかかっていた。

友人のペピーと同居していた一番街五丁目のアパートは、警察署の角を曲がった場所にあった。私はよく警察署の前を通り、堂々と歩き回り、『自治』の本部でかなりの時間を費やしていた。それでも警察は私を見つけられないようだった。ある晩、私たちが集会に出かけている間に、ようやく私の居所を発見した警察がアパートに押し入り、手に触れるものの一切合財を持ち去った。私が集めてきた革命の小冊子や写真、そしてすべての手紙類が消えてしまっていた。しかし彼らが欲しがっていたものは見つからなかった。私の名前が最初に新聞に出た時、サーシャが爆弾作りに使ったものはすべて処分していた。警察は犯罪を裏付ける証拠が何も発見できなかったので、ペピーの女中を問いつめた。しかし彼女は警察の姿にすっかり怯えてしまい、情報をもらすどころではなかった。刑事はサーシャの写真を見せたが、彼女はそのような男はアパートでは一度も見たことがないと強硬に否定した。

その手入れの二日後、家主がアパートを出るようにと告げた。さらに手痛い打撃が続いた——ロングアイランドで仕事をしていたペピーの夫モロックが拉致され、ピッツバーグへ連行された。サーシャの共犯の疑いをかけられたのである。

意見陳述は自分でするというサーシャの決意

フリック暗殺の企てがあった数日後、大勢の民兵がホームステッドへ動員された。意識の高い鉄鋼労働者はその動向に反対したが、ピンカートン社の新たな攻撃に対して、兵隊が自分たちを守ってくれると考えているおめでたくも保守的な労働者に主導権を握られてしまった。すぐに民兵が何を守るためにやってきたのか明らかになった。それはカーネギーの工場であって、ホームステッドの労働者ではなかった。

しかしサーシャの行為を労働者虐待への復讐であると洞察した一人の民兵がいた。この勇気ある青年は「フリックを撃った男のために万歳三唱しようではないか」と仲間に呼びかけることで自分の気持ちを表明した。彼は軍法会議にかけられ、手を縛られていたが、万歳をやめようとしなかった。この事件は、捕らわれた後に続く暗い苦悩の日々に差した唯一の光明であった。

長いこと不安の思いで待ちわびていたサーシャからの手紙がようやく届いた。彼は一人の民兵W・I・アイアムズの決起にとても励まされたと書いていた。それはアメリカの兵士たちさえ目覚めつつあることを示している。その青年に連絡を取り、彼にアナキスト文献を送れないだろうか？　彼はきっと運動に貢献できるだろう。僕については心配することはない。いたって元気で、すでに法廷での発言の準備をしている——強調したいのは自己弁護ではなく、自らの行為を説明することだ。もちろん弁護士はいらない。ロシアや他のヨーロッパの真の革命家がしたように、自分の裁判は自分でする。著名なピッツバーグの弁護士たちが弁護の無料奉仕を申し出たが、断った。アナキストが弁護士を雇うことは矛盾しているからだ。君はこの問題についての僕の態度を同志たちにはっきり伝えなければならない。ハンス・ウルスト（仲間内でモストの実名を隠すために使う仇名）の件はどうすべきなのか？　モストが僕の行為を認めていないと誰かが手紙で知らせてきた。そんなことがあるだろうか？　当局がノルドとバウアーを逮捕したのはまったく馬鹿げている！　彼らは僕の行為に関して何も知らなかった。実際に、セントルイスに向けて発つと彼らに話し、別れを告げてから、ホテルに部屋を取り、バクメトフの名前で投宿したのだ。

私はその手紙を胸に押し当てて、キスの雨を降らせた。サーシャは私への愛や思いを一言ももらしていなかったが、彼がそれをいかに強く感じているか私にはわかっていた。

自分で意見陳述をするという彼の決意に私はとても不安を覚えた。私は彼の見事な一貫性を愛していたが、彼の英語は私と同様であり、法廷で巧みに意見陳述するにはあまりにも貧しかった。望みはないのではないかと懸念したが、サーシャの希望はかつて以上に今の私にとって大切なものだった。そして彼が公開裁判を受け、私がその陳述を翻訳でき、国中に裁判の成り行きを知らせることができるのではないかという希望で自分を慰めた。私は彼に手紙を書き、その決意に賛成であること、彼の行為を充分に説明し、その動機を的確に伝えるための大集会を準備中であることを知らせた。また「自治」グループや広範なユダヤ人同志の中の熱狂的支持と、社会主義の『人民新聞』が取った立派な態度、それからイタリア人革命家たちが激励していることも伝えた。あの若い民兵の勇気に全員が歓喜したこと、サーシャを称賛し、その行為を誇りにしているのはこの青年だけでないことを付け加えた。『自由』に掲載された中傷記事についてはできるだけ和らげて書いた。私は彼を動揺させたくなかったし、モストが結局はサーシャの評価通りの人物であったことを認めざるをえないのはとても辛かった。

サーシャのための抗議集会を組織する

私たちはサーシャのための大集会の準備に取りかかった。ジョセフ・バロンデスは最初に支援を申し出てくれた。一年前に会って以来、彼は新たに起きた外套服職工のストライキに関係したことで投獄されていた。しかし労働組合の要求と、恩赦を求める彼自身による嘆願書に応じて、ニューヨーク州知事により釈放されていた。アルバート・パーソンズの親しい友人であるダイヤー・D・ラムは演説を買って出た。ちょうどニューヨークにいた、イタリア人アナキストの希望の星であるサベリオ・メルリーノもその集会に参加することになっていた。私の精神は昂揚していた。サーシャにはまだ真の献身的な同志がいた。

大集会を告知する大きな赤いポスターは新聞の怒りをかきたてた。当局は介入しないだろうか？　警察は私たちの集会をやめさせると脅してきたが、当日の夜は多くの聴衆が集まり、相当な決意で臨んだので警察は何もできなかった。

私は司会役を務めた。初めての経験であったが、誰も他にやる者がいなかったのである。集会はとても活気にあふれ、どの講演者もサーシャとその行為に最大級の賛辞を惜しまなかった。理想主義者を暴力行為に駆りたてる状況に対する私の憎しみが、サーシャの高貴さ、無私、民衆への献身を、高らかに情熱をこめて叫ばせたのだ。

「怒り狂って」との見出しで、翌日の朝刊が私の演説を報道した。そして「一体いつまでこの危険な女を野放しにしておくのか?」と続けていた。ああ、私が自由を断念してまでも、サーシャの行為を分ち合おうと高らかに宣言しようとしているのが彼らにはわからないのだ――それさえわかってもらえれば！　新しい家主がペピーに、私を出て行かせるか、それとも部屋を空けるか、どちらかにするように通告した。可哀相なペピー！　彼女は私のために苦しむ羽目になった。その夜私が遅い集会から戻った時、アパートの入口の鍵がバッグの中になかった。確かに朝入れたはずだった。管理人を起こしたくなかったので、誰かアパートの住人が来るまで、玄関に座って待っていた。ようやく住人が来て、私は中に入ることができた。ペピーの部屋のドアを開けようとした時、どうしても開かなかった。何度もノックしたが、返事すらなかった。何かあったのではないかと私は不安になってきた。激しくドアをノックしていると、やっとペピーの女中が出てきて、女主人から、もはや家主や警察に悩まされるのは耐えられないので、部屋に近づかないでほしいと言われたと私に告げた。私は彼女を押しのけて、台所にいたペピーを捕まえ、彼女を手荒く揺さぶり、弱虫となじった。ペピーは泣き崩れていたが、私は寝室で荷物をまとめた。私を締め出したのは子供が刑事に脅かされたからだとペピーは泣きながら言った。私は何も言わずに部屋を出た。

私は祖母の家に行った。祖母とは長い間会っていなかったので、私の様子を見て驚いていた。祖母は私が病気だから、一緒に暮らすべきだと主張した。祖母は十番街とB大通りの交差点で食料品店を営んでいて、結婚した娘の家族と二部屋を共用していた。私の使える場所は台所しかなかったが、そこだと他の者に迷惑をかけることなく出入りができた。祖母は簡易ベッドを持ってくると言い、娘と二人で朝食を用意したり、私に寛いでもらおうとして大わらわだった。

サーシャの「失敗」と私の失望

フリックが回復に向かっていると新聞が報道し始めた。私を訪ねてきた同志たちが、サーシャは「失敗した」と意見を述べた。ある者はこともあろうに、モストが「玩具拳銃を使った」と言ったのは正しかったと邪推していた。私は失望にさいなまれた。サーシャがそれまで射撃訓練をほとんどしたことがないのはわかっていた。時々、ドイツ人たちとピクニックに出かけて標的射撃をやっていたが、それで充分だったのだろうか？　サーシャがフリックを殺すことができなかったのは、彼の拳銃が安物であったからにちがいない——彼は上等な拳銃を買えるほど金を持っていなかった。

フリックが快方に向かっているとすれば、それは彼が受けている治療のせいではないか？　アメリカの最も優れた外科医が病床に呼ばれていた。きっとそうにちがいない。いずれにしても、サーシャの拳銃から三発の弾丸がフリックの身体に撃ちこまれたのだ。フリックが回復できるのもその富によっている。私はこのことを同志に説明しようとしたが、ほとんど納得させられなかった。ある者はサーシャが自由の身でいるのではないかとさえ仄めかした。私は憤激した——どうしたらサーシャを疑うことができるのか？　サーシャに手紙を書き、彼にまつわるおぞましい噂を封じるかどうか、意見を聞くつもりだった。

すぐにサーシャからの返事が届いたが、それは素っ気ないものだった。彼は私が説明を求めたことに気を悪くしていた。大切なのはその動機であって、殺すことに成功したか失敗したかではないことを君はわかっていないのか？　可哀相に、苦悩するサーシャ！　フリックが命をとりとめたことを知って、サーシャがどんなに落胆しているか、行間に読みとれた。だが彼は正しかった。重要なのは彼の言うように動機であり、何人たりともそれを疑うことはできない。

いつサーシャの裁判が開かれるのかという情報もなく、数週間が過ぎた。彼はずっとピッツバーグの殺人犯監房に入れられていたが、フリックが快方に向かっている事実がサーシャの法的立場を著しく変えた。死刑を宣告されはしないのだ。ペンシルベニアの同志たちを通じて、殺人未遂で懲役七年の求刑を受けることになるだろうとわかって、私の心に希望が芽生えた。七年は長いが、サーシャは頑健で、鉄のような忍耐力があるので、耐え続けるだろう。私は全身で、その新しい可能性にすがりついた。

住居を探す

私自身の生活は惨めなものだった。祖母の所は家族が多すぎて、いつまでもいられなかった。部屋探しに出ても、私の名前が家主たちを恐がらせてしまうようだった。友人たちは偽名を使うことを提案したが、私は自分を偽りたくなかった。

しばしば朝の三時まで、第二通りにあるカフェで過ごしていた。さもなければブロンクスまで路面馬車で行ったり来たりしていた。私と同様に哀れな老馬も疲れているようで、その歩みはとてものろかった。私は青と白のストライプの服と長い灰色のコートを着ていたが、それは看護婦の制服に似ていた。

すぐにその格好がひときわ保護を与えてくれることに気づいた。車掌や警官が私によく、勤務を終えて一休みですかと尋ねてきた。特にトンプキン広場の若い警官は私のことを気づかってくれた。彼は強いアイルランド訛で様々な面白い話をしてくれたり、そばで見張っているから仮眠するようにと、よく言ってくれた。「君は本当に疲れているようだ。働きすぎじゃないのかね?」。昼夜兼行の勤務で、少しの休み時間があるだけだと私は彼に話した。思わず内心で苦笑するしかなかった。何と滑稽なことに、私は警官に保護されているのだ！　純真そうな看護婦が誰であるかわかったら、この警官はどうするだろうと私は思った。

売春宿に部屋を見つける

三番街に近い四番街で、「家具付き部屋貸します」という貼り紙がずっと出ている家の前をよく通った。ある日私はその家に入った。私のことに関して何も聞かれなかった。部屋は小さかったが、家賃は高く週四ドルだった。環境は少し風変わりであったが、私は借りることにした。

その晩、私はこの家のすべての借家人が女性であることを知った。最初は気にも留めず、荷物の整理に忙しくしていた。服や本を整理しているうちに、数週間が過ぎていた。バスを使い、清潔なベッドに寝られるのはとても気持ちのよいものだった。早めに床に就いたのだが、誰かが夜中に部屋のドアを叩く音で起こされた。「誰ですか?」とまだ眠りから覚めやらずに尋ねた。「おい、ヴィオラ、俺を中に入れてくれないのか?　もう二十分もこうしてノックしているんだ。今夜来ていいと言ったじゃないか」。私は言ってやった。「部屋を間違えたようね、おじさん。私はヴィオラじゃないわ。」

しばらくの間、毎晩同じような出来事が続いた。男たちはアネットやミルドレッドやクロスイドルの名を呼んだ。私は売春宿にいることをようやく理解した。

隣室の女性は愛想のいい娘だったので、ある日私はコーヒーに招いた。彼女から、ここは「女主人のいる普通の売春宿」ではなく、女たちが男を連れこめるようになっている曖昧宿だと聞かされた。私があんまり若いので、うまい商売をやっているのではないかと彼女は尋ねた。そんな商売はしていないし、ただの仕立屋だと私が言うと、彼女は怪訝な表情を見せた。私が男の客を取っていないことを容易に納得しなかった。それならば、服を必要としている女たちが多くいるこのアパートは絶好の場所かもねと、彼女は言った。私はこのアパートにそのまま住まいようか、それとも出ていくべきかを考えるようになった。周囲からもれてくる声や音を考えるといい気がしなかった。あの粋な、名前も知らぬ男が言ったことは正しかった——この商売の素質は私にはなかった。それにまた、私の住んでいる場所がどんな所か新聞にかぎつけられる恐れもあった。アナキストはすでに世間からとんでもなく誤解されていた。もし新聞がエマ・ゴールドマンが売春宿にいたなどとはやしたてれば、資本家たちは鬼の首を取ったような気になるだろう。出るべきだとわかっていたが、私は住み続けていた。サーシャが入ってしまった後の辛い数週間の日々や、再び宿なしの生活に戻ってしまうことへの抵抗が、他のすべての考慮をしりぞけていた。

一週間も経たないうちに、私はほとんどの女性と本当に親しくなってしまった。彼女たちはこぞって親切であり、縫い物の仕事をくれたり、ささやかな手助けをしてくれた。ウスターから戻って以来、初めて私は生計を立てることができた。自分の住居を持ち、新しい友人もできた。しかし私の生活は滞りなくいつまでも続く運命にはなかったのである。

モストと私たちのグループとの反目は続いていた。ほとんど毎週、サーシャか私に対する中傷記事が『自由』に書かれていた。かつて私を愛してくれた男から悪罵されるのはとても辛かったが、それよりもサーシャが非難中傷されることに耐えられなかった。

そのような時、『自由』の八月二十七日号に、「暗殺の反省」（実践行為による情宣の反省）と題するモストの署名論文が掲載された。それは、モストがこれまで一貫して主張してきたすべてのことを完全に覆す内容だった。かつてモストは暴力による直接行動を唱え、王殺しを美化したことでイギリスの刑務所に入れられたのだ。私は幾度となくその話を聞いた――反逆と反抗の化身であったモストが、今やその「行為」を懸命に否定しているのだ！　彼は自分の書いたものを本当に信じているのだろうか。彼の論文はサーシャに対する憎しみからきているのか、それとも新聞の共犯説への自己防衛のために書かれたのか？　おまけに彼はサーシャの動機さえも遠回しに中傷していた。モストが私にもたらしてくれた意味ある世界、色彩と美しさに満ちた生活、それらのすべてが私の足元で音を立てて砕け散った。モストは自分の理想を裏切り、私たちも裏切ったのだという赤裸々な事実だけが残された。

私は彼に、非難の論理的証拠を示すように公に申し入れ、危険を前にしての突然の態度の変化を説明させるつもりでいた。私は『アナキスト』誌上で彼の論文に反駁し、説明を求め、彼を裏切り者、臆病者と罵った。『自由』に返答が掲載されるのを二週間待ったが、何の音沙汰もなかった。中傷の裏づけとなる証拠がないのだ。彼がその卑劣な非難を正当化できないことが私にはわかっていた。私は乗馬用の鞭を買った。

モストを鞭打つ

次のモストの講演の席で、私は低い演壇に近い最前列に座り、長い灰色のコートの中の鞭に手をやっていた。彼が登場して、聴衆を前にすると、私は立ち上がって、大きな声で言い放った。「アレクサンダー・バークマンに対するあなたの陰険な誹謗中傷の証拠を示してもらいに来ました。」

一瞬の沈黙があった。モストは口の中で「ヒステリー女」と何やら呟くだけで、他には何も言わなかった。そこで私は鞭を取り出して、彼に飛びかかった。繰り返し、顔と首を鞭で打ち、それから私の膝で鞭を折り、それを彼に投げつけた。すべてがあまりにもいきなりだったので、誰も止めに入ることすらできなかった。

その時、私は乱暴に後ろへ引き戻された。「その女を叩き出せ！　痛めつけてやれ！」と人々がわめきたてた。私は頭に血が上り、激昂した人々に囲まれていた。もしフェジャやクラウス、そしてその他の友人たちが助けに来てくれなかったら、大変な目にあっていたにちがいない。彼らは私を担ぎ上げ、会場から力ずくで連れ出したのだ。

モストが行動による情宣の立場を変えたことや、サーシャの行為への敵対的態度、サーシャの動機に対する陰険な中傷、それから私に加えた攻撃は、アナキスト陣営の大きな不和の原因となった。もはやそれは、モストとポイケルトとその支持者たちの間の反目どころの騒ぎではなかった。アナキスト運動全体が二つの反目し合う陣営に引き裂かれて、内部に嵐が巻き起こった。モストの側につく者と、サーシャを弁護し、その行為を賞賛する者との二極に分裂した。その確執があまりにも深刻になっていたので、私はモスト支持者の本拠地であるイーストサイドのユダヤ人集会への参加を拒否されもした。彼らの崇拝する師を公衆の面前で鞭打ったことで私に対する敵意は激しく燃え上がり、忌み嫌われたのだ。

サーシャ、生きながらの死の旅路

その間も、私たちはサーシャの裁判の日程が決まるのを心配しながら待っていた。九月の第二週目にバルチモアでの講演に招かれ、私は十九日の日曜日に話をすることになっていた。演壇に上ろうとした時、電報を渡された。裁判がまさにその日に行なわれ、サーシャは二十二年の刑を宣告されたのだった！　生きながら死へと向かう旅の宣告だった！　会場と聴衆が目の前で揺れ始めた。誰かが私の手から電報を取り、私を椅子に座らせた。コップの水を飲ませてくれて、集会は中止すると同志が言った。

サーシャのために闘う

私は激しい表情で周りを見回し、水を飲みほして、電報をつかみ演壇に駆け上がった。手の中の黄色い紙切れは赤々と燃えている石炭であり、その火は私の心を焦がし、熱烈な表現になって燃えさかった。それは聴衆の心をつかみ、興奮状態になった。男も女も立ち上がり、その残酷な判決に対する報復を呼びかけた。サーシャと彼の行為を支持する燃え立つ熱気が、この大会場に雷のように響き渡っていた。

警官が警棒を振りかざして聴衆を建物から追い出した。私は演壇上を動かず、手にはしっかりと電報を握りしめていた。官憲がやってきて司会者と私を逮捕した。通りに出ると、待機していた護送車に押しこめられ、警察署へ連行された。怒りの表情で人々が後を追いかけてきた。

衝撃的な知らせが届いた時から人々に取り囲まれていたので、心の動揺を抑え、こみ上げてくる熱い涙をこらえざるをえなかった。一人になって初めて、その途方もない判決の恐怖の全容が私の前に浮かび上がってきた。二十二年の求刑！　サーシャは二十一歳で、最も感受性にあふれ、活力に満ちた年齢なのだ。彼の前にはまだ経験していない人生があり、そこには彼の強烈な個性が作り上げる魅惑と美が潜んでいた。だが今や、彼は太陽と光を奪われて、伐り倒されるたくましい若木のようだった。それなのにフリックは生きていて、負傷からほとんど回復し、今は城のような別荘で治療にいそしんでいる。彼はこれからも労働者の血を流し続けるだろう。フリックは生きている。そしてサーシャは二十二年間の生きながらの死を宣告された。何という皮肉、その呵責なき皮肉に私は完全に打ちのめされた。

この恐ろしい地獄絵をふり払い、思いきり泣き、眠りにひたってすべてを忘れることだけでもできれば！　しかし涙は流れず、眠りも訪れなかった。ただサーシャの姿だけが浮かんでいた——囚人服で石壁の向こうに囚われているサーシャ。青ざめた顔を鉄格子に押し当てているサーシャが私をまじろぎもせずに見つめ、自らの道を進むようにと告げていた。いけない、いけない。絶望してはならないのだ。私は生きて、サーシャのために闘うのだ。彼に迫る暗雲を払いのけ、愛しい男を救い、彼の生を取り戻さなければ！

◇第10章◇　サーシャとの面会

サーシャが逆境を克服する

二度とボルチモアに戻ってきてはならないという強硬な警告を受けて、治安裁判所の判事から釈放され、二日後にニューヨークに帰ってくると、サーシャの手紙が届いていた。手紙には非常に小さいがはっきりした字で、日曜日の裁判のことが詳しく記されていた。いつ裁判が開かれるのか繰り返し知ろうとしたが、それについて何の情報も得られなかったと書いていた。十九日の朝、彼は突然出廷を命じられたので、陳述原稿を揃える時間すらなかった。法廷では見たこともない敵意に満ちた面々が待ち受けていた。友人の姿を求めて法廷を見回したが、誰もいなかった。友人たちも裁判の日を知らされていなかったことがわかった。それでも奇蹟でも起きないかと願ったが、友好的な顔はどこにもなかった。彼は六つの起訴事実をつきつけられ、そのすべてはひとつの行為をでっち上げるためであった。フリックの部下のジョン・G・A・レイシュマンの殺害を企てたとされたサーシャは、レイシュマンのことは何も知らない、殺そうとしたのはフリックだと宣言した。その罪に対しての裁判だけを行なうべきであり、その他の起訴事実は破棄してほしい、なぜならそれらはすべて第一の罪状に含まれているからだと要求した。しかし彼の異議は却下された。

陪審員は数分で選出されたが、サーシャは陪審員忌避の権利を行使しなかった。それがどのような違いをもたらすというのか？　彼らは全員が似たりよったりで、いずれにせよ有罪判決を受けるのだから。彼は自らを弁護するのを潔しとしないし、ただ自分の行為を説明することだけを望んでいると裁判官に述べた。担当の通訳官はその発言をしどろもどろに誤訳したり、何度も訂正したりしていたので、サーシャはアメリカの裁判所における正義がごまかしであるように、その男も語学能力が欠如しているという恐ろしい事実を発見した。それがわかると、サーシャは陪審員に英語で話そうとしたが、「被告はすでに充分に発言した」と、すぐさまマクラング裁判長がさえぎった。異議を唱えたが無駄であった。地方検事は陪審員席に歩み入り、補欠陪審員と低い声で話をしていた。その後陪審員は席を立つこともなく有罪の評決を出した。裁判官はただ威圧的だった。彼は「凶悪な意図を持って建物に不法侵入したこと」に起因する三つの起訴を含めて、それぞれの訴因に刑を下した。それらは被告に対する求刑通りの刑だった。すべての刑を合計すると、ペンシルベニアの西部刑務所での服役が二十一年にもなり、満期になるとさらにもう一年、「隠匿武器運搬」の刑でアレゲーニー郡労役所で労働奉仕しなければならなかった。

二十二年にわたる緩慢な苦しみは死でしかない！　だが自分は義務を果たしたのだ。そして今や最後の時がやってきたのだと、サーシャは手紙を結んでいた。彼は自分自身の意思と手腕で決意したようにやっていくだろうし、自分のための苦労をかけたくないと望んでいた。それは彼にとって無用だし、敵に控訴するつもりもなかった。これからの彼に対する獄中支援は不要のものとなり、たとえどのような運動を起こすにしても、それは彼の行為を支持するものでなければならないし、それを私は引き受けるつもりだった。私は他の誰よりも彼の動機を深く理解し、また共感していたし、私と同じぐらいの説得力で彼の行為の意味を明確にすることは誰にもできないと彼は信じていた。彼の深い思慕が私に向けられていた。もし彼がもう一度私の瞳をのぞきこみ、その胸に私を抱きしめることさえできたならば――

しかしそれはもはやかなわないことだった。彼は私のことを友人として、同志として思い続けるだろう。地上のどのような権力であっても、彼からそれを奪うことはできない。

私はサーシャの魂が現世のすべてを超越して飛翔するのを感じた。それはひとつの輝く星のように私の暗い気持ちを明るく照らし、個人的な絆、あるいは愛よりも崇高な何ものかを私に実感させるものだった。それは、死の直前に至るまで、すべてを理解し、すべてを与えようとする、途方もなく包容力に満ちたサーシャへの献身だった。

サーシャに対する極刑はモストを刺激し、ペンシルベニアの裁判所と、法律的には七年の刑でしかない一人の男の行為に二十二年の刑を下した裁判官に、敵意に満ちた攻撃を加えた。しかし『自由』に載ったモストの論文は彼に対する私の苦々しさを増すばかりだった。モストはサーシャの行動の成果を貶めようとしてきたのではなかったか？　もしサーシャのために激しい抗議行動がなされていたら、敵は彼を早急に刑務所送りにしなかったはずだ。この残酷な判決に対して、私はペンシルベニア州立裁判所よりも、モストの方に重大な責任があると思った。

サーシャとの面会計画

サーシャは決して友人がいなかったのではない。きわめて早い段階から、友人たちはサーシャの問題に誠実に取り組んでいた。この時も二つのグループが減刑を求める運動を展開するために先頭に立っていた。イーストサイドのグループは様々な社会主義的分派、労働者、それから社会主義者のリーダー的ユダヤ人で形成されていた。そのなかには古老のロシア人革命家M・ザメトキン、ユダヤ人街の精力的で有力な人物ルイス・ミラー、さらにシベリアに追放された後、アメリカにたどりついたばかりのアイザック・アワーウィッチがいた。特にアイザックはサーシャの代弁者として熱意がこもっていた。またシェヴィッチは、ドイツ語の日刊紙『人民新聞』の編集長として、最初からサーシャを新聞で弁護していた。私たちの友人であるソロタロフ、アニー・ネター、マイケル・コーンなどがイーストサイド・グループの中で最もよく活動していた。

アメリカ人のグループの中枢人物はダイヤー・D・ラムで、卓抜な才能に恵まれ、詩人であると同時に経済や哲学に関する著述家でもあった。彼と行動を共にしていたのは、優れた建築家で政治評論家のジョン・エデルマン、文学的才能を発揮しているイギリス人のウィリアム・C・オーウェン、著名なドイツ人アナキストのジャスタス・シュワブだった。

サーシャを支持するために、こうしたすばらしい連帯があることはとても勇気づけられた。彼のためになされている努力について、いくらかは誇張の色合いも交えて、私はサーシャに知らせ続けた。しかしどれも彼の気持ちを引き立たせるものではなかったようだ。彼は二十二年の刑に囚われていたからだ。「僕のためにどんなことをしても何年もかかるだろうし、フリックとカーネギーが決して減刑に同意しないに決まっている。彼らの同意がなければ、ペンシルベニアの特赦部は働きかけをしない。それに、僕はこの生き地獄に長く持ちこたえられないだろう」とサーシャは手紙に書いてきた。彼の手紙は失意に満ちていたが、私は挫けなかった。彼の不屈の意思と鉄のように堅固な性格をわかっていた。自らを奮い立たせ、権力から粉砕されるままでいることはないという希望に執拗にしがみつた。その希望だけが運動を続けていく勇気を私に与えるのであるから。私はサーシャのために新しく組織された会に加わり、毎晩のように集会に出て、彼の行為の意味やメッセージを代弁した。

十一月の初めに、サーシャに新しい兆しが見られ、再び生きることに関心を示し始めた。彼は手紙で面会者に接見できるようになるかもしれないと知らせてきた。囚人は月に一度面会者に接見する権利を与えられていたが、それは近親者に限られていた。彼の妹を面会のためにロシアから呼ぶことができるだろうか？　私は彼の言わんとしていることを理解して、すぐに手紙を書き、面会許可を得るように伝えた。

私はシカゴとセントルイスのアナキストグループに招かれていて、来たる十一月十一日の記念日に講演をすることになっていたので、その旅行を利用してサーシャを訪ねようと決意した。私はニーダーマンという名を用いて、彼の結婚した妹になりすますつもりでいた。刑務所の担当官はロシアにいるサーシャの妹について何も知らないはずだった。私が彼女に扮したとしても、まず身元が疑われることはないだろう。その時、私はほとんど刑務所の担当者について知らなかった。サーシャの事件に関連して新聞に載った私の写真はどれも似ても似つかないものだったので、誰も私だとはわかるはずがなかった。愛する人に再び会い、この胸に抱きしめ、彼に希望と勇気を与えること——面会に行く前の数週間と数日の間、私はただそれだけのために生きていた。

面会が許可される

熱に浮かされたように、私は仕度を整えた。最初の地はセントルイスで、それからシカゴ、最後はピッツバーグになっていた。出発の数日前にサーシャからの手紙が届いた。その中には十一月二十六日の面会に必要な囚人A—七の妹であるE・ニーダーマン夫人への西部刑務所所長の許可証が入っていた。サーシャは、妹がピッツバーグに二日間滞在できるようにと私に頼んできた。妹がわざわざロシアから来るという事実を考慮して、所長は彼に二度の面会を約束したのだった。私は狂喜し、それまでの時間が待ちきれない思いにかられた。面会許可証は私のお守りになったし、一瞬たりともそれを手離さなかった。

感謝祭の日早朝に、私はピッツバーグに着いた。私はカール・ノルドとマックス・メッツノーに会った。メッツノーは誠意をこめてサーシャを支援してきたドイツ人同志だった。ノルドとバウアーは「フリックの殺害を企てた共犯の罪に問われて」裁判を待つ身だった。私はカールと何度か手紙のやりとりをしていたので、サーシャに対して好意的な若い同志と会える機会を持ててうれしかった。彼は小柄で華奢な身体つきだったが、目は理知的で、黒いぼさぼさの髪をしていた。私たちは旧友のようにお互いに挨拶を交わした。

午後に、私はメッツノーと一緒にアレゲーニーに出かけた。ノルドは同行しないことになっていた。というのは、彼はよく刑事に尾行されていたので、私が刑務所内に入らないうちに、身元が発見されてしまうことを懸念したからだ。刑務所からさほど離れていないところで、メッツノーは私の戻ってくるのを待つことになった。

灰色の石の建物、人を寄せつけない高い壁、武器を持った看守、待つように言われたホールは重苦しい沈黙に包まれていた。その数分間は果てしない時間と化し、悪夢のように私の心を圧迫していた。逃れようとしたが、その術はなかった。ようやく荒々しい声が聞こえた。「こちらへ、ニーダーマンさん」。いくつかの鉄の扉を抜け、曲がりくねった廊下を通って、小さな部屋へ連れていかれた。サーシャがそこにいて、そばには背の高い看守がついていた。

私はいきなり駆けよって、キスの雨を降らせたい衝動にかられたが、看守の存在がそれをおしとどめた。サーシャは近づいてきて、私を抱擁した。彼がかがみこんで私にキスした時、小さな物が私の口の中に入りこんできたような感じを受けた。

何週間も、私はこの面会を待ちこがれていた。私の愛や失われることのない献身、彼の釈放のための運動といった伝えたいことのすべてを、頭の中で数えきれないほど反芻してきたのに、私にできたことといえば、彼の手を握りしめて、その瞳を見つめることだけだった。

私たちは母国語のロシア語で話し始めたが、看守の冷酷な命令によってすぐさまさえぎられた。「英語で話すように。ここでは外国語は禁じられている」。彼の山猫に似た鋭い目は私たちの一挙一動を追い、唇の動きを監視し、心の奥まで侵入してくるようだった。私は舌がもつれ、あらゆる神経がささくれだっていた。サーシャもまた沈黙していた。彼の指は私の時計の鎖をいじり続けていて、あたかも溺れる者が藁にすがっているようだった。二人とも一言も言葉が出てこなかったが、私たちの目はお互いに意を通じていた――私たちの恐怖や希望や思慕が伝わっていた。

面会時間は二十分だった。もう一度抱擁し合い、唇を重ねて、私たちの「面会時間が終わった」。私は彼に抱きついてそのまま離さないでとささやいた。それから気がつくと、私は刑務所の階段の所にいた。鉄の扉が背後でガラガラと音を立てて閉まった。

私は叫び声を上げて、身体ごと扉にぶつかり、両の拳でそれを叩きたかった。しかし門は私を歯牙にもかけず、嘲笑っているようだった。刑務所の正面沿いに歩いて、通りに出た。言葉もなくすすり泣きながら、メツノーが待っている場所へと歩いた。メツノーの存在が私を現実に引き戻し、サーシャがキスした時に私の口の中へ忍び込ませたものを思い起こさせた。私はそれを口から取り出した――固く包まれた小さな巻紙だった。私たちは一軒の酒場に入り、奥の席についた。そして私は数枚の紙を巻き戻して開けた。やがてサーシャの小さな文字で書かれたメモが現われた。どの言葉も私には真珠のように輝いて見えた。私は読んだ。「保護司のリードの所へ行きなさい。彼は二度目の面会を約束してくれました。明日は彼の営む宝石店に行ってください。君が来てくれるとあてにしています。その時、同じ方法で別の重要な伝言を託します。」

二度目の面会を試みる

翌日私はリードの店に行った。輝く宝石や銀や金の中で、すり切れたコートをまとった私はみすぼらしかった。リード氏に会いたいと言った。彼は厳しく鋭い目をして、長身痩軀で薄い唇の人物だった。私が名前を告げるやいなや彼は叫んだ。「そうか、あなたがバークマンの妹なんだね!」。確かに二度目の面会を約束したが、サーシャはどのような便宜も図るに値しない立場にいる。バークマンは殺人者であり、善良なキリスト教徒を殺そうとしたのだと彼は言った。私は全身の力をふりしぼって、自らを支えていた。もう一度サーシャに会えるチャンスが危機にさらされていた。続けてリードは刑務所に連絡して、何時に面会できるか聞いてみると言った。私は一時間したら戻ってこなければならなかった。

保護司リードとの衝突

私の心は沈んでいた。もはやサーシャと面会できないだろうという予感に包まれていた。それでも言われたようにまた戻った。リードは私を見るなり、顔を紫色にして、飛びかからんばかりだった。「この嘘つきめ! お前はすでに刑務所に行っていたじゃないか! 妹だなんて偽名を使ってそれこそ潜りこんでいた。ここではそんな嘘は通用しないぞ――看守がお前の顔を覚えていたんだ! お前はエマ・ゴールドマンで、あの犯罪者の情婦だ! 二度と面会はさせん。覚悟しておけ。バークマンは絶対に生きて出られないだろう!」

彼は銀器をたくさん陳列しているガラスのカウンターの後ろに引っこんでしまった。激しい怒りと憤りにまかせて、私はそれらを床に払い落とした――皿、コーヒーポット、水差し、宝石、時計のすべてを。それから重い盆をつかんで、リードめがけて投げつけようとした時、店員の一人に引き戻された。彼は誰かに警察に知らせるようにと叫んだ。リードは恐怖で蒼白になり、唇には泡をため、店員を止めた。そして「警察には知らせるな。もめ事はごめんだ。この女を外へ放り出せ！」と彼は言った。店員が私の方にやってきて、前に立った。「人殺し、卑怯者！　バークマンにもしものことがあったら、あんたをこの手で殺してやるから！」と私は叫んだ。

誰もが立ちすくんでいた。私は外に出て、街を走る車に乗った。尾行されていないことを確かめてから、メツノーの家に帰った。その夜、彼がノルドと一緒に仕事から帰ってくると、何があったかを話した。彼らは心配して、サーシャに累が及ばないかと、私が自制心を失ったことを危惧していた。すぐにピッツバーグを出なければならないと口を揃えて言った。保護司は刑事に捜索させて、私を拘束するかもしれないからだ。ペンシルベニア当局はサーシャの事件以来、ずっと私を捕らえようとしていた。

自分の衝動的行動の結果として、サーシャが実際に苦しむのではないかと思い、私はショックを受けていた。だがサーシャは絶対に生きて刑務所から出られないと言った保護司の脅迫には耐えられなかったのだ。きっとサーシャもわかってくれるだろう。

ニューヨーク行きの汽車に乗るためにノルドと一緒に駅に向かおうとすると、もはや夜になっていた。製鉄所からは巨大な炎が吹き上げ、アレゲーニーの丘を赤い血のように染め、大気は煤と煙で充満していた。半人半獣のような人間が遠い昔のガレー船の奴隷もどきに働いている小屋を私たちは通り過ぎていった。彼らは腰の回りに小さな布をまとっているだけの裸の姿で、火を噴く大きな鉱炉からつかみ出す熱い鉄の光を受けて、赤銅のように輝いていた。時折、熱した金属にかけられた水が蒸気となって立ち昇り、労働者たちの全身を包みこみ、やがて彼らが影のように浮かび上がってきた。「灼熱と騒音という永遠の生き地獄に落とされた魔界の子供たち」と私は呟いた。サーシャはこれらの人々に喜びをもたらそうとして、命を捧げたのだ。だが彼らは相変わらず目覚めることなく、地獄の鍛冶仕事を続けていた。「彼らの魂は死んでいて、生命の恐怖や堕落に対して無感覚になっていた。」

罪の意識

カールは私に、ピッツバーグにいた頃のサーシャについて知っていることを話した。実際にヘンリー・バウアーはサーシャを疑っていた。ヘンリーはモストの狂信的支持者で、私たちが「あのスパイのポイケルト」と手を組んでいると話し、モストに私たちを裏切り者だと警告していた。サーシャはホームステッドの問題が差し迫った時にやってきたのだが、バウアーはすでに彼に偏見を抱いていた。サーシャが眠っている間に彼のバッグを調べ、もし何かそれらしい証拠を見つけたら、殺してやるつもりだとバウアーはノルドに打ち明けた。弾丸をこめた銃を持って、バウアーはサーシャと同じ部屋で眠り、あらゆる疑わしい動きを警戒し、いつでも発砲できる状態にいた。ノルドはサーシャの偽りのない表情と率直さにとても好感を抱いていたので、とても彼を疑うことはできなかった。ノルドはバウアーに同調するふりをしていたが、モストが自分に逆らう者には誰に対しても公平さを欠き、偏見を持っているのをバウアーにわからせようとした。カールはもはや、それほど盲目的にモストを信じてはいなかった。

カールの話を聞いて、私は恐怖におののいた。もしサーシャのバッグにバウアーの疑いを正当化するようなものが入っていたら、彼の身に一体何が起きていたか？ 妄信的なモストの支持者がサーシャを射殺するに充分だっただろう！ それにしてもモストのサーシャに対する憎しみの何という深さ、何という卑劣なやり方で彼を駆りたてていることか！ そのようなところまで人を追いやってしまう激情には何があったというのか？　たとえば、モストを鞭打つように仕向けた私自身の激情は、彼がサーシャを常に憎んでいたように、かつて愛した人間、崇拝してきた男を憎まざるをえなかったことに起因していた。それはすべて痛いほどの苦しみがあり、恐ろしいまでに頭を混乱させた。私にはそれを解明できなかった。

自分の裁判について、カールは淡々と語った。サーシャのそばにいて、彼の過酷な試練を支える力になれるなら、獄中での数年を歓迎するつもりでいた。誠実なサーシャ！　サーシャに対する彼の信頼と誠実さは私に親近感を持たせ、彼をとても愛すべき人にならしめた。

汽車がスピードを上げて走っていく時、はるか遠くにまだ赤々と燃えている炎がアレゲーニーの丘を照らしながら、真っ暗な空を背景にして吹き上げているのが見えた。アレゲーニー、そこには私にとって最も大切なものが永遠に閉じこめられている！　私は彼とともに暗殺を計画したのだった。それなのに彼を一人で行かせてしまった。弁護士を頼まないという彼の決意に同意してしまった。私は罪の意識をふり払おうとしたが、眠りがすべてを忘れさせてくれるまで、それはいささかの平安も与えてくれなかった。

◇第11章◇ エドとの出会い、初めての逮捕・裁判・有罪宣告

エド・ブラディとの出会い

サーシャ減刑のための私たちの運動は続いていた。十二月下旬の週例会で、聴衆の中の一人の男が私をじっと見ていることに気づいた。彼は背が高く、頑健な身体つきで、柔らかな金髪に青い目をしていた。彼は手でずっとマッチをもてあそびながら、右足を前後に間断なく揺さぶっていて、その奇妙な動作はとりわけ私の注意を引いた。その単調な動作は私の眠気を誘い、何度も眠らないように努めなければならなかった。結局私はその男の所まで行き、冗談めかしてマッチを取り上げて、言った。「子供が火遊びをしてはいけないわ」。すると彼も同じ調子で答えた。「わかったよ、おばあちゃん。でも僕が革命家だってことを忘れてはいけないよ。火が好きなんだ。あなたもそうじゃないのかい?」。彼は美しい白い歯を覗かせて、私に微笑んだ。「そうよ、でも場所を弁えないとね。ここではだめ。人がたくさんいるし、苛々するわ。まず足を動かすのをやめて」と私は応酬した。その男は監獄でついた悪い癖だと言って詫びた。恥ずかしい思いが私を襲い、サーシャのことを考えた。そして続けてかまわない、私は気にしないからとその男に頼んだ。おそらくいつの日か、彼は私にその獄中体験を語ってくれるだろう。「今、獄中に私の大切な友人がいます」と私は言った。彼は私が誰のことを言っているのか明らかに理解して、答えた。「バークマンは勇敢な人です。オーストリアでも伝わっていますし、僕たちは彼

のしたことを絶賛しています。」

彼の名前がエドワード・ブラディで、非合法アナキスト文献の出版で投獄され、十年の刑期を終えて、オーストリアから着いたばかりであることを私は知った。彼は私がそれまで会った誰よりも学識にあふれていた。その教養の広さは、モストのように社会、政治問題に限定されたものではなく、また実際にほとんどそれらについては語らなかった。彼は私にイギリス文学やフランス文学の偉大な古典を紹介してくれた。好んでゲーテやシェイクスピアを私に読み聞かせ、彼の愛読するジャン＝ジャック・ルソーやヴォルテールの一節をフランス語から翻訳してくれた。彼の英語はドイツ訛があったが、完璧だった。

ある時、どこで教育を受けたのかと尋ねると、「監獄で」とためらわずに答えた。最初はギムナジウムで教育を受けたが、本当の勉強を終えたのは監獄の中でだったと付け加えた。独房で、彼はいつも音読し、妹が英語やフランス語の辞書を差し入れてくれたので、毎日多くの言葉を覚えることにしていた。独房で、彼はいつも音読し、それが生き続ける唯一の方策だった。多くの人が発狂した。それは特に熱中するものがない人に顕著であった。しかし理想を持っている人間にとっては、監獄は最高の学校だと彼は言った。「それなら、私もできるだけ早く投獄された方がいい。なぜって　私は恐ろしいほど無学なの」と私は意見を述べた。「そんなに急ぐことはないさ。僕たちは会ったばかりだし、監獄に入るにはあなたは若すぎるよ」。私は彼に言った。「バークマンはわずか二十一歳だったわ」。すると彼は声を震わせて言った。「確かに、それはとても気の毒なことです。僕が投獄されたのは三十歳の時で、すでにある程度激しく生きてしまっていました。」

私の学校時代

彼は明らかに話題を変えようとして、私の子供時代や学校時代について尋ねた。私はケーニヒスベルクの実科学校へ三年半通っただけだったと言った。規則は厳しく、教師は野蛮で、私はほとんど何も学ばなかった。ドイツ人の先生だけが私に親切だった。彼女は病気をかかえていて、肺結核という死の病に冒されていたが、忍耐強くて優しかった。よく自宅に招いて、課外授業をしてくれた。とりわけ彼女の好きだった作家たち、マルリット、アウアーバッハ、ハインゼ、リンドウ、シュピールハーゲンを私に知ってほしかったのだ。その中でもマルリットを彼女は特に好んでいたので、私もマルリットを愛読した。私たちはよくマルリットの小説を一緒に読み、不幸なヒロインの運命に涙を流した。先生は王室を崇拝していて、フレデリック大王やルイーズ王妃は彼女の偶像だった。「あの殺戮者のナポレオンによって、むごい仕打ちを受けた可哀相な王妃様——自愛深き、うるわしい王妃様」と彼女は大いなる共感をこめて言った。それからよく詩を暗誦してくれた。それは善良なる王妃の毎日の祈りであった。

汝、涙とともにパンを食するなかれ
汝、寝床に座して悲しみの夜を泣くなかれ
汝ら、神の力を知らざればなり

私はその感動的な祈りの詩句にすっかり魅せられ、私もまたルイーズ王妃の崇拝者になった。先生のうちの二人はともに恐ろしかった。一人はユダヤ系ドイツ人の宗教の教師で、もう一人は地理を教えていた。私は二人に対して憎しみを持っていた。宗教の教師の絶え間ない仕置きに対して反抗することもあったが、地理の教師のそれはさらに恐ろしかったので、家の者に訴えることさえできなかった。

宗教の教師の大いなる楽しみは、私たちの手の平を定規でいつも叩くことだった。私はよく彼を困らせるいたずらを考え出した。たとえば、布張りの椅子に尖ったピンを仕込んだり、上着の長い裾を密かに机に結びつけたり、ポケットにカタツムリを入れたりした——彼の定規の痛さに報いるために考えられることは何でもした。私が張本人であるとわかっていたので、彼は私を誰よりもひどく叩いた。だがそれは、公然としたそれなりの反目であった。

もう一人の教師に対してはそうはいかなかった。彼のやり方は痛くなかったが、それ以上に不愉快なものだった。毎日きまって放課後に、彼は一人か二人の女の子を学校に残した。全員が下校すると、女生徒の一人を隣の教室に行かせて、もう一人を無理やり膝に乗せ、胸をつかんだり、足の間に手を入れたりした。このことを誰にも言わなければ、よい成績をつけてやると言いふくめ、もし誰かに話したら、すぐに放校処分にすると脅かした。女の子たちは恐ろしがって誰にも話さなかった。私は長い間これらのことを知らないでいたが、ある日彼の膝に乗せられてようやく訳がわかった。私は悲鳴を上げ、身をよじらせ、彼の腕から逃げようとして、髭をつかんで思いきり引っ張った。彼は痛さのあまり飛び上がり、私は床に落とされた。悲鳴を聞きつけて誰かがやってくるのではないかと、彼はドアに駆け寄った。それから私の耳元で語気強く言った。「もしお前が一言でもしゃべったら、学校から叩き出してやるぞ。」

その後何日間か、私は恐ろしい思いをしたことで病気になり、学校へ行くことができなかったが、何も口外しなかった。放校されるという恐怖は、悪い成績をとって帰った時の父の激怒を彷彿とさせた。

ようやく私は学校に戻り、何日かは何事もなく地理の授業を受けた。私は目が悪かったので、地図の近くに立たなければならなかった。ある日先生が私にささやいた。「お前、後で残れ」。私はささやき返した。「いやです！」。次の瞬間腕に刺すような痛みを感じた。彼が私の腕に爪を立てたのだ。私の叫び声で教室が大騒ぎになり、それを聞きつけて他の教師たちが教室にやってきた。私が馬鹿で、授業がまったくわからないので罰を与えたのだと彼が説明しているのを聞いた。私は家に帰された。

夜になると、腕がひどく痛んだ。腕全体が腫れ上がっているのに母が気づき、医者が呼ばれた。彼がどうしたのかと尋ねたので、その親切な態度にほだされて、全部を話す気になった。「何ということだ！　そんな奴は変態だ」と彼は叫んだ。一週間後に私が学校に戻った時、地理の教師はもはやいなかった。彼は旅行に行ってしまったと教えられた。

「世間の脅威」となる

ペテルブルグにいる父と一緒に暮らす時がやってきた。しかし私は行きたくなかった。それにチュートン人のすべてを愛することを私に教えてくれた、病気のドイツ人の先生と別れたくなかった。先生は友人の一人にフランス語と音楽を私に教えるように頼んでいたし、ギムナジウムに通うための援助を約束してくれていた。彼女は私がドイツで教育を受けることを望んでいたし、私も世のために役立つ医学を学ぶことを夢見ていた。執拗に拒み、涙も多く流したので、ギムナジウムの入学試験に合格するという条件で、父は祖母と一緒にケーニヒスベルクに残ることを許可した。日夜勉強に励み、私は合格した。しかし入学するためには、宗教の先生の推薦が必要だった。私はその先生に何も頼みたくなかったが、将来のすべてがそれにかかっているのだと思い、彼の所に行った。クラスの全員を前にして、絶対に

「推薦」などしないと彼は言い放った。私には長所がなく、恐ろしい子供で邪悪な女になるだろう。年長者も権威も尊敬しないいし、行く末は世間の脅威となり、絞首刑で一生を終えるに決まっているとはっきり言われた。胸が張り裂ける思いで家に帰ったが、母はペテルブルグで勉強を続ければいいと約束してくれた。残念ながら母の計画は実現しなかったのであるが。ロシアでは六ヵ月勉強しただけだった。けれども、ロシアの学生たちとの交友で得た精神的影響は最も貴重なものだった。

「そういった教師はまったくの獣だ。しかしあなたはその宗教の教師が予言者の目を持っていたことを認めるしかない。あなたはすでに世間の脅威だと見なされているし、このまま行けば特異な死を迎えるかもしれない。善良なる民衆は宮殿の中ではなく絞首台で死ぬものだと思うしかないね。」

エド・ブラディとの交友

ブラディと私のとても楽しい交友は次第に親密なものになっていった。私はエドと呼ぶようになった。「そう呼んでくれた方が気が楽だよ」と彼が言ったからだ。彼の提案で、一緒にヴォルテールの『カンディード』を手はじめにフランス文学を読み始めた。私は一語ずつ途切れがちのひどい発音で読んだ。しかし彼は天性の教師であり、どこまでも忍耐強かった。日曜日になると、私が引越した二部屋のアパートでホスト役を演じた。フェジャと私は食事の支度ができるまで部屋から出ているように言われた。エドの料理はすばらしかった。たまたま私は、彼が食事を用意するところを見るという恩恵にあずかった。彼は本当に楽しそうに、すべての料理を詳しく説明してくれたので、たちまち私はフランス語より料理の方のよい生徒であることを立証したのである。『カンディード』を読み続ける前に、多くの料理のやり方を覚えた。

フランス語の学習をしない土曜日には、ニューヨークで最も著名な急進派の溜まり場であるジャスタス・シュワブの酒場へ出かけていた。シュワブは典型的なチュートン人の体型で、背は六フィート以上あり、胸幅は広く、姿勢は樹木のようにまっすぐだった。広い肩とたくましい首の上の立派な顔は、赤い巻き毛と髭で縁どられていた。目は炎のようで、熱情に満ちていたが、その声は思慮深くて優しく響き、彼の特異な性格を表わしていた。もし彼がオペラの道に進めば、きっと有名になっただろう。しかしジャスタスはそうした道に進むにはあまりにも反逆的であり、夢想家でもあった。一番街の小さな店の奥の部屋は、フランスのパリ・コミューン支持者、スペインやイタリアからの亡命者、ロシアの政治犯、それからビスマルクの鉄の支配から逃れてきたドイツ人社会主義者の聖地であった。誰もがジャスタスと呼ぶ人は、同志であり、助言者であり、全員の友人であった。そのサークルには多くのアメリカ人が混じっていて、その中には作家や芸術家もいた。ジョン・スウィントン、アンブローズ・ビアス、ジェイムズ・ヒュネカー、サダキチ・ハートマンやその他の知識人たちは、ジャスタスの黄金の声を聞き、彼のおいしいビールやワインを飲み、国際問題について夜更けまで論じ合うのを楽しみにしていた。エドとともに私も常連になった。エドは英語、フランス語、あるいはドイツ語の言語的な細かい相違について詳述し、言語学者グループとの討論の場としていた。私はヒュネカーやその友人たちとアナキズムについて論戦した。ジャスタスはそれらの論戦を好んでいて、私をあおった。それから私の背中を叩いて言うのだった。「エマちゃん、あんたの頭は帽子向きに作られたんじゃない。縄のためだよ。この柔らかい曲線を見てみなよ。縛り首の縄がぴったり巻きつくだろうぜ」。これにはエドもぎょっとしていた。

エドとの親密な交友も、私の心からサーシャを消し去ることはなかった。エドもまた彼に深い関心を寄せ、サーシャのために組織的な運動を続けているグループに加わった。そうしている間に、サーシャは地下通信のルートを確保していた。彼の公式の手紙は自分のことにはほとんど触れず、本を与えてくれたり、人間的な扱いをしてくれる監獄の牧師のことを好意的に書いてきた。だが地下通信の手紙はバウアーやノルドに下された判決に対しての激しい憤りを示していた。それでもこちらの手紙には、わずかながらの希望がこめられていた。というのは同じ屋根の下に二人の同志がいるので、もはやまったくの孤独ではなかったからだ。彼は監獄の別棟にいる二人と連絡を取れるようにしようと試みていた。今では外部からの手紙だけが彼の生活を支えていた。私は友人たちに、サーシャによく手紙を書くように勧めなければならない。

私の手紙が監獄の検閲官に読まれてしまうという意識は絶えずつきまとっていた。言葉が素っ気なく、また事実の叙述のように書かれていても、さらに私の生活に何が起きようと、どんな人が現われようとも、そこには常にサーシャがいるのだということを私はわかってほしかった。それでも手紙を書いた後に残るのは満たされない思いであり、やりきれなさだった。だが生活は続いていく。生計を立てるために、一日十時間、時には十二時間、ミシンの前で働かなければならなかった。それだけでなく、ほとんど毎晩の集会や、おろそかにされていた私の教育を改善するために要する時間で常に忙しかった。どういうわけか、これまでの誰よりもエドは私に教育の必要性を感じさせたのである。

エドの愛を受け止める

私たちの友情は次第に愛を育むものとなっていった。エドは私にとって欠くことのできない人になった。かなり前から、彼もまた私を愛していることに気づいていた。とても強い自制心を持っていたので、彼は決して愛を告白することはなかったが、その目と仕草にははっきりと表われていた。エドには過去に何人かの女性がいた。その中の一人は彼との間に娘をもうけ、その娘は母方の両親と一緒に暮らしていた。彼は過去の女性たちに感謝している。彼女たちは性の神秘と不思議な魅力を教えてくれたと、よく話していた。エドがそうした話をする時、私はついていけなかったし、羞恥のあまり説明を求めることもできなかった。そのため彼が何を言おうとしているのか、いつもいぶかっていた。性は私にとって単なるプロセスだと考えてきた。私自身の性生活は常に満たされることなく、未知のものへの欲求を駆りたたせていた。私は愛が他のあらゆるものより大切だと思っていた。自己を考えずに与えることに至上の喜びがあり、それが愛だと思っていた。

エドの腕の中で、私は初めてあふれる偉大な力の意味を知った。そのきらめく美しさを理解し、その恍惚と歓喜をむさぼるように飲みほした。それはうっとりするような歌であり、その響きと、かもし出される香りは身体の奥までも慰撫するものだった。最近になって引越した、「芸術家共和国」として知られている建物の私の小さな部屋が愛の宮殿になった。しかしこれほどの平穏と美に包まれた生活がいつまでも続くはずはないという思いに、私はしばしばとらわれた。なぜならば、それはあまりにもすばらしく、満たされたものであったからだ。そう考えると、私は震える思いでエドにすがりついた。彼は私を抱きしめ、変わることない陽気さとユーモアとで私の暗い思いを晴らしてくれた。「君は働きすぎだ。ミシンとサーシャの心配で死んでしまうよ」と彼は言った。

ロチェスターで病気を治す

春に入ると、私は病気になり、体重が減って、部屋の中を歩けないほど衰弱してしまった。医者からすぐに休養をとり、転地療養するように言われた。友人たちがニューヨークから離れるべきだと勧めたので、看護役を申し出てくれた女性と一緒にロチェスターに行った。

姉のヘレナが自分の所は病人にとって狭すぎると考えて、広い庭のある家の一部を確保してくれた。彼女は許すかぎりの時間を共にして、惜しみない愛情を注ぎ、看護してくれた。また結核を早期発見する専門医の所へ私を連れていき、特別な食事療法も施した。まもなく私は快方に向かい、二ヵ月もすると散歩ができるまでに回復した。その医者は冬の間、私をサナトリウムに送るつもりでいたが、ニューヨークで起きた出来事のためにその予定は実行されなかった。

その年の産業危機は何千人もの失業者を生み出し、今や彼らの状況は悲惨なものになっていた。その中でも最悪なのはニューヨークの状況だった。失業中の労働者たちは立退きを迫られ、苦難は増すばかりで、自殺者が相次ぐ一方だった。彼らの窮地を救うための手だては何もなされていなかった。

私はもはやそれ以上ロチェスターにとどまっていることができなかった。療養の最中に戻ることは無謀だとわかっていた。だが以前よりずっと丈夫になっていたし、体重も取り戻していた。咳もなくなっていたし、喀血も止まっていた。それでも健康体からは明らかに程遠かった。しかし理性よりも何か強いものが、私をニューヨークに引き戻そうとしていた。エドに会いたい気持ちもあったが、それ以上に私を引き戻そうとするのは、失業者と労働運動の洗礼を施してくれたイーストサイドの労働者の叫び声だった。以前の労働争議で私は彼らとともに闘った。今、彼らと離れているわけにはいかなかった。医者とヘレナに短い置手紙を残してロチェスターを離れた。彼らに顔を合わせる勇気がなかったからである。エドに電報を打っておいたので、彼は大喜びで私を迎えてくれた。だが失業者の救済に身を献げるために戻ったと告げると、態度が変わった。それは狂気の沙汰で、静養して取り戻した健康のすべてを失うことを意味し、悪くすれば死んでしまうと彼は言い張り、認めようとしなかった。今、私と彼は一心同体であり、彼にとって私は、愛し、保護し、看病すべき存在だった。

それほどまでに心配してくれる人がいると知って、喜びではあったが、同時に妨げになるような気がした。私は彼が「所有し、保護する」対象なのか？　彼は私を所有物、あるいは男性に面倒を見てもらわなければならない扶養家族、身体障害者と見なしているのだろうか？　私が望むことをする自由と権利を彼は認めているとずっと思っていた。私のことを気遣い、健康を心配しているからだと彼は言って、納得させようとした。しかしもし私が運動を再び始めようと決心しているのだったら、手伝うつもりだし、演説はできないが、他のことで役に立てるだろうと言ってくれた。

委員会の会合、公開集会、食糧の寄付集め、家を失った人々とその大勢の子供たちの炊き出しの面倒、さらにはユニオン広場での大集会の組織作りとで、私の時間はすっかりふさがってしまった。

失業者のための演説

ユニオン広場での集会は何千人もの縦列デモから始まった。女性たちは前列にいて、私はその先頭に立って赤旗を掲げていた。その深紅の色が空中で誇らしげに揺れ、私の魂もまたその瞬間の緊張に震えていた。

私は演説原稿を用意していたし、それが聴衆を鼓舞すると考えていた。しかしユニオン広場に着いて、膨れ上がった群衆を見た時、原稿は熱情がこもっておらず、無意味なもののように思われた。労働者階級の置かれた状況はその週に起きた出来事のために非常に緊迫していた。労働党の政治家たちはニューヨーク州議会に大不況の救済も訴えていたが、その嘆願は無視された。その間にも失業者たちは飢えに苦しむ一方だった。男も女も子供たちも苦境にあるというのに、この思いやりもない無関心さは民衆の怒りをかきたてた。そうした事情から、ユニオン広場の空気には辛い思いと憤りが充満していて、その気迫がひしひしと私に伝わってきた。私は最後に演説することになっていたので、長い間忍耐強く待機していた。言い訳がましい演説がようやく終わり、私の番になった。前に進み出ると、大勢の人が私の名前を叫んでいた。密集した人の群れの中から、私を見上げている人々の青白く、苦しみに歪んだ顔が見えた。心臓が高なり、こめかみが波打ち、そして膝が震えた。

聴衆の一瞬の沈黙を破って、私は演説を始めた。「皆さん、州があなたたちの最も悪質な敵であることを認識されているでしょうか？　皆さんの雇用主である支配階級を支えるために、あなたたちを押しつぶそうとしているのは州という支配的集団なのです。純真な子供のように、あなたたちは政治的指導者を信頼している。しかし彼らはその信頼にこと寄せて、最初の資金提供者にあなたたちを売り渡そうとさえしているのです。しかも労働党の政治家は、あなたたちを公然と裏切らないとしても、敵と内通して、あなたたちを鎖でつなぎ、直接行動をさせないようにしている。州は資本主義を支えている柱であり、そこにいかなる救済を期待しても無駄なのです。ここから石を投げれば届く距離にある、巨大な富をかかえる州都アルバニーからの援助を頼むことの愚かしさがおわかりでしょうか？　五番街には金があふれていますし、どの大邸宅も金と権力によって作られた城なのです。しかしあなたたちはここに立っています。飢えて足かせをはめられ、力を奪われたでくの坊のように。マニング枢機卿はかつて『必要とあらば法はない』とし、また『飢えた人間は隣人のパンを分かち合う権利がある』と宣言しました。マニング枢機卿は教会の伝統に染まった聖職者でした。教会は常に、貧しい者に敵対する金持ちに味方してきました。しかし彼はいくらかの人間性を持ち合わせていたので、飢えこそはどうすることもできない力になってしまうことを知っていた。あなたたちもまた、隣人のパンを分かち合う権利があることを学ばなければならないでしょう。あなたたちの隣人――彼らはパンを盗んだばかりか、あなたたちの血を絞り取っているのです。あなたたちが目覚めないかぎり、また権利の要求に熱心にならないかぎり、彼らはあなたたちやその子供たち、さらにはその子供たちから搾取し続けるでしょう。さあ皆さん、金持ちの宮殿の前にデモをかけるのです。そして仕事を要求するのです。もし彼らが仕事をくれなければ、パンを要求するのです。もし両方とも拒むのであれば、パンを奪うのだ。それはあなたたちの神聖な権利なのだ！」

静寂を破って、突然耳をつんざくような熱狂的な喝采が嵐のように湧き起こった。私の方にしきりに差し伸べられている多くの手が、羽ばたいている白い鳥のように見えた。

フィラデルフィアへ

支援を確保し、失業者たちの組織化を手伝うために、翌朝私はフィラデルフィアに行った。それぞれの新聞の夕刊は私の演説について事実と異なる記事を載せていた。私が群衆を革命に駆りたてたと主張していた。「赤いエマは強い影響力を持っている。彼女の辛辣な弁舌は無知な群衆をしてまさにニューヨークを崩壊させるのに足るものだ」。また新聞は、私が多くの友人の手を借りて行方をくらましたが、警察が捜索しているとも書いていた。

その日の晩、私はあるグループの会合に出席し、それまで知らなかった多くのアナキストに会った。ナターシャ・ノトキンはその中でも積極的な活動家だった。彼女は運動以外、人生に何の関心もないというロシアの女性革命家の典型であった。大集会は八月二十一日の月曜日に決定した。その日の朝、私の居所が発見され、刑事が逮捕状を持ってフィラデルフィアへ向かったというニュースが新聞に載った。私にとって重要なのは、何としてでも会場に入り、逮捕される前に集会で演説することだと思った。フィラデルフィアを訪ねたのは初めてだったので、私は当局に知られていなかった。新聞に出た写真は私とかなり異なっていたので、ニューヨークの刑事にはほとんど見分けられないはずだった。私は一人で会場に行き、人目につかないように忍びこむことにした。

逮捕され、身柄引渡しを待つ

近くの通りは人でふさがっていた。集会所の階段を上がる時、誰も私に気づかなかった。それからアナキストの一人が声を上げて私を迎えてくれた。「エマが来てくれたぞ」。私は彼に手で合図を送ると、すぐに威圧感のある手が私の肩にかかり、「ゴールドマンさん、あなたを逮捕します」という声がした。騒ぎが起こり、人々が私の方へ駆けつけてきたが、警官が拳銃を抜き、群衆を押し戻した。一人の刑事が私の腕をつかみ、階段から通りへ引きずりおろした。警察署まで護送車で行くか、それとも歩いて行くかと聞かれた。私は歩く方を選んだ。警官が手錠をかけようとしたので、逃げるつもりはないから不要だと強く言った。歩いて行く途中で、一人の男が人垣を破り、駆け寄ってきて、金が必要な場合にはと財布を差し出した。刑事がすばやく彼を捕らえ、拘束した。私は市庁舎のタワーの中にある警察本部に連行され、その晩は監禁された。

翌朝、私はニューヨークへ刑事たちと一緒に戻るつもりがあるかと尋ねられた。「それは私の自由意志ではないので断ります」と、私ははっきりと言った。「よろしい、それならばあなたの身柄引渡しの手続きがすむまで拘留ということになる」。私は一部屋に連れこまれ、そこで体重と身長を測定され、さらに写真を撮られた。必死になって写真撮影に抵抗したが、頭を押さえられてしまった。しかし目を閉じていたので、写真は脱走凶悪犯のようでもあり、眠り姫にも似ていたにちがいない。

ニューヨークの友人たちは驚きあわてていた。彼らは電報や手紙をあふれんばかりに送ってきた。エドの手紙は非常に抑えたものであったが、私はその行間に彼の愛を感じた。彼はフィラデルフィアに金を持参して、弁護士を雇うことを望んでいたが、私は事態の進展を待つようにと電報を打った。多くの同志が拘置所に面会しに来た。そして彼らも、私の逮捕された後でも集会が引き続き開かれたことを知った。ヴォルテリン・ド・クレールが私の代わりを務め、そして私の逮捕に強い抗議をしたのだった。私はこの才気あふれるアメリカ人女性について聞いたことがあったし、私と同様にシカゴの合法的殺人に衝撃を受け、それ以後アナキストの中でもより活動的になったと知っていた。ずっと彼女に会いたいと思っていたので、フィラデルフィアに着くと訪ねたのだが、彼女は病気で寝ていた。集会の後はいつも病気の発作で苦しんでいて、その前夜にも講演をしたのだった。彼女が病床から集会に出かけて、私のために演説してくれたことをとてもうれしく思った。そして彼女が同志であることを誇りにも感じた。

逮捕されて二日目の朝、私は身柄の引取りを待つためにモヤメンシング刑務所へ移された。かなり大きな独房へ入れられた。その堅固な鉄の扉には真ん中に外から開け閉めできる小さな四角い監視口があった。窓は高い所にあり、厳重に鍵がかかっていた。独房には清潔なトイレ、水道、ブリキのコップ、木の机、椅子、それに鉄製の簡易寝台が備えられていた。小さな電灯が天井からぶらさがっていた。時々、監視口が開き、二つの目が覗きこんだり、あるいはコップを寄こすようにとの声がかけられ、生温かい水かスープ、それに一切れのパンを添えて戻ってきた。このようなことで中断されることはあったが、それ以外の時間は物音ひとつしなかった。

二日目以後、その静寂は重苦しいものとなり、時間の感覚がなくなり始めた。私は窓と扉の間を絶え間なく往復することに疲れてきた。私の神経は張り詰め、ひたすら人間の音を求めていた。女看守を大声で呼んだが、何の返事もなかった。私はブリキのコップを扉に激しくぶつけた。ようやく反応があった。扉の錠が開けられ、いかつい顔をした大女が独房に入ってきた。そんな大きな音を立てるのは規則違反だと、彼女は私に注意した。もしまた同じことをすると、罰しなければならなくなる。何の用だと彼女は言った。手紙を読みたい、友人たちから手紙が来ているはずだ。それから本も読みたいと、彼女に言った。本は持ってきてやるが、手紙は届いていないと女看守は言った。彼女が嘘をついているのはわかっていた。というのは他の人はともかく、エドが手紙を寄こしているのは確かだったからだ。彼女は外に出て、扉に錠をかけた。まもなく一冊の本を持って戻ってきた。それは聖書だった。それを見ると、学校時代の宗教の教師の冷酷な顔が思い浮かんだ。憤然として、私はその本を女看守の足元に投げつけた。私は偽りの宗教なぞ必要としていない、何か人間の匂いのする本がほしいのだと彼女に言った。一瞬、彼女は恐怖にたじろいだが、それから私を罵り始めた。お前は神の福音を冒瀆した。だから地下牢に閉じこめられ、その後は地獄で火あぶりになるだろう。私も腹を立てて言い返した。私を罰することなどできない。なぜならば私はニューヨーク州の囚人であり、まだ裁判を受けていないし、まだ公民権もあるのだ。彼女は激昂して飛び出し、後ろ手に音を立てて扉を閉めた。

その晩、電灯の光が目を刺激するため、私は激しい頭痛に襲われた。私はまた扉を叩き、医者を呼ぶように要求した。別の女性がやってきた。彼女は刑務所の医者で、薬を与えてくれた。私は彼女に何か読み物か、それとも縫い物でも持ってきてくれないかと頼んだ。翌日縁縫いをするタオルが届けられた。サーシャとエドのことを考えながら、私は時間を決めて熱心に縫った。刑務所のサーシャの生活がどんなものであるか、切実にわかった。それも二十二年なのだ！　私だったら、一年で気が狂ってしまうだろう。

ニューヨークへの帰還

ある日女看守が来て、身柄の引渡しが認可されニューヨークへ連行されることになったと告げた。彼女に従って事務所に行き、そこで手紙と電報と書類の大きな包みを渡された。さらに私に何箱かの果物と花が届けられていたこと、しかしそれらを受け取ることは囚人規則に違反することを知らされた。それから私は気難しそうな男に引き渡された。車が刑務所の外で待っていて、それに乗って駅まで行った。

私たちは寝台車に乗りこみ、その男は巡査部長だと自己紹介した。彼は自分の義務を果たしているだけであり、自分には養わなければならない子供が六人もいると弁解を言った。私は彼に、どうしてもっと誇れる仕事を選ばなかったのか、またどうして世の中に大勢のスパイを送りこまなければならないのかと尋ねた。もし自分がやらなくても誰かがやるだろう。警察の力は必要であるし、社会を守っていると彼は答え、夕食をどうかと尋ねた。食事に行くよりも、寝台車に持ってこさせようと言うので、私は同意した。一週間というもの、まともな食事をしていなかったし、その上この思いがけない旅の贅沢についてはニューヨーク市が支払うことになるのだろう。

スパイとなることを拒否する

夕食の間中、その刑事は私の若さと私の前に開けている「才気あふれ、まばゆいばかりの女性」の人生に言及した。君のしている仕事は何の得にもならないし、塩すらも稼げないだろう。なぜ分別をきかせて、最初に「自分の利益を考えること」をしなかったのか？　自分自身も「ユダヤ人」だから、君に同情しているし、君が刑務所に行くのを見るにしのびない。少し頭を働かせるだけで、自由になれる方法やさらに大金をつかむ手段を教えてあげると言い続けた。

「言って下さい。一体何が言いたいのですか？」と私は尋ねた。

もし私が少しでも譲歩すれば、今回の一件はなかったことにし、まとまった金を私に提供すると、彼の上司が指示していたのだった。何も大したことではない。ただ急進派やイーストサイドの労働者の間で何がなされているのかを簡単に定期的に報告するだけでいい。恐ろしいまでの嫌悪の感情が私を襲った。食事を吐き戻しそうだった。コップの冷たい水を一口飲み、残りの水を刑事の顔へかけてやった。

「この恥知らず！　あんたは自分がユダのように振舞うだけでは物足りず、私までも裏切り者にするつもりでいる――あんたとあんたの堕落した署長が！　私は一生刑務所に入ってもかまわない。誰にだって買収されるつもりはこれっぽちもないわ！」。すると刑事はなだめるように言った。「わかった、わかった。君の思い通りにやればいいさ。」

ペンシルベニア駅からムルベリー街の警察署まで車に乗せられ、その夜はそこに留置された。独房は狭く、悪臭がして、座ったり横になったりするための板の台があるだけだった。独房の鍵の開け閉めの音を聞くと、神経質になって涙が出た。しかしあの嫌悪すべき刑事のむくんだ顔を見ずにすみ、同じ空気を吸わなくてもいいのはせめてもの救いだった。

ニューヨークで裁判を待つ

翌朝、私は警察署長の前に引き出された。あの刑事が彼にすべてを話していたので、署長は激怒していた。お前は愚か者で、自分に得になることがわからない間抜けだ。これ以上悪いことができない所に

数年間ほうりこんでやると、署長は言った。怒鳴りちらすのに任せておいたが、立ち去る前に、ニュー

ヨーク警察署長がいかに賄賂に弱いか国中に知らせるべきだと私は言ってやった。彼は椅子を持ち上げ、

それで私を叩きのめそうとした。それから気を取り直して、刑事を呼び、私を留置所へ連れ戻すように

言いつけた。

そこで私を待っていたエド、ジャスタス・シュワブ、そしてジュリアス・ホフマン博士を見て、私は歓喜した。午後になると、私は裁判官の前に連れ出され、三つの訴因に基づいて暴動を扇動したと告発された。裁判は九月二十八日に決定した。私の保釈金の五千ドルをジュリアス・ホフマン博士が負担してくれた。凱旋ということで、友人たちは私をジャスタスの店へ連れていった。

溜まっていた郵便物の中に、サーシャの地下ルートからの手紙を見つけた。彼は私が逮捕されたことを知っていた。「今こそ君は本当に私の同志だ」と書かれていた。彼はようやくノルドとバウアーに連絡が取れるようになり、三人で「秘密」の獄中出版物を準備していた。彼らはすでにその出版物の名称を決めていて、それは『刑務所の花』というものだった。心にのしかかっていた重苦しさが晴れるのを感じた。サーシャは甦り、生きることに関心を抱き始め、最後まで持ちこたえるつもりでいるのだ！彼は第一回の求刑で七年ほどの刑期を務めなければならないだろう。私たちは彼の減刑のために精力的に働かなければならないし、サーシャを生き地獄から救い出すことに成功するかもしれないと考えると、私は気が楽になり、幸せな気持ちになった。

ジャスタスの店は混んでいた。それまで会ったことのない人々が、今になって共感の意を表わしにやってきた。私はいきなり重要人物になっていた。それがどうしてなのか、私にはわからなかった。というのも、栄誉に値するような言動は何もしていなかったからだ。それでも私の考えに多くの関心が集まるのはうれしかった。注目を浴びているのは私個人ではなく、私が伝えようとする社会思想であること

を、私は一瞬たりとも疑わなかった。私の裁判こそはその情宣のための絶好の機会になるだろう。私はそのための準備をしなければならない。公開の法廷における私の陳述は、全国にアナキズムのメッセージを伝えるべきものなのだ。

私はクラウス・ティマーマンがいないのに気づき、不思議に思った。このような飲み放題の機会に彼がいないのはどうしたことなのかと、エドに尋ねた。エドは最初はぐらかしていたが、しつこく尋ねるので、警察が私を見つけようとして祖母の食料品店を捜索し、続いてクラウスを逮捕したのだと言った。クラウスがよく酔っ払っていることを知っていたので、警察は私の行方を聞きだせるのではないかと考えたのだ。しかしクラウスが供述を拒んだため、意識を失うほどの暴行を加え、逮捕にあたって抵抗した罪で六ヵ月を求刑し、ブラックウエルズ島に投獄したのである。

弁護士を頼むことに同意する

私自身の裁判が近づいてくると、フェジャ、エド、ジャスタスをはじめとする友人たちが弁護士の必要性を主張した。彼らが正しいことはわかっていた。茶番ともいえるサーシャの裁判がそれを証明していたし、今ではまたクラウスの経緯もあった。弁護士なしで法廷に出るとなれば、私もまた助かる見こみはないだろう。しかし法的弁護士に同意するのはサーシャに対する裏切りのように思われた。彼は長い刑期が待っているとわかっていたにもかかわらず、妥協するのを拒んだ。それなのに私だけがどうして妥協できようか？　私は自分で弁護するつもりでいた。

裁判の一週間前に、私はサーシャから「秘密」の手紙を受け取った。革命家の立場から見れば、僕たちはアメリカの法廷において、どんな事件であってもわずかのチャンスしかないと考えるようになった。

それでも僕たちは法的弁護を最初から期待していない。だが自分自身の立場を後悔していないし、今でもアナキストが法的代理人を雇ったり、法律家に労働者の金を使うことは矛盾していると思う。しかし君の状況は異なっている。優れた演説家として、君は法廷で私たちの理想を情宣できるし、弁護士は君の話す権利を守ってくれる。ヒュー・O・ペンテコストのような自由思想の持ち主で、優れた弁護士が無償で弁護を申し出てくれるかもしれないと、サーシャの手紙には書かれていた。彼が自分の拒否してきたことをあえて勧めているのは、私の立場を考えているからだとわかっていた。あるいは彼自身の経験から私たちが間違えないように諭しているのだろうか？　サーシャの手紙と思わぬ方面からの無償弁護の申し出によって、私は考えを変えた。その申し出はA・オーケイ・ホールから来たのだった。

友人たちは歓迎していた。A・オーケイ・ホールは名だたる法律専門家であり、さらに自由思想の持ち主だった。彼はかつてニューヨーク市長であったが、政治家としてはきわめて人間的、民主的であることで知られていた。ホールは若い女優との恋愛事件で政治生命を断たれていた。彼は長身で人柄もよく、活動的で、白髪から察するよりも若い印象を与えた。私はなぜ彼が私の無償弁護を申し出たのか、その理由を知りたかった。彼の説明によれば、私に対する共感と警察に対する不信感からだった。警察の腐敗を知っていたし、警察がいかにたやすく人間の自由を奪ってしまうかということをわかっていた。そのため彼は警察のやり方を暴きたいと切望していた。私の事件はその機会を与えるものだった。言論の自由の問題は国を挙げての重要性を持っているので、私を弁護することは彼の名前を再び民衆に知らしめるだろう。私はこの人物の素直さが気に入り、彼に弁護してもらうことに同意した。

わが裁判

マーティン裁判長による私の裁判は九月二十八日に始まり、十日間続いた。その間、法廷は報道陣と私の友人たちでいっぱいになった。検察側は三つの起訴事実を提示した。しかしオーケイ・ホールは検察側の意図を退けた。彼はひとつの犯罪に三つの別々の告訴となると正当な裁判はできないと指摘し、その主張が裁判官に認められたのである。三つの訴因のうち二つが却下され、私は暴動を扇動した罪だけの裁判となった。

裁判の初日の正午、私はエドとジャスタスとアナキスト詩人のジョン・ヘンリー・マッケイと一緒に昼食に出かけた。しかし法廷が休廷し、弁護士が私を家に送ろうとした時、私たちは静止された。裁判が終わるまで、私の身柄は拘留されると知らされたのだ。ニューヨーク拘置所に送られることになっていた。弁護士は私が保釈中であり、そのような処置は殺人者の裁判だけに適用されると抗議した。しかしまったく無駄だった。私は牢につながれなければならなかった。友人たちは喝采をあげ、革命歌を歌って、元気づけてくれた。ジャスタスの声がひときわ轟き渡った。裁判官と看守がいなくなる日まで私たちの旗を掲げるように、私の運命のために、さらに彼ら自身のために乾杯するように私は呼びかけた。

州側の重要な証人はヤコブ刑事だった。私のユニオン広場での演説に関して彼が作成したメモを提出したい、それは演説の言葉通りの記録だと主張した。彼は私が「革命、暴力、流血」をしきりに呼びかけていたと述べた。その集会に出席していて、演説を聞いた十二人の人が前に出て、私のために証言した。彼らのいずれもが演壇は混雑していたので、あの集会でメモを取るのはまず不可能だったと供述した。ヤコブのメモは筆跡鑑定人に渡され、彼は混雑した場所で立って書いたにしてはその筆跡があまりに整いすぎていると言明した。しかし専門家や弁護してくれた証人たちの証言のいずれもが、刑事の供述を覆せなかった。私は自己陳述のために証人台に立つと、地方検事のマックインタイアがユニオン広場の演説以外のあらゆることに関して、私に執拗に質問した。宗教、自由恋愛、道徳――これらの問題についての私の意見を問い質した。私は道徳の偽善、人間を奴隷化する機関としての教会、強制され、束縛された愛の不毛を暴こうとした。しかしマックインタイアの絶え間ない質問による中断、裁判長からの正否のみの返答命令であきらめざるをえなかった。

有罪の求刑

マックインタイアは最終陳述で、もし「この危険な女」が釈放を許されたら、どんなことになるかを雄弁に述べた。つまり財産は破壊され、金持ちの子供は皆殺しにされ、ニューヨークの通りは血の海になるだろう。彼はあまりにも熱が入っていたので、糊づけしたカラーとカフスがゆるんでだらしなくなり、汗がしたたり始めた。それは彼の弁舌よりも私を不快にさせた。

オーケイ・ホールはすばらしい弁舌を発揮して、ヤコブの証言の揚げ足を取り、警察のやり方と裁判所の立場を辛辣に非難した。自分の弁護依頼人は理想主義者であると彼は言明した。エマ・ゴールドマンよりはるかに過激な演説であっても、これまで法廷で起訴されたことはない。州知事オールトゲルトが一八八七年のシカゴ事件の生き残りの三人のアナキストを赦免して以来、アメリカの富裕階級が激怒していたために、ニューヨーク警察はユニオン広場の集会でエマ・ゴールドマンを標的にする機会を狙っていたのだ。自分の弁護依頼人は警察の迫害の犠牲者であることが明白である。表現の自由の権利と私の釈放を求める雄弁な陳述で、彼は弁論を終えた。

裁判官は法と秩序にのっとって、財産の神聖と「自由なアメリカの制度」を守る必要について詳述した。陪審員は長い間論議していたが、明らかに有罪にしたくないように思えた。一度陪審員長が証言の確認に戻ってきた。陪審員は私の証人であるニューヨークの『ワールド』の若い記者の証言に特に印象づけられたようだった。彼は集会に参列していて、それに関する詳細な記事を書いていたのだった。ところが翌朝新聞の記事を見ると、あまりにも歪曲されていたので、ただちに事実を証言することを申し出ていた。彼が証言台に立っている間に、ヤコブはマックインタイアの方に身をかがめて何かささやき、法廷の係官を使いに出した。すぐに係官は集会の翌朝の『ワールド』そのものを持って戻ってきた。だがその記者は公開の法廷で自分の記事を歪曲した編集長に罪を着せることができなかった。彼は困り果て、混乱して、見るからにうろたえていた。『ワールド』に掲載された彼の記事は、証言台での彼の証言よりも重視され、私の運命は決まったのだ。私は有罪を宣告された。

弁護士は上級裁判所に上告するように主張したが、私は断った。茶番としての私の裁判は州に対する敵対心を強化し、州からの恩恵は何も求めないと決意した。判決の下りる十月十八日まで、私はニューヨークで再び拘置所に収監されることになった。

声明を発表する

刑務所に連行される前に、友人たちとの短い面会が許可された。私はすでにオーケイ・ホールに伝えたことを友人たちに繰り返した。すなわち、上告する意志のないことを。彼らも未決の期間が長引くだけで、何も得られないことを認めていた。だがあまりにも短く、あまりにも幸せの可能性に満ちていたエドと私たちの愛を考えると、急に弱気な思いにとらわれた。私の心は大きく揺れ動いた。しかし――

私より先に多くの人々がたどった道を私も進まねばならない。一年か二年の懲役を受けるだろう。サーシャの運命と比べたら、それが何だと言うのか？　私もその道を行くのだ。

判決が下りるまでの間に、新聞は「法廷を襲撃する計画を立てているアナキストたち」とか、「エマ・ゴールドマンを力ずくで奪還する準備」といった扇情的な記事を掲載していた。警察は「その場合に備えた」用意を整えていて、急進派は監視され、裁判所は厳重に警備されていた。判決の当日は被告、弁護士、新聞記者以外、誰も裁判所内に入ることを許可されなかった。

弁護士は私の「上級裁判所への上告を拒否する強情さ」を理由に、当日出廷しないとの決定を友人たちに伝えた。しかしヒュー・O・ペンテコストは弁護士としてではなく友人として、私の法的権利を守り、答弁の機会が認められるのを要求するために出廷してくれることになっていた。ニューヨークの『ワールド』が私の用意した法廷陳述を掲載すると申し出ているのをエドから聞かされた。そうすれば法廷で陳述する以上に多くの人々に伝えられるであろう。ユニオン広場での演説に関して偽りの記事を載せた『ワールド』が、今になって私の声明に紙面を提供するのはどうしてなのかと思った。エドに言わせれば、資本主義者の新聞は一貫性がないからだ。ともかく『ワールド』はエドに校正刷りを見せることを約束したので、誤った声明にはならないはずだった。私の声明は判決後ただちに特集版に掲載されるだろう。友人たちがしきりに『ワールド』に原稿を渡すように勧めたので、私は承諾した。

ニューヨーク刑務所から裁判所へ向かっていると、ニューヨークは戒厳令下に置かれているように見えた。道々には警官が立ち並び、建物には重武装した軍隊の非常線が張られ、裁判所の廊下は警官で埋まっていた。私は法廷に呼ばれたからには、「判決に対する異議申し立て」ができるか尋ねた。私は言うべきことだらけだった。だがその機会は与えられるのであろうか？　いや、それは不可能だった。とても短い声明だけだ。だから資本主義の大法廷には何の正義も期待していないとだけ言うつもりでいた。

裁判所が最悪の判決を下しても、私の考えを変えさせはしないと私は言った。

ブラックウエルズ島収監の判決

マーティン裁判長は私にブラックウエルズ島刑務所での一年の刑を宣告した。刑務所に戻る途中で、新聞売りの少年が叫んでいるのを聞いた。「号外！　号外！　エマ・ゴールドマンの法廷陳述が載っているよ！」。『ワールド』が約束を守ったことをうれしく思った。私はただちに囚人護送車に乗せられ、ブラックウエルズ島への囚人を運ぶ船に連れていかれた。

それは晴れやかな十月の日だった。太陽が海上に反射し、その上を艀船が疾走していく。数人の新聞記者が私に同行していて、意見を求めた。「女王気分で旅行しているようね。私の護送官たちを見なさいよ」と私は軽い調子で言った。「なるほど、あなたはあの若い護送官をやりこめたりはしませんね」と、若い記者が感心して答えた。島に到着すると、私は同行してきた記者たちに別れを告げ、できるだけ嘘は書かないように勧告した。それから彼らに一年以内に再びお目にかかりましょうと明るく告げて、副刑務所長に従って監獄の入口に続いている広い並木道の砂利に足を踏み入れた。そこで私は河の方を向き、最後の自由な空気を深く吸いこみ、新しいわが家の敷居をまたいだのである。

◇第12章◇ ブラックウエルズ島監獄での日々

刑務所の日常

私は女看守長の前に呼び出された。彼女は背が高く、無表情な顔つきをしていた。そして私の身元を問い始め、まず最初に「宗教は何か？」と尋ねた。「何にも属していない。私は無神論者だ」と私が答えると、「ここでは無神論は許されない。教会に行かなければなりません」と彼女は言った。私は教会には絶対行かない。教会が代表するものを信じていないし、偽善者ではないから参列もしない。それに私はユダヤ人だ。ここにはユダヤ人の集いはあるのかと私は返答した。

月曜日の午後にユダヤ人囚のための礼拝はあるが、私が唯一のユダヤ女囚であるから、大勢の男たちの中に行くのを許可できないと、彼女が素っ気なく言った。

入浴し、囚人服に着替えると、私は独房に連れていかれ、幽閉された。

ブラックウエルズ島のことはモストから聞かされていたので、監獄が古くて湿気が強く、独房は狭くて、日も差さず、水もないのがわかっていた。それゆえに何が私を待ち受けているかを覚悟していた。しかし扉が閉められた瞬間から、私は息のつまる思いを感じ始めた。暗闇の中で座れる物を手探りし、狭い鉄製の簡易ベッドを見つけた。するといきなり疲労に襲われ、私は眠りに落ちていった。

私は鋭く目を射るような気配を感じ、驚いて飛び起きた。ランプが鉄格子の近くで光っていた。「何なの？」と私は自分の居場所も忘れて、叫んだ。ランプが下げられると、私をじっと見つめている痩せた禁欲的な顔が目に入った。穏やかな声で、よく眠ったとほめてくれた。夜の巡回をしている女看守だった。彼女は私に服を脱ぐように言って、立ち去った。

しかしその夜はそれ以上眠れなかった。粗末な毛布の不快な感触や鉄格子を這うように移っていく影は、鐘の音で再び飛び起きるまで私を眠らせなかった。それぞれの独房の錠が外され、扉が重々しく開いた。青と白の縞模様の囚人服姿が身をかがめて現われ、それとはなしに列を作り、私もその中にいた。「歩け！」という命令で、その列は廊下に沿って移動し、階段を降り洗面台とタオルのある一角へ進んでいった。「洗え！」という命令が再び下された。すると全員がすでに汚れて濡れているタオルを取り合い始めた。私が手と顔に少しばかり水をかけて、まだ半分も拭き終わらないうちに、独房に戻れという命令が出された。

それから朝食だった。一切れのパンにブリキのコップに入った暖かい茶色がかった飲み物がついていた。それが終わると再び列になり、縞模様の服の囚人たちはいくつかの班に分けられ、日々の仕事に送り出された。他の女たちとグループになり、私は裁縫室へ連れていかれた。列を作っての行進は「前へ進め！」という命令で始められ、週を通じて一日三回繰り返された。各食事後の十分間だけは話すことが許された。その時には囚われた者たちの言葉が洪水のようにほとばしり出た。貴重な一秒一秒であることがその声の高まりに拍車をかけた。それから突然沈黙に戻されるのである。

裁縫室は広くて明るく、高い窓からよく差しこんでくる太陽の光は壁の白さと囚人服の単調さをくっきりと映し出した。その鮮明な光の中で、袋のような不恰好な服を着た囚人の姿はさらにおぞましく思えた。それでも仕事場は独房から逃れられるので歓迎すべき所だった。一階にある私の独房は暗く、昼間でさえじめじめしていた。上の階の独房はまだ明るかった。鉄格子の扉の近くで、廊下の窓から差しこむ光によって本を読むことさえできた。

一日の最悪の体験は夜になって独房が施錠されることだった。囚人たちはいつも列を作って横並びで進む。自分の独房に着くと列を離れ、中に入って手を鉄の扉において「閉めろ」という命令を待つ。そして音を立てて七十の扉が閉まり、それぞれの囚人たちは自動的に自らを閉じこめることになる。だがそれよりもおぞましいのは、一日の排泄物の入ったバケツを足枷をつけたまま河まで運ぶという日々の屈辱だった。

私は裁縫室を取りしきっていた。私の仕事は服地を裁断して、そこにいる十二人の女囚のための労働を用意することだった。加えて入荷生地と出荷製品の数量を記帳しなければならなかった。私はその仕事を歓迎した。それは監獄でのやるせない生活を忘れさせてくれたからだ。しかし夜は耐えがたかった。最初の数週間は枕に触れるとすぐに眠りに落ちた。しかしまもなく、眠ろうとしても眠れずに絶えず寝返りを打つという夜が続いた。おぞましい夜だった——たとえ私が慣例によって二ヵ月の減刑期間を得られたとしても、まだ二百九十日近く刑期が残っているのだ。二百九十日——だがサーシャに残されている刑期はどれほどなのか？　私は横になっていたが、ほとんど眠れずに、暗闇の中でサーシャに残されている果てしない日々を想像していた。

最初の七年の刑を終えて出てこれたとしても、それでもまだ二千五百日以上の夜が待っているのだ！　サーシャがそれらの日々を生き抜けないのではないかという不安が私を打ちのめした。監獄での眠れない夜にもまして、人間を狂気に駆りたてるものはないように思われた。死んだ方がましだとさえ考えた。死と言えば、フリックは死んでいなかった。そしてサーシャの輝ける青春と彼の人生となしえたであろうすべての事柄——それらのすべてを犠牲にしたにもかかわらず、失敗してしまった。しかしサーシャの行為は無駄であったのか？　私の革命に対する信念は単に他者からの受け売りであったのか？「いいえ、そうではないし、無駄に終わったのでもない！　偉大な理想のための犠牲が無駄になることはない」と、私の内部の声が訴えていた。

奴隷監督になることを拒否する

ある日私は、女看守長から女囚たちの仕事の成績を上げるように言われた。私の前に裁縫室を任されていた女囚の下では、彼女たちがほとんど仕事をしていなかったと女看守長は言った。その提案は、私に奴隷監督になれということだったので憤然とした。私は奴隷監督と同じように奴隷も嫌悪しているがゆえに、刑務所送りになったのだと女看守長に言った。私は受刑者の一人であり、その上に立つつもりはなかった。私の理想の否定につながるいかなる行為もしないと決意していた。むしろ懲罰を受けた方がよかった。しかし反抗する者に対する処置のひとつは、黒板を前にして隅に立たせ、何時間も同じ姿勢にさせ、絶えず女看守長が厳しく監視するというものだった。私にとってそれは下劣で屈辱的な処置に思えた。もしそのような侮辱を受けるのであれば、さらに反抗して地下牢送りも甘受するつもりでいた。しかし日々は過ぎていき、私は懲罰されなかった。

監獄の中でのニュースは驚くべき速さで伝わる。一日もしないうちに、私が奴隷監督になるのを拒否したことを全女囚が知った。彼女たちは私に不親切ではなかったが、遠ざけていた。私が恐ろしい「アナキスト」で、神を信じていないと聞かされていたからだ。教会で私を見かけることはなかったし、私も彼女たちの十分間の話のどよめきに加わっていなかった。彼女たちの目に、私は奇人として映っていたのだろう。けれども私が彼女たちのボスとして振舞うことを拒否したと知ってから、彼女たちの警戒心は消えてしまった。

日曜日に教会に参列した後、女囚たちがお互いに行き来することを一時間許可されていて、独房の扉が開かれた。その次の日曜日に、私の階のすべての受刑者の訪問を受けた。私が彼女たちの仲間であると思っているので、私のためにならなら何でもすると言ってくれた。洗濯場で働く女性は私の服を洗うことを、別の女性は靴下を繕うことを申し出た。誰もが何らかの世話をしたがっていた。私は深く心を動かされた。それらの哀れな女性たちは自らの限られた境遇の上にかすかに兆した思いやりを渇望していた。その後、彼女たちは様々な問題、女看守長への憎しみ、男の受刑者への熱い思いを抱えて私の所へ来るようになった。官吏の厳しい目を盗んでの巧みな恋愛行為には驚くばかりだった。

ニューヨーク拘置所での三週間は、犯罪が貧困の結果であるとする革命的主張は事実に基づいているという豊富な根拠を私に提供した。裁判を待つ被告の大半が社会の最下層出身で、友人もいないし、時として家すらもないという男女であった。彼らは不幸で無知であったけれど、まだ心の中では希望を持っているはずだった。なぜならまだ有罪になっていなかったからだ。しかし刑務所の中では受刑者のすべてが絶望感に取りつかれていた。そのために彼女たちの内面に潜んでいる暗さ、恐怖、とらえて離さない迷妄が露わになっていた。七十人の受刑者の中で、少しでも教養があると思われるのは数人しかいなかった。その他の人々は最少限必要な社会意識もない浮浪者だった。自分たちの個人的な不幸で頭がいっぱいになっていて、自分たちが犠牲者であり、不正と不平等の果てしない鎖の輪であることも理解していなかった。幼年時代から、彼女たちは貧困と卑しさ、そして欲望以外に何も知らなかったし、釈放されても同じ状況が待ち受けていた。それでも彼女たちは同情や献身といった豊かな気質に恵まれていた。まもなく私は病気にかかり、そのことを確信する機会を得たのである。

刑務所の病院に収容される

独房の湿気と十二月下旬の冷えこみは、私の持病であるリューマチの再発をもたらした。何日間か、女看守長は私の病院送りに反対していたが、最後には往診医の命令に従わざるをえなくなった。

ブラックウエルズ島刑務所には幸いなことに「常勤」の医者がいなかった。受刑者は近くにある慈善病院から来る医者の診察を受けていた。その医療施設は六週間の医学部卒業者の研修コースを受け持っていたので、担当医師がよく変わった。彼らはニューヨークからの派遣医師であり、人間味あふれた親切なホワイト博士の監督下にあった。囚人たちの受ける治療はニューヨークの病院で受けるのと同じほど優れていた。

病室は建物の中で最も広くて明るかった。そのゆったりとした窓からは、監獄の前の広い芝生とさらに先にあるイースト川を見おろせた。天気がいいと光がおおらかに流れこんできた。一ヵ月の療養の間に受けた医者の行き届いた手当てと仲間の受刑者たちの思いやりによって、私は痛みから解放され、再び歩き回れるようになった。

巡回治療の時に、ホワイト博士は私のベッドの足元にかかっている罪状と経歴の記録されたカードをつまみ上げた。それを読んで、「暴動の扇動、馬鹿馬鹿しい！　君は蠅一匹殺せないだろうに、立派な扇動者にされるとは！」と彼は笑って言い、私に病院に残って患者の世話をする気はないかと尋ねた。「もちろん、お受けしますわ。でも看護については何も知りません」と私は答えた。すると彼は誰だって受刑者は知らないよと言って、私を安心させた。彼は病棟を任せられる正看護婦の配置を何度も市に働きかけていたが、実現していなかった。手術や重傷の場合には、慈善病院から看護婦を呼ばなければならなかった。私は病人看護についての基礎的な事柄を容易に習得できるだろうし、彼が脈や体温の取り方、それから看護も教えてくれるだろう。私が残ると言えば、彼が刑務所長や女看守長に話をつけてくれるだろう。

刑務所の看護婦になる

ただちに私は新しい仕事を始めた。病室には六つのベッドがあり、いつもそのほとんどがふさがっていた。重態の患者の手術から結核、肺炎、そして出産に至るまでの様々な治療が同じ部屋で施されていた。仕事は長時間に及び激務で、患者のうめき声に神経を擦り減らしたが、私はこの仕事を愛していた。それは病気の女性たちと親しくなり、彼女たちの生活にささやかな励ましを送る機会を与えてくれた。それにしても私は、彼女たちに比べて何と恵まれていることだろう。私には愛もあり友人もいて、多くの手紙が届き、エドからは毎日便りがあった。何人かのオーストリア人アナキストはレストランの主人であり、エドが彼らの作った夕食を毎日差し入れに来てくれた。フェジャは毎週、果物やお菓子を差し入れてくれた。だから私に分け与えるものがたくさんあった。友人もなく愛情も注がれることのない同房の女囚たちとそれを分かち合うのは、私にとって喜びだった。もちろんいくつかの例外はあったが、彼女たちの大半が何も持っていなかった。これまでも何も持っていなかったし、釈放されてもそれは同じだった。彼女たちは社会の最下層に生きる棄民だった。

私は次第に病棟の全体の主任を任せられるようになり、その仕事のひとつとして、病気の囚人に食料を特別配給することを認められた。それぞれの病人に対する特別配給とは、ミルク四分の一杯、牛肉を煮つめた滋養飲料一杯、卵二個、クラッカー二枚、それと角砂糖二個からなっていた。何度かミルクと卵がなくなってしまったので、ある日看守にそのことを報告した。後で、女看守長がそんなことは問題ではなく、一定の患者は余分な配給がなくてもやっていけるほど丈夫だと言っていたと知らせてくれた。アングロサクソン人以外は誰に対しても激しい嫌悪を示すこの女看守長を知る、またとない機会であった。特に彼女の攻撃の対象はアイルランド人とユダヤ人で、いつも彼女たちを差別待遇していた。それゆえに看守からそのような発言を聞いても驚きもしなかった。

数日後、病院の割当食料を運んでくる囚人から、なくなった分の食料は女看守長が二人の大柄な黒人女囚に与えていたと聞かされた。それにも私は驚かなかった。彼女が黒人受刑者に特別の好意を持っていたのを知っていたからだ。彼女たちにはほとんど罰を加えなかったし、並々ならぬ特権をよく与えていた。その代わりに彼女のお気に入りたちは、他の受刑者のことについて、それが慎み深くて賄賂を受け取ろうとしない同じ肌の色の者であっても、密告していた。私自身は黒人に対して決して何の偏見も持っていなかった。実際にはアメリカで奴隷のように扱われていた彼らに深く同情していた。しかし差別は許せなかった。白人であれ、黒人であれ、病人の割当食料を奪い、それを健康な者に食べさせるという考えに対して、私は正義感から憤っていた。しかし私はこの一件に関して何もなす術がなかった。

この女性と最初に衝突して以来、彼女は私を孤立させようとした。かつて囚人の一人に届いたロシア語の手紙を翻訳することを私が拒んだことで、彼女は怒りだした。彼女は手紙を読ませ、内容を聞くために私を事務室に呼んだのだ。私はそれが私宛でないことを見て、翻訳者として刑務所に雇われているのではないと彼女に告げた。支援すらない人間の個人的郵便物を役人が覗くだけでも充分に悪であるのだから、私は承知しなかった。自分の好意を無にするとは馬鹿だと、彼女は言った。独房に戻し、模範囚としての減刑処置を取り下げることも、残りの刑期をさらに苛酷にすることもできる。私は好きなようにすればいいと言った。それでも私は不幸な同囚たちの私信を読むことはしないし、ましてそれを彼女に翻訳したりするつもりもなかった。

そのような時に、割当食料の紛失事件が起きたのである。病人が疑い始め、満足に分けてもらっていないのではないかと医師に訴えた。彼からそのことを直接聞かれたので、私は真実を話すしかなかった。彼が違反した女看守長に何を告げたのかはわからなかったが、再び完全な割当が届くようになった。二日後に私は階下に呼ばれて、地下牢に幽閉された。

地下牢に閉じこめられる

私は何度となく地下牢に監禁された女囚の実態を見てきた。一人はパンと水だけで二十八日間そこに閉じこめられていた。規則では四十八時間以上の監禁は禁じられていたにもかかわらずだった。彼女は担架で運び出されるしかなかった。彼女の手足ははれあがり、身体は吹き出物で覆われていた。この気の毒な女囚ともう一人の女囚の話は、よく私の気を滅入らせた。だが現実は想像を絶するものだった。その独房には死気が漂い、冷たい石の床に座るか横たわるしかなかった。湿った壁が地下牢を不気味なものにしていた。さらに悪いことには光も空気も完全に遮断され、はかり知れない闇の中で顔の前の手すら見ることができなかった。それは人を滅ぼす地獄へ引きずりこまれるような衝撃だった。「スペイン宗教裁判のアメリカにおける復活だ」というモストの表現を思い起こした。彼は決して誇張したのではなかった。

私の背後で扉が閉まった後、腰を下ろすことも壁に寄りかかるのも怖くて、立ったままでいた。それから扉の方を手で探った。次第に目が闇に慣れてきた。ゆっくりと近づいてくるかすかな物音がした。錠が開けられ、一人の女看守が現われた。それはジョンソンさんで、彼女は刑務所での最初の夜に私が驚いて目覚めた時、そこにいた人だった。私は彼女のことを知るにつけ、その優しい人柄に好意を抱いていた。彼女の囚人たちに対する優しさは、暗くやりきれない生活にあった一筋の光明であった。彼女は最初から私に親切で、多くの間接的なやり方で愛情を示してくれた。しばしば夜になって、全員が寝静まり、監獄に静寂が訪れると、ジョンソンさんは病室に入ってきて、私の頭を膝に乗せて髪を優しく撫でてくれた。また私の気を晴らし、落ちこんだ気持ちを元気づけようとして新聞の記事について話してくれた。彼女の中に友人を見つけたと私は思った。彼女自身も孤独で、男性や子供の愛情とは無縁だったのだ。

彼女は折りたたみの椅子と毛布を携えて地下牢に入ってきた。「それに座りなさい。それから毛布にくるまって。空気が入るように扉を少し開けておきます。後で熱いコーヒーを運んできます。夜を過ごす足しになるでしょう」と彼女は言った。囚人がこの恐ろしい穴蔵に閉じこめられるのを見るのはとてもつらいが、彼女たちのほとんどは信用できないので何もしてあげられないと私に話した。私は違うと彼女は信じていたのである。

朝の五時に私の友人は椅子と毛布を持ち帰り、扉に錠をかけねばならなかった。私はもはや地下牢の恐怖に負けはしない。ジョンソンさんの愛情がその闇を晴らしてくれたのだから。

地下牢から出されて、病院に戻された時にはすでに午後になっていた。私は仕事を再開した。後にホワイト博士が私のことを尋ねて、罰を受けていると知らされ、すぐに釈放するように断固として要求していたことを知った。

エドが面会に来る

入所してから一ヵ月経たないと、刑務所では面会が許可されなかった。入所以来、ずっとエドのことを恋しく思っていたが、同時に彼が面会に来るのを恐れてもいた。サーシャとの恐ろしい面会を覚えていたからだ。しかしブラックウエルズ島ではそれほど恐れることはなかった。私とエドが面会した部屋では、他の囚人たちも親類や友人に会っていたし、私たちの間に看守はいなかった。全員が面会者との話に夢中になっていたので、誰も私たちに注意を払わなかった。それでも私たちは窮屈さを感じた。手を握ったまま、とりとめのない会話を交わした。

二度目の面会は病院でなされ、ジョンソンさんが勤務中であった。彼女は気を遣って、他の患者たちから見えないように仕切りを設けてくれ、彼女自身もその場から離れた。エドは私を腕の中に抱いた。彼の身体のぬくもりを再び味わい、その心臓の鼓動を聞き、唇を激しく求めるのはこの上もない喜びだった。しかし彼が去ってしまうと、恋人に対する熱烈な欲求で、私の感情は乱れた。身体の中の血が押し寄せてくる熱い欲望でたぎり、日中はそれを何とか抑えていたが、夜になると完全に欲望の虜になってしまった。最後には眠りに落ちるのだが、その眠りもエドと過ごした甘美な夜の夢や光景に悩まされた。この試練にとても苦しめられ、消耗してしまった。だからエドがフェジャや他の友人と一緒に面会に来てくれたのはありがたかった。

かつてエドはヴォルテリン・ド・クレールを連れてきたことがあった。彼女は私のために開かれた集会で講演するために、ニューヨークの友人から招かれていた。私がフィラデルフィアに彼女を訪ねた時には、非常に容態が悪く話もできなかった。こうして間近に接する機会を持てたことは私にとってうれしかった。私たちは最も気にかかっていることについて話した——サーシャと運動のことだった。ヴォルテリンは、私が釈放されたらサーシャの新たなる支援活動に加わることを約束した。それまでの間、サーシャに手紙を書くと彼女は言った。エドもまた彼と連絡を取っていた。

私の面会者たちはいつも病院へ回されてきた。ところがある日、刑務所長室に面会に呼ばれたので行ってみると、驚いたことに面会者はジョン・スウィントンとその妻であった。スウィントンはアメリカでは著名な人物で、奴隷制度廃止論者たちとともに活動し、南北戦争に参加したのだった。ニューヨークの『サン』の編集長として、アメリカに逃れてきたヨーロッパ人亡命者の支援を続けていた。彼は若い文学志望者の友人であり、助言者でもあったし、純粋主義者の誤まった解釈に対してウォルト・ホイットマンを擁護した最初の一人でもあった。長身で毅然とした上品な風貌のジョン・スウィントンは、とても印象的な人物だった。

彼は私を温かく迎え入れ、奴隷制度廃止運動の日々に彼がなした演説は、私のユニオン広場での演説以上に過激なものだったとピルスベリー刑務所長に話したところだと言った。それでも彼はずっと逮捕されなかった。彼は所長に「あのような娘を監禁しておくことに恥を知るべきだ」と話したとも言った。「そうしたら、所長が何と言ったと思うかね？　私には選択の余地はない、ただ自分の義務を果たしているだけだと言うんだよ。弱虫は全員そう言うんだ。臆病者はいつだって他人に責任を押しつける」。ちょうどその時、所長が近づいてきて、スウィントンに私が模範囚で、短期間に優秀な看護婦になったとはっきり伝えた。実際に私はその仕事をうまくこなしていて、彼は私の刑期が五年であればと望むほどだった。

「寛大だね、君は。彼女が刑期満了になったら、雇ってあげるというのはどうかな？」とスウィントンは笑って言った。「もちろんそのつもりだよ」とピルスベリーは言った。「まったく君はどうしようもない愚か者だ。彼女が監獄を認めていないのを知らないのかね。間違いなく、彼女は囚人全員を解放しようとするよ。そうしたら君はどうするのかね？」。この哀れな男は困り果てていたが、雑談を続けた。私の面会者は立ち去る前に、もう一度所長に向かって「私のかわいい友人をよく面倒みて下さい。さもないと君は大変なことになりますよ」と言い残した。

新たな特権を得る

スウィントンの訪問で私に対する女看守長の態度は一変した。所長はずっときわめて親切だったし、女看守長は今や私に特権を与え始めた。たとえば彼女の果物やコーヒーを勧めてくれたり、島を歩き回る自由を認めてくれた。彼女の好意に対して、私は散歩以外は断った。自由に外を歩き、鉄格子から解放されて春の空気を吸うのは、入所以来六ヵ月ぶりの機会だった。

新参の女囚たちの苦しみ

一八九四年三月に、女囚が大量に入ってきた。彼女たちのほとんど全員が最近の手入れで検挙された売春婦であった。ニューヨーク市では新たな悪徳撲滅運動が展開されていた。レクゾウ委員会は聖職者でもあるパークハースト医師をその長として、忌むべき犯罪を一掃してニューヨークを浄化する運動に乗り出した。売春宿で見つかった男たちには何の咎めもなかったが、女たちは逮捕されて、ブラックウエルズ島送りとなった。

この薄幸な女たちの大半は、見るも無残な状態で入所してきた。ほとんど全員が麻薬常用者だったので、いきなり禁断症状に襲われていた。彼女たちの苦しんでいる様子を見るのは胸を引き裂かれるような思いだった。これらの錯乱した女たちは信じられないほどの力をこめて鉄格子を揺さぶり、悪態をつき、金切り声で麻薬と煙草を求めていた。そのうちに疲れ果てて床に崩れ落ち、夜通し哀れにもうめき続けた。

哀れな女たちの悲惨な姿は、私の禁煙に至る困難な経験を思い出させた。ロチェスターでの十週間の病気入院を除いて、私は長い間、時には一日四十本以上も煙草を吸っていた。金銭的にとても窮迫していた時、パンと煙草のどちらを取るかの瀬戸際に追いつめられていても、私たちはそれでも煙草を買うことにしていた。私たちも煙草なしではまったく過ごせなかった。刑務所に入って、喫煙の習慣のもたらす満足感を絶たれると、我慢できないほどの苦痛を味わった。独房での夜は二重の苦しみだった。監獄で煙草を得る唯一の方法は賄賂を握らせることだった。しかしもし受刑者の誰かが私に煙草を差し入れて捕まったとしたら、彼女たちが罰を受けることを知っていた。彼女たちに危険を負わせるわけにはいかなかった。嗅ぎ煙草は許されていたが、どうしても好きになれなかった。煙草のない生活に慣れる以外、なす術がなかった。私は忍耐力を発揮して、煙草のことをふり払い読書で紛らわせた。

新参者たちはそうはいかなかった。彼女たちは私が薬箱の係であることを知ると、金で買収しようとした。さらに悪いことに、私の人道的心情に哀れな訴えをしたりするのだった。「キリストの愛に代えて、薬の一服を」とくどいた。男たちを咎めることなく、その男たちの性欲に応じた罪で女たちを刑務所送りにするキリスト教の偽善に対して、私は強く反発した。いわば犠牲者から長年常用していた麻薬をいきなり取り上げることは冷酷に思えた。何もなければ、私は彼女たち中毒者がそれほどまでに切望している薬を与えていただろう。彼女たちを苦しみから解放してやらなかったのは処罰を恐れていたからではなく、ホワイト博士が私に寄せている信頼だった。彼は私を信用して薬を預けたのだし、これまでもずっと親切で寛大だった――その彼を私は裏切ることができなかった。彼女たちの金切り声は私を何日も狼狽させたが、責任は守り通した。

初めて手術に立ち会う

ある日、アイルランド人女性が手術のために病院に連れてこられた。その患者の危険な容態を見て、ホワイト博士は二人の正看護婦を呼んだ。手術は夜遅くまで続き、それから患者は私の看護に任された。彼女はエーテルの副作用で非常に気分が悪くなり、ひどく吐いたため、傷口の縫い目が裂けて、激しい出血を招いた。私は慈善病院に急診を頼んだ。博士とそのスタッフが来るまで何時間もかかったように思えた。この時一人も看護婦がいなかったので、私がその代役を務めなければならなかった。

その日はいつになく大変な一日で、私はほとんど睡眠を取れなかった。私は疲労困憊していて、右手で手術器具とスポンジを手渡している間、左手で手術台にすがりついていなければならなかった。突然、手術台が傾き、私の腕がはさまれてしまった。私は痛みで悲鳴を上げた。ホワイト博士は手術に専念していたので、一瞬何が起きたのかわからなかった。彼がやっと手術台を元に戻し、私の腕を引き出したが、全身の骨が折れてしまったかのように思われた。その痛みは途方もなく激しく、彼はモルヒネの注射を命じたが、「彼女の腕は後回しだ。まず手術を終わらせなければ」。私は拒んだ。「モルヒネはやめて」。ジュリアス・ホフマン医師が私の不眠症に対してモルヒネを投与した時の副作用を思い出したのだ。それは私を眠らせたが、夜中に窓から身を投げ出そうとしたので、サーシャが全力で私を引き戻した。モルヒネは私を狂乱させたのであり、今でもモルヒネは厳禁だった。

医者の一人が私に鎮痛作用のある薬をくれた。手術台の上の患者がベッドに戻された後で、ホワイト博士は私の腕を診てくれた。「大丈夫だ。君は肉づきがいい。それが骨を救った。どこも折れていない。少し平らにはなったかもしれないが」と彼は言った。腕に添え木が当てられた。医者は私に寝た方がいいと勧めたが、患者の付き添いが他にいなかった。その夜が患者の最期になるかもしれなかった。彼女の容態はあまりに悪化していたので、彼らも傷口を縫えなかった。そして別の症状が出るのは明らかだった。私は彼女のそばに残ることに決めた。このような重態の患者がいたら、眠れないことはわかっていた。一晩中、私は彼女の死との闘いを見守っていた。朝になると私は神父に来るように頼んだ。

誰もが、特に女看守長が私の行動に驚いていた。無神論者の私がどうしてそのようなことをするのか、彼女は不思議に思ったのだ。ましてや神父を呼ぶということを！　私はラビと同様に伝道師たちに会うことも拒んできた。私が日曜日によく訪れてくるカソリック教会の二人のシスターとかなり親しくなっていたのに、彼女は気づいていた。私は二人にコーヒーを出したりもした。カソリック教会は常に進歩の敵であり、ユダヤ人を迫害し、苦しめてきたと私は考えていなかったか？　どうしたらそんなに一貫性を欠いた行動ができるのだろうか？　もちろん私はそう考えていたし、彼女にもそう言った。私は他の教会と同様にカソリック教会にも反対していた。それらはすべからく民衆の敵だと見なしていた。服従を説きながら、教会の神は金持ちと権力者の神だった。私は教会の神を憎み、決して和解することはないだろう。しかしもし私が何よりも宗教を信じることができたら、カソリック教会を好むであろう。「カソリックが一番偽善的ではないし、人間の弱さを許容し、美についての感覚を持っている」と私は女看守長に言った。

カソリック教会のシスターと神父は、伝道師やプロテスタントの牧師や俗悪なラビのように、私に説教しようとしなかった。彼女たちは私の精神をその運命のままにまかせていた。特に教養のある男性の神父は、人間について私に語った。私の哀れな患者はあまりにも苦しかった人生の最期を迎えていたのだ。神父は彼女にささやかな平安を与えてくれるだろう。どうして私が彼を呼ぶべきではなかったと言えようか？　しかし女看守長はあまりにも鈍感だったので私の説明についてこれず、その動機も理解できなかった。彼女の理解では、私は「奇人」のままであった。

その患者は死ぬ前に、私に棺の用意を頼んだ。実の母よりも親切にしてくれたと彼女は言った。そして最後の旅路の仕度も私の手でやってもらえるかどうかを知りたがっていた。私は彼女に死化粧を施すだろう。彼女は聖母マリアとキリストに会うためにきれいになることを望んでいた。生きていた時と同じように死後も彼女を愛らしくするには何の手間もかからなかった。彼女の黒い巻き毛は売春婦時代の厚化粧にもまして、白い滑らかな顔を優美に見せていた。輝く目は今や閉じられようとしていた。私は手でそれを閉じてやった。しかしくっきりとした眉と黒く長い睫毛は彼女の輝きを彷彿とさせた。どんなにか彼女は男たちを魅了したにちがいない！　そして男たちが彼女を破滅させたのだ。彼女は今、彼らの手の届かないところにいた。死は彼女の苦しみを和らげた。彼女はその死の冷たい白さの中で安らいで見えた。

祖母の面会

ユダヤの復活祭の休日の間に、私は再び所長室に呼ばれた。そこには祖母がいた。祖母は何度もエドに私と会わせてほしいと頼んでいたが、彼は彼女にいやな思いをさせまいと断っていた。だが祖母の一途な思いをとどめることはできなかった。祖母は覚束ない英語で、矯正委員会に渡りをつけ、面会許可を得て、刑務所へやってきたのだった。そしてクラッカーと魚の詰め物、彼女が自分で焼いたケーキをくるんだ大きな白い包みを私に手渡した。彼女は所長に自分の孫がいかに立派なユダヤ娘であるかを説明しようとして、本当に孫娘はラビの妻以上に貧しい人々にすべてを捧げていると言った。祖母は退出の時間がくると、ひどく興奮してしまったので、所長の前で泣き崩れないように頼み、なだめようとした。彼女はきっぱりと涙を拭い、背筋を伸ばして堂々と出ていった。しかし出た途端にさめざめと涙を流すことはわかっていた。祖母は孫娘のことを神に祈ったにちがいない。

六月になると、多くの囚人が病室から解放され、二、三のベッドがふさがっているだけだった。病院に来てから初めて暇な時間が持てて、より系統的に本を読むことができた。私の蔵書は急増していた。ジョン・スウィントンが多くの本を送ってくれたし、それは友人たちも同様だったが、そのほとんどはジャスタス・シュワブからのものだった。彼は一度も私に面会に来なかった。面会には行けないと私に伝えるようにエドに頼んでいた。彼は監獄を非常に憎んでいたので、私を残して出てくることなどできなかったのだ。もし彼が来たとしても、私を連れ出そうとして力に訴えたくなるだろうし、それは問題を引き起こすことにしかならない。その代わりに、彼は本の山を送ってくれたのである。ウォルト・ホイットマン、エマーソン、ソロー、ホーソン、スペンサー、ジョン・スチュワート・ミル、それから他の多くのイギリスとアメリカの作家たちの作品に関して、私はジャスタスの友情を通じて知り、愛するようになった。同時にまた他の分野の著作家たちも自身の救済ということにおいて、興味の対象になった――多様な心霊主義者と神秘主義者たちだった。彼らの意味するところを素直に理解しようとしたが、私はあまりにも現実に密着していたために、彼らの雲の上の幻想にはついていけなかった。

私が受け取った本の中に、『アルバート・ブリズベーンの生涯』という、彼の未亡人によって書かれた著作があった。本の見返しに私への献呈謝辞が書かれていた。その本は彼女の息子であるアーサー・ブリズベーンからの励ましの手紙と一緒に送られてきたもので、手紙には私への賞賛の気持ちと、釈放されたらぜひお祝いの一夜を設けさせてほしいという申し出が述べられていた。ブリズベーンの伝記で、私はフーリエやその他の社会主義思想の先駆者たちに触れることになった。

刑務所の中の求愛

刑務所の図書館には、ジョルジュ・サンド、ジョージ・エリオット、マリー・ルイーズの著作を含めて、多くの優れた文学作品が所蔵されていた。図書館の係は、文書偽造で五年の刑を受けた教養のあるイギリス人だった。彼の手渡してくれる本の中に、すぐにとても甘い言葉で綴られた恋文が挟まるようになり、やがてそれは熱烈な愛の告白となっていった。恋文のひとつには彼がすでに監獄に四年間入っていて、女性との愛と交際に飢えていると書かれていた。せめて友達付き合いをしてほしい。時々でいいから、読んだ本の感想を書いて送ってくれないかと頼むのだった。私は刑務所内での馬鹿馬鹿しい恋愛遊戯に巻きこまれたくなかったが、それでも自由に校閲されることなく心情を表現したいという要求は強かったので断らなかった。私たちは多くの手紙を交わしたが、しばしば恋文めいた熱烈なものもあった。

私の求愛者は音楽の才にあふれ、チャペルでオルガンを弾いた。参列して、彼のオルガンを聞き、彼を身近に感じることができるのは喜ぶべきことだったが、囚人服の男たち、その中の何人かは手錠をかけられていたが、牧師の口先だけの説教によってさらなる侮蔑と辱めを受けている光景は、私には耐えがたいものだった。かつて七月四日の独立記念日にも同じような光景を目撃した。その時にはある政治家がアメリカの自由について受刑者に演説に来ていた。私は所長室に行く途中で男子棟を通らなければならなかった。尊大な愛国者が心身ともに抑圧された者たちに、自由と独立についてとうとうと論じているのを聞いた。一人の囚人は席を外そうとしたために鉄鎖につながれてしまった。彼が動くたびに鎖の音がした。私は教会に行くことが耐えられなかった。

チャペルは病棟の階下にあった。日曜日ごとに二度、監獄の中の私の求愛者がオルガンを弾いているのを階段で聞いた。日曜日は完全休日となっていたので、女看守長の姿はなく、私たちは彼女の耳障りな声に悩まされることはなかった。時々二人のシスターが訪ねてきた。まだ十代で、とても愛らしく生き生きとした若いシスターに、私は引きつけられていた。一度彼女にどうして尼僧になったのか尋ねた。彼女は大きな目を上に向けて、「牧師さんが若くて、とっても美男子だったからよ！」と言った。私は彼女を「かわいい尼僧」と呼んでいたが、その元気な若い声で何時間も私とおしゃべりしたり、ニュースやゴシップを話してくれた。それは灰色の監獄生活での救いであった。

神父の友人

私がブラックウエルズ島で親しくなった友人たちの中で、カソリックの神父が最も興味深い人物であった。最初私は彼に反感を持っていたし、せいぜい宗教的おせっかい屋だと考えていたが、まもなく本についてだけ話したがっているのがわかった。彼はドイツのケルンで学び、多くの本を読んでいた。私が多くの本を持っていることを知ると、そのうちの何冊かを彼の蔵書と交換しようと提案した。私は驚き、『新約聖書』や『教理問答』を想像しながら、彼がどんな本を持ってくるのだろうかと思った。しかし彼は詩や音楽の著作を持ってきた。彼はいつでも監獄に自由に出入りできたし、夜の九時に病棟に来て、夜中過ぎまでいることもよくあった。私たちは彼のお気に入りの作曲家たち——バッハ、ベートーベン、ブラームスについて論じ合い、詩と社会思想に関する二人の見解を比べ合った。彼は私に英羅辞典を贈ってくれた。そこには「この上なき尊敬をこめて、エマ・ゴールドマンへ」と献辞されていた。

ある時、どうして一度も『聖書』を私に与えようとしないのかと彼に尋ねた。「読むことを強制したところで、誰も理解しないし、愛することもできないからです」と彼は答えた。彼の言葉と言い回しの明快さに私は感銘を受けた。私の若い友人には何の見せかけもなかった。彼は信心深く、ひたすら神に仕えていた。必ず断食を守り、何時間も祈りに没頭していた。ある時、彼が私にチャペルの飾りつけを手伝ってくれないかと頼んできた。私がそこに降りていくと、衰弱し痩せた姿で、明らかに周囲のことは念頭になく、黙禱している彼の姿があった。私自身の理想や信念は彼とは対極にあったが、彼もまた私と同様に熱意のこもった誠実さで生きているのがわかった。熱情こそが私たちの共通の基盤であった。

ピルスベリー所長がしばしば病院にやってきた。彼はその境遇において特異な人物であった。彼の祖父は獄吏で、彼の父も彼自身も、刑務所で生まれたのだった。彼は監視することと、それが形成する社会的権力をよく承知していた。かつて私に「密告者」には我慢できないと言ったことがあった。誇りを持ち、特権を得るために仲間を売るような行為に加担しない囚人を彼は好んでいた。もし受刑者が改心して、二度と罪を犯さないと誓ったとしても、所長はそれが嘘だと確信していた。何年もの獄中生活の後で、支援してくれる友人が獄外にいなければ、敵対する社会全体を前にして新しい生活を始めることなど誰もできないことを彼は知っていた。州は釈放した者に最初の一週間の食費をまかなえる金すら与えようとしないと、彼はよく言っていた。だから、どうして「立ち直る」ことが期待できようか？　彼は釈放の日の朝のある男の話をしてくれた。その男は彼に言った。「ピルスベリー、俺が次に盗む時計と鎖をあんたにプレゼントしてやるよ」と。所長は笑って答えた。「それでこそ、私の所の囚人だった証明さ。」

ピルスベリーは自分の管轄下にある哀れな人々に対してかなり善処できる立場にいたが、いつもうまくいかなかった。囚人たちに彼らのためではなく、他の人々のために料理、洗濯、掃除をする許可を与えなければならなかった。だがもしダマスク織りのテーブル掛けがアイロンもかけられずきちんと巻かれてもいなかったら、洗濯女は地下牢に監禁される危険に晒された。それに刑務所全体は情実によって堕落していた。囚人たちはまったく取るに足りない違反で食事を抜かれたりしたが、年老いたピルスベリーはそれに対してほとんどなす術がなかった。それに彼は醜聞を避けたがっていた。

釈放の日が近づく

釈放の日が近づくにつれて、ますます監獄生活が耐えがたくなった。日々の流れは停滞し、私は落ち着きをなくし、忍耐力がなくなり苛々するようになった。本を読むことさえできなかった。もの思いにふけって、何時間も座りこんでいた。州知事オールトゲルトの恩赦によって社会に戻ったイリノイ刑務所の同志のことを考えた。私は入獄してから、ネーブェ、フィールデン、それからシュワブという三人の男の釈放が、絞首刑になったシカゴ事件の同志の大義を高らしめたことを自覚した。オールトゲルトがとった正義の振舞いに対する新聞の悪意に満ちた非難は、それが独占資本家たちにとって深い打撃であったことを証明していた。それは特に彼の裁判の分析と、処刑されたアナキストは無実であったにもかかわらず法の名のもとに殺されたのだという明確な論証によっていた。一八八七年のあの思い出深い日々の詳細がくっきりと浮かび上がってきた。それからサーシャ、共にした生活、彼の行為と受難——私が初めて彼と会ってからの五年間のすべてをまざまざと今思い出していた。なぜなのかと私は深く考えた。サーシャがずっと私の中にかくも深く根を下ろしているのはどうしてなのか？　エドに対する愛はさらに歓喜にあふれ、もっと豊かなものではないのか？　おそらく私をそれほどまで強くサーシャに結び付けているのが、彼のなした行為であった。サーシャがアレゲーニー刑務所の地獄で味わっている苦しみに比べれば、私の監獄体験など取るに足りないものなのだ！　私はようやく、一瞬でも自分の監禁生活を辛いと思ったことを恥ずかしく感じた。サーシャの近くにいて彼を慰めてくれる好意的な顔は法廷に一人もいなかった——独房監禁と完全な孤立。彼には面会も許されていなかった。保護司はその約束を守ったのだ。一八九二年十一月の私との面会以来、サーシャは二度と誰とも面会を許されなかった。どんなにか愛する人たちを見、そして触れてみたいと渇望してきたにちがいない。今もそれを願っているのだ！

ブラックウエルズ島を出る

私の思いは次から次へと押し寄せてきた。美を愛する人であるフェジャ、彼はあまりにも純粋で繊細だった！　そしてエド——彼は私の中で神秘に包まれていた様々な官能を目覚めさせ、精神にまつわる富を開示してくれた！　私の成長は、エドや私の人生にかかわったその他の人々によって支えられてきた。さらに何にもまして、私にとっての最良の学校は監獄だった。かくも苦渋に満ち、かくも生命力にあふれた学校！　ここで私は人間の精神の複雑さを身近に体験したのだ。人間の醜さと美しさと、卑しさと寛大さを知った。さらにここでサーシャやモストやエドの視点からではなく、自分自身の目で人生を見ることを学んだ。監獄は私の信念をテストする厳しい試練の場であった。それは否応なく自分自身の中に潜んでいる力を自覚させ、その力によって自立し、人生を生き抜き、必要とあらば全世界を敵に回しても理想のために闘う決意を固めさせたのだ。

ニューヨーク州は私をブラックウエルズ島へ刑務所送りにすることで、そのできうる最大の貢献をしてくれたのだ！

◎第13章◎ 出獄して看護婦として働く

言葉を失う

私の釈放に続く数週間の日々は悪夢のようだった。監獄生活の後で、私は静けさと平安と自由な生活を切望していたが、いつも人が絶えることなく、ほとんど毎晩集会があり、虚脱状態で過ごしていた。まわりのすべてが不条理で非現実に思えた。私の思考はまだ囚われの状況にあった。仲間の囚人たちが寝ても覚めても私につきまとい、監獄の騒音が耳に鳴り響いていた。「閉めろ！」という命令に続く鉄の扉の激しく閉まる音や鎖の鳴る音が、聴衆を前にしても私を追いかけてきた。

最も奇妙な経験は、私の釈放祝いのための集会での出来事だった。その集会はサリア劇場で開催され、会場は人であふれていた。ニューヨークの様々な社会主義グループの多くの著名な男女が私の釈放を祝いにやってきていた。私は意識が朦朧とした状態で、ぼんやりして席に着いた。現実から引き離されまいと、進行中のことに耳を傾け、話すつもりでいることに集中しようとしたが、まったく駄目だった。ブラックウエルズ島に引き戻されてしまっていた。いつの間にか、大勢の聴衆が青白く怯えている女囚の顔に変わり、私の話している声は女看守長の耳障りな声に聞こえた。すると私は肩にかけられた手の重みに気がついた。それはマリア・ルイズで、この集会の司会を務めていた。彼女は何度も私の名を呼び、次に演説をするのは私だと告げた。「あなたはまるで夢うつつのようですね」と彼女は言った。

私は立ち上がり、フットライトの方に向けて歩きだすと、私を迎えようとして立ち上がる聴衆が見えた。それから私は話し始めようとした。しかし唇は動くのだが、声が出なかった。異様な囚人服を着た忌まわしい人々の姿がすべての通路から現われ、ゆっくりと私の方にやってきた。私は気が遠くなり、どうすることもできずにマリア・ルイズの方をふり向いた。立ち聞きされるのを恐れるかのようにひそやかな声で、眩暈がするので後で話したいと聴衆に伝えてほしいと彼女に頼んだ。エドが近くにいて、私をステージの奥にある楽屋に連れていってくれた。私はこれまで一度も自制心を失ったり、声が出なくなることはなかったので、この出来事はショックだった。感受性の強い人間は誰でも長い間監獄体験を心の中に引きずっているものだとエドは言って、私を安心させようとした。彼は一緒にニューヨークを離れて、静かな場所とゆったりした平安を求めるべきだと主張した。愛するエドはその思いやりのある口調と優しい方策でいつも私を慰めてくれた。今度もまた同じことをしてくれていた。

その時、美しい声の響きが楽屋に届いてきた。その話し方は私には聞き慣れないものだった。「今話しているのは誰?」と尋ねた。「あれはマリア・ロッダだ。イタリア人の女性アナキストだよ。彼女はまだわずか十六歳で、アメリカに来たばかりなんだ」とエドが答えた。その声に私は衝撃を受け、声の持ち主を見たいと思い、演壇に通じるドアの方へ行った。マリア・ロッダはこれまで会ったうちで最も優美な少女だった。彼女は中背で黒い巻き毛で覆われた形のよい頭が、谷間の百合のように細い首の上に載っていた。顔色は青白く、唇は珊瑚色をしていた。特に印象的なのはその目で、芯に秘めた炎によって燃えている黒い石炭のようだった。私と同様に聴衆のほとんどがイタリア語を解さなかったが、マリアの不思議な美しさと音楽のような話し方は聴衆全体をきわめて張り詰めた熱狂へと駆りたてた。私にとってマリアは真の太陽の光であった。私の幻覚は消え、監獄の重圧はなくなり、友人たちの間にあって自由と平安を感じた。

私はマリアの後で演説をした。聴衆は再び一人残らず立ち上がり、拍手をしてくれた。人々が私の監獄体験の話に自ずから共鳴しているのを感じたが、満足はしていなかった。聴衆を引きつけたのはマリア・ロッダの若さと魅力であり、私の演説ではないことを直観的にわかっていたからだ。それに私もまた若かった――まだ二十五歳だったのである。私にも魅力はあったが、あの愛らしい花のような少女と比べると、年齢を感じさせられた。私が身を置いた世界の悲哀は年齢以上に老いを早めた。年を取ったと思い、悲しくなった。試練の炎によって激しく燃え上がった高い理想が若さと眩惑的な美しさに対抗できるのだろうかと、私は疑いを抱いた。

集会の後、親しい同志たちがジャスタスの店に集まった。マリア・ロッダも一緒で、私は彼女のすべてを知りたいと思っていた。スペイン人のアナキスト、ペドロ・エステブが通訳を務めた。それでマリアがサンタ・カセリオの級友であり、彼らの先生が熱烈な革命詩人、アダ・ネグリであることを知った。カセリオを通じて、わずか十四歳だったマリアはアナキストグループに加わった。カセリオがフランス大統領のカルノーを暗殺した時、そのグループは手入れを受け、マリアは他のメンバー全員と一緒に監獄に送られた。彼女は釈放されて、妹と一緒にアメリカにやってきたのである。サーシャや私のことを知り、アメリカでもイタリアと同様に理想主義者が迫害されているとはっきり認識していた。彼女は合衆国においても同郷の人々と一緒に活動したいと思っていた。支援してほしい、師になってくれないかとマリアはその席で私に頼んだ。私は必ずや人生が与えるであろう無慈悲な試練から守るかのように彼女を引き寄せた。私はマリアの師、友人、同志となろう。一時間前の彼女に対する羨望による苦しみの声は、もはや聞こえてこなかった。

エドが保守的態度を示す

私の部屋に行く途中に、マリアのことをエドに話した。驚いたことに、彼は私の感激を分かち合おうとしなかった。彼女が魅力的であることは認めたが、その美しさは持続するものではなく、まして私たちの理想に対する彼女の情熱も長続きしないと彼は考えていた。「ラテン系の女性は早熟なんだ。彼女たちは肉体的にも精神的にも最初の子供が生まれると老いる」と彼は言った。「それはともかく、マリアが私たちの運動に献身したいと望んでいるのなら、子供を持つことはしないでしょう」と私は言った。「女性はそうすべきではない。母親となるのが自然なのだ。それ以外のすべては無意味で、不自然で、非現実的だ」とエドは断固たる口調で答えた。

私はそれまでエドからそのような感情の吐露を聞いたことがなかった。彼の保守的な考えは私の怒りを誘った。私は子供を産む代わりに理想に向けて活動することを選んだのであり、私のこともやはり無意味だと考えているのかと彼に迫った。これらの事柄についてのドイツ人同志の保守的な態度を私は軽蔑していた。彼は違うと信じてきたが、やはり他の人々と同じであることがわかった。おそらく彼もまた、私の中の女性だけを愛し、妻となり、子供を産む者としてのみ、私を求めていたのだ。私にそれを期待したのは彼が初めてではなかったが、私が決してそうならないことを知らせておくべきだった——ありえないのだ！　私は進むべき道をすでに選んでしまったし、どんな男性もそれをさえぎるべきではない。

私は立ち止まると、エドもまた歩みを止めた。彼はばつの悪い表情を浮かべていたが、「頼むからエマ、行こうよ。さもないとすぐに大勢の人が来るよ」と、ただそれだけ言った。彼は優しく私の手を取ったが、私は振りほどき、一人で足早に立ち去った。

エドとの生活は何のいさかいもなく、すばらしいもので充実していた。ところが今や不和が訪れた。私の愛と真の同志関係の夢はいきなり修正を迫られた。エドは私の失業者たちの運動への参加を反対した以外に、自分の考えを強く主張しなかった。その時は、私の健康の心配をしてのことだとしか思わなかった。どうしてそれが、他ならぬ男の利害だとわからなかったのだろうか？　確かにそうなのだ。それは自分以外のいかなる神も許さないという男の本能的な所有欲なのだ。彼を失わなければならないとしても、そのような所有欲はとても許されるべきことではない。だが私の身体が彼を激しく求めていた。エドなしに、彼から与えられる喜びをなくして生きることができるであろうか？

疲れ果て、惨めな思いにとらわれながらも、私はエドやマリア・ロッダのことやサンタ・カセリオの記憶についてとりとめなく考え続けた。カセリオの人物像は最近フランスで起きた革命的な出来事を思い起こさせた。フランスでも多くの暗殺計画が企てられていた。さらにまた政治的腐敗やパナマ運河の公債に関する異常な投機、その結果としての銀行の倒産に対するエミール・アンリとオーギュスト・ヴェランの抗議行動があった。というのは大衆が最後の蓄えを失い、悲惨と欠乏が蔓延していたからだ。だが二人とも処刑されてしまった。ヴェランの行為は何ら致命的な結果をもたらさなかった。誰も命を落とさなかったし、負傷さえもしなかった。それでも彼は死刑を宣告された。フランソワ・コッペ、エミール・ゾラ、その他の多くの知識人たちがカルノー大統領に彼の減刑を請願した。大統領はそれを拒絶したばかりか、父の命を救って下さいと頼んだ、彼の九歳の小さな娘の痛々しい手紙すら無視した。ヴェランはギロチンで処刑された。しばらくしてカルノー大統領は自分で車を運転している時に一人の若いイタリア人によって刺殺された。彼の短剣には「ヴェランの復讐」と彫ってあった。そのイタリア人の名前がサンタ・カセリオで、彼は同志ヴェランの復讐のためにイタリアから徒歩でやってきたのだ。

エドがよく刑務所に密かに持ちこんだアナキストの新聞で、私は彼の行為とその他の同様の事件を読んでいた。それらの行為に照らし合わせてみると、エドとの最初の真剣ないさかいによる個人的な悲しみは、苦しみと流血の社会的地平から見れば、単なる小さな点に見えた。理想のために身を捧げ、今でも監獄で苦しんでいる人々の英雄的な名前が次々と浮かんできた。私のサーシャやその他の人々――彼らは全員が高潔で、この世の不正に真正面から感応し、自分たちが最も嫌悪している人の命を奪うという行為を実行する社会的な憤りに駆りたてられたのだ。意識の奥に潜む何かがそのような悲劇的殺人行為に対して反発していたが、どうすることもできないのがわかっていた。私は組織された暴力の恐ろしい影響を知っていた。それは必然的にさらなる激しい暴力を生み出す。

サーシャを頼みとする

しかし幸いなことに、サーシャの魂がいつも私を包んでいて、すべての私的事柄を忘れさせてくれた。私の釈放を祝す彼の手紙は、これまで受け取った中で最も美しいものだった。それは私に対する彼の愛や信頼だけでなく、彼自身の勇気と性格の強靱さを表わしていた。エドはサーシャとノルドとバウアーが獄中で発行している『刑務所赤報』という秘密の小雑誌を揃えていた。サーシャの生命力がすべての言葉の中に、敵と戦い続け、つぶされはしないという決意の中に表われていた。二十三歳の青年の精神は端倪すべからざるものだった。それは私の気弱な心を恥じさせた。しかし私の人生においては、私的事柄が常に支配的な役割を占めるであろうことを承知していた。私はサーシャや他の英雄的な人物のように完成してはいなかった。私は自分が、色合いと織り方が相反し、もつれている織物であるとずっと認識していた。人生の最後の時まで、私的生活への願望と、すべてを理想に捧げる必要性との狭間で揺れ動くことだろう。

エドが子供を望む

翌日、エドが早くから訪ねてきた。彼はいつものように平静で、外面的には再び落ち着きを取り戻していた。しかし私は何度となく彼の精神の激しい動揺を見ていたので、その抑制した態度に惑わされはしなかった。彼は旅行に行くことを提案した。出所してからほぼ二週間経っていたが、私たちはまだ一日も二人だけで過ごしていなかった。私たちはマンハッタン・ビーチへ行った。十一月の空気は肌を刺すようで、海は荒れていたが、太陽は明るく輝いていた。エドは決して多弁ではなかったが、この日は彼自身のことや活動に対する関心や私への愛を詳細に語った。彼の十年間にわたる投獄は熟考するに充分な時間をもたらし、最初に投獄された時と同様にアナキズムの真実と美を深く信じて出所した。

彼は私たちの理想の究極の勝利を信じ続けていたが、今になってみると、その時がはるか彼方にあると確信するようになった。そしてもはや自分の生涯において大きな変化を期待していなかった。彼にできるすべては、可能なかぎり理想に近づくように自身の生活を変えることだった。その生活において、彼は私を必要としていた。彼は渾身の力で私を求めた。もし私が講演活動をやめ、研究や著述や専門的な仕事に専念にしてくれるならば、とてもうれしいのだがという本音をもらした。そうすれば私の命や自由に関していつも心配しなくてもいい。「君はあまりにも激しく、あまりにも生き急いでいる。君の安全が心配なんだ」と彼は言った。女性は本来母親になるべきだと信じているからと言って、怒らないでほしいと彼は懇願した。私の活動への献身の最大の原動力は、捌け口を求めている満たされない母性であると確信していた。「私のエマ、君は身体も感情も母親に向いているんだ。君の優しさはその最大の表われだよ。」

私は深く心を動かされていた。言葉を探しても私の感情を伝えるには貧しい不適当な言葉しかなく、私の愛と彼の必要性と切望しているものをできるだけ与えたいという思いを伝えただけだった。私が激しく求めている母性——それが私を理想主義に駆りたたせている主たる理由なのだろうか？　彼は子供をほしかった私のかつての願望を呼びさましたが、私は万人の幸福という、私の人生のすべてを飲みつくす情熱ゆえに、子供に関する言葉を発しはしなかった。男たちは理想に身を捧げても、子供たちの父親にはなっていた。しかし子供に対する男の身体的関わりは一時的なものにすぎないが、女の場合は数年間に及ぶ——他の人間を排して一人の存在に何年間も費やすのだ。私は後者のために前者を切り捨てることは決してできない。しかし私は彼に愛と献身を注ぐつもりでいる。確かに男と女が美しい愛情生活を送りながら、しかも偉大な大義に献身することも可能であるにちがいない。私たちはそれを試みるべきだ。

もはや愚かな慣習によって離れている場合ではなく、共棲できる場所——たとえ貧しくても私たち自身の根拠地を見つけることを私は提案した。私たちの愛はその生活を美しいものにし、私たちの仕事がそれに意義を与えるであろう。エドはその考えに歓喜して、私を抱きしめた。私の強い大きな恋人である彼は、常に人前での些細な愛情の表現すら嫌っていた。今喜びのあまり、彼は私たちがレストランにいることを忘れていた。私は彼が礼儀作法を無視してしまったことをからかったが、彼は今まで見たこともないほど子供のように浮かれ、陽気になっていた。

人種偏見に対する非難

ほぼ四週間かけて、私たちの計画は実現した。新聞が私を有名人に仕立て上げていたので、私はドイツ語の「罰せられぬままにヤシの木の下を歩くことはできない」という陳腐な文句を実感した。有名人に対するアメリカ人の熱狂ぶりは、特にそれがアメリカ人女性の脚光を浴びている者なら、賞金稼ぎのボクサー、野球選手、舞台俳優、プレイボーイ、没落したヨーロッパの貴族にまで及ぶことを知っていた。私の投獄と新聞紙上で割かれた私の名前のスペースのおかげで、私もまた有名人になっていたのである。毎日昼食や夕食の招待を受け、誰もが「私を招こう」と競い合っているようだった。

私に寄せられた多くの招待状の中で、私はスウィントン家からのものを最も歓迎した。それには夕食にエドとジャスタスを伴ってくるようにと書かれていた。スウィントン家のアパートは簡素ではあるが、美しく調度され、骨董品や贈り物でいっぱいだった。ロシア人の自由のために辛抱強く働いたスウィントンを称えて、ロシア人亡命者から贈られた美しいサモワール、短命に終わった一八七一年のパリ・コミューンの後、ティエールとガリフェの暴挙を逃れたフランス人の革命政府支持者からの優雅なセーブル陶器のセット、ハンガリーの農民の編んだ美しい刺繍品、それから偉大なアメリカ人自由主義者の見事な精神と人格を賞揚する数々の贈り物があった。

私たちが着いた時、長身で背筋が伸び、白髪の上に絹のキャップをかぶったジョン・スウィントンは私に歩み寄って、刑務所の黒人についての私の発言を非難した。彼はニューヨークの『ワールド』に掲載された、刑務所状況を暴露した私の記事を読んでいた。その記事には好感を持ったが、エマ・ゴールドマンにも「有色人種に対する白人の偏見」があることを知って悲しんでいた。私は啞然とさせられた。

誰であっても、とりわけジョン・スウィントンのような人物ですら、どのようにしたら私の話の中に人種偏見を見出すことができるのかを理解できなかった。私は病気で飢えていた白人女性と、気に入られた黒人の間にある差別待遇を指摘していた。もし黒人女性が割当ての食料を奪われていたら、やはり同様に抗議していたにちがいない。「いかにもだ。しかしその不公平を強調すべきではなかった。私たち白人は黒人に対してあまりにも多くの罪を犯してきたので、どんなに過大な待遇をしてもそれらに報いることはできない。おそらくその女看守長は畜生にはちがいないが、哀れな黒人受刑者への同情を考えると許せるのではないか」と彼は答えた。「でも彼女はそんな配慮からそうしたのではないわ。黒人女囚を卑劣な行為に利用するために親切だったのです」と私は反論した。しかしスウィントンは納得しなかった。彼は最も活動的な奴隷制度廃止論者たちと密接な関係にあったし、南北戦争で負傷してもいた。有色人種に寄せる感情が彼を偏向させているのは明らかだった。そのことに関して、もうこれ以上論議しても無駄だった。それにスウィントン夫人が食卓に着くようにと私たちに呼びかけていた。

英語による情宣活動を決意する

彼らは魅力的なもてなし役を務めた。特にジョンは愛想がよく、温かさにあふれていた。民衆や出来事に対する幅広い経験の持ち主で、実に豊富な情報に通じているのがわかった。シカゴ・アナキストを絞首刑から救うための運動に果たした彼の役割と、同志を勇敢に弁護した公共精神の強いアメリカ人のことを私は初めて知った。ロシア・アメリカ亡命者送還条約に反対するスウィントンの活動と、労働運動において彼と友人たちが果たした役割についても詳しくなった。スウィントン家での一夜は、私が選んだ国に関する新しい側面を見せてくれた。

私は投獄されるまで、アルバート・パーソンズ、ダイヤー・D・ラム、ヴォルテリン・ド・クレールなどの他の数人を除けば、アメリカには理想主義者は存在しないと信じていた。アメリカの男女は物質的豊かさの獲得だけに関心があるとずっと考えていた。スウィントンの説明で、圧制に対して今でもあらゆる闘争を試みている、自由を愛する人々のことを知り、私は皮相な判断を変えざるをえなかった。ジョン・スウィントンが教えてくれたのは、アメリカ人が一度立ち上がれば、ロシア人の英雄的男女と同様に理想主義に対して身を惜しむことなく努力できるということだった。アメリカの可能性に新たなる信頼を得て、私はスウィントン家を後にした。街へ帰る途中で、私はエドとジャスタスと話しながら、これからはアメリカの民衆の前で英語で情宣活動に取り組むつもりだと告げた。もちろん外国人のサークルでの情宣はきわめて必要なことではあるが、本当の社会変革は母国人によってのみ達成できるのであるから、彼らを啓蒙することははるかに核心をついている。私たちは意見の一致をみた。

エドと私は一緒に住むアパートを借りる

ついにエドと私は自分たちだけの住み家を入手した。刑務所についての私の寄稿で、ニューヨークの『ワールド』から受け取った百五十ドルを使って、十一番街の四部屋のアパートを借りた。家具の大部分は中古だったが、ベッドとソファは新しく買い求めた。それらに加えて机と数脚の椅子で私の書斎ができあがった。私が自分の部屋の必要性を強調すると、エドは驚いていた。仕事に行っている間離れているだけでもかなり辛い、家にいる時にはそばにいてほしいと彼は言った。だが私は自分だけの場所にこだわった。子供時代から青春時代にかけて、他の誰かと部屋を共用させられることで様々な弊害を蒙ってきた。自立して自由になったのであるからこそ、少なくとも昼と夜の一部は自分だけの時間を持ちたかったのだ。

しかしこの小さないさかいを除けば、私たち自身の家での生活はすばらしかった。エドは保険外交員の仕事で週に七ドルしか稼いでいなかったが、ほとんどいつも花や贈り物、愛らしい中国製のカップや花瓶などを手にして家に帰ってきた。彼は私の色彩に対する好みを知っていたので、住居を気持ちよく明るくするものを持ち帰ることを決して忘れなかった。大勢の訪問者があり、それがあまりに多すぎるので、エドの心の平安は保たれず、静かな二人だけの生活を望んでいた。しかし過去において、フェジャやクラウスは私と生活を共にし、私の闘争の一端を担っていた。私は彼らの友情を必要としていた。

クラウスはブラックウエルズ島で順調に刑を務め上げた。もちろん好きなビールは飲めなかったが、その他のことに関しては上出来だった。島から釈放後、彼はアナキスト新聞『海燕』を創刊し、主として寄稿するだけでなく、活字拾い、印刷、配達までもやっていた。それほど忙しいにもかかわらず、彼は悪戯心を忘れていなかった。エドは彼を「疫病神」と仇名して、この私の友人に苛立つばかりだった。

フェジャは私の投獄の後すぐにニューヨークの出版社に職を得ていた。イラストレーターの仕事をしていたが、すでにその方面では最も優秀な一人として認められつつあった。私が刑務所に入っていた十ヵ月間、定期的に必要品を差し入れてくれた。彼は週十五ドルからその仕事を始めて、今や二十五ドル稼いでいて、同志にカンパ要請をする私の辛さを知っていたので、これでそれをしなくてもすむように、私に少なくとも十ドルは受け取ってほしいと言って譲らなかった。彼は以前と同様に誠実で、自分自身と芸術への自信をつけ、より成熟していた。

フェジャは現在の職を確保するためには、もはや私たちの運動に公然と加わることはできないと感じていた。しかし運動への関心は持続していて、サーシャを心配する気持ちは薄らいでいなかった。私の投獄中、彼はサーシャに送る物を買う支援をしてくれていた。西部刑務所で差し入れが許可されている物はわずかで、コンデンスミルク、石鹸、下着、靴下だけだった。エドが差し入れの面倒を見ていた。今となれば、私自身がこれらのことを引き受けるべきだし、またサーシャの減刑のための新しいキャンペーンを始めようと決意していた。

エドの意向に反して看護婦として働く

私は出獄してから二ヵ月経っていたが、監獄にいる不幸な人たちを忘れてはいなかった。彼らのために何かしたかったたし、そのためにも金が必要だったたし、自分自身で生計を立てることも望んでいた。エドの意向に大いに反していたが、私は付き添い看護婦として働き始めた。ジュリアス・ホフマン医師はセント・マーク病院で治療した自分の患者を私の所へ寄こした。出獄する前に、ホワイト博士は彼の事務所で働かないかと申し出てくれていた。彼は自分の患者を回すことはできないと言った。「彼らはほとんど愚か者で、あなたが毒を盛るのではないかと恐れるからです」。親愛なる紳士は約束を守り、一日数時間のパートの仕事を与えてくれたし、またイースト・ブロードウェイに新しく創設されたベスト＝イスラエル病院で仕事を得た。私は自分の仕事を愛し、かつてのどの時期より多く金を稼ぐことができた。

仕事場の内外を問わず、もはや苦労して機械を回す必要がないという喜びは大きかった。それにもまして満足したのは、読書や公的活動に多くの時間を持てるようになったことだった。アナキスト運動に加わって以来、ずっと私は同性の友人を求めていた。エドにさえも打ち明けられない心の奥の思いや感情を分かち合える、同性の友が欲しかった。だがその友情の代わりに、私が男性から好かれたために、敵意やつまらないねたみや嫉妬を女性から受けてきた。もちろん例外もあった。いつもどっしりとして寛大なアニー・ネター、そしてナターシャ・ノトキン、マリア・ルイズ、その他の数人だった。しかし彼女たちと私の繋がりは運動であって、個人的で緊密な付き合いではなかった。ヴォルテリン・ド・クレールが生活の中に登場してきたので、私はすばらしい友情の期待を抱いた。

ヴォルテリンの音信不通

監獄に面会に来てくれた後、彼女は同志愛と思いやりのこもったすてきな手紙をずっと送ってくれた。その手紙の一通の中で、釈放されたらすぐに自分の所に来ないかと書いてきた。私を暖炉の前で休養させ、給仕もして、本も読み聞かせ、恐ろしい経験を忘れさせてあげるというものだった。その少し後の別の手紙で、彼女と友人のA・ゴードンがニューヨークに行くので、ぜひ私を訪ねたいと書いてきた。彼女は私にとって大切な人なので拒みたくなかったが、ゴードンに会うのは我慢できなかった。

フィラデルフィアを最初に訪れた時、その男にあるサークルで会い、悪い印象を受けていた。彼はモストの支持者であり、それゆえに私を嫌っていた。同志の集会で、私を運動の破壊者と非難し、扇動が目的で運動に身を置いていると告発した。彼は私が演説するどんな集会にも参加しないだろう。投獄が私の重要性を高めたと信じるほど素朴ではないので、ゴードンの心変わりの理由がわからなかった。私はこのことを率直にヴォルテリンに書き、ゴードンに会いたくないと説明した。面会は一ヵ月に二度しか許されていなかった。エドとの面会をあきらめたくなかったし、他の一回は親しい友人に来てほしかった。それ以来ヴォルテリンからは何の便りも来なかったが、私はそれを彼女の病気によるものだと考えていた。

釈放に際して、理想を同じくする友人たちからも未知の人たちからも、多くの祝福の手紙を受け取った。しかしヴォルテリンからは何も言ってこなかった。エドに意外だと話すと、私がゴードンの島訪問を拒否したことでヴォルテリンはとても傷ついたのだと教えてくれた。あのような優れた革命家が、私がその友人の一人に会いたくないという理由で離れていったことを知り残念だった。私の失望に気づいて、エドは言った。「ゴードンは彼女の単なる友人ではなく、それ以上の存在なんだ」。しかしそんな違いは問題ではなかった。なぜ自由な女性たちが友人に対して自分の恋人を受け入れることを期待するのかわからなかった。ヴォルテリンはあまりにも狭量で、自由で気のおけない関係を私と保つことができないと思った。彼女との親密な友情の希望は潰えた。

エンマ・リーとの出会い

私の生活の中に若くて美しい一人の女性が現われたことでいくらかの慰めを得た。彼女はエンマ・リーという名前だった。私の入獄中に、彼女はエドに手紙を書き、私のことに関心があるとを伝えてきた。彼女の手紙はただイニシャルだけがサインされていて、筆跡がとても力強かったので、エドは彼女を男だと思っていた。エドは面会の時に言った。「若くて美しい女性が独身の私の部屋に入ってきた時には本当に驚いたよ」。エンマ・リーは美しいばかりでなく、頭も良く、すばらしいユーモアのセンスも備えていた。エドが彼女を私に引き合わせようと監獄に連れてきた最初の時から、彼女に魅せられた。釈放後、エンマ・リーと私は多くを共にしていた。最初彼女は自分のことについて口が重かったが、そのうちに話してくれるようになった。彼女も監獄に入っていたことがあり、その恐ろしさを知っていたので、私に関心を持ち始めたのだった。そして自由思想家となり、法律によって認められる時だけに愛が正当化されるという呪縛から解放された。彼女の相手は結婚していたが、その結婚は悲惨なものだった。彼女に同志以上のものを見出したと彼は言ったが、それは彼女に恋をしてしまったということなのだ。彼女も彼を愛したが、小さな南部の町の偏屈な環境では二人の関係は認められるはずがなかった。彼らはワシントンへ行ったが、そこでもまた迫害は続いた。ニューヨークへ移るという計画を立て、エンマ・リーは自分の財産を処分するために故郷の町へ戻った。戻って一週間も経たないうちに、彼女の家が火事に見舞われた。その家は保険がかけられていたので、すぐにエンマは放火の容疑で逮捕された。彼女は有罪となり、五年の刑を言い渡された。この間ずっと相手の男は何の便りも寄こさず、彼女をほうっておき、自分はどこか東部の町に身を隠していた。

彼女のこの苦い失望は投獄以上に耐え難いものだった。エンマ・リーが話してくれた南部の刑務所での生活は、ブラックウエルズ島のありさまがまだ天国であるように思わせた。その地獄の牢獄では、黒人囚は男女を問わずささいな規則違反でも体罰の対象になっていた。白人女性囚は看守に服従するか、餓死するかのどちらかだった。刑務所の環境は、似た者同士の看守や囚人たちによる下劣な話やさもしい行為で陰惨であった。エンマは刑務所長や医師の要求に対して常に用心を強いられた。ある時には、彼らは彼女をもう少しのところで自衛のための殺人犯に仕立てるところだった。もし彼女がその街にいる友人にメモを渡すことに成功していなかったら、そこから生きて出られなかったにちがいない。この友人は密かに刑務所問題を知事に請願し始めていた人々に関心を抱かせて、二年間の服役の後についにエンマの恩赦を獲得したのである。

それ以来、彼女は監獄の状況の根本的な改革に全身で打ちこんできた。すでに彼女を迫害した者を解雇するのに成功し、今は監獄改善協会と共闘していた。

エンマ・リーは自由思想の文献をそれほど読んでいなかったにもかかわらず、稀な魂を持ち、教養があり、洗練されていた。彼女自身の様々な体験を通じて、南部の反黒人的偏見からも解放されていたし、私にとって最も好ましかったのは男性に対して辛辣でないことだった。自らの恋愛の悲劇は人生に対する彼女の視野を狭くはしなかった。男性は利己主義的で、女性の要求に応じようとしない。最も自由な考えを持つ男性でさえも女性を占有することを望んでいる。それでも彼らは興味深いし、楽しませてくれると彼女はよく言った。私は男性の利己主義には同意しなかったが、例外としてエドを引き合いに出した時、彼女は答えた。「彼のあなたに対する愛情は疑いの余地がありません。でも——しかしなんです！」。それでも、エンマとエドの二人はうまくいっていた。彼らはあらゆることで争っていたが、すべては親しい間柄なればこそで、私は二人の共通の絆だった。姉のヘレナを除けば、エンマほど私を愛してくれた女性はいなかった。エドはどうかと言えば、とても様々なやり方で愛情を示してくれたので、私は彼の愛を疑うことはなかった。しかし私の魂の内奥をより深く洞察していたのはエンマの方だとわかっていた。

貧しい人々が生活の主役となって生きること

エンマ・リーはヘンリー街の看護婦セツルメントに雇われていたので、私はよくそこを訪れ、時にはその会長の女性ゲストとして招かれた。ミス・リリアン・D・ウォルド、ラヴィニア・ドッグ、ミス・マクドウェルもやってきた。私が会った中で、彼女たちは最初に大衆の経済状態に関心を払ったアメリカの女性だった。彼女たちはイーストサイドの人々のことを本当に気遣っていた。彼女たちと付き合うことで、ジョン・スウィントンと同様に、理想を求め、それを巧みに寛大に実行しようとしている新しいタイプのアメリカ人を身近に感じていた。ロシアの革命家たちの幾人かと同様に、彼女たちも富裕な家庭の出身であったが、自らが考えている偉大な主義に全力で献身していた。しかし彼女たちの仕事は私には弁解のように思えた。私は一度エンマ・リーに言った。「貧しい人々にフォークで食べるように教えることは結構だけど、もし彼らに食べ物がなければ、それに何の意味があるの？　それよりまず彼らを生活の主役としなければならない。そうすれば彼らは、いかにして食べるか、生きるかを知るようになるでしょう。」

セツルメント・ワーカーは誠実ではあるが、ためになるというより害をなしているという私の意見に彼女は同意した。彼女たちは、支援しようとしている人々の一部に鼻持ちならぬ俗物根性の持ち主を作り出していた。たとえばブラウス工場のストライキで活動していた一人の若い娘は彼女たちに持ち上げられ、セツルメントの寵児として披露された。その娘は気取った様子で、文化と洗練さに理解が欠けている「貧乏人の無知」についてずっと話していた。彼女はエンマにも言ったことがあった。「貧乏人はとても下品で低級です！」と。すぐに彼女の結婚がセツルメントで行なわれることになり、エンマは私をその式に招待した。

それはけばけばしく、下劣なほどだった。安物のドレスを着た花嫁はセツルメントにまったく場違いに思えた。セツルメントの女性たちが贅沢に暮らしているというわけではない。むしろ反対に、質のよい物であってもすべてが簡素だった。周囲のその簡素さは新婚夫婦の心の貧しさをさらに浮かび上がらせ、平凡な両親も困惑していた。とりわけ花嫁の自尊心の強さは見るも哀れだった。私が素敵な男性を夫に選んだことを祝福すると、彼女は言った。「そうよ。彼はとってもいい人よ。でも私と違う世界の人なの。あなたもおわかりでしょう。私は下の階級の人と結婚するのよ。」

ブラウンズビルのアイスクリーム屋

冬の間ずっと、エドは偏平足の痛みで苦しめられていた。長く歩いたり、階段を昇ったりすると耐えられない痛みに襲われていた。早春を迎えると、彼の症状はさらに悪化したので、保険の外交員の仕事をあきらめるしかなかった。私は二人分以上を稼いでいたが、エドは「女性に養われる」ことを受け入れなかった。私の誇り高い恋人は、仕事を探す失業者の列に加わることを余儀なくされた。大都市ニューヨークには彼の教養と語学の知識を生かす仕事は何もなかった。彼はよく言っていた。「もし私が煉瓦職人の下働きか仕立屋だったら仕事があるだろうに。ところが私は役立たずの知識人にすぎない」。彼は悩み、不眠症になり、痩せて、すっかり落ちこんでしまった。彼にとって一番の苦痛は、私が働きに出ている間、自分が家にいなければならないことだった。彼の男としての自尊心はそのような状態に耐えられなかった。

ウスターでのアイスクリーム屋のようなことをやってみてはどうかという考えが浮かんだ。あそこでは成功したのだ。ニューヨークでどうして成功しないことがあろうか？　エドはその計画に賛成し、すぐに実行に移そうと言った。

私は少し蓄えがあったし、フェジャがそれ以上の金を提供してくれた。友人たちはブラウンズビルを勧めてくれた。そこは成長しつつある中心街で、何千人もの人が毎日通る競馬場からほど遠くない所に、店を構えることができる。そこで私たちはブラウンズビルへ行き、しゃれた店を出した。確かに何千人もの人々が店の側を通ったが、立ち止まる人はいなかった。彼らは競馬場へ行くのに急いでいたし、帰りには競馬場の近くにあるアイスクリーム屋にすでに立ち寄っていた。毎日の売上げは支出を賄うのに足りなかった。ブラウンズビルに借りた二部屋分の家具の購入代金の週払いの維持さえできなくなっていた。ある日の午後、ワゴンが乗りつけられ、ベッド、テーブル、椅子、それから他の一切合財を持ち去った。エドは私たちの窮状を笑い飛ばそうとしたが、明らかに落ちこんでいた。私たちは商売をあきらめ、ニューヨークへ戻った。この三ヵ月で私たちは破産した事業に五百ドルを失い、さらにエド、クラウス、私の労力まで注ぎこんでしまった。

私は看護婦の仕事を始めた本当に最初の頃に考えていた、看護婦養成学校で正規の課程を取るべきだと悟った。経験に富んだ看護婦は公務員並みの給料と待遇であるが、免状なしでは正看護婦として雇用される望みはなかった。ホフマン医師は私にセント・マーク病院に入ることを勧め、そこでなら私の経験に応じて一年間の単位が履修済みになると保証してくれた。それは願ってもないことだったが、別のもっと誘惑に満ちた機会が訪れた。ヨーロッパ行きのことだった。

看護婦の勉強にヨーロッパへ

エドはいつも私にウィーンについて、その美しさ、魅力、そこでの可能性を楽しそうに話してくれた。彼は私がそこに行って、公共病院で学ぶことを望んでいた。助産婦とその他の看護資格を取ることができると、彼は私に助言した。それは後になって私に大切な経済的自立を与えてくれるだろうし、また一緒にいられる時間が多くなるだろう。私が何とか彼のもとに戻ってくるまでの一年の別離は辛いだろうが、それが最善なのだから、私を喜んで行かせると言うのだった。私たちのような貧乏な者たちには夢のような考えに思えたが、次第にエドの意気ごみに私は染まっていった。私はウィーン行きに同意したが、イングランドとスコットランドでの講演も兼ねた外国旅行にするつもりでいた。イギリスの同志たちは度々私に来るようにと要請してきていた。

エドは知人のハンガリー人の営む木工所に仕事を見つけた。その男は彼に金を貸そうと申し出たが、フェジャが古い友人としての優先義務を主張した。彼は私の旅費を払い、さらにウィーンに滞在している間はずっと毎月二十五ドル送金するつもりでいた。

それでも心に暗く引っかかるものがあった。獄中にいるサーシャへの思いだった。ヨーロッパはあまりにも遠いのだ！　エドとエンマはサーシャと文通を続け、必要なものは世話をすると約束してくれた。サーシャも私に行くように勧めた。今彼のためにできることは何もない。ヨーロッパは私たちの偉大な人々――クロポトキン、マラテスタ、ルイーズ・ミシェルに会う機会を与えてくれるだろうし、彼らから多くを学び、アメリカの運動の展開のためにしかるべき素養を身につけた方がいいと、彼は手紙に書いてきた。常に主義の立場から私のことを考えるのは、献身的なサーシャらしかった。

一八九五年八月十五日、私がニューヨークで新しい生活を始めてからちょうど六年経っていた。その日、私はイギリスへ旅立った。私の出発は、一八八九年のニューヨーク到着の際とまったく異なっていた。その時、単に物質的にという以上に、私はとても貧しく、子供であり、未熟であり、アメリカの大都市の中でひとりぼっちだった。今は経験も積み、名前も知られている。厳しい試練を経て、友人たちもいたし、何よりもすばらしい人物の愛があった。確かに私は恵まれていたが、悲しみもあった。私の心には西部刑務所が重く横たわり、そこにいるサーシャへの思いがあった。

旅行に十六ドル以上費やす余裕はなかったので、私は再び三等で旅をした。しかしそこには数人の旅客しかおらず、私よりもアメリカ滞在期間が短い人々だった。だが彼らは自分たちをアメリカ人だと考えていて、一八八六年に約束の地に移住した私と同じような貧しい移民たちよりも丁重に扱われていた。

◇第14章◇ イギリス、ウィーン、そして帰国

私の名前がロンドンで広がる

アメリカで野外集会はほとんど開かれないが、開かれたとしてもその雰囲気は、聴衆と警官の間に今にも衝突が起きそうで、いつも緊迫していた。しかしイギリスでは異なっていた。ここでは常に野外で集会する権利が制度として確立していたし、朝食にベーコンというように、それはイギリスの慣習になっていた。イギリスの都市の公園や広場で、真っ向から対立する意見や信条を発表できた。過度に刺激するものもなければ、武装警官も配置されていない。群衆の外側には形式上巡査が一人いるが、集会を解散させたり、民衆を棍棒で殴ったりするのは彼の職務ではない。

公園の野外集会は大衆の社会的交流の場となっている。日曜日になると、平日にミュージック・ホールに行くように、人々が公園に集まってくる。気軽に、しかも楽しんでいるかのようだ。群衆はしばしば数千人に及ぶが、田舎の縁日に来ているように、聞いたり学んだりするというより楽しむために、あちらこちらの演壇を渡り歩く。これらの集会での一番の人気者は野次を飛ばす連中で、彼らは演説者を質問攻めにして大いに楽しむのである。気の毒なのはそれらの意地悪な質問の意味をつかみ損ねる者や、才気煥発にやり返せない者である。たちまち彼らはうろたえて、なすすべもなく嘲笑の的になってしまう。こうしたことのすべては、ハイド・パークで最初の集会を開いた際に、私自身があやうく失敗しそ

うになってわかったのである。

たった一人の警官が穏やかに見守っているだけの状況で、野外で話すということは新しい体験だった。また悲しいことに群衆の反応がなかった。そうした反応の鈍さの中で話すのは、険しい山に登るような気持ちだった。たちまち私は疲れてしまい、喉が痛くなってきたが、話し続けた。するとにわかに聴衆が活気づいてきた。弾丸のように矢継ぎ早の質問が四方八方から飛んできた。私が何の準備もできていないのを見すかした、思いもよらない反論にうろたえ、苛立った。私は思考が空回りして、怒りがこみ上げてきた。その時、前列にいた男が叫んだ。「気にすることはないよ、あねさん。続けなさい。野次るのは古きよきイギリスの慣習なんだ」。私はやり返した。「よき慣習ですって？　こんなふうに話し手の邪魔をするのは卑劣だわ。でもかまわないの。とことんやりなさい。その代わり最悪の結果になっても私のせいにしないでよ」。すると聴衆が叫んだ。「そうだ、あねさん。続けてくれ、あんたの力量を見せてもらおうじゃないか。」

私が政治の不毛性とその腐敗の影響について話していた時に、最初の一撃が加えられた。「正直な政治家たちはどうなんだ。そんな政治家がいるとは信じていないのかね」。私は切り返した。「もしいるとしても、私は一度も耳にしていないわ。政治家というものは選挙の前には天国を約束して、終わったら地獄をくれるのよ」。群衆が同意の声を上げた。「そうだ！　その通りだ！」。次の一撃は私がやっと演説に戻ろうとした時だった。「あねさん、どうして天国なんて言うんだい。あんたはそんな所があると信じているのか？」。私は答えた。「もちろん信じてなんかいないわ。あんたたちが馬鹿みたいに信じている天国ってものを引き合いに出しただけよ」。別の野次馬が詰問した。「だけど天国がないとすれば、貧乏人はどこへ行ったら報われるんだね？」。私は続けて言った。「彼らがここでその権利を主張しないかぎり、そんな所はどこにもないわ。この地上をわが物にすることによって初めて報われるのよ」。もし天国があったとしても、普通の民衆はそこには受け入れられないのだと私は説明した。「わかっているでしょう。大衆はあまりにも長く地獄で暮らしてきたから、天国に行ってもどのように振舞っていいかわからない。品行が悪いからと言って、門のところで天使に叩き出されてしまうわ」。この後三十分間にわたってやりとりが行なわれ、群衆は熱狂していた。最終的に彼らは野次を飛ばすことをやめ、敗北を認め、私の講演は続けられた。

私の名前はたちまち広まった。群衆は集会のたびに増えていった。私たちの印刷物が大量に売れ、同志たちは喜んでいた。私がロンドンで成功を収めたので、彼らはずっとここにいるように望んでいたが、野外集会が自分に向いていないことを自覚していた。私の喉は酷使しすぎていたし、それにそばを通る車のやかましい音に耐えられなかった。その上、何時間も立って聞いている人々が次第に落ち着きをなくし、集中力がなくなり、真面目な話についてこられなくなるのに気づいていた。私の仕事がイギリス大衆の娯楽のためのサーカスになっていくように思われた。

様々なアナキストたちに出会う

公園での情宣活動よりも、私は人々に会ってアナキズム運動特有の活発な精神を目にするのが楽しかった。アメリカでの活動はほとんど外国人だけが関わっていたし、生来のアメリカ人アナキストはいなかった。ところがイギリスにおける運動は数種の週刊誌や月刊誌を刊行していた。それらのひとつが『自由』で、とても著名で、才気あふれる人々が寄稿者や協力者となっていて、その中にはピョートル・クロポトキン、ジョン・ターナー、アルフレッド・マーシュ、ウィリアム・ウエス、その他の人々がいた。『解放』はもうひとつのアナキストの出版物で、詩人のウィリアム・モリスの後継者であるジェイムズ・トセーテによってロンドンで刊行されていた。『松明』はオリビアとヘレン・ロセッティの二人の姉妹によって刊行されている小新聞だった。彼女たちは何とわずか十四歳と十七歳だったが、その精神も身体も年齢をはるかにしのいでいた。新聞の全記事を書くばかりでなく、活字を組み、印刷まで自分たちでやっていた。『松明』の事務所は以前、少女たちの溜まり場であったのが、外国人アナキスト、特に厳しい迫害を受けてきたイタリア人の集会の場となっていた。彼女たちもイタリア系であり、亡命者たちは自然にロセッティの所に集まるようになった。祖父のガブリエル・ロセッティは詩人で愛国者だったが、当時イタリアを支配していたオーストリアによって、一八二四年に死刑の宣告を受けた。ガブリエルはイギリスに逃れ、ロンドンに落ち着いて、キングス・カレッジのイタリア語教授になった。オリビアとヘレンはガブリエル・ロセッティの次男ウィリアム・ミカエルの娘で、彼は有名な評論家だった。少女たちは明らかに彼らの文学的才能と同時に革命的傾向も受け継いだのである。ロンドンにいる間、私は彼女たちと多くの時を過ごし、まれに見る親切なもてなしと、サークルの人を鼓舞する雰囲気を楽しんだ。

『松明』グループの一人に、「少年アナキスト」としてよく知られているウィリアム・ベンハムがいた。彼は私を慕って、集会の時も町を歩く時も私の付き添いをもって任じていた。

ロンドンのアナキスト活動はイギリス人だけに限らなかった。イギリスはあらゆる国からの亡命者にとって天国であり、彼らは迫害されることなく自らの仕事に打ちこんでいた。アメリカに比べると、イギリスの政治的自由はあたかも千年王国の到来のようだったが、経済的にはこの国はアメリカにはるかに及ばなかった。

私自身困窮を経験していたし、アメリカの大工業中心地における貧困も知っていた。しかしロンドン、リーズ、そしてグラスゴーで目にしたほどの悲惨な貧窮と不潔さはこれまで見たことがなかった。それは昨日や今日始まったものではないという印象だった。それらは何百年も前から、何世代も受け継がれていて、明らかにイギリスの大衆の真底にまで根を下ろしていた。最もおぞましい光景のひとつは、車から降りる「紳士」のためにドアを開けようとして、頑強な男が車の先に立って何区画も前を走っているものだった。

そうしたサービスの報酬として、彼らは一ペニーかせいぜい二ペンスを受け取っていた。イギリスに一ヵ月滞在して、私はこんなにも多くの政治的自由がある理由を理解した。恐るべき貧困に対する安全弁なのだ。明らかにイギリス政府は、無害なおしゃべりで鬱憤を晴らさせておく限り、反乱の危険はないと考えていた。私はそれ以外に、隷属状態にある人々の鈍感さと無関心を説明できなかった。

ルイーズ・ミシェル、希望と励まし

私がイギリスを訪れた目的のひとつは、アナキスト運動における傑出した人物に会うことだった。残念なことに、クロポトキンはロンドンを不在にしていたが、私がイギリスを去る前に戻るということだった。エンリコ・マラテスタはロンドンにいた。彼は自分の小さな店の後ろに住んでいたが、そこには誰も通訳する人がおらず、私もイタリア語を話せなかった。それでも彼の温かい微笑みは気持ちのよい人柄を表わしていて、ずっと以前から知り合いであったような気がした。ルイーズ・ミシェルには到着早々に会った。私と一緒に泊まっていたフランス人の同志たちがロンドンでの最初の日曜日を祝して、歓迎会を催してくれた。

パリ・コミューンについて、その輝かしい始まりと恐ろしい幕切れを読んで以来、私にとってルイーズ・ミシェルは人類愛において崇高であり、彼女の熱意と勇気は偉大であり続けた。彼女は痩せこけて骨張っていて、年よりも老けて見えた（まだ六十二歳だった）。しかしその目には熱情と若さがあふれ、その微笑みはあまりにも優しいものだったので、私はたちまち心を奪われてしまった。その上、尊敬すべきパリの民衆への弾圧の中を生き抜いてきた女性だった。弾圧の狂暴性はコミューンを労働者の血の海に沈め、パリ市街地を何千もの死者と負傷者で埋め尽くした。それだけでは満足せず、ミシェルにも襲いかかった。何度も彼女は死の瀬戸際に立ち、コミューン派の最後の拠点であったペール・ラシェーズのバリケードで、ルイーズは自ら進んで最も危険な持ち場を選んだのだった。法廷においては、女性であるがゆえの寛大な処置を潔しとせず、同志たちに科せられたのと同じ処罰を要求した。彼女は大義のために死のうとしたのである。この英雄的な人物に対する畏れなのか、それとも尊敬なのか、流血騒ぎの中のパリのブルショワジーは彼女をあえて殺そうとせずに、ニューカレドニアでの緩慢な死を与えた。しかし彼らはルイーズ・ミシェルの不屈の精神と、苦しんでいる仲間に対する献身と自らを犠牲にする力量を計算に入れていなかった。ニューカレドニアで、彼女は流刑者たちの希望となり励ましともなった。病気の者を看護し、失意の者を励ました。コミューン派に対する特赦によって他の者たちとフランスに戻ると、彼女はフランスの民衆の歓呼に迎えられる偶像となった。彼らは彼女を「母なるルイーズ、愛しい人」と敬慕した。

ルイーズ・ミシェルのアナキスト活動

流刑から戻ってまもなく、ルイーズはアンヴァリッド広場へ向かう失業者のデモの先頭に立った。何千もの人々が長い間失業して、飢えに苦しんでいた。ルイーズは行進をパン屋に導き、そのために逮捕され、五年の刑を宣告された。法廷で彼女はたとえ「盗まなければならない」としても、飢えた者にはパンの権利があると反論した。しかしルイーズは裁判の判決ではなく、愛する母親の死によって、大きな打撃を蒙った。彼女は母を心から愛していたので、今となれば革命以外に生きる目的は何もないと宣言した。一八八六年、ルイーズは恩赦を受けたが、国家からいかなる恩恵も受けるつもりはないと拒絶した。彼女を自由にするためには、監獄から無理矢理連れ出さなければならなかった。

アーブルの大集会の壇上で演説していた時、何者かがルイーズに二発の弾丸を撃った。一発は彼女の帽子を貫通し、二発目は耳の後ろに当たった。手術はとんでもなく苦痛であったが、彼女は泣き言ひとつ言わなかった。それどころか、彼女の部屋に置き去りにされた飼っている気の毒な動物のことや、次の街で待っている女友達に対して遅れてしまい迷惑をかけたことを嘆いた。彼女を殺しかけた男はある牧師に犯行をそそのかされたのだが、ルイーズは彼を放免させるために全力を尽くした。著名な弁護士に彼女の襲撃者を弁護させ、彼女自身が出廷して彼のために裁判官に嘆願した。彼女の同情はとりわけ男の小さな娘に触発されていて、男が監獄に送られることで娘を父なし子にしてしまうのに耐えられなかったのである。ルイーズの主張は狂信的な襲撃者の心さえも動かさずにはおかなかった。

その後ルイーズはウィーンの大ストライキに参加することになっていたが、リヨン駅で汽車に乗ろうとした時に逮捕された。フールミーにおける労働者の大虐殺の責任者である閣僚が、繰り返し叩きつぶさなければならない力をルイーズの中に見ていた。今になって彼女は気が狂っていて危険であるという理由で、閣僚はルイーズを監獄から精神病院へ移すことを要求するようになった。同志たちがイギリスへ渡るように説得したのは、彼女を葬り去ろうとするこの残忍な計画のためだった。

フランスの大衆紙は、彼女を女らしい性質も魅力もない野獣「赤い乙女」として描き続けた。もう少し上品な新聞は彼女のことをおそるおそる書いた。彼らは彼女を恐れていたが、自分たちの空虚な精神や心のはるか高みにあるものとして一目置いてもいた。最初に会って、その近くに座った時に、彼女の魅力に引きこまれない人がいるだろうかと私は思った。彼女が身なりをかまわないのは事実で、実際に自分に関してこれほど無頓着な女性に出会ったことがなかった。衣服はすり切れていたし、帽子も古ぼけていた。それに着ているものは何ひとつ似合っていなかった。しかし彼女の全存在は内なる光によって輝いていた。人を動かさずにはおかない力強さと、心をうつ子供のような純真さを備えた彼女の輝くばかりの個性の魅力に、人はたちまち虜にされてしまうのである。ルイーズと過ごしたその午後は、これまでの私の人生において起きたどんなこととも異なる体験をもたらした。彼女の手との触れ合い、私の頭にそっと置かれた手の感触、親愛の情と同志愛に満ちたその言葉は私の心を開き、彼女のいる美の領域へと接近させた。

ピョートル・クロポトキンを訪ねる

リーズとグラスゴーの大集会で私は演説し、多くの活動的で献身的な労働者と知り合いになった。ロンドンに戻ってくると、クロポトキンから訪ねてくるようにという手紙が届いていた。ついに私は長きにわたって胸に抱いていた夢を実現し、偉大なる師に会えることになるのだ。

ピョートル・クロポトキンはルーリク家の直系の子孫であり、ロシア帝位の正真正銘の継承者であった。しかし彼は人道上の理由からその地位と財産を放棄して、さらにそれ以上のことを実行した。アナキストとなってからアナキズム哲学の発展と研究に深く献身するために、輝かしい科学者としての経歴を捨ててしまった。そして無政府共産主義の最も卓越した擁護者となり、また明晰な思想家、理論家となった。彼は敵味方を問わず、十九世紀において最も偉大な知性であり、最も傑出した人物であると見なされていた。クロポトキンの住んでいるブロムレイに向かう途中で、私は不安になっていた。ピョートルが近寄り難い人で、あまりにもその仕事に打ちこんでいて、日常の社会的付き合いができないのではないかと恐れたのである。

しかし彼に会って五分もすると、私は安心を覚えた。家族の者は留守で、ピョートル自ら心のこもった親切な態度で迎えてくれたので、私はすぐに気が楽になった。すぐにお茶の用意をします、その間に大工仕事の作業場と手作りの家具を見てくれませんかと彼は言った。書斎に私を案内して、とても誇らしげに彼の作ったテーブルや長椅子や棚を指し示した。それらはまったくの手作り品だったが、彼は得意気だった。なぜならばそれらは苦心の跡を物語っていたし、彼は常々精神的活動と肉体的努力を結びつける必要性を強調していたからだ。今となって、その二つをいかにうまく調和させるかを証明できたのである。科学者であり哲学者でもあるピョートル・クロポトキンが示した手作りの物に対する愛情と敬意は、どのような職人でも決して見せたことがないものだった。手仕事の産物に示された彼の健全な喜びは、大衆と彼らの人生を創り出していく能力に対する燃えるような信頼を象徴していた。

自ら用意したお茶を飲みながら、クロポトキンは私にアメリカの状況や運動やサーシャのことを尋ねた。彼はサーシャの事件を追跡していて、その一部始終を知り、サーシャに対して並々ならぬ敬意と関心を払っていた。私はイギリスの印象と、政治的自由のかたわらにある貧困と極端な富裕との対比について感想を述べた。政治的自由とは大衆をなだめるために投げ与えられた骨のようなものではないかと尋ねた。ピョートルは私の意見に同意した。イギリスは、国民を飢餓から守るために必要な物を創り出す代わりに物を売買するのに忙しい商人根性の国家だと彼は言って、続けた。「イギリスのブルジョワジーは不満が広がるのを恐れるそれなりの理由を持っている。だから政治的自由がそれを防ぐ最良の安全弁となっている。イギリスの政治家たちは抜け目がない。彼らはいつも政治的な手綱を締めすぎないように注意を払ってきた。普通のイギリス人は自分たちが自由だと考えることを好む。そうすることで自分たちの悲惨さを忘れようとする。それがイギリス労働者階級のアイロニーでもあり悲哀でもある。もしイギリスが旧来の衰退しつつある貴族によって現在でも占有されている広大な土地を解放しさえすれば、その住民であるすべての男女、子供を養うことができるだろう」。ピョートル・クロポトキンを訪問したことで、真の偉大さは常に誠実さを伴うものであると私は確信した。彼は両方を兼ね備えた人物だった。その知性の明晰さと輝きは心の温かさと一体になって、魅力的で慈悲深い調和をかもし出していた。

イギリスの庭と貧困を後にする

私はイギリスを去るのが残念でならなかった。短い滞在の間に、多くの人たちに会い、友人となり、偉大な師たちと個人的に接触することで人間的に豊かになった。本当にすばらしい日々だった。それに、これまでこのように濃い緑の草木と豊かな庭や公園や花を見たことがなかった。同時にこれほど陰惨な貧しさも見たことがなかった。自然そのものが豊かさと貧しさを露骨に示しているようだった。ハムステッドの美しい青空はイースト・エンドではくすんだ灰色に、太陽の光は鈍い黄色のしみに見えた。イギリスにおける異なった社会階層の間に横たわるあまりの落差は恐ろしいほどだった。それらのことは、不正に対する憎しみや理想のために働こうとする私の決意を強めさせた。看護婦になるために受けようとしている訓練に伴う時間の損失を惜しく思った。しかしアメリカに戻る時には資格を取り自立しているのだという思いによって自らを慰めた。ロンドンにとどまることはできなかった。私の訓練課程は十月一日に始まることになっていた。ウィーンに向けて出発しなければならなかった。

ウィーンで勉強を始める

ウィーンはエドから聞かされていたよりもさらに魅力的だった。ウィーンの大通りであるリング通りは壮麗な古い建物やきらびやかなカフェが建ち並び、広い遊歩道には大きな樹木がそびえていた。特にプラーターは公園というより森に近く、私がこれまで見た最も美しい都市のうちのひとつであった。その全体像はウィーンの人々の快活さと陽気さによってさらに引き立っていた。それに比べるとロンドンは墓場のようだった。ここには色彩があふれ、生活と喜びに満ちていた。私はそれに融けこみ、その寛大な腕の中に身をまかせ、プラーターのカフェに座って、ウィーンの人々を観察したかった。しかし私は別の目的で来たのであって、気晴らしをしている余裕はなかった。

私の勉強には助産婦の科目の他に小児科コースも入っていた。看護婦としての短い経験で、専門学校を終えた看護婦たちが子供の世話をするのにいかに不適切であるかを見てきた。彼女たちは無慈悲であり、横暴で思いやりに欠けていた。私自身の子供時代も同様のことで不幸であったが、逆にそれが子供に対する同情の気持ちを抱かせた。私は大人より子供に対しての方が辛抱強かった。病気のために募ってしまった子供たちの依存心は、いつも私の心を深く動かした。私は彼らに単に愛情を与えるだけでなく、その世話ができるようになりたかった。

講義室での経験

人間の身体のあらゆる病気に関する講座を持ち、しかもそれらを治療する公共病院は、熱心で積極的な学生にまたとない機会を与えてくれた。そこは傑出した公共機関で、何千人もの患者と看護婦と医者と看護士たちを有する、まぎれもないひとつの都市そのものだった。各部署の責任者はそれぞれの専門分野で世界的に有数の人物であった。助産婦の講座は、幸いなことにその長として著名な婦人科医であるブラウン教授を擁していた。

彼は優れた教師であるだけでなく、愛すべき人物で、その講義は無味乾燥でも退屈でもなかった。授業だけでなく、手術の最中でさえも、このドイツ人紳士の教授はユーモラスなエピソードやドイツ人女生徒を困らせるような発言によって、物事を活気づけていた。たとえば、十一月と十二月に出生率が比較的高くなることを説明して、言うのだった。「皆さん、それはカーニバルのせいだよ。この最も陽気なるウィーンの祭の間には、最も貞淑な娘さえその気になってしまう。彼女たちが自然衝動にたやすく負けてしまうと言っているのではない。それはただ、自然が彼女たちの繁殖力を豊かに開花させるだけなのだ。男たちは言わば彼女たちを見つめるだけでいい。そうすると彼女たちは妊娠するのだ。だからすべては自然に帰すべきであり、若い連中を責めてはいけない」。さらにブラウン教授はある女性患者に関する話をして、何人かの謹厳な生徒を怒らせた。数人の男子生徒が彼女を診察し、診断を下すように命じられて、一人ずつその命令を実行したが、誰一人あえて診断を下そうとしなかった。彼らは教授が意見を授けてくれるのを待っていた。この偉大な人物は診察を終えた後で言った。「諸君、これはすでに君たちの大半がすでに経験したか、現在経験しているか、それとも将来経験するであろう症状なのだ。その原因となる魅力、その進行に伴う苦痛や治療の代償に抵抗できる者はほとんどいない。梅毒だ。」

産婦人科の講義に出席している人々の中に、キエフやオデッサから来たユダヤ人の少女が何人かいた。はるばるパレスチナから来た少女も一人いた。彼女たちは誰もが講義を理解するに足るドイツ語を身につけていなかった。ロシア人たちは非常に貧しく、月に十ルーブルで暮らさざるをえなかった。職業で身を立てるためのこうした勇気と忍耐は、私の励みにもなった。しかし私が賛嘆の意を表わしても、少女たちは当たり前のことだと答えた。何千人ものロシア人が、ユダヤ教徒も異教徒も問わずそうしているのだった。外国にいる学生はことごとくわずかな生活費で暮らしていた。どうして自分たちにできないことがあろうか？ 私は尋ねた。「でもドイツ語がよくわからないのに、どうやって講義を聞いたり、教科書を読んだりできるの？ どうやって試験に合格するつもりなの？」。それは彼女たちにもわからなかったが、何とかやっていくつもりでいた。何やかや言っても、ユダヤ人なら少しはドイツ語がわかると彼女たちは言った。私にとって気の毒だったのは二人の少女だった。二人は小さなひどい部屋で暮らしていたが、私は大きくてきれいな部屋にいたので、一緒に住まないかと持ちかけた。私たちが病院の夜間勤務につかなければならないことはわかっていたが、大半は同じ時間ではないはずだった。一緒に住めば彼女たちの出費も減るし、私がドイツ語を教えることもできる。まもなく私たちの部屋は男女を問わずロシア人学生のたまり場になった。

私はウィーンではE・G・ブラディ夫人で通っていた。この名前で出国しなければならなかったためで、本名では許可されるはずがなかったからだ。偽名を用いるべきではないという固定観念にとらわれていなかったし、それにカーシュナーの市民票でパスポートを手に入れることもできたが、彼と離婚して以来、その名前は使っていなかった。実際、一八九三年に一度会っただけで、それはロチェスターで病気になった時だった。その名前には苦しい思い出以外何もなかった。ブラディはアイルランド人で、私の身元に何の疑いも生じさせないことがわかっていた。だから頼んでパスポートを入手したのである。

ウィーンでの楽しい出来事

ウィーンで私はとても用心深くしなければならなかった。ハプスブルグ家は専制政治を行ない、社会主義者とアナキストに対する迫害は苛酷だった。それゆえに、追放されたくなかったので、私は同志たちと公然と付き合うことはできなかったが、それでも様々な社会運動で活躍している興味深い人々と知り合う妨げにはならなかった。

私の勉強と病院での度々の夜間勤務も、ウィーンの文化的催しや音楽や演劇に関する興味をそぐものではなかった。私は若いアナキストであるシュテファン・グロスマンと出会った。彼は都市生活についてとても詳しかったが、私の嫌いな多くの癖を持っていた。異教徒の馬鹿げた習慣をカメレオンのように身に着けることで出自を隠そうとする彼の努力は、私を苛立たせた。初めてグロスマンに会った時、フェンシングの先生が彼の「ドイツ人の足取り」をほめたと私に言った。「それは大したほめ言葉ではないわ。もし彼があなたのユダヤ鼻をほめたのなら自慢になるかもしれないけど」と私は答えた。それでも彼はよくやってきて、次第に私は彼に好意を持つようになった。彼は乱読家であり、新しい文学の熱烈な信奉者だった——フリードリッヒ・ニーチェ、イプセン、ハウプトマン、フォン・ホフマンスタール、そして古い価値を呪詛しているその他の代表的人物たち。私は彼らのいくつかの著作を、断片的ではあるが、優れた作家であるロベルト・ライツェルがデトロイトで発行していた週刊誌『哀れな悪魔』で読んでいた。それはヨーロッパの新しい文学の息吹に読者が触れることのできる、アメリカで唯一のドイツ語新聞であった。ヨーロッパを揺り動かしていた偉大な知性の作品からなるコラムを読んだことは、確かに私の貪欲な精神を刺激した。

ウィーンでは現代ドイツ語の散文と詩に関する興味深い講義を聴くことも、芸術や文学における若い偶像破壊者たちの著作を読むこともできた。その中で最も挑戦的なのはニーチェだった。彼の言葉の魔術性と幻視の美しさは、私を思いもよらない高みへと誘った。私は彼の書いたものすべてを読破したかったが、貧しくてそれらを買うことができなかった。しかし幸いなことにグロスマンは、ニーチェとその他の現代思想家の著作を持っていた。私は寝る暇も惜しんで読書に励まなければならなかった。だがニーチェに没頭していられる喜びを思えば肉体的疲労など何であろう。彼の精神の炎、音楽のような文章のリズムは私の人生を豊かにし、充実させ、さらに魅惑的なものにするのだった。私はこれらの宝物を最愛の人と分かち合いたくて、新しく発見した世界のことを綴った長い手紙を書いた。

彼の返事ははっきりしたものだった。明らかにエドは新しい芸術に対する私の情熱に共感していなかった。それよりも私の勉強と健康を気遣い、役に立たない読書にエネルギーを使いすぎないようにと書いてきた。私はがっかりしてしまったが、彼自身が新しい文学を読む機会を持てば、その革命的精神を評価するにちがいないと自分を慰めた。エドのもとに本を持って帰るために、私は金を稼がなければならないと決意した。

フロイトを学ぶ

生徒の一人から、有名な若手教授であるジグムンド・フロイトの講座があることを聞いた。しかし彼の連続講座に出席するのは難しく、医師か特別聴講カードを持っている人しか許可されていなかった。フロイトと同様に性の問題を論じているブルウル教授の講座を取ったらと友人が勧めてくれた。彼の生徒になれば、フロイトの講座を聞く許可を得られる可能性が高いということだった。

ブルウル教授は弱々しい声の老人だった。彼の扱っているテーマは私には不可解であった。彼は「ホモセクシャル」とか「レスビアン」とか、その他にも一風変わった事例について話していた。また聴講者たちも変わっていて、なまめかしい物腰の女性的な男や、男にしか見えない低い声の女性がいた。確かに奇妙な集まりだった。これらのことは後になってジグムンド・フロイトの講義を聞いた時に氷解した。彼の誠実さと情熱と精神の輝きは一体となって、暗い穴倉から広々した明るさの中に人を引き出す感覚を与えた。私は初めて性の抑圧の真の重大さと、それが人間の思考や行動に及ぼす影響を理解した。彼は私自身や自分の欲求を理解する手助けをしてくれた。そしてまた下劣な精神の持ち主だけがその研究の動機を非難したり、フロイトのようにとても偉大で立派な人物を「不潔だ」と考えていることに気づいた。

ウィーンで私は一日の大半の出来事に様々な興味をかきたてられていた。それでも私は何とか演劇を見たり、多くの音楽を聞きに行ったりしていた。私は初めて『ニーベルングの指環』の全曲とその他のワーグナーの作品を聞いた。その音楽は私をいつも感動させた。ウィーンでの演奏は魅力にあふれていた――すばらしい歌唱、完璧なオーケストラ、そして巧みな指揮だった。そのような体験の後で、ワーグナーの息子の指揮する演奏を聞くのは苦痛であった。ある夜ジークフリート・ワーグナーが彼自身の曲である『ベーレンホイター』を指揮した。それはあまりにもつまらなかったが、父親の作品を指揮してもまったくだめだった。私は不快になりコンサートの席を立った。

ウィーンは私に多くの新しい体験をもたらしてくれた。その中で最も印象的だったのは、ズーダーマンの『故郷』でマグダを演じたエレノオラ・ドゥーゼであった。その芝居自体が画期的な演劇行為であるだけでなく、ドゥーゼが自らそこに注ぎこんだものはズーダーマンの才能を超越して、その作品に真の劇的な深みを伴わせていた。何年か前にニュー・ヘーヴンで『フェードラ』を演じたサラ・ベルナールを見た。彼女の声と仕草とその強烈なイメージは、まさに天啓だった。その時私は、誰一人この境地を乗り越えられないだろうと思った。しかしエレノオラ・ドゥーゼはそれよりも高い頂をきわめていた。彼女の才能は技巧というよりもあまりにも豊かで完璧であり、その演技は舞台の上の芸というにはあまりに真に迫っていた。そこには激しい仕草も大げさな動きもわざとらしい声の響きもなかった。彼女の声は豊かで震えを帯び、どのような声音でも一定のリズムを保ち、表情に富んだ顔は感情の豊かさを映し出していた。エレノオラ・ドゥーゼは自分自身の精神とマグダの荒々しい気質のすべてのニュアンスを混合させて演技していた。それは天に届こうとする芸術であり、人生の天空に輝く星そのものだった。

人間的に成長してアメリカに戻る

試験が近づくと、私はもはやダニューブ河畔の魅力的な街の誘惑に浸っているわけにはいかなかった。まもなく私は助産婦と看護婦に関する二つの免状を立派に取得した。これで帰国できるのだが、ウィーンを去りがたかった。ウィーンは実に多くのものを私に与えてくれたし、もう二週間ほどゆっくりと過ごした。その間に同志たちと多くの時を過ごし、オーストリアにおけるアナキスト運動について多くを学んだ。いくつかの小さな集会で、私はアメリカとその国での私たちの闘いについて講演した。

フェジャは帰りの二等船賃と洋服を買うようにと百ドル送ってくれた。私は愛する本に金を投資する方を選び、文学史を形成しつつある作家の一連の作品、特に劇作家のものを購入した。どんなに多くの洋服を持っていようと、私のささやかな蔵書ほどにも喜びを与えることはできなかったからだ。あえてトランクに入れて船便で送ることすらしないで、スーツケースに本を詰めて持ち帰ることにした。

ニューヨークの埠頭に向かって進むフランス籍の定期船の甲板に立ち、私はエドより先に彼を見つけた。彼はバラの花束を抱えてタラップの側に立っていたが、私が降り立った時、私に気づかなかった。雨の降る夕方で薄暗く、私が大きな帽子をかぶっていたからなのが、それとも痩せたからだろうか。しばしの間、私は彼が乗客を確かめているのを立って眺めていたか、彼が心配そうな感じになっているのがわかったので、後ろから忍びよって、手で彼の目をふさいだ。彼は素早く振り返ると、いきなり私を抱きしめ、震える声で叫んだ。「一体どうしたんだい。病気なのか?」。私は答えた。「とんでもないわ！　精神的に成長しただけよ。帰りましょう。それから全部お話しするわ。」

私たちの住居をもっと快適なアパートに移したことや、フェジャがその飾りつけを手伝ってくれたことをエドは手紙で知らせていた。そこは私の予想よりもはるかにすばらしかった。新しい住居は十一番街のドイツ人居住区にある古風なアパートだった。大きな台所の窓から美しい庭園が見え、正面の部屋は広々として天井が高く、好みに合った古いマホガニーの家具が備え付けられていて、簡素ではあるが居心地はよさそうだった。壁には珍しい写真がかけられ、棚には私の本が並べられていた。雰囲気も味わいもある部屋だった。

エドはずっと前から用意した心のこもった夕食のもてなし役を務め、そこにはジャスタス・シュワブから送られたワインもあった。彼は今や金持ちなのだ、何と週十五ドルも稼いでいるとエドが教えてくれた。それから私たちの友人の近況を話してくれた。フェジャ、ジャスタス、クラウス、それから何よりもサーシャのことについて。外国にいる間、私はサーシャと直接連絡を取ることができないでいたので、エドが私たちの仲介者の役を務めてくれていた。そのことはサーシャとの連絡の気がかりな遅延を意味していた。私は勇気ある人からの手紙が届いていることを知って狂喜した。私の到着の日を見計らって彼が手紙を出すことができたのは僥倖のように思われた。いつものようにサーシャの手紙は不屈の精神にあふれていた。そこには彼自身の生活に関する不平はなく、外部の活動や私の仕事とウィーンでの印象についての大いなる関心が示されていた。ヨーロッパはあまりにも遠い。私に二度と会うことができないとわかっていても、アメリカへ戻ったことは私を身近に感じられる。おそらくピッツバーグにも講演旅行に来るだろうし、それは私と彼が同じ町にいるという思いにさせられるだろうと彼は書いていた。

私がヨーロッパに発つ前に、友人であるアイザック・アワーウィッチがサーシャの裁判における違法な訴訟手続きを理由に最高裁判所へ上告して彼を助けようと提案していた。かなりの努力と費用をかけて、私たちは公判記録を入手した。すると、異議のための訴訟手続きの基盤とすべき法的理由がないことがわかった。サーシャの場合に即して言えば、彼は裁判長の判決に対してあえて異議申し立てをしていなかった。その結果、控訴することができないのであった。

サーシャの刑に対する訴え

私がウィーンにいる間に、何人かのアメリカ人の友人が恩赦局への申請を提案した。アナキストの立場として、私は内心そのような手段を取ることに反発を感じていた。サーシャがそれを是認しないと確信していたからだ。だから私は彼にその提案を知らせもしなかった。私が海外にいて不在の間に、彼は何度も地下牢に放りこまれ、健康を損なうまで独房に閉じこめられていた。本人にとって大義を貫くということは称賛すべきものであるが、他者の立場から見れば許容できず、罪深いものではないかと私は考え始めた。それは、すべてを考慮した上で、恩赦局に申請を出させてほしいとサーシャに懇願する気にさせた。ところが彼の返事は私の恩赦願いに対して憤慨し、傷ついたというものだった。自分の行為はそれ自体が正当であり、資本主義制度の不正に対する抗議の意思表示である。法廷や恩赦局はその制度の防波堤なのだ。そのような手段に同意しようとしたのは、君が以前より革命的でなくなったにちがいないか、さもなければ自分に対する君の心配からにすぎない。いかなる場合でも、君が僕のために信念に背く行為をすることは望んでいないと彼は書いてきた。

サーシャへのエンマ・リーの面会許可は下りず

エドはその手紙をウィーンにいる私に送ってきた。それは私を落ちこませ、失望させたが、私の努力をやめさせはしなかった。ペンシルベニアの友人たちが、その州では恩赦の申請に個人の署名が必要ではないことを知らせてくれた。私は再びサーシャに手紙を書き、彼の生命と自由は運動にとってあまりにも貴重であるので、請願する者を拒否することはできないと強調した。最も偉大な革命家たちの何人も、長い刑期を科せられた後には自由を得るために請願している。彼が自分自身にとってそうした手段を取ることに同意したくないとしても、私のために友人たちが労するのを許してもらえないだろうか？私自身もほとんど彼と同様にかかわった行為のために、サーシャだけが監獄に囚われているという意識にこれ以上耐えられないのだと説明した。私の懇願は彼に何らかの影響を与えたようだった。彼の返事は恩赦局に対していかなる信頼も持っていないと繰り返していたが、外にいる友人たちは自分たちの取ろうとしている手段が適切かどうかよく判断できる立場にいるのであるから、これ以上異議を唱えるつもりはないとあった。それに付け加えて、よく話し合いたいことも他にあるので、エンマ・リーが面会許可証を手に入れられないだろうかとも書かれていた。

エンマはピッツバーグに移っていて、そこのあるホテルの洗濯部門の監督者の地位を得ていた。彼女は刑務所の教誨師と文通を始めていて、サーシャの面会を回復させる企てに関心を持たせようとしていた。何ヵ月か待った後、教誨師はエンマ・リーの面会許可を取り付けることに成功した。しかし彼女が刑務所を訪れると、所長はサーシャに会わせることを拒否した。彼はエンマに言った。「ここでは教誨師ではなく、俺だけが権力者なのだ。俺が担当しているかぎり、誰一人囚人A－7に面会は許さない。」

エンマ・リーは自分が激しい抗議をしても、サーシャの恩赦の機会を損なうだけだと思った。彼女は私があの運命の日にリード保護司の店で示した以上の自制心を備えていた。私たちは自分たちの努力でサーシャを敵の手から取り戻すという望みをあきらめきれなかった。

私はサーシャのための運動の支援を約束してくれたヴォルテリン・ド・クレールのことを思い出し、連絡を取った。すぐさま彼女は彼のための大衆への呼びかけを文書にすることで応えてくれたが、それを私ではなくエドに送ってきた。一瞬、私は軽視されたことに腹を立てたが、その文書を読むと憤りが消えてしまった。それは躍動力と美しさに満ちた一編の散文詩であった。私たちの行き違いについては触れずに、彼女に感謝の手紙を書いたが返事はなかった。

請願が拒絶される

請願運動が始められ、あらゆる急進的な人々が私たちを支援してくれた。ある著名なピッツバーグの弁護士が関心を示し、ペンシルベニア恩赦局にこの件を提出するのに同意してくれた。

私たちは大きな期待に駆られて、精力的に活動した。再びサーシャの希望がよみがえりつつあった。彼の人生、躍動する人生が今や彼の前に開けようとしていた。しかし私たちの喜びは長くは続かなかった。恩赦局は請願を拒否したのだった。バークマンのその他の判決についての「現実的不正」を検討する前に、まず最初の七年の刑をまっとうすべきであるというのが恩赦局の見解だった。それはカーネギーとフリックの気分を損ねるようなことは何もできないことを明らかにしていた。

私の受けたショックはあまりにも大きく、それがサーシャに及ぼす影響を恐れた。この残酷な仕打ちに対して、彼を救うために何を書き、何と言うべきなのだろうか？　サーシャなら一八九七年まで持ちこたえることができるほど強靱だというエドの確信的な言葉も、私の救いにならなかった。私は彼の減刑の望みを失ってしまった。サーシャを生きたまま放免しないというリード保護司の脅しが耳元で鳴り響いていた。私はサーシャに手紙を書けずにいたが、その前に彼から手紙が届いた。手紙によれば、彼はそれほどの成果を期待していなかったし、また大して絶望もしていなかった。恩赦局の行為はアメリカ政府と財閥との緊密な協力関係を改めて証明したにすぎない。それは私たちアナキストが常々主張してきたことだ。一八九七年に請願を再提出するという恩赦局の約束は、世論の目をごまかし、友人たちを疲弊させるための策略にすぎない。鉄鋼業の利益を代弁している連中が自分のために行動を起こすはずがない。しかしそれは問題ではない。まず最初の四年間を生き延び、闘いを続けていくつもりだ。

「僕たちの敵は僕を倒したという機会を永遠に持てないだろう」と彼は書いてきた。

彼は私や新しく得た友人たちの支援を常に念頭に置いていた。私たちの大義に絶望したり、気をゆるめたりしてはいけないのだ。私のサーシャ、不屈のサーシャ――彼はエドが言ったように強靱であっただけでなく、力強い一本の柱なのだ。バルチモア・オハイオ駅の蒸気機関車が私たちから彼を奪い去ったその日以来、彼は小さな私心や個人的心配事や日常の決まりきった仕事という暗い地平線の上にあって、輝く流星のように存在していた。彼は人間の魂を清める白日の光のようであり、人間の弱さを超越し、畏敬の念さえ喚起させた。

◎第15章◎ エドとの葛藤、助産婦の仕事

W・J・ブライアンの自由銀貨鋳造運動

アナキスト諸派が今や復活しつつあった。一八八七年以降のどの時期よりも激しい活動が行なわれていた。特にアメリカのアナキストの間において、そうだった。一八九二年にS・メルリーノによって創刊され、後に休刊となった英語の雑誌『連帯』が九四年に復刊され、その周辺にとても有能なアメリカ人たちが集まっていた。その中にはジョン・エデルマン、ウィリアム・C・オーウェン、チャールズ・B・クーパー、精力的な女性労働組合主義者であるヴァン・エトン、その他多くの人々がいた。社会科学研究会が組織され、毎週講義が行なわれた。

その活動はアメリカ知識人層の間でかなりの関心を集めた。といってももちろん、新聞の悪意に満ちた攻撃から免れはしなかった。アナキズムが説かれていたのはニューヨークだけではなかった。オレゴン州のポートランドではもうひとつの英語の週刊誌『扇動者』が発行され、才能あふれる男女のグループを形成し、その中にはヘンリー・アディスやアイザック一家の人々もいた。またボストンでは、若くて熱意あふれる同志ハリー・M・ケリーが『反逆者』を刊行していた。フィラデルフィアではヴォルテリン・ド・クレール、H・ブラウン、パール・マクロード、それからその他の私たちの思想への勇敢な擁護者たちによる様々な活動が行なわれていた。実際に、アメリカ合衆国のいたる所で、シカゴの殉教

者たちの魂が復活してきていたのだ。シカゴ殉教者の一人、スピエズや彼の同志たちの声がアメリカに住む各民族の言葉のみならず、英語でも語られるようになっていた。

チャールズ・W・モウブレイとジョン・ターナーの二人のイギリス人アナキストの訪米によって、私たちの運動はかなりの刺激を受けた。前者は私が釈放されてまもなく、一八九四年にやってきて、今ではボストンで活動していた。二人のうちでより教養があり、知識人であるジョン・ターナーは、ハリー・ケリーの招きに応じてアメリカに来ていた。どういうわけなのか、彼の講演は最初人が集まらず、そこでニューヨークにいる私たちがその講演の手はずを整える必要に迫られた。ロンドン滞在中に、私はジョンと彼の妹のリジールに会っていたし、二人とも優しく温和で親切であったことが強く印象づけられていた。とりわけジョンと話すのは楽しかった。それは彼がイギリスにおける社会運動に精通し、彼自身、労働組合や協同組合の活動家と親しく交わっていて、ウィリアム・モリスによって創刊された『民生』の人たちとも同様であったからだ。しかし彼は何よりもアナキズムの情宣に力を尽くしていた。ジョン・ターナーの訪米は、彼の講演の司会をたびたびしなければならなかったので、私の英語を試す機会となった。

自由銀貨鋳造運動はその絶頂期にあった。金に対して十六対一の比率での銀貨の自由鋳造という提案は、ほとんど一夜にして国家的関心事となった。「労働者の額にいばらの冠をつけさせはしないし、人類を金の十字架に磔にはしない」という巧みな演説と宣伝文句で民主党大会をどよめかせたウィリアム・ジェニングス・ブライアンの突然の登場によって、この運動は力を得ることになった。ブライアンは大統領選に出馬していた。この「銀の舌」を持つ演説家は町角の人々の心をとらえた。新しければすべての政治的目論見にいともたやすく引っかかってしまうアメリカのリベラル層はほとんど一人残らず、自由銀貨を唱えるブライアンの側になびいた。アナキストですら、何人かは彼のスローガンに乗せられてしまった。

ある日、著名なシカゴの同志ジョージ・シリングが、東部の急進派の協力を得ようとしてニューヨークにやってきた。ジョージは個人主義的アナキズムのリーダーで、彼の新聞の『自由』の寄稿者であるベンジャミン・タッカーの熱烈な信奉者だった。だが師とするタッカーと異なり、労働運動を身近に体験していたし、またより革命的であった。アメリカにおける民衆の目覚めがジョージの望みであったが、自由銀貨問題は独占と国家の基盤を突き崩す力になるのではないかという信頼を抱かせた。新聞によるブライアンに対する悪意に満ちた攻撃は彼の主張を逆に支え、ジョージや他の多くの人々をしてブライアンを殉教者と見なすようになった。新聞はブライアンを「アナキストのオールトゲルトと革命家のユージン・デブスの血に汚れた手中にある傀儡だ」と書きたてた。

私はブライアンに対する熱情を共有できなかった。ひとつには根本的変革をもたらす手段としての政治機構に信頼を置いていなかったし、またブライアンにはどこか口先だけで、もろいところがあるように思われたからだ。彼の主な目的は民衆の「鉄鎖を打ち砕く」よりも、ホワイトハウスに入ることだという感情を持っていた。私は彼に近づかないようにしていたし、誠実さの欠如を感じて、彼を信用していなかった。この私の態度は二つの陣営から同時に非難を受けた。まずジョージが私に、自由銀貨鋳造運動に加わるように催促してきた。「西部が革命的行進を東部に向けている時に、あなた方東部の人間はどうするつもりでいるのですか？　いつまでも議論しているのか、それとも私たちとともに闘うつもりがあるのですか？」と私に会った時、彼は尋ねた。私の名前は西部にまで届いていて、略奪者の手から民衆を解放する大衆運動においては貴重な存在になりうると彼は請け合った。ジョージは熱心ではあったが非常に楽観的であり、私を説得するには至らなかった。私たちは友人として別れた。ジョージは迫りつつある革命に対する判断が私に欠如していることを残念がり、頭を振っていた。

サーシャに対する不当な誤解

その夜、私たちはジョン・マクラッキーと名乗るかつてのホームステッド市民の訪問を受けた。彼のことは鉄鋼ストライキに対するスト破り事件の際にとった決然とした態度によって覚えていたし、彼の労働者との連帯も評価していた。古きジェファーソン時代の民主主義者の良き典型であって、この大柄で快活な人物に会えてうれしかった。ヴォルテリンに勧められてサーシャのことで私に会いに来たと彼は言った。彼はヴォルテリンに、バークマンがもはや西部刑務所にいないと知らせに行ったのだった。ホームステッドの他の多くの人々と同様に彼もまたバークマンがフリックを殺すつもりなどなく、フリックの同情への駆りたてのためにのみ、あのような行為をなしたのだと信じていた。サーシャに下された法外な判決は民衆を騙すためのペンシルベニア裁判所側の計略にすぎない。ホームステッドの労働者たちはアレクサンダー・バークマンがとっくの昔に釈放されていると確信している。ヴォルテリンはいかにマクラッキーの話が馬鹿げているかを証明する資料を与え、それをさらにはっきりさせるために彼を私の所に寄こしたのだ。

私はその男の話を聞いて、サーシャのことを正気でそんなふうに考えていることが理解できなかった。サーシャは青春を犠牲にして、すでに刑務所で五年間を過ごしていたし、地下牢や独房の苦しみを味わい、残酷な仕打ちを受けてきた。刑務所当局による迫害は彼を自殺未遂にまで追いこんでさえいた。その上さらに、彼が身を賭してまで救おうとしたまさにその民衆から疑いをかけられていたのだ。それはとんでもないことであり、残酷だった。私は自分の部屋に入り、サーシャの手紙を取り、マクラッキーに渡した。「読みなさい。その後でも、たった今私に話したありもしない話をまだ信じているようだったら聞かせてよ」と私は言った。

サーシャの支援のための自由銀貨鋳造運動への協力要請

彼は手紙の束から一通を抜き取り、注意深く読み、それから他の何通かにざっと目を通した。やがて彼は手を差し出して言った。「ゴールドマンさん、すまなかった。本当にすまなかった。あなたの友人を疑ったりして」。彼と仲間たちがいかに間違っていたか、ようやく悟ったと彼は確約した。「バークマンを監獄から出そうとするどんな試みでも、あなたの力にならせて下さい」と感情をこめて付け加えた。それから彼はブライアンについて言及し、もし私が自由銀貨鋳造運動に加われば、サーシャを助けるまたとない機会になると詳しく説明した。私の活動は民主党の有力な政治家たちとの身近な接触をもたらすだろうし、後日恩赦の件で相談できるだろう。彼自らが民主党のリーダーに会うことを引き受けるし、私の果たす役割を彼らが納得すれば、成功は間違いない。この仕事の結果について私が何の責任を負うこともないと指摘し、一緒に旅に出て、すべてを調整しよう。もちろん私にはかなりの手当てが支給されるだろうと彼は言った。

マクラッキーは明らかに、無邪気なほど私の思想をわかっていなかったが、率直で折り目正しかった。それと、おそらく私が彼に共感したのはサーシャを助けられるかもしれないという提案にもよっていた。それでも私はブライアンとは何の関係も持つことはできないし、彼は単に権力への踏み石として、労働者を利用していると感じた。

私の訪問客は気を悪くしなかった。彼は私の現実的感覚があまりにも欠如しているのを嘆いて帰ったが、ホームステッドの人々にバークマンのことを明らかにすると、誠意をこめて約束してくれた。

エドが数人の親しい友達たちと、サーシャについての恐ろしい噂の出そうな所を話し合った。それらはモストの態度によってもたらされたものだと私は確信していた。サーシャが「フリックを撃つのに少しばかりの傷を与えるために玩具の銃を使った」というモストの言葉を新聞が広く報道していたのを覚えていた。ヨハン・モスト――私の人生は波瀾に満ちていたので彼のことをほとんど忘れてしまっていた。サーシャへの裏切りの苦々しさは、かつて私の尊い存在であった男に対するやるせない失望の感情を引き起こした。モストの残した傷は少しは癒えてはいたが、感じやすい傷跡としてそのまま残っていた。マクラッキーの訪問はその傷口を再び開いた。

　シリングやマクラッキーとの出会いは、新しい活動があるのだということを私に気づかせた。それまで私がやってきたことは、私たちの運動における有益ではあるが第一段階にすぎなかった。私は今から旅に出て、この国と民衆を研究し、そしてアメリカの生活の脈拍に近づくのだ。新しい社会思想のメッセージを大衆に伝えるのだ。私はすぐに実行に移したかったが、英語に熟達し、それなりの資金を稼ごうと決心した。私は同志に頼ったり、講演で金を受け取ることを望んでいなかった。それに私はニューヨークで仕事を続けることができた。

フェジャが政治的姿勢を変える

　私は将来に対する情熱に満ちていたが、私の精神の昂揚に反比例して、私の目的へのエドの関心は衰えていった。私が彼と離れている時間をいつも快く思っていないことは、ずっと前から承知していた。私はまた女性の問題に関する限り、決定的な違いに気がついた。しかしそれを除けば、エドは私と一緒に行動してきたし、常に力になり、私の努力を支援してくれていた。だが今となって、彼は私のすべての行動が不満になり、批判的になった。日が経つにつれて、ますます不機嫌になり、私が度々夜遅い集会から帰ると、彼はきつい顔でおし黙って、神経質に足を揺すっていた。私は彼に近寄って、私の考えや計画を分かち合いたかったが、彼のとがめるような表情がそうさせなかった。私は自分の部屋で彼が来るのを待ったが、やってこずに、疲れたように緩慢にベッドに歩いていく音を聞くのだった。私は彼を深く愛していたので、そのことにひどく傷ついた。運動とサーシャに対する関心は別にしても、エドへの私の情熱は何にも代え難かった。

私はかつての恋人である芸術家に、今でもとても甘い感情を抱いていた。彼が私を必要としていると考えていたからなおさらだった。ヨーロッパから帰ると、彼がとても変わったことに気づいた。彼は職業上の地位が上がり、相当な金を稼いでいた。それでも貧しい時代と同様に私に優しく、ウィーン滞在中ずっと金銭的援助をし、帰ってからも新しいアパートの家具をあつらえてくれた。現実的に私に対する彼の態度は何の変化もなかったが、しばらくしてフェジャから以前のような運動の意味が失われてしまったことに気づいた。今では異なったサークルの中で生活し、彼の興味も変化していた。美術品の競売に夢中になり、すべての余暇を購入に注ぎこんでいた。長い間彼は美を切望していたので、今やいくらかの金もできると、美術品の収集に取りつかれたのだ。スタジオは彼の激しい情熱の実現の場となった。何ヵ月も経たないうちに、そこはすばらしい美術品でいっぱいになり、またすぐに他の物と取り替え、新しい掛け物、花瓶、絵画、絨毯等々で飾りつけるのだった。私たちのアパートにある美術品はすべて彼の「アトリエ」からもたらされたものだった。彼がもはや運動に対して金銭的な支援を申し出なくなるほどに、私たちが過去に共有した関心から遠去かってしまったと考えることは耐えられなかった。それでも彼は物質的価値には一度も重きを置いていなかったので、その浪費についても驚きはしなかった。

それよりも私は彼の新しい友人の選択に興味を持った。ほとんどすべての友人は新聞で働く男たちだった。彼らは道楽好きで世をすねた人たちで、その人生の主たる目的は酒と女であった。不幸にして、彼らはフェジャを同じ精神に染めてしまった。私の理想の友が頭も心もたちまち空洞になってしまうのを見るのは悲しいことだった。社会闘争はフェジャの人生において単なる過渡的な一面にすぎないとサーシャは常々思っていたが、フェジャがどうせ他の方面に引き寄せられるとしたら、芸術に向かってほしいと私は願っていた。彼がつまらない末梢的な快楽に流されていき、それにまったく満足しきっているのはとてもつらかった。だが幸いなことに、彼はまだ私たちを身近に感じていた。エドをとても尊敬していたし、私に対する愛情も、もはや昔と同様ではなかったが、それでもまだ彼の新しい環境の悪影響を部分的に中和するほどに冷めていなかった。

エドが私のもとを去る

フェジャはよく私たちの家に来た。ある時、エドに約束したペンスケッチのポーズを取ってくれないかと私に頼んだ。ポーズを取っている間、私たちの共有してきた過去、おそらくあまりにも優しすぎてエドの個性が及ぼした影響の前に身を引いてしまうほど繊細な私たちの愛情について考えていた。またフェジャの愛は、意思の衝突や抵抗、あるいは障害を乗り越える時にのみ発揮される私の荒々しい性質に対してあまりにも傷つきやすかったのだろう。フェジャは今でも魅力があった。だが私が激しく求め、身を焦がすのはエドだったし、私の血を炎に変えるのもエドだった。彼の愛撫は私を酔わせ、歓喜に導いた。彼の日常の態度が突然変化して、不満そうで、批判的なものになったのは私にとって耐え難い苦痛であった。しかし彼の沈黙を破る糸口を私から差し出すのはプライドが許さなかった。

エドがスケッチをとてもほめてくれて、私の表情をよくとらえたすばらしい作品だと称賛したと、フェジャが私に言った。けれどもエドは私の前ではそのことを一言ももらさなかった。しかしある夜、エドが抑えていたものが破裂した。「君は私から遠去かっていこうとしている！」と彼は興奮して叫んだ。「君との美しい生活の望みは断念するしかない。君はウィーンでの一年間を無駄にしている。あんなくだらない集会のためになげうってしまうために専門知識を身につけたことになる。それ以外のことには何の関心もなく、君の愛は私や私の求めているものを考えようともしない。私たちの生活を崩壊させんばかりの君の運動に対する関心は虚栄以外の何ものでもないし、喝采と栄光、それから脚光を浴びたいという熱望にすぎないのだ。君は単に浮かれているだけだ。私の愛を理解しようとも受け止めようともしない。君が変わるのを待ちに待っていたが、それも無駄だとわかった。私は君を他の誰とも、また何事とも共有したくない。さあ君が選ぶ番だ！」。彼は檻の中のライオンのように動き回り、時折私の方に目をすえた。何週間にもわたって彼の中に積もり積もっていたすべてが、今や非難や不平となって吐き出されたのだ。

私は愕然として座っていた。馴染んできた声の「選べ」との言葉が、耳の中でずっと響いていた。私の理想の人であったエドはまるで他人のようだった。彼は私の関心事や運動をやめさせ、彼の恋のために何もかも犠牲にさせようとしていた。モストも同じような結論を私に繰り返し言った。私は話すことも動くこともできずに彼を見つめていた。その間にも彼は抑えられない怒りで部屋の中を歩き回っていた。あげくの果てに彼はコートと帽子を取り、出て行ってしまった。

何時間も私は虚脱状態で座っていた。その時激しく呼び鈴が鳴り、私は立ち上がった。それはお産の呼び出しだった。何週間も前から用意してあったバッグを取り出して、私を迎えに来た男と一緒に部屋を出た。

エド不在の悲しみを仕事で紛らわす

ヒューストン通りのアパートの六階の二部屋に三人の子供が眠っていて、一人の女が産みの苦しみに身もだえていた。ガスは通っておらず、灯油ランプだけで湯を沸かさなければならなかった。私がシーツのことを尋ねると、男は私の言っていることがわからなかった。その日は金曜日で、妻が洗濯したのは日曜日なので、ベッドのシーツ類は汚れてしまっている。だから土曜日の安息日に使うつもりでいたテーブルクロスを使っても構わないと彼は言った。「赤ちゃんのためのおむつやその他の物は用意してあるの？」と私は尋ねた。男は何もわからなかった。女が数枚の破れたシャツや包帯、少しばかりのぼろ切れの束を指差した。あたり一面から信じられないような貧しさがにじみ出ていた。

テーブルクロスと私の持ってきた予備のエプロンで、出産の準備に取りかかった。それは私が一人でする最初の仕事だったし、エドの感情の爆発によるショックで神経が苛立っていた。だが私は自分自身を強固にして、必死で仕事をした。朝も昼近くになって、私は新しい生命がこの世にもたらされる手助けをした。私自身の生命の一部はその前夜に死んでしまっていた。

エドに戻ってくれるように頼む

一週間にわたるエドの不在の悲しみは仕事によって紛らわされた。何人かの患者の世話とホワイト博士の手術の手伝いで、嘆いている時間などほとんどなかった。晩になるとニューアークやパターソン、その他の近くの街の集会に出席していた。しかし夜、アパートで一人になるとエドとの場面が思い出され、苦しめられた。彼が私を愛していたことはわかっていたが、あのように去っていき、こんなにも長い間戻ってこないで、居場所すらも知らせないことに憤慨していた。私は愛する人の権利を否定するような愛と、愛する者の犠牲でしか成立しない愛に妥協できなかった。そのような消耗する感情に屈するわけにはいかないと思っていたが、次の瞬間エドの部屋にいるのに気づき、ほてった顔を彼の枕に乗せると、私の心は彼を求める思いで締めつけられた。

二週間経った時、私の彼を求める気持ちはすべての決心を崩した。私は彼の職場宛に手紙を書き、戻ってくれるように頼んだ。彼はすぐに戻ってきた。私を胸に抱きしめ、涙と笑いの中で、彼は叫んだ。「君は私より強い。ここを出て以来、ずっと君を求めていた。毎日帰ってこようとしたが、あまりにも臆病になりすぎていた。毎夜家の周囲を影のように歩き回った。中に入って君に許しを乞い、水に流してほしかった。君がニューアークとパターソンに行かねばならないのを知った時には駅にまで行ったんだ。夜遅く君が一人で家に帰ると思うと耐えられなかった。だが君の軽蔑を恐れ、追い返されるのを恐れていた。確かに君は私より強くたくましい。君は、より自然だ。女性はいつもそうだ。男はあまりにも愚かで、不自然な生き物だ！　女性は素朴な原動力を持っていて、より現実的だ。」

私たちは再び一緒に暮らし始めたが、私は以前より公的な関心事に時間を費やさなかった。ひとつには仕事の依頼が多くなってきたこともあるが、もう少しエドに献身しようと決意したからだ。しかし数週間経っても、最終的な決裂が一時的に伸びただけだという良心のささやきが続いていた。私は今にも起こりそうな終局を払いのけようと、エドと彼の愛に懸命にしがみついた。

私の助産婦という仕事はそれほどお金にならなかったし、貧しい外国人だけがその厄介になっていた。アメリカ的物質至上主義の尺度から見て地位を向上させた外国人は、生来の内気性を他の多くの特徴とともに失っていた。そのためにアメリカの女性と同様に医師だけによるお産をしていたので、助産婦の仕事はとても限られていた。緊急の場合は医師の助けを求めざるをえなかった。十ドルの報酬が精一杯で、大半の女性はそれすら支払えなかった。しかし私の仕事はこの世の富を約束しなかったが、この上ない経験の場を与えてくれた。私の理想によって支援したり解放したいと思っている人々との身近な接触をもたらした。それまでほとんど理論的に書き、語ってきた労働者の生活実態に直接触れることになったのだ。彼らの悲惨な環境、運動に対する優柔不断で惰性的屈服を目の当たりにして、私たちの運動がなさんとして奮闘している変革のために、やらなければならぬ多くの仕事があることを知った。

貧乏人の子だくさんについて

何よりも私は貧しい女性たちの度重なる妊娠に対する、あまりにも残酷な対処に大きな衝撃を受けた。彼女たちの大半が妊娠の恐怖を常に抱いていて、結婚した女性たちはどうすることもできずに甘受していた。そして妊娠したとわかると、彼女たちは驚き、悩み、ついには腹の子を始末しようと決意するのだった。絶望感がもたらした狂気じみた方法は、まったく信じられないものだった。テーブルから飛び降りる、床の上をころげ回る、腹をもむ、吐き気を起こす不純物を飲む、そして原始的な器具を用いる。このような、あるいは似たような方法が試みられていて、そのほとんどが大怪我を負っていた。それは悲惨なことだったが、理解することはできた。

父親の稼ぐ週給で養える以上に子供が増えることは災いであった。ユダヤ正教やアイルランドのカソリックの女性が私に「神の災い」だとよく言った。男たちは一般に女たちよりあきらめていたが、女たちはそのような残酷な仕打ちを科する天を責めた。生みの苦しみの間、ある女性は神や男、特に天を呪った。「あの男を遠くにやって。あの獣を私に近づけないで！　殺してやりたい！」と私の妊婦の一人が叫んだ。その苦しんでいる女はすでに八人の子を産んで、そのうちの四人は幼くして死んでいた。悪条件下で生まれ育てられた者の大半がそうであるように、残った子供たちも病気がちで栄養不良だった。そして私がこの世にもう一人の哀れな者を送り出す手伝いをしている間に、望まれなかった子供たちが私の足元にまつわりついていた。

そのようなお産の後は気分が悪くなり、落ちこんで家に帰り、妻や子供の悲惨な状態に対して責任のある男たちを憎み、彼女たちを助ける術を知らない自分を何よりも嫌悪した。もちろん彼女たちに堕胎を勧めることはできた。多くの女がその目的で私の所に来て、土下座して助けてほしいと頼むのだった。「ここにすでに宿っている哀れな子供のためにお願いします」。特定の医者や助産婦がそうしたことをしてくれるのを彼女たちは知っていたが、支払える金額ではなかった。私は彼女たちにとても同情していた。私に何かできないものか？　彼女たちは一週ごとに分割で支払うつもりでいた。私が堕胎を引き受けないのは金銭的な配慮からではなく、彼女たちの生命と健康を考えてのことだと説明しようとした。そのような手術で母親が死に、母なし子になった子供たちの話をした。しかし彼女たちは死んだ方がましだとはっきり言った。そうすれば市が孤児となった子供たちの面倒を見るし、生活もよくなるからだった。

多くの女性がそれほどまでに望んでいる手術をすることに対して、私は自分自身を納得させられなかった。腕に自信のないこともあったが、堕胎の恐ろしい結果をよく教えてくれたウィーンの教授のことを思い出していた。彼はたとえその手術が成功したとしても、患者の健康を害すると信じていた。私はその仕事を引き受けなかった。それは生命の尊厳に対する道徳的な配慮などではないし、望まれない生命が赤貧の中に生まれてくることは、私にとって神聖なものには思われなかった。しかし私の関心事は常に個々の事例ではなく、社会全体の問題に向けられていた。私は一部の人間の問題のために自由をそこれたくなかった。堕胎することを私は否定したが、避妊の方法を知らなかった。

私はその問題を何人かの医者に話した。保守的なホワイト博士は言った。「貧しい人々は自分自身を責めるべきだ。彼らは欲望に身を任せすぎる」。ジュリアス・ホフマン医師は貧しい人々にとって子供を持つことが唯一の喜びだと考えていた。ソロタロフ博士は女性がもっと利口になり自立できるようになれば、近い将来に事態は大きく変化するのではないかという希望を述べた。「女性がもっと頭を使うようになれば、女性の生殖器官は機能を少なくするだろう」。この意見は他の意見より説得力はあったが、心地よいものではなかったし、実際の役にも立たなかった。今になってわかったのは、女性や子供たちがこの残酷な経済体制の中で一番の重荷を背負わされているということだったし、不正を正すための社会革命が起きるまで彼女たちに待つように期待するのは、明らかに馬鹿げていた。私は彼女たちの悲劇の差し当たっての解決方法を探したが、有効なものは何も見つからなかった。

調和できない生活

私とエドの生活は外見的にはすべてが平穏に見えたが、何かぎこちなかった。明らかにエドは再び平静になり満足していたが、私は息苦しく苛々していた。集会に出ても、予定より遅くなると気になり、家に急いで帰るのだった。講演依頼もエドの不承知を見越して断ることがしばしばだった。断れない講演の場合、私は与えてくれたテーマについて何週間も勉強したが、とりかかっている問題よりも、エドのことを考えてしまった。あれやこれやの問題や論議がどのように彼に受け取られるか、また彼が認めてくれるかどうか気にしてしまうのだった。

それでも彼に原稿を読み聞かせることは一度もしなかったし、もし彼が集会に出席していたら、その存在を意識せずにはおられなかっただろう。というのは、彼が私の仕事を評価していないのをわかっていたからだ。そのことは私の自信を損なうものだった。あたかも強烈な一撃を受けたかのように、私は奇妙な神経痛に襲われ、何の前触れもなく床に倒れる始末となった。意識は失っていなかったので何が起きたのかはわかったが、一言もしゃべれなかった。胸は喘ぎ、喉は詰まり、足は筋肉が引き裂かれたように激しく痛んだ。この状態が一時間以上も続き、完全に参ってしまった。ソロタロフは診断ができず、専門医の所へ連れていってくれたが、彼は原因をつかめなかった。ホワイト博士が診断しても同様に病因が判明しなかった。ある内科医はヒステリーだと言い、ある医者は子宮の病だと言った。後者の診断が当たっていると思ったが、私は手術には同意しなかった。私の人生は長期にわたる愛の調和に不向きであり、平穏でない闘争が運命であると確信するようになった。そのような人生において子供を持つ余地はなかった。

国内の様々な所から講演の依頼が来ていた。私はとても行きたかったが、エドに言いだす勇気がなかった。彼が同意しないのはわかっていたし、彼の拒否をきっかけにして争ったあげくの別離に至る可能性が高かった。医者たちは休息と転地療法を強く勧めてくれた。すると驚いたことに、エドも私にそうすべきだと主張した。「君の健康が何より大事だ。まず第一に自分の生活費を稼がなければならないという馬鹿げた思いこみを捨てるべきだ」と彼は言った。彼には今や二人で充分生活できるだけの収入があり、私が看護婦の仕事をやめ、不幸な赤ん坊の出産の手伝いをして身体を悪くすることがなくなれば、彼を喜ばせるだろう。彼は私を世話し、休息と回復を手助けする機会を歓迎した。身体さえよくなれば旅にも出られるだろうと彼は言った。それを私がどんなに望んでいるか彼は自覚していたし、献身的な妻の役割を務めたことで、その仕事がいかに大変なのかを知ったのだ。彼は私が見事なまでに作り上げた家庭を喜んでいたが、私が満足していないこともわかっていた。転地療法が私に良い結果をもたらし、昔の精神を取り戻し、彼のもとに戻ってくると確信していた。

それからの何週間かは幸福で平穏だった。私たちはしばしば田舎を旅行したり、コンサートやオペラに行ったりしてほとんど一緒にいた。そして再びともに読書を始めた。エドは私がラシーヌ、コルネイユ、モリエールを理解する手助けをしてくれた。彼は古典だけを好んでいて、ゾラや同世代の作家を受けつけなかった。それでも私は日中一人でいる時には、来るべき講演旅行の計画を練る他に、現代の文学作品を読みこんでいた。

モンチュイッチ監獄の拷問

講演の準備をしている最中に、スペインのモンチュイッチ監獄における拷問のニュースが届いた。アナキストも数人混じっていたが、ほとんど労働組合員である三百人の男女が、バルセロナの宗教行進の際に起きた爆発事件により一八九六年に逮捕されていた。囚人たちは何日間も水も食物も与えられず、鞭打たれ、焼きごてを当てられていたので、世界中の人々が宗教裁判の復活に恐怖を覚えていた。舌を切られた者さえいたのだ。不幸にも捕らわれた者を自白させようとして悪魔の方法が用いられた。ある者は発狂し、精神錯乱を起こして無実の同志たちを巻きこみ、彼らはただちに死刑を宣告された。

これらの恐怖政治の責任者は、当時のスペイン首相のカノバス・デル・カスティリョであった。『フランクフルト新聞』やパリの『急進』のようなヨーロッパの自由主義的新聞は、十九世紀の宗教裁判に対する民衆の感情を喚起させていた。イギリスの下院、ドイツの連邦議会下院、フランスの国民議会の進歩的メンバーは、カノバス首相のやり方を抑えるための行動を呼びかけていた。だがアメリカだけは沈黙を守っていた。急進派の出版物を除いて、新聞は共謀して何も報道しなかった。友人たちとともに、私はこの沈黙の壁を打ち破る必要性を痛感した。エド、ジャスタス、ジョン・エデルマン、そしてボストンから来ていたハリー・ケリーと相談し、イタリアとスペインのアナキストの協力を得て、大集会をもって私たちのキャンペーンを始めることに決めた。ニューヨークのスペイン領事館前でのデモがそれに続いた。私たちの活動が公になるとすぐ、反動的新聞はユニオン広場の集会以来の呼び名である「赤いエマ」を阻止するように権力に働きかけた。集会の夜には警官が大挙して押し寄せ、演壇の上まで群がり、そのために演説者は警官に接触しないようにするためにほとんど身振りもできなかった。私が演説する番になったので、モンチュイッチで行なわれている拷問の方法を詳しく説明して、スペインの恐怖政治に対する抗議を呼びかけた。

スペインの残虐行為への抗議

捌け口のなかった聴衆の感情は一気に盛り上がり、万雷の拍手となった。それが完全に収まる前に、桟敷から声がかかった。「ゴールドマンさん、あなたが今説明した状況に対する報復として、ワシントンのスペイン大使館かニューヨークの公使館の誰かが殺されるべきだと思いませんか?」。その質問者は私を罠にかけようとしている刑事にちがいないと直感した。私の近くにいる警官の間に、私を捕らえようと手ぐすねを引いている動きがあった。聴衆は緊迫した期待に包まれ、静かになった。しばらく間をおいてから、私は冷静に、また落ち着いて答えた。「いや、アメリカにいるスペイン外交官が殺されても大した意味はない。だがもし私が今スペインにいるとすれば、カノバス・デル・カスティリョを殺すでしょう。」

数週間後、カノバス・デル・カスティリョがアンジョリロという名のアナキストに射殺されたというニュースが入った。ただちにニューヨークの新聞はアンジョリロとその行為に関する意見を得るために、主だったアナキストたちを躍起になって探し始めた。記者はインタビューするために昼も夜も私を追いかけ回した。私はその男を知っているのか？　彼と連絡し合っていたのか？　彼にカノバスを殺すように提案したのではないか？　しかし私は彼らを落胆させなければならなかった。私はアンジョリロを知らなかったし、彼と連絡を取ったこともなかった。知っているすべては、私たちがスペインでの恐ろしい残虐行為についてただ話している間に、彼が直接行動したということだった。

カノバスの暗殺

アンジョリロはロンドンに住んでいて、友人の間では感じやすい若者で真面目な学生であり、音楽と書物を愛し、詩に情熱を傾けていたことを私たちは知った。モンチュイッチの拷問のことが彼の頭から離れず、カノバスを殺す決心をしたのだ。彼はスペインに行き、議事堂でカノバス首相を殺そうとしたが、カノバスが上流社会のリゾートであるサンタ・アゲタで「国政」の疲れを癒していることを知った。アンジョリロはそこに行き、すぐにカノバスを見つけたが、彼は妻と二人の子供と一緒だった。アンジョリロが法廷で語っている。「その時私は彼を殺すことができたのだが、罪のない女性や子供の命を危険にさらしたくなかった。私が殺そうとしていたのはカノバスだった。彼は一人でモンチュイッチの責任を負うべきなのだ」。それから彼はイタリアの保守的新聞の記者と名乗って、カスティリョの別荘を訪れ、首相と面と向かうや、彼を射殺した。その時、首相夫人が駆けこんできて、アンジョリロの顔を思いきりぶった。アンジョリロは彼女に詫びた。「私はあなたの夫を殺そうとしたのではなく、モンチュイッチの拷問の責任者を狙っただけだ。」

アンジョリロの暗殺行為とその壮絶な死は、私に一八九二年七月のことをまざまざと思い起こさせた。サーシャの苦悩はもう五年も経っているのだ。もう少しのところで私も運命を共にすることになっていただろうに！　わずか五十ドルがなかったために、私はサーシャと一緒にピッツバーグへ行けなかったのだ。だがこの体験に伴う精神的痛みと苦悩を誰がわかるというのか？　だがサーシャの行為から得た教訓は貴重な価値でもあった。それ以来、他の何人かの革命家がしているような、単なる実利主義の立場、あるいは情宣価値の観点から、政治的行為を見ることをやめた。理想主義者を暴力行為に駆りたてる内なる力は、しばしば彼自身の生命の破滅を伴うのだが、私にはそれこそがより尊いのだと思えるようになった。このような傾向を秘めたすべての政治的行為の背後には、感じやすく、際立って敏感な人間性や優しい心が潜んでいるのだと、今になって確信した。このような人たちは人間の悲惨さや悪を見ると、素知らぬ顔で生きていくことができないのだ。この世の残酷さと不正に対しての彼らの思いはまさに張りさけんばかりになって、暴力行為の中にその苦悩する魂を至高の還元として表出させるのだ。

逮捕された哀れな隣人に会う

私はプロヴィデンスでほとんどトラブルなく何度も演説をこなしていた。ロード・アイランドは、今もなお完全な言論の自由という古き伝統を維持している数少ない州のひとつだった。私たちの二つの野外集会は何千人もの聴衆を集めて盛会であった。しかし警察は明らかに最後の集会をつぶそうと決めていた。集会に予定されていた広場に何人かの友人と到着すると、一人の社会労働党員が話をしていて、その邪魔をしたくなかったので、私たちは離れた所に演説台を設けた。良き同志であり、とても活動的な労働者のジョン・H・クックが開会の挨拶をしてから、私は演説を始めた。ちょうどその時、一人の警官が私たちの方に駆けつけながら、叫んだ。「訳のわからないことをしゃべるのをやめろ！　すぐやめないとお前を引きずり降ろすぞ！」。私は演説を続けた。誰かが呼びかけた。「おまわりなんか気にするな、続けろ！」。警官は息を弾ませて近づいてきた。呼吸を整えると押し殺したような声で言った。「おい、お前は耳が聞こえないのか？　どうしてやめないんだ？　法律に逆らうとは何事だ！」。私は言い返した。「あなたが法律なの？　法律を破るのではなくて守るのがあなたの義務だと思うわ。この州の法律では言論の自由の権利が保障されているのを知らないの？」。すると彼は答えた。「たわけたことを言いやがって。俺が法律だ。」

聴衆が怒りだし、野次を飛ばした。警官は私を即席の演壇から引きずり降ろそうとした。群衆が怒りだし、彼に詰め寄り始めた。彼がホイッスルを吹くと、パトロールワゴンが広場に勢いよくやってきて、何人かの警官が棍棒をふり回しながら群衆をかき分けていた。最初の警官はまだ私を捕まえていて、叫んだ。「このくそアナキストどもを後ろへ引かせろ。俺がこの女を連れていく。この女は逮捕したぞ」。私はパトロールワゴンに連れていかれ、文字通りその中に放りこまれた。

私は警察署で何の権利があって拘束したのか知りたいと尋ねた。机にいた巡査部長が答えた。「それはお前がエマ・ゴールドマンだからだ。この地域ではアナキストは何の権利もないんだ。わかったか？」。そして彼は私を一晩拘置するように命令した。

逮捕されたのは一八九三年以来初めてのことだったが、いつ捕まってもいいように集会に出る時は本を常に持っていくことにしていた。私はスカートを巻きつけて、監房のベッド用の台板に上がり、幽閉扉のそばに近づき、そこからもれてくる光で読書を始めた。ほどなく隣の監房で誰かが呻いているのに気づいた。「どうしたの？　具合が悪いの？」と私は小声で言った。泣きじゃくっている女の声が聞こえた。「私の子供たち！　母なしになってしまったのよ。私がいなくて誰が面倒見てくれるの？　亭主は病気だし、どうなるのかしら？」。彼女の泣き声が大きくなった。どこからか女看守が叫んだ。「ほら、そこの酔っ払い！　きいきい泣くのはやめなさい！」。泣くのをやめさせられると、その女が檻の中の動物のように監房を行ったり来たりしている音が聞こえた。彼女が少し落ち着きを取り戻した時、私は悩みを聞かせてくれと頼んだ。私が何か助けになるかもしれないからだ。彼女は十四歳を頭に下は一歳までの六人の子持ちの母であるとわかった。夫はもう十ヵ月も病気で働くことができず、彼女は絶望のあまり以前働いていた食料品店からパンとミルク一缶を盗んだのだった。そして現行犯で捕まり、警官に引き渡された。彼女は家族を驚かせたくなかったのでその晩は家に帰らせてくれと頼んだのだが、警官は彼女の家への伝言の機会も与えずに連行してきたのである。彼女は監房の夕食後に連行されていた。女看守は金さえ払えば食べ物を注文できると言った。女は一日中何も食べておらず、空腹のため衰弱していて、心配のあまり具合が悪くなっていた。ところが彼女は一銭も持っていなかった。

万引き女性に食べ物を差し入れる

私は女看守を呼んで、夕食を注文してくれるように頼んだ。十五分もしないうちに、彼女はハム、卵、温かいポテト、パン、バター、それからコーヒーの入った大きいポットをのせた盆を持って戻ってきた。私が二ドル札を渡すと十五セントのお釣りをくれた。「ここの物価は高いんだね」と私は言った。「そうさ、ここが慈善食堂だとでも思ったのかい？」。彼女の人柄がよさそうに見えたので、隣に食事を少し差し入れてくれるように頼んだ。彼女は「こそ泥に食べ物を差し入れるなんて、お前さんも本当に馬鹿だね」と言いながら、それでもやってくれた。

次の朝、私は隣人や他の仲間たちと一緒に判事の前に連れ出され、保釈金付きで拘置された。だがすぐにはその金額を集めることができず、再び警察署に戻された。午後一時にまた呼び出され、今度は市長に会うことになった。この男は警官よりも身体も態度も大きく、もし私がプロヴィデンスに再び来ないと誓えば、釈放すると言った。「市長さん、それはお優しいことで。でも私を留置しておくだけの正当な理由がないのだから、それほど寛大な処置とは言えませんね。そうでしょう？」と私は言った。そしてどんな約束もしないが、これからカリフォルニアに行くことになっているので市長は安心できるだろう。「旅行は三ヵ月か、それ以上かかる。しかしあなたとこの市は、そんなに長く私がいないとつまらないでしょうから、その後で戻ってくることにしています」。市長とその取り巻きはわめき散らしたが、私は釈放された。

ボストンに着いて、ペンシルベニアのヘイツルトンで二十一人のスト参加者が銃撃されたという地方新聞の記事に私はショックを受けた。それらの人々は鉱夫で、同州のラティマーの労働者にストライキ参加を要請しに行く途中であった。保安官が公道で彼らに会い、その先に進むことを許さず、ヘイツルトンに戻るように命じた。だが彼らが拒否すると、保安官と保安隊が発砲したのである。

新聞は保安官が自衛のために発砲したと書き、その一団が脅迫的だったと報道していた。しかし保安隊には一人の負傷者もなく、一方で二十一人の労働者は銃撃され、数人が負傷した。報道からすると労働者は手に何も持っておらず、抵抗する意志もなかったことは明白だった。どこでも労働者はなぶり者にされ、どこでも同じように虐殺されるのだ！　モンチュイッチ、シカゴ、ピッツバーグ、ヘイツルトン――一握りの者たちが民衆を怒り狂わせ、踏みつけにする。大衆は何百万の存在であるのに、何と弱いことか！　彼らの無自覚を目覚めさせ、その力を意識させること――それが最も必要なのだ。まもなく私はアメリカ中の民衆に接触できるのだと自分に言い聞かせた。燃えるような弁舌をもって、彼らの奴隷状態と屈辱的環境を目覚めさせるのだ！　激情に取りつかれ、私は初めての大講演旅行と私たちの大義を説く機会を夢想していた。しかし私の想像はエドのことを考えるとすぐに乱れてしまった。私たちの共同生活――それは一体どうなるのだろうか？　どうして私の仕事と両立しないのだろうか？　私の内なる人間性への献身の要求は募るばかりであり、さらにエドを愛し求めている。彼は理解してくれるはずだ。しばらく私が遠くに行くことを勧めてくれた。エドのことを考えると心温まったが、私の胸は心配で恐れおののいていた。

ニーチェに対する私の態度

私はわずか二週間エドと離れていただけだったが、ヨーロッパから帰ってきた時よりも彼を強く求めていた。彼が迎えに来ているグランドセントラル駅に汽車が着くまで、ほとんど落ち着いていられなかった。家に帰るとすべてが新しく、以前よりも美しく魅惑的だった。エドの優しい声は私の耳に音楽のように響いた。社会の争いや闘争から隔離され、庇護され、私は彼にすがりつき、家庭という太陽の光に浴していた。長い講演旅行に出かけるという私の望みも、恋人の魅力のもとではしぼみかけていた。喜びとあきらめの一ヵ月が続いていたが、私の夢はまもなく手痛い目覚めによって破られた。

それはニーチェが原因だった。ウィーンから帰って以来、ずっと私はエドが私の本を読むことを望んでいた。私はそうするように頼み、彼はもう少し時間ができたら読むと約束したが、エドが世界の新しい文学の潮流にあまりにも無関心なのがわかり、とても悲しくなった。ある晩、私たちはジャスタスの店のお別れパーティに集まっていた。ジェイムズ・ヒュネカーと私たちの若い友人で才能ある画家P・イエリネックも出席していた。彼らはニーチェについて議論し始めた。私も加わって、その偉大な詩人哲学者に対する熱狂を語り、その作品の印象を詳細に述べた。ヒュネカーが驚いて言った。「君が情宣以外のことに興味を持っているとは知らなかった」。私は答えた。「それはあなたがアナキズムについて何も知らないからよ。もし知っていれば、アナキズムが人生と仕事のすべての面を含み、古くなり延命してきた価値を突き崩そうとしていることをわかるでしょうに」。イェリネックは自分が芸術家であるゆえにアナキストだと断言した。そしてすべての創造的人物はアナキストであり、表現のためには拘束されない視野と自由が必要だとも言った。ヒュネカーは芸術とどんな主義ともかかわりもないと主張した。「ニーチェ自身がその証明だ。彼は貴族であり、超人思想の持ち主であって、下層階級に同情もしなければ信頼も寄せていない」。それに対して、ニーチェは社会理論家ではなく、詩人、反逆者、革新者であると私は指摘した。彼の貴族主義は生まれや財産によるのではなく精神から発していて、この観点から見れば、ニーチェはアナキストであり、すべての真のアナキストは精神的貴族主義者だと私は言った。

エドが私の心を踏みにじる

するとエドが口を開いた。彼の声は冷たく、抑制されていた。私はその背後に彼の激しい憤りを感じた。「ニーチェは狂人だ。心を病んでいるのだ。生まれた時から白痴に運命づけられていて、結局その虜になってしまった。彼は十年もしないうちに忘れ去られるだろうし、その他の似非現代作家のすべても同様だ。彼らは過去の真に偉大な作家たちと比べれば曲芸師だ」と彼は言った。

「でもあなたはニーチェを読んでいないでしょう！　それなのにどうしてそんなことが言えるの？」と私は熱くなって反論した。「読んだとも。君が外国から持ってきたつまらない本を全部、ずっと前に読んだよ」と彼は答えた。私は唖然としてしまった。ヒュネカーとイェリネックもエドに反論したが、私の心の傷はあまりにも深く、議論を続ける気になれなかった。

どれだけ私の本を彼に読んでもらいたかったか、どれだけその価値と意味を認めてほしくて、それを待ち望んでいたかを彼はわかっていた。それなのにどうして気をもたせていたのか、どうして読み終えた後も黙っていたのだろうか？　もちろん彼の意見も尊重するし、それを認めるのにやぶさかではない。ただ私を深く傷つけたのは私と彼の意見が異なっていたためではなく、私にとって貴重な意味のあるものに対し、彼が軽蔑し、嘲笑したからだ。どちらかといえば、それほど親しくないヒュネカーとイェリネックが新しい精神についての私の評価を歓迎したのに、恋人の方は私を馬鹿で、子供っぽく、物事の判断がつかないかのように言ったのである。私はジャスタスの店から逃げ出して一人になりたかったが、踏みとどまった。エドとのあからさまな衝突に耐えられなかったからだ。

エドと別れることを決意する

夜遅くなって、家に帰ると彼は私に言った。「ニーチェなどのために我々の楽しかった三ヵ月を台無しにすることはよそう。」。私は心が傷つくのを感じた。「ニーチェなんかじゃないのよ。あなたよ、あなたのせいよ」と私は興奮して叫んだ。「大いなる愛という口実のもとに、あなたは私を縛りつけ、私の命より大切なもののすべてを奪うために全力を尽くしてきたのだわ。あなたは私の身体を拘束するだけで満足せず、精神までそうしたいと思っているんだわ！　最初は私の運動と友人たち——今度は私の好きな本までも、それらから私を引き離そうとしている。古い観念にとらわれ続けているのよ。それもいいでしょう。ずっとそこにいれば！　でも私をそこに縛りつけないでほしいのよ。あなたは私の翼をもぎ取ることはできないし、飛び立つことを止められはしない。もしそれが私の心からあなたを引き裂くことになろうとも、私は自由でいたいのよ。」

彼は自分の部屋のドアに寄りかかり、目を閉じて、私が言った言葉がまったく耳に入っていない様子で立っていた。しかしもはやかまわなかった。私は心が冷え、虚しくなって自分の部屋に入った。

私たちの最後の数日は表面上平静で、親しそうでもあり、エドは私の旅立ちの準備を手伝ってくれた。駅で私を抱きしめて、彼は何か言おうとしていたが、言葉が出てこないようだった。私もまた何も言えなかった。

汽車が発車し、エドの姿が見えなくなると、私たちの生活は二度と元に戻らないと悟った。私の愛にとって激しいショックであった。それは今ひび割れた鐘のようで、再び澄んだ美しい音を立てることはありえないだろう。

◎第16章◎ 講演旅行とロベルト・ライツェル、父との和解

自由恋愛論者に出会う

私が最初に滞在したのはフィラデルフィアだった。一八九三年に逮捕されて以来、その街を何度も訪れていたが、そこではいつもユダヤ人聴衆に対して講演していた。今回はいくつかのアメリカ人団体の前で英語で講演をするために招かれたのだ。この友愛の街にいる間、婦人自由連盟の会長であるパール・マクロード女史の家に滞在した。私は一緒にいるとくつろげるロシア人同志の気の合った雰囲気の中にある古い友人のナターシャ・ノトキンの温かいもてなしを受ける方を望んでいた。しかしマクロード女史のアパートの方が、私に会いたがっているアメリカ人たちの出入りに好都合だと勧められたのである。

それらの集会の出席者は少なくなかったが、私はまだエドの悲しい光景から立ち直っておらず、その場から浮き上がっているように思われ、講演も迫力に欠けていた。けれども私の滞在はまったく無駄というわけではなかった。私は足がかりをつかんだし、多くの友人ができ、その中には最も興味深い女性であるスーザン・パットンがいた。サーシャを通じて、スーザンが彼と継続して文通しているアメリカ人の一人であることを知っていた。そのことと彼女の卓抜した精神ゆえに彼女に好意を寄せていた。

ワシントンでは、ドイツ人自由思想協会の人々の前で話をした。その講演の後で、『哀れな悪魔』の

読者で、自らを「ライツェルの仲間」と呼ぶグループに会った。彼らのほとんどは理想主義者というより屠殺人のように見えた。アメリカ合衆国の役人であることが自慢である一人の男は、芸術と文学の美について多くのことを語った――もちろんそれに無知な民衆に向けてのものではなく、選ばれた少数者のためのものだった。彼はアナキズムを嫌悪していた。なぜならば「アナキズムはすべてを同じようにしようとする」からだ。彼は私に尋ねた。「たとえば日雇い労働者が、私のような教養人と同じ権利をどうしたら要求できるのか?」。私だけでなく、他の有力なアナキストがそのような平等を本当に信じていると、彼は考えていなかった。単にそれを甘い餌にしていると確信していた。彼は私たちをことごとく非難しているわけでもなかった。そして言った。「下層民は割を食って当たり前だよ。」

私は質問した。「あなたはどのくらい前から『哀れな悪魔』を読んでいるの?」。彼は誇らしげに答えた。「創刊からさ」。私は言った。「そうなの、それであなたが言っていることすべてを得たわけね?私が言えるのは友人のロベルトが豚に真珠を与え続けてきたということだけよ」。その男は飛び上がり、腹を立てて、仲間が笑い声を立てている部屋から出ていった。

もう一人の「ライツェルの仲間」がシンシナティから来た醸造業者だと名乗った。彼は私に近づいてきて、性について話し始めた。私がアメリカ合衆国における「自由恋愛の偉大な闘士」と聞いていたが、今立証されたように賢いばかりでなく、若くて魅力的で、想像していたような学者ぶる女でないとわかって大いに喜んでいた。彼もまた自由恋愛を信じていたが、大半の男女がその域に達していないし、特に女性はいつも男にすがろうとしていると考えていた。しかし「エマ・ゴールドマンとなると、また別の問題だがね」。彼の卑猥で下品な態度は吐き気を催させた。私は彼に背を向けて部屋に帰った。とても疲れていたのですぐに眠りについたが、ドアをしつこく叩く音で目を覚ました。「誰なの?」と私は叫んだ。「友達だよ、開けてくれないか?」という答えが返ってきた。それはシンシナティの醸造業者の声だった。私はベッドから飛び出して、できるかぎり大声で叫んだ。「すぐにでも立ち去らないと、家中の人を起こすわよ！」。彼はドア越しに言い訳をした。「頼む、お願いだ！　大騒ぎにしないでくれ。私は結婚しているし、大きな子供もいる。でも私は君が自由恋愛を信じていると思っていたんだよ」。それから急いで立ち去る音が聞こえた。

高尚な理想が何の役に立つのかと私は思った。自分自身を日雇い労働者より優れているとする政府の役人、自由恋愛は単に人目を忍ぶ情事の意味でしかないと信じる社会的地位のある男――この両人が輝かしい反逆者であり、理想主義者のライツェルの読者なのだ！　彼らの頭と心はサハラ砂漠のように相変わらず不毛のままなのだ。世界はそのような人たちで満ちているにちがいない。それが目覚めてほしいと私が呼びかけている世界なのだ。徒労感にとらわれ、わびしい孤独に包まれた。

サーシャの脱獄計画

ワシントンからピッツバーグへ向かう途中で、それが絶え間なく押し寄せてきた。ホームステッドとサーシャの思い出に身体の芯まで冷え切って、重苦しい気持ちになった。鉄鋼の町を訪れるたびに、大きな重荷が私の心にのしかかってきた。巨大な溶鉱炉から噴き出す炎の光景が私の魂を焦がすのだった。カール・ノルドとヘンリー・バウアーが駅に迎えに来てくれているのを見て、憂鬱な気分が少しは和らいだ。二人の同志はその年（一八九七年）の五月に西部刑務所から釈放されていた。私はそれまで一度もバウアーに会ったことはなかったが、カールは一八九二年二月に最初に出会った日のことを思い出させた。その時から始まった友情は獄中のカールとの文通によって強められていた。私たちのこの再会はその絆をさらに強固なものにした。再び親愛なる者の生き生きとした顔を見ることは気持ちがよかった。監獄は彼を思慮深くしたが、それでも人生の喜びを損ないはしなかった。バウアーは大柄で陽気で、私たちの前に巨人のようにすっくと立っていた。「象とその家族だね」と私たちの間を歩きながら言った。確かに私はカールの大きな歩調に合わせようとしたがとても無理だった。

以前ピッツバーグを訪れた時は、いつもよき友人であるハリー・ゴードン一家に身を寄せていた。ハリーは最も優秀な活動家の一人であり、信頼のおける心熱き友人であった。誠実で心優しい女性であるゴードン夫人は私を歓待してくれた。彼女はいつも家庭での私の滞在を、夫のわずかな給料の許す範囲で、できるかぎり楽しく、心地よいものにしようと尽力してくれた。私はゴードン一家と一緒にいるのを好んでいたので、同行の二人に彼らの所へ連れていってほしいと頼んだ。けれども彼らはまず、私の到着を祝いたいと考えていた。

ピッツバーグでは講演の予定は入っていなかった。カールとヘンリーはサーシャの釈放の新しい動きを始めていて、恩赦局への請願は主として労働者階級によって支援されていた。私はもはやそのような手続きに何の信頼も寄せていなかったが、悲観的な態度を二人の友人に見せたくなかった。彼らは二人とも明るい雰囲気だったし、近くのレストランの邪魔の入らない私たち専用の部屋に、ささやかな夕食を用意していた。私たちは黙って立ったままで、最初のグラスを乾杯した。それはサーシャを思ってだった。彼の精神は私たちの上にとどまり、共通の目的と仕事においてお互いを近づけてくれた。それからカールとヘンリーは監獄での体験と、サーシャと同じ屋根の下で送った年月のことを話してくれた。彼らは私に話すのは不安だと考えている伝言を携えていた――サーシャが脱獄を計画しているというのだ。

サーシャの計画は巧妙なものであり、私は息をのむばかりだった。だがたとえ脱獄が成功したとしても、彼はどこへ行くつもりなのかを私は思案した。アメリカにいれば、残りの人生を身を隠して送らなければならないだろう。お尋ね者となり、最後には捕まるだろう。ロシアとは事情が違う。そこでは同じような逃亡が繰り返し実行されてきた。ともかくロシアは革命的精神があったし、政治犯は労働者や農民の目には迫害された不幸な人間に映り、彼らの同情や援助を当てにできる。ところがアメリカでは労働者のほとんどがただちにサーシャの捜索に加わるだろう。ノルドとバウアーは私に同意したが、サーシャには私の不安を伝えないようにと頼んだ。彼は忍耐の限界にきている。視力は弱り、健康は悪化し、再び自殺を考えていた。逃亡の希望と計画を練ることがその闘志を奮い立たせていた。彼を落胆させるべきではなく、釈放のためのすべての法的手段が試されるまで待つように説得することになろう。

宿泊の困難

あまりに話に没頭していたので、私たちは時間の経つのを忘れていた。驚いたことに夜半を過ぎていた。仲間はゴードン一家に行くには遅すぎると考え、『哀れな悪魔』の読者が管理する小さなホテルに連れていくことを提案した。その途中で、私はワシントンでの「ライツェルの仲間」との体験を語ったが、バウアーはピッツバーグのホテルの男は違うタイプだと私を安心させた。彼は本当にとても親切な人で、にこやかに言った。「いかにも、私の所にはエマ・ゴールドマンのための部屋がありますよ」。それから私たちが階段を上ろうとすると、ヒステリックな女の声が耳に飛びこんできた。「エマ・ゴールドマンの部屋ですって！　ここはきちんとした家族向けのホテルよ。自由恋愛を唱える恥知らずな人間の来る所じゃないわ！」。金切り声だった。「ここを出ましょう」と私は友人たちをせきたてた。出ようとする前に、恐妻家の亭主が拳でカウンターを叩いて、誰が亭主であるかわからせようとして、声を張りあげた。「何なんだ、お前はクサンティペなのか！　この家の主人は俺なのか、俺でないのか？」。その女は刺々しい顔つきで私の方を見て、部屋から出ていった。主人は平静になり、再び親切になった。ひどい嵐の中を外に出させるわけにはいかない、少なくとも今夜ぐらいは泊まるようにと彼は主張した。しかしもうたくさんだったので、私たちはそこを出た。

「私の所に来たらどうだい？」とカールが申し出た。彼は妻と小さな男の子と、一部屋と台所のアパートに住んでいたが、喜んで迎えてくれるだろうと言った。敬愛すべき寛大なカールは、招かれもしないのに家族の住む家に押しかけていくことの不安をわかっていなかった。しかし私はあまりにも疲れ、うんざりしていたので、カールを傷つけたくなかった。「私を連れていってくれる所があればどこでも行くわ、カルロス。たとえ地獄でもね。でも早く行きましょう」と私は言った。

カール・ノルドのアパートで

ようやく私たちはアレゲーニーのノルドの家に着いた。バウアーは自分の家に帰っていった。薄暗い灯りのともった部屋のドアが開いた。ふくよかな若い女性が少し乱れた髪で私たちを迎え入れ、カールが私を彼女に紹介した。彼女は明らかに不意の侵入者に憤慨していた。その部屋は狭く、たったひとつのベッドがあるだけで、そこに子供が眠っていた。私はどうしたらよいかわからずカールを見た。「いいんだよ、エマ。ネイルと私は床で寝るよ。君は子供と一緒にベッドに寝てくれたらいい」と彼は言った。私は躊躇して、立ち去りたいと思ったが、雨は嵐のように降っていた。その女性の方に向いて、私のために不快な思いをさせて申し訳ないと詫びたが、彼女は聞こうともせずに黙って台所に入っていき、ドアを閉めた。私は半ば服を脱いで小さな男の子のそばに横たわるとすぐに眠りについたが、誰かの叫び声で目覚めさせられた。「彼は私を殺すつもりだわ！　助けて！　警察を呼んで！」。部屋が真っ暗だった。

私は驚いて飛び起きたが、最初何が起きているのかわからなかった。手探りでテーブルとマッチを見つけた。マッチをつけると、二つの身体が床の上を転がり、争っているのが目に入った。その女性はカールを膝で押さえつけ、彼の喉をつかもうとしながら、警察を呼んでとわめいていた。カールは彼女の手を振り払い、身を解こうとして半狂乱だった。これ以上の嫌悪すべき光景を見たことがなかった。私は女性をカールから引き離し、自分の持ち物を引ったくると、彼らが正気に戻る前に外に出た。混乱した精神状態で、打ちつける雨の中をヘンリーの家へ走り、彼をベッドから起こして、何があったかを話した。彼はすぐに私のホテル探しに同行した。カールも私の後を追って飛び出していたので、私たち三人はどしゃ降りの中をピッツバーグへ歩いた。というのもアレゲーニーのホテルはそんなに遅い時間には閉まっていたからだ。いくつかの宿泊所に当たってみたが、どこでも断られた。それもそのはずで、私はずぶ濡れでみすぼらしく、カールの部屋に置き忘れていたのでスーツケースも持っていなかった。私を受け入れてくれる小さなホテルを見つけたのはほとんど明け方に近かった。

膝を震わせ、世の中のおぞましいことを締め出そうとして、顔の上まで毛布を引っ張った。しかし眠りについてすべてを忘れようとしたが徒労に終わった。暗い影が四方から私を覆ってくるように思われた。サーシャを幽閉している刑務所の邪悪な壁、彼の苦しみの年月、私自身の監獄の日々、一時間前のおぞましい体験、それらのすべてが暗闇と絶望の中で、嘲りや異様なまでの挫折感となって渾然となっていた。しかしそれでも、どこか遠くからほのかな光がきらめいていた。私にはそれがわかり、何であるかを悟った。それはエドから発していた。私たちの愛と家庭のことを考えると、その瞬間に暗闇がかすかに明るくなった。私は震える手を思いきり伸ばしたが、その手は私の心と同様に何もなく冷たい虚空をさまようだけだった。

勇士ロベルト・ライツェル

三日後に、私はデトロイトに着いた。その街の魅力はいつも私にとってロベルト・ライツェルにあった。彼の機知と比類なき筆力に、その新聞を読み始めた時から魅せられていた。彼の勇敢なシカゴ殉教者擁護、そして彼らの生命を救おうとする大胆な努力は不屈の反逆者、闘士としての印象を与えた。彼についての私の印象は、サーシャに対して取った立場によってさらに強まった。サーシャとその革命的熱意を知っていたにもかかわらず、モストが彼を中傷し、その行為を非難している一方で、ライツェルはサーシャとその暗殺行為を称揚した。彼の論説「崇高なる銃撃」はわが勇敢なる青年への称揚であり、感動的な贈り物であった。それは私をライツェルと親しくさせ、個人的な長い付き合いとなった。

ニューヨークに来ていた『哀れな悪魔』の編集長に初めて会ってから、すでに五年近くが過ぎていた。その時のことが今まざまざと思い出された。それは私がまだミシンの仕事をしていたある夜遅くのことで、窓の扉を激しく叩く音がした。「さまよえる騎士を入れてくれたまえ！」というジャスタスの声が伝わってきた。彼のそばにほとんど背の高さも変わらない、広い肩幅の男がいた。私はすぐにその男がロベルト・ライツェルだとわかった。私が挨拶しようとすると、彼はふざけて大きな声で説教し始めた。「君は立派なアナキストだ。休息の必要を説きながら、ガレー船の奴隷より長く働いている。私たちは君のその鉄の鎖を断ちに来たのだ。だから実力行使を伴ってでも、君を一緒に連れていく。行くぞ！お嬢さん、用意しなさい！　さあここに出てきなさい。君の汚れなき部屋に入りこむという迷惑をかけたくないからね」。思いがけない訪問者たちは街路灯に照らされて立っていた。

ライツェルは帽子をかぶっておらず、かなり灰色になった金髪が乱れて、高い額にたれていた。大柄でたくましく、ジャスタスより若くて、活力にあふれているようだった。両手で窓の敷居につかまり、その目は好奇心に満ちて私の顔を眺めていた。そして大声で言った。「判決は出ましたか、あなたに気に入られたかな?」。私もお返しに聞いた。「私の方はどうなの?」。すると彼は答えた。「とっくの昔に認めているよ。だからそのご褒美を進呈しようと思ってやってきたんだ。自らをナイトとして君に差し出しにね。」

すぐに私は二人の男性に挟まれ、ジャスタスの店に向かって歩いていった。そこで陽気な歓声と「彼のための祝盃をあげよう」と言う声やワインの追加を頼む声に迎えられた。ジャスタスはいつものように愛想よく、袖をまくりあげ、カウンターの後ろに回り、ホスト役を務めると主張した。ロバートは私を主賓として扱い、優雅に手を差し伸べた。私たちが通路を歩いていくと、ジャスタスが『ローエングリーン』のウェディングマーチを詠唱した。その後に続いて、すばらしい声の男たちが一斉に歌いだした。

ロベルトの出現はその座を盛り上げていた。彼のユーモアはその場にいたすべての人々が惜し気なく飲ませてもらったワインよりも味わいに満ちていた。それに彼の飲み干したワインの量においてはモストのそれをはるかにしのいでいた。そして飲めば飲むほど雄弁になっていった。そのとても多彩で面白い話は小川の水のようにとめどもなくあふれてきた。彼は疲れを知らず、他の人たちがほとんど降参してしまった後でも、私のナイトとして歌をうたい、人生と愛について語り続けたのだ。

自由な精神の揺れ動き

私がロベルトの腕によりそって通りに出た時には、ほとんど夜明け近くになっていた。傍らにいる、この心身ともに優れて美しい魅力的な男性を抱擁したいという強い思いにとらわれていた。彼もまた私に強く魅せられているにちがいないと思った。その夜を通じての彼の眼差しと触れ合いのことごとくがそれを示していた。連れだって歩いていたので、彼の情熱的な欲望の高まりを感じとっていた。私たちはどこに行こうとしているのだろうか？　そんな思いが私の心をかすめたが、興奮は高まり、彼に身を寄せて歩き、何か言ってくれないかと期待し、そして狂おしくそれを願っていた。突然彼から質問された。「ところでサーシャはどうしている？　私たちの誇りとする青年からの便りはよくあるかい？」。興奮状態が破られた。私は苦しみと争いの世界に突き戻されるのを感じた。その後の道すがら、私たちはサーシャと彼の行為、モストの取った態度とその恐ろしい影響について話した。彼はもはやもう一人のモストであり、不正に対する反逆者、闘士であった。

私の部屋のドアの所で、彼は私を両腕に抱きしめ、熱い息遣いでささやいた。「君がほしい！　人生の醜さを忘れよう」。私は静かに彼の抱擁から身を離して答えた。「その機会は去ってしまったのよ、ロベルト。夜の神秘的な声はもはや聞こえないし、昼の不協和音が鳴り始めているわ」。彼はそれを理解した。私の目を愛情深く見つめて言った。「これは私たちの友情の始まりにすぎない。勇ましいエマよ、すぐにデトロイトで再会しよう」。私は窓を広く開けて、彼が街角を曲がって消えてしまうまで、その引きしまった身体がリズミカルに揺れていくのを見ていた。それから私は日常の生活に戻り、ミシンに向かった。

アナキストの女王

一年後、ロベルト・ライツェルの病気の知らせが入ってきた。彼は脊椎カリエスを病み、それが原因で下半身不随になった。彼が大いに称揚し、その精神の感覚がいくらか似通っているハイネと同じように寝たきりになった。しかし死の床にあってさえ、ロベルトはひるまなかった。彼の書くすべての文章は自由と闘争への明快な呼びかけであった。その病床から彼は、市の中央労働組合にその年の十一月十一日の記念祭に私を講演者として招くよう説得した。「二、三日早く来てほしい。それでまだ若かった頃の友情を取り戻すことができる」と彼は手紙に書いてきた。

私は集会の予定日の午後遅くデトロイトに着き、『哀れな悪魔』にしばしば感動的な詩を発表していたマーチン・ドレッシャーに出迎えられた。私を楽しませ、駅の群衆を驚かすために、背が高くて不器用なドレッシャーは私の前に跪き、赤いバラの花束を差し出して次のように述べた。「あなたのナイトからです、女王様。彼の永遠の愛をこめて」。私は質問した。「それで誰がナイトなの?」。彼は答えた。「もちろんロベルトですよ。彼でなかったら、誰がアナキストの女王に愛を送りますか?」。群衆は笑っていたが、私の前に跪いている男は動じなかった。彼がひどい風邪を引かないように(地面は雪だった)、私は手を差し伸べて言った。「さあ、使いの者よ。私をお城へ連れていっておくれ」。ドレッシャーは身を起こして、お辞儀をし、私に手を差し出して丁寧に車へと導いてくれ、命じた。「ランドルフホテルへやってくれ」。そこに到着すると、ロベルトの友人たちの十人が待っていた。このホテルのオーナー自身が、『哀れな悪魔』の崇拝者の一人だった。彼は宣言した。「私のところの最高の部屋とワインをあなたのために用意してあります」。私を駅に出迎える手はずも、集団での愛情のこもった歓待も、ロベルトの思いやりと友情だとわかっていた。

ターナー・ホールは収容人数ぎりぎりまで埋まり、聴衆はその晩の雰囲気に和していた。子供たちの合唱隊が歌い、マーチン・ドレッシャーがすばらしい革命の詩を見事に朗読し、催しはより祭典らしさを加味していた。私はドイツ語で話す予定だった。シカゴの悲劇に対する私の強烈な印象は、時が経つにつれて風化してはいなかった。その夜は特に強く感じられたが、それはおそらくロベルト・ライツェルが近くにいたためだろう。彼はシカゴ殉教者たちを理解し、敬愛し、そして彼らのために闘い、彼自身が今や瀕死の状態にあったのだ。私は一八八七年の記憶をまざまざと再現し、彼らの苦悩を意味づけ、壮絶な死から生じた希望と人生を高らかに称揚した。

閉会の時になって、私は壇上に呼び戻され、五歳になる金髪の少女から、その小さな身体にはあまりにも大きすぎるカーネーションの花束を受け取った。花束ともども私は彼女を胸に抱きしめて壇上から降りた。

夜遅く、私は端正な容貌をした著名な個人主義アナキストのジョー・ラバディーに会った。彼は私にH・S・マッコーワン牧師を紹介した。二人とも私が英語で話さなかったことを残念がっていた。マッコーワン牧師が私に告げた。「私は特にあなたの講演を聴くつもりで来たのです」。すると誰もが親愛をこめてラバディーをジョーと呼んでいたが、彼も言った。「そうだね、ゴールドマン嬢に君の演壇を提供するというのはどうだろうか？　そうすれば君は英語で『赤いエマ』の話を聴けるよ」。牧師は答えた。「それは名案だ！　しかしゴールドマン嬢は教会と対立している。あなたは教会で話をしてくれますか？」。私は言った。「もし必要ならば地獄ででも。ただし悪魔が私のスカートを引っ張らないということであれば」。すると彼は叫んだ。「よろしい。あなたに教会で話してもらいましょう。そして誰にもあなたのスカートを引っ張らせないし、言いたいことを端折らせもしません」。私たちは講演のテーマをアナキズムにすることで合意した。アナキズムについてはほとんどの人々が何も知らなかったからだ。

ナイトを訪問する

花束とともに、私の「ナイト」から、ずっと起きているので、いつでもよいから集会の後に訪ねてくれないかという伝言が届いていた。病人がそんなに遅くまで起きているのは奇妙に思えたが、ドレッシャーによれば、ロベルトは日没後になると最も具合がよかった。彼の家は大きな空地を見渡す通りの外れにあった。その家をロベルトは「ルギンスランド」と名づけていた。そこで三年半にわたって、彼の目のすべては過去へと注がれていた。それゆえに、彼の鋭く洞察に満ちた想像力は遠い国々や土地を彷徨し、そこにある文化的財産のすべてを運んできていた。家の張り出し窓から流れる明るい光が遠くから見え、ロベルト・ライツェル自身が守っている灯台を連想させた。家から歌と笑い声が聞こえてきた。ライツェルの部屋に入ると、人であふれ、煙草のけむりが厚く立ちこめていたので、ロベルトの顔がはっきり見えず、そこにいる人々もぼやけていた。彼の陽気な声が上がった。「我々の聖地にようこそ！あなたを敬慕する騎士の巣へようこそ！」。ロベルトは白いシャツを首の所で大きく開き、枕の山にもたれてベッドに座っていた。顔が灰色であること、白髪が増えたこと、それにやせ細った白い手を除けば、病気の兆候はなかった。ただその目が彼の受けている苦しみを物語っているだけだった。かつての陽気で明るい光は消えていた。胸を痛ませながら私は彼に腕を回して、その美しい頭を抱いた。彼は嫌がった。「母親のようではないか？　君のナイトにキスしてくれないのかい？」。私は口ごもりながら言った。「もちろん、してあげるわ。」

私はその部屋にいる他の人たちのことをほとんど忘れていた。そこでロベルトが私を「社会革命の女神」として紹介し始めた。彼は大きな声で言った。「彼女を見たまえ！　どうだね、彼女が新聞に描かれたような怪物やあばずれ女に見えるかい？　黒い服と白い衿、優雅で礼儀正しく、まるで修道女のようだ」。その言葉は私を当惑させ、きまりが悪かったのでついに抗議した。「あなたは自分が売りたがっている馬のように私を持ち上げているのね」。だが彼は少しもうろたえなかった。「私は君を優雅で礼儀正しく紹介しなかったかい？」。そして意気揚々と断言した。「君は世の評判と違うよ。ワインを持ってきてくれ。我々の女神に乾杯だ！」。彼が呼びかけると、全員がグラスを持ってロベルトのベッドを取り囲んだ。彼はワインを飲み干してから、グラスを壁に投げつけた。「今やエマは我々の一員だ。我々の約束は成立し、我々は最後まで彼女に忠実であるだろう！」

集会と私の演説の内容に関しては、すでにライツェルに伝わっていた。彼の主催する新聞のマネージャーが熱烈な称賛記事を届けていたのだ。私がマッコーワンの招待のことを話すと、ロベルトは喜んだ。彼は牧師を知っていて、「魂の救済者たち」の中にあって稀な例外的人物だと見なしていた。私はロベルトにブラックウエルズ島の友人について、若い聖職者だがとても優秀で理解があったことを告げた。彼は私をからかった。「彼に会ったのが監獄で気の毒だったね。でなければ君は彼を熱烈に愛したかもしれない」。だが私が聖職者を愛せないのは確かだった。「それはナンセンスだね――愛と思想は何ら関係がない。私はあらゆる町や村で女性を愛したが、彼女たちは君の聖職者と異なり、それほど関心を引きつける存在ではなかった。愛はどんな主義とも何の関係もない。君も年を取ればそれがわかるだろう」。そんなことは充分承知していると抗弁したが、虚しかった。私は子供ではないし、もうすぐ二十九歳になろうとしている。私はどのような人であれ、思想を共にすることのない人と決して恋に落ちないと確信していた。

教会は罪の温床

次の朝、宿泊していたホテルで、私は十二人の記者がインタビューのために待っているという知らせで起こされた。彼らはしきりにマッコーワン牧師の教会での話を聞きたがり、けばけばしい見出しの朝刊を示した。「エマ、母性本能を示す――デトロイト演壇の自由恋愛主義者――赤いエマ、マッコーワンの心を射止める――組合教会、アナキズムと自由恋愛の巣となる。」

それから何日間も、デトロイトのすべての新聞の一面は、教会に差し迫っている冒瀆と、「赤いエマ」による組合教会の破滅を予告する記事であふれていた。教会員たちが脱会すると脅したり、委員たちが気の毒なマッコーワン牧師を詰問したという記事が後からずっと続いた。私は集会の前の日に会ったライツェルに言った。「これは彼の馘首を意味するわ。私がその原因とされるのは嫌だわ」。しかしロベルトはあの人物は自分のしていることをよくわかっている。それは単に教会における彼の自立的立場を試すだけだとしても、彼が屈服しないのはまったく正しいと主張した。だが私は提案した。「ともかく、彼がそうしたいなら招待を撤回する機会を与えるために、私は辞退を申し出るべきだわ」。一人の友人が牧師にこのことを伝えてくれたが、彼は何が起きようとこの計画を実現するつもりだと申し送ってきた。「最も攻撃を受けている人物、あるいは主義に対して、教会が言論の権利を保障しないのであれば、私の居る場所ではない。あなたは私に及ぶ影響など気にするべきではない。」

組合教会の神には言及しないと決心する

礼拝堂でマッコーワン牧師が司会を務めた。彼は短いスピーチで、事前に用意されていた文章を読み上げ、自分自身の立場を明らかにし、アナキストではないと断言した。それについて考えたこともなく、実際に何も知らなかったのである。だから十一月十一日の夜にターナー・ホールを訪れたのであるが、残念なことにエマ・ゴールドマンはドイツ語で話した。そこで教会において英語で彼女の話を聞くという提案がなされたため、すぐにその考えを受け入れたのである。教会のメンバーが何年にもわたって「社会的脅威」として迫害されてきた女性の話を喜ぶだろうと思っているし、善良なキリスト教徒として彼女に対しても寛容であってほしいと考えている。そう言って、彼は私に演壇を譲った。

私は特にアナキズムの経済的側面に的をしぼり、できるかぎり宗教と性の問題は避けようと決心していた。それはこのような勇気ある立場を取ってくれた人物に対する礼儀であると思ってもいた。少なくとも彼の司る礼拝堂を使っての集会では、彼らの神を攻撃し、神聖な結婚制度を誹謗したと言われる原因を誘発すべきでなかった。講演は私が予想していたよりも上首尾だった。それは一時間以上続いたが、何の妨害もなく、最後には多くの拍手を受けた。マッコーワン牧師は私が着席するとささやいた。「私たちの勝利だよ！」

だが彼はあまりに早く喜びすぎた。初老の婦人が敵意を露わにして立ち上がると、拍手はいきなり途絶えた。彼女は発言を求めた。「司会者さん、ゴールドマン嬢は神を信じているのですか？　それとも信じていないのですか？」。他の人が彼女の発言に続いた。「講演者はすべての支配者を絶滅したがっているのですか？」。それから小柄でやつれた男性が飛び上がって細い声で叫んだ。「ゴールドマン嬢、あなたは自由恋愛主義者だったね？　今の話からすると、あなたの求めている体制はあらゆる街灯の下に売春宿を出現させる結果になるのではないのか？」

私は牧師に言った。「私はこの人たちに直接答えなければならないわ」。彼は答えた。「そうしなさい。」

信者たちにショックを与える

私は話し始めた。「紳士淑女の皆さん、私はあなた方の核心にはできるだけ触れないという決意でここに来ました。信仰や道徳信念にかかわることなく、揺り籠から墓場まで私たちの生活を支配している経済の基本的問題だけを論じるつもりでした。ところが今になって、それが誤りだったとわかりました。そのいくつかの核心を避けるわけにはいきません。私の答えをここに言明します。私は神を信じておりません。なぜならば人間を愛しているからです。失敗の連続でしたが、人間は過去何千年もの間、あなた方の神が科した無用な仕事から解放されようと努力してきました」。礼拝堂の中は狂乱状態になった。婦人たちが金切り声を上げた。「神への冒瀆よ！　異端者！　話をやめさせて！　外に放り出してよ！」

騒ぎが収まると、私は続けた。「支配者を殺すことについては、完全にその支配者の立場次第です。もしそれがロシアの皇帝であれば、あの世に送り返してしまうのがいいと、かなり明確に信じています。だがもし支配者がアメリカの大統領のように無力であれば、その必要はないでしょう。しかしながら可能なかぎりの手段を使ってでも、抹殺しなければならない権力者がいます。それは無知、迷妄、頑迷であり、地球上で最も邪悪で非道な支配者なのです。自由恋愛がより多くの人の売春宿を生み出しはしないかという紳士のお尋ねに対しては、もし将来の男性が彼のようになれば、売春宿はすべて空になるとお答えします。」

礼拝堂はたちまち大混乱になった。司会者は静粛にと机を叩いたが無駄だった。人々は長椅子に飛び乗り、帽子を振って叫び、明りが消えるまで教会を去ろうとしなかった。

翌日のほとんどの新聞が、礼拝堂での集会をおぞましい催しとして報道した。新聞は礼拝堂で私に話すことを許可したマッコーワン牧師の行為に対して非難を浴びせた。著名な不可知論者ロバート・インガソルでさえそれに同調し、声明を発した。「私はすべてのアナキストが精神異常だと思う。エマ・ゴールドマンもその一人だ。またマッコーワン牧師は寛大な人物であり、恐れを知らない。それにしても、いかに公の集まりであるとはいえ、狂った男や女を講演者として招くというのは感心すべきことではない」。マッコーワン牧師は教会を辞職した。彼は私に言った。「私は鉱山の町に行くつもりです。鉱夫たちの方が私の仕事をもっとよく理解してくれると思います」。確かにそうであるだろうと私も思った。

ヘレナ、稀な女性の消耗

私がニューヨークを離れた後のエドとの文通は気詰まりな部分もあったが、親しみもこもっていた。デトロイトに着くと、昔のような愛情にあふれた彼からの長い手紙が届いていた。手紙は私たちの最後の別離に触れていなかった。彼は私の帰るのを切に待ち望み、休暇には戻ってくるのを希望していると書いてきた。「奉仕生活と結婚した恋人を持つ者は、その人から多くを期待できないということを学ばなければならない」とも書かれていた。エドが「多くを期待しないでいる」とは思えなかったが、私の要求に応じようとしていることは理解できた。私はエドを愛していたし、求めてもいたが、仕事を続けていく決意を固めていた。それでも彼がたまらなく恋しく、その魅力にいまだに強く惹かれていた。これから姉のヘレナを訪ね、一週間以内に家に帰るという電報を彼に打った。

監獄からの釈放後の短い訪問を除いて、一八九四年以来ロチェスターに来ていなかった。長い年月が経っているように思われたし、その間に私の人生にはあまりに多くの出来事が起きていた。その変化は私ばかりでなく最愛の姉、ヘレナの運命にも訪れていた。今ではホチスタイン一家は、裏に少しばかりの緑のある、以前よりも快適な家に住んでいた。彼らの汽船代理店はわずかな収入をもたらすだけだったが、それでも彼らの生活を改善させていた。ヘレナはその重荷を担い続けていた。子供たちは以前にもまして彼女を必要としていたし、商売の方も同様であった。その得意先のほとんどがリトアニア人とレット人の小作農であり、彼らはアメリカで最も過酷な仕事をしていた。彼らの賃金はわずかであったが、やりくりをして家族に送金し、アメリカへ呼び寄せていた。貧困と重労働が彼らを消耗させ、疑い深くさせていたので、彼らの扱いには機転と忍耐が必要だった。義兄のジャコブは常には内気で穏やかだったが、そうした厄介なことに直面するとしばしば怒りだしてしまった。しかしヘレナにしてみれば、それは客の大半を、学者肌のジャコブ・ホチスタインよりも上手の商売人に取られてしまうことだった。彼女はもめ事を収める術をわかっていたし、このような賃金奴隷の人たちに同情し、その心理を理解していた。彼女は彼らにただ切符を売ったり、送金したりするだけでなく、その貧しい生活の中に入っていった。彼らに代わって家族への手紙を書いたり、また多くの困難を乗り切る支援をした。ヘレナの所へ慰めと助力を求めてやってくるのは彼らだけではなかった。近所のほとんどすべての人々が、抱えている問題を彼女の所に持ちこんできた。私の尊敬すべき姉は皆の苦労話に耳を傾けながら、彼女自身は決して泣き言をもらさず、青春時代の愛と希望といった、自らの成就しなかった望みを嘆きもしなかった。しかし、この稀なる女性にあっても、何かしら力が失われてしまっていることを、私は身を切られるように感じていた。それはあまりにも限定された場所にいることによって抑圧されてしまった、おおらかな人間性であった。

父に対する見方の修正

到着した日中はヘレナとゆっくり話す機会がなかった。晩になって子供たちが寝入り、事務所が閉まると、ようやく二人で話すことができた。彼女は私の生活も詮索しなかったし、私が語ることを理解と愛情で受け止めていた。彼女のほとんどの話は子供たち、自分たちとレナの家族、それから両親の苦難に満ちた人生のことだった。彼女が常に父の苦労を力説する理由を私はよくわかっていた。私に父を身近な者とさせ、よく理解させようと懸命だったし、父と私の対立が憎しみに至ってしまったために、彼女は大いに悩んでいた。父が余命いくばくもないという彼女の知らせに対して、私が送った返事にとてもショックを受けていた。父は喉の大手術を受け、ヘレナは私をその枕元に呼ぼうとしたのだ。ところが私は折り返し電報を打った。「あの人はとっくの昔に死ぬべきだったのよ」。その時以来、私たちの子供時代を残酷な仕打ちで傷つけた男に対する私の態度を変えさせようと、彼女は何度も試みてきた。

私たちの悲しい過去の記憶がヘレナをさらに優しく寛大にしていた。私の父に対する憎しみを徐々に癒してくれたのは、彼女の美しい心と私自身の成長であった。無力な子供たちに両親がひどい仕打ちをしたのは彼らの残酷さからではなく、むしろ無知からきているのを私は理解するようになった。一八九四年のロチェスターでの短い滞在で、私は五年ぶりに父に会った。相変わらずよそよそしさを感じていたが、もはやそれほど憎しみはなかった。訪ねてみると、父は肉体的に衰弱していて、以前の力強く精力的な姿は見る影もないのが見てとれた。父の健康状態は次第に悪くなっていた。乾物屋での十時間の労働が健康をむしばみ、神経をすりへらし、損なわせたのだった。そして耐え忍ばなければならなかった嘲りと侮辱によってさらに悪化したのである。父は一介のユダヤ人の五十歳近い男であり、この国の言葉になじもうとしない外国人であった。

一緒に働いていた若者の大半は外国人の両親を持っていたが、アメリカ人の最悪の特性だけを身につけていて、よいところは何もなく、粗野で下品で冷酷だった。彼らは「ユダヤ人」をからかったり、馬鹿にしたりして育っていた。何度となく彼らは気を失うほど父を苦しめ、侮辱した。翌日無理をしても戻ってくることはわかっているのに、強制的に家に帰らされた。父にとって週十ドル支払われる仕事を失うことはできなかった。

それほどまでに衰弱し消耗した父の姿を目にして、私の残っていた最後の憎しみのひとかけらももろく崩れた。私が身を投じ活動しているのは搾取され奴隷状態にある大衆のためであり、父もその一人であると理解し始めた。

誤った精力の捌け口による非人間的効果

私たちの話の中で、父の若い頃の暴力はポペランのような狭い土地でしかるべき捌け口を見出せなかった並外れた精力に起因していると、ヘレナは常々主張していた。父は自分にも家族にも自負があったし、大きな街に行って、そこでできる大仕事を夢見ていた。農民は自分の土地で貧しい生活をかろうじて営んでいたが、大半のユダヤ人は現実的に職業の選択の余地がなく、農民に依存して暮らすしかなかった。父はそのような手段を取るにはあまりにも正直で、彼の自尊心は取引しなければならない役人の日常的な侮辱に傷ついていた。能力を充分に生かす機会に恵まれず、人生にも失敗したことが父を惨めにさせ、ひねくれさせ、自らを過酷に扱ってきた要因であった。

大衆の生活や、監獄の内外での社会的犠牲者たちとの長年にわたる交わりと幅広い読書とによって、私は誤った精力の使われ方がもたらす非人間的な作用をわかっていた。野心と希望を抱いて人生を始めた人々が周囲の敵意によって挫折していくおびただしい事例を見てきた。彼らはほとんどが、悲しいことに恨み深く、冷酷な人間になっていった。私が悪戦苦闘して得たこの洞察を、姉はその優れた感じやすい資質と並外れた直感力で自らのものとしていた。彼女は世間をさほど知らなくても賢かったのだ。

私はこの滞在で姉のヘレナとその家族に頻繁に会った。彼女はすでに四人の子供がいて、五番目を妊娠中だった。相次ぐ出産と家計のやりくりで消耗していた。ヘレナの唯一の幸せは子供たちの存在だった。四人の子供のうちで最も輝いていたのは小さなステラであり、灰色のロチェスターにあって私の希望の光であった。彼女は十歳で、とても利発で感受性に富み、私を「エマ叔母さん」と呼び、私に対して好奇心をいっぱいにしていた。以前の訪問以来、ステラと文通を始めていたが、その手紙には初々しい魂から生じる憧れの気持ちがかわいく、唐突に表現されていた。彼女の父親の厳しさと妹に対するえこひいきは、感じやすい子供にとって実に大きな悲劇であった。妹とベッドを共有しているステラには大きな苦痛だった。家族たちは「そのような気まぐれごと」を相手にしなかったし、それにあまりにも貧しすぎて、別の場所をあてがう余裕もなかった。しかし私にはステラのことが痛いほどよくわかった。彼女の悲劇は私自身がその年頃に体験したものの再現だった。小さなステラの近くにはヘレナがいて、その悩みを受け止めてくれ、私には信頼感を持っていると思うと、幸せな気持ちになった。ステラは七歳になったばかりの時に手紙を書いてきた。「エマ叔母さんに意地悪する人たちが嫌いです。私が大きくなったら、きっと守ってあげるわ。」

弟に適した進路を勧める

またそこには弟のイエゴルがいた。彼は十四歳で、ほとんどのアメリカ少年のように粗野で乱暴だった。ヘレナは彼のことをとてもうまく面倒見ていたので愛されていた。私には明らかにそれほどの思い入れはなかった。レナと同様に、単なる姉だった——ところが一八九四年に訪れた時に、私は彼の中にある深い感情を呼び覚ましたようだった。その時から、ステラのように彼も私を近しく慕うようになった。おそらく私が、彼にどうしても学校を続けさせなくてもいいと、父に説得したからだ。イエゴルは学校の成績が良く、このことが父に自分のかなえられなかった学問のある男にするという夢を息子に託すようにさせた。この点に関して、長男のヘルマンは期待できないのがわかっていた。彼は驚くほど手先が器用であったが、学校が嫌いだったので、父はとうとういつか「専門職」についてくれるだろうという望みを失い、機械工場に送った。

そこで彼はすぐに、最も単純な教科書勉強よりもきわめて複雑な機械相手の方が気楽であることを身をもって体験した。彼は生まれ変わった気になり、真剣に取り組んでいた。父はその失望から立ち直れずに、いまだにその希望を追っていた。イエゴルが学校でよくできるので、父は再び大学出の賞状を夢見始めた。だがその計画は再び挫折していた。私の訪問はその状態を救ったのである。「家の子」のための私の説得は、かつて自分のために訴えた願いよりも効果的だった。イエゴルはヘルマンと同じ工場で働きだした。それからまもなく、彼は急激な変化を遂げ、学問に強く魅かれていくようになったのだ。彼が大いに憧れていた労働者の生活と手弁当は魅力を失ってしまった。逆に工場の騒音と猥雑さは彼に反感を抱かせ、本を読むことや勉強することが今や彼の大望になった。労働者の運命の悲惨さとの出会いが、イエゴルを私に近づけさせたのだ。彼は私に手紙を書いてきた。「姉さんは僕のヒロインだ。姉さんは監獄にいて、民衆と共にあり、若者の志にも触れていた」。自分が目覚めたことをわかってもらえるだろうかと付け加えてもあった。

彼の希望は私一身に集まっていた。というのも、彼のニューヨーク行きを許可するように父に説得できるのは私しかいなかったからだ。彼は勉強することを望んでいたが、奇妙なことに、父は喜ぶ代わりに反対した。移り気な息子に信頼がおけなくなったというのだった。それだけでなく、父の健康は衰えていて、これ以上働き続けることができなかったので、家計を維持するためにはイエゴルの稼ぐ金が必要だったのである。父を譲歩させるには懇願の日々とニューヨークの私の家に引き取るという申し出が必要だった。イエゴルの願いはかない、今や実現しようとしている夢を見ていたし、私は彼の変わることのない献身を得たのである。

今回のロチェスターでの滞在で、私は初めて家族を晴れやかに訪問できた。私にはいつもよそよそしかった家族に思いやりと愛情を持って迎えられたのは新鮮な体験だった。大切な姉のヘレナと弟二人が、両親との親密な交わりを計らってくれた。

イエゴルがニューヨークに来る

ニューヨークへ帰る途中で、私は医学の課程を学ぶことに関してエドとよく交わした話を真剣に考えていた。それはケーニヒスベルクにいた頃からの私の志であったし、ウィーンでの勉強が再びその欲求を目覚めさせていた。エドは感激してその考えに賛成し、すぐに大学に行かせてあげるようにすると請け合った。だがイエゴルをニューヨークで同居させ、援助しなければならないので、医者になるという私の希望の実現は延期するしかないだろう。新しい問題を抱えることでエドが憤り、弟を家に迎えるのを嫌がるのではないかと私は恐れていた。エドに弟のことを押し付けるつもりは少しもなかった。

エドはとても元気で非常に機嫌がよかった。恋人は私の帰宅の際にはいつもそうしてくれていたように、私たちの小さなアパートは華やいで見えた。イエゴルについての私の計画に反対するどころか、エドはすぐに彼を迎えることを了承した。家に弟といれば、私の不在の間も淋しくないだろうと彼は言った。そして少し心配そうに、イエゴルはおしゃべりかと尋ねた。彼自身一言もしゃべらずに何時間もじっとしていることができたので、私がイエゴルは勉強熱心な無口な少年だと話すと、大いに安心していた。私の申し出ていた医学の勉強について、エドは遠からず実現できると確信していた。彼は「金持ちになるところだ」と真顔で保証した。彼の仕事仲間がアルバムの新型を完成させていて、それが確実に大きな成功を収めるということだった。彼は嬉々として告げた。「君に三人目の仲間になってほしいんだ。次の講演旅行でその新型を持って行き、地方販売をやってみてはくれないか」。私たちの最初の生活の頃のように、彼はお金ができたら私のために実行する計画の夢想に再びひたり始めた。

イエゴルは年が明けてから到着した。エドは最初から彼が気に入り、ほどなく弟も完全に姉の恋人に魅せられた。私はすぐに新しい講演旅行に出ることになっていた。そしてその留守の間、私の二人の「子供」がお互いに仲良くやってくれるだろうと考えるのは大きな喜びであった。

◇第17章◇ フィラデルフィア、デトロイト、シカゴ、サンフランシスコ講演旅行

サーシャの苦闘

入念に計画された十二の講演会を控え、さらに新製品の見本を託され、私は大義に賛同する人々を獲得し、新しいアルバムの注文を取るという希望に満ちあふれて出発した。この販売手数料は、私の旅費の補助となり、それは私の旅行を支援する同志たちの経済的負担に対する心苦しさを軽減してくれるはずだった。

フィラデルフィアのアナキスト、チャールズ・シリングとは以前にその町を訪れた際に会ったことがあり、私の講演の下準備をすべて引き受けてくれただけでなく、さらに彼の家庭での滞在を勧めてくれた。シリング夫妻はともに心温まるもてなしをしてくれ、チャールズは非常に有能なオルガナイザーでもあった。六つの大きな集会で、私は「新しい女」「悪に対する無抵抗の不条理」「道徳、自由、慈悲、そして愛国心の基盤」について話した。英語で講演をするのは依然としてかなり困難だったが、質問が出されたので安堵した。反対論が出されるほどに、私は活気づき、反対論者たちに大義について強調して語った。十日間にわたる集中的な活動とシリング一家および他の新しい友人たちとの温かい「同志的交流」の後に、私はピッツバーグに向かった。

カール・ヘンリー、ハリー・ゴードン、そしてエンマ・リーは、「鉄鋼都市」とその隣接する街で十四

回の講演を計画していた。私が一番行きたいと望んでいたホームステッドは入っていなかった。そこでは会場が確保できなかったのだ。いつものように、私は西部刑務所を最初に訪れた。エンマ・リーと一緒だった。私たちは壁のすぐ傍らを歩いていた。時折私が粗い壁の表面に沿って手を滑らせているのを彼女は見ていた。もし思いと気持ちだけでも伝わるのであれば、私のその思いの激しさが灰色の壁を貫いてサーシャに届くであろうに。彼が投獄されてからほぼ五年が過ぎていた。刑務所長と看守たちが全力でサーシャの精神を粉砕しようとしたが、彼の反逆心を見落としていた。彼はひるむことなく、人生と自由を取り戻そうという決意に全身で取り組んでいた。

そうした中で、彼は多くの友人たちに支えられていたが、誰よりも献身的だったのはハリー・ケリー、ゴードン一家、ノルド、そしてバウアーだった。彼らは新たな恩赦を請願するために何ヵ月間も活動し続けていた。彼らの努力は一八九七年の十一月に始まり、様々な分野の人々から支援を得た。サーシャのために労働者の組織参加を依頼していたハリー・ケリーの働きによって、その釈放を支持する強力な決議が西部ペンシルベニア合同労働組合で採決された。シンシナティの会議でアメリカ労働総同盟が、それから製パン業国際同盟、ボストン中央同盟、その他合衆国中の多くの労働団体もそれぞれ支援活動を表明した。ピッツバーグの最も優秀な二人の弁護士が参加してくれることになり、必要な資金が募られた。サーシャとその恩赦には大変な関心が集まっていた。そのため友人たちはそれなりの結果を確信していた。私はどちらかといえば懐疑的であったが、不屈の青年と私とを隔てている監獄の壁に沿って歩いているうちに、自分の間違いが証明されることを願わずにはいられなかった。

連続的な講演と多くの人々との会合は激務だった。何度か神経がおかしくなり、消耗し、疲労困憊していた。それでも休息はできなかった。というのも寸暇を惜しんで仕事をした成果なのか、私たちの思想に対する大衆の関心がとても高まってきたように思えたからだ。いくつかの新聞は今までの論説と逆行するかのように、私の集会を公正に報道するようになった。実際にピッツバーグの『リーダー』は全面を用いて、私についての好意的な記事を掲載した。「ゴールドマン女史は伝えられているような邪悪な人間にはまったく見えない」。他の新聞もそうだった。「彼女が洋服の下に爆弾を持ち歩いていたという噂、あるいは彼女の演説者としてのキャリアを特徴づけてきた扇動的な言説の成立を、その個人的外見からは想像できないだろう。それどころか、むしろ彼女には好感の持てる人という言葉がふさわしい。話している時の彼女の顔は知性あふれる情熱で光り輝いている。実際に知らない人には彼女の職業と素性を尋ねてみれば、決まって百人中九十九人が彼女は学校の先生か、もしくは進歩的な考えを持った女性だと答えるだろう。」

記者は、私が学校の教師のように見えると言えば、ほめ言葉になると信じていたにちがいない。彼は疑いもなくそれが最上の賛辞だと考えていたかもしれないが、私の虚栄心は傷ついた。それほどまでに私は中身のない女に見えたのだろうか。

クリーヴランドでは講演を三回開いた。新聞の報道はとても楽しめるものだった。ある新聞は「エマ・ゴールドマンは気が狂っていて、彼女の主張はとりとめのない無駄話だ」と論評しただけだった。別の新聞は、私の「立派な態度は爆弾女というよりも貴婦人のようだ」と大げさに報じていた。

ロベルト・ライツェルの死の床でのユーモア

私は親しい旧友のためにデトロイトへ戻り、列車を降りるとすぐにロベルト・ライツェルを訪ねた。彼の病状は確実に悪化していたが、生への意志は衰えていなかった。だが私のナイトの顔色は以前よりもさらに悪くなり、痩せ細っていた。私の前回の訪問以来の苦しみの堆積で、顔には皺が増えてはいたが、生来の機知とユーモアは失っていなかった。彼に会うのは喜びであり、また苦しみでもあった。それでも彼は私を悲しくさせなかった。面白おかしく話を仕立て、天性の才能で、笑いころげるような話を始めるのだった。特におかしかったのが、彼が初めてアメリカに来て就いた職である、ドイツ新教会の牧師時代の経験談だった。

ある時、彼はバルチモアでの説教を頼まれた。その前の晩、彼は陽気な連中と一緒になってワインに酔いしれ、明け方まで歌った。春の気配が漂い、樹々は新緑を輝かせ、その上で鳥たちが仲良く元気に囀り合っていた。自然のすべてがむきだしの官能性にあふれ、活気に満ちていた。朝日がきざし始めた中を歩いていくと、ロベルトは冒険心をそそられた。数時間後に気がついてみると彼は裸でビール樽に馬乗りになり、大声で愛しの乙女へのセレナーデを歌っていた。まさしくその乙女こそは若い牧師を招待した会の中心にいた美しき少女だったのである。その日バルチモアではドイツ人牧師による説教は行なわれなかった。

私のナイトとともに過ごした数時間は忘れられないものだった。彼の精神の熱い輝きに私はすっかり引きこまれ、立ち去るのがつらかった。自分の若さと強さがその病気の身体に流れこみ、生命を維持させることができればと私は願っていた。

デトロイトの後のシンシナティは、沈滞していて失望の思いだった。エドからの不平の手紙によって、その思いは倍増した。彼は私の長い不在に耐えられず、別居状態で暮らすよりも思いきって別れてしまった方がはるかにましだと書いてきた。私がエドを愛していること、そして彼との家庭生活を望んでいることを納得させるために返事を書いた。だが私は拘束され、籠の中に閉じこめられたくないと心の中で反芻した。もしそうなれば共同生活のすべてを断念するしかない。私が最も尊重するのは自由であり、それは仕事をする自由、誰の命令でも義務でもない自発的な献身の自由だった。義務や命令といった要求に従うことはできず、そうするくらいなら、家庭なき放浪者の道を選ぶだろう。愛を捨ててまでもだ。

セントルイスでは気が滅入っていた上に、最後の日には警察の手入れを受けた。警察は私の演説の途中で集会を中止させ、強制的に全員を解散させた。新聞に掲載される私の演説の過剰な引用の方が、会場における以上に多くの聴衆に届くだろうと考えると、少しは慰められるような気がした。それだけでなく、この当局の行為は、表現の自由を変わることなく信じているアメリカ人の間から、多くの友人を私にもたらした。

悲しみの街、シカゴ

シカゴは私が新しい人生を踏み出すきっかけとなった暗黒の金曜日の街だ！　私にとってシカゴはピッツバーグの次にあまりにも不吉で、憂鬱な街だった。それでも一八八七年の事件に対する怒りに燃えながら、モストの追随者たちの誤解に満ちた辛辣な敵意を浴びていた以前ほどには、よそよそしさを感じなかった。私の投獄とそれに続く活動が友人をもたらし、事態は優勢になっていた。今ではポイケルトの働きかけによって様々な労働組合の支持を得ていた。一八九三年以来、彼はシカゴに住んでいて、情宣活動をしていた。それに同志アペルが手厚いもてなしをしてくれた。彼は地方の著名なアナキストで、快活な夫人と子供たちと暮らしていて、その家庭を訪れるのは喜びだった。「自由社会」グループはシカゴにおいて目覚ましい活動を展開し、私の十五回連続講演も彼らによって計画されたものだった。

集会自体は通常と変わらず、さしたる事件も起きなかった。しかしいくつかの出会いがあり、それらが私の人生に長きにわたって影響を与えたことからわかるように、その街での滞在は意義あるものだった。それはモーゼス・ハーマンとユージン・V・デブスに出会ったことであり、さらにドイツから来た若い同志マックス・バギンスキーと再会したことだった。

フィラデルフィアにいた一八九三年の八月の日々は警察に追われていて息もつけないでいたが、その私を二人の若い男が訪ねてきた。一人は私の旧友のジョン・カッセルで、もう一人がマックス・バギンスキーだった。私はマックスに会えてとてもうれしかった。彼はドイツの革命運動で非常に重要な役割を演じた若い反逆者の一人だった。中背で知的な顔の華奢な男で、あたかも長患いから回復したばかりのように見えた。彼の金色の髪は櫛を通していないのか立っていて、その知的な目は、かけていた厚い眼鏡の奥に小さく映っていた。彼の目立った特徴は、とりわけ広い額と名前が表わすようにスラヴ系に見える顔の輪郭だった。私は彼を会話に引きこもうとしたが、塞ぎこんでいて話をする気がないように見えた。彼の首筋の大きな傷がその内気な性格の原因なのかと思った。それから数年間、私が監獄から釈放されるまで再びマックスに会うことはなかったし、その時も単に偶然だった。その後、彼はかつてオーガスト・スピエズが編集刊行していた『労働者新聞』を引き受けることになり、シカゴへ行ったと聞いていた。

マックス・バギンスキーに再会す

それまでのシカゴ訪問の際には、わざわざバギンスキーに会うために新聞の事務所に行くことを差し控えていた。私は彼がモストの忠実な支持者だと聞いていたし、それにモストの追随者たちからのひどい迫害に苦しめられてきたので、彼らとはもはや会うつもりもなかった。しかし『労働者新聞』に私の講演についての好意的な記事が載ったことから、マックスにもう一度会いたいという説明し難い衝動にかられて、その街に到着するとすぐ彼を訪ねたのである。

シカゴ事件で有名になった『労働者新聞』の事務所はクラーク通りにあった。中程度の広さの部屋は格子で仕切られて、その奥で一人の男が書き物をしていた。その首の傷でマックス・バギンスキーだとわかった。私の声を聞いて彼はすぐ立ち上がり、金網の戸を開いて、快活な声で言った。「やあ、エマ。ようやくここに来てくれたね」。彼は私を抱きしめた。出迎えが予想もできないほどに温情あふれていたので、モストの盲目的な追随者ではないかという彼への懸念はすぐに消えてしまった。彼は書きかけの記事の最後の一節を終えるまで少し待ってくれと頼んだ。まもなく彼は陽気に叫んだ。「できたぞ！この監獄を抜け出そうじゃないか。ブルーリボン・レストランで昼食を取ろう。」

そこに着いたのは正午過ぎだった。だが五時になっても私たちはまだそこにいた。フィラデルフィアで短い出会いをした口数の少ない憂鬱そうな若者が、とても快活になり、かなり真面目な話をしたかと思えば、すぐに少年のような明るい話題を提供したりする、興味尽きない話し上手になっていた。私たちは運動のことや、モストやサーシャについて話し合った。マックスはまったく狂信的でも狭量でもなく、ドイツのアナキストたちの最良の人々の中に見出される以上の心の広さと共感、そして理解力を備えていた。モストに関しては英雄的闘争を行ない、迫害にも耐えてきたことでとても尊敬していると彼は言った。それでもモストがサーシャに対して取った態度は、マックスやドイツの「青年」グループの協力者に非常に痛々しい印象を与えていた。

彼らは全員がサーシャの側に立っていたし、今もそうだとマックスは私にはっきりと言った。しかしアメリカに来て以来、決して根を張ることができない異国の地でのモストの悲劇が、自分にもよく理解できるようになった。アメリカにおいては、モストは大衆の生活や闘争から得られる示唆や刺激もなく、彼の本領が発揮できない。もちろんモストはこの国において、ドイツ人のかなりの支持を得ていたが、ひとつの国での根本的変革を促せるのは生まれついての民衆だけでしかない。モストが行動による情宣活動に背を向け、それゆえにサーシャに敵対した原因は、アメリカにおける彼の立場の無力さとアナキスト運動の不在にあったにちがいないと彼は言った。

ハウプトマンとマックスの徒歩旅行

何年にもわたって敵対発言をしてきたモストの裏切りの事情をマックスから聞かされても、私は認めることができなかった。だがモストの変貌の原因を分析するにあたって、幅広く客観的であろうとするマックスの試みに、その性格の本質を見る思いがした。彼には狭量さも憎悪も、また猜疑心も党派性のかけらもなかったし、大した人物であるという印象を受けた。彼と一緒にいると、私は草原の新鮮な空気を呼吸しているような気になった。

彼がニーチェ、イプセン、そしてハウプトマンを私と同様に愛読していて、さらに私には未知の多くの作家たちを知っているとわかったので、マックスとの出会いの喜びはさらに増した。彼はゲアハルト・ハウプトマンを個人的に知っていて、ハウプトマンがシレジアの織工たちが住む地方を巡った時、彼も同行していたのである。当事マックスは労働新聞『ふくろう山脈からの労働者』の編集者だった。劇作家に『織工たち』と『ハンネレの昇天』という二つの社会的力作の題材を与えた地方で、その新聞は発行されていた。恐ろしい貧困と悲惨が織工たちを苦しめ、その猜疑心を強くさせていた。彼らの生活に関する調査に来た、牧師のような禁欲的な顔の若者に事情を話そうとしなかった。しかし彼らはマックスのことを知っていた。彼自らが民衆の一人であり、彼らと共にあったことから信用されていた。ゲアハルト・ハウプトマンと一緒に徒歩旅行した時のいくつかの体験を、マックスは聞かせてくれた。あらゆる所で、彼らは恐るべき悲惨な光景を目撃した。ある時、荒れ果てた小屋に住む年老いた織工に出会った。長椅子には一人の女がぼろ切れに包まれた小さな赤ん坊とともに横たわっていた。子供の痩せ衰えた身体は悲しみの塊のようだった。家の中には食物も薪もなかった。究極の貧困が家の中全部にむき出しになっていた。また別の所では、一人の未亡人が十三歳の孫娘と一緒に住んでいて、その少女は驚くほどの美しさだった。二人は織工の夫婦と一部屋に同居していた。彼らと話をしている間、ハウプトマンはその子の頭をずっと撫で続けていた。マックスは説明した。「彼女に感銘を受けて、彼がハンネレを書いたのは間違いない。その悲惨な環境に咲いたあの可憐な花に彼がどれほど感銘を受けたかを、私は知っている」。その後長い間、ハウプトマンはそのいたいけな少女に贈り物をし続けた。これらの見棄てられた者たちに彼が同情したのは、貧困が何であるかを個人的体験から知っていたからだ。彼はチューリッヒで学生だった頃にしばしば飢えを経験していたのだった。

私はマックスの中に自分と同類の精神の存在を見出していた。彼は私が重要であるとするものを理解し、評価できる人間だった。彼の心の豊かさと繊細な性格は抗い難い魅力を備えていた。私たちの知的な同質性は自発的なものであり、ぴったり一致したし、さらに感情の表現法まで同様だった。会うたびに彼の存在が放つ新たな美しさと深みによって、私たちは離れ難くなった。彼はその年齢以上に精神的に成熟していたが、現実的にも比類なく親切で優しく、ロマンスの世界を体現していた。

モーゼス・ハーマンとの出会い

シカゴ滞在の間のもうひとつの大きな出来事は、モーゼス・ハーマンとの出会いだった。彼は自由な母性と、女性の経済的、性的解放の勇敢なる擁護者であった。その名前を最初に知ったのは、彼が発行していた週刊新聞『明けの明星』を読んだことからだった。彼が耐えてきた迫害や、アンソニー・コムストックを首領とするアメリカの道徳宦官たちによる投獄のことを知っていた。マックスに伴われて、私は『明けの明星』の事務所にハーマンを訪ねた。そこはまた、彼と娘のリリアンが一緒に暮らしている家庭でもあった。

偉大な人物に対するイメージは、実際に会ってみるとほとんど異なっていることが多い。しかしハーマンの場合はその逆だった。私は彼が男性的魅力にあふれる人物だとはまったく想像していなかった。彼の折り目正しい姿勢（南北戦争で銃撃され、足が不自由であったにもかかわらず）、豊かな白髪と顎鬚、それに若々しい目を備えたすばらしい顔立ちは、彼を非常に印象的な存在にしていた。厳格で近寄り難いところはまったくなく、実際に穏やかそのものだった。そのような彼の特質は、あまりにも多くの迫害を受けてきたこの国においても、彼に寄せられている絶対の信頼を物語っていた。彼にとって私は見知らぬ他人ではなかった。彼は私が警察から受けた暴力的扱いに激怒し、それに抗議したのだった。彼は温かく微笑みながら言った。「我々は様々な問題を共有している同志ですよ」。その夜、私たちは女性とその解放の問題について話し合った。

私はその論議の中で、アメリカにおけるあまりにもみだらで下品な性に対する取り扱いはこれから変わるのか、またピューリタニズムはこの国から消えてしまうのだろうかといった疑問を述べた。ハーマンは確かにそうなるだろうと言った。「私はこの仕事を始めてから、そのような大変貌を見てきました。だからアメリカでの女性の経済的、性的地位の本当の革命が起きるのもそう遠くないことだと思っています。人間の生活における性とその重要な役割についての純粋で気高い思いを発展させるべきなのです」。私は次第に勢力を伸ばしつつあるコムストキズムに関する彼の意見を聞いた。「あの衝迫力をはねのけるそれなりの人物はいるでしょうか？　それにあなたと他の一握りの人たちを除いたら、アメリカ人は世界で最も清教徒的かもしれませんね」。彼は答えた。「そうとは言えませんよ、イギリスを忘れてはいけません。最近ハヴロック・エリスの性に関する優れた著作が発禁処分になりました」。ハーマンはアメリカを信じ、母性の自由という思想ゆえに中傷や投獄に苦しみながらも、何年間も闘い続けてきた男女を信頼していた。

講演会での私への策略

シカゴに滞在中、市内で開かれていた労働者大会に出席した。そこで私は、労働組合や革命運動で著名な多くの人々に会った。その中には公判中に目覚ましい役割を果たした私たちの殉教者、アルバート・パーソンズの未亡人であるルーシー・パーソンズもいた。その大会で最も目立った人物はユージン・V・デブスだった。非常に背が高く痩せているという身体的特徴に加えて、彼の同志たちよりひときわ目立っていた。しかし私にとって最も驚きであったのは、彼が周囲で起きている陰謀に対して、まったく気がついていないことだった。何人かの非政治的社会主義者の代表委員が私に発言を要請したので、司会者は私をそのリストに載せた。ところが明らかな策略によって、社会民主党の政治家たちは私に発言の場を与えようとしなかった。集会の終わりにデブスが私のところへ来て、残念な誤解が生じてしまったが、夜になったら代表委員に対して話をしてほしいと説明した。

その夜、デブスも運営委員会の人たちも現われなかった。聴衆は私を招いてくれた代表委員たちと同志だけだった。デブスは閉会の直前になって息を切らして到着した。私の演説を聞くつもりでいくつもの集会から抜け出そうとしたのだが、引き止められていたと彼は言った。彼を許し、翌日昼食を一緒にとるべきなのだろうか？　私の活動を抑圧するつまらぬ陰謀に彼も加担しているのかもしれないという気がした。だが同時に、彼の率直であけっぴろげな態度と卑劣な行為を結びつけることはできなかった。

私は彼の言い訳を了承した。彼としばらく一緒にいるうちに、デブスに非はないと納得した。彼の属する党派の政治家が何を企んでいても、彼は礼を失しない気高い人物であると確信した。彼の民衆への信頼は非常に純粋で、その社会主義思想はマルクスの『共産党宣言』に描かれている国家の機構と無縁であった。その見解を聞きながら、私は発言せざるをえなかった。「それならデブスさん。あなたはアナキストということになりますよ！」。彼は私を正した。「さんづけはやめて下さい。同志ですよ。そう呼んでくれませんか」。彼は私の手を温かく握りしめて、アナキストに対してとても親近感を持っているし、アナキズムは闘いの最終目標であり、すべての社会主義者は同時にアナキストであるべきだと、きっぱり言った。

彼にとって社会主義は究極の理想、すなわちアナキズムに達するための——足掛かりにすぎなかったのである。「僕はクロポトキンとその著作を知っているし、愛しています。彼には敬服し、またワルトハイム墓地に眠っている、殺されたわが同志たちを尊敬しています。あなたたちの運動にかかわっているすべてのすばらしい闘士たちに対しても同様です。これでおわかりでしょう、僕もあなたの同志です。あなたが闘いの中にある時、僕も共にあるのです」。私は社会主義者が目指している国家というものが権力を増大するにつれて自由を達成することが望めなくなるのではないかと指摘した。そして政治的行動は経済闘争を終結させてしまうものだという事実を強調した。彼は、革命精神はいかなる政治目的にかかわらず生き続けねばならないということに賛意を示して、私に反論しなかった。しかし政治目的とは大衆をつかむための必然的で実際的な行為だと彼は考えていた。

私たちはよき友人となって別れた。デブスは人間としてとても親切で魅力があり、両極端のものを同時に追求するという政治的明快さの欠如も気にならなかった。

ヘイマーケット事件の生者と死者を訪ねる

その翌日、オールトゲルト知事が赦免したシカゴ殉教者の一人であるミカエル・シュワブを訪問した。彼はジュリエット刑務所での六年間で健康を害し、結核で入院していた。私は理想というものがいかに忍耐と不屈の精神を人に植えつけるかを、目の当たりにして驚くばかりだった。シュワブの衰弱した身体、熱っぽく高潮した頰、病気特有の発熱で輝いているように見える目、それらは彼が公判の間に耐えてきた苛酷な拷問、何ヵ月もの死刑執行の待機、同志の処刑、そして彼自身の長い監獄暮らしを如実に物語っていた。しかしミカエルは自分のことをほとんど一言も語らず、当たり前のような愚痴すらもらさなかった。彼にとって何よりも大事なのは理想であり、それがすべてで、今でも唯一の関心事であった。残酷な権力ですら打ち砕くことのできなかったほどの堅固で誇り高き精神を持つこの男性に、私は畏敬の念を感じた。

シカゴにいる間、私は長年の願いをかなえる機会を得た。それはワルトハイム墓地に眠る私たちの貴い殉死者たちに敬意を表するために花輪を手向けることだった。彼らの思い出のために建てられた記念碑を前にして、マックスと私は手を握り合って無言で佇んでいた。芸術家の霊感は単なる石を生きた存在へと変貌させていた。高い台座の上の女性の彫像とその足もとに横たわる死した英雄像は、哀惜と、愛をこめた抵抗と反逆を見事に表わしていた。おおらかな人間性で美しく輝いている彼女の顔には限りない苦痛と悲しみが表わされていて、一方の手は死にゆく反逆者の方を指し、もう片方の手は庇うように彼の額の上に向けられていた。彼女の仕草には熱情と無限の優しさが表われていた。台の後ろの銘板には、生き残った三人のアナキストを赦免したオールトゲルト知事の声明の中の重要な一節が刻まれていた。

墓地を出た時、あたりは暗くなっていた。その記念碑の建立に反対した時のことを私は思い出していた。死んだ同志たちは不滅の証としての石など必要としていないと主張したのだった。今になって考えれば、なんと狭量で頑迷であったか、そして芸術の力を過小評価していたことだろうか。記念碑は死者たちの命を賭した理想の体現であり、彼らの言葉と行動の明らかな象徴となっていた。

ロベルト・ライツェルの死

シカゴを去る前に、ロベルト・ライツェルが死んだという知らせが届いた。友人たちは彼の死が時間の問題だということを承知していたが、それでもその知らせは大きな衝撃だった。私の親愛なる「ナイト」とはとても親密だっただけに、私の失ったものは大きかった。彼の反逆的情熱と芸術家精神がまざまざと目に浮かび、彼の死を信じられなかった。彼の真の偉大さ、その至り着いた高みを実感として受け止めたのは最後の訪問の時だった。

彼は思想家にして詩人でもあり、美しい言葉を紡ぎ出すだけでは満足しなかった。それらの言葉を実現させること、特権的少数者が捏造した束縛から解放された社会の可能性を大衆に目覚めさせることを望んでいたのである。彼の夢は明るく輝くもの、愛と自由であり、人生の喜びだった。彼は精神のすべての情熱を傾けて、その夢のために生き、そして闘ってきたのだ。

今や、ロベルトは死し、湖に散骨された。その偉大な心臓は二度と脈打つことはない。波瀾に満ちた精神は眠りについた。しかし現実の生活は続いていく。私の「ナイト」がいなくなり、とても寂しくなっても、彼の文章の力強さと美しさ、そして彼の歌の詩的輝きが失われてしまっても、生活は続く。それゆえに、さらなる努力をしようとする決意を強くするのだ。

アルバート・パーソンズ、その反逆と人物

デンバーは私たちの活動の中心地であり、そこにはアナキズム運動の共産主義派と同様に多くの個人主義派がいた。彼らはほとんど全員がアメリカ生まれだった。その中には植民地時代の開拓者に祖先をたどれる者も何人かいた。リジーとウィリアム・ホームズはアルバート・パーソンズの協力者であり、親しい友人だった。そして彼らの集まりは鋭く明晰な精神を持つ人々からなり、社会闘争の経済方面に基盤を置いていたが、他の諸分野にもよく通じていた。リジーとウィリアムはかつて、シカゴの八時間制労働闘争に最も熱心に参加していたし、『警報』その他の過激な出版物の寄稿者でもあった。アルバート・パーソンズの死は一年間に及ぶ友情ゆえに、他の仲間たちより大きな打撃を彼らに与えた。今ではデンバーの貧民区に住み、ようやく生活を維持できるほどしか稼いでいないが、昔と同様に信念にあふれ、高い希望を持って、依然として大義に身を投じていた。

私たちは一八八七年の時期の運動について、とりわけ長く話し合った。反逆者および人間として、彼らの目に映ったアルバート・パーソンズはとても鮮明だった。パーソンズにとって、アナキズムは単に来たるべき理論ではなかった。彼はアナキズムを毎日の生き方や家庭生活や仲間との付き合いにおいて、現実の力としていたのである。アルバート・パーソンズは、特権階級という誇りを持つ南部の旧家の出身であったが、人間性の最も虐げられた人々に共感を抱いていた。奴隷制度は神の下された権利であり、国家の名誉がこの世で一番大切なものだという考えにがんじがらめになっている環境の中で、成長していた。彼はその双方を拒絶したばかりでなく、白人と黒人の若い混血児と結婚した。アルバートの同胞

愛の理想には皮膚の色の区別などまったく入りこむ余地はなく、愛は人間の作った障壁よりも強固だった。同様の寛大な性格ゆえに保護された土地を離れ、イリノイ州当局にあえて収監されざるをえなかった。彼にとって何よりも大事だったのは同志たちと運命を分かち合おうという衝動であった。それだけでなく、アルバートは熱烈に人生を愛していた。彼の気高い精神はその最期の瞬間にさえ表われていた。恨みや嘆きを口にするどころか、自分の好きな歌である「アニー・ローリー」を歌ったのである。処刑当日、その歌の調べが彼の独房から響いてきた。

サンフランシスコでアイザック一家と会う

デンバーからロッキー山脈を通ってサンフランシスコに向かう旅路は、新しい経験と感動に満ちていた。ウィーンを後にして、スイスに数日滞在した時、そういう山々を見たことがあった。だがロッキー山脈の厳しく人を寄せつけない光景に圧倒されてしまった。その圧倒的な山脈を見ると、あらゆる人間の努力も幼稚なものでしかないという考えにとらわれた。私も含めて全人類は草の葉一枚ほどの微々たるもので、哀れなほどに頼りなげに思われた。それらは畏怖の対象であったが、美しく雄大でもあった。しかしローヤル・ジョージに着き、労働者の手によって切り開かれた曲がりくねった線路を汽車でゆるやかに運ばれていくうちに、安心感がわき上がり、私自身の力に対する信頼が新たになった。あの巨大な石を突き通した労働の力がいたる所に示され、人間の創造力ととめどない秘めたる能力とを証明していた。

単調なネバダを通ってから二十四時間後に、初めて早春のカリフォルニアを見た時は、悪夢の後でお伽の国に出会ったようだった。これほど自然が豊かできらめく土地を、私はかつて見たことがなかった。

景色がそれほど美しくない場所になっても、まだその魔力に魅せられていた。やがて汽車はオークランドへと入っていった。

サンフランシスコでの滞在はとても興味深く、楽しいものだった。私にとってこれまでで最良の仕事ができたし、多くの自由で個性的な人たちと接触することができた。西海岸のアナキスト活動はアイザック一家によって編集、刊行されている『自由社会』を中心にしていた。エイブ・アイザックとその妻メアリー、それに三人の子供たちからなるその一家は、一風変わった人たちだった。彼らはロシアの自由主義的宗教のひとつである、ドイツに起源を持つメノー派教徒であった。アイザック一家はアメリカに来てまず最初にオレゴン州ポートランドに落ち着いた。そこでアナキスト思想の影響を受けた。ヘンリー・アディスやH・J・ホープを含むアメリカ生まれの同志たちとともに、アイザック一家は『扇動者』というアナキストの週刊新聞を創刊した。彼らの新聞はウォルト・ホイットマンの詩「私を待つ婦人」を掲載したために発禁処分を受け、発行者たちは逮捕され、H・J・ホープは猥褻罪で投獄された。それからアイザック一家はサンフランシスコに移り、『自由社会』を始めた。子供たちも仕事に協力し、時には一日十八時間働き、原稿を書き、活字を組み、読者の宛名書きをするのであった。同時に他の情宣活動も怠っていなかった。

私がとりわけアイザック一家に魅力を感じたのは、彼らの生活の一貫性、主張している理念と現実的行動との調和であった。親としての同志的姿勢、家族内のメンバーが完全に自由であることは私にとって新鮮だった。他のアナキストの家族であっても、子供がこのように自由を享受し、年長者たちの妨害を少しも受けることなく自由に発言するのを見たことがなかった。エイブとピート、それぞれ十六歳と十八歳の二人が、大義に反するようなことがあれば、父親に対して説明させたり、あるいは父親の書いた記事の情宣価値を批判するのを聞いて興味深かった。その批判のやり方が若さゆえに粗雑で不当なところがあっても、アイザックは辛抱強く、そして敬意を持って耳を傾けるのだった。その両親が、年長者であることや分別といった権威に頼るのを見たことがなかった。子供たちは両親と対等であり、異なる意見を述べ、自分自身の人生を生き、そして学ぶ権利があるのは自明のことだった。アイザックはよく言っていた。「自らの家庭に自由が確立できなくて、どうして社会にそれを望むことができるだろう」。彼とメアリーは自由の意味をわきまえていた。つまりそれは身体、知性、感情といったあらゆる領域における必然的な男女の平等であった。

アイザック一家はこの姿勢を『扇動者』で、そして現在でも『自由社会』において保ち続けていた。性の平等を主張したため、東部や外国では多くのアナキストによって激しい非難を受けた。彼らの新聞でのこれらの問題提起は歓迎すべきものだった。というのも自分の経験から、性に関する問題は人間生活において、食物や空気と同様に必要欠くべからざるものだとわかっていたからだ。それだからこそ単なる理論からではなく、私は成長過程の初期の頃から他の課題と同じように率直に性について話し合い、他の人の意見を気にせずに生きることができたのである。

この問題に関し、東部のアメリカ人急進論者の中にも私と同じ考えを持ち、自分たちの性生活においてそれを実践しようとする勇気を備えた多くの男女がいた。しかし私の身近な人たちの中ではとても孤立していた。それゆえにアイザック一家の人たちが私と同じように感じ、生活しているのを知って、啓示を受ける思いだった。アナキストの共通の理想に加えて、それは私たちの間に強い私的な絆を形成するようすがとなった。

講演と慰安

サンフランシスコと周辺の街での夜ごとの講演会やメーデーを祝う大集会や社会主義者との討論などの間をぬって、私たちは時間をつくり、潔癖な人々からは快く思われないような社交上の集まりをしばしば持った。そんな思惑は気にもとめず、青春と自由は規則や拘束をものともしない、年齢的にも精神的にも若さあふれる人々の集まりだった。

アイザック一家の若者や他の若い男の子の仲間に入ると、私は二十九歳なのにおばあさんのような気がした。私の若い信奉者がよく、精神的には最も若々しいと保証してくれた。この中で私たちは生きる喜びを感じたし、カリフォルニアのワインは安い上に高揚をもたらした。社会から指弾される主義を情宣する者は時として、他の人々以上に陽気で解放された場面が必要なのだ。そうでもしなければ、どのように生活の辛さと苦しみを生き抜いていけるだろうか？　サンフランシスコの同志たちは熱心に働き、真面目に活動に取り組んでいた。しかし彼らは恋愛もし、酒を飲んだり遊んだりもしていた。

◇第18章◇ ロサンジェルスでのプロポーズとエドとの別離

両方の主張を聞くこと

アメリカがスペインに宣戦布告した。そのニュースは予期されぬことではなかった。それに先立つ数ヵ月前、新聞や言論界にも、キューバにおけるスペインの蛮行の犠牲者擁護のために武器を取るべきだという声はしきりに上がっていた。スペインの軛から脱しようとしているキューバおよびフィリピンの反逆者たちに、私は心から共感を覚えていた。実際にフィリピン諸島に自由をもたらすために、地下活動に携わっていた何人かのスペイン議会のメンバーとともに活動したことがあった。しかしアメリカの愛国的敵対行動がキューバの人々を助ける無私で高潔な試みであるとは、まったく信じていなかった。特に政治的見識がなくても、アメリカの関心は砂糖の問題にあることがわかるし、人道主義的感情と何のかかわりもなかった。

もちろんアメリカの主張を当然だと信ずる多くの軽はずみな人々がいたし、それは国内全般のみならず自由主義者陣営の中にさえいた。私は彼らに同調できなかった。個人であれ政府であれ、自らのところで隷属状態を続け、搾取にあけくれているものが、他国の民衆を解放しようとする誠実さや欲求をいだくことはありえないと確信していた。それ以来、私の講演の最も重要で最も関心を呼ぶものは、愛国主義と戦争についてだった。

サンフランシスコでは妨害もなく順調だったが、カリフォルニアの小さな町々では少しずつ血路を切り開かねばならなかった。警察はアナキストの集会を解散させるどころではなく、満足げに傍観していたので、時々話を中断させる愛国主義的妨害者たちを勢いづけた。サンフランシスコの仲間たちの英断と私自身の冷静な判断によって、一度ならずも危機的事態を切り抜けた。サン・ホセでは聴衆の様子が実に険悪であったので、私としては司会者ぬきで集会を進行させるのが最良だと考えた。私が話し始めるや、たちまち混乱状態に陥った。私は騒ぎを起こしている連中の方に向かって、聴衆の中から誰かを選んで集会の進行をさせるように要請した。彼らは叫んだ。「演説を続けろ！　その手に乗るか。あんたは自分のショーを我々に任せる気なんてないくせに！」。私はやり返した。「どういうことなの？　両方の言い分を聞くことを、私たちが望んでないとでも言うの？」。誰かが大声でまぜ返した。「もっとよい暮らしを寄こせ」。私も続けて言った。「そのためには静かに聴くべきじゃないの？　でも私にはできそうにないわ。誰かが一人ここに上がってきて、どのようにしたら私が話を終えるまで静かに聴いてもらえるか教えてくれませんか。その後であなたたちは自分の言い分を言ったらどうなの。それこそ、アメリカのよきやり方というものじゃなくて？」

騒然たる絶叫と「わあー」という喚声が上がり、「小利口な娘だぜ、こいつにやらせてやろうじゃないか！」といった叫び声でしばらく場内は騒然としていた。ようやく一人の初老の男が演壇に上がってきて、ステッキでテーブルを叩き、エリコの壁を崩すような声で怒鳴った。「静かにしろ！　ご婦人がどんなことを言うか聴こうじゃないか」。一時間に及ぶ私の講演をもはや邪魔するものはなかった。そして話し終えた時には、ほぼ満場の喝采を受けた。

サンフランシスコで出会った最も興味深い人々の中に、ストランスキー姉妹がいた。姉のアンナは私の政治行動についての講演に出席していた。後日知ったのだが、その時私が「社会主義者に対して公平ではなかった」ので、彼女は憤りを覚えたのだった。翌日彼女は「ちょっとだけ」ということで私を訪ねてきた。ところが午後の間ずっとそのままいて、それから彼女の家に招待された。そこで学生のグループに会い、その中にジャック・ロンドンと、アンナの妹であり病中のローズがいた。アンナと私は大の仲良しになった。彼女は男性の訪問者を応接室ではなく、自分の部屋に入れたという理由でリーランド・スタンフォード大学から停学処分を受けていた。私はウィーンでの生活をアンナに語り、よく男の学生たちとお茶を飲んだり、煙草をふかしたり、夜を徹して議論を交わしたりしたものだと話した。アンナはアメリカの女性も選挙権を得れば、自由と私生活を守る権利を確立できるだろうと考えていた。ロシア女性に選挙権はないが、社会的、精神的独立は昔から確保されていると私は主張した。こうしたやりとりから私たちはすばらしい「友人関係」に進展し、それは進歩的ロシア人の間で見られる、さわやかで健全な同性の関係となった。

ロサンジェルスに行きたいと考えていたが、そこでの集会を手配してくれる人が誰もいなかった。手紙を交わしていたこの街の少数のドイツ人アナキストは来るべきではないと忠告してくれた。さらに私の講演の中でも特に性の問題に関するものは、自分たちの活動の妨げになると手紙に書いてきた。ロサンジェルス行きを断念しようとしたが、その時意外な方面から励ましの手が差しのべられた。ニューメキシコにいるV氏という私の知り合いの青年が、私のマネージャー役を申し出てくれた。彼は仕事でロサンジェルスに行くことになるので、喜んで集会の手はずを整える手助けをしたいと手紙に書いてきた。V氏は上品なユダヤ人の典型で、私は講演で最初に見た時から注目していた。毎晩出席し、いつも鋭い質問をしたからだ。アイザック一家にもよく訪ねてきたし、明らかに私たちの考えに関心を持っていた。好感の持てる人物だったので、講演会をひとつ準備してもらうことに同意した。

ブルジョワとなり、アナキズムを広める

やがて私の「マネージャー」から準備万端完了という電報が届いた。私が着くと、彼はバラの花束を持って駅に出迎えてくれ、ホテルも手配済みだった。それはロサンジェルスで最高級のホテルのひとつで、そんな上流の場所に泊まるのはそぐわないように感じられた。だがV氏によれば、それは偏見というものであり、エマ・ゴールドマンからそんな言葉を聞くとは意外だと言った。それから彼は尋ねた。「集会を成功させたくないんですか?」。私は答えた。「もちろん成功させたいわ。でも高級なホテルに泊まることと、それとどんな関係があるの?」。彼は確信ありげに言った。「大ありですよ。講演の宣伝に一役買うことになるのです」。それに対して私は反論した。「アナキストの見方からすると、そんなことは考えられないことだわ」。それでも彼は言った。「それが君たちの悪いところだ。だから君たちはごくわずかの人々にしか訴えかけられないんだよ。まあ集会の日まで待ってほしい。話はそれからにしよう」。私は滞在に同意した。

彼が私のために予約してくれた、花に埋まった豪華な部屋を見て、あらためて驚いてしまった。さらに黒ビロードのドレスが用意されていた。私はV氏に聞いた。「講演をするの、それとも結婚式?」。すぐに返事があった。「両方だよ。まずさしあたっては講演会の方だがね。」

街で最高級の劇場のひとつを借りているので、サンフランシスコで着ていたようなみすぼらしい服でというわけにはいかないことをわかってほしいと、私のマネージャーは忠告した。その上用意しておいたガウンが気に入らなければ、替えてもかまわない。私のロサンジェルス初訪問はできるだけ派手に演出することが肝要であると言った。私もこだわっていた。「でも、どういうつもりであなたはこんなこ

とをなさるの？　あなたはアナキストではないと言ったわね」。彼は答えた。「僕はそうなりつつあるよ。それにわかってほしい。君は僕をマネージャーとするのを承知したんだよ。だったら今度のことは僕なりのやり方でやらせてもらえないだろうか」。私は質問した。「マネージャーというのはみんなそんなに熱心なものなの？」。彼は言った。「そうさ。自分の仕事をわきまえ、その芸術家を少しでも好んでいるならばね。」

V氏からのプロポーズ

それから毎日、新聞はエマ・ゴールドマンの記事でいっぱいだった。「ニューメキシコから来た金持ちがマネージャーについた」という見出しだった。新聞記者を避けるために、V氏は私を徒歩や馬車で街のメキシコ人地区に長時間連れ出したり、レストランやカフェに伴ったりしていた。ある日彼に誘われて、ロシア人の友人のところに行った。彼は街一番の高級仕立屋で、私に話しかけながら服の寸法を取った。講演会の日の午後、シンプルで美しい黒のシフォンのドレスが私の部屋に届けられていた。ドイツ人の乳母がよく話してくれたお伽話にあるような不思議な出来事が起きていた。毎晩といっていいほど、驚くような贈り物が、奇妙ではあるがさりげなく届けられた。

集会は大変な人出でとても騒々しく、愛国主義者も多数出席していた。彼らは何度も集会を混乱させようとしたが、「ニューメキシコからの金持ち」の巧みな司会で、その晩は平穏に終えることができた。集会が終わると、多くの人々が私の所まで来て、自分たちも急進派だと名乗り、さらに私の講演会を用意するのでロサンジェルスに残るようにと要請した。私のマネージャーの努力のおかげで、私はまったくのよそ者からあたかも有名人のようになってしまった。

その夜遅く、群衆と切り離された小さなスペインレストランで、V氏は私に結婚を申しこんだ。普通の場合であれば、そのような申し出を受けたら侮辱だと思ったであろうが、この人物のすべての行為があまりにもすてきだったので、腹を立てられなかった。私は思わず叫んだ。「私と結婚ですって！　あなたは私の気持ちを確かめてもいないわ。それにあなたは愛を信じることができないので、鍵をかけて閉じこめようとしているのではないかしら？」。彼は答えた。「確かにそうだね。僕は君の自由恋愛というたわごとは信じないね。君に講演会を続けてもらいたいし、さらに多くのよい仕事ができるように支持して、役に立てれば満足なんだ。でも、誰かほかの男と君を共有することはできないね。」

お馴染みの常套文句であった！　私が自由な人間を目指してから、何度聞かされてきたことだろうか。急進派でも保守派でも、男という男は女を縛りつけたがっている。私はきっぱりと言った。「お断りよ！」

彼は私の返事を最終判断として受け取らないし、気が変わるかもしれないと言った。彼と結婚することはありえないと私は断言した。わが身を鎖で縛るようなことを申し出るはずがないし、それはすでに体験している。二度と繰り返してはならないのだ。私はただ「その自由恋愛というたわごと」だけを望んでいる。その他の「たわごと」は私にとって何の意味もないのだ。だがV氏はいささかも動じなかった。彼の愛はその場かぎりのものではないという自信を秘め、待つつもりでいた。

私は彼に別れを告げて、豪華なホテルを離れ、知り合いの何人かのユダヤ人同志の所に泊まりに行った。次の一週間多くの人を集めて講演を行ない、その後活動を継続するためのシンパをまとめた。それから私はサンフランシスコに帰った。

ロサンジェルスにおける私の活動がきっかけとなって、高級ホテルに滞在して、金持ちに集会の用意をさせたことを告発する記事が『自由』に出た。私の行動は「労働者と共にあるアナキズムをぶちこわして」しまったというのが記者の主張であった。これまでロサンジェルスではアナキズムについて英語で話を聞くことはなかったこと、私の集会の結果としてようやく組織的な情宣活動がアメリカ人の間に浸透しつつあることを考えると、その告発はこっけいに思われた。モストの週刊紙によく掲載される私への多くの馬鹿げた非難と同じものだった。私はその非難を無視したが、『自由社会』は私のロサンジェルス訪問によって実を結んだよりよき成果に注目せよとの、あるドイツ人同志の反論を公にした。

昔のようにエドをいまだ愛す

ニューヨークに着くと、エドと弟のイエゴルが駅に出迎えてくれた。イエゴルは私が帰ってきたのを大変喜んだ。エドはいつも人前では遠慮がちなのだが、その時は特にそう見えた。弟がいるからだと思ったが、二人だけになっても一向に打ち解けないので、彼の心に何か変化が起こったのだと悟った。相変わらずよく気がつき、思いやりはあったし、一緒に暮らすと昔のよう楽しかったが、彼はどこか変わってしまっていた。

私の方はエドへの気持ちに何の変化も覚えなかった。そのことは帰ってくる前からわかっていた。今彼を目の前にして、どれほど知的相違があったとしても、私はやはり彼を愛しているし、欲しているのは確かだった。しかし彼の固苦しい態度は私の感情を抑制させた。

旅行中はとても忙しかったが、エドの会社から頼まれていた仕事をゆるがせにはしなかった。「新製品」の注文を取って回り、西部の街々の大きな文具店と、何件かかなり大きな契約を結ぶことに成功していた。エドは喜んで労をねぎらってくれた。だが私の旅行と仕事については何も尋ねず、いささかの関心も示さなかった。そのことで私は家の中で少しでも気にくわないことがあると腹を立ててしまった。

あれほどの喜びと安らぎを与えてくれた安息の場所が息の詰まる所となっていた。

幸いなことに気に病んでいる暇はなかった。ニュージャージー州のサミットで織物工場のストライキが起き、私に支援を要請してきたのである。それはいつもの状況を作り出していた。すなわち集会は警棒によって禁じられるか、解散させられた。サミット郊外の森で集会を開くためには巧みな工作が必要だった。これにずっと全力でかかわっていたので、ほとんどエドと会う暇がなかった。たまに一緒になっても、彼は口を開こうとはしなかった。ただ目を見ただけでも、そこには非難の色があふれていた。

ルッケーニに対するヨーロッパとアメリカの支配層の恐怖

ストライキが終わった時、私はエドとの不和をはっきりさせようと決意した。もはやこのような状態に耐えられなかった。ところがルッケーニによるオーストリア皇后狙撃事件に起因する国際的なアナキスト狩りが始まったため、数週間その機会がなかった。それまでルッケーニという名前を聞いたことさえないのに、あたかも私がその悲運の女性を殺害した当人であるかのごとく、警察からはつけ回されるし、新聞からは槍玉に上げられた。ルッケーニを「はりつけにしろ！」という叫びに私が与しなかったのは、何より彼が浮浪児で、若くして軍隊に強制徴用されたということをイタリアのアナキスト新聞を通じて知っていたからである。彼はアフリカ戦線で戦争の残忍さを目にし、軍隊で虐待され、それ以来ずっと惨めな生活を送っていた。この男を誤った抗議行動に駆りたてたのはまったくの絶望感だった。現在の社会機構のあらゆる分野で、人間の命は安く見積もられ、浪費され、品位を貶められている。それならばどうして生命を尊ぶ心をこの少年に期待できようか？　それゆえに長くオーストリア宮廷にあって好ましからざる人物であり、王の名のもとに犯された罪悪に責任があったとは思われぬこの女性に、私は同情の念を表明した。ルッケーニの行為には何の情宣価値も見出されない。彼もまた皇后と同じ犠牲者である。一方の犠牲者に対する厳しい断罪にも、他方に対するうんざりするような感傷にも、私は加担しない。

私の表明は改めて新聞と警察の反撃を呼び起こした。もちろん私に限ったことではなく、世界中のほとんどすべての主たるアナキストは同様の攻撃を耐えなければならなかった。だがアメリカ、特にニューヨークにおいては、私こそ厄介者だったのである。

ルッケーニのとった行動は、王冠を戴いた者たち、さらに選挙で選ばれた支配層までも震え上がらせ、両者はその恐怖によって明らかに結束した。列強による秘密会議の結果、ローマでの国際的な反アナキスト会議の開催が決定された。アメリカとヨーロッパの革命的で自由を愛する者たちは、思想と表現の自由に対し迫りつつある危機を自覚し、ただちにその潮流を阻止しようと動きだした。権力の国際的陰謀に対する抗議集会がいたる所で開かれた。しかしニューヨークでは私の講演を許可するような会場は見つからなかった。

サーシャの赦免を訴えるさらなる活動を決める

この活動の最中に、ピッツバーグのアレクサンダー・バークマンを守る会から、彼の赦免のさらなる活動のための緊急要請があった。九月に開かれる予定だった審判は十二月二十一日に延期された。恩赦局の決定は当事者であるアンドリュー・カーネギーに大きく左右されると弁護士は助言し、それゆえに鉄鋼王に会うことを強く要請した。それはまったく愚かな提案で、サーシャが承知するはずもないし、そのようなことをすれば、私たち全員がこっけいな立場に置かれるに決まっていた。カーネギーとの接触に同意するような人がいないことはわかっていたし、それはともかくとして、カーネギーが恩赦に対して働きかけをすることなどありえないと確信していた。

しかし彼に好意を持つある人たちは、カーネギーは人間的で、進歩的思想に興味を抱いていると主張した。その証拠として、しばらく前にカーネギーがピョートル・クロポトキンを客として招いた事実を挙げた。だがクロポトキンはいかがわしい名誉を辞退して、自分の利益のために、同志であるアレクサンダー・バークマンに非人間的重刑を科し、現に西部刑務所に幽閉し続けているような人物の厚遇を受けるわけにはいかないと返答したのを私は知っていた。しかしカーネギーはどうしてもクロポトキンを招きたかったのであるから、サーシャ赦免の請願に好意的に耳を傾けてくれるかもしれないと、何人かの友人は主張した。私はその考えに反対だったが、最後にはジャスタスとエドの主張に従った。二人は我々の感情でサーシャの赦免を妨げることになってはならないと強調した。ベンジャミン・R・タッカーに手紙を書いて、この件でカーネギーに会ってくれるように頼むことをジャスタスが提案した。

私は『自由』の彼の記事を読んでいただけで、タッカー本人を知らなかった。彼はこの個人主義的アナキズム雑誌の創刊者であり、編集主幹である。彼は健筆をふるって、ドイツ文学とフランス文学の最上の作品のいくつかを、読者に紹介するあまたの労をとってきた。しかし共産主義的アナキストに対する彼の態度は実に狭量で、侮辱的な悪意に満ちていた。私はジャスタスに言った。「タッカーは心の広い人物とは思えないわ」。しかしそれは私の誤解だし、少なくとも機会を与えてやるべきだと彼は主張した。ジャスタス・シュワブとエド・ブラディと私の、三者連名の短い手紙がベンジャミン・R・タッカーに送られ、私たちの立場を伝えるとともに、まもなくスコットランドから帰ってくるカーネギーに会ってもらえないだろうかと依頼した。

タッカーから、どのようにカーネギーに接近するかを述べた長い手紙が返ってきた。カーネギーに次のように言うつもりであると書いていた。「彼らは悔い改めた罪人としてあなたにお目にかかり、許しを乞い、刑の赦免を願い出ていると私は考えておりますが、あなたもしかるべくお考えいただいて、態度を決めてもらえないでしょうか。

彼ら、もしくは代理人がこのような目的であなたの前に出ることは、かつてヒロイズムからの賢明な行為と見なしたものを、今や彼ら自身が野蛮で愚かしい行動であったと考えているからです……。十六年にわたるバークマン氏の投獄によって、彼らはその方法の誤りを悟ったのです……。彼らの高潔な性格からして、このような請願を申し出るということは他に説明がつきません。用意周到に、しかも沈着に男を打ち倒した後で、あのような勇気と誇りを持った男女が、次にその犠牲者を再び攻撃するために、身柄の釈放を当の犠牲者に身を屈して頼みこんでくるという屈辱的な真似ができるとはとても考えられないのであります……。私自身は悔い改めた罪人として今日あなたの前に伺候しているのではないし、する必要は何もなく、やましいところもまったくありません……。これまで私は暴力を行使したり、示唆したり、認めたりしてきませんでしたが、暴力政策が望ましいような情勢が出来するとなれば、その選択の自由を捨てようと思っております……。」

手紙の中で、法的観点から見ても残忍極まりないサーシャの判決についての言及はまったくなかった。これまでサーシャが耐え忍んできた苦しみについても一言もなかった。偉大な社会的理想の解説者であるタッカーの手紙には、普通の人間性のかけらすらも表われていなかった。サーシャと彼の仲間たちを卑小化しつつ、一方で自分自身の高潔な立場を売り込もうという冷たい打算以外の何ものも、そこにはなかった。人は自分に加えられた不正よりも、他人に加えられた不正の方をより痛みと感じることもあるということを、彼は理解できないのだ。ホームステッドのロックアウトの時、フリックの悪辣さを見るに見かねて、あえて暴力行為をもって抗議するに至った人物の心理など、彼にわかるはずもなかった。

またサーシャの友人たちが、必ずしも「その方法の誤り」を悟るに至らなくとも、彼の釈放を確保しようと努めることができるのだということも、明らかにわかろうとしていなかった。

次に、指導的単一納税主義者にしてトルストイ主義者であり、また才能豊かな詩人にして作家であるアーネスト・クロスビーに打診することになった。彼は実に不思議な人徳のある人物で、自分が全面的に同意しかねる場合でも、理解と同情を示してくれるのである。私の知人であるレオナード・D・アボットという青年とともに、彼は私たちを訪ねてきた。クロスビーに私たちの考えを述べると、二つ返事でカーネギーに会うことを承諾してくれた。ただひとつだけ気がかりなことがある。もしカーネギーが、アレクサンダー・バークマンが自由を得た暁には二度と暴力行為は犯さないという保証を求めてきたら何と答えたらいいかと、彼は言った。緊迫した状況下において、どのような行動を取るかは誰も言えないとわかっていたので、彼個人としての質問ではなかった。しかし彼は仲介者として、その件について私たちの意見を聞く必要を感じていた。もちろん私たちにとってそのような保証を与えることはできなかった。サーシャが「改心」の誓いを立てるはずはないし、自分のためにそんな誓約を許すはずもないとわかっていた。

結局私たちはカーネギーに何も頼まないことに決め、この問題は終わった。またサーシャの赦免請願は予定の日に恩赦局に提出されなかった。当局の担当者がサーシャに対してあまりにも偏見を抱いているのがわかり、来年の新しい担当者が、より公正であることに期待をかけたのである。

エドと私の生活の調整

反アナキスト会議に対する抗議集会の会場探しに苦労したあげく、ようやくクーパー・ユニオンを借りられることになった。そこは創立者によって定められた、すべての政治的意見に発言の機会を与えるという原則にまだ忠実であった。友人たちは私の逮捕を危惧していたが、私はやり抜こうと決意していた。言論の自由を跡形もなく押しつぶそうとする意図に危機感を感じていたし、家での私生活にも失望していた。実際に誰からも、何ものからも逃れられる逮捕を、本当に望んでもいたのである。

集会の前夜、エドは思いがけずその沈黙を破った。「もう一度君に伝えることなく、君を危険に直面させるわけにはいかない。君の旅行中に私は君を愛する気持ちを抑えて、同志として君を迎える決心をしていた。だが駅で君の顔を見た途端、そんな決心が愚かだったとよくわかった。あれからずっとひどく苦しみ、いっそのこと君の前から姿を消してしまおうかとまで思った。だができなかった。また旅に出るまで、成り行きにまかせておこうと思っていたが、君が逮捕される危険にさらされている今、思いきって言うよ。二人の溝を埋めるんだ」。私は興奮して叫んだ。「溝なんてないわ。あるとしたら、あなたが意地になって作っているだけよ！　もちろん私だって、あなたが今でも大事にしている多くの価値観から脱却してしまっている。それはどうしようもないわ。だけど私はあなたを愛しているのよ。わかってるの？　私の生活に何が起ころうと、誰が入りこんでこようと、私はあなたを愛しているわ。私にはあなたが必要だし、私たちの家が必要なの。どうしてあなたは自由で大らかな心を持とうとしてくれないの？　どうして私が与えようとしているものを受け取ってくれないの？」

エドはもう一度やり直し、私を失わないようにどんな努力をもすると約束した。仲直りすると、自由生活者共和国の私の小さなアパートでの若かりし頃の愛の思い出が甦ってきた。

クーパー・ユニオンでの集会は何の混乱もなく終わった。ヨハン・モストは講演の約束をしていたのに姿を見せなかった。私と同じ壇上に立ちたくなかったのだ。彼はまだ私に対し遺恨の念を抱いていた。

エドが重病になる

三週間後、エドが肺炎にかかった。かけがえのない命が失われてしまうのではという大きな恐れから、私は彼の看病に万全を尽くした。常々病気を軽んじていて、「女性たちだけがかかるものだ」とよく口にしていたたくましい大男が、子供のようにすがりついて、少しでも私の姿が見えないと不安になっていた。病気の女を十人分合わせたほどの忍耐力もなく、怒りっぽくなっていた。しかし彼の病状は重く、絶え間なく要求される世話も気にしているどころではなかった。

フェジャとクラウスがエドの容態を知るとすぐ手伝いに駆けつけてくれた。どちらかが夜の看病を替わってくれ、私は数時間休むことができた。病状が悪化した時は不安のあまり眠れなかった。エドは熱にうかされてのたうち回り、時にはベッドから飛び出そうとさえした。うつろな顔つきをして、人の見分けさえもつかぬようだったが、フェジャかクラウスが触れるとさらに落ち着かなくなった。一度まったく手のつけられない状態になった時、フェジャとクラウスが力ずくで押さえつけようとした。私は「彼のことは任せて」と言って、愛する人の上に身をかがめ、その荒々しい瞳をじっと見つめて私の魂を注ぎこもうと試み、それから彼を、不安にゆれる私の胸に抱きしめた。エドはしばらくもがいていたが、やがて硬直した身体がゆるみ、ため息をついて汗まみれになってベッドに倒れた。

ようやく病気は峠を越した。朝になってエドは目を覚ました。私の手を握って、弱々しい声で尋ねた。「看護婦さん、私はくたばるのかな」。私は彼を元気づけた。「今回は違うわ。だけど安静にしていないとね」。彼の顔はかつての明るい微笑で輝き、そして再びうとうとと眠りについた。

まだ心もとなかったが、エドが何とか歩けるようになった時、私は病気のずっと前から講演の約束をしていた集会に出かけなければならなかった。フェジャがエドのもとに残ってくれた。夜遅く戻ってみると、フェジャの姿はなく、エドはぐっすり眠っていた。フェジャのメモがあり、エドの調子がいいので自分に帰れと、うるさく言ったとのことだった。

朝になってもエドはまだ眠っていた。脈をとると呼吸の乱れに気づいた。驚いてホフマン医師を呼びにやった。医師はエドの尋常でない深い眠りを不審に思った。彼はエドに渡してあったモルヒネの箱を見るように言った。薬包みが四つなかった！　一包みは出かける前にエドに飲ませたので、フェジャにはもう飲ませなくていいと念を押してあった。エドは適量の四倍を飲んだのだ。死のうとしたにちがいない！　今になって、彼は死ぬことを欲した――それも、私がやっとの思いで死の淵から救い出した後だというのに！　なぜ？　なぜなの？

医師が命じた。「さあ二人で彼を立たせて、部屋の中を歩かせるんです。まだ生きているし、息もある。彼を死なせてはいけない」。二人して倒れかかる彼の身体を支えて部屋の中を動き回らせ、時々手と顔に氷を当てた。死んだように蒼ざめた顔に次第に生気が差してきて、まぶたを押すと反応を示すようになった。医師が言った。「エドみたいに内気でもの静かな人が、こんなことをやらかそうとは思いもしなかった。まだ何時間も眠り続けるだろうが、心配には及びません。命に別状はない。」

偽装自殺の衝撃

エドが自殺しようとしたことに私は衝撃を受け、何の理由で彼がこんな行動を取ったのか解明しようとした。何度も彼に説明を求めようとしたが、エドはとても陽気で元気を取り戻していたので、あの恐ろしい出来事をむし返す気になれないでいた。彼の方も、それに触れようとはしなかった。

ところがある日のこと、エドが自分から自殺なんてするつもりはなかったと言いだしたので、私は驚いた。彼の病状がまだよくないのに、私が彼を置き去りにして集会に出かけたので腹を立てたのだ。昔の経験からモルヒネの量は承知していたので何包みか飲んでみた。「少し君を脅かして、その集会狂いを治してやろうと思ったのさ。君の集会狂いは何があってもやまない、たとえ自分が愛している男が病気の時ですらね。」

エドの言葉を聞いて私は唖然とした。七年間も一緒に暮らしてきたのに、私の内面的成長の契機となった悩みも苦しみも、エドにはわかってもらえなかったのだと思った。「集会狂い」――結局彼にとってはそれだけの意味でしかなかったのだ。

もはや一緒に暮らすことに心の張りも意味も見出せなかったが、まだエドを愛していたので、何日か心の葛藤が続いた。悩みぬいたあげく、彼と別れるべきだと悟った。これっきり永久に別れるべきだとエドに告げた。

私は言った。「あなたが私を仕事から引き離そうとして取った捨てばちな行為によって、私や私の目的に何の信頼も持っていないことがよくわかったわ。それでも以前には多少はあったかもしれないけれど、もはや何もないのよ。あなたの信頼と協力が得られない以上、二人が一緒にいることに意味はないと思うの」。エドは興奮して私を遮った。「今だってこれまで以上に君を愛しているよ！」。私は続けた。「ねえエド、私たち、今さら自分や相手をごまかそうとしても始まらないわ。あなたは妻としての私を望んでいるだけよ。だけどそれでは私は足りないの。私は理解と協調、それから思想と目的をひとつにすることにより生まれる意識の高揚を必要としているの。このまま続けて、やがて二人の愛が苦々しいものに変わり、お互いに相手を責め合うようになるのはいやよ。今ならまだ友人として別れられるわ。とにかく私は近く旅に出るつもりでいるの。そうした方が苦しみが少なくてすむのよ。」

彼は逆上して部屋を歩き回っていたが、やがて立ち止まった。私の心の奥を見すかそうとするかのように、黙って私を見つめた。それから「君は間違っている、とんでもない間違いだ」と捨てばちに叫んで背を向けると部屋を出て行った。

エドのもとを去り、旅に出る

私は旅に出る用意を始めた。出発の日が近づくと、エドは見送りを懇願した。私は断った。最後の時になって彼に譲歩してしまうのではないかと不安だったからだ。その日エドは昼に帰宅して、私と昼食を共にした。二人とも快活を装った。いよいよ別れるという時、彼の顔は一瞬暗くなった。別れ際に彼は私を抱いて言った。「これが最後じゃないよ、そんなことはありえない。ここが君の家だよ、今も、これからもずっとだよ！」。私は言葉が出なかった。

悲しみで胸が詰まった。エドと別れてドアを閉めると、私は涙をこらえきれなかった。しかし身の回りの何もかもが不思議な魅惑を放ち、様々な言葉を発して語りかけてきた。ぐずぐずしていたら、エドと別れる決心がにぶるばかりだと思った。私は胸を震わせながら、わが家として愛し、いつくしんできた家を出た。

◇第19章◇ バーモント州の禁酒法と売春、アメリカ農村の現実

泥酔の市長と警察署長

講演旅行の最初の地はバーモント州のバリだった。ここでの活動グループの大半は市の主要産業である石切場で働くイタリア人たちによって構成されていた。私は個人的な時間がまったくなく、集会や討論会や内輪の集まり、そして議論に明け暮れた。サミットの繊維ストライキを共に闘った同志であるパラヴィチニからは至れり尽くせりのもてなしを受けた。彼は教養のある人物で、国外の労働運動ばかりでなく、イタリアの芸術と文学の新しい動向についても詳しかった。また、ニューイングランドのイタリア人活動家の頭脳ともいうべきルイジ・ガレアニにも会った。

バーモント州は禁酒法下にあったので、私はその効果のほどが知りたかった。パラヴィチニと一緒にいくつかの家庭を回ってみた。驚いたことに、それらの家のほとんど全部が酒場と化していた。そのような酒場となった一軒の家で、明らかに酔っ払っている十二人ほどの男に出会った。その多くは市の役人たちだと、連れのパラヴィチニが教えてくれた。風通しの悪い台所が酒場になり、家の子供たちまでがウイスキーの匂いと煙草の煙に澱んだ空気を吸っていた。そのような場所の多くが警察の庇護のもとに繁盛していて、売上げの一部を定期的に警察に渡していた。私の同志は言った。「禁酒法の悪弊はこれにとどまらない。何よりも憎むべきは、親切心とよりよき人間関係を壊してしまったことだ。以前な

ら訪ねてくれば酒を勧めることができたし、訪ねていけば酒を振舞ってもくれた。ところが今では、ほとんどが酒場の主になってしまって、人に対しても酒を売りつけるか、あるいは友人から酒を買うということになる。」

禁酒法がもたらしたもうひとつの結果は売春の増加だった。私たちは街外れにあるそうした何軒かの家を訪ねてみたが、どこもかしこも大変に繁昌していた。「客」のほとんどが旅先のセールスマンであり、農夫も混じっていた。酒場が閉鎖されたため、売春宿が町へ来る男たちの楽しみとなる唯一の場所になっていた。

バリでの二週間の活動の仕上げの集会に対して、突然警察から禁止の決定が下された。その表向きの理由は、戦争に関する私の講演にあるとされていた。当局によると、「神よ、メイン州を打ちのめした手を祝福したまえ」と私が言ったというのだ。私がそのような発言をするはずもなかった。非公式の見解の方が真実を告げていた。パラヴィチニが説明してくれた。「あなたは、コレティ夫人の家の台所で泥酔している市長と警察署長を目撃した。それから彼らが売春宿に関与していることも垣間見てしまった。だから彼らがあなたを危険人物と見なして追放しようと考えたとしても、不思議はないんです。」

シカゴに着くと、ようやくそれまでの努力が実を結び始めた。前回の講演旅行のように、多くの労働組合から講演の依頼を受けたが、その中にはかつては頑としてアナキストにその神聖な門を開こうとしなかった保守的な大工職人組合も含まれていた。また多くの私の講演会がアメリカ人アナキストたちによって準備されていた。精力的に仕事をこなしたが、マックス・バギンスキーという陽気な仲間がいなかったら、おそらくやり遂げられなかっただろう。

以前と同じく、今回も主としてアペル家に滞在した。それと同時にマックスと私は自由な時間があれば休息できるように、リンカーン公園の近くにささやかな住居を借り、彼はそこを「お伽の城」と名づけた。並外れて気前のいいマックスが買いこんできたあふれんばかりのおいしい食べ物、果実、そしてワインを、よくそこで賞味した。それから、ゴットフリート・ケラーの美しい物語『村のロメオとユリア』をはじめ、私たちのお気に入りの作家たちの作品を読んだ。ストリンドベルィ、ヴェーデキント、ガブリエル・ロイター、クヌート・ハムスン、そして何よりもニーチェ。マックスはニーチェを知っていて、よく理解し、深く愛していた。私がこの偉大な詩人哲学者の真の重要性に目覚めたのは、ひとえに彼の鋭い批評によってだった。読書の後で、公園を長く散歩したり、ドイツ人の運動における興味深い人々、あるいは芸術や文学について語り合った。シカゴでの一ヵ月は意義ある仕事と新しい友人たちとのすばらしい交友、それに楽しく友好的で啓発されるマックスといる時間で、とても充実していた。

マックスとのヨーロッパ旅行計画

一九〇〇年にパリ万国博覧会が計画されていて、ヨーロッパの同志はその時期に合わせてアナキスト会議を開催するという案を提起していた。博覧会のために運賃が安くなるので、多くの同志が様々な国々から参加できるだろうと考えられていた。私も招待を受けていた。マックスにそれを話して、一緒に行かないかと尋ねた。二人でヨーロッパへ旅行する——そう考えただけで私たちは有頂天になった。私の講演旅行は八月までだったが、その後この新しい計画に乗り出せるだろう。私たちはまず最初にイギリスへ行く。そこでは同志たちが私の講演を望んでいるにちがいない。それからパリに向かうのだ。「ねえ、あなた、考えてもみて——パリよ」。彼も叫んだ。「すばらしい、最高だ！　でも旅費はどうするつもりなのか」。私は言った。「何の問題もないわ。キリスト教会かユダヤ教会から盗んでくるのよ——何としてもお金は手に入れるわ。ともかく行くべきなのよ。お月さまを探し求めてね」。マックスが付け加えた。「森の中の二人の赤ん坊、もしくは狂った世界に生きる、二人のまともな夢想家というところだね。」

デンバーへ行く途中で、ミズーリ州南西部の農耕地帯キャプリンガー・ミルズへ立ち寄った。アメリカの農場生活に触れたのはかつて一度だけであり、何年か前にマサチューセッツの農民の大切な祖先たちの肖像を引き伸ばす注文取りに回って歩いた時だった。彼らはあまりにも頑迷で、古臭い因習にとらわれていたので、私の信じる大義を伝えようとすら思わなかった。きっと悪魔憑きと思われるにちがいなかった。それゆえキャプリンガー・ミルズでの講演依頼を受けて、本当に驚いた。私の集会を準備したと伝えてきたその同志はケイト・オースティンで、『自由社会』やその他の急進的な出版物で記事を書いていて、私はそれらを読んでいた。彼女の書いたものは、彼女が論理的な思索家で、広い知識を持ち、革命的な資質を備えていることを示していたが、その手紙も優しさに満ちた繊細な女性であることをうかがわせていた。

アメリカ農民の惨状に初めて気づく

駅にケイトの夫のサム・オースティンが出迎えていて、私にキャプリンガー・ミルズは鉄道から二十マイルも離れたところだと告げ、そして言った。「とても道が悪いので、恐縮ですが、馬車の座席に身体を結びつけさせていただかなければなりません。そうしないと振り落とされるかもしれませんので」。私はすぐにそれが誇張ではないのがわかった。道のりの半ばほどで、激しい一揺れがあり車輪が壊れ、馬車は横倒しになった。サムは溝に降り立ち、私も立ち上がろうとしたが、身体中に痛みを感じた。彼が馬車から私を抱き上げて、路傍に降ろしてくれた。痛む関節をこすって待ちながら、大丈夫だとサムに微笑んだ。

サムが壊れた車輪を直している間、ポペランで気の荒いトロイカ三頭立ての馬に引かせた大橇を乗り回した昔のことを思い返していた。夜の神秘、頭上の星空、一面の銀世界、陽気な鈴の音、そしてそばでペトルシュカが歌う農民の歌に私の血潮はうずいた。不気味な狼の遠吠えが聞こえてきて、その声がもたらす恐れは遠出をますます冒険的でロマンチックなものにした。家へ帰ると、おいしい鵞鳥の脂で焼いた温かいじゃがいものパンケーキ、母の手製のバレニヤ（ジャム）入りの湯気の立つお茶、そして下男たちのためのウオッカがいっぱい並んで待っている。ペトルシュカはいつも自分の酒杯を少し味見させてくれた。彼は私をからかった。「立派な飲んだくれだよ」。地下室のビール樽の下で前後不覚になっているのを見つかって以来、私は実際そういう評判になっていた。父は子供たちに決して酒を飲ませなかったが、ある日のこと――私がまだ三歳ぐらいだった時に、地下室によちよちと降りて行き、樽のコックに口をつけて、変な味のするものを飲んだ。目を覚ましたのはベッドの中で、ひどい吐き気がした。もしその時、年老いた乳母が父に見つからないようにしてくれなかったら、間違いなくひどい仕置きを受けたことだろう。

ようやくキャプリンガー・ミルズのオースティン家の農場に到着した。サムがすぐに指示した。「すぐベッドへ横になってもらって、温かい飲み物を差し上げてくれ。そうでもしないと、ひどい道を連れてきたことで死ぬまで恨まれることになる」。熱い風呂に入って、マッサージをしてもらうと、かなり楽になったが、それでもまだ節々が痛かった。

オースティン家での一週間は、私にアメリカの小作農の生活の新たな面を見せつけた。アメリカ農民を「ブルジョワ階級」に属するものと見なしてきたのは、私たちの間違いだったとわかった。ケイトに言わせれば、それはすべてを大規模に経営している一部の大金持ちの地主についてだけ該当していた。

アメリカの大多数の農民は都市労働者よりもさらに従属状態に置かれていた。彼らは嵐や旱魃といった自然の脅威は言うに及ばず、銀行家や鉄道会社のなすがままになっていた。自然の脅威と闘いながら、自分の生き血を貪る吸血鬼たちを太らせるために、雨が降ろうが雪が降ろうが永遠に働き続けて、かつかつの貧乏暮らしに耐えていかねばならなかった。農民を無情で頑なにしているのは、その過酷な運命なのだとケイトは考えていた。何よりも嘆かわしいのは、農民の妻の単調な生活だった。「女には気苦労と骨の折れる仕事、それに度重なる出産のほかに何もないのです。」

自由人ケイト・オースティン

ケイトは結婚してからキャプリンガーへやってきた。その前は小さな町や村に住んでいた。わずか十一歳の時に母親に死なれてから、八人の弟妹の面倒を見なければならず、勉強どころではなかった。土地の学校へ二年間通ったのが、父が彼女に受けさせることのできた教育のすべてであった。彼女の書く多くの論文にうかがわれる、あの該博な知識を、どのようにしてものにすることができたのかと私は思った。「読書からです」と彼女は教えてくれた。彼女の父は常に本を手離さず、はじめはインガソルの作品、後には『明星』をはじめとする急進的な出版物を読んでいた。一八八七年のシカゴの事件は、私にとってそうだったように、彼女にも絶大な影響を及ぼした。それ以来、彼女は社会問題から目を離すことができなくなり、手に入るものなら何でも読み、勉強した。オースティン家で私の目についた書物から判断すると、彼女の読書は実に広範囲にわたっていた。哲学、社会経済問題、性に関する書物が、詩や小説の名作とともに並んでいた。それが彼女の学校であった。彼女はいろんなことを知っていただけでなく、ほとんど世間と没交渉に暮らしてきた女性には珍しい熱い心の持ち主であった。

私は尋ねてみた。「どうしてあなたのように頭がよくて才能のある女性が、こんなに単調で狭い世界で生きていけるのかしら？」

彼女は答えた。「そうね、サムがいるからですわ。何もかも私と分かち合っているし、私は彼を愛している、それに子供たちね。それから私を必要としている隣人たちがいます。こんなところでもやることは結構あるのよ。」

私の三つの集会への出席者を見ると、ケイトの与えている影響がどんなものかよくわかった。何マイルも離れた地域から、農夫たちは徒歩や荷馬車や馬に乗ってやってきた。二つの講演は田舎の小さな学校で行ない、三つ目は大きな木立の中で開いた。聴衆の顔は彼らが携えてきた灯火に照らされ、その集まりはさながら一幅の絵のようだった。何人かの男から質問が出たが、それは主にアナキズムの下での土地の権利という問題に集中していた。しかし少なくとも彼らのうちのある者は、単なる好奇心から出かけてきたのではなく、彼ら自身の窮地がさらに大きい社会問題の一部だという認識を、ケイトによって目覚めさせられていたのを了解した。

農民の単調な生活

私の滞在の間、オースティン家は全員で献身的に尽くしてくれた。サムは私におとなしい雌の老馬をあてがって、遠乗りに連れ出してくれた。子供たちは私が口に出さなくても望むことをしてくれたし、ケイトにいたってはまさに心からなる献身そのものだった。二人だけになることが多かったので、ケイトは彼女自身のことや身辺のことについて語る機会があった。近隣の人たちが彼女に一番異議を唱えるのは、性に関する見解であった。ある農夫の妻が彼女に尋ねたことがあった。「あんたの旦那が他の女に惚れたらどうする。別れるかい？　その女を憎むんじゃないかい？」。ケイトは即答した。「主人がまだ私を愛しているなら別れません。それにその人が立派な人でサムを愛しているなら憎みません」。ケイトのことをよく知らなければ、不道徳で普通ではないと思われるだろうと、その隣人の女性は言った。しかしそんなことがあれば、ケイトは夫を愛せなくなるだろうし、他の女と夫を共有することなどできないと彼女は確信していた。ケイトは付け加えて言った。「この話のおかしいのは、この隣人の夫が見境のない女好きだと評判なのに、妻の彼女は何にも気づいていないことなの。あなたは農民の性生活の実情について何も知らないでしょうが、張りのない単調な生活がそうさせるんですよ」。さらにケイトは急いで話を続けた。「彼らの生活には他に捌け口はないし、気晴らしはないし、生活の潤いは何もないのです。街とは違います。街ではどんなに貧しい労働者でも時にはショーや講演会に出かけられるし、組合に関心を持つこともできますが、農民には何もなく、夏は長いつらい労働、冬はうつろな日々があるだけです。セックスが、彼らにあるすべてです。どのようにしたらこれらの人々に、セックスが崇高な愛の表現であり、愛が売り物でも強制されるものでもないことを理解してもらえるのでしょうか？　困難な闘いですが、私たちは闘い続けねばなりません」。そう言って親愛なる同志は話を終えた。

またたく間に時は過ぎた。私は西部に行く約束があるために、すぐにも発たねばならなかった。サムは「わずか十四マイルしかない」近道を通って駅まで送ろうと言ってくれた。ケイトと家族一同も一緒だった。

◎第20章◎ サーシャの脱獄計画とロンドン行き

ビール樽の上の子に洗礼する

カリフォルニアで活動している最中に、一通の手紙が届いて、私のむつまじい愛の幻想は無残に打ち砕かれた。マックスが同志「パック」とともに、ある友人の資金援助で外遊すると書いてよこしたのだ。われながら何と愚かな夢を見ていたことかと声を上げて笑った。エドとの別れの後で、どうして他の人との愛と理解を夢見たのだろうか？

愛と幸福——空虚で無意味な言葉、到達できないものに手を差し伸べる虚しさ。美しい絆への憧れは現実に裏切られて潰えてしまった。だが私にはまず殉ずるべき理想がある。それが慰めとなるであろうし、また自らに課した仕事がある。どうしてそれ以上のことを人生に期待するのであろうか？　だが闘いを続けていくために、どこから力と励ましを得たらいいのだろうか？　男たちは愛の支えがなくともこの上なき仕事をやってのけてきたのではないか。なぜ女にそれができないのか？　それとも女には男よりも愛が必要だというのか？　それは永久に女を男に隷属させておこうとする愚かな現実離れした考えだ。私はこのような考えを持つまいと決意した。

愛を必要とせずに、仕事をするのだ。この自然界にも人生にも、どこであれ永久不変なものはありえない。刻一刻の美酒を飲み干し、杯は大地に落ちるにまかせればいい。それこそが、根を下ろしても再び痛々しく引き抜かれてしまうことに対する唯一の防御となるのだ。サンフランシスコの若い友人たちが、以前から来るようにと呼びかけていた。マックスとの生活の幻想によって断念していたが、今となれば彼らの呼びかけに応じられる。そうだ、マックスのことを忘れるためにも応じなければならないのだ。

ポートランドとシアトルを訪れた後で、私はワシントン州のタコマに行った。そこでの集会の用意は万事整っていたが、いざ到着してみると、会場の所有者が約束を撤回し、代わりの場所が確保されていなかった。最後の土壇場になって、スピリチュアリストたちが救いの手を差し伸べてくれた。彼らを前にして私はいくつかの講演をしたが、「自由恋愛」という題目にはさすがに彼らも驚いていた。彼らの精霊は天上にあっても、この地上で身につけた道徳的規範を明らかに保持し続けているのだった。

イリノイ州のスプリングヴァレーは広大な鉱山地帯で、大半がベルギー人とイタリア人からなる強力なアナキストのグループがあった。彼らは私を招待して一連の講演会を催し、「労働者の日」のデモに花を添えようとした。努力のかいあって大成功だった。うだるような暑さだったが、鉱夫たちは一張羅を着こんで、妻や子供連れでやってきた。私は大きな赤旗を持って行列の先頭に立った。演説のために借りた広場の演壇には日除けがなかった。長い行進の間にすでに疼き始めていた頭を、炎熱の陽にさらしながら演説した。午後のピクニックになると、同志たちが「真のアナキスト風」と称するやり方で私から洗礼を施してもらおうと、十九人の赤ん坊を連れてきた。代わるべき台もなかったので、空のビール樽に上り聴衆に向かって言った。洗礼を必要としているのは実は親の方なのであって、子供の権利という新しい思想の洗礼を受けるべきだと。

次の日の地方紙には二つの大見出しが載った。ひとつは「騎兵のように酔った」エマ・ゴールドマン、もうひとつは「ビール樽の中でアナキストの子らに洗礼を施す」という記事だった。

以前にマックスと一緒にデトロイトを訪れた時に、私はロベルト・ライツェルの最も忠実な友人であるハーマン・ミラー、それから『哀れな悪魔』に貢献しているカール・ストーンに会っていた。ミラーはクリーヴランド醸造会社の社長で相当な資産家であった。いかにして彼が今の地位を得るに至ったかは、彼を知るすべての人々にとって謎であった。彼は夢想家にして幻視者であり、自由と美の賛美者で、実に気前のいい人物だった。そして長年にわたって『哀れな悪魔』の主要な後援者であった。他人に恵む時の彼のやり方は誰にも真似のできないものだった。給仕にチップを渡す時でさえ、細かく気を遣い、まるで詫びるようなやり方をしていた。友人ともなると、相当な贈り物をしながら、自分の方が相手の恩恵に浴しているかのように振舞っていた。この時もハーマンは一段と親切で気前がよかった。ルーデブッシュ家の人々やエマ・リローセンや他の仲間たちと連れだって、ミラーやストーンと過ごした日々は楽しい友情と同志愛に満ちていた。

思いがけなく留学の機会を得る

ミラーとストーンは二人とも私の闘いと将来の計画に多大の関心を示した。将来の計画について尋ねられたので、私はただ理想のために働くだけで他には何も考えていないと言った。たとえば何か職業に就くとかして、物質的な保証を得たいとは思わないかと、ハーマンがそれとなく聞いた。ずっと医学を学びたいと思ってきたが、これまでその資力がなかったと私は言った。するとハーマンが思いもかけずに勉強する金を出そうと申し出た。とっさにどう答えていいかわからなかった。ストーンもその費用を持つ意向であったが、二人の友人はその全額を私に渡すのは現実的ではないと考えていた。ハーマンが言った。「あなたの周囲には助けを必要とする人々がいっぱいいるから、きっとあなたはすぐ彼らに金をやってしまうにちがいないと思う」。二人は向こう五年間、月々四十ドルを私に支給してくれると約束してくれた。またその日、ハーマンは「エマの旅行の身支度を手伝うために」ジュリア・ルーデブッシュと一緒に、デトロイトの一流店に私を連れていってくれた。あれこれ見て回り、気に入ったものをたくさん買ったが、その中には美しいスコットランドの青いケープもあった。カール・ストーンは私に金時計を贈ってくれたが、それは蛤の形をしていたので、なぜそんな変な形をしたものを選んだのかと思って尋ねてみた。彼は言った。「あなたは女性としては誠に稀有の才能であり、沈黙を守るという能力をお持ちなので、そのしるしです」。私は切り返した。「男の人のお世辞の見本みたいなものですね」。すると皆大笑いした。

いよいよデトロイトの友人たちと別れる段になると、ハーマンは恥ずかしそうにしながら、遠慮がちに私に一通の封筒を手渡して言った。「列車に乗ってから読んでいただくラブレターです」。そのラブレターには五百ドル入っていて、「旅費にして下さい。パリで再会する日まで、お困りにならないように」という書面が同封されていた。

サーシャの脱獄準備

恩赦局の新しい担当者が私たちの訴えを拒否したので、サーシャに対する合法的救済の最後の望みが絶たれた。後にはサーシャが以前から目論んでいた絶望的な賭けしか残されていなかった――脱獄である。カール、ヘンリー、ゴードン、それにハリー・ケリーがサーシャの釈放運動を行なっている間、彼の友人たちは全力でその考えを思いとどまらせてきた。釈放の可能性がなくなってしまったのだから、不安ではあるが、サーシャの望むところに従うしかないと私は思った。

彼の計画を進めていくつもりだと私が知らせて以来、サーシャからの手紙には驚くべき変化がうかがわれた。彼は再び快活になり希望と生気にあふれていた。まもなく「トニー」と呼ぶ仲間の囚人で、とても信頼のおける人物を私たちのもとへ寄越すと書いてきた。その男は数週間以内に釈放されるから、私たちに脱獄計画に必要な詳細を知らせるという。手紙には「僕の言うとおり忠実にことを運んでもらえるなら失敗することはない」とあり、それには勇気と忍耐を兼ね備えた頼りになる同志といくばくかの金、この二つが必要だと彼は説明していた。私がその両方を見つけ出してくれると彼は確信していた。

まもなく「トニー」は釈放されたが、何かサーシャのために準備することがあり、ピッツバーグに留まっていて、私たちは彼と個人的に連絡を取ることができなかった。サーシャの計画には、外から刑務所の中へトンネルを掘るという案が含まれていて、私たちがその仕事に当たるのに不可欠の見取り図や測量を、サーシャが「トニー」に一任していたことがその後わかった。この計画は、すべてを、自分の生命さえもカードに賭けざるをえなくなった人間の絶望的な着想であるが、すばらしいものに思えた。それゆえ、卓抜な思いつきと細心の注意を払って練られたその計画に私は夢中になった。その計画の実行を誰に引き受けてもらおうかと、長い間思案した。身命を賭してもサーシャを救出しようという同志は多くいたが、これほど困難で危険な仕事に必要な条件を備えている者はほとんどいなかった。最終的に「イプセン」という仇名で呼ばれていたノルウェー人同志、エリック・B・モートンに私は白羽の矢を立てた。彼は心身ともに紛れもなきバイキングと言うべき、聡明で大胆で意志強固な人物だった。

彼はすぐにその計画に乗り気になった。言われたことは何でもすると、二つ返事で約束してくれ、今すぐにでも取りかかるつもりでいた。そこでやむをえず、しばらく待たねばならないのだと事情を話した。私たちは「トニー」を待たねばならない。明らかに何かあって、「トニー」は考えていた以上に手間取っている。サーシャの計画が実行に移されるのを見届けずにヨーロッパへ発つのはいやだったので、私はエリックに、気懸かりでまったく行く気になれないと打ち明けて言った。「サーシャの運命がかかっているというのに、三千マイルも遠方へ行くなんて気が狂ってしまうわ」。その気持ちはわかるが、トンネル掘りに関する限り私の出る幕はないというのがエリックの考えだった。彼は主張した。「実際、あなたがアメリカにいるよりもいない方がずっといいかもしれないですよ。その方が、サーシャのために何か企まれているという疑いを抱かせないことにもなるでしょう」。脱獄後のサーシャの身の安全が一番肝心な問題だという点で、彼と私は同意見だった。私と同じように、彼もまたサーシャが国内にいれば、そのうちに必ず捕まると考えていた。

彼は提案した。「できるだけ早くメキシコかカナダへ脱出させ、そこからヨーロッパへ逃がすべきだ。トンネルを掘るには何ヵ月もかかるだろうから、その間にあなたは外国に彼の居場所を用意できるわけだ。そうすれば彼は政治亡命者と認められるし、身柄を引き渡されずにすむだろう。」

「トニー」が現われるのを待つ

私はエリックが非常に冷静で完全に信頼できる人物であるとわかっていた。それでもなお、私は「トニー」に会って計画の詳細を知り、サーシャについてすべてのことを、彼の口から聞かずに出発したくはなかった。エリックは一切の責任を持って、「トニー」がやってきたらすぐに作戦を開始することを約束し、私の不安を静めてくれた。彼は説得力のある強い個性の持ち主だったし、私はその勇気と能力に全幅の信頼を置き、サーシャの指示通りうまく事を運んでくれるだろうと考えた。さらに彼は快活でユーモアのセンスがあって、すばらしい仲間だった。別れる時、そのうちサーシャを含め、パリで一堂に会して彼の脱出祝いをやろうと陽気に語った。

依然として「トニー」は姿を現わさず、何か悪い予感がした。囚人の約束など当てにならないのではないかと不本意にも思った。ブラックウエルズ島にいた何人かの女囚が、釈放されたら私のために大いに役に立つと言っていたことを思い出した。彼女たちは囚われの身にあった時の善意はどこへやら、たちまち生活の渦中に巻きこまれたり、自分だけの利害に走ってしまったりした。釈放された囚人が、獄中に残って呻吟している仲間と交わした約束を果たすことは、まったく稀有のことなのだ。「トニー」もおそらく例外ではないと私は思った。だが船の出航まではまだ数週間ある――だからそのうちに「トニー」がひょっこり現われるかもしれないとも思っていた。

この前の旅行でニューヨークを離れて以来、エドと手紙のやりとりをしていなかったが、ニューヨークに戻ってみると彼から手紙が来ていて、ヨーロッパに出発するまでアパートに来て住んでもらえないかとあった。自分の家があるのに、私が赤の他人と一緒にいるかと思うと彼はたまらないのだった。彼は手紙にも書いてきた。「ここへ泊まらないという法はないよ。私たちはまだ友達だし、アパートも、そこにあるものも、みんな君のものなんだ」。最初は断ろうかと思った。焼けぼっくいに火がつくのを恐れたし、かつての争いをまたもや繰り返すのもいやだった。それでもエドがしつこく手紙を寄越したので、ついに長年の私の家であった場所に戻ることにした。

エドは明るく機転をきかせ、立ち入った振舞いは控えていた。アパートは入口が分かれていて、私たちの出入りは別々であった。エドの会社は忙しい時期だったたし、私はサーシャの計画のための資金集めと自分の外国旅行の準備に忙殺されていた。たまに私の暇な晩や土曜日の午後に、エドは夕食や劇場に誘ってくれ、その後ジャスタスの所へ行った。エドは一度も過去の生活に言及しなかった。その代わりに、私たちのヨーロッパ行きのことを話し合い、彼はその計画にとても興味があるようだった。ハーマン・ミラーとカール・ストーンが私の医学の勉強に出資してくれるという話を彼は喜び、そして彼も来年外遊しようと思っているから、その時にはヨーロッパにいる私を訪問すると約束した。彼の母親は最近ずっと病気がちで、その上もう年なので、できるだけ早く会っておきたいとのことだった。

ジャスタスの所は相変わらずニューヨークでは一番楽しい場所だったが、主の健康が危険な状態にあり、以前のような陽気さはなかった。国内旅行の間、私は彼の病状について知らされていなかったので、帰ってきて痩せ衰えた彼を見て愕然とした。夫人と息子で留守は守れると、友人たちは転地療養を勧めた。しかしジャスタスは同意しなかった。彼は相変わらず声を立てて笑い冗談を飛ばしていたが、そのすてきな声にかつての響きはなかった。私たちの「樫の巨木」が倒れかけているのを目の当たりにして、胸が張り裂けそうだった。

サーシャのために資金を集める

サーシャ救出計画を進めるのに必要な資金は、架空の新しい合法運動の名目で集めなければならなかった。ごく一部の同志にしか、金を必要とする真の目的について話せなかった。最も頼りになりそうな人物は、ユダヤ人アナキストの週刊誌である『自由労働者の声』の編集主幹S・ヤノフスキーだった。彼はイギリスから最近来たばかりで、そこでは『労働者の友』を編集していた。彼は頭の切れる人物で、鋭い筆を揮っていた。私は彼をモストの崇拝者として知っていたし、初めて顔を合わせた時、私に対して含むところのあるような態度を示したのは、間違いなくそのためだった。彼の当てこすりな態度から不愉快な印象を受けていたので、接触しなければならないのは気が重かった。だがそれもサーシャのためであり、私は彼に会いに行った。

驚いたことに、ヤノフスキーは非常な興味を示して、快く手を貸そうと言ってくれた。計画の成功の可能性については疑念を口にしたが、サーシャが墓の中にまだ十一年も居続けねばならないかと思うと、とても耐えられないのだと私が言うと、ヤノフスキーは必要な金を集めるために最善を尽くすことを約束してくれた。計画の実行には「イプセン」とその他にピッツバーグの頼りになる友人たちがあたっているし、財政的支援はヤノフスキーを得たので、私の不安はかなり和らいだ。

ハリー・ケリーはその頃イギリスにいた。私がヨーロッパ行きについての手紙を書いたところ、彼はすぐに妻子とともに住んでいる家に来て、泊まるようにと私を招いてくれた。ロンドンの同志たちが十一月十一日に大集会を計画しているので、演説者の一人として私を迎えられることを喜ぶだろうと手紙に書かれていた。同じ頃、グラスゴーのアナキストたちから一通の手紙が届いて、私を講演のために招待するとあった。他にも私たちの会議に備えてすべきことが多くあった。私はいくつかのグループから、代表としての委任状を託されていた。リジー、ウィリアム・ホームズ、エイブ・アイザック、スーザン・パットンを含めて何人かのアメリカ人同志は、様々な現実的問題についての彼らの見解を発表してくれるよう依頼してきた。私の前には仕事が山積みになっていたし、出発の時が近づいていた。しかし悩みの種は、まだ「トニー」から何の知らせもないことだった。

私たちの物をエドが壊す

ある晩、エドとある約束があってジャスタスの所へ行った。エドは言語学の仲間と一緒に例によって語源について議論していた。長年会っていなかったかつての文学仲間が来ていたので、エドを待っている間、彼と語り合っていた。時刻が遅くなっても、エドは席を立ちそうになかった。私は彼に帰ると告げ、近所に住んでいるその作家と連れだって帰った。入口でその作家にさよならを言い、すぐにベッドに入った。

稲妻が走り、雷が轟く恐ろしい夢で目が覚めた。しかし雷と物の壊れる音はまだ続いているように思え、やがてそれが現実に隣のエドの部屋で起こっていることに気づいた。酔っ払って暴れているにちがいない。しかしこれまでエドが自制を失うほど酔いしれるのは見ていなかった。何があって、夜の夜中に家に帰って粉々に物を壊すほど、荒れているのだろうか？　彼を呼び、大声で叫ぼうとしたが、物が落ち、壊れる音が引き続いていて、そのためになぜか私は思いとどまった。しばらくするとそれも収まり、エドが長椅子にばったりと身を投げ出す音が聞こえた。それからは何の音もしなくなった。

眼がひりひりし、心臓は激しく高鳴って眠れなかった。夜明けになって急いで服を着て、エドの部屋と私の部屋を隔てている戸を開けた。愕然とする光景だった。床には壊れた家具や陶器が散らかっていて、エドが無上の宝として大切にしていた、フェジャの描いた私のスケッチが引き裂かれて踏みつけられ、額は粉々になっていた。テーブルと椅子もひっくり返って壊れていた。その無残なありさまの中で、エドは服のまま眠りこけていた。怒りと不快感とで、私は自分の部屋に駆け戻っていきなり戸を閉めた。

次の日、出航の前にもう一度エドに会った。彼の憔悴した哀れな様子を見ると何も言い出せなかった。今さら何を言い、何を釈明することがあろうか？　あの粉々になってしまった物は、私たちの壊れてしまった愛とかつての華やかで未来に満ちていた生活を象徴していた。

多くの友人が、私と一緒に出航するメアリー・アイザックに別れを告げに船までやってきた。その中にエドの姿はなく、私にはむしろありがたかった。彼がいたら、さらにこらえられなかっただろう。ジャスタスにさよならを言うのも実につらかった。彼が結核で余命いくばくもないことは全員承知していた。病状はとても悪そうで、二度と元気な彼の姿を見られないと思うと悲しくてならなかった。弟との別れもとてもつらかった。幸いにも少しばかりの金を残してやることができたし、さらにデトロイトの二人の友人が月々送ってくれる金のうちから、弟にいくらか送金するつもりだった。金が少なくてもやりくりはできるのだ。ウィーン時代にもそのようにやってきた。弟のことは深く私の心に残っていた。とても優しくて思いやりがあり、彼の愛は私の人生において非常に貴重なものになっていた。大きな定期蒸気船が出航しても、私は甲板に佇んで、遠ざかりゆくニューヨークの姿を見つめていた。

ロンドンに着く

一度激しい嵐に見舞われただけで、穏やかな船旅だった。十一月十一日の集会に遅れること二日、ボーア戦争の最中にロンドンに着いた。ハリー・ケリーと家族が住んでいる家には空き部屋はひとつしかなく、しかもそれは地階にあった。天気のよい日でもわずかしか日の光が射さず、霧の日ともなれば、ガス灯をつけたままにしておかなければならなかった。暖炉は身体の側面と背中しか暖めてくれず、全身は無理だったので、絶えず身体の位置を変えて、暖炉の炎と冷たい部屋との温度差をいくらかでも埋め合わせねばならなかった。

かつては八月下旬から九月にかけてロンドンの最もよい季節に滞在したので、人々がロンドンの霧に対する恐れや冬の湿気と陰鬱さについて語る時、私はいつも大げさなことを言うものだと思っていた。だから今になって、それでもまだありのままを伝えていなかったのだと実感した。霧はあたかも怪物のように密かに這い上がってきて、その冷たい抱擁で獲物を包むのだった。朝になると口の中が乾いてしまい、気だるい感じで目を覚ました。日除けを上げて陽光を招じ入れようと思っても無駄で、外からたちまち黒いものが部屋に入りこんできた。燦々たる太陽の国カリフォルニアから来たメアリー・アイザックは、気の毒なことに私以上にロンドンの天候に参っていた。一ヵ月の滞在予定だったが、一週間後にはすでにロンドンを離れたがっていた。

◇第21章◇ ロンドンでの講演、ヒポリットとの恋とパリ

アナキズムにおける性の問題についてのクロポトキンと私の討議

イギリスにおける戦争への熱狂は非常な盛り上がりを見せていて、同志たちの中には予定通り私が講演するのはほとんど不可能だと告げる者もいた。ハリー・ケリーも同意見だった。私は提案した。「反戦集会を開くことにしたらどうなの？」。米西戦争の時に、アメリカで開いたすばらしい集会のことを引き合いに出した。時には妨害されたりしていくつかの講演は中止せざるをえなかったが、曲がりなりにもキャンペーンを貫徹することができた。だが、ハリーの考えからすると、イギリスでは無理であった。（好戦論者たちがのぼせ上がっているので）演説者に対する暴力的な攻撃と、愛国心に駆られた群衆による集会潰しにまで及ぶだろうと言われると、私は悲観的になった。外国人の私が戦争を論難するのはさらに危険であるとハリーは確信していた。それでも私はやってみたかった。イギリスにいながら、ただ黙って事態を見過ごすことはできない。大英帝国は言論の自由を尊重しないというのだろうか？ 彼は私に警告した。「言っておくが、アメリカのように集会を妨害するのは官憲ではない。貧富を問わない群衆それ自体なのだ」。それでもぜひやってみたいと私は主張した。ハリーは他の同志に相談してみると約束した。

クロポトキン一家に招待されて、私はメアリー・アイザックとブロムリイへ出かけた。この時はクロ

ポトキン夫人と小さな娘のサーシャも在宅していた。ピョートルもソフィア・グリゴレヴナも心をこめて私たちを歓待してくれた。アメリカのこと、アメリカでの活動のこと、イギリスの状況などについて私たちは話し合った。ピョートルは一八九八年に合衆国を訪れていたが、当時私は太平洋岸にいたので彼の講演を聞くことができなかった。だが彼のアメリカ遊説は大成功で、非常な感銘を残したことを知っていた。彼の講演の収益が『連帯』復刊に寄与し、それによって私たちの活動も新たな生気を吹き込まれたのである。ピョートルは特に中西部やカリフォルニアへの私の講演旅行に関心を示して言った。「もしあなたが三回続けて同じ大地を踏破できたら、すばらしい野原になるにちがいない」。そうかもしれないが、カリフォルニアでの私の成功は、実のところ多くを『自由社会』に負っていると私は言った。

彼は温かい共感を寄せながらも、付け加えた。「あの新聞は確かに見るべきものがある。しかし性の問題を論ずるのにあれほど紙面を割かなければ、もっとよいと思いますね」。私はそれに同意できなかったので、アナキストの情宣活動において性の問題が占める役割について熱っぽい論議を始めた。男女平等に関してのピョートルの意見の論点は、性ではなく知性の問題であった。彼は言った。「女性が知的に男と同等であり、男性と同じ社会的理想を持つならば、女性は男性と同様に自由になれるだろう」。二人とも少しばかり興奮していたので、声だけ聞けば、私たちは口論しているように思われたにちがいない。ソフィアは静かに娘の服を縫いながら、何度かもう少し声を落とすようにと水を向けたが、まったく効果がなかった。ピョートルと私は興奮して部屋を歩き回りながら、それぞれ躍起になって自分の立場を譲らなかった。最後に私は議論を中止して、言った。「わかりました。私があなたの年になったら、性の問題は重要なものではなくなるかもしれません。でも問題なのは『今』なのです。現在にあってこそ性の問題は何千、いや何百万もの若者にとって重大なものなのです」。ピョートルはしばらく立ち止まり、その優しげな顔に楽しんでいるような笑みを浮かべながら答えた。「なるほど、そこまで考えていなかった。結論から言えば、あなたが正しいでしょう」。私に注がれている愛情のこもったその目の中に、いたずらっぽい光がきらめいていた。

晩餐の時に私は反戦集会の計画を持ち出した。ピョートルはハリー以上に強く反対した。とんでもないという意見だった。それは私の生命を危険にさらすことになるだろうし、さらに私がロシア人であるゆえに、反戦を主張すれば、ロシア人亡命者の立場にも好ましからぬ影響が及ぶだろうと言った。私は反論した。「私はロシア人としてではなく、アメリカ人としてここに来ているのです。それに戦争という切実な問題が論議されている時に、それらのことを考慮している場合ではないと思われませんか?」。それに対してピョートルは、目の前に死かシベリア流刑かを突きつけられている人々にしてみれば大問題だと指摘した。それればかりでなく、イギリスはやはり政治亡命者にとってヨーロッパで唯一の逃避先であり、反戦集会によってその恩恵を失うべきではないとも主張した。

ロンドンのイースト・エンドで集会を開く

私がロンドンにおいて初めて民衆の前に立ったのは、アセニュム・ホールだったが、惨憺たる失敗であった。ひどい風邪を引いていたので、喉をやられ、自分ですら聞くに耐えなかったのであるから、聴衆にはなおさらだった。自分の声がほとんど聞きとれなかった。最も著名なロシア人亡命者たちや、何人かの有名なイギリス人が話を聞きに来ているとわかっていたので、私の焦りはつのるばかりだった。私にとってこれらのロシア人の名前は、常にツァー体制に対する英雄的な闘いそのものを意味していた。彼らが来ていることを意識すると畏怖の念でいっぱいになった。そのような人々に向かって何を言うことができ、どのように言えばいいのだろうか?

司会役を務めたハリー・ケリーが、アメリカで警官隊と正面切って対峙したわが同志エマ・ゴールドマンですら、この集会の始まる前に、臆病風にふかれていると告白したと、いきなり最初から聴衆に語った。聴衆はそれを冗談だと思い大笑いしていた。内心でハリーに腹を立てたが、聴衆がユーモアを解し、明らかに私の気を楽にさせようとしていたことがわかったので、緊張感はかなり和らいだ。何とか講演を終えたが、つまらぬことを話しているという思いにずっととらわれていた。だが質疑応答の段になると落ち着きを取り戻した。私は本領を発揮し、もはや誰がいようとも少しも気にならず、いつもの断固とした論争的な調子を取り戻した。

イースト・エンドでの集会は同じユダヤ人に取り囲まれていた。どこでも生活は厳しく虚しいし、ロンドンではなおさらであり、彼らのその暮らしがよくわかっていた。どのように言えば彼らの心に届くかを承知していた。彼らの中にいると、私も自分に戻れるのだった。周辺にいる同志たちは、心温かく親切な人たちだった。イースト・エンドの活動の中心人物はルドルフ・ロッカーというドイツ人青年で、あまり例のないことだが、ユダヤ人でないのにユダヤ系新聞の編集者だった。彼はイギリスに来るまでユダヤ人とほとんど関係がなかったが、ゲットーでの活動をより円滑にするために、ユダヤ人と生活を共にしてその言葉を習得していた。ルドルフ・ロッカーは『労働者の友』の編集者として、またすばらしい雄弁家として、最も有力なユダヤ人以上にイギリスのユダヤ人の教育と革命思想のために多く寄与していた。

わがユダヤ人同志の間に見られるのと同じような友愛は、イギリス人アナキストの集団、特に『自由』を出版しているグループの中にも顕著であった。この月刊誌の周りには絶妙の調和を保って共働している有能な寄稿者や労働者の一群が集まっていた。万事が順調に運ばれ、かつての親しい友人に会い、多くの新しい友人を得たことは喜びだった。

クロポトキン家の夜の集まりで多くの著名人に会ったが、その中にはニコライ・チャイコフスキーがいた。彼は一八七〇年代のロシア青年たちの革命運動の中心人物であり、それは彼の名を冠した有名なサークルにおいてはっきり表われていた。ロシアの解放運動に大きな影響を与え、そのすべてを体現している人物に会ったことは、私にとって大事件であった。彼は立派な体軀と理想主義者の風貌を備えていて、若い熱烈な魂に否応なく影響を与えてしまう個性の持ち主だった。チャイコフスキーは友人に取り巻かれていたが、しばらくすると私が座っている一角にやってきて、話を始めた。ピョートルが彼に、医学の勉強についての私の意向を伝えた。どのようにして医学と活動の両立を図るのかと彼は尋ねた。夏休みにはイギリスで講演するつもりだし、場合によればアメリカにも行くし、いずれにせよ運動をあきらめることはないと私は説明した。彼は言った。「運動から身を引かないと、あなたはよい医者にはなれないでしょうし、また医者という職務に熱心であるならば、よき情宣家にはなれないでしょう。二つを両立させることはできないでしょう」。私が運動に貢献できなくなるようなことを始める前に、よくそのことを考えてほしいと彼は忠告した。

彼の言葉に私は当惑した。断固たる決意を持ち、社会的関心を持ち続けるならば、両立は可能だと確信していた。ところが彼は、それに対して私の心に疑念をもたらしたのである。私は自らに問い始めていた。本当に私は生涯のうち五年間を割いて医者の資格を得たいと望んでいるのだろうか？

反戦集会での講演

まもなく、何人かの同志が反戦集会を準備することに同意し、安全対策の段階に入っているとハリー・ケリーが知らせてくれた。その対策とは、郊外のカニング・タウンからの大量動員であり、その街の男たちは闘志と屈強さをもって知られていた。彼らが演壇を守り、もし好戦論者が押し寄せてきても食い止める。最近の波止場人夫のストで指導的役割を演じた、労働者のトム・マンに司会を頼む。愛国者が何か事を起こす前に、目立たぬように会場に入らなければならないと、ハリーは私に説明した。チャイコフスキーがそれを引き受けることになっていた。

当日私は護衛に守られて、群衆が集まり始める数時間前に、サウス・プレイス協会に着いた。たちまちホールは満員になった。トム・マンが演壇に上がると、一斉に野次が飛んで仲間たちの拍手をかき消してしまった。しばしの間は絶望的に見えたが、トムは場数を踏んだ演説者であり、群衆を掌握する術に長けていた。聴衆はすぐに静かになった。しかし私が登場すると愛国者たちは再び騒ぎだした。数人の男が演壇に駆け上がろうとしたが、カニング・タウンの男たちが阻止した。激昂したイギリス人にどのように対処すべきかわからず、私はしばらく黙って立ちつくしていた。アメリカの聴衆に対していつも成功を収めてきた、直接的でにべもないやり方を取ればうまくいかないことは確かだった。彼らの自負心をくすぐるような何か別の方法が必要であった。一八九五年の訪英と今回の経験から、イギリス人の伝統に対する誇りを知っていた。私は騒ぎを圧するような大声を上げた。「イギリスの男女の皆さん、その民衆の歴史は反抗の精神にあふれており、どの分野においてもその精神は、この世界の天空に輝く星として必ずや自由と正義を愛するはずだと堅く信じて私はここに参りました。いや、それだけではありません。きら星の如く居並ぶお国の詩人や理想家たちの中でも最も偉大な名前を挙げるだけでも、シェイクスピア、ミルトン、バイロン、シェリー、キーツといった人々の不滅の作品は、必ずやあなた方の視野を広げ、あなた方をして、真に教養ある国民の最も貴重な遺産とは何であるかについて目を開かせてくれたにちがいないのです。お国に住んでいる異国人に対する厚遇の美徳と寛大な態度について申していいるのです。」

聴衆の心を完全につかむ

ホールはすっかり静まり返った。

私は言葉を継いだ。「あなた方のお国の優れた文化と礼節を私は信じて参りましたが、今夜の振舞いを拝見して、首をひねっております。ひょっとすると、何世紀もかけて築き上げられてきたものが、戦争騒ぎでいとも簡単に破壊されてしまったのでしょうか？　もしそうだったとすれば、それだけでも戦争というものを排撃するに充分なはずです。民衆の中の最上にして最善のものが眼前で圧殺されつつあるという時に、誰もが安閑と座視していてよいのでしょうか？　あなた方の詩人シェリーであったら、そうはいたしません。彼は自由と反逆を歌ったのですから。あなた方のバイロンも違います。偉大なギリシアが危機に瀕した時、彼の魂は穏やかではありえなかったのです。そうです、彼らだったら絶対そうはしなかったでありましょう！　それなのに、あなた方は自分の過去をすっかり忘れてしまったのですか。あなた方の詩人たちの歌、理想家たちの夢、反逆者たちの雄叫びは、もはやあなた方の魂の中に反響していないのでしょうか？」

沈黙が続き、聴衆は私の演説が意外な方向にそれたので明らかに戸惑い、仰々しい言葉遣いと、思わず引きこまれてしまいそうな身ぶりに啞然としていた。聴衆は私の話に熱中し始め、次第に感激し、ついに拍手喝采の嵐が巻き起こった。その後は順風満帆だった。私は合衆国全土で実行したように「戦争と愛国心」について講演したが、ただ米西戦争の原因に触れた部分で、ボーア戦争の背後の要因を含ませた。結論としてカーライルの戦争観の骨子を借り、戦争というものは二人の盗人同士の喧嘩に他ならないが、二人とも臆病で闘うことができないので、双方の村の少年たちに強制的に軍服を着せ、手に銃を持たせて、野獣のように撃ち合いをさせることだと話を結んだ。

外交的駆け引き

ホールは騒然となった。男も女も帽子を振り、賛意を表して声をからして叫んでいた。私たちの決意として、戦争反対の力強い声明文が司会者によって読み上げられ採択されたが、一人だけ反対の声が上がった。私はその反対者に向かって会釈して言った。「あちらの方こそ、私たちが敬意を払うべき勇者と存じます。たとえ間違っていても、一人立つには非常な勇気が要るものです。親愛なる反対者に対して、皆さん、心から拍手を送りましょう。」

カニング・タウンから来た護衛の男たちでさえも、もはや殺到する群衆を抑えることはできなかった。しかしもう危険はなかった。最初烈しい敵意をむき出しにしていた聴衆は、今やひとしく熱烈な献身的態度を示して、命のある限り私を守ろうとしていた。チャイコフスキーも熱狂して、興奮した若者のように帽子をうち振るっていたが、委員室に入ってくると私を抱きしめ、その場を掌握した私の手並みをほめた。私は言った。「いささか偽善者のように思われないかしら」。彼は答えて言った。「外交家であれば全員皆そうだが、外交的駆け引きというものも時には必要だよ。」

アメリカから届いた最初の手紙の中に、イエゴル、エド、それにエリック・モートンからのものが含まれていた。弟の手紙には、私が出発した翌日にエドが彼を探し出し、寂しさに耐えられないので家へ戻ってきてほしいと頼んだことが次にように書かれていた。「親愛なるチャベル、僕はずっとエドが好きだったし、どうしても断ることができなかったので彼の所へ戻った。ところが二週間後にエドはある女をアパートに連れこんで、それ以来彼女はずっとここにいる。姉さんの物に囲まれ、姉さんの匂いが立ちこめている中に、彼女がいるのを見ると僕は胸が痛くなるので、また飛び出してしまった」。エドはイエゴルに私の家具や本などを持って行くようにと言ったそうだが、弟はそうすることができなかった。彼はこれらの一連の出来事について気にかけていた。エドは早くも自分の心を慰めたのだと私は考えた。それはそれで悪いことではないだろう。だがその女性は誰なのかとも思った。

エドの手紙は、彼の生活における新たな関係について何も触れていなかった。ただ私の物をどうしたらよいかと問い合わせてきていた。山の手へ移るつもりなので、私のものだとずっと見なしてきた物は持って行きたくないと書いてあった。私は電報を打って、本以外は不要であるから、本は箱詰めにして、ジャスタスの所で預かってもらいたいと頼んだ。

サーシャの計画の進行

エリックはいかにも彼らしい愉快な手紙を寄こした。万事計画通りうまくいっている。すでに家を一軒借りて、友人のKとそこに引越そうとしていた。彼らは厳しい試練に向けて待機していた。なぜならばKが「来たるべき彼女の演奏会の準備をしているからだ」。すでにピアノは借りたので、彼女は練習できるし、彼は発明で忙しくなりそうだ。私が彼に残しておいた金で二人はピッツバーグへ行くことになろうし、しばらくそれでやっていけるだろう。「技師のTのことだが、うぬぼれが強すぎるようだが、やってくれるだろう。いずれにしてもパリでの再会の時には僕の発明を祝ってほしい。」

もちろん慎重を期してのことだが、エリックの手紙の言葉遣いは楽しいものだった。しかしそのいくつかは意味不明であった。Kとはシカゴで会ったことのある彼の友人のキンセラにちがいない。だが演奏会とピアノというのは一体何のことなのか？　その女性がよい声をしていて、練達のピアニストだということはわかったが、そこからトンネルを掘り進めることになっている家において、彼女のその才能が何の役に立つのだろうか？「技師」というのは明らかに「トニー」のことであった。彼がついに顔を見せたのにちがいないが、どうやらエリックは彼に好意を抱いていないらしい。計画が成就されるまでは二人に仲よくしてほしいと私は願った。じっと辛抱してくれるように、エリックに手紙を書かねばならないと思った。

ロンドン滞在中に私は「自治」クラブの同志が用意したドイツ人の集会でも話をした。討論になって、若いドイツ人から攻撃を受けた。「エマ・ゴールドマンは労働者の生活について何を知っているというんですか？　工場で働いたこともなく、他のアジテーターと同様にただ楽しく時を過ごし、あちらこちらと旅行して生活を楽しんでいるだけではないのか。我々青い労働服姿のプロレタリアだけが、大衆の苦しみについて語る権利を持っているんだ」。そしてその青年は返答を求めた。青年が私について何も知らないことは明らかだったが、工場で働いた私の過去や、労働者の生活について私の知るところを彼に語る必要があるとも思わなかった。しかし彼が青い労働服に言及したことには興味をそそられた。それがどういう意味を持っているのだろうかと私は思った。

風変わりな同志

集会が終わると、私と同世代らしき二人の男が会いに来た。彼らは青年がおろかな攻撃をしたからといって、同志全員にその責を負わせないでほしいと言った。彼らはその青年をよく知っていた。彼は運動においてプロレタリアの象徴である青服を自慢すること以外、何もしていなかった。運動の初期に、ドイツの知識階級は青い労働服を着るようになったが、それは旧態依然の形式的な服装に対する抗議であったばかりでなく、とりわけそうすることで大衆への接近を容易にしようとしたのであった。それ以来、偽善的な社会運動家の中には、厳格な革命原理に忠実であることを示す印として、そのような格好をする者がいるようになったと、彼らは説明した。「しかもそれは彼らが白いシャツを持ってないからか、首筋をいつも洗う必要がないからかもしれないぜ」。浅黒い男が口を挟んだ。私は大笑いして、どうしてそこまで悪く言うのかと尋ねると、その男はぶっきらぼうに答えた。「偽善者野郎に我慢ならないからだ！」。二人はヒポリット・ハベルとXだと名乗り、前者はチェコ人で、後者はドイツ人だった。Xはすぐに立ち去ったが、ハベルは夕食に私を誘った。

私の連れは小柄で髪が黒く、青白い顔には大きな目が輝いていた。仲間内の男には見られない手袋をはめていたが、手の先に至るまで気を配った服装をしていた。とりわけ革命家としてはダンディすぎるという印象だった。レストランに入ってからも、気になることにハベルは片方の手袋を取っただけで、もう一方は食事中もずっとはめたままであった。その理由を尋ねようとしたが、とても自意識が強そうに思われたので、困らせたくはなかった。ワインを二、三杯傾けると、彼は元気づいて、神経質そうにとぎれとぎれに話しだした。チューリッヒからロンドンに来てそれほど長いわけではないが、街はよく知っているので喜んで案内すると言ってくれた。ただし日曜日の午後か夜遅くでないと、時間が取れないということだった。

ヒポリット・ハベルはまさしく百科全書的知識の持ち主だった。ヨーロッパ諸国の運動に関連するあらゆる人々や事柄を知っていた。彼が「自治」クラブのある同志について語る時、嫌味な口調であるのに気づいた。不快な気がしたが、おおむね彼は極めて人を楽しませてくれる人物だった。すでに乗合馬車をつかまえるには時間が遅かったので、ハベルは私を家まで送ろうと車を呼び止めた。私が車代を払おうとすると、彼はひどく怒り始めて反発した。「いかにもアメリカ人らしく金を見せびらかすんだね！　私は働いているんだ。だから車代ぐらい払えますよ」。アナキストのくせに、女に金を払わせるものではないという古い考えにとらわれているのはおかしいと、私はあえて言った。一晩一緒にいたが、その時初めてハベルは笑い、彼の歯がきれいで白いのに気づかされた。お別れに手袋をはめたままの手を握ると、彼は押し殺した呻き声をあげた。私は尋ねた。「どうなさったの？」。彼は答えた。「いや何でもない。ただかわいいご婦人にしては握力が強いですね。」

自尊心をむきだしにする

この人物には、何か風変わりで異国的なところがあった。見るからに神経質で、人に対して容赦しなかった。それでも魅力的であり、また困惑を覚えることもあった。

私のチェコ人の同志はよく訪ねてきた。時には友人と一緒だったが、ほとんどは一人で来た。彼は陽気な仲間というにはほど遠く、実際にはむしろ私を憂鬱にさせた。少しでも酒が入っていなければ、彼から話を引き出すことは難しかった。飲んでいない時には舌が回らないようだった。少しずつ聞き出したところによると、わずか十八歳で活動に加わり、数回投獄され、一度など一年半の刑期を務めていた。最後の投獄の際には精神病棟に送られ、もしクラフト・エビング教授の関心を惹くことがなかったら、今でもそこに入れられたままだったかもしれない。教授が正常だと診断してくれたおかげで、自由の身になれたのだ。それから彼はウィーンで活動し、そこを追放されてからはドイツ中を渡り歩いて、講演をしたりアナキストの出版物に執筆したりしてきた。パリを訪れたこともあったが、そこでの長期逗留は許可されず、追放された。最後にチューリッヒを経てロンドンへやってきたのだった。手に職がないので、どのような仕事でもやらざるをえなかった。

今はイギリス人の下宿屋でよろず雑用係として働いていた。朝五時から火を起こし、客の長靴を磨き、皿洗いをし、その他諸々の「下劣で屈辱的な仕事」をしていた。私は口をはさんだ。「でもどうして下劣なの？　労働は決して下劣なことではないわ」。彼は激しい口調で言った。「労働というのは今もそうだし、いつだって下劣なことさ。イギリス人の下宿屋では特にひどい。労働はあらゆる人間性に対する侮辱だ。その上単調な骨折り仕事を強いる。私の手を見給え」。彼は苛立たしげに手袋を外し、その下に巻いていた包帯をむしり取った。赤く腫れたその手は一面の水ぶくれだった。私は尋ねた。「どうしたの？　どうしてそんな仕事を続けているの？」。彼は続けて言った。「寒い早朝から、汚い長靴を磨いたり、火を絶やさないために石炭や薪を運んだりしてこうなったのだ。手に職のない私が異国で他に何ができるというのか？　そうでもしなければ、飢え死にか、行き倒れか、あるいはテームズ川に身を投げるしかないのだ。だがまだ死ぬ覚悟はできていない。それもありふれた話のひとつでしかない。何も大騒ぎすることでもない。さあ、もっと楽しい話をしよう」。彼は話を続けたが、言っていることがほとんど耳に入らなかった。私は限りない同情と愛をこめて、彼の気の毒な水ぶくれの手に口づけしたいという抗い難い衝動を覚えて、その手を取った。

私たちはよく一緒に出歩き、ホワイト・チャペルやその他の貧民街を訪れた。平日の通りはゴミだらけで、揚げ魚の臭いに吐き気を覚えた。土曜の夜になると光景はさらに凄まじかった。ボウエリー通りで酔っぱらった女たちを見かけたことがあった。どん底に生きる老いた女たちは、髪はぼさぼさにして、不似合いな帽子をあみだに被り、スカートを舗道に引きずっていた。ユダヤ人の子供たちが、「やーい、酔っぱらい」と、はやしたてていた。思慮のない子供たちが、世間から見捨てられた哀れな者たちを馬鹿にして追かけまわすのを見ると、怒りがこみ上げてくるのだった。しかしロンドンのイースト・エンドで目撃した光景ほど、無残で退廃した光景はなかった。酔っぱらった女たちが千鳥足で居酒屋から出てきて、口汚く罵り合いながら、互いに文字通り服を引きちぎらんばかりに取っ組み合っていた。年端もいかぬ少年少女たちが、みぞれの降る寒さの中で飲み屋の周りをうろついていた。酒まじりの「おしゃぶり」のためにぼんやりして、壊れかかった乳母車の中にいる幼児。年かさの子たちがその番をしながら、時々親が持ち出してくるビールを貪るように飲んでいる。

ダンテによって描かれた地獄にもまして悲惨な光景をあまりによく見た。いつも怒りと嫌悪と恥辱があふれんばかりになり、二度とイースト・エンドには戻ってこないと心に誓うのだが、それでもまた来てしまうのだった。何人かの同志にその状態を話すと、私が過敏すぎると彼らは言うのだった。そのような状況は大都会ならどこにでもあることで、それが資本主義というものであり、その結果として生じる汚辱なのだ。他に比べてロンドンだけが特にひどいのではない。

ヒポリット・ハベルと恋に落ちる

ハベルと一緒にいて楽しいのは、そこにただの友愛以上のものがあるからだと次第に自覚し始めた。愛に対する欲求が再び目覚め、日ごとに強くなった。私は愛することを恐れていたし、新たな苦しみ、やがて訪れるにちがいない新たな失望を恐れてもいた。だが陰鬱な環境の中にあって、愛を求める気持ちはその恐れ以上に強かった。ハベルもまた私を意識していた。一段と内気になり、落ち着きがなくなり、そわそわしていた。いつも一人で会いに来るのに、ある晩友人と一緒に訪れ、その友人は何時間も居座って一向に帰ろうとはしなかった。私と二人だけでいたら自分が何をしでかすかわからないと思って、ハベルは友人を連れてきたのではないのかと考えた。そのために私の思いはさらに募った。ようやく真夜中過ぎになって、彼の友人は帰った。彼が去ると、すぐに私たちはほとんど無意識に抱き合っていた。ロンドンは遠景となり、イースト・エンドの悲鳴も遠ざかった。二人の心の中には愛の呼び声だけが鳴りわたっていて、私たちはその呼び声だけに耳を傾け、それに従った。

私は人生の新しい喜びによって生まれ変わったような気がした。二人でパリへ行き、それからスイスへ行こうと私たちは決めた。ヒポリットも勉学を望んでいたので、私の仕送りの四十ドルの中から、十ドルを弟に送金して、残りの三十ドルで毎月切りつめた生活をすることにした。ヒポリットは原稿料で少しは稼げるだろうと考えていたが、別に楽な暮らしはできなくても、気にはならないだろう。お互いがいるし、愛があった。だがまず恋人に、ひどい仕事をやめるように説得する必要があった。私は彼に下宿屋の苦役を一ヵ月休んでほしかった。説得するのにかなりの議論を要したが、汚い靴磨きの仕事を離れて二週間もすると、彼は見違えるように元気になった。

ある日の午後、私たちはクロポトキン家を訪ねた。ヒポリットは「組合運動」の熱烈な賛美者であって、それはイギリスよりもさらに進んだ協同組合運動だと信じていた。ドイツ人の実験にさしたる長所を見出さないピョートルと、やがて激しい論争になった。以前からしばしば経験してわかっていたことだが、ピョートルは議論となると自己の立場を守りきれなかった。苛立ってくると、よく個人攻撃をするのである。ヒポリットはピョートルに対してはそれを避けようとしていたが、やがて冷静に議論をすることができなくなり、彼は突然話を中断して押し黙ってしまった。クロポトキンも不機嫌になったので、仕事があるという口実を設けて、私はあわてて辞去した。表へ出ると彼はピョートルを罵倒し始め、異論を許そうとしない「アナキスト運動の法王」だと糾弾した。私は憤慨して彼と激しく言い争った。部屋に帰る頃には、腹立ちまぎれに生まれたばかりの愛を曇らせることはあまりにも児戯に類すると、二人とも悟っていた。

ロシア人の新年会

ヒポリットと連れだって、ロシアの「新年」を祝う晩餐会に出席したが、それは私にとって重要な催しであった。そこで在外ロシア人滞在者の何人かの大立者に会ったが、その中にはニューヨークでロシア・アメリカ亡命者引渡条約反対運動を共にしたI・ゴールデンベルグ、革命運動でよく知られたE・セレブリアコフ、チャイコフスキーやクロポトキン同様に有名なアナキズム理論家V・チェルケゾフがいた。出席者のほとんど全員が英雄的活動や、何年間にもわたる投獄や亡命を経験していた。出席者の中にミハエル・ハンブルグもいて、すでに音楽家としての将来を約束された三人の息子、マルク、ボリス、ヤンも一緒だった。それはニューヨークでの同種の集まりよりも地味なものだった。真面目な問題が論議され、若い者たちしかダンスをしようとしなかった。夜も更けて、ピョートルがピアノを弾いて私たちを楽しませ、またチェルケゾフが十二歳のサーシャ・クロポトキンと踊りだすと、幾組かがそれに続いた。私と比べると雲をつくような大男のチャイコフスキーが、ダンスを申しこもうとしておどけたお辞儀をした。印象に残る夜だった。

スコットランドへの旅行で最初に立ち寄ったグラスゴーでは、私たちのよき同志であり、また接待役のブレア・スミスによって集会が準備されていた。すべての人々がとても親切で好意的であったが、町自体は悪夢を見ているようで、そのいくつかはロンドンよりもさらにひどかった。ある土曜の夜、市電で帰る際に、明らかに酔っ払って、母親たちと一緒に千鳥足で歩いている、汚れて腹をすかしている子供を七人も路上で見かけた。

トム・ベルの功績

エジンバラはゆったりとした清潔で魅力的な街で、それほど貧困も目立たず、グラスゴーの後だけに私には慰めとなった。そこで初めてトム・ベルに会った。彼の名前は情熱的かつ大胆な情宣者としてアメリカでも知れわたっていた。その数々の功績の中には、パリ滞在中に行なった自由討論の試みがあった。彼はフランスのアナキストたちにイギリス的な野外集会を立ち上げるように勧めたが、パリの同志たちにすればそのような試みは不可能だと考えられていた。トムはそれを身をもって示そうと決意し、警察を気にしないで野外演説をすることは実行可能であると考えた。

彼はビラを配布して、自分の責任において来週の日曜日の午後、パリの盛り場のひとつであるピュビリック広場で野外集会を開催しようとした。その時刻に広場に着くと、すでに大群衆が待ち受けていた。広場の中央へ行こうとすると、数人の警官が近づいてきた。彼が予告されている演説者なのかどうかはっきりしなかったので、一瞬警官は躊躇した。トムはあらかじめ一本の街灯柱に目星をつけてあった。それは中ほどに大きな飾り台があり、上に横棒がついていた。警察官が近づいてきた途端に、彼は街灯柱に飛び上がった。中ほどの台に両足を固定させ、それからすぐに片方の手首を横棒に鎖で縛りつけた。あらかじめ手首に巻きつけてあった頑丈な鉄の鎖は南京錠で留められていて、そして今度はすばやくその両端を横棒に巻きつけて、自動的に鍵のかかるもう一個の南京錠で固定した。警察官はすぐに彼の後を追いかけたが、なす術がなかった。

すでに男の身体はしっかりと鎖で縛りつけられてしまっていた。警官は鑢《やすり》を取りに行かせた。その間に群集は増え続け、トムは平然として群衆に向かって話し続けた。警官は激怒したが、彼は声の限り演説を続けた。それから彼は鍵を取り出して錠前を開け、涼しい顔で降りてきた。警官は「当局および法への侮辱に対して」断固たる処置を取ると脅かしたが、パリ中が警察を笑いものにして嘲った。当局は事件をもみ消すのが最善と考え、トムは起訴されなかった。二週間の拘留の後、トムは「フランスで勝手にさせておくにはあまりに危険な人物」として国外追放された。

トム・ベルのもうひとつの功績は、ロシア皇帝ニコライ二世訪英の際に発揮された。当時ヴィクトリア女王はバルモラルにいた。王室の発表によると、ロシア皇帝はリーズに上陸し、英国皇太子（後の国王エドワード七世）の出迎えを受け、それからウィンザーとロンドンを訪れる予定だった。

トム・ベルは友人のマッケーブと計らって、ロシア皇帝歓迎のために、ひとはたらきすることにした。マッケーブは片腕が不自由だったが、トムと同様に勇敢な男だった。二人で計画を練り上げた。当時二人はエジンバラにいたのだが、リーズに着いてみると、岸壁におびただしい警官があふれていて、イギリス、ロシア、およびフランスの諜報員も混じっていた。通りにはバリケードが設けられ、兵隊と巡査が道すじに並び、いたる所に刑事が群がっていた。バリケードの後ろにはスコットランド高地連隊の兵士が並び、さらに二重、三重に国防兵士、歩兵が控えていた。望みはなさそうな状況だった——手も足も出なかった。

トム・ベルとマッケーブは別行動を取ることにした。トムは後に語った。「お互いに相手が最善を尽くすだろうとわかっていた」。美々しい軍服が通り過ぎるのを見て学童の上げる歓声がかすかに聞こえていた。馬車の列が来た。ロシア皇帝の馬車は一目瞭然だった。英国皇太子と向かい合わせで、後ろの席に座っているロシアの独裁者を、トムは認めた。最後の瞬間まで行動に移すことは不可能に思われたが、その一瞬を逃したらもはや機会はなかった。警備の兵士たちは油断なく警戒に当たっていたが——唯一の機会は皇帝の馬車が彼らの目の前を通る時だった。一瞬のうちにトムは彼らの間をすり抜けて、バリケードの下をくぐり、馬車に近づき皇帝に面と向かって叫んだ。
「くたばりやがれ、ロシアの暴君野郎！　帝国なんぞ、みんな消えてなくなれ！」。ちょうどその時、友人のマッケーブの姿に気づいた。彼も警戒線を突破して、すぐ間近で叫んでいた。

冒険好きの同志に会う

イギリス当局はあえてベルとマッケーブをスコットランドの法廷に起訴しなかった。起訴してさらに公になることを明らかに恐れたのである。事件は一行たりとも新聞に報道されなかった。「ロシア皇帝は顔色がすぐれなかった」。新聞はそう書いただけだった。確かに間違ってはいない。皇帝は滞在を早めに切り上げて帰国の途についた。それもリーズや他のスコットランドの港ではなく、目立たぬ漁村からボートで彼の大型船まで行った。

当然のことではあるが、私はこの大胆不敵な同志に会いたいと思った。彼はジョン・ターナーの妹のリジーと暮らしていた。この素敵な少女と一八九五年にロンドンで会っていた。トムは重病で喘息に苦しんでいたが、美丈夫であった——背が高く、赤毛で髭を生やして、いかにも桁外れなことをやりそうな人物だった。

革命の街パリ

ヒポリットとともにイギリスを発ち、霧雨に煙る一月のある朝パリに着いて、サン・ミシェル通りのホテルに落ち着いた。四年前の一八九六年、ウィーンからの帰途パリを訪れたことがあった。その体験はまったくの期待外れだった。滞在したドイツ人アナキストたちの住まいは郊外にあって、彼らは終日重労働に携わっていたので、疲れ果てて夜は外出できなかったし、私のフランス語では一人歩きはおぼつかなかった。唯一時間がとれる日曜日に、友人たちがブーローニュの森に連れていってくれた。あれほどずっと知りたいと思っていたパリを、実質的にその森以外何も見ていなかった。それでもこのすばらしい都会の楽しみを味わいに、いつの日かまた来るのだと心に期していた。

ついにその機会が訪れ、しかも私の生活に再び生まれた愛によって、その機会はよりすばらしいものとなった。ヒポリットは以前パリに住んでいたので、その魅力を知っていて、この上なき連れ合いであった。一ヵ月間私たちはパリの魅惑と互いの愛に酔いしれた。あらゆる通りに、ほとんどの舗石に、革命の歴史が刻まれていて、どの地区にも英雄伝説があった。パリの美、そのむこうみずな若さ、喜びと常に新しい気風への渇望はすっかり私たちを魅了した。ペール・ラシェーズ墓地の「パリ・コミューン兵士の壁」は、コミューン最後の日々の気高い希望と暗い絶望の記憶を蘇らせる。ここで反逆者たちは最後の英雄的な闘いを遂行して、ついにティエールとガリフェの命令によって殺害されたのだ。かつてバスティーユ広場は生きながらに葬られた人々の恐るべき墓場であったが、パリ人民の鬱積した憤怒によって破壊された。そこに立つと、あの筆舌に尽くしがたい惨苦と屈辱を思い出させ、それがやがて大革命の日を迎えて新たな希望として燃え上がったのである。その革命の物語は、私たち自身の生き方に計り知れぬ大きな影響を及ぼしてきたのだ。

人間の英知が創造した美の世界である建築と美術の宝庫の中にあっては、心配事も悩みも忘れられた。毎日が夢のように過ぎ、目覚めるのが怖いほどだった。しかしパリへ来たのにはもうひとつの目的があったのだ。私たちの会議のための準備作業を始める時になっていた。

フランスはアナキズム発祥の地であり、それは長年にわたって何人かの最も輝かしい息子たちを生んできた。その中で最も偉大な息子はプルードンであった。彼らは理想のために血のにじむような闘いを演じ、迫害、投獄をものともせず、しばしば生命をなげうつことも厭わなかった。だがそれが無駄ではなかったのだ。彼らのおかげでアナキズムとその擁護者は、フランスにおいて無視しがたいひとつの社会的因子と見なされるようになった。もちろんフランスの「ブルジョワ階級」はアナキズムを恐れ、国家機構を通じて迫害を続けてきた。フランスの警察が急進的民衆をどんなに情け容赦なく取り締まり、またフランスの法廷が社会に敵対する者をどのように扱うかを、私はつぶさに目にする機会があった。それでもアナキストに対してのフランス人の対応の仕方と方法は、アメリカ式のやり方と大きな違いがあった。それは革命の伝統の中で鍛えられてきた民衆と、独立戦争の表面だけに触れてきた国民との相違であった。その相違はいたる所に露出していたが、特にアナキズム運動それ自体に顕著に表われていた。様々なグループの中で、自分の信奉するアナキズムを装うために、「哲学的だから」という仰々しい言葉を使う同志はただの一人もいなかった。ところがアメリカにはとても多くいた。それは、その方が上等だと考えていたからだ。

私は学問よりも人間により興味があった

すぐに私たちはアナキストの隊列における様々な活動の潮流に巻きこまれた。ペルティエの創意豊かな精神によって新たな弾みを与えられた革命的サンディカリストの運動には、アナキズム的傾向が行き渡っていた。組織のリーダー的人物のほぼ全員が公然たるアナキストだった。「人民大学」として知られる新しい教育運動は、ほとんど例外なくアナキストによって支援されていた。彼らはあらゆる学問分野の大学人の支持と協力をとりつけて、大きな教室に労働者を集めて、学問の諸分野にわたって大衆向けの講義を開くことに成功していた。もちろん芸術もなおざりにはされていなかった。ゾラ、リシェバン、ミルボー、ブリューの作品、それからアントワーヌ劇場で公演されるすばらしい劇は、クロポトキンの著作と同様にアナキスト文学の一角となっていた。またムーニエ、ロダン、スタンラン、グランジュアンの諸作品は、芸術の後援者を自称する「ブルジョワ階級」よりもはるかに広汎に、革命的階層において論議され評価されていた。アナキストのグループを訪ね、彼らの努力を目にし、フランスの土壌においても私たちの理念が育っているのを見て、意を強くしたのである。

しかし私は運動について学んでいたが、常に理論よりも人間に対して個人的関心を持ち続けていた。ヒポリットはまったく逆だった。彼は人に会うのが嫌いで、人前では気後れしていた。しばらくすると私はフランスで運動に携わっているリーダー的人物のほとんどと知り合いになり、またパリで他の社会活動に関係している人々とも面識を得た。後者の中に「ユマニテ・ヌーベル」というサークルがあり、同名の雑誌を発行していた。その有能な編集者で、また『軍人の心理学』の著者でもあるオーギュスト・アモンをはじめとする雑誌の寄稿者たちは、時代とその要請に対して鋭い感覚を持つ若い芸術家や作家のグループを形成していた。

会った人々の中で最も強い印象を受けたのはヴィクトル・デエヴェだった。彼は四十年間ヨーロッパ各国でアナキズム活動に携わってきた、年季の入った同志だった。第一インターナショナルの一員で、ミハエル・バクーニンの協力者であり、またヨハン・モストの師でもあった。最初は歴史学と哲学の学生として将来を嘱望されていたが、後に社会的理想に献身する道を選んだ。デエヴェについての多くの話は、彼の崇拝者であるヨハン・モストから聞かされていた。ヨハン・ネーヴェの逮捕と有罪判決に関連してポイケルトを弾劾した一連の行動についても承知していた。デエヴェは今でも、ポイケルトの有罪を確信していたが、私的な怨みはまったく抱いていなかった。デエヴェは陽気な人物だった。六十歳になっていたが、精神も知性も学生時代と同様に俊敏だった。アナキズム関係やその他の出版物の寄稿者として細々と暮らしながらも、青年のような快活さとユーモアを持ち続けていた。彼とその終生の伴侶であるマリーと一緒に、私は多くの時を過ごした。彼女は長年病弱の身であったが、それにもかかわらず世間の出来事に関心を持っていた。ヴィクトルはとても語学に通じていて、私が会議のために持ってきた資料の整理を助け、諸外国語に翻訳し、はかり知れないほど世話をしてくれた。

ヒポリット、ヴィクトル・デエヴェをけなす

ヴィクトル・デエヴェの最も魅力的なところは、生を楽しみ、いつも喜びを享受しようとする生来の感覚だった。彼はパリで出会った多くの同志の中でも最も自由で快活で、私と気の合う仲間だった。しかし私たちの心温まる感情は、しばしばヒポリットのふさぎの虫に気分を壊された。最初から彼はヴィクトルをひどく嫌っていたので、私たちと一緒に出かけないと言っておきながら、放っておかれるとすねて怨んだ。通常の彼の感情表現は無言の非難となるのだが、少しでも酒が入るとヴィクトルの悪口を言いだした。最初私は彼の不機嫌を受け流していたが、次第に気になって、彼を残して出ると不安を感じるようになった。

私はヒポリットを愛していたし、不幸な過去が彼の心に傷を負わせ、そのために病的に他人を気にするし、疑い深いのだと承知していた。彼が自分というものをよりよく知り、より鷹揚に他人と付き合えるように手を貸してやりたかった。私の愛情で彼の悪癖を和らげたいと望んでいた。彼は素面に戻ると、ヴィクトルを攻撃したことを悔やみ、そのような時にはあまりにも優しくなり、愛にすがりついた。これで彼もとげとげしい態度を改めるかもしれないという希望を抱かされるのだった。だがそういう場面

が何度も繰り返されるばかりで、私の不安は募っていった。

そのうちにヒポリットはヴィクトルだけでなく、私の知り合いの男全員に敵意を抱いていることがわかった。サミットのストライキの時だけでなく、キューバ独立のために一緒に働いたこともある二人のイタリア人が、万国博覧会に参加するためにパリにやってきた。私を訪ねてきて、夕食に誘ってくれた。帰宅するとヒポリットはひどく腹を立て、わめき散らした。またそれからしばらくして、親しい友人であるパラヴィチニが妻子を連れてやってきた。するとヒポリットはすぐに彼についてありもしない話をでっちあげ始めた。ヒポリットとの生活はますます息苦しくなっていったが、それでも別れることは考えられなかった。

◇第22章◇ パリでの日々とサーシャ脱獄の失敗

オスカー・ワイルドの不当な処遇に抗議する

カール・ストーンからの手紙は、予期せず私の医学の勉強の計画を変えてしまった。彼は手紙に書いてきた。「私はあなたがヨーロッパに発つ時、スイスへ行くのは医学の勉強のためだと判断していました。ハーマンと私があなたに仕送りを申し出たのは、ただそのためでした。だが今、あなたがまた昔の情宣活動に従事して、新しい恋人といることを知っています。かくなる上は、あなたももう私たちの助けを期待しないでしょう。私にしても、関心があるのは女性としてのE・Gだけです――その思想など私には何の意味もない。どちらかを選択して下さるように」。私は急いで返信をしたためた。「女性としてのE・Gとその思想は不可分です。彼女は成金たちの道楽のために存在しているわけではないし、また誰の命令をも受ける者ではありません。お金など要りません。」

この卑しい手紙にハーマン・ミラーが絡んでいるとは信じられなかった。そのうちに彼から便りがあるはずだと確信していた。彼がこれまで私に与えてくれた金はまだ数ヵ月暮らせるだけ残っていた。ストーンからの二百ドルは、トンネル脱獄計画にあてるようにエリックに手渡していた。その資金を用意できたことで私は救われた気持ちになった。仕送りも止まり、ハーマンから何の便りもなかったので、彼も心変わりしたのだと私は結論した。それは少しばかり失望させられたが、逆にもはや金持ちに束縛されることはないのだと思い、うれしく思った。結局のところチャイコフスキーは正しかったのだ。人は理想と職業の両方に同時に献身することはできないのだ。私は思想運動を始めるためアメリカへ戻ろう。

ある晩ヒポリットと重要な会合に出かけようとしていると、ホテルのメイドが一枚の名刺を届けてきた。そこにはオスカー・パニッツァの名前があり、とても喜びを覚えた。『哀れな悪魔』における彼の優れた論述を、私は長い間愛読していた。すぐに一人の背の高い浅黒い男が入ってきて、パニッツァだと自己紹介した。彼はユージン・シュミット博士から私がパリにいると教えられ、「ロベルトの友人であるカッサンドラに会い」たくなったのだ。彼はシュミット博士も含めて一夜を過ごそうと申し出てから、言った。「まずオスカー・ワイルドに会いに行こう。一緒に来てくれませんか。それから夕食をとりましょう。」

一夜にしてパニッツァとワイルドに会えるとは、何とすばらしい出来事であるか！　期待に胸をふくらませて、そのことをヒポリットに告げようと彼の部屋の戸を叩いた。彼は部屋の中を歩き回りながら、とても苛立って私を待っていた。彼は腹を立てて叫んだ。「君は会合に出られないというのかい！　約束したではないか。君は待たれているし、それを引き受けたんだ！　オスカー・ワイルドには別の機会に会えるし、パニッツァだってそうだ。なぜ今晩でなければならないんだ？」。興奮していたので、私は会合のことをすっかり失念していた。欠席するわけにはいかなかった。意気消沈して階下に戻り、今夜は無理だとパニッツァに告げた。明日以降ではどうだろうか？　私たちは次の土曜日、昼食を共にすることにした。シュミット博士は呼べるが、オスカー・ワイルドについては約束できない。彼は健康が思わしくなく、いつでも会えるといった状態ではない。しかし会えるように最善を尽くすとのことだった。

金曜日にシュミット博士が訪ねてきて、パニッツァが思いがけなくパリを離れることになってしまったが、すぐに戻ってくるので、その時に会いましょうと言った。博士は私の落胆を見て、言った。「外はとても気持ちがいいよ。散歩でもしよう」。私はワイルドと会い、またパニッツァと一夜を過ごすというまたとない機会がだめになったことで後悔とともに気落ちしていたので、彼に感謝した。

リュクサンブール公園を散歩しながら、私は博士にオスカー・ワイルドの有罪判決に感じた義憤を語った。つまらない偽善者たちが彼をあのような運命に至らしめたのだと、オスカーを弁護した。博士は驚いて大声を上げた。「あなたという人は！　あなたは当時まだほんの子供だったにちがいないし、どうしてなのか。それに清教徒の国アメリカで公然とオスカーを弁護するのは勇気がいるのではないか？」。私は答えた。「ナンセンスだわ！　このようなあまりにもあからさまな不正に抗うのに何をためらう必要があるのですか」。博士は曖昧に笑って繰り返した。「不正なのか？　法律的観点からは必ずしもそうではないね。まあ精神医学的にはそうであったかもしれないが」。残りの午後、私たちは倒錯や異常嗜好や性の様々な問題について討論して過ごした。彼はその問題に関して深く考えていたが、問題のとらえ方に限界があった。私のような若い女性がタブー視されている事柄を躊躇なく話すことに、何かとまどいを感じているようでもあった。

ホテルに戻ると、ヒポリットはすねたように落ちこんでいた。なぜか以前のどの時よりも、彼の態度は苛立たしかった。私は何も言わず自分の部屋に行った。テーブルの上に手紙の束があり、そのうちの一通に私の胸は高鳴った。それはマックスからの手紙であった。彼とパックがパリに来ていると書かれていた。前の晩に着き、私に会いたがっていた。手紙を振りかざしながらヒポリットに走り寄り、叫んだ。「マックスからよ、マックスがパリにいるのよ！」。彼はどうかしたのではないかと言わんばかりに私を見た。「マックス、どのマックスのことだ？」。彼はつまらなさそうに聞き返した。「何言ってるのよ。マックス・バギンスキーよ！　他に誰がいるというの？」。そう言ってすぐ、私は自分の軽率さに気づいた。しかし驚いたことにヒポリットは大声で叫んだ。「マックス・バギンスキー！　もちろんよく知っているよ。ずっと会いたいと思っていた人物だ。彼が来ているとはうれしいじゃないか」。私が「苦虫ピッジー」と呼んでいる男は、これまでに一度も同性の仲間に対してそのような心温まる関心を示したことがなかった。

私は彼に抱きついて言った。「すぐ出かけましょう。マックスに会いに」。彼も私を抱きしめ、私の目をじっと見つめた。私は尋ねた。「どうしたの？」。彼は答えた。「いや、ただ君の愛を確かめたかったんだ。それが確信できさえすれば、他に何もこの世でほしいものはないよ」。私は言った。「馬鹿な人ね。私はあなたを愛しているわ。当たり前のことでしょう」。だが彼は私と一緒にマックスとパックに会いに行くのを断った。私が最初に会うことを望んでいた。その後、彼を連れてくることになった。

パリでマックスに会う

マックスに会いに行く途中で、彼と過ごした貴重な一時期が生々しく脳裏に蘇ってきた。あれから一年余が経っているとは信じられなかった。私を残して彼がヨーロッパへ出奔した時のショックも強烈に思い出していた。この一年の間に多くのことが起き、私の受けた心の傷を忘れさせていたが、今再びそれが新たに息を吹き返した。なぜマックスに会うのか——なぜ再び同じことを繰り返すのかと、私は悲痛な思いで自問した。彼がいともたやすく私をあきらめられたのは、愛していなかったからだ。同じ苦しみを味わいたくなかった。二人にとって、もう会わないほうがよいのではないかという手紙を書くつもりだった。私はカフェに入り、紙とペンを手にして書き始めた。何度も書き直したが、私の考えをうまく伝えられなかった。苛立ちは募るばかりで心は乱れ、苦しむばかりだった。結局ウェイターに金を払い、走らんばかりにしてマックスの泊まっているホテルへと向かった。彼の親しげな顔を見、「よかったね、私たちはパリでこうして会えたんだ」という歓待の声を聞いて、私の気分はすぐに変わった。彼の声の甘く優しい響きが私の反発心を溶かし、激しく動揺する心を静めてくれた。

パックも大歓迎してくれた。彼女はシカゴにいたときよりも健康そうで、生気に満ちていた。すぐに私たち三人はヒポリットと合流するために私たちのホテルに向かうことになった。朝の三時まで四人で過ごした一夜は、パリの雰囲気にふさわしい陽気な祝宴となった。特にマックスの影響でヒポリットが変わるのを見るのはうれしかった。ヒポリットは機嫌がよく社交的で、いつもの他の男たちに対する刺々しさは薄らいでいた。

フランス人は性の問題にシニカルであると教えられる

会議のために読むようにと用意されていた文書のいくつかは、アナキズムの出版物や講演における性の問題の討議の重要性に言及していた。ケイト・オースティンの論稿は特に力強く、愛に関しての自由を求めたアメリカの運動史を取り上げていた。ケイトは上品ぶって言葉を選んだりしていない。率直かつ直截に、人生における重要な役割としての性について、彼女の見解を述べていた。かなりのフランス人同志がケイトの文書の会議での公表に同意しないだろうと、ヴィクトルは断言した。もちろんそれを議論するなどはもってのほかであった。まったく私には信じられないことだった。よりによってフランス人ともあろう者が！

ヴィクトルの説明によれば、清教徒的ではないことは必ずしも自由であることを意味しない。彼は言った。「フランス人はアメリカの理想主義者たちのように性に対して真剣な態度を取らない。彼らは性に対してシニカルであり、単なる肉体的側面以上の見方をすることはない。我々のような年輩のフランス人同志は、常にそのような態度を嫌悪してきた。ところが、それに対する批判を受けても、彼らは清教徒どころではなかった。現在でも、性に関するどのような論議であれ、アナキズムに対する誤解を助長するだけだと恐れている」。私は納得がいかなかったが、一週間後、フランスのあるグループが、会議で公表しようとしたアメリカの性に関するリポートに言及しないことをはっきり決定したと、ヴィクトルが知らせてくれた。それらのリポートは私的会合で取り上げてもいいが、報道陣が出席する公的集会では認められなかった。

私は抗議し、ただちに合衆国にいる同志たちと連絡を取り、託された依頼と指示の任を解いてくれるよう頼むと宣告した。問題の事柄がアナキズムの抱えている多くの課題のひとつにすぎないことは承知していたが、それでも発言を黙殺するか、あるいは特定の人たちが是認しない意見を抑圧しようとする会議に協力できなかった。

ブレッシが同胞の復讐のためにアメリカから来る

ある日、マックスとヴィクトルと一緒にカフェにいた時、アナキストがウムベルト王を殺害したという夕刊の記事を読んだ。その「暗殺者」の名前はガエタノ・ブレッシであった。私はその名前を、ニュージャージー州のパターソンにあるアナキストグループの活動家として覚えていた。しかし彼がそのような行為を犯したことに対して奇異に感じた。彼は私の知っている他のイタリア人の大半と、とても異なる印象があった。一時的な激情に駆られて行動するタイプではなく、慎重な人物だった。何が彼をしてイタリアの王の殺害に駆りたてたのだろうか。ヴィクトルの話によれば、ブレッシの行為の考えられる要因は、一八九八年にミラノで起きた飢えた民衆の暴動であった。その際に、飢えた丸腰の人々に兵士が襲いかかり、多数の労働者の命が奪われた。彼らは自分たちの窮状を訴えようと宮殿に向かってデモ行進し、その中には子供を腕に抱えている女たちの姿もあった。宮殿はバヴァ・ベカリス将軍が指揮する強力な軍隊によって包囲されていた。人々が解散命令を無視すると、将軍は合図を下し、その結果デモ参加者が虐殺されたのだった。ウムベルト王はベカリスに対して「王室を勇敢に防衛」したことで勲章を授け、その殺戮行為を称えたのだった。

これらの悲惨な事件がブレッシをしてはるかアメリカからやってきて、この行為に及ばせたのだという私の意見に、マックスとヴィクトルも同意した。マックスは私がアメリカにいなくてよかったと考えていた。でなければ私はウムベルトの死に何らかの責任を問われていたにちがいないし、過去のケースを考えても例外なく、世界のどこかで政治的暴力が起きれば、そうなっていた。私はそのような起こりうる事態よりも、ブレッシを待ち受けている運命が気がかりだった。獄中の彼の運命がいかに残酷なものか知っていたし、同じように無慈悲な社会闘争の犠牲者であったルッケーニの恐ろしい処遇を思い出していた。

私たちはしばらくカフェにとどまり、あらゆる国での悲惨な階級闘争において、どれほど多くの人たちの命がないがしろにされてきたかを話し合った。現存する社会状況から生じるそのような行為の必然性を充分にわきまえていても、サーシャの行動以後、私を大いに悩ませてきた疑問を、友人たちに打ち明けた。

ネオ・マルサス主義者会議と性教育

しばらくしてから、ネオ・マルサス主義者たちの会議がパリで開催されることを、ヴィクトルを通じて知った。その会議は、フランス政府が産児制限に関するどのような組織的企ても禁止していたので、秘密裏に行なわれるはずだった。産児制限の主唱者であるドライスデール博士とその妹はすでにパリにいたし、他の参加者たちも様々な国からやってきていた。ヴィクトルの説明によれば、フランスにおけるネオ・マルサス主義運動を支援しているのは、主にポール・ロビンとマドレーヌ・ベルネであった。

マドレーヌは知っていたが、ポール・ロビンとは誰なのだろうか？　彼は教育界では最も優れた自由思想家の一人であると、友人が教えてくれた。彼は私財を投じて、広大な土地を購入し、そこに恵まれない子供たちのための学校を開設し、その場所はサンピウスと呼ばれていた。ロビンは街路、あるいは孤児収容所にいる家のない浮浪児、それから貧困にあえぎ、いわゆる悪餓鬼と呼ばれている子供の面倒を見ていた。ヴィクトルは言った。「今こそあなたは彼らに会うべきだ！　ロビンの学校は子供たちに対する理解と愛の姿勢によって、教育に何ができるかを示す生きた見本となっている」。彼はネオ・マルサス主義者会議に出席することと、サンピウスを訪問する機会をつくると約束した。

ネオ・マルサス主義者会議は秘密裏に開かれ、各会合が異なった場所で行なわれたこともあり、出席者はとても少なく、参加者も十二人以上はいなかった。しかし数は少なかったが、活発な意気ごみにあふれていた。ドライスデール博士は信望厚い産児制限の擁護者で、その主義のため全力を注いでいた。彼の妹であるドライスデール女史とポール・ロビン、それから協力者たちは、その問題を発表するのに称賛すべき明快さと誠実さを備え、避妊の方法を勇気を持って示した。このようなデリケートな事柄をとても率直に、また不快感を与えないやり方で論議できることに驚いてしまった。私はイースト・サイドでのかつての患者たちのことを考え、彼女たちがこの会合で説明された避妊方法を知っていたら、どんなにか役立っただろうと思った。私がアメリカで助産婦として貧しい女たちを何とか助けようとして果たせなかった経験を話すと、参加者は好意を示してくれた。

アンソニー・コムストックがアメリカの道徳を管理しているのだから、その国で避妊方法が自由に討論されるにはかなりの年月がかかるだろうと、彼らは考えていた。しかしながらフランスでさえ秘密裏にしか会合を持てない現状であることを私は指摘して、アメリカの多くの人々が、たとえ禁止されても立派な仕事をしていることを知っていると、確信を持って話した。いずれにせよ、私はニューヨークに戻ったらこの問題を取り上げようと決意した。参加者たちは私の態度を称賛し、これからの活動のためにと、文献と避妊具を進呈してくれた。

私の所持している金はみるみる減っていったが、それでも劇場や博物館に行ったり、音楽を聴く楽しみは欠かせなかった。トロカデロでのコンサートは特に興味深く、その中にはフィンランド・オーケストラの演奏もあった。それはパリ・オペラ界のプリマドンナ、アイノ・オクテの独唱が入った、錚々たる芸術家たちによる民族音楽も含まれていた。ロシア・バラライカ・オーケストラやワグナーの作品、それにイサイエの歌、バイオリンの名演奏などは、極めつきのすばらしさだった。気に入りの場所はアントワーヌが経営する自由劇場であり、そこはパリにおいて一見する価値のあるドラマチックな催しを行なっていた。サラ・ベルナールやコケランといった人たち、それにレジャン夫人を除くと、パリの舞台は演説でも聞いているような印象だった。エレオノラ・ドゥーゼと比べると、「天才サラ」でさえわざとらしかった。彼女がその本領を発揮した作品は『シラノ・ド・ベルジュラック』であり、彼女のロクサーヌに対し、コケランがシラノを演じていた。アントワーヌが主宰するこの演劇グループはスターシステムを排除し、劇全体の完成度に最大の重きを置いていた。

ヨーロッパ滞在中は、サーシャと直接文通することができなかった。私たちは友人を介して手紙をやりとりしていたので、かなりの時間を要していた。それにサーシャは、月に一度しか手紙を書くことが許されていなかった。ただまれに刑務所の教誨師の好意で、余分の一通が許されていた。できるだけ多くの人たちと通信したくて、サーシャは便箋を四つ五つ、あるいは六つにも分けて使うことを考案し、その表裏にびっしりと、まるでエッチングのように鮮明な小さな字で書きつけていた。外にいて彼の手紙を受け取った者は指定された分割通りに手紙を切り、その各部分を指示された相手に送るのである。

最後に受け取った手紙はとても愉快で、冗談めいてさえいた。彼はパリ万国博覧会からのみやげを尋ね、パリで起きていることを詳しく知りたがっていた。しかしそれは二ヵ月以上も前のことで、その後何の便りもなかった。エリックもまた、まったくといっていいほど手紙を書いてこなかったし、たまに便りがあっても「策略」について一行か二行書いてあるだけだった。それは緩慢ではあるが、明らかに進行していた。私は次第に不安になっていった。マックスやヒポリットは私の恐れや不吉な予感を何の根拠もないと説明して片付けようとしたが、彼らもまたとても心配していることは明らかだった。

サーシャの逃亡計画の発覚

ある朝早く、私はヒポリットがドアを激しく叩く音で目覚めた。フランス語新聞を手に、彼は興奮して入ってきた。何か言おうとして唇は動くのだが、言葉にならなかった。私は直感的に理解し、叫んだ。「何が起きたの？　何を言いたいの？」。彼はしゃがれた声で呟いた。「トンネル、トンネルだよ！　見つかってしまった。そのことが新聞に載っている」。気の遠くなるような思いでサーシャのことを考えた。

計画の失敗による彼のひどい失望と、その結果生じるであろう悲惨な事柄、その絶望的状況。サーシャは十一年以上を地獄で過ごすという絶望的な暗い淵に再び突き落とされる。今どうするべきなのか？私はすぐにでもアメリカへ帰らねばならない。どうあってもかの地を離れるべきではなかったのだ！私はサーシャを見捨ててしまったのだ。それも彼が私を最も必要としている時に置き去りにしてしまった。そうなのだ、私はできるだけ早くアメリカへ戻らなければならない。しかしちょうどその日の午後、エリック・B・モートンから電報が来て、すぐに帰国するわけにはいかなくなった。電文には、「突然の病。仕事、一時中止。船でフランスに向かう」と記されていた。私は彼の到着を待たなければならなかった。

逃亡計画の詳細

彼の到着を待つ日々の精神的緊張は、課された緊急の仕事がなければ、とても耐えられなかったであろう。二週間ほどでエリックは姿を見せた。これがあのエリックなのかと私は信じられなかった。ピッツバーグで最後に見て以来のその変わりようは、目を覆いたくなるほどのすさまじさだった。あの頑丈で大柄な男が、痩せ細り、顔は血の気がなく、膿がたまった腫れ物だらけだった。

エリックは話し始めた。ようやくトニーが連絡をしてきたので、すぐに準備に取りかかるつもりでピッツバーグに行った。トニーの第一印象はあまりよくなかった。トニーはサーシャの計画での自分の役割ゆえか、尊大な態度を誇示しているようだった。サーシャは秘密連絡のための特殊な暗号を考え出し、それを解読できるのは唯一トニーだけで、その立場を利用して偉そうな態度を取り、命令を下した。手作業でトンネルを掘る難しさや危険を、トニーは少しも考えていなかった。彼らがスターリング通りに借りた家は刑務所の正門のほとんど真向かいに位置し、約二百フィート離れていた。その家の地下室から、トンネルは南門の方へその下をやや迂回して通り、刑務所の庭に至り、サーシャの指示通り、屋外便所に向かう。サーシャは何らかの方法で独房を抜け出し、見張られていない屋外便所にたどりつき、床板を外してトンネルの入口を開け、借りた家の地下室まで這っていく。そこには着替えの衣類、逃亡資金、そして暗号で書かれた待ち合わせの場所の指示があることになっていた。しかしこのトンネル掘りの作業は予想以上の時間と資金を要した。エリックたちは刑務所の壁近くで、岩だらけの地層という予期せぬ困難にぶつかった。つまりその下を掘る必要に迫られた。その上、どこから流れてくるのかわからないが、トンネル内の有毒ガスで危うく窒息しそうにもなった。

こうした予測不可能な障害のため、作業は大幅に遅れ、また地下深く掘られた狭い坑道で疲労困憊した男たちに新鮮な空気を送りこむ装置を考えねばならなくなった。それに、穴を掘る音が刑務所の壁の上にいる見張りに気づかれる恐れもあった。そこでエリックはピアノの音でそれをかき消そうと思いつき、優れた音楽家であるキンセラという彼の女友達に応援を頼んだ。彼女の歌声とピアノの音は地下からの音を遮断し、また壁の上の見張りたちの耳も、彼女のすばらしい演奏をとても楽しんでいた。

間違った場所にトンネルを完成させる

この「策略」は独創的ではあったが、非常に危険でもあり、優れた土木工事の技術と、刑務所の見張りと通行人に何の疑いも持たれないようにする最大限の配慮が必要だった。少しでも危険があれば、そのピアニストは手元の電気ボタンを押し、地下にいる者たちにただちに作業をやめるように警告した。

それから彼女が再び大声で歌いだすまで、まったく音がしなかった。彼女がピアノをスタッカートで弾くのは万事良好の合図である。エリックは続けて言った。「こんな状態でのトンネル作りだから能率が上がらない。時間と資金を節約するためにトンネルを狭くしようとしたので、ようやく人一人が這えるくらいだった。だから作業は膝をつくことさえできなかった。腹ばいになって、片手で掘り進まねばならなかった。それは非常な重労働であり、一度に半時間以上続けることができない。当然のことながら仕事ははかどらない。しかしさらに腹にすえかねたのは、トニーの考えが次々と変わることだった。俺たちはサーシャの計画に忠実でありたかった。サーシャがずっと言い続けてきたことだし、中にいる彼こそが状況を誰よりもわかっていたはずなのだ。しかしトニーも、何としても自分の考えを通そうとした。サーシャは秘密の手紙においてさえ、俺たちに指令を出すのはあまりにも危険だと考えていた。だから彼は、トニーだけしか解読できない暗号を用いるしかなかった。そのためトニーから指示を受けるしかなかった。まあそうしているうちにトンネルは完成したがね」。私はこれ以上自分を抑えきれずに叫んだ。「それで――それからどうしたの？」

トンネルの最終地点の発見

エリックは驚いて聞き返した。「何だ、誰も君に書いてよこさなかったのかい？　トニーの指示通り、トンネルの最終地点となった刑務所の庭の穴からサーシャは脱走しようとしたのだが、その穴は煉瓦と石の山で詰まっていた。刑務所内に新しい建物を建てていて、トニーがトンネルの最終地点として選んだその場所に、車に山積みにした石を捨てていたというわけだ。それを知った時のサーシャの気持ちがわかるだろう。それに独房を抜け出すのに、彼がどれほど危険に身をさらしたことか。しかも引き返すだけのためにね。後になって知ったことだが、悪いことにサーシャはトニーが提案していた刑務所の庭の中ほどでトンネルを終わらせる案に、繰り返し警告していたのだ。サーシャはそれに絶対に反対していた。失敗に終わるとわかっていた。サーシャの原案のトンネルはその穴より二十フィート離れた、誰もいない屋外便所まで掘ることになっていた。そう思って俺たちはサーシャの望んだ地点までトンネルを掘ったし、仕事は完成したのだと信じて、ニューヨークに出発した。トニーだけがピッツバーグに残った。サーシャは、指示を無視したトニーの勝手な計画変更に絶望的になった。サーシャは指示通り屋外便所まで掘り続けてほしいと主張した。それでようやくトニーは、とんでもない自説が取り返しのつかない結果を招くことを悟ったのだ。

トニーはサーシャの希望通りにすると告げ、すぐにトンネル完成の資金を調達するつもりで俺たちに会おうとニューヨークに出かけたのだ。それであの刑務所の真向かいの家には誰もいなくなってしまった。トニーの不在の間に、通りで遊んでいた子供たちがどういうわけか地下室に入りこみ、あの秘密の通路を発見してしまった。そのことを親に知らせ、その親たちの中にその家の斡旋人がいたのだ。しかも何ということか、彼はまた西部刑務所の見張りでもあったのだ。」

何週間も何ヵ月もトンネルの完成を不安な気持で待ち望み、自由をほとんど目前にして、その希望が潰えてしまったサーシャのことを考えると、私は打ちひしがれた気持ちで、言葉もなく座っていた。エリックはさらに続けた。「最も驚きなのは、今でも刑務所員たちは誰のためのトンネルなのかをわかっていないことだ。ただアレゲーニーとピッツバーグ市警察は、州警察と同様にこのトンネルをこれまで見てきた中で最も巧妙にできているということで意見の一致をみている。刑務所長と刑務所調査委員会はサーシャを疑っているが、彼らの見解を裏付ける証拠が何もないし、一方警察は、長期刑を務めている腕利きの偽造犯であるボイドとかいう男のためのトンネルだと主張している。まだ何の手がかりも見つかっていない。だがいずれにしても、サーシャは独房に入れられる。」

私は悲鳴を上げた。「独房！　それで彼から何の連絡もなかったのね！」。エリックは頷いた。「そうさ。彼は厳しい懲罰を科せられている」。サーシャはすでに煉獄状態を耐えてきたのに、まだこれから悪夢のような年月が待ちかまえているという思いが私の胸をよぎり、呻き声が出た。「サーシャが殺されてしまう！」。彼らは少しずつサーシャを死へと追いこんでいるのだ。そして私は遠く離れたこのパリにいて、彼を助けることもできず、何もしてあげられないのだ！　私は叫んだ。「ただじっとしていてサーシャを見殺しにするよりも、刑務所に入っていた方が私には何百倍もましだ！」。だがエリックは言い返した。「それがサーシャに何の助けになる。それどころか、彼の状況をより耐え難くさせるだけではないか。それをよく認識することだ。自分をそこまで責めることはないだろう？」

なぜなのか、どうしてなのか？　一八九二年七月のあの最悪の日以来、今日までの年月は私にとって何だったのだろう。仮借なき日々、一時も気を休めさせてくれなかった。私のこれまでの人生は様々なことが次々と起こり、予測のつかないことだらけだった。過去の追憶にふけっている時間の余裕さえもなかった。しかし過去は私の意識に深く食いこみ、私の心を蝕んでいくのを防ぐことは何をもってしてもできないのだ。だが日常生活はその時を刻んでいった。日々の生活は立ち止まることなく流れていった。

エリック・B・モートンのパリ

エリックは立ち続けているのが困難だった。トンネル工事は彼をすっかり疲弊させていたし、そこでの有毒なガスが身体を侵し、ひどい皮膚病を起こさせてもいた。身体の状態は最悪で、床に就かなければばならないほどであり、私は数週間看病することになった。しかしこの愛すべき男性は真のバイキングで、サーシャの逃亡を助けるという報いなき冒険において耐え忍んだ危険で困難な仕事について、一言の不満も恨み言ももらすことなく、ただ笑い飛ばし、冗談にまぎらわせていた。

私たちの予定していた会議は開かれなかった。開催直前になって、当局から外国人アナキストの公開集会は禁止された。それにもかかわらず、私たちはパリ近郊の個人の家でいくつかの会合を持った。このような状況下で、しかも議事を秘密にしなければならないことからも、緊急の問題だけが討議された。

エリックが加わったことで余分の出費がかかり、その金を何とか稼がなければならなかった。彼は働きながらパリまでやってきたが、着いた時には一文無しであった。私と同じホテルには数多くの友人たちが住んでいたので、彼らのために朝食と夕食を用意するという考えを思いついた。一台のアルコール・バーナーだけで十二人、あるいはそれ以上の人数分の食事を作るのは大変な仕事だった。ヒポリットは私より買い物上手で一級の料理人でもあったので、よく手伝ってくれた。私たち「下宿人」はほぼ全員が外国人同志だったので、用意する食事にたやすく満足してくれた。この仕事でわずかな金を稼ぐことができたが、とても足りなかった。ヒポリットと私は少人数のグループの万国博覧会案内を考えた。つまらないアメリカ人たちを案内して歩くのは退屈な仕事だったが、私がうまく処理した。ある男はヴォルテールの彫像を見て、「あの男」は誰でどんな仕事をしていたのかを知りたがった。友人の推薦で何人かの教師たちを案内したことがあった。彼らはリュクサンブール公園の裸像を見て、気を失わんばかりに狼狽していた。このガイドの仕事に完全に嫌気がさして戻ることもあった。

エリックの思いがけない遺産を祝う

ある日の午後、私はどんなことがあっても特別に興味のある場所以外、観光客のガイドは二度としないと決心して、ホテルに戻った。部屋に入ると、とても大きな花束とその傍に一通の手紙が置かれていた。その筆跡に見覚えがなく、内容にも戸惑った。誰なのか見当もつかなかった。「貴女の長年のファンが楽しい一夜を共に過ごしたいと願っています。今夕カフェ・ドゥ・シャトレで会っていただけないでしょうか？　お友達と御一緒に来られたく。」

長年のファンとは他ならぬエリックであった。エリックと一緒にアメリカから来た三人の同志がいた。ヒポリットと私が同時に尋ねた。「何かあったの？　金鉱でも掘りあてたの？」。エリックは答えた。「そうではないんだが、数ヵ月前に祖母が亡くなって、七百フランの遺産を残してくれた。それを今日受け取ったんだ。今夜はそれを全部景気よく使ってしまおうというわけさ」。私は心配して言った。「アメリカに帰りたくないの？」。彼は答えた。「もちろん、帰りたいさ」。私は提案した。「それなら帰りの旅費に三百五十フランだけ私に預けておいて。残りの半分については、全面的に使い果たすのに協力するわよ」。彼は笑いながら、三百五十フランを取っておいてくれと私に預けた。

私たちは飲み食いし、午前二時に有名なモンマルトルのキャバレー、ラ・モールに着いた時には、全員が陽気で、まだ足元もしっかりしていた。エリックはシャンパンを注文した。私たちの向かいにとても魅力的なフランス娘が座っていて、エリックが私たちのテーブルに呼んでもいいかと尋ねた。私は言った。「いいわよ。五人の男性の中にたった一人の女性なんだから、大目にみるわ」。彼女は私たちの仲間に加わり、飲み、そして男たちと踊った。私たちのバイキングも、二百パウンドの体軀にもかかわらず目を見張るほどしなやかに、まるでニンフのように踊った。楽しくワルツを踊った後で、男たちは私のために乾杯の音頭をとってくれたので、私は一気に飲み干した。すると突然、目の前が真暗になった。

割れんばかりの頭痛で、私は自分の部屋で目が覚め、気分は最悪だった。キャバレーのフランス娘が私のベッドの傍に座っていた。私は尋ねた。「一体どうしてしまったの?」。彼女は答えた。「何てことないわ、あなたは昨夜ちょっと気分が悪くなったの」。私が友達を呼んでくれるように頼むと、まもなくエリックとヒポリットが入ってきた。私は言った。「まるで毒をあおったようだわ」。エリックが答えた。「そんなことはないよ。ただ誰かが君のシャンパンにグラス一杯のブランデーを注いだだけさ」。私は何も覚えていなかった。「それからどうしたの?」。エリックは言った。「それから俺たちは君を階下に運びだし、車を呼び止めた。でも君を乗せることができなかったんだ。君は歩道に座りこんで、私はエマ・ゴールドマンだ。私はアナキストで、あらゆる強制に抗議すると叫んだわけだ。五人がかりでやっと君を車に押しこんだんだ」。私は恐縮してしまった。

エリックは続けた。「もっとも俺たちだって、一人としてまともに歩けたやつはいなかったがね。しかし君の様子を見て、全員酔いがふっとんだというわけだよ」。私は尋ねた。「でもあの娘、どうしてここにいるの?」。「彼女は、君を俺たちだけにまかせられないので一緒に来てくれた。おそらく俺たちが君から何かを盗ろうとしている盗人とでも考えたのだろう。彼女はどうしても一緒に来ると言ってきかなかった」。私は不満を述べた。「でも、そのために彼女は昨夜の稼ぎをふいにしてしまったのでしょう。」

ヒポリットは二十フランを封筒に入れて、彼女を車で送っていった。午後遅く彼女は私のところへ戻ってきた。そして泣かんばかりに叫んだ。「どういうつもりで私を侮辱するの? 通りで生計を立てている女には、ひとかけらの心もないと思っているの。苦しんでいる友達を助けてお金を受け取れるというの？　とんでもないわ、看病は私の仕事ではない、そんなことでお金なんて受け取れないわ」。私は彼女に手を差し伸べ、抱き寄せた。まだあどけないその娘の美しさと澄んだ優しい魂に感動し、涙が出そうになった。

パリを去る

パリにおける私たちの運動の活力に満ちた雰囲気と、街での楽しい様々な体験は、滞在を延長したい気持ちにさせた。しかし去らねばならない時だった。私たちの資金はほぼ完全に底をついていた。またその上、探偵たちがブラディ夫人に関する情報を得ようと、すでにホテルに潜んでいた。いまだに警察が私に国外退去を命じないのも奇妙だった。ヴィクトル・デエヴェは万国博覧会のゆえだと推測していた。当局は外国人に関する好ましくないニュースを流すことを避けたかったからだ。

ある日の早朝に霧雨をついて、エリックとヒポリットと私の三人は車で駅に向かった。私たちの後を数人の情報局員が乗った車と、一台の自転車が尾行してきた。彼らは汽車がホームを離れる際、手を振って別れの挨拶をしたが、私たちの座席の隣のコンパートメントには、彼らの一人が乗りこんでいた。彼は私たちにブーローニュまで付きまとい、乗船する段になってようやく姿を消した。

ニューヨークに戻る

友人のアンナ・スターリングの送金のおかげで、私たちはホテルの部屋代その他を済ませても、まだ手元には十五ドル残っていた。これだけあれば、チップその他を含めて旅費には充分だった。ニューヨークでもいくらか借りられることになっていた。それにエリックも、必要とあればシカゴに電報を打ち、資金を調達すると言った。

出帆して数時間経った時、ヒポリットが船酔いし、波が高くなるにつれてひどくなっていった。三日目になると、あまりに容態が悪いので、医者は冷たいシャンパンを飲ませるように勧めた。彼の顔色はあまりに黄色く、頬はこけ、この船旅の終わるまでもつだろうかとあやぶまれるほどだった。一方でエリックは旺盛な食欲を見せた。毎日の三度の食事ごとに、メニューの上から下までたいらげていた。

私は彼に頼んだ。「あまりウェイターを働かせないで！　私たちはそんなにチップをはずめないのよ」。それでも彼は食べ続けた。彼は生まれながらの船乗りで、海を愛し、日ごとに陽気になり、食欲も旺盛になった。船旅の最後には、手元に二ドル十五セントしか残っていなかったが、それをヒポリットと私の世話をしてくれた男女の給仕に分け与えてやった。私たちのバイキングはチップを払えなくなったので、甘んじて報いを受けることになった。あのトンネルで数ヵ月も落盤の危険と隣り合わせに過ごし抜いた勇気あるエリックが、今では船の従業員たちの前で小さくなっていた。食堂の給仕は容赦なくエリックを責めたてた。エリックはまるで学校の生徒のように、困った顔をして給仕の前に立ち、ポケットをひっくり返して所持金のないことを示すと、その手厳しい給仕も同情して、見逃してくれた。

背が高くハンサムな私の大事な「かわいい弟」が、波止場に出迎えに来ていた。彼は私が二人のボディーガードを伴って戻ってきたのを見て、大いに驚いた様子だった。私たちはただちに質屋に行き、私の貝の形をした時計を十ドルで質に入れた。それはクリストン通りに一週間部屋を借り、仲間に夕食をもてなすのに充分な金額だった。

◇第23章◇ スペンサー夫人の看護とマッキンレー大統領暗殺事件

エド・ブラディとその鼻持ちならない妻に会う

急いで新しい部屋への引越しを済ませ、私はジャスタス・シュワブに会いに行った。彼は床に就いていて、かつての面影がかすかに残っているだけだった。私たちの巨人のかくも衰弱しきった姿を目の前にして、私は絶句するばかりだった。

シュワブ夫人が店を一生懸命切り盛りしているのを知っていたので、彼女にジャスタスの看護をさせてほしいと頼んだ。夫人は病人が彼女以外の誰の世話も受けつけないことを承知していたが、私の申し出を受け入れてくれた。私たち全員がジャスタスと彼の家族の間の優しい絆に気づいていた。ジャスタス夫婦は二人三脚でずっと長い年月を共にしてきた。彼女は常に絵に描いたように健康であったが、ジャスタスの病気と悩み、それから過労の影響が目に見えて表われていた。彼女は健康な肌色を失ってしまい、顔色は青ざめていた。シュワブ夫人と話をしている間に、エドが入ってきた。彼は私を見て当惑していた。私も戸惑ってしまった。しかし彼はすぐに自制心を取り戻し、私たちのところに来た。夫人は病人の世話をしなければならないと言ってその場を離れたので、私とエドの二人きりになった。それは耐え難い時間であり、二人とも会話の糸口をつかむことがしばらくできなかった。

私は外国にいた間、エドと何の連絡も取らなかったが、共通の友人を通じて彼の近況は知っていた。

エドの子供の誕生についても手紙で知らされていた。父親になった気分はどうかと尋ねてみた。すると彼はにわかに活気づき、自分の娘自慢を始め、その魅力と際立った知性について事細かに話した。かつての子供嫌いがこれほど熱愛しているのを見て、面白く思った。彼がいつも子供のいる所への引越しを拒否したことを思い出していた。彼はすぐに言った。「君が信じられないのはわかっているよ。子供に夢中なのに驚いているんだろう。その理由は単に父親になったからではなく、娘が本当に稀に見る子供なんだ」。それを聞いておかしくなった。彼はかつて、いつも言っていた。「大半の人間は愚かだが、親というのは愚かな上に盲目ときている。彼らは自分の子供が並外れていると思いこんでしまい、全世界に同じ意見を期待するんだ。」

私は彼を信じないわけではないが、それを実感するために、ぜひその神童に会わせるべきだと言った。彼は叫んだ。「君は本当に彼女に会いたいのかね。本気であの子を連れて来てほしいと言っているのかい?」。私は答えた。「ええそうよ、もちろんよ。私がいつだって子供好きなのはわかっているでしょう――なぜあなたの子供に対してもそうであってはいけないの?」。彼はしばらく黙っていたが、ようやく言った。「我々の愛は大して功を奏さなかったのではないかい?」。私も言葉を返した。「愛とはそういうものじゃないの? 私たちの愛は七年間続いたわ。ほとんどの人なら長いと考える年月よ」。彼も答えた。「エマ、君はしばらく会わないうちにずいぶんと賢くなったようだね」。私は言った。「いいえエド、そうではなくて年を取っただけよ」。私たちは再会を約して別れた。

ロシアの新年の晩餐会に、エドは女性を伴って来ていた――彼の妻にちがいないと私は思った。大柄な女性で、かなり声が大きかった。エドはいつも女性のそのような行為を嫌悪していた。今になってどうして耐えられるのだろうか? 友人たちが私を囲み、そしてイーストサイドの同志たちがイギリスやフランスでの運動についての質問をしようとして近寄ってきた。その夜はエドを再び見かけなかった。

アメリカに着いてからの何よりの緊急事は、まず仕事を探すことだった。医療関係の何人かの友人に私の名刺を渡しておいたが、数週間しても何の音沙汰もなかった。ヒポリットはチェコのアナキスト週刊誌に何か仕事を得ようとした。そこでは仕事は山ほどあったが、無給であった。それはアナキストの雑誌に何かを書いて金を得るなど反道徳的だと考えられていたからだ。『自由』と『自由労働者の声』を除いて、すべての外国語の出版物は人々の無償の労働によって刊行されていて、生活費は別の所で稼ぎ、空いている夜の時間と日曜日を活動のためにあてていた。ヒポリットは手に職を持っていなかったので、ロンドン時代以上に、ニューヨークにおいては仕事を確保する望みは薄かった。アメリカの下宿屋は男を雇うことはほとんどなかった。

ようやくクリスマスイブになって、ホフマン医師が仕事を見つけたので、来てほしいと言ってきた。「病人はモルヒネ常用者です。大変厄介で、辛い仕事です。今いる夜勤の看護婦にも一週間の休暇をやらなければなりません。彼女はもう限界に来ています。あなたに一週間、彼女の代わりにやってほしいのです」。あまり乗り気ではなかったが、私には仕事が必要だった。

モルヒネ中毒者、スペンサー夫人

患者の家へ医者とともに到着したのはほとんど真夜中に近かった。二階の大きな部屋に一人の女性が半裸でベッドに横たわっていて、昏睡状態だった。彼女の顔は豊かな黒髪で包まれ、蒼ざめていて息遣いも荒かった。部屋を見回すと、小さいが厳しい目で私を見据えている太った人物の肖像画がかけられていた。以前にこの肖像画の人物に会ったことがあると気づいたが、いつ、どのような状況下であったかは思い出せなかった。ホフマン医師が私に仕事の指示を与え始めた。医師によると、病人の名はスペンサー夫人で、麻薬常用から立ち直らせようと、しばらくの間診ていたのだった。彼女はよくなっていたのだが、最近になって病気の再発に苦しみ、モルヒネを打つようになってしまったのだ。

彼女がこの昏睡状態から覚めるまでは手の施しようがなかった。私がするべきことは脈を計り、彼女を温かい状態にしておくことだけだった。スペンサー夫人は夜の間ほとんど動かなかった。私は読書で時を過ごそうとしたが、集中できなかった。壁にかかっている男の肖像が頭から離れなかった。日勤の看護婦が来ても、呼吸こそ平常に戻ったが、夫人は依然として眠ったままだった。

私の受け持ちの一週間がほぼ終ろうとしていた。この一週間を通じて、スペンサー夫人は周囲に何の関心も示さなかった。時折、彼女は眠りから覚めるものの、ぼんやりと周囲をながめ、またすぐに半睡状態に落ちていく。六日目の夜、勤務に出てみると夫人は完全に意識を取り戻していた。夫人の髪が乱れていたので、髪をとかし、編みましょうかと私は尋ねた。彼女は喜んでそれに応じた。夫人の髪を整えている時、彼女は私の名を尋ねた。私は言った。「ゴールドマンといいます」。彼女は問い返してきた。「あなたはアナキストのエマ・ゴールドマンと関係があるのですか?」。私は答えた。「私が本人です。私は罪人たちの一味です」。驚いたことに、夫人はそのような「有名な人物」に看護してもらっていることをとても喜んでいるようだった。そして彼女は他の看護婦より私の方がいいと言って、全面的に自分の看護を引き受けてほしいと頼んだ。私の職業上のうぬぼれを満足させはしたが、そのために他の看護婦が任を外されるのはよくないと思った。その上、私にとっても、終日休みなしの勤務では疲労が溜まり、夫人が必要とする看護ができないだろう。夫人は私にいてくれるように頼み、毎週の午後の勤務を外し、夜は休んでよいと約束した。その後しばらくして、スペンサー夫人はあの肖像画のモデルを知っているかどうか尋ねてきた。見覚えのある人物だが、誰だかはわからないと私は答えた。夫人もそれ以上は話さなかった。

旧知の警察官であることがわかる

部屋自体、家具類、名著が揃えられている大きな書棚といったすべてが、所有者の知性と趣味の良さを表わしていた。だがそのアパートには奇妙で不可思議な雰囲気が漂っていて、それは野卑な風采でけばけばしく着飾った女の毎日の訪問によって、さらにその度を増していた。彼女が来るとすぐ、夫人は私を使いに出すのだった。私はさわやかな外気の中を散歩できるその機会を歓迎したが、一方でスペンサー夫人といつも二人だけになるその人物は誰なのかと訝っていた。最初は見知らぬ訪問者が夫人に薬を提供しているのではないかと思っていたが、そのような症状は夫人に見られなかったので、このことは関知すべき事柄ではないと判断した。

第三週目の終わりに、スペンサー夫人は居間に下りられるまでに回復した。病室を掃除していた時、私は一枚の紙切れを見つけた。そこには「ジャネット――二十回、マリオン――十六、アンリエット――十二」と記され、約四十名の女性の名が連ねられていた。しかもそれぞれにナンバーがふられていた。私は思った。何と奇妙なメモであることか！　居間にいる夫人の所へ行きかけた時、訪問客と思しき声を聞いた。彼女が話していた。「マックインタイアが昨夜も来ていました。でも女たちは誰一人として、彼を相手にしようとしませんでした。ジャネットはあんな卑しい奴とよりも、まだ別の二十人との方がましだと言っていました」。夫人は私の足音を聞きつけたのだろう。会話が突然中断され、ドア越しに夫人が呼んでいた。「あなたなの、ゴールドマンさん？　どうぞお入りなさい」。私は居間に入ったのだが、思わず手に持っていたティートレイを床に落としてしまった。ソファで私の患者の隣に腰かけている男を見つめたまま、立ち尽くしていた。その人物は壁の肖像画の本人であり、しかもすぐに彼が、一八九三年に私を刑務所へ送りこむのに手を貸した巡査部長であるとわかった。

あの紙片のメモ、今まさに立ち聞いてしまった報告――それでとっさにすべて理解した。スペンサーはこの「宿」をまかされていて、この巡査部長は彼女の愛人なのだ。私は二階へ駆け上がり、この家からすぐ立ち去らなければという考えだけでいっぱいだった。スーツケースを抱えて急いで階下へ下りると、スペンサー夫人が立っていることも困難な様子で、震える手で手すりを握っていた。このような状態で夫人をここに残しておけないことを悟った。私はホフマン医師に対し責任があるのだし、彼を待たなければならない。私は彼女を部屋に連れていき、ベッドに寝かせた。

彼女はいきなりヒステリックに泣きだし、私に出て行かないでほしいと請い、あの男には二度と会わせないからと誓うのだった。彼女は壁の絵を取り外そうとまで言い、売春宿を管理していることを認めた。彼女は言った。「私はこのことがあなたに露見するのを恐れていたのです。でもエマ・ゴールドマンはアナキストだから、自分で作ったわけでもない機械の歯車になっている私を非難しないだろうと思ったの」。売春は彼女の考案したものではないし、そういうものが存在する以上、誰が売春の「元締め」なのかは問題ではないと彼女は主張した。夫人でなければ、別の誰かがなるだけなのだ。それに、女たちに売春させることが工場で安く働かせるよりも悪いことだとはいささかも考えていなかった。少なくとも彼女は女たちにいつもやさしく接してきた。もし私が望むなら直接女たちに聞いてみてもかまわない。彼女は休みなく話し、泣き疲れてしまった。私は留まることにした。

スペンサー夫人の「弁明」は私を動かさなかった。悪しき行為に対して、同様の釈明を誰もがするのを私は知っていた。それは裁判官も警察官も同様であり、また高級士官と兵士も同様なのだ。彼らはすべて他人の労働と犠牲の上で生きている連中なのだ。だが私は看護婦の立場にあり、患者の特殊な仕事や商売に口を挟むことはできない。病人の看護に努めねばならない。それに私は単に看護婦というだけでなく、人間の行為の背後に潜む社会的要因も知るアナキストでもあるのだ。それゆえに、ただ看護婦という立場以上に夫人の看護を拒否できなかった。

スペンサー夫人が子供を望む

私にとってスペンサー夫人との四ヵ月間は心理学的にとても貴重な体験だった。彼女は普通の人物ではなく、知性にあふれ、観察力があり、そして頭の回転もすばらしかった。人生や男性、それもありとあらゆる社会階層にわたる男性のことを知っていた。彼女の仕切っている売春宿は「高級」で、その得意客の中には社会的に最も地位の高い人物たちも含まれていた。彼らは医者や弁護士、裁判官、牧師だった。女たちが「ペストのように嫌っていた」人物は誰あろう、一八九〇年代に高名をはせたニューヨークの司法官であることがわかった。もしエマ・ゴールドマンが自由の身となれば金持ちの子弟の命を危険にさらし、ニューヨークの街路を血で染めることになると陪審員たちに説いた、まさに同じ人物であった。

実際スペンサー夫人は男たちを知っていた。そして知っていたからこそ、彼らに憎しみや軽蔑しか感じていなかった。彼女の所で働くどの女も買春する男たちほど腐敗していないし、特に普通の人間性も欠如していないと彼女は繰り返し言った。「客」が文句を言うと、必ず彼女は女たちの味方をした。人の苦しみに対して深く同情していたし、よく行動に示していた。そしてそれは彼女の所で働く女たちを扱う態度だけではなかった。私はその女たちの多くに会い、話をした。彼女は路上のすべての乞食にも親切だった。子供たちを心から愛していた。浮浪児に出会うと、ぼろをまとっていようと汚かろうと優しく愛撫し、金を与えるのだった。しばしば私は夫人が嘆くのを聞いた。「私に子供さえいてくれたら！　私の子供がいてくれさえしたら！」

夫人の過去は一編の優れた小説に匹敵していた。十六歳の時に非常に美しかった彼女は、その故国であるルテニアの颯爽とした兵士と恋に落ちた。結婚の約束をして彼の愛人になった。彼女が身ごもった時、男は彼女をウィーンに連れていき、そこでの堕胎手術によって死にかけた。彼女の健康が回復すると、男と一緒にクラクフに行った。そこで男は彼女を売春宿へ売りとばしてしまった。彼女は金もなく、街に知る人もなく、結局はその宿の奴隷になるしかなかった。その後、顧客の一人が彼女を身受けし、長い旅に連れていってくれた。五年間にわたって、彼女はその男とヨーロッパ中を旅し、そして再び捨てられ、頼る人もなく、売春婦に戻ってしまった。それから数年が経ち、成長し、人生の知恵をつけ、いくばくかの金も身につけ、アメリカ行きを決心したのだった。アメリカで、彼女はある富裕な政治家と親しくなった。彼と別れた時、彼女には宿を開くだけの金があった。

スペンサー夫人の注目すべき特質は、味わった人生の辛酸によって性格が歪められなかったことだった。彼女には下品なところがなく、強い感受性を保持していて、音楽と優れた文学を愛していた。

グランド・セントラル・パレスでのピョートル・クロポトキンの講演

ホフマン博士の治療は次第に効果を見せ始め、彼女は薬の使用から離れていたが、それは体力の低下とめまいの発作をもたらした。一人で外出することができず、私は看護婦の役目だけでなく、彼女の外出の同伴もした。本を読んでやり、コンサートやオペラ、観劇、時には彼女が興味を示す講演会にまで同伴していた。

スペンサー夫人の看護の合間に、私はピョートル・クロポトキン訪米の準備に携わることになった。

彼は、ローウェル会館でロシア文学における理想というテーマで一連の講演をするために、アメリカに行くと私たちに知らせてきた。そしてもし私たちが望むなら、アナキズムについて話してもいいとのことだった。私たちはこの計画に夢中になった。彼の前回の訪米の際に、私は親愛なる同志の講演を聞き逃していた。イギリスでも彼の講演を聞く機会がなかった。ピョートルの講演やその魅力的な人物像は、合衆国での私たちの運動にとって計り知れない影響をもたらすだろうと、私たち全員が確信していた。夫人も私の活動を知ると、たちどころに夕方の時間を自由に使っていいと申し出てくれた。そのため私はその仕事にさらに時間を費やすことができた。

五月の第一日曜日の午後、グランド・セントラル・パレスにはピョートル・クロポトキンの講演を聴こうと、あらゆる層の市民がつめかけていた。今度だけは各新聞も礼儀正しかった。彼の人間的な魅力、その知性の力、講演と意義の明快さと論理に、彼らは反論できなかった。聴衆の中にはスペンサー夫人もいた。彼女はすっかり講演に引きこまれていた。

非公式ではあったが、同志や私たちのシンパに引き合わせようと、クロポトキンのための夜会が用意されていた。スペンサー夫人は自分も出席できるかと尋ねた。彼女は心配そうに私に言った。「もしあなたの友達に私のことがわかったらどうしましょう?」。私の友人たちはアンソニー・コムストックなどとはまったく異なっているし、それに誰も夫人に場違いな思いをさせるようなことを示したり言ったりする者はいないと、私は夫人を安心させた。夫人は驚いたように、その輝く瞳で私を見た。

ピョートル、スペンサー夫人に関心を持つ

その晩餐会の前夜、きわめて親しい同志たち数人で、私たちの敬愛する師と夕食をとった。私はスペ

ンサー夫人のことを話した。ピョートルは大いに興味をそそられ、夫人のことを生きた人間性の証だと表現した。実際彼は夫人と会い、希望があれば自伝である『一革命家の思い出』にサインするつもりでいた。退出しようとすると、ピョートルは私を抱擁して言った。「君は我々の理想とする人間性と美の、見事な実例を示してくれたのだよ」。彼がその豊かな感受性で、どうして私が社会的に抑圧されている人の看護を続けているかを理解していることを知った。

ようやく私の患者は看護が必要ないまでに回復した。私は旅行に出たかった。多くの街にいる同志たちから講演依頼をずっと受けていた。それに別の理由もあった。街のひとつにはピッツバーグが含まれていた。サーシャに会える希望は持てなかった。刑務所保護司リードとの恐ろしい対面の後、サーシャは完全に面会の権利を奪われていたからだ。トンネル事件の失敗の後、気の毒な若者は独房に入れられ、あらゆる特典を剝奪されていた。彼が獄外に送れる例外的な『刑務所赤報』の通信にも、苦境について何も記されていなかった。それらは彼の状態が絶望的であるという私の思いを募らせるばかりだった。それでも私はサーシャに便りを書き続けていたが、それはあたかも虚空に宛てて手紙を出しているようなものだった。それらが果たして彼の手に届いているのかどうか知る術もなかった。刑務所当局はサーシャに再び会わせてくれはしないだろうが、私がピッツバーグへ赴くことまでは妨げられない。そこなら私はサーシャを身近に感じられるのだ。

ヒポリットは『労働者新聞』で働くためにシカゴへ出発した。彼にしても生活がもはやこれ以上立ち行かなくなり、ひるがえって私をとても悲しませるようになっていた時に、期限付きではあるが、仕事の依頼が来たのである。今度こそ彼はマックスとうまく協力し、また適した仕事も得られるのだと考えると、この上ない慰めではあった。私は彼にシカゴで会う予定でいた。

エドはよくやってきたし、また夕食に招いてくれた。彼は魅力的で、七年間にわたってお互いを翻弄させたあの波瀾の気配はなかった。静かな友情へと転化していた。彼はまだ小さい娘を連れてこなかったが、おそらくは彼の夫人が娘を私に会わせたくなかったからであろう。彼女が私たちの付き合いに反対しているのかどうかも知る手だてはなかった。エドは夫人について何も触れなかった。私が講演旅行に出ようとしているのを知ると、再び彼の代理人として働いてくれないかと言った。

ガエタノ・ブレッシについてさらに知る

西部に向かう前に、私はニュージャージー州のパターソンで、以前からの約束を果たした。そこでは地元のイタリア人グループが私のための集会を用意してくれていた。イタリア人の同志たちはいつも心遣いにあふれていて、今度も非公式の懇親会を講演の後に準備していた。私はブレッシやその生活を知るよい機会だったので、とてもうれしかった。あらためてブレッシの最も近しい同志たちから学んだことで、人間の心を的確に把握することがいかに難しく、また私たち全員がいかに人間を見た目で判断しがちであるかを納得した。

ガエタノ・ブレッシは、パターソンで発行されているイタリア人アナキストの新聞『社会問題』の創立者の一人であった。彼は腕のいい機織職人でもあり、雇用主も真面目で働き者だと評価していた。それでも彼の稼ぎでは週給平均十五ドルだった。彼には養わなければならない妻と一人の子供がいたにもかかわらず、毎週雑誌のために寄付をしていた。さらに彼は百五十ドルも貯めていて、『社会問題』が危機的状態に陥った時には、そのグループに金を貸すことまでしたのだ。仕事から解放された夕方や日曜日には、彼はよく事務所の仕事を手伝い、また情宣活動にも参加していた。その献身ぶりゆえに彼のグループのメンバー全員から慕われ、尊敬されていた。

そうしたある日、ブレッシは突然に新聞に貸していた金の返却を求めた。彼はそれが無理であることを承知していた。新聞には資金はなかったし、実際のところ赤字経営だった。しかし彼は譲ろうとはせず、また返済に関する一切の釈明を拒んだ。最後にグループは、彼からの借金を返済するだけの金を調達した。だがイタリア人同志たちは彼の行為をひどくなじり、理想より金を選んだとして守銭奴呼ばわりした。彼の友人の大半が相手にしなくなった。

その数週間後に、ブレッシがウムベルト王を殺害したというニュースが届いた。彼の行為はパターソンのグループに対して、彼らがブレッシになした不当な扱いと冷酷さをまざまざと悟らせた。ブレッシはイタリアへの旅費を工面するために金の返済を主張したのであった！　ブレッシに対して明らかに不当な扱いをしたという罪の意識はイタリア人同志たちに重くのしかかっていたし、それはブレッシが彼らに対して抱いた憤りを超えていた。何らかの償いをしたいということから、パターソングループは殉死した同志のまだいたいけな美しい娘の面倒をみることにした。一方でブレッシ未亡人は、夫の心を理解すること、またその偉大なる犠牲に共鳴することもないようだった。

ある若者の選書を手助けする

その年の五月初旬のクリーヴランドでの急進的組織であるフランクリン民主クラブを前にしての講演テーマは、アナキズムについてだった。討論に入る前の休憩時間に、演壇の近くで売られているパンフレットや本の題名をながめている一人の男に気づいた。まもなく彼は私の所にやってきて、質問した。「何を読んだらいいか推薦してくれませんか？」。彼はアクロンで働いているので、集会の最後まではいられないと説明した。まだとても若く、発育途上で、背もそれほど高くなかったが体格はよく、直立の姿勢を崩さなかった。しかし彼の顔は人目を引き、とても繊細でほのかなピンク色をしていた。その整った顔立ちは、わずかにカールした金髪によってとても印象的で、その青い大きな瞳に力強い性格が示されていた。私は数冊の本を彼のために選び、その中に探し求めているものを見出せることを願っていますと言った。私は討論を始めるために演壇に戻り、その晩は再び若者を見ることはなかったが、その印象的な相貌は記憶に残った。

アイザック一家は『自由社会』の事務所をシカゴへ移し、そこにかなり広い家を借り、街でのアナキスト活動の中心となっていた。私はシカゴに到着すると、彼らの家を訪ね、十一週間続くことになる厳しい仕事にただちに取りかかった。その夏の暑さは耐えがたく、その後予定していた旅行も九月まで延期せざるをえなかった。私は完全に疲れきり、どうしても休息が必要だった。姉のヘレナも一ヵ月ほど家に来るようにと繰り返し勧めてくれたが、それまでは時間の都合がつかなかった。今がその機会だった。私は数週間をヘレナや姉二人の子供、それにロチェスターで休暇をとっていたイエゴルと過ごすことにした。イエゴルは学友の二人と一緒に来ていると手紙に書いてきた。この若者の集まりを充実させるために、アイザック一家の十四歳になる娘のマリーに休日に一緒に来ないかと誘った。エドの会社の注文を取っていて、少しばかりの金が入ったので、私は若者たちに気前よく振舞うことができ、彼らと過ごして若返ることができた。

出発の日にアイザックは別れの昼食会を催してくれた。食事の後、私が忙しく荷造りをしていると、ベルを鳴らす者があった。マリー・アイザックが入ってきて、ニエマンと名乗る一人の若者がぜひとも私に会いたいと言うのだった。その名前の青年に心当たりはなかったし、急いで駅に向かおうとしていた。苛立ちまぎれに、今は時間がないので、駅へ向かう途中でなら話をすることができるとその客に伝言してくれるよう、マリーに頼んだ。家を出る時、私はその訪問者に会い、彼がクリーヴランドの集会で読むべき本を推薦してくれないかと頼んだ金髪の青年であることを知った。

高架鉄道のつり革につかまりながら、ニエマンはクリーヴランドの社会主義者の地方支部に属していること、そのメンバーたちはまるで退屈な連中で、情熱も展望も持ち合わせていないことを話した。もはや彼らとともに活動する気持ちはなく、クリーヴランドを離れ、現在ではシカゴで働いていて、アナキストと接触したいと望んでいた。

駅では私の友人たちが待っていて、その中にマックスもいた。私は彼と少し話をしたかったので、ヒポリットにニエマンの世話と仲間たちへの紹介を頼んだ。

ロチェスターでの休暇

ロチェスターの若者たちは心から私を受け入れてくれた。二人の姉の子供たちと弟のイエゴルとその学友たち、そして若いマリー、若者の熱い心だけが与えることのできる喜びで数日を満たしてくれた。それは新鮮で爽快な体験であり、私もすっかりその雰囲気にのめりこんだ。ヘレナ家の屋根は私たちの庭となり、若者たちがそれぞれの夢や希望を私に打ち明けてくれる集会所となった。若者たちとのピクニックはとりわけ楽しかった。レナの長男ハリーは十歳にして共和党員であり、彼の崇拝するマッキンレーを弁護したり、叔母であるエマに対して反論するのを聞くことは面白かった。彼も家族と同様に私を誇りに思ってくれていたが、彼の政治陣営ではないことをとても残念がってもいた。ハリーの弟のサックスは正反対のタイプだった。性格的にも母親よりもずっとヘレナに似ていて、ヘレナの内気さと臆病なところが多分にあり、同様な淋しげな印象を与えた。それればかりでなくヘレナの愛情に満ちた包容力を受けついでいた。彼のお気に入りはヘレナの一番下の男の子デビッドで、彼の一言一言がサックスにとっては聖なる響きを持っていた。それも驚くには当たらないほど、デビッドは素敵な男の子だった。発育もよく、人目を引く容貌で、その並外れた音楽的な才能とユーモアを愛する性格は、あらゆる人たちの心を引きつけた。私はこれらの子供たち全員を心から愛していたが、ステラについで、サックスが最も身近な存在に思うようになった。おそらくそれは、主として彼が人生を生き抜いていくのに必要なずる賢さを備えていないことに気づいていたからだろう。

こうしたロチェスターの休暇をある意味で台無しにしたのが、『自由社会』のニエマンに対する警告記事であった。それは、その新聞の編集者であるA・アイザックによって書かれたもので、クリーヴランドからの通報によれば、ニエマンは疑惑を抱かせるような質問をし、アナキストサークルへ潜入しようとしているというものであった。クリーヴランドの仲間たちは彼をスパイと結論づけていた。

私はとても腹を立てた。そのような論拠の薄い理由で彼に汚名を着せるとは！　私はすぐにアイザックに手紙を書き、さらなる確かな証拠を要求した。彼からの返書には、他に確たる証拠はないが、それでもなおニエマンは一貫して暴力行為に言及するため、信用できないと書かれていた。私は再度抗議の手紙を書いた。『自由社会』の次の号は撤回記事を載せた。

バッファローで開かれた全米博覧会は私の関心を引いた。それに私はナイアガラの滝をずっと以前から見たいと思っていた。しかし私のかわいい若者たちを残して行きたくなかったし、といって彼らを一緒に連れていくほどの金もなかった。この難問を解決してくれたのが、バッファローの友人カプラン博士で、私が家族と休暇を過ごしているのを知っていた。彼は以前から私に友達と一緒に訪ねてくるようにと言ってくれていた。私がそのような贅沢は金銭的に許されないと手紙で知らせると、長距離電話をかけてきて、費用の足しに私に四十ドル提供し、一週間客としてもてなすと申し出てくれた。この旅行に胸を躍らせて、年長の子供たちをバッファローへ連れていった。私たちは様々な催し物に案内され、ナイアガラを満喫し、また博覧会を見学し、そして音楽やパーティを楽しんだ。同じように同志たちとの集会にも出かけ、若者たちは対等の立場で論議に参加した。

サーシャからの手紙

ロチェスターに戻ると、サーシャから二通の便りが届いていた。一通は『刑務所赤報』で、七月十日付であり、明らかに配送が遅れていた。その文面は私を絶望的にさせた。

　病院にいる。懲罰服から解放されて八日経ったところです。

　ほぼ一年余り、僕は最も過酷な独房生活にありました。長い間郵便物も読み物も許可されませんでした……大変な危機にさらされてきたのです。二人の親友が筆舌に尽くしがたい状態で死んでいきました。とりわけラッセルの死は衝撃でした。彼はとても若く、心の許せる愛すべき友だったのですが、その死は無惨でした。最初医者は彼のことを仮病扱いしていたのですが、今は脊髄炎だったと説明しています。彼の死の恐ろしい真相を言うのは耐え難いことです。それは殺人と何ら変わらず、哀れな友は少しずつ腐っていったのです。彼が死んだ時、背中は膿にまみれていました。彼は僕に会いたい、看病してもらいたいと書いてきた。もし君がその痛ましい手紙を読むことさえできれば！　しかし刑務所長はそれを許可しなかった。どうしてなのか、彼の苦痛が僕に伝わってくるようでした。そしてラッセルがノートに綴った苦痛や病状が僕の身にも起こってきたのです。僕はそれが病気の妄想であるとわかっていたので、懸命にそれと闘った。しかしまもなく僕の脚は麻痺症状の兆候を呈し始め、まさにラッセルのように脊柱の激しい苦痛にさいなまれたのです。僕も哀れな友のように死んでいくのだろうと恐れました……僕は自殺の瀬戸際に立たされていました。独房から出してほしいと要求すると、所長は懲罰を命じました。懲罰服を着せられ、手は皮ひもでベッドに括りつけられ、脚は柱に鎖で縛られました。八日間もこの状態でおかれ、身動きもできず、自分自身の排泄物の中で腐っていった。釈放された囚人たちが、新しい検査官に僕の処遇に対して注目させようとしたが、彼はそのようなことが刑務所内でなされていると信じるはずもなかった。僕が視力をほとんど失い、精神に異常を来たし始めているという風評が広まった。それで検査官が病院を訪れ、懲罰服から解放してくれた。

健康が著しく損なわれていますが、僕は一般房に移され、こうしてこの手紙を君の元へ届けられることを喜んでいます。

サーシャからの二通目の手紙

何という悪魔どもだろう！　サーシャを精神病院へ送るか、自ら命を絶たせるための願ってもないやり方だったのだろう。サーシャが地獄の責め苦にさいなまれている時に、自分は夢のような世界に、若やいだ快適さと華やかさの中で暮らしていたと思うと胸のはりさける思いがした。私の心は叫んでいた。「彼がどうしてたった一人で犠牲を負わねばならないのか。何という不公平なことか！」。若い友人たちが心配して私の周りに集まってきた。ステラの大きな瞳は涙でうるんでいた。イエゴルがもう一通の便りを差し出しながら、言った。「これがもっと最近の手紙です。よい知らせかもしれない」。私はそれを開封するのが恐かった。最初の一行を読んで、私は喜びのあまり叫んだ。「みんな聞いて。ステラ！　イエゴル！　サーシャの刑期が短縮されたのよ！　あと五年よ、そうすれば彼は自由なんだわ！　考えてもみてよ、あとわずか五年なのよ」。私は息もつかず文面を追った。私は叫んだ。「彼にも面会できるのだわ。新任の所長が彼の権利を回復させた。サーシャは友人たちに会えるのよ！」。私は歓喜して部屋の中を飛び回った。

ヘレナが階段を駆け上がってきて、ジャコブも一緒だった。「どうしたの？　一体何があったの？」。私はただ叫んだ。「サーシャよ、私のサーシャ！」

ヘレナは優しく私をソファにかけさせ、その手紙を私の手から取り、声を震わせて高らかに読んだ。

ダイレクト・ボックス　A7アレゲーニー
七月二十五日、一九〇一年

親愛なる友へ――

僕は君に再び手紙を書ける喜びを何と言い表わしてよいかわからない。

新任の検査官がとても親切な男で、僕の権利を回復してくれたのです。彼は僕を独房から解放し、今僕は一般房にいる。彼は最近新聞に報じられている僕の状態についての記事を友人たちに否定するように頼んだ。近頃僕の健康状態は思わしくないが、今はよくなることが期待できる。視力は非常に弱まっている。その検査官は専門医に診てもらうことを許可してくれた。地元の同志たちを通じてその準備を頼みます。

あとひとつすばらしい知らせがあります。新しい特赦令が通り、僕の刑期が二年半短縮されたのです。もちろんまだかなり残っています。ここで四年くらい、そしてもう一年は懲役です。けれども本当にうれしい知らせであることに変わりありません。それと、もし独房へたたき込まれることがなければ——僕はその考えを言葉に出すことさえ恐ろしいのですが——生きて出られるかもしれない。僕はまるで復活したかのように感じています。

新しく制定された特赦令は刑期の長い者より、短い者により大きな恩恵を与えています。無期刑囚はその恩恵に与れないのです。その特赦令は憲法違反と宣言されるだろうという噂が流れたために、一時期僕たちはとても不安だった。幸いにも、その特典を無効にしようとする試みは無駄に終わりました。四十年前の特赦令よりも、囚人たちにささやかな刑期の短縮をすることが、憲法違反でもあるかのように見なす者たちのことを考えてもみて下さい。不幸な者たちに対するささやかな親切も——本当に正義であるのに——、ジェファーソンの精神に矛盾するかのごとくです。僕たちはこの特赦令の成り行き、運命をとても心配していました。しかし特赦の第一陣が釈放され、とても喜んでいます。

新特赦令の恩恵

この新法に関しては面白い逸話があり、それは君の興味を引くだろうし、重要な側面があります。この特赦令はとりわけある高等連邦官のために設けられたものだったのです。偽造印紙を使って、政府から数百万ドルを騙し取ろうとした二人のフィラデルフィアのタバコ製造業者をこの高等連邦官が手助けし、最近有罪となったのです。彼らの圧力でこの特赦令が現実化し、かなりの早期実現をみたのです。彼らの刑期はほぼ半分に減りましたが、いくつかの新聞がこの「取引」を知らされていなかったことに怒ったらしく、抗議が始まったのです。ついにはこの件が合衆国法務長官の元に持ち込まれました。法律の正しい行使に関心を持つ者は、この特赦令の恩恵に与ることができないと彼は宣言した。それというのも、州法は連邦刑務所収容者に効力が及ぶことはなく、後者は連邦特赦令に従う。政治家たちの当惑ぶりを想像してみて下さい。特赦令の実施を棚上げしようという企てさえなされたのです。幸いにもそれは失敗に帰し、今やまったく特赦の対象とされていなかった「普通」の州刑務所囚人も釈放されている。立法府ははからずも、刑務所にいる不運な者たちにこの上ない贈り物をしたことになります。

面会に呼び出されているので、この手紙を中断します。僕にはそれがほとんど信じられないほどです。九年で初めて接見が許された最初の同志なのだ！　それはハリー・ゴードンでした。僕は友の姿に感激のあまり、言葉が出ませんでした。彼が新任の検査官に面接許可を出すように説得したにちがいない。今その検査官は、ライト所長が重病のために所長代理を務めている。おそらく彼は妹に会わせてくれるでしょう。君の妹にすぐに連絡してくれませんか？　その間に僕は面会許可書を手に入れるつもりです。新たなる希望と、それから初々しい君への思いを抱きつつ筆をおきます。

アレックス

ヘレナが涙を浮かべながら叫んだ。「ついに奇蹟が起こったんだわ！」。彼女はいつもサーシャを尊敬していた。投獄されてからも、彼の処遇に関心を持ち続けていた。彼女は私の悲しみをこれまでも共有してきたし、今このすばらしい知らせをともに喜んでいた。

九年ぶりにサーシャに面会する

私は再び西部刑務所の壁の内側に立っていた。サーシャの歩み来る足音を聞きもらすまいと緊張し、胸が高鳴っていた。一八九二年の九月の日からすでに九年の歳月が流れ去っているのだ。あのわずかの一時、彼と向かい合い、私たちは再びすぐに引き離されてしまった――九年という年月、それは尽きることのない苦悩の歳月だった。

「サーシャ！」。私は両の腕をいっぱいに広げ、彼のもとへ駆け寄った。まず看守が目に入った。彼のかたわらに、灰色の囚人服を着て、その顔も同じように灰色の男がいた。これがあのサーシャなのか、あまりにも変わり果て、こんなに痩せ細り、力なく見る影もない男が？　サーシャは何も言わず、私の横へかけ、私の鎖時計の鎖をもてあそんでいた。私は彼が何か言ってくれるのをやきもきして待った。サーシャは何も言ってくれない。ただ彼の眼差しは私に向けられ、私の魂の内側へと沈んでいくようだった。そこにはサーシャの瞳があった。怯え苦しむ瞳だった。彼の瞳に泣きだしたくなり、私も黙っていた。

「時間だ！」その声に凍りつきそうだった。私は重い足どりで廊下に向かい、刑務所を後にして、鉄の扉を開け、通りに出た。

その日のうちに、私はアレゲーニーを去り、セントルイスへ向った。そこで私は三年ほど会っていなかったカール・ノルドの出迎えを受けた。彼は以前と同じように優しいカールで、サーシャのことを知りたがっていた。彼は刑期の予期せぬ改善のこともすでに知っていて、大いに心を弾ませていた。彼は大きな声で言った。「君は彼に会ったんだね！　早く彼の話を聞かせてくれ。」

あの身も凍るような恐ろしい面会のことを何とか彼に話した。私が話を終えると彼は言った。「一年の独房生活の直後だけに、君の訪問はあまりにも早すぎたようだね。自分以外の人と言葉を交わすこともなく、それに優しい声を聞くこともない、孤立した一年を強いられたんだ。だから感覚が麻痺し、人との接触を待ち望んでいても素直に表現できなくても当たり前だろう」。私はサーシャの恐怖に満ちた沈黙を理解した。

マッキンレー暗殺の共犯者とされる

その次の日の九月六日、私はエドの会社の注文を取るためにセントルイスの主要な文房具店を回って歩いたが、どこでもその見本に関心を示さなかった。だがその中で一店だけが翌日来て、店主に会うようにと言ってくれた。通りの角に立ってバスを待ちわびていると、新聞売りの少年の声が耳に入った。「号外！　号外！　マッキンレー大統領が撃たれたよ」。新聞を買いはしたものの、車中はとても混んでいて読むことはできなかった。周りの人々も大統領が狙撃された話でもちきりであった。

私より先にカールは家に帰っていた。彼はすでにその記事を読んでいた。大統領はバッファローの博覧会でレオン・ツォルゴッツという名の若者に撃たれたのだった。カールは言った。「聞いたことのない名だ。君は？」。私は答えた。「私も知らないわ。まったくね」。彼は続けて言った。「ともかく君がここにいて、バッファローにいなかったのは幸運だった。普通なら新聞がこの事件に君を結びつけたがるだろう」。私は言った。「ばかばかしい！　アメリカの新聞はでたらめを書きすぎるけれど、そのようなばかげた話をでっち上げることはないわ。」

翌朝私は店主に会うために、その文具店へ行った。そこでかなりの交渉を要したが、千ドルに及ぶ注文を取りつけることに成功した。これまでの最高の額だった。当然のことながらとても気分をよくしていた。店主が注文を記載しているのを待っていると、彼の机の上の新聞の見出しが目に止まった。「マッキンレー大統領の暗殺者は、アナキスト、エマ・ゴールドマンに扇動されたと自供。女性アナキスト、エマ・ゴールドマン指名手配。」

私は懸命な努力で落ち着きを失うまいとし、仕事を済ませ、その店を出た。曲がり角で新聞を数種買い求め、それを読むためにレストランに入った。そこには悲劇的な事件が詳しく載っていた。そしてまた、警官によるシカゴのアイザック一家の緊急捜査、そこにいた者全員の逮捕を報じていた。しかも当局はエマ・ゴールドマンを逮捕するまで、彼らを釈放しないとの新聞報道だった。すでにこれまで二百人に及ぶ刑事がエマ・ゴールドマンを追跡するために国中に放たれていた。

一紙の新聞の中折のページに大統領を狙撃した青年の写真が載っていた。私は絶句した。「何てことなの。ニエマンじゃないの！」

各紙をひと通り読み終えると、私はすぐにでもシカゴへ行かなければならないことがはっきりしてきた。アイザック一家やヒポリット、古くからの同志で労働運動の偉大な活動家ジャイ・フォックス、それに他の多くの人たちが私が見つかるまで保釈されることなく拘留されている。出頭するのは明らかに私の義務というものだ。それに、この狙撃事件と私を関係づける最低限の証拠も理由もないのは明らかだった。シカゴへ行くのだ。

通りに出るなり、「ニューメキシコの金持ち」で数年前にロサンジェルスで私の講演のマネージャーだった「V」にばったり会ってしまった。私を見るなり、彼は恐れで蒼白になった。彼は震える声で叫んだ。「何ということだ。エマ、君はここで何をしているのだ。国中の警官が君を捜しまわっているのを知らないのかい？」。そう言いながら彼は、通りに落ち着かぬ視線をめぐらせた。彼が狼狽しているのは明らかだった。この街に私がいたのを明かさないように確約させなければならなかった。私は彼の腕を親しそうに取り、ささやいた。「どこか静かな所へ行きましょう」。他の客を避けて、片隅に座り、それから彼に言った。「かつてあなたは変わらぬ愛を私に誓ってくれたわね。結婚を申しこんでもくれた。それはわずか四年前のことでしたわね。まだその気持ちは変わっていませんか？　もしそうなら私にここで会ったことは誰にも言わないと誓ってほしいの。セントルイスで逮捕されるのは望んでいない。シカゴへ行って出頭するつもりなの。あなたが黙っていると、私は信じていいのか教えて」。彼はおごそかに約束してくれた。

通りに出ると彼はとても急いで私から離れていった。彼は決して口外はしないだろうと確信したが、英雄の器ではないこともわかった。

セントルイスからシカゴへ

カールにシカゴへ行くつもりだと話すと、正気の沙汰ではないと言われた。彼は何とかその考えをあきらめさせようとしたが、私の決心は堅かった。そのため何人かの信頼のおける友人を呼びに行った。彼らの意見を私が尊重するのを知っているので、シカゴ行きを取りやめるように、説得できるのではないかと考えたのである。

数時間にわたって彼らと議論したが、私の決意は変わらなかった。私たちはもう一緒に楽しい一夜を過ごすことはないだろうから、むしろ素敵な歓送会をしてほしいと、私は冗談めかして言った。彼らはあるレストランの一室を貸し切り、そこで豪華な食事をし、それから一緒にワバッシュ駅に行き、カールは私のために寝台を予約してくれた。

翌朝の車内はバッファロー事件に関してツォルゴッツとエマ・ゴールドマンの話題でもちきりだった。誰かが言っていた。「獣だ、血に飢えた化け物だ！　あんな女はずっと前に牢屋にぶちこんでおくべきだったんだ」。すると別の誰かが言い返した。「牢屋にぶちこむだけではだめだ！　すぐに絞首刑にすべきなんだ。」

寝台に横になって、こうした善良なキリスト教徒の言葉を聞いていた。もし私がいきなり飛び出して、「ここにいる皆さん、慈悲深きイエスの真の従者である皆さん、ゴールドマンはここにいます」と言ってやったら、彼らはどんな顔をするかと考えて、おかしくなった。しかし私には彼らにそのようなショックを与えるつもりはなく、カーテンの陰でずっと横になっていた。

汽車が駅に着く三十分前に、身支度を済ませた。当時とても流行していた明るいブルーの小さなヴェール付きセーラー帽をかぶった。かけていた眼鏡を外し、そのヴェールで顔を覆った。ホームは人々で混雑していて、その中には何人かの刑事らしき男の顔も見られた。赤帽を探しに行く間、私の二つのスーツケースを見ていてくれるように乗り合わせた人に頼んだ。ようやく赤帽を見つけ、プラットホームをずっと歩いて荷物の所まで行き、それから再び赤帽と一緒に荷物預り所に戻った。預り証を受け取り、私は駅を出た。

私の来るのを知っていた唯一の人物はマックスで、彼に用心深くするように電報を打っておいたのだ。私の方が先に彼を見つけた。彼のそばをゆっくり通り過ぎながら、私は小さな声で言った。「そのまま次の通りまで歩いて行って。私もそうするから」。尾行はされていないようだった。それでもマックスと一緒に通りをそれとなくぶらつき、六回も路面電車を乗り換え、ようやく私たちはミリー（パック）の住むアパートへたどりついた。二人とも私の安全をとても気にしていて、マックスはシカゴへ来るなぞ狂気の沙汰だと主張した。彼に言わせれば、状況は一八八七年に酷似し、新聞と警察は流血を待ち望んでいた。マックスは繰り返し言った。「しかも彼らが望んでいるのは君の流血だ」。だから彼とミリーは私に国外脱出を勧めた。

N氏の家での予期せぬ出来事

私はシカゴにとどまる決意をしていた。だが彼らのアパートに滞在することはできないし、他の外国人同志の所にも行けないと自覚していた。私にはアナキストとして知られていないアメリカ人の友人がいた。マックスにとても好意を寄せているN夫妻と連絡を取ると、彼らはすぐに来てくれた。夫妻もまた私のことを心配していたが、自分たちの所にいれば安全だろうと考えていた。それはわずか二日間のことであり、私はできるだけ早く警察に出頭するつもりでいた。

N氏は裕福な牧師の息子で、豪華な家々が建ち並ぶ一帯に住んでいた。私たちが家に着いてから、彼が言った。「まさか、この私がエマ・ゴールドマンをかくまっていると考える人はいないでしょう」。月曜日の午後遅く、N氏は事務所から戻り、『シカゴ・トリビューン』が、インタビューさせてくれればスクープになるので五千ドル支払う用意をしていると知らせてくれた。私は答えた。「いいわ！　私たちはこの事件を闘うために資金がいるのだから」。私たちの意見は一致し、翌朝N氏がアパートに新聞の代表者を連れてきて、その後で私たち三人一緒に警察本部に車で行くことにした。

晩になって、マックスとミリーが来た。私はいまだかつてこれほど神経が高ぶっている状態の彼らを見たことがなかった。マックスは逃げるべきだ、さもないと首に縄をかけることになると言うのだった。そして私に警告した。「警察へ行ったが最後、決して君は生きて出られないだろう。アルバート・パーソンズと同じになってしまう。私たちが手配するからカナダに逃げてくれ。」

刑事が踏みこんで来る

ミリーが私を脇に誘って、言った。「金曜からずっとマックスは眠ってもいないし、食事も取っていない。一晩中部屋を歩き回って、言い続けているのよ。『エマはもう助からない。奴らは彼女を生かしてはおかないだろう』とね」。たとえそのつもりがなくても、カナダに逃れるとマックスに約束して、彼を安心させてほしいと彼女は頼んだ。私は同意し、マックスにカナダ行きの段取りを依頼した。彼は大喜びして、私を抱きしめた。翌朝マックスとミリーが私を変装させるための衣服を持ってくる手はずにした。

それから夜を徹して、私は手紙類やメモを破り、交友関係がわかりそうなものを処分した。すべての準備が完了し、眠りについた。朝になってN氏がシカゴ・トリビューンに行っている間に、夫人は事務所に避難した。誰か訪ねてくれれば、私はメイドになりすますことになっていた。

刑事の出現

九時頃だろうか、風呂に入っていると誰かが窓枠を引っかいているような音を聞いた。初めのうちはさして気にもとめていなかった。気分よく入浴をすませ、服を着始めた。その時、窓ガラスを破られる音がした。服をはおり、何が起きたのか確かめようと食堂に行った。一人の男が片手に銃を持ち、もう一方の手で窓枠を握り締めていた。三階の部屋だったので、非常階段はなかった。私は思わず叫んでいた。「気をつけて、首を折るわよ」。彼は窓を飛び越え、部屋の中に入った。「ドアを開けてくれないか。

耳が聞こえないのか?」。私は入口まで歩いていき、錠を開けた。一人の大男に率いられた十二名の男たちが、アパートに踏み込んできた。指揮者らしき男が私の腕を取り、怒鳴った。「お前は誰だ?」。私は答えた。「私は英語、しゃべれません。スウェーデン人の女中です」。彼は私の手を離し、室内を捜索するように部下たちに命じた。そうして私の方に向き直り、喚いた。「さがっていろ。我々はエマ・ゴールドマンを捜査中なのだ!」。それから私に一枚の写真を示した。「これ誰だかわかるか? この女を捜しているんだ。どこにいる?」私は写真を指差して言った。「この女、ここで見たことない。この女、大きい。こんな小さな部屋では見つからない。彼女、とても大きい」。彼は怒鳴った。「おお黙れ! お前にはアナキストが何をしようとしているのかわからないんだ。」

偶然に発見される

彼らは家中を捜査し、あらゆるものをひっくり返したあげく、その大男は本棚の方へ行き、忌々しげに言った。「くそ、ここは普通の牧師の家らしい。この本を見てみな。エマ・ゴールドマンがここにいるとは思えない」。彼らが引き上げようとしていた時、刑事の一人が突然叫んだ。「シュウェットラー隊長、ここにあるのは何でしょう?」。それは私の万年筆だった。ある友人からの贈り物で、そこには私の名が書かれていた。それが私にも見えた。隊長が叫んだ。「やったぞ、見つけたんだ! ここにいたにちがいない。奴は必ず戻ってくる」。彼は二人の男にここに残るように命じた。

勝負はついたと思った。N氏も『トリビューン』の記者も来る気配はなかった。もはやこんな茶番劇を続けてもしかたがなかった。私は自ら言った。「私がエマ・ゴールドマンです。」

一瞬の間、隊長とその部下たちは石と化したように突っ立っていた。それから隊長は唸るように言った。「何てことだ、してやられるところだった。お前みたいな狡賢い嘘つきは初めてだよ。こいつを連行しろ、早く！」

角の所に待機していた車に乗ろうとした時、N氏が『トリビューン』の記者を伴って近づいてくるのが見えた。スクープはもはや手遅れになっていたし、N氏を刑事に気づかせてはならなかった。そこで私は彼らを見ないようにした。

拷問にかけられる

自白を強制するために、アメリカのいたる所の警察で行なわれている拷問をよく耳にしていたが、これまで私自身はまだ一度も拷問にあっていなかった。一八九三年以来、何度も逮捕されたが、それでも暴力をふるわれたことはなかった。逮捕された日は九月の十日であり、警察本部の息が詰まりそうな部屋で朝十時三十分から夕方の七時まで過酷な取り調べを受けた。少なくとも五十人の刑事が次々とそれぞれに私の目の前でこぶしを振り、支離滅裂なことを言って脅しをかけてきた。彼らの一人は怒鳴り声で言った。「お前はバッファローでツォルゴッツと一緒だった！　この目で見ているんだ。コンベンションホールの正面にいただろう。白状しろ。聞いているのか？」。別の刑事が言った。「いいか、ゴールドマン。俺はこの目でお前があのくそ野郎と博覧会場で一緒のところを見ているんだ！　嘘はつくな。俺は目撃しているんだぞ。早く白状しろ！」。そして続けた。「もうでまかせはたくさんだ——だがこれまでだな。お前は絞首刑になるように生まれついたんだ。お前の情夫が白状したんだ。お前の演説を聞いて狙ったんだとな。」

それがでたらめであるとわかっていた。五月五日のクリーヴランドでのわずか数分の間と七月十二日のシカゴで半時間ほど話しただけで、それ以外にツォルゴッツと一緒だったことはなかった。シュウェットラーは狂暴そのものだった。その巨体で私を見下ろしながら言った。「お前が白状しなければ、あのヘイマーケットのごろつきアナキストどもの道を歩むことになるんだぞ。」

　私はどこで誰といたかを説明して、最初に警察本部に連行された時に供述した話を繰り返した。しかし彼らは私を信じようとせず、恫喝し、侮辱し続けた。頭が割れるようで、喉と唇は渇ききっていた。目の前には大きな水差しが置かれていて、私がそれに手をのばすたびに刑事は言った。「好きなだけ飲ませてやろう。だがその前に俺の質問に答えるんだ。奴が大統領を狙撃した日、どこで奴と一緒だったんだ？」。拷問は数時間に及んだ。最後に私はハリスン街の警察署に移され、四方から監視できる鉄格子の牢に閉じこめられた。

　まもなく女看守が夕食をほしいかどうか尋ねに来た。私は言った。「いらないわ。その代わりに水を下さい。それと頭が痛いので何か」。彼女は生ぬるい水の入った錫製の水入れを持ってきたので、私はそれを一気に飲んだ。頭痛の薬はもらえず、冷たい湿布をくれただけだった。それでも大いに痛みは和らぎ、私はすぐに眠りこんだ。

　燃えるような感触を覚えて、私は飛び起きた。私服の男が反射鏡を持って私の前にいて、それを私の目に近づけていたのだ。私は飛び上がり、その男を力の限り押しのけて、叫んだ。「私の目を焼きつぶすつもりなの！」。彼は言った。「取り調べが終わるまでにもっと焼いてやるぞ！」。何度かの短い中断はあったが、それは三晩も続けられた。三日目の夜、数人の刑事が牢に入ってきた。彼らは言明した。「ついに証拠をつかんだぞ。ツォルゴッツに資金を与えたのはお前だな。バッファローでカプラン博士から金を受け取っただろう。奴は捕まり、すべて白状したぞ。さあ、何か言うことはあるか？」。私は答えた。「何もない。言うべきことはすでに言ったわ。」

逮捕以来、友人たちからの面会も伝言もなかった。私は完全に「隔離」されていることを自覚した。しかしその一方で無記名の手紙を数多く受け取った。それらの一通には次のように書かれていた。「あばずれアナキストめ。俺はお前を捕まえてやりたい。それからお前の心臓をえぐり出して、犬に食わせてやる」。二通目。「殺人鬼、エマ・ゴールドマンよ。お前はわが祖国への裏切りのために地獄の炎で焼き殺されるがいい」。三通目の手紙は嬉々として誓っていた。「お前の舌を切り落とし、身体を油に浸し、生かしたまま火あぶりにしてやる」。何人かの匿名の手紙の主の記述は、専門の研究者をも驚かすような性的倒錯の材料を提供してくれた。だがこれらの手紙の書き手すらも刑事たちよりまともに思えた。こうして毎日私に渡される手紙の束は、アメリカの品位と道徳の守護者たちによって検閲されているのだ。しかし一方、友人たちからの便りは手渡されなかった。このような仕打ちを受けていたら、私の精神が崩れてしまうのは明らかだった。私はそれをやめさせようと決意した。次に開封された手紙の一通が渡されると、私はそれを引きちぎり、刑事の顔へ投げつけた。

逮捕されてから五日目に、私は電報を受け取った。それはエドからで、彼の会社が救援活動の支援を約束してくれた。「我々の名前を使うことにためらうことはない。我々は最後まで君の味方だ」。私はその確証を得てうれしかった。なぜならば、エドの会社の仕事をしていたことを黙っている必要がなくなったからだ。

オニール警察部長と話す

ちょうど同じ夜、シカゴ署のオニール警察部長が私の牢に来た。彼は私と静かに話し合いたいと言った。「私は君を痛めつけたり、強要したりするつもりはないし、ひょっとすると君を救えるかもしれない」。私は答えた。「警察部長さんに助けてもらうなんて実に奇妙ね。ともかくあなたの質問には素直に応じましょう」。彼の聞きたかったのは、私がツォルゴッツに会った五月五日から逮捕される日までの一連の行動の詳しい説明だった。私は求められた質問に答えたが、サーシャに会ったことと宿泊させてくれた同志の名は言わなかった。カプラン博士やアイザック家の人々、そしてヒポリットについてはもはや隠す必要もなかったので、私は現実的に完全な供述をできる立場にあった。私が話し終えると――私の言ったことは速記されていた――オニール警察部長が弁明した。「君がすばらしい名女優でないとすれば、確かに無実だね。私は君が無実だと思う。だから君を助けることが自分の義務のつもりでいる」。私は驚きのあまり彼に礼も言えなかった。私は警察署員からかつて一度もそのような言葉を聞いたことがなかった。それと同時に、たとえ彼が私のために何かしようとしてくれたとしても、私は彼の努力の成果には懐疑的だった。

ハーストとダローの申し出を断る

この部長と話した直後から、私の待遇が一変したのに気づかされた。私の牢は夜も昼も施錠されず、大部屋にいてもかまわないし、そこのロッキング・チェアやテーブルを使い、好きな食べ物や新聞を注文し、手紙のやりとりも自由だと女看守から告げられた。さらにたちまち社交界の夫人のようになり、一日中訪問客が引きも切らず、その大半は新聞記者で、インタビューというよりは、気軽に話しかけ、煙草を吸って、面白い話をすることの方が多かった。また好奇心にかられて訪ねてくる連中も後を絶たなかった。ある女性記者たちは本類や化粧品を差し入れてくれた。最も心遣いを示してくれたのはハースト新聞のキャサリン・レキーだった。一八九三年に「墓場」に入獄していた時、よく私を訪ねてきたネリー・ブライよりも彼女は知的で、さらに優れた社会意識を持っていた。強固で熱心なフェミニストであり、同時に労働運動にも献身してきた。キャサリン・レキーは最初に私の拷問の事実を取り上げてくれた。彼女はそれを聞くと非常に憤り、それを問題とするように様々な女性組織に根回しをしていた。

ある日、『労働者新聞』からの面会が伝えられた。マックスに会えたのは喜びであり、彼はこの資格でしか面会許可を取れなかったと私に耳打ちした。彼の話によると、エドから手紙によるニュースが入り、ハーストの使いがジャスタス・シュワブに送られ、もし私がニューヨークに行きハーストに独占インタビューをさせれば二万ドル出そうという申し出をしてきたとのことだった。ジャスタスとエドが引き出せる銀行に、その金は振りこまれる。二人とも、ハーストが私の旅費を負担するのを確信しているとマックスは言った。さらに彼は説明した。「彼はマッキンレーを狙撃するように扇動したのがハーストであったという非難から、自分の身を守る必要があるのだ」。この国の共和党系新聞は一面のトップで、ハースト社とツォルゴッツとの関係を大々的に取り上げていた。なぜならば、マッキンレー政権に対して全面的に大統領にも攻撃的な論陣を張ってきたのが、他ならぬハースト系新聞であったからだ。ある新聞などはハーストがツォルゴッツの背後にいて、爆弾の導火線に火をつけるようにマッチを渡す風刺画を載せていた。そしてハーストは今や、アナキストたちの根絶を叫ぶ合唱に和していた。マックスと同様にジャスタスやエドも私がニューヨークに戻ることに無条件に反対だったが、ハーストの意向を一応伝えるのが筋だと彼らは考えたのだ。私は大きな声を上げた。「二万ドルも！　エドの手紙が遅すぎたのね。残念だわ！　そうでなければ確実に私は承諾したのに。考えてもみてよ。その金があれば活動や情宣にも使えるわ！」。マックスは言った。「まだユーモアのセンスは残っているようだね。でも手紙が遅れたことは幸いさ。君の立場はハースト氏がさらに悪くさせなくとも、充分に深刻だからね。」

もう一人の訪問客はクラレンス・ダロー事務所の弁護士だった。ツォルゴッツの弁護に固執するのは自らの危機を招くと警告に来たのだった。あの男は正気ではない、そのことを認めるべきだと確信的に言うのだ。「もしあなたが大統領暗殺者と関係しているとなると、著名な弁護士は誰も弁護を引き受けないでしょうし、実際にあなたはこの事件の共犯者とされる極めて危険な立場にいるのです」。それほどダローが心配しているのであれば、なぜ彼自身が来ないのかを知りたくて尋ねてみたが、その使いの者の答えははっきりしなかった。彼は私の置かれた状況を不吉な色彩で染めるばかりだった。彼の話からすると、ここから出られるチャンスは、よくみてもほとんどなく、同情してさらに立場を悪くする余裕もありえないというようだった。ツォルゴッツは狂っていると彼は強調した。誰もがそう思うだろうし、その上私を巻きこんだ悪党だし、女のスカートの陰に身を隠すような卑怯者だと言うのだった。

国中が血に飢えていた

彼の話に私は反感を覚えた。私は救われる術のない人の犯行動機や性格、あるいはその人生を貶めるつもりはないし、彼の上司の助けを受けようとも思わないと伝えた。私はダローに会ったことはなかったが、彼のことは優れた弁護士、広い社会的見識を持った人物で有能な著述家兼講演者として、ずっと以前から知っていた。新聞によれば、彼はこの捜査で逮捕されたアナキスト、特にアイザック一家に強い関心を示していた。その彼が理解しがたい忠告を私に伝え、ツォルゴッツの狂気の合唱に加わるように期待するのは奇妙なことのように思えた。

国全体がパニック状態に陥っていた。新聞の報道から判断するに、狂ってしまったのはツォルゴッツ当人よりも合衆国国民の方であることは確実だ。一八八七年以来、このような血に飢えた残虐な報復を求める騒ぎは起きていなかった。各新聞はわめきたてていた。「アナキストは根絶すべきだ！　彼らは海に沈めるべきだ。この国の旗の下に彼らの生きる場所はないのだ。エマ・ゴールドマンはあまりにも長くその殺人稼業を許されてきた。彼女はその報いを受けるべきなのだ。」

シカゴ事件の暗い日々の再現だった。募るばかりの苦悩の年月であったこの十四年は、それでも魅力的で実り豊かな時期でもあった。だが今やそれは終わったのだ！　最後なのであろうか？　私はまだ三十二歳にすぎない。やり残したことが多すぎるし、山積みになっている。そしてバッファローにいるあの少年——彼の人生はやっと始まったばかりだ。私は彼の人生について考えていた。どのような力に動かされてこのような運命をたどったのか？　報道によれば「僕は働く民衆のために実行したのだ」と彼は言った。民衆！　サーシャもまた民衆のために決行した。そしてわれらの勇敢なるシカゴ殉教者たちも、あらゆる国と時代におけるその他の人々もそうだった。しかし民衆は目覚めていない。民衆は無関心のままだ。民衆は自分たちの鉄鎖を忘れ、自分たちのキリストたちを迫害する権力者たちに取り入っているのだ。

◇第24章◇ ツォルゴッツの迫害と処刑

シカゴ署は私のバッファロー送還を拒否する

バッファロー市当局は、私の身柄の引渡しを求めていたが、シカゴ側はこの事件についての正確な資料を要求した。私はすでに裁判所で何度かの聴聞を受けていたし、その度ごとに、バッファローから来た地区検事がイリノイ州に対して、私を引き渡すように多くの状況証拠を要求した。ところがさらに遅れているのはどこかに理由があるはずだった。この件の背後には、きっとオニール警察部長が介在していると私は考えていた。

私に対する警察部長の態度によって、ハリスン街警察署全員の振舞いが変わってしまった。私の牢を受け持つ女看守と二人の警官は気を遣うようになった。今では夜の義務のように、署員が両手に果物類やキャンディ、それにワインなどの包みを抱えて現われた。彼は言った。「この界隈で酒場をやっている友たちからの差し入れですよ。あなたのファンですよ」。また女看守は、同じ匿名の人からだと花束のプレゼントをしてくれた。ある日彼女は次の日曜日に盛大な夕食を差し入れるという彼からの伝言を持ってきた。私は尋ねた。「一体誰なの? それにどうして彼は私のことを賞讃するのですか?」。すると彼女は答えた。「私たちは全員民主党支持よ。マッキンレーは共和党でしょう」。私は驚いて大きな声で聞いた。「それにしても大統領が狙撃されたことを好ましくは思っていないでしょう?」。彼女は言っ

ない。「喜んでいるというのではないけれど、悲しんでもいないわ。でもそのふりをしなければならないの。わかるでしょう、私たちの誰もそのことで大騒ぎなどしていないのよ」。私は彼女に伝えた。「大統領が暗殺されるのを願っていなかったわ」。彼女は笑いながら言った。「わかっているわ。でもあなたはあの少年の味方だ」。警察署の私の女看守のように、アメリカでどれほど多くの人々が狙撃された大統領に対して同じような同情を装っていることだろうかと、私は驚きの念を感じた。

何人かの新聞記者たちは、この事件に関して何の関心も示していないようだった。彼らの一人は、私の同情はツォルゴッツに向けられているが、職業上からいって要請があれば、大統領の看護をするのもやぶさかではないと言うと、まったくあきれていた。「エマ・ゴールドマンさん、あなたは訳のわからない人だ。とても理解できない。ツォルゴッツに同情しているのに、よりによって彼が殺そうとした男の看護もすると言うんだから」。私は彼に伝えた。「あなたは記者として人間の複雑さを理解できないのでしょう。それを今教えてあげるわ。あなたにもわかるとすればね。バッファローにいる若者は追いつめられた弱い立場にいる。何百万という人々が彼に飛びかかり、八つ裂きにしようとしている。だが彼は個人的理由や損得でこの行為に走ったのではない。彼の理想のために実行したのです。それは民衆の幸福のためになされたのです。だから私の同情は彼の側にあるのよ」。さらに私は続けた。「一方でウィリアム・マッキンレーは狙撃されて苦しみ、おそらく死に瀕しているし、私にとっては一人の人間にすぎない。だから看護するのよ。」

彼は繰り返し言った。「わかりませんね。あなたは私の理解を超えている」。翌日のある新聞に次のような見出しが載せられた。「エマ・ゴールドマン、大統領の看護を望む。暗殺者に心情的支持を示しながらも」。バッファロー市当局は私の身柄引渡しを正当化するに足る証拠を提出できなかった。シカゴ当局はいたちごっこの駆け引きにうんざりしていた。当局は私をバッファローに引き渡そうとしなかったが、同時に私をまったくの自由にするつもりもなかった。その妥協案として保釈金二万ドルが私に課された。アイザックたちは一万五千ドルの保釈金だった。私たち同志が数日で合計三万五千ドル調達するのは不可能であるとわかっていた。私は他の人たちを先に保釈するように主張した。その結果私はクック郡刑務所へ移されることになった。

移送の前夜は日曜日だった。酒場の主人で私のファンだという男は約束を守り、多くのご馳走が盛大に盛られた特大のトレイを差し入れてくれた。大きな七面鳥があり、様々に盛りつけされ、ワインと花も添えられていた。それには短い手紙がついていて、私の保釈金の足しに五千ドルを喜んで提供しようと書かれていた。私は女看守に向かって言った。「何とも奇妙な酒場の主人だこと!」。すると彼女は答えた。「それはまったく違うの。彼は選挙運動員で、共和党を悪魔より憎んでいるのよ」。私は彼女と私つきの二人の警官と居合わせた他の数人の署員を、このお祝いに招いた。彼らは口々にこんなことは初めてだと言った。囚人が警官を招待しているからだった。私は訂正した。「危険なアナキストが、法と秩序の守護者を客として招待したのよ」。皆が去った後で、昼勤務の看守が帰らずに残っているのに気づいた。夜勤に変わったのかと私は尋ねた。彼は答えた。「いや、そうではない。見張りについた最初のアナキストがあなたではないと言いたかっただけです。パーソンズとその一味がここに入れられていた時、私は勤務に就いていていました。」

人生とは何と不可解で偶然に満ちていることだろう。様々な出来事は何と複雑に絡み合っていることか! ここにいる私はまぎれもなく精神的に彼らの血を引く者であり、彼らの命を奪った街に囚われ、しかも同じ監房に入っている。そればかりでなく、彼らの沈黙の時間をじっと見守っていた、まさにその人物に監視されているのだ。翌日私はクック郡刑務所へ移送させられる。その壁の内側でパーソンズ、スピエズ、エンゲル、そしてフィッシャーが絞首刑となった。実に不思議なことに、社会的に目覚めてからのすべての年月を通じて、何か複雑に絡み合った力が私をこれらの殉教者たちに結びつけていたのだ！　そして今や様々な出来事が私に押し寄せようとしている——もしかしたら同じような運命の結果をたどるのであろうか？

刑務所への移送の途中で暴行を受ける

エマ・ゴールドマンがクック郡刑務所へ移される前に、群衆がハリスン街警察署を襲撃し、暴行を加えようとしているという噂が新聞に掲載された。月曜日の朝、私は重武装した警官に守られて警察署を出た。そこには十五人足らずの野次馬がいるだけだった。いつものことではあるが、新聞は故意に騒動を掻きたてようとしていたのだ。

私の前方を、手錠をかけされた二人の男が刑事に手荒く連行されていた。私たちが護送車に着くと、さらに多くの警官に取り囲まれ、彼らの銃はいつでも撃てる状態にあり、気がつくと、私は先の二人の男の傍に立っていた。彼らが誰なのか見てとれなかった。なぜならば彼らの頭は包帯で巻かれていて、その目の部分だけしか開いてなかったからである。彼らが護送車に乗りこもうとした時、警官が一人の頭を警棒で殴りつけると同時に、もう一人を手荒く車へ押しこんだ。二人は重なり合うように倒れこみ、一人が痛みから悲鳴を上げた。私は次の車に乗ったが、その警官に顔を向けて言った。「この獣め、よくも無防備な者に暴力を振るえるわね！」。次の瞬間、私は車の床に叩きつけられていた。彼は拳で私の顎を激しく殴りつけた。私の歯は折れ、顔中血だらけになっていた。彼は床に倒れている私を乱暴に引き立たせ、車の座席に座らせて、怒鳴った。「もう一言でも言ってみろ、このあばずれアナキストめ。骨という骨を全部へし折ってやるぞ！」

服やスカートを血で赤く染め、顔のひどい痛みにさいなまれて、私は郡刑務所の事務所に着いた。誰一人として私に何の関心も示さず、どうしてこのように殴打されたのかをあえて尋ねようともしなかった。彼らは血を洗い落とす水すら持ってこなかった。二時間もの間、中央に長テーブルのある一室に放っておかれた。ようやく一人の女刑務官がやってきて、身体検査をすると告げた。私は言った。「いいわよ。ご自由に」。彼女は命じた。「服を脱いで、テーブルに上りなさい」。私はこれまでに何度も身体検査をされてきたが、そのような侮辱的な扱いは一度もされたことがなかった。私は宣言した。「それならまず私を殺しなさい。さもなければ看守を呼んで、力ずくでこのテーブルに私を横たわらせればいい。それしか手段はないわよ」。彼女は急いで出ていき、私は一人で残された。かなり長く待たされた後で別の女刑務官が入ってきて、私を二階へ連れていった。そこには、その階の女看守が待っていた。どうしたのかと尋ねたのは彼女が初めてだった。入監のために手続きを済ませると、彼女はお湯の入った壜を持ってきてくれ、横になって少し休むようにと言ってくれた。

次の日の午後、キャサリン・レキーが面会に来た。私は二重に鉄格子が張られている部屋に連れていかれた。その部屋は薄暗かったが、キャサリンは私を見るや、叫んだ。「一体どうしたの、エマ。何があったの？　顔がまったく歪んでしまってるじゃないの！」。どのように小さな物でも監房に鏡を持ちこむことは許可されていなかったので、私は自分が一体どんな顔つきをしているのかわからなかった。目と唇に触れると確かに奇妙な感じがしていた。警官に殴られたのだと彼女に話した。彼女は何としてもこのお返しはさせようと言い、オニール警察部長に会ってからまた来ると約束して立ち去った。夕方になって彼女は再び私を訪れ、その護送警備員が特定できれば必ず罰するという警察部長の約束を伝えてくれた。しかし私は断った。その男の顔をほとんど見ていなかったし、確認できるかどうかも自信がなかった。それにその男を解雇したところで、私の折れた歯が元通りになることはないとキャサリンに言うと、彼女はとても気落ちしたようだった。いずれにしても、警官の残虐な行為がなくなるわけではない。私は言った。「私が闘っているのはその制度なのよ、キャサリン。特定の警官ではないの」。しかし彼女は承服せず、そのような野蛮な行為に対して、公然たる抗議をすべきだと考えていた。彼女は主張した。「その警官を解雇するだけでは充分ではないわ、暴力を振るったかどで告訴すべきだわ。」

大統領死す、その死を悼むべきか？

だが彼女に何もできないことはわかっていた。気の毒なキャサリンはそれに気づいていなかった。彼女はまだ、自分がかかわっている新聞を退いて発言する立場にはなかった。拷問に関する彼女の記事はボツにされてしまった。彼女はすぐに辞職をもって応えた。もはやそのような弱腰の新聞とかかわりたくないと、キャサリンは編集長に言明したのだった。それでも彼女は自分の悩みを一言も私にもらすことはなかった。私が他のシカゴの新聞記者からその話を聞いたのである。

ある日の夕方、私が読書に夢中になっていると、数名の刑事と記者によって驚くべきニュースが伝えられた。彼らは私に告げた。「大統領が亡くなられた。どんな気持ちですか、気の毒には思いませんか？」。私は言った。「合衆国全体で今日のこの日に、ただ一人大統領だけが亡くなったなどと考えられますか？　当然他の多くの人々もまた同じ時に死んでいったはずです。おそらく貧困と困窮の中で、寄る辺なき者たちを後に残して。あなたたちはどうして私に、これらの人々よりもマッキンレーの死に対して、さらに深い悲しみを期待するのですか？」

彼らは鉛筆を走らせていた。私は続けた。「私の同情は常に生者と共にあったし、死者はそれをもはや必要としない。あなたたち全員がそれほどまでに死者に対して同情するのは、明らかに理由があるからです。あなたたちは何を言ったところで、それを実行に移すことを求められるわけではないことをわかっているからです」。すると若い記者が叫んだ。「とても良い見出しになる。しかしあなたは正気の沙汰ではない。」

『自由社会』に載った警告を思い出す

彼らが帰り、気が楽になった。そして私はあのバッファローの若者、その運命に翻弄されようとしている若者のことを考えた。彼が最期を迎えるまで続く、その心身の苦しみはいかばかりであろうか！彼はその決定的瞬間をどのように迎えるのだろうか？　彼の瞳には力強い断固としたところがあり、それが感受性豊かな風貌によってひときわ目立っていた。私はクリーヴランドでの講演の際に、彼を最初に見て、その瞳に強く印象づけられた。その時すでに大統領暗殺の考えが彼にあったのか、それともあれから何か、彼をその行為に駆りたてるような特別なことが起きたのだろうか？　それは何であったのか？　彼はこう言ったと伝えられている。「僕は民衆のために実行したのです」。その若者の行為を決意させた、考えられうる様々な動機を想起しながら、私は監房の中を歩き回った。

その時突然あることに気づいた。それは『自由社会』に載ったアイザックの警告だった！　ニエマンに対する「スパイ」容疑であり、それは彼が不審な質問をしたり、アナキストグループに侵入しようとしたという理由によっていた。その時私はアイザックに手紙を書き、その激しい非難に対する正当な証拠を求めた。抗議の結果、過ちを犯したという趣旨の撤回記事を『自由社会』は載せた。それは私を安心させ、もはやそれ以上私はその問題に注意を払わなかった。今になって新たな光の中で、状況が明らかに、それも恐ろしいように浮かび上がってきた。ツォルゴッツは汚名容疑の記事を読んでいたにちがいない。新たな思想を求めて近づいていった、まさにその人々に手酷く誤解され、彼は本当に傷ついたにちがいない。彼が、読むべき正当な本を、一生懸命見つけようとしていたことを思い出した。彼は明らかに自分の周りにはびこる悪を解決するものを、アナキズムの中に求めていたのだ。だからこそ彼は私を、そして後にアイザックを訪ねたりしたのだろう。そしてそこに助けとなるものを見つけ出す代わりに、気の毒な若者は攻撃されたのだ。この体験が彼をいたく傷つけ、その結果としてあのような行動に走らせたのではないだろうか？　他にも何らかの理由があったにちがいないが、その最大の理由は自らは潔白であり、抑圧されたる者の側に立ち、スパイではないと証明することにあったのだろう。

しかし経済的な抑圧や悲惨さを生む体制の直接の代表者たちではなく、どうして大統領を狙ったのだろうか？　それはマッキンレーの中にウォール街の、またその治政下で花開いた新アメリカ帝国主義の都合のよい手先を見てとったからなのだろうか？　彼がまずなしたことはフィリピン併合であり、スペインとの戦争の間にアメリカが自由を約束した人々に対する裏切り行為であった。マッキンレーはまた労働者階級に対して敵対的で、反動的姿勢を示す典型的人物だった。ストライキの起きた地方に軍隊を派遣して、常に支配者側に味方してきた。これらのすべての状況が感受性の強いレオンに決定的影響を及ぼし、最後にあの暴力行為として結実したのだ。私は夜を徹して、あの不幸な若者について考えていた。本を読むことで、このやりきれない思いをまぎらわそうとしたがだめだった。私は明け方になってもまだ監房の中を歩き回っていた。青白く、苦悩するレオンの美しい顔が私の前にあった。

自由になる

私は再び裁判所で訊問を受けたが、またしてもバッファロー市当局は、私とツォルゴッツの行為を結びつける証拠を提出できなかった。バッファロー側の代表者とシカゴの判事はそのことをめぐって二時間も弁論闘争を続け、そのあげくにバッファロー側は敗訴してしまった。そして私は自由になった。

私が逮捕されて以来、アメリカの新聞はずっと私をツォルゴッツの行為の扇動者として公然と非難してきたが、放免が決まると、その事実について目立たない片隅に数行だけを載せていた。「一ヵ月の拘留の後、エマ・ゴールドマンのマッキンレー大統領暗殺の共犯の疑いが晴れる。」

釈放されると、私はマックス、ヒポリット、その他の友人たちに迎えられ、彼らと一緒にアイザック家に行った。シカゴの捜査で逮捕された同志たちに対する疑いもまた消えていた。彼ら全員が生きて出てこられないと信じきっていたので、私の釈放はアイザックを昂揚させた。彼は言った。「エマ、君には神が見守っているかもしれないが、私たちもよく頑張ったよ。ニューヨークではなく、ここで逮捕されたのが幸いした」。私も笑いながら言った。「今回の神はオニール警察部長だったにちがいないわ」。友人たちが叫んだ。「オニール警察部長だと！　彼が何かしてくれたのか？」。私は彼との話し合いと、その助けるという約束について話した。「エマ・ゴールドマン、あなたは私が思っていたよりずっとナイーブなんだね。オニールがあなたの世話をしたのは別の意味があるんだ！　それは彼の計画通りだったのさ。偶然に知ったのだが、『トリビューン』に警察署の確執の内幕記事が載ることになっている」。それから、オニール警察部長は何人かの分署長を偽証と収賄の罪で刑務所に送るつもりでいると、クレインは言って、説明を加えた。

「背後関係を考えると、アナキズムの叫びより以上に、絶好の機会なんだ。彼らは警察が一八八七年にやったことを充分承知している。それは彼らを国の救世主として位置づけ、思いもかけずに疑獄をごまかすチャンスだった。ところがオニールの関心はあなたが英雄となってしまうような投獄にはなく、署内にとどめておこうとした。それがあなたに尽力した理由だよ。彼は抜け目のないアイルランド人だ。もちろん同時に、警察内部の争いが私たちのエマを帰還させたのだから歓迎すべきことなんだが」。どのようにして私の名前とツォルゴッツを結びつけようとする考えが起きたのかに関する意見を、私は友人たちに尋ねた。私は弁明した。「いずれにしても、あの若者がそのような自白をしたり、私を巻きこもうとしたとは信じられない。私の死を意味することを百も承知しているのに、そんなことを平気でするのは卑怯者以外にないと確信している。きっと誰かが企んだにちがいないわ。」

ヒポリットが強調するように言った。「きっとそうだ！　この卑劣な話のすべては私たちの思想に共鳴するふりをして、よくここでうろついていた『デイリー・ニュース』の記者によって始まったのだ。九月六日の午後遅く、彼がこの家に来た。彼はツォルゴッツ、あるいはニエマンなる人物について何もかも知りたがっていた。彼と付き合いがあったのか？　彼はアナキストなのか？　その他にも諸々の質問をした。これで記者が怪しいと思うだろう――だから私は何の情報も与えなかった。しかしまずいことにアイザックがそれをした。」

アイザックが遮った。「何を言おうとしているんだ？　ここにいる全員が知っているように、エマの紹介でその男に会った。それからよく訪ねてくるようになった。だからといって、その記者がそのような虚偽の話をでっち上げるつもりでいることを知っていたわけではないだろう？」

ツォルゴッツを支援しなければならない

バッファローの獄にいる若者のために何ができるかを考えてほしいと、私はシカゴの同志たちに訴えた。彼の命を救うことはできないにしても、微力ながら彼の行為を世界に向けて説明したり、彼と連絡を取る試みをすべきであり、そのことを通じて彼に、私たちに見捨てられていないと感じさせなければならない。マックスはツォルゴッツと連絡が取れる可能性を疑っていた。彼はバッファローの同志から、誰もレオンに会うことは許されていないという知らせを受け取っていた。私は弁護士を雇うことを提案した。法的支援がなければ、ツォルゴッツはサーシャと同じように閉じこめられ、確証のないまま有罪となってしまうだろう。一人の法律家がニューヨーク州で弁護に取りかかっているとアイザックが教えてくれた。そこで私はすぐに東部へ向かうことを決意した。友人たちは愚かな行為だと主張したが、確実にこの時をとらえてニューヨークに行き、それからバッファローへ向かうべきだったし、私はそのように宿命づけられているのだ。私は彼のためになにひとつ努力することもなく、ツォルゴッツをその運命に委ねることはできなかった。そのことで自分の個人的安全に及ぼす影響を考える余地はないと友人たちに言ってから、付け加えた。ツォルゴッツとその暗殺行為に対する私たちの態度を説明するために開かれなければならない公的集会に向けて、シカゴにとどまるつもりだと。

その集会の夜、グランドホールの一帯は入ることができないほど警戒が厳重だった。警察による強力な包囲網が敷かれ、人々は力ずくで追い散らされていた。私たちは別のホールを借りようとしたが、警察はホールの持ち主たちを脅迫していた。集会を持とうとした私たちの努力は失敗に終わり、私は『自由社会』に立場を発表することで解決を図った。

「バッファローの悲劇」

その記事の題名は「バッファローの悲劇」で、私はそれに書いた。「レオン・ツォルゴッツと彼のようなタイプの男性は低級な本能からなる堕落した人間よりはるかに高みにあり、あまりにも悲惨な社会的圧力のもとで耐えられなくなった精神の現実を体現している。彼らは自らの生命を犠牲にしてまでも、何らかの暴力的行為へと駆りたてられたのだ。なぜならば、もはや同胞たちの悲惨さと苦しみを黙って見ていることができなかったからだ。そのような行為に対する非難は、世界を支配している不正と非人間性に責任を負っている人々から発せられているにちがいない」。ツォルゴッツの行為はそのような社会的原因にあると指摘して、私は結論づけた。「私が書くように、私の思いは死に赴こうとし、独房を歩き回り、残酷な視線にさらされている、少女にも似た顔を持つ若者の上をさまよっている。

彼が涙を流そうとする時、誰が彼を見守っているのか
そして願い事をしようとする時にも
彼が自裁しようとしたら、誰が見守っているのか
　監獄のえじきになる時に

私は思いをこめて、彼に対して深い同情を注いでいる、ちょうど抑圧と貧困の犠牲者のすべてと、過去の殉教者と、これから死ぬであろう殉教者、そして善良で気高い生き方をした先駆者たちに注ぐように」。そして私はただちに集会の用意を約束してくれたアイザックにも言及した。

警察と新聞は国を挙げてアナキスト狩りを続けていた。様々な地域で、アナキストの疑いをかけられた人々が暴行された。ピッツバーグでは私たちの昔からの友人であるハリー・ゴードンが通りで暴行され、それはほとんどリンチだった。彼の首にはすでにロープが巻かれていて、ゴードン夫人と二人の子供の悲鳴で駆けつけた何人かの通りがかりの人によって間一髪で助けられた。ニューヨークでは『自由労働者の声』の事務所が暴徒に襲われ、家具類が破壊され、さらに活字が損傷してしまった。いずれの

場合でも愛国主義的な悪党の行為に警察は関知しなかった。ヨハン・モストは『自由』の記事で逮捕されたが、それはかなり前に亡くなった、四八年の有名な革命家であるカール・ヘインツェンの政治暴力についてのエッセイを再録したからだった。モストは裁判を控えて保釈された。シカゴのドイツ人同志たちは彼を擁護する資金を集めようとして、私を講演に招いた。一八九二年からの私たちの確執はもはや過去のことになっていた。モストは再び警察に拘束され、ブラックウエルズ島へ送られる危険が迫っていた。だから私は、彼のためにできるだけのことをするつもりだった。

アイザックが私の記事を修正する

集会の後でアイザック家に戻ると、私の書いた記事の校正刷りがあった。一通り見てみたが、私の声明の全体の意味が変わってしまっている文脈に驚いてしまった。それは編集者であるアイザック以外によるものではなく、修正の責任は彼にあった。私は彼に対して説明を求めた。彼は少し文章を書き加えたとすぐに認め、説明した。『自由社会』を守るために、記事を多少和らげたい」と。私は激しく反論した。「だからついでにあなたの手を加えたというわけね！　長年にわたって、あなたは危険な状況にまみえようとしない臆病者としての民衆を非難してきたのよ。今になって自分がそれに直面したからといって、前言を翻すの？　修正するにしても少なくとも私の許可は得るべきだったわ。」

アイザックの態度の変化については長い討議が必要だった。私の見解がグループのその他の全員——彼の息子のエイブ、ヒポリット、その他のメンバー——によって支持されるのを彼は見た。すると彼はそのことについての全責任を取れないと宣言した。私の記事は最終的に原型に戻された。『自由社会』にはそれ以外に何も起きていなかった。それなのにアイザックに対する私の信頼は揺れ動いた。

家族とともに愛と平和を見出す

ニューヨークへ戻る途中で、私はロチェスターに立ち寄った。夕方になってから着いたので、面倒をかけないようにヘレナの所へ歩いていった。警官が家を見張っていたが、彼は私を知らなかった。私がいきなりやってきたので、誰もが驚いていた。ヘレナが叫んだ。「どうして知らせてくれなかったの？ドアの所に警官がいるのを見なかったの？」。私は笑いながら言った。「もちろん見たわよ。でも彼は明らかに私を知らないようだったわ。警官なんか気にすることはないのよ。それよりも風呂に入りたいわ」。私は軽くいなした。私の無頼漢ぶりは家族の精神的緊張を和らげたようだった。誰もが笑い、ヘレナは変わることのない愛で私を包んでくれた。

私がずっと幽閉されている間、家族は献身的に尽くしてくれた。彼らは私に電報や手紙を寄こし、支援のための金と、必要とするすべての援助を提供してくれていた。私のために受けている迫害について、彼らは一言も知らせてこなかった。新聞記者による騒ぎに悩まされ、当局の監視下に置かれていた。父は近所の人々から仲間外れにされ、小さな食料品店は多くの客を失っていた。同時に彼はシナゴーグからも破門されていた。姉のヘレナは健康状態が悪い上に、何の平穏も与えられなかった。彼女は警察の命令でステラが本署に行ったことを恐れていた。彼らはそこに一日中ステラを閉じこめて、叔母であるエマ・ゴールドマンについての質問に励んでいた。ステラは勇敢にも答えることを拒否して、エマ叔母さんに対する誇りと信頼を挑むように宣言したのである。彼女の若さと美しさに直結したその勇気は大いなる賞賛を得たのだと、ヘレナは言った。

それ以上に残酷であったのは公立学校の教師と生徒たちだった。彼らは私たちの子供に向かって嘲ったのだ。「お前たちのエマ・ゴールドマンは人殺し女だ」と。学校は子供たちにとっておぞましい悪夢のようなものになってしまった。私の甥のサックスとハリーは最も苦しめられていた。ハリーの英雄の暗殺に対する深い悲しみは、アメリカの大人たちよりもはるかに現実的だった。彼の母の妹はそのことに責任を取るべきだと不面目を強く感じていた。その上さらに悪いことに、同級生たちが彼をアナキストで犯罪者だと非難した。そうした迫害は彼の苦しみを重いものにし、私からすっかり離れてしまった。一方でサックスの不幸は私に対する強い忠誠心に起因していた。彼の母とヘレナ伯母はエマを愛していたし、無実であることも話していた。彼女たちは同級生よりよく事情をわかっているにちがいない。二人の旺盛で果敢な姿勢は常にサックスに重くのしかかり、今では彼女たちを避けようとするまでになっていた。私の思いがけない出現と見張りの警官を出し抜いたことはサックスの想像力を刺激し、私への賞賛を高めたにちがいない。彼の紅潮した顔と輝く目は、その感情を雄弁に示していた。毎晩彼が私の周辺をうろついていることは、その震える唇が、何か言う以上に語っていた。

そのような愛と平和の安息所を家族の中に見出したことは、私の傷ついた心にとって慰めだった。過去において、私の生き方を認めようとしなかった姉のレナでさえ、今では心温まる思いやりを示していた。弟のヘルマンと優しい妻もあふれんばかりの心遣いをしてくれた。差し迫った危険は今でも私を脅かしていたが、それは家族の絆を結束させ、以前よりもはるかに強固になったように感じられた。私はシカゴの苦しい体験から立ち直るために、ロチェスターに滞在して幸福の中にずっといたかった。だがツォルゴッツのことが頭を離れなかった。ニューヨークで彼のためにできるだけのことをすべきだと思っていた。

グランドセントラル駅で、私はイエゴルと、ロチェスターで一緒に楽しい月日を過ごした二人の級友に迎えられた。イエゴルは悩んでいるようだった。彼は懸命に私の住む所を探そうとしていたが、見つからなかった。誰もがエマ・ゴールドマンに家具付きの部屋ですら貸そうとしなかった。たまたま空いた部屋を持っていた私の友人たちも追い出されることを恐れて、私を滞在させる危険を引き受けようとはしなかった。少年たちの一人が数晩なら自分の部屋を使うように申し出てくれた。私はイエゴルを慰めた。「心配することはないのよ。今のところは何とかなるし、そのうちにアパートが見つかるでしょう。」

長い間アパートを探し回って、私は弟が誇張したのではないと自覚した。誰も私に貸そうとしなかった。私はかつて看護したことのある若い売春婦に会いに行った。彼女は私を歓迎してくれた。「それならここに住めばいいのよ！　あなたがいれば楽しいし、しばらくベッドを一緒にしましょうよ。」

エドの支援を断る

私はシカゴにいるエドから勇気づけられる電報を受け取った。そこには私が必要としているすべてと、彼ができることを確約する一連の文字が連ねられていた。すなわち金銭的なこと、支援、アドバイス、それから何よりも彼の友情だった。エドがそれほどまでにまだ私に尽くしてくれるというのは、何よりの知らせだった。ニューヨークに戻って彼に会った時、彼と家族が友人の所に滞在するのでアパートを使うように勧めてくれた。彼は言った。「アパートはほとんど変わっていないよ。君の物はすべて部屋にそのままにしてあるし、私にとっては神聖な場所であり、そこでよく二人で暮らした日々を夢想している」。私は感謝したが、彼の好意的な申し出を受け入れなかった。彼はとても物わかりがよく、彼の会社が私にコミッションとして数百ドルを保証すると知らせてくる以上に、気持ちを押しつけようとはしなかった。

私はエドに打ち明けた。「私はそこまで金銭的に困っていないので、ツォルゴッツに会うために誰かをバッファローに送ってほしい。彼のためにできるだけのことをしたい。それに、すぐにでも大集会を開くべきよ」。彼は驚いて私を見つめた。それから頭を振りながら言った。「ねえ、君は明らかに街をパニックに陥れることに気づいていない。ニューヨークにはそんな会場を確保できないし、それに君を除けば、誰もツォルゴッツのために進んで演説しようとはしないだろう」。私は主張した。「それなら誰も彼の行為を称えることを望んでいないことになる！　でも彼の運命的な存在に対して共感できる少数の急進的な人々はいるにちがいないわ」。彼は疑わしげに言った。「それはそうかもしれないが、この時にあって発言するほどの勇気は持っていない」。私はそれを認めた。「あなたは正しいかもしれない。でも私はそれをやり抜くつもりでいるわ。」

ツォルゴッツは拷問され、支持も受けられない

信頼できる人物がバッファローへ派遣されたが、彼はツォルゴッツと面会できず、すぐに戻ってきた。彼には誰も面会が許されていないとの報告だった。一人の同情的な看守が私たちの派遣した人物に打ち明けたところによると、レオンは何度も意識を失うほど殴打されていた。彼の身体的外見にはそのような痕跡は見られなかった。それゆえに彼は法廷で告発できなかった。友人のさらなる報告によれば、あらゆる拷問にもかかわらず、ツォルゴッツは何ひとつ自白しようとせず、その行為に誰一人として巻きぞえにしなかった。

バッファローでツォルゴッツのために弁護士を雇おうという努力がなされているのを知った。しかし誰も彼の弁護を引き受ける者がいなかった。それはあらゆる人々から否定され見放された、不幸で気の

毒な若者のために声を上げるべきだという私の決意をさらに促した。しかししばらくすると、エドが正しかったことを確信するようになった。英語を母体とするグループは誰一人としてレオン・ツォルゴッツの行為について討議する集会に参加しようとしなかった。多くの人々が私の逮捕に進んで抗議し、私の受けた拷問と処遇を非難した。しかし彼らはバッファロー事件には何もかかわろうとしなかった。アメリカ人同志の主張によれば、ツォルゴッツはアナキストではなく、彼の行為は運動に取り返しのつかない損害をもたらしたからだ。大半のユダヤ人のアナキストでさえ、同様の見解を述べた。『自由労働者の声』の編集者であるヤノフスキーはさらにその先を行っていた。彼はツォルゴッツに対して攻撃するだけでなく、私を無責任な人物として非難し、これから二度と同じ演壇で話すことはないだろうと宣言した。

まともだったのはラテン系のグループだけで、それらはイタリア人、スペイン人、フランス人のアナキストだった。彼らの出版物は『自由社会』に載ったツォルゴッツの記事を転載していた。彼らはツォルゴッツに共感的に書き、この国における帝国主義と反動の台頭による直接的な結果として、彼の行為を論評した。ラテン系の同志たちは私の目指していることに協力しようとして気を配っていた。少なくとも何人かのアナキストが自らの判断にこだわり、憎しみと臆病が入り乱れる中で勇気を示してくれたのを知って、私は大いなる慰めを得た。だが不幸なことに、外国人グループの声はアメリカ民衆には届かなかった。

絶望的になってはいたが、忍耐と訴えによっていくばくかの民衆精神に富んだアメリカ人を結集し、それがたとえツォルゴッツの行為を否定しなければならなくなっても、彼への独自の人間的同情を示すことができるのではないかという希望にすがっていた。しかし毎日はさらなる幻滅と胸の痛みをもたらすばかりだった。打ち勝つことのできない忌むべき恐怖という流行病と闘っている現実に直面せざるをえなかった。

レオン・ツォルゴッツの処刑

バッファローの悲劇はその終末を迎えつつあった。レオン・ツォルゴッツは耐え忍んできた虐待によって病に陥り、彼の顔は傷つけられ、頭には包帯が巻かれ、二人の警官に支えられて出廷した。正義と慈悲を全面的に装い、バッファロー法廷は彼の弁護に二人の法律家を指名していた。何と彼らは公共の名において、「われらが敬愛する」大統領の暗殺を最悪の犯罪事件として、遺憾の意を表したのだ！　彼らはまさに同様にその義務を遂行したのだ！　その結果法廷において弁護の権利は否認された。

最後の処刑はオーバン監獄で行なわれた。それは一九〇一年の夕方近くだった。処刑を宣告された者は電気椅子につながれた。死刑執行人はスイッチに手をかけ、合図を待っていた。キリスト教徒の慈悲から、所長が哀れな魂に最後に救いあれとして、彼に告白を求めた。猫なで声で彼は言う。「哀れな若者レオンよ、あなたはどうしてあの悪女、エマ・ゴールドマンをかばうのか？　あの女はあなたの友人でもないし、あまりにも怠惰で働くことのない浮浪者だとあなたを非難している。金をいつも恵んでやったと彼女は言っている。エマ・ゴールドマンはあなたを裏切ったのだ、レオン。それなのにどうしてあの女をかばうんだ？」

そよともしない沈黙、無限の時間が流れているようだった。見ている者の胸をぞっとさせるような死の部屋にそれが広がった。ようやく弱々しい声がして、それは黒いマスクの下からで、ほとんど聞き取れなかった。

「エマ・ゴールドマンが僕をそそのかしたということはありえない。彼女は僕の行為にまったく関知していない。僕の単独犯行だ。僕はアメリカの民衆のためにやったのだ。」

最初よりさらに恐ろしい沈黙があった。焼けるような音がした――肉の焦げるような臭いがした――最後に生命の苦しみに満ちた痙攣が起きた。

◎第25章◎ 失意の日々と活動の再開

厄介者扱いされる

新たな人生に立ち向かうのはとても困難なことだった。過ぎ去った数週間の緊迫の中で、私は再び生きるための闘いを始めるべきであることを忘れていた。だがそれは二重の意味で避けられないことだった。私には忘却が必要だったし、運動には関心を失っていた。その支持者の多くに対して、嫌悪の情しか感じなかった。彼らは雄牛の前に垂らす赤い布のようにアナキズムを誇示していたのに、最初の突撃を受けてそれを引っこめてしまった。もはや彼らと仕事を共にすることはできない。しかもさらに悲惨なことは熱烈に信じてきた価値に対する、苦しみに満ちた疑念だった。これ以上運動を続けていくことはできない。何よりまず自分自身のことを検討すべきなのだ。自分の職業に邁進して働くことが唯一の逃げ道だった。それは私の空虚を満たし、すべてを忘れさせてくれるだろう。

私は自分のアイデンティティを失っていた。偽名を用いていたからだ。なぜならば、本名ではどこの家主も部屋を貸そうとしなかったし、かつての同志や友人の大半も同じように臆病だった。その状況は一八九二年の記憶、トンプキン広場で夜を過ごし、鉄道馬車でハーレムへ行き、バッテリー公園へ戻り、それから四番街の家で女性たちと暮らした記憶を呼び覚ました。私は偽名という譲歩をするだけでなく、それ以上にその生活を耐え忍んだ。その当時、社会の偏見に屈するのは、弱くて無節操なことだと考えていた。現在ツォルゴッツを否定する人々の何人かは、私が妥協することなく家を持たない人々の群れに加わったことを称賛した。これらのすべては私にしてみればもはや何の意味もなかった。過ぎ去った十二年にわたる闘いと失望から、私はほとんどの人々にとって一貫性とは上辺だけのものだと教えられた。人がその誠実さを守っている限り、どのような名前を用いたとしても問題ではない。実際に私は考えられうる最も平凡で目立たない別の名前を用いるつもりでいた。そして私はE・G・スミスになった。

もはや家主から拒否されることはなかった。一番街にアパートを借りた。イエゴルと仲間のダンが一緒に引越してきた。家具は月賦で購入した。それからすぐに医者たちを訪ねて、以後E・G・スミスとして推薦できる事実を伝えた。

その日ずっと歩き回ったあげくに、私は自分が厄介者扱いされ始めているという、さらなる感触を得た。私が訪ねた数人の医者たちは何年も前から顔見知りであり、ずっと看護婦としての私の仕事に全面的に満足していたのだが、あえての訪問に対して憤慨していた。書類に彼らの名前を借りようと望んでいなかったし、また警察とのトラブルに巻きこむつもりもなかったのに、どうしてなのか？　いずれにしても私は当局につけまわされていた。それゆえに、彼らに私の推薦を期待するのは無理なのであろうか？　ホワイト博士はかなり好意的だった。私がツォルゴッツに関係しているという話をまったく信じていなかった。私が殺人などできるはずはないと、博士ははっきり言った。それでも彼の事務所に雇ってはくれなかった。彼は言った。「スミスというのはいかにも平凡な名前だが、遠からず君だとわかってしまうだろう。私は危険を冒すわけにはいかない。それは私の破滅になる」。しかし彼は何か他の方法で、おそらく金銭的なことで、私を支援するつもりでいた。私は感謝の意を表わし、彼の事務所を出た。

私はジュリアス・ホフマン博士とソロタロフ博士を訪ねた。彼らは私に対していささかも変わっていなかったし、熱心に推薦先を当たってくれた。運の悪いことに、私のよき友人であるソロタロフは心臓の病気を患っていて、往診活動を断念せざるをえなかった。そのため彼の患者はほとんど看護婦を必要としなかったが、彼は他のイーストサイドの医者たちに声をかけてみると約束してくれた。愛すべき誠実な同志だった。十二年前に初めてニューヨークへ着き、六階にある彼のアパートへ訪ねて以来、彼は一度たりとも私を失望させなかった。

私の前途が洋々でないことは明らかだった。新しい場を確保するためには死に物狂いの闘いがつきものであることを承知していたので、最初から出直すことを決意していた。私を押しつぶそうとしている様々な圧力に対してむざむざと屈服するつもりはなかった。私は自分に言い聞かせていた。「私を必要としているサーシャや弟のために前進するのであり、そうしなければならないのだ。」

ああサーシャ！　二ヵ月近く彼からの便りが途絶えていたし、私もまた手紙を書かなかった。逮捕されていたので自由に発言できなかったし、先月はあまりにも意気消沈し、憂鬱にとらわれていた。私の愛するサーシャは、誰よりもバッファローの狙撃の社会的意味をよく理解し、若者の誠実さを評価するであろうと確信していた。愛しいサーシャ！　彼は予期していなかった減刑を受けてから、精神が昂揚しつつあった。彼は少し前の手紙に書いてきた。「あとわずか五年だ。考えてもみてくれ、愛する友よ、あとわずか五年だ！」。彼がついに自由になり、その復活が見られるのだ。その瞬間に比べたら、私のすべての苦難など何であろうか？　その希望を抱いて、私はただたどしく歩き続けた。単発的な看護の仕事が入ったが、それ以外の時には洋服の注文を受けていた。

マンハッタン自由クラブの集会

私はほとんど外出しなかった。音楽や演劇を楽しむ余裕はなかったし、公の集会に顔を出すことは気が進まなかった。シカゴから戻ってすぐに出席した最後の集会は大混乱のうちに終わるしかなかった。その時、古い友人であるアーネスト・クロスビーがマンハッタン自由クラブで講演するのを聞きに行ったのだ。一八九四年以来、この週に一度の集会に出席していたし、しばしば討議に参加もし、誰とも顔見知りになっていた。しかしその時は会場に入った途端に、私は敵意のある雰囲気を感じた。クロスビーと他の何人かを除いて、聴衆は私の存在を不快に感じているようだった。その講演が終わって、人々が会場から出ようと列をなしている時に、一人の男が叫んだ。「エマ・ゴールドマン、お前は人殺し女だ。五千万の人々が知っているぞ！」。その瞬間に私は興奮した群衆に取り囲まれていた。彼らも叫んでいた。「お前は人殺し女だ！」。何人かの声が上がり、私を弁護したが、それらは人々の罵声によってかき消されてしまった。騒ぎは大きくなる一方だった。

私は椅子の上に乗って、叫んだ。「エマ・ゴールドマンが人殺し女だと五千万の人々が知っていると言ったわね。合衆国の人口はそれよりもはるかに多い。つまり無責任な非難をするのではなく、自分でものを考えようとする多くの人々がいるにちがいない。家族の中に愚か者を持つのも悲劇だが、国家の中に五千万人もの狂人を持つのはさらに何よりも不幸です。善良なアメリカ人として、あなたたちは狂人を増やすのを拒否すべきです。」

誰かが笑い、他の人々もそれに続き、そしてすぐに聴衆は再び機嫌を取り戻した。しかし私はうんざりして気分が悪くなり、集会だけでなく、人々からも遠ざかろうと決意した。私は家に来る数人の友人にしか会わず、時折ジャスタスを訪ねるだけだった。

ジャスタスは私がニューヨークへ来ることにずっと反対していた。今でも彼は私の身の安全を危ぶんでいた。拉致され、バッファローへ連行される危険があると思っていたのだ。だから、彼は私にボディガードの必要性を強く説いた。彼がそれほどまでに気にかけてくれていることを知り、うれしかったが、心配もさせたくなかった。彼の古い友人の中でもエドとクラウスは、しばしば励ますために彼の所へ集まった。彼の死が日々迫っていて、ほどなく鐘の音が鳴るのを私たち全員がわかっていたのだ。

ある日の早朝にエドが来て、ジャスタスが亡くなったことを知らせてくれた。私はジャスタスの葬儀での演説者の一人になるように頼まれたが、断らざるをえないと感じていた。私の人生にとって、彼が持っていた意味を言葉で表現できないとわかっていたからだ。自由の闘士で、労働者の主張の後援者、人生の喜びの弁護者であるジャスタスは、友情に対して並外れた度量があり、寛大にして見事なまでにそれに応えることのできる、本当に特異な才能の持ち主だった。彼は常に自らの偉大な人生と仕事について語ることを避けていた。私が街の中心地で彼をほめたたえることは背信行為になってしまうだろう。火葬場へ向かう遺体に付き従ったあらゆる階層からなる広範な人々の群れは、ジャスタスが知り合いの人々に対して与えてきた深い愛情と敬意を立証していた。

ジャスタスの死で生活が沈滞する

ジャスタスを失ったことは私の生活をさらに沈滞させた。彼の所でよく開かれた内輪の友人たちの集まりも、今では散会してしまった。ますます私は自分の部屋に引きこもるようになった。生きるためにつきものの闘いはさらに過酷になり始めた。ソロタロフは病気が再発して、私の仕事の世話ができなくなっていた。ホフマン医師はニューヨークを離れていた。私は内職に励むしかなかった。今では華やかな絹の室内ガウンを縫っていた。多くの襞飾り、リボン、そしてレースづくりは必然的に骨の折れる仕事であり、ついには叫びだしたくなるほど私の傷ついた神経を苛立たせた。今や私の暗い単調な生活において、ただひとつの明るい話題は、愛する弟とその級友のダンであった。

私がまだクリトン通りの小さな部屋に住んでいた時、イエゴルが彼を連れてきた。最初から私は彼に心を惹かれ、彼もまた私に強く魅せられたことを後で知った。私は三十二歳で、彼はまだわずか十九歳で純真無垢だった。私たちの歳の違いを気遣っていると、彼は笑っていた。彼は若い娘たちには少しも関心がないし、彼女たちはえてして愚かで、何も得るところがないと言った。私は彼女たちよりも若々しく、とても賢いと彼は考えていた。彼はそれまでの誰にもまして私を欲していた。

彼のかき口説く声は私にとって音楽のように響いた。だが私はそれに抗っていた。五月に旅行計画を立てた理由のひとつは、少年に対して募っていく愛情から逃れようとする思いからだった。私たちが七月にロチェスターで会った時、とても長い間抑え続けてきた激情に押し流され、それに二人とも呑みこまれてしまった。その後、バッファローの悲劇と、それにまつわる恐ろしい出来事が起きたのだ。それらは私の存在の核心を砕いてしまった。憎悪の世界にいると、愛はファルスのように思われた。

小さなアパートに引越してから私たちはほとんど一緒にいたので、愛は再びその執拗な声を上げ始めた。私はそれに応じた。それは他の様々な呼びかけ――私の理想や信念や仕事に関して――を忘れさせてくれた。講演や集会のことを考えると嫌悪が先に立つようになった。人前に出て行くことや人に見られることが恐ろしく、ほとんど強迫観念になってしまい、そのために音楽会や劇場にも魅力を感じなくなった。憂鬱に取りつかれ、存在の意味が失われ、空虚になってしまったという感情にとらわれていた。

日常の煩わしさや困難とともに、生活は緩慢に過ぎていった。その中で最大の出来事は、サーシャが状況を知らせてきたことだった。ピッツバーグにいる友人からの手紙によれば、彼は再び刑務所当局に迫害され、健康状態が悪くなっていた。ようやく十二月三十一日、彼からの手紙が届いた。私にとって、これは何よりの新年の贈り物だった。このような場合、私が一人になりたいのをイエゴルは知っているので、気をきかせてしのび足で部屋から出て行った。

サーシャから手紙を受け取る

私は震える指で開封しながら、その大切な封筒に唇を押し当てた。それは十二月二十日付の長い手紙で、数枚の紙片にサーシャが習得した微細な文字で書かれていた。それぞれの言葉が鮮明に識別できた。私はそれを読み始めた。「君の面会と僕の奇妙な対応をさぞかし気にしているのではないかと思っている。これまでの長い年月を経て、君の顔を見ると完全に気力が萎えてしまった。呆然としてしまい、言葉も出てこなかった。まるで自由の身となる日の夢のすべてが、生きとし生けるものの全世界が、君の鎖時計のきらきら光る飾り物に集約されているようだった。僕はそれから目を離せなかった。それを手でもてあそぶことを止められなかった。僕の全存在が吸いこまれるようだった。ずっとそうしている間、僕の沈黙に君が苛立っているのを感じていた。わかってはいるのだが、言葉が出てこなかったのだ。」

サーシャと面会してからの恐ろしい数ヵ月が、その時の激しい失望を曖昧にしていた。彼の文章が再びそれを思い起こさせた。だが手紙は、彼が明確に下界の出来事に通じていることを示していた。彼は続けて書いていた。「もし新聞が民衆の感情を反映するのであれば、国家はいきなりカニバリズムに陥ってしまうにちがいない。君の大切な生命や、他の逮捕された同志の安全に大いなる危惧を抱いた時もあった……君の誇り高き自尊心や感嘆すべき自制心は、大いに幸運な結果に結びついた。もし傷ついた男が君の助けを必要とするなら誠実に看護するという言葉に特に感動したが、あらゆる人々から非難され見捨てられたあの気の毒な若者こそ、大統領よりももっと君の同情を必要としていたし、それらを受けるに値したのだ。君の手紙よりも強烈に、その言葉は成熟した年月がもたらした大きな変化をはっきり認識させてくれた。きっとそれは僕たち二人の中に起きたのであり、僕の心は君の美しい感情と反響し合っていた。そのような考えは十年前であれば僕たちにとって不可能だった！　革命精神への裏切りと考えたであろう。資本主義を公的に代表する者の人間性を認めることさえも、僕たちのすべての伝統を踏みにじることになっただろう。アナキストの思想と活動の中心に生きている君と、完全な抑圧と孤立という状況の中にある僕という二人が、十年間まったく異なった道を歩んだ後に、同じような成長を遂げたのは重要なことではないだろうか？」

愛する誠実な人――これほどまでに率直に変化を認めることのできる、何という彼の勇気と度量の広さであろうか！　投獄されてから蓄積した彼の知識の総体に驚きを深くしていった。科学、哲学、経済、形而上学の著作までも――彼は明らかにそれらの多くの本を読破していて、批判的に研究し、自らのものにしていた。過去の無数の思い出、私たちが共にした生活、愛、仕事のことを想起させた。私は回想にふけっていた。時も場所も消滅し、その後の年月は覆い隠され、過去が蘇ってきた。私の手は手紙を愛撫し、私の目はその文章を夢見るようにさまよった。その時「レオン」という言葉が目に入り、私は読み進んだ。

手紙に大きな打撃を受ける

「僕はその若者のすばらしい人格、過酷な状況を自ら黙視できないこと、魂の反逆について読んでいた。このことは暗殺行為の原因に意味深い光を投じている。実際にその行為は偉大な殉教の悲劇であると同時に、最も恐るべき社会的告発であり、良心に背いてまで高貴な男女をして人間の血を流すように仕向けたのだ。この性格を帯びた激烈な方法は、ただ最後の手段として行使されれば、さらにおごそかなものとなる。その行為に価値があるのは、個人的なものではなく社会的必然性に基づき、民衆の直接の、また目前の敵に向けられているからだ。そのような行為の意義が民衆の心に理解されたときにおいてのみ、それが排他的なテロリズム行為である場合を除いて、暗殺という行為が情宣的で、教育的重要性と結びつくのである。」

思わず手紙を取り落としてしまった。サーシャは何を言おうとしているのだろうか？　マッキンレーが「民衆の目前の敵」ではないと言っているのだろうか？「情宣的、教育的重要性」を持つ暗殺行為に相当しないというのだろうか？　私は当惑してしまった。正しく読み取ったのだろうか？　まだ文章は続いていた。「レオンの行為がテロリズム的であったとは思わないが、それが警鐘的なものであったかは疑問である。なぜならばその行為には社会的必然性が明らかではないからだ。君が誤解しないように繰り返すと、個人的反逆の表現としてのレオンの行動は不可避のものであり、その中に現存する状況への告発が潜んでいる。しかし社会的必然性という背景が欠落していて、それゆえにその行為の価値がほとんど無効にされてしまうのだ。」

手紙は床に落ち、私は目がくらんだ。妙にかすれた声で私は叫んだ。「イエゴル！　イエゴル！」

弟が駆けつけてきて、驚いて叫んだ。「どうしたんだい？　身体中が震えているよ。どうしたの？」。私はかすれた声でささやいた。「手紙よ！　読んでみてくれない。それから私がおかしくなってしまったのかどうか言ってみて。」

ファルスとしての悲劇

彼が言うのを聞いていた。「美しい手紙だ。人間記録だね。でもサーシャはツォルゴッツの行為の社会的必然性を理解していないんだ！」

私は絶望的になって叫んだ。「でも、どうしてサーシャが。世の中の他の人々はともかく、どうして彼がそのように誤解してしまうのか？　彼自身が助けようと望んでいた多くの労働者たちに誤解され、否認されたというのに。」

イエゴルはサーシャが言わんとしている「社会的必然性の背景」を説明することで、私をなだめようとした。そして手紙のもう一枚を取り上げると読み始めた。

「アメリカにおける政治的支配の概要は巧妙である。マッキンレーは現代の奴隷制度の首席代表者であるが、彼を民衆の直接的にして目前の敵という観点から見ることはできない。絶対主義において、独裁君主は明確に見えるし、具体的だ。しかし共和制の下での実際の専制政府ははるかに奥行が深く、さらに狡猾だ。なぜならば、それは自治と独立という大衆の幻想の上に成立しているからである。それが民主的専制国家の源であり、そのようなものとしての専制国家は一発の弾丸で仕留められない。現代の資本主義においては、政治的抑圧より経済的搾取が真の民衆の敵なのである。政治は単にその侍女にすぎない。それゆえに闘争は政治の領域より経済の分野においてなされるべきだろう。したがって僕の行為はレオンの行為よりはるかに意味深く、啓蒙的なものであったと考えている。僕の行為は、民衆によってそのように見られている明確な真の圧制者への直接行動だった。」

突然あることに気づいた。どうしてなのか、ヨハン・モストがサーシャに対して主張していた同じ議論を、彼はレオンに対して応用している。モストはプロレタリアとしての意識が欠けている国において、個人的暴力行為は不毛であると宣言し、アメリカの労働者はそのような行為の意図を理解できないと指摘したのだった。当時、私もサーシャも、モストが彼自身に対するのと同様に、私たちの主義に対しても裏切り者であると見なしていた。それがゆえに私はモストと苦い闘いを繰り拡げたのだった――彼は私の師でもあり、大きな影響を受けていた。そして今になって、サーシャは依然として暴力行為を信じているにもかかわらず、レオンの行為については、「社会的必然性」を認めていなかった。

それはファルスだった――残酷で愚かなファルスだった！　私はサーシャを失ってしまったような感じがして、こらえることもできずに泣き崩れてしまった。

その夜エドが迎えに来た。数日前に新年を一緒に迎える約束をしていたのだが、あまりにも落ちこんでいたので、行く気になれなかった。イエゴルは気晴らしになるからと言って勧めたが、私は根元から揺さぶられている状態になっていた。新年を迎えると、病気になり寝こんでしまった。

反アナキスト感情が悪意にまで至る

ホフマン医師が再びスペンサー夫人の治療をしていたので、私は彼女の看護を依頼された。その仕事は改めて私の生活を立ち直らせるように作用した。慣れていたこともあって、意識せずに日常の仕事に従っていたが、心の中ではサーシャのことを考えていた。彼の行為がレオンの行為より価値あるものだと信じることとは、サーシャの勝手な自己欺瞞であると、私はずっと自分に言い聞かせてきた。孤独な監禁生活と苦悩の歳月によって、自分の行為がツォルゴッツの行為よりも民衆によく理解されたのだという考えに至ったのであろうか？　おそらくそれが、恐ろしい牢獄の歳月を通じて頼るべき支えとなっていたのだ。そのことによって彼は間違いなく生命を維持してきた。それでも明晰で正しい判断をする人間が、レオンの政治的行為の価値に対してこれほどわかっていないというのは、信じられないように思えた。

私はサーシャに数回手紙を書いて、アナキズムはその力を経済的不正だけに向けるのではなく、同時に政治的不正にも向けられていると指摘した。彼からの返事は、私たちの見解の大きな相違をあからさまにしただけだった。私の悲嘆は高まる一方で、議論を続けることはもはや不毛だと認識させられた。絶望的になり、手紙を書くことをやめた。

マッキンレーの死後、アナキズムとその信奉者への反キャンペーンが続けられていて、非難が高まっていった。新聞、教会、そしてその他の世間の代弁者たちは、共通の敵に対して、お互いに異常なまでに怒りを競い合っていた。最も残忍なのは、アメリカ合衆国の新たな大統領に就いたセオドア・ローズヴェルトだった。副大統領であった彼はマッキンレーの後を継ぎ、大統領の冠を得ることに成功した。運命の皮肉と言うべきか、ツォルゴッツの手によって権力への道がサンファンの英雄のために開かれたのだ。そうした不本意な奉仕に恩返しするかのように、ローズヴェルトは残酷になった。連邦議会への大統領教書は主としてアナキズムを狙い撃ちにすることを意図していて、現実的にアメリカ合衆国における社会的、政治的自由への死の一撃だった。

反アナキスト法案は、それを支持する国会議員たちがアナキストを根絶する新たな対策を矢継ぎ早に創案したので、それぞれの案が続出していた。ホーリイ上院議員はアナキストという龍を殺すために、自らの専門的知識だけでは足りないと、明らかに考えていた。彼はアナキスト一人を射殺した者に千ドル与えることを公表した。ツォルゴッツが大統領暗殺に支払った代価を考えれば、それは何とも安上がりな提案だった。

苦々しい思いの中で、勇気と大胆さとが格別に必要とされている時に、まったく弱気になっているアメリカの急進派たちこそ、この一連の事態に対する責任があると私は感じていた。反動主義者たちがあまりにも厚かましく強権的手段を要求したのは不思議ではなかった。彼らはどのような組織的な反発もほとんど受けることなく、国の状況を勝手に支配していると自負していたからだ。ニューヨーク議会でたちまち成立した反アナキスト法、そしてニュージャージー州における類似の法律は、合衆国における私たちの運動がその不調和のために大きな犠牲を払うことになるという私の確信を強めた。

イーストサイドに移る

私たちのおかれた境遇に目覚める兆候が次第に現われてきた。つまり、アメリカの自由についての切迫した危機に抗する声が上がり始めていた。しかし一時的な感情は否定されてしまうし、反動的な流れを止めることは何をもってもできないという思いを、私は抱いていた。また同時にその恐ろしい状況に甘んじることもできなかった。私たちの命を奪えと吠える狂気の集団によって、私の怒りは呼び起こされた。それでも私は際限のない疑問や理由に苦しんでいるだけで、何もできず、活動することなく神経を麻痺させていた。

困難な状況の渦中で、私たちはアパートを出るように言われた。どうやら家主が私の身元を知ったようだった。大きな困難を伴ったが、私たちは部屋を見つけた。それはマーケット通りのユダヤ人街の中心にある密集したアパートの五階だった。イーストサイドの家主は急進派にとても好意的で、よく部屋を貸していた。さらにその新しい部屋は前より安くて明るかった。一日に何回となく、続いている階段を上がることは確かに疲れたが、上の部屋で大きな足音を立てる住居人がいるよりは幸いだった。正統的ユダヤ教信者は文字通りエホバに従い、とりわけその命《めい》によって子沢山だった。前にいたアパートの中で子供が五人以下という家族はひとつとしてなく、八人あるいは十人という家族もあった。私は子供が好きではあったが、上の部屋からいつも響いてくる子供たちの飛び回る足音にはずっと耐えられなかった。

よき友人であるソロタロフは数人のイーストサイドの医者を説得し、私の仕事を見つけてくれた。彼らの患者はユダヤ人やイタリア人で、その大半が最も貧しい家族からなっていて、その住居はほとんど二、三部屋であり、そこに六人かそれ以上の人が住んでいた。彼らの収入は平均約週十五ドルで、熟練した看護婦は一日に四ドルの報酬だった。彼らにしてみれば、看護されるのは重病の時だけの贅沢だった。このような状況下で看護に携わるのは困難なだけでなく、極めて心の痛むことだった。私はこの仕事において標準料金を守ることを誓約していたので、安い料金で仕事ができなかった。それゆえに、ただ彼らの病気の世話をするだけでなく、これらの貧しい人々を支援する別の方法も見つけなければならなかった。

大部分の看護婦が夜勤を希望していなかったが、私はその方が都合がよかったので、ほとんど私が夜勤を受け持った。日勤の仕事は患者の身内がいて、彼らの絶え間ない干渉があり、話し声や泣き声で騒々しく、とりわけ新鮮な空気に対する嫌悪があり、とても辛かった。一度、ある老女に病室の窓を開けたことで怒鳴られた。「何やっているのよ！　子供を殺す気なの？」。だが夜勤の場合は患者が必要とする世話を自由に裁量できた。それに本を読んだり、自分でコーヒーを大きなポットに入れたりして、夜の時間はすみやかに過ぎていった。

若い社会主義者とその母親

いかなる看護であろうと、どのような病気であろうと、私は一度として断らなかったが、子供の看護を好んでいた。子供たちは病気になると哀れなほどに無力になってしまい、私の努力や親切にとても感謝してくれるのであった。

偽名で働いていたことは多くの面白い経験をもたらしてくれた。一度私のことを知っている若い社会主義者が彼の母親の看護を依頼してきた。彼によれば彼女は重い肺炎にかかっていて、大柄でとても扱いにくいということだった。一緒に行こうとした時、彼が何か言いたそうでありながら、どう言っていいかわからないかのように、そわそわしていることに気づいた。私は尋ねた。「どうしたの?」。すると彼はマッキンレーの事件の際に、母が私に対して猛烈な敵意を示したのだと打ち明けた。彼女は繰り返し言っていたのだ。「もしあの女を捕まえたら、石油につけて焼き殺してやるわ」。看護してもらう前に、彼はそれを知らせておきたかったのだ。私は言った。「あなたのお母さんは気の強い人ね。でも今の状態ではそれをほとんど実行できないでしょう」。するとその若い社会主義者は大いに感動していた。

三週間の闘病の後、患者は死神を追い払うことができた。彼女は夜の看護がなくてもよいほどに充分回復したので、私は任務を終えたつもりでいた。ところが驚いたことに、彼の母が日勤の看護婦を辞めさせて、私にその代わりを務めてほしがっていると、若い社会主義者が知らせてきた。彼女は息子に言ったのだ。「スミスさんは立派な看護婦だわね」。彼はそれを聞いて、言った。「本当は彼女が何者か知っているかい? あの恐るべきエマ・ゴールドマンだよ!」。母親は叫んだ。「神様、何ということ!

私が言ったことを彼女に言わなかったでしょうね」。息子は話してしまったことを認めた。「それなのに行き届いた看病をしてくれたというの？　ああ、何と立派な看護婦だこと！」

暖かい気候の訪れとともに、患者の数は減っていった。私はそれを残念には思わなかった。それにとても疲れがたまっていたし、休息が必要だった。読書をしたり、ダンやイエゴルやエドたちと一緒に過ごす余暇の時間がもっとほしかった。エドとの楽しい気心の知れた友情は、私たちの過去の猛り狂った感情を背後に追いやっていた。私たちの別離はエドに深い影響を与え、彼は寛大で柔和になり、思慮深くなった。自分のかわいい娘や読書の中に慰めを見つけていた。私たちの知的な交わりは、以前にはとても考えられないほどの刺激と歓びであった。

私は人間が望みうるすべてをかなえてきたが、それでも心の中は混乱していて、何かを渇望する思いが募るばかりだった。かつての闘いに再び着手して、単なる個人的関心をめぐってではなく、それ以上に自分の人生を価値あるものにしたいと熱望していた。しかしどのようにして戻るのか——どこから再び始めるべきなのか？　それは私にとって乗り越えるべき難関であり、恐るべきバッファローの日々以来、あまりにも大きく広がってしまったギャップを再び埋めることはできないように思われた。

悪夢を理由に講演を断る

ある朝、若いイギリス人アナキストのウィリアム・マックイーンが訪ねてきた。私が彼に会ったのは、一八九五年のイングランドを含めた最初の講演旅行の時だった。彼はリードでの集会を準備し、私のもてなし役を務めていた。彼がアメリカに来てからも何度か会っていた。今回の訪問は絹織物工のストライキ支援のためにパターソンで私に話をさせるためだった。マックイーンとオーストリア人アナキストのルドルフ・グロスマンは大集会に仕立て上げようとしていたし、ストライキの人々も私が来ることを要望していた。

ツォルゴッツの悲劇以後、私は初めて労働者たちだけでなく、同志たちからの申し出を受けた。さまよえる砂漠で泉に出会うように、私はその機会をつかんだのである。

集会の前夜、私は悪夢にうなされ、ベッドに駆けつけてきたイエゴルの叫びで目を覚ました。冷や汗にまみれ、全神経がかき乱れ、私は思い出せるすべての強迫的な夢のことを弟に話した。

私は夢の中でパターソンにいた。広い会場は人があふれ、私は演壇にいた。その隅から進み出て、話し始めた。私の足は人間の海の上にそって運ばれていくようだった。波が立ち、私の声の抑揚はそれに吸いこまれていった。それから波はいきなり引き始め、人々をさらっていった。私はただ一人で演壇に残され、周囲の沈黙の中で声をつぐんでいた。しかしもはや一人ではなかった。私の目の前で、何かが動きだし、人影となって大きくなっていった。私は緊張して、息もつけずに待ち受けていた。その人影は前に進み、演壇のすぐ近くまで来て直立し、頭をさっと上げながら大きな目は私に向けてきらめいていた。声が喉に引っかかり、私はやっとの思いで叫んだ。「ツォルゴッツ！　レオン・ツォルゴッツ！」

恐怖にとらわれ、私はパターソンで話すことができそうになかった。壇上に進み出ると、ツォルゴッツの顔が群衆の中から現われるだろうという思いを追い払おうとしたが、無理であった。私はマックイーンに、行くことができないと電報を打った。

翌日の新聞がマックイーンとグロスマンの逮捕のニュースを伝えていた。夢が私にストライキの人々の要請に応じさせなかったことを考えると恐怖の思いだった。若い同志たちが危機に陥ったのに、私は幽霊に影響されて無事に家にいることを自覚し、自問し続けていた。「ツォルゴッツの悲劇は私が死ぬまでつきまとうのだろうか？」。その答えは予期するよりも早くやってきた。

自分の無知を自覚する

「流血の暴動――労働者と農民が殺され、学生はコザック兵によって弾圧される……」。新聞はロシアで起きた事件で埋まっていた。再びツァーの専制政治に対する闘いが世界の関心を集めることになった。一方にはおぞましい無慈悲があり、もう一方には輝くばかりの勇気と英雄的行為があって、バッファローの日々以来、意志が麻痺して無気力になっていた私をかき乱した。最も危機的な時期に運動から離れてしまっていて、最も必要とされているこの時に仕事に戻るべきだし、また私の人生についての信頼と理想の再検討をすべきであったと、身が切られるほど明快に自覚した。すべては、わずかではあるが不純で臆病に価することに由来していた。

見捨てられた若者の中に感じていた深い関心によるかすかな心残りを見極めようとした。臆病者たちに対する私の憤りについて、ツォルゴッツへの同情から検討してみた。間違いなくそれは私の立場に強い影響を与えていた――実際にとても強かった。私にとってあまりにも明快であったツォルゴッツの行為をサーシャが見逃したことから、それはサーシャに対してさえ向けられていた。私の非難はあの愛すべき友にまで及び、彼が獄中にいて、依然として私を必要としていることを忘れさせてしまった。

けれども今、別の考えが頭につきまとっていた。その考えとは別の動機があるはずであり、それは私が自己を形成し、他の人々が信じているような定かではない献身という動機であった。今となってみれば、私の人生において最初の大問題に直面しての無力さは、常に非難してきた一人で自立しているというぬぼれであり、それが善をなすべきだと呼びかけた時に私を孤立させたのだ。私は拒絶されたり、敬遠されたりすることに耐えられなかったし、敗北を直視できなかった。それなのに少しでもいいから認められることを願って、闇雲に怒りにかられて続けていたのだ。私は苦々しい気持になり、すっかり落ちこんでしまった。

私が過去の英雄たち、そしてまたツォルゴッツの中に最も称賛した特質は、一人で立ち向かい死んでいく力強さであり、私に欠如しているものだった。おそらく人は死ぬことよりも生きることにさらなる勇気を必要としている。死は一瞬であるが、生きることへの思いは尽きない――無数の小さくてつまらないものが人には重い負担となり、それにあまりに酷使されて、最大限の能力を発揮する時に出会うことさえない。

私は長い病気と同様の苦痛に満ちた内省から脱した。それでもなおその衝迫にとらわれていたが、できることなら今一度人生の緊急事態に備えて、自らの意志を強固にする決意をしていた。

精神的死の数ヵ月後に、初めてためらいながらサーシャに手紙を書いた。

ロシアのために献身する

ロシアからのニュースはイーストサイドの急進派を強力な活動へと駆りたてた。労働組合主義者、社会主義者、それからアナキストはそれぞれの政治的相違を脇に置いて、ロシア体制の犠牲者たちを支援できるようにしようと善処していた。大集会が開かれ、投獄や追放に苦しんでいる人々のための基金が集められた。私は新しく生まれた力をこめてその仕事に取り組み、ロシアで必要とされていることに全面的に献身するために看護の仕事を辞めた。同時にアメリカにおいても全力を注がねばならない出来事が起きていた。

炭鉱夫たちのストライキが始まっていた。炭鉱地域の状況は悲惨なものであり、急速な支援が必要とされていた。労働運動についている政治家たちは新聞で声明を発表することにかまけていて、ストライキの人々に少しも貢献していなかった。彼らがストライキの始めに示していた方針は、政治的権力を持った人物が現われて中止させるというものだった。ローズヴェルト大統領が急に鉱夫たちに関心を示し、代表者たちが正当な理由で鉱山主に非を明らかにする機会を提出できれば、ストライキの人々を支援すると発表した。それは組合の政治家にとって予期せぬ恵みだった。彼らはすぐにテディという大統領の肩に責任の負担を移してしまった。もはや誰も心配する必要はない。彼の公的才覚が騒ぎの問題を正しく解決することになるだろう。一方で鉱夫たちとその家族は飢えて苦しみ、警察はストライキの人々を支援するために炭鉱地域にやってくる者たちを弾圧していた。

急進諸派は大統領の手先になることを拒否していたし、雇用主の気持ちの突然の変化に大きな期待を抱いていなかったので、着実に基金を立ち上げ、ストライキの男たちの精神を保持するための仕事に取り組んでいた。その熱気は公的集会に重くのしかかるまでに高まっていき、私たちの支援活動を中休みさせていた。それでも私たちは組合を遊説して回り、ピクニックを開催し、資金を集めるための様々な催しを準備することができた。私にとって公的な活動に復帰したことは元気を取り戻させたし、人生における新しい関心を与えることになった。

試行と困難な講演旅行

鉱夫たちとロシアの犠牲者のための基金を立ち上げる目的で講演旅行を引き受けてくれないかという要請が私になされた。しかし私たちは炭鉱地域の当局を念頭に入れていなかった。要請した人々はそこで会場を確保できなかったし、まれに持ち主が勇気を振り絞って場所を貸してくれても、警察が介入して解散させられた。いくつかの街で、その中でもウィルクバリとマッケスポートにおいて、駅で法の番人たちが見張っていて、私は追い返された。私はストライキの地域が最も大きい街において支援活動を集中すべきだと最終的に決意した。シカゴに着くまではこれらの街においてはそれほどの困難は生じなかった。

ここでの最初の講演はロシアについてであり、ウエストサイドの会場を満員にして行なわれた。いつものように警察がいたが、介入しようとしなかった。警察の一人が主宰委員会に言った。「エマ・ゴールドマンがロシアのことを話すかぎり、私たちは言論の自由を守る」。幸いなことに鉱夫たちへの支援活動はその集まりにおいてはほとんど言及しなかったので、警察は何もできなかった。

自由討論の組織であるシカゴ哲学協会で、私の最後の講演をすることになった。彼らの毎週の集会はいつも協会が長く借りているハンデルホールで開かれていた。そのホールの持ち主は前もって講演者やテーマについて一度も反対したことがないだけでなく、日曜日の私の講演に一般の人々が入れないようにハンデルホールのスケジュールを組んでくれた。青い顔をして震えている管理人は、刑事たちが「接見」に来たとはっきり言った。彼らは反アナキスト法に結びつけて、もしエマ・ゴールドマンに話をさせることを許可すれば、逮捕して、監獄に入れると伝えたのだった。それは思いがけないことだったし、そのような法案はイリノイ州で成立していなかった。しかし何か起きたのだろうか？　それにもかかわらず、私は禁止された講演を行なった。もう一人のホールの管理人が自分の法的権利をきちんと表明し、それほど安易に屈伏せずに、アナキズムの哲学的側面という危険なテーマで話すことに同意したからだ。

私の講演旅行は試行と困難に満ちていたし、時によっては会場を変更せざるをえないと同様に、今か今かと私に飛びかかろうとしている番犬に取り囲まれて講演する必然性をさらに増していた。だが私は困難を甘んじて受け止めた。彼らは私の闘いの精神を再燃させ、どのような迫害であっても革命的熱意の酵母だということを、権力を持っている人々は決して学んでいないと確信させた。

ヴォルテリン・ド・クレールが撃たれる

かろうじて家に戻りついた時、私はケイト・オースティンの死を知らされた。アメリカの女性の中で最も親しまれ、奮い起こさせるような声をしていたケイト！　最底辺から立ち上がり、多くの教育のある人々すらも触れることがなかった知的高みへと彼女は到達していた。人生を愛し、彼女の魂は抑圧された人々、苦しんでいる者たち、貧しい人たちに熱く向けられていた。バッファローの悲劇を通じての彼女のすべての態度は何と見事であったことだろうか！　一ヵ月前に彼女は手紙を寄こして、迫りくる死の影の下で、ツォルゴッツに熱い感謝を捧げていると書いてきた。そして今彼女は亡くなってしまい、彼女とともに私たちの陣営の真に偉大な個性のひとつが失われたのだ。彼女の死は、ただ同志であるばかりでなく、大切な友人の喪失でもあった。エンマ・リーを除いて、彼女は私にとって密接だった唯一の女性であり、私よりはるかに、私という存在の複雑さを理解していた。彼女の感受性に満ちた返答は多くの苦しい時に必ず私の支えになっていた。だが今彼女は死んでしまい、私の心は重苦しかった。

悲しみと喜びがそれぞれにあまりの早さで付き従っているような消耗的な生活の中で、お互いにゆっくり話し合う時間が持てなかった。ケイトを失った私の悲しみは、次の衝撃を受けるまで痛みとなって続いていた。ヴォルテリン・ド・クレールが彼女の以前の弟子に撃たれて、かなりの重傷を負った。フィラデルフィアからの私宛の電報によれば、彼女は危険な状態で病院にいて、彼女の看護のための資金を集めるようにとのことだった。

一八九四年の不幸な誤解以来、私はヴォルテリンにほとんど会っていなかった。彼女の健康がすぐれず、ヨーロッパに療養に行ってしまったと聞いていた。私がフィラデルフィアを最後に訪れた際に、彼女がユダヤ人移民に英語を教え、音楽教育を施すことで生計を立てようと厳しい闘いをしながら、同時に運動にも励んでいるという話を聞かされた。彼女の精力と勤勉ぶりに感嘆したが、私に対する何かよくわからない理不尽で狭量な彼女の態度に傷ついたし、不快に思っていた。私は彼女の真意がつかめなかったし、ずっと長い年月音信不通であった。しかしマッキンレー暗殺のヒステリックな騒動の間に、彼女が取った恐れを知らぬ立場は、私の彼女に対する信頼を大いに高めるよすがとなった。『自由社会』に掲載された、アナキストを一人撃つごとに千ドルを与えようと言ったセナター・ハウレーに宛てた彼女の手紙は、私に強い印象を残した。彼女はこの愛国者の上院議員に住所を知らせ、撃つ前にアナキズムの根幹を説明することを許すという唯一の条件が整えば、気がねなくアナキストを狙撃するという喜びを与えるつもりだと、手紙に書いたのだった。

私はエドに言った。「私たちはただちにヴォルテリンのための資金を集めなければならないわ」。彼女が公の支援を望んでいないことをわかっていたので、そのことに関してはエドも内輪の友人たちに相談する必要があると同意した。まずソロタロフの意見を聞くと返事は明快だった。健康がすぐれないだけでなく、事務所の活動もまったく利益を生み出していないので、ヴォルテリンの以前の恋人であるゴードンに会ってみるべきだと彼は提案した。彼は成功した医者になっていて、尽くしてくれたヴォルテリンを助けられるほど裕福であった。ソロタロフがゴードンに話してみると自ら申し出てくれた。

私たちの要請の結果は大いに満足すべきものだったが、不快な体験も伴っていた。ヴォルテリンのイーストサイドの友人は「個人的慈善」など信用していないと言い放ったし、他の何人かは同情的ではあったが、物質的成功によってぶしつけになっていた。しかし残りの人々は寛大な精神を維持していたし、私たちはすぐに五百ドルを集めた。エドはその金を持ってフィラデルフィアへ行った。彼は帰ってくるなり、ヴォルテリンは弾を二発摘出したが、三発目はあまりにも心臓の近くに埋まっていて、さわることができなかったと報告してくれた。エドが語ってくれたところによれば、彼女の重要な関心は命を狙った若者のことにあり、彼を告発しないとすでに宣言していた。

エドのクリスマスプレゼント

マックスとミリーがクリスマスにニューヨークを訪ねてきて、思いがけなく歓待する機会となった。エドはいつか私に「上品な服」を着せるという長年の希望を実現したいと言い続けてきた。約束を果たす時が来たのだと主張した。私は一緒に高級店へ行く羽目になり、想像をたくましくしなければならなかった。

流行している百貨店に入ってすぐに、見てくれのいい特選品は高価なものであることを実感した。私はエドの財布を空にしたくなかったので、彼に耳打ちした。「早く走って逃げましょうよ。ここは私たちのいる場所ではないわ」。エドがからかった。「逃げる？　エマ・ゴールドマンが逃げるというのか？君はゆっくり寸法を測ってもらってから、私を残していけばいい。」

クリスマスのイブに、私のアパートに贈り物が届き始めた。本物のアストラカンの襟の付いたすばらしいコート、マフ、それと見合ったターバン風の婦人帽、さらにドレス、絹の下着、ストッキング、それから手袋もあった。私はシンデレラのような気分になっていた。エドが訪ねてきて、私の支度がすべて整ったのを見ると顔を輝かせて、叫んだ。「これこそ私がずっと君に望んでいた姿なのだ。いつの日にか誰もがこうした美しい物を身につけられるようになるだろう。」

ホフブロー・ハウスでマックスとミリーがすでに私たちを待っていた。ミリーもまたこの日のために盛装していて、マックスもご機嫌だった。彼は私にロックフェラー家の人とでも結婚したのか、それとも金鉱でも掘り当てたのかと尋ねた。私が彼のような無産階級の人間とあまりにも釣り合っていなかったので、彼は笑いながら言った。「少なくともこのような服装はトラバッチャー三本の値打ちがあるね」。そしてすぐにそれを注文した。私たちがそこでは一番陽気な席だった。

ミリーはマックスより先にシカゴへ向けて出発した。マックスは数日羽を伸ばし、私たちは美術館や音楽会に行ったり、長い散歩をして時を過ごした。マックスが出発する夕方になって、駅まで送っていった。私たちが話をしながらプラットホームに立っていると、刑事とわかる二人の男が近づいてきた。彼らは私たちを逮捕して、警察署へ連行した。そこで厳しく訊問されて、それから釈放された。私はその説明を求めた。「どういう理由で私たちは逮捕されたのですか？」。内勤の巡査部長が愛想よく答えた。「警察ではよくあることだよ」。私は腹を立てて言い返した。「あなたのやり方は腐敗しているわ！」。彼は怒鳴った。「さあ、帰れ。お前は赤いエマ・ゴールドマンだろうが？　逮捕されて当然だ。」

新聞の急変

ゴードンがヴォルテリンに対する援助を拒否したことをソロタロフの手紙で知らされた。ヴォルテリンはゴードンが大学を出るまで何年間もあくせく働いたのだった。それなのに、今になって彼女は負傷したというのに、優しい言葉のひとつもかけてやろうとしなかった。彼に対する私の直感は正しかった。彼女にとてもかかわりのあるその男の残酷なまでの冷淡さは話すべきでないと私たちは同意見であった。

ヴォルテリンは自分を撃った若者を告訴するのを拒んだばかりでなく、私たちの雑誌に彼の弁護を支援してくれるように訴えもした。彼女は書いていた。「彼は病気だし、貧乏で友達もいない。彼に必要なのは優しさであって、牢獄ではない」。当局への手紙の中で、彼女は若者が長い間職がなく、不安のあまり妄想にとりつかれて苦しんでいたことを指摘した。しかし法律は人間の肉一ポンドを要求した。若者は有罪となり、六年九ヵ月の刑を宣告された。

ヴォルテリンの裁判の評決結果は彼女の症状をとても悪化させ、私たちは何週間も不安な気持ちでいた。ようやく彼女は危険を脱したとはっきり告げられ、退院の運びとなった。

フィラデルフィアの新聞はその悲劇的な事件に尾ひれをつけて報道した。アメリカの他の新聞と同様に、何年にもわたってフィラデルフィアの新聞も、アナキズムとアナキストに対して紙面を罵倒で満たしてきた。「悪魔の化身、つまり人殺しと破壊の擁護者にして卑怯者」というのは、私たちに向けられた中で最も上品な形容の仕方であった。しかしヴォルテリンが自分を撃った者の告訴を拒み、彼をかばった時に、その同じ編集者たちは書いたのであった。「アナキズムは実際にはナザレ人キリストの教義であり、許しの福音である。」

◎第26章◎　エドの死

新たな人々に出会う

ついに反アナキスト移民法が隠密裏に議会を通過したことで、それ以後組織された政府を信じない者は合衆国への入国を許されなくなった。トルストイ、クロポトキン、スペンサー、それからエドワード・カーペンターのように移民するつもりでいた人々も、アメリカという受け入れの岸辺から締め出された。中途半端な自由主義者が、早まった考えであるこの法律の危険性に気づくのはあまりにも後になってからだった。

だがそれにしても、彼らが一丸となって反動的分子たちの活動に反対していれば、その法令は承認されなかっただろう。そればかりでなく、アメリカの自由へのこの新しい攻撃がもたらした直接的な影響は、アナキストに対する態度をあまりにも決定的に変えてしまった。今や私自身も呪われた存在と見なされなくなっていた。それどころか、まさに敵対していた人々が私に近づいてきた。マンハッタン自由クラブやブルックリン哲学協会のような様々な自由講座、それからアメリカの諸団体が私に講演を依頼してきた。私は喜んで引き受けた。なぜならば、長年アメリカ生まれの知識人たちに接して、アナキズムの本来の意味を啓発したいと望んでいたので、よい機会だったからだ。これらの会合を通じて、私は新しい友人を得たし、旧友にも再会した。その中にはアーネスト・クロスビー、レオナード・D・アボット、それからセオドール・シュツローダーもいた。
サンライズ・クラブにも招かれ、私は多くの進歩的な考えを持った人々と知り合いになった。最も関心をそそられた人たちの中に、エリザベスとアレクシス・ファーム、ジョンとアビィ・コーリエルという夫婦がいた。ファーム夫妻は教育に関して私と同じ考えを持っている初めてのアメリカ人だった。その上、私がただ子供たちに対する新しい取り組み方が必要だと主張していただけなのに、ファーム夫妻はその考えを実行していた。彼らの学校は「遊びの家」と呼ばれていたが、そこにいる近所の子供たちは規則にも教科書にも拘束されていなかった。彼らは登校も自由だし、観察や体験を通じて学んでもよかった。エリザベスほど子供の心理をよく理解し、若い人たちの優れた特質を引き出すことのできる人物はいなかった。彼女とアレクシスは自分たちを単一納税主義者だと考えていたが、実際には彼らの考え方や生活はアナキストそのものであった。家庭でありながら学校でもある彼らの家を訪ねて、子供たちとの間にある美しい関係を目のあたりにするのはとても楽しかった。

コーリエル夫妻も同じ特質を多く備えていて、ジョンは稀なほどの心の深さの持ち主だった。彼はアメリカ人というよりむしろヨーロッパ人のような印象を与えたし、実際に多くの国を見てきていた。青年時代には中国の広東でアメリカ領事であった。その後日本で暮らして、広く旅行もしていたので、様々な国の人々や民族と付き合ってきた。それが彼に人生についての幅広い見方と人間への深い理解を付与したのだった。

ジョンは作家としても相当な才能があり、最初のニック・カーター物語の著者でもあった。彼はバーサ・M・クレイのペンネームで富と名声を獲得していた。『身体文化』にもよく寄稿していたが、それは健康問題に関心があったことと、心に抱いていた問題を自由に発表する最初の機会をその雑誌が与えてくれたからだった。彼は私がこれまで出会った中で最も寛大な人物の一人だった。彼の著作は財産をもたらしたが、困っている人々に気前よく与えてしまったのでほとんど何も残っていなかった。彼の最も大きな魅力はユーモアのセンスに富んでいることであり、しかも洗練された振舞いを伴っていたので少しも嫌味にはならなかった。コーリエル夫妻とファーム夫妻は最も親しいアメリカ人の友人となった。

私はまたヒュー・O・ペンテコストにもよく会っていた。一八九三年の私の裁判の際に初めて会って以来、彼はめまぐるしく変わっていった。押しの強い性格には見えなかったが、ニューヨークでは最も優れた講演者の一人だった。日曜日の朝に社会的な話題についての講演を行なっていて、その弁舌の才は大勢の聴衆を魅了していた。ペンテコストはよく私のアパートを訪ねてきた。そこは、彼に言わせると「ほっとする場所」だった。彼の妻は美しい中流階級の女性であったが、夫の貧しい友人たちをひどく嫌っていて、彼女の関心は彼の講演に集まる有力者たちに向けられていた。

かつて私は、招待客の一人にペンテコスト夫人も含めた、アパートでの小さなパーティを計画したことがあった。パーティの少し前にペンテコスト夫人に会い、来てくれるかどうか尋ねた。彼女は言った。「とてもうれしいわ。私はスラム見物が大好きなの」。私も言った。「それならちょうどいいではないですか？　来ていただくことがなければ、あなたは大好きな人々と会うこともないでしょうから」。彼女はパーティに出席しなかった。

エドの不幸な結婚生活

私の公的生活は多彩になった。私の数人の「扶養者」がアパートから引越したので、出費も減り、看護の仕事が楽になった。仕事の合間に以前より長い休みを取る余裕ができた。それはしばらく怠っていた多くの本を読む機会を与え、一人暮らしという新しい体験を享受した。他人のことをまったく気にかけずに外出できたし、講演から帰ってくると常に大勢の人がいるということもなくなった。自分自身、他人と暮らすのも容易ではないと実感したし、よくわかった。バッファローの悲劇に続く恐ろしい月日は、平穏な生活と仕事に戻ろうとして模索する闘いで、私を絶望的にさせていた。イーストサイドの人々の臆病な急進主義は私を苛立たせ、未来については語るが、今は何もしようとしない若者たちに耐えられなかった。だから私は引きこもる方を選び、限られた数人との交友を楽しむしかなかった。その中でも最も親しかったのはエドだった——もはや嫉妬をしたり、あらゆる考えや息遣いまで所有しようとする要求もなく、自由で自然な喜びをやりとりしていた。

私を訪ねてきても、彼はよく消耗し落ちこんでいた。それが、つのる家庭の不和にあることをわかっていた。今までそのことを言おうとしなかったが、時々ふとした発言によって幸せでないと気づいた。ある時、話をしていると彼は言った。「監獄にいる時、私はいつも雑居房より独房を選んだものさ。同房の者の絶え間ないおしゃべりは神経を苛立たせるだけだった。ひっきりなしの話を聞いてやらなければならないし、逃げ出したいが、そこには独房がない」。また別の時には、自分の男を首尾よくつかまえるまでは進歩的な考えを持っているようなふりをして、その後は家族を扶養する男を失うのを恐れ、以前の考えと激しく対立してしまうような娘や女性たちへの皮肉をこめた見方を口に出していた。

私は彼を元気づけるつもりで、話題を変えたり、彼の娘のことを聞いたりした。すると彼の顔は途端に明るくなり、憂さが晴れるのである。ある日彼はその小さな娘の写真を持ってきた。私は今までこれほど似ている親子を見たことがなかった。その子の美しい顔にとても心を動かされ、思わず叫んだ。「どうして彼女を連れてきて私に会わせてくれないの?」。彼は激しい口調で答えた。「なぜだって？母親さ、母親だよ！　もし君がこの母親を知っていさえしたら！」。私はなだめた。「お願い、頼んでいるのよ！　もうそれ以上何も言わないで。彼女のことは知りたくないの！」。彼は興奮して、言葉を連発しながら部屋の中を歩き始め、それから叫んだ。「聞いてくれ、私に話させてくれ！　長い間我慢してきたことを全部君に話したいんだ」。私は止めようとしたが、彼は聞こうとしなかった。

結婚に至る出来事

彼は激しい調子で続けた。「君に対する渇望と悲痛が私をあの女に走らせたのだ。そうなんだ。そうして飲むようになった。私たちの最後の別離の数週間後は飲んでばかりいた。そんな時にあの女に会った。以前にも急進派の会合で会っていたが、何の関心もなかった。ところがその時彼女に誘惑された。私は君を失ったことと酒におぼれていたことで気が狂っていた。だから私は彼女を家に連れていった。君が出て行ったことに対する恨みを晴らそうとして仕事を辞め、放蕩にふけってしまった」。私は胸に鋭い痛みを覚え、彼の手を握り、叫んでしまった。「おおエド、恨みだなんて言わないで」。彼は続けた。「そうさ、そうなんだ！　恨みさ！　憎んでさえいたんだ！　君がいともたやすく私たちの愛と生活を抜け出してしまったから、その時はそう思ったんだ。だが気にする必要はない。自分で片付けるべき問題だからだ。」

私たちは腰を下ろした。彼は私の手にその手を重ね、いくらか穏やかになって話し続けた。「酔っ払いの放蕩は何週間も続いた。時間の観念がなくなり、どこにも出かけず、誰にも会おうとしなかった。家に閉じこもって酒とセックスにうつつをぬかしていた。そしてある日目が覚めるとひどく気分がさっぱりしていた。自分とその女に嫌悪を感じた。だから残酷にもその女に出ていってほしいと言ったのだ。私たちの関係を永久のものにしようとは一度も考えていなかった。彼女の態度は、そういう時に女たちが常に取るようなものだった。つまり彼女は私を冷酷で破廉恥な女たらしだと言った。私が何の感情も示さないのを知ると、彼女は泣いたり懇願したりし始め、最後に妊娠しているのだと言いだした。私は驚き、呆然としてしまった。それはありえないことだと感じていたが、彼女がそんなことをわざわざでっち上げるとも思えなかった。私は金もなかったし、彼女一人を放り出すこともできなかった。まんまと彼女の罠にかかってしまい、何とかそれを切り抜けるしかなかった。

数ヵ月を同じ屋根の下で生活しただけで、私たちはひとつとして共有できる考えを持っていないということを実感した。彼女のすべてが私を不快にさせた。家中に響きわたる甲高い声、絶え間ないおしゃべりと噂話などだ。それらが神経にさわり、しばしば家を飛び出した。だが彼女が私の子供を身ごもっていることを考えると、いつも家に引き返してしまった。子供の生まれる二ヵ月前、いつもの言い争いをしていた時に、彼女は私を騙してやったと嘲った。最初に妊娠したと言った時、妊娠などしてはいなかったんだ。その時、子供が生まれたらすぐに彼女と別れよう決心した。笑うがいいさ。だが小さな子供の誕生は私の魂に不思議な感情を呼び覚ました。それは、私の人生に欠けていたものすべてを忘れさせてくれた。だからとどまったんだ」。私は彼をなだめようとした。「エド、どうしてそんなに自分をいじめるの？　過去のことばかり、どうしてそんなにほじくるの？」。彼は私の手を優しく外した。彼は主張した。「聞いてほしい。そもそもの始まりは全部君がからんでいる。だから最後まで聞くのが筋だよ。」

そうして彼は続けた。「君がヨーロッパから戻ってきた時、私たちのそれまでの生活と、私の現在の在り方との相違がさらにはっきりしてしまった。子供を引き取って、もう一度君とやり直したかった。だが君は他の人々のことや社会活動に夢中になっていた。かつての私への思いから完全に立ち直っているように思えた。」

私は叫んだ。「それは違うわ！　私たちが離れ離れになっていた時でさえ、私はあなたのことを愛していたわ」。彼は答えた。「今はそれがわかっている。しかしその時は君が冷淡でよそよそしく見えた。だから君に助力を求められなかった。私は自分の子供の中に救いを探し求めた。本を読んだ。そして気づいた――そうなんだよ。気づいたんだよ――私たちがよく議論した本を読むことで、いくらかでも気を紛らわせられると。それらの本を以前よりよく理解できた。だが神経が鈍くなってしまっていた。もはやあの甲高い声の響きにひるまなくなっていた。彼女の非難によってしぶとくなり、シニカルになってしまった」。そして笑いながら付け加えた。「その上そのひっきりなしの非難を止める方法も見出したんだ」。彼の声の調子が軽くなったことをうれしく思い、尋ねてみた。「どうやったの？　おそらく私も、ある人たちには応用できるかもしれないわ」。彼は説明してくれた。「そうだね、いいかい。時計を取り出して、あのご婦人につきつけるんだ。そして彼女に五分の猶予を与えると言うんだ。もしそれまでにやめなければ家を出て行くと」。私は尋ねた。「それは効き目があって？」。彼は言った。「まるで魔法みたいなものだ。彼女は台所に駆けこむ。それから私は自分の部屋に入って中から鍵をかける」。私は声を立てて笑った。

だが本当は、常に上品さと平和を愛してきたエドが下品で野卑な状況の中で暮らさざるをえないことを考えると叫びだしたい思いだった。彼はさらに続けた。「それにもかかわらず、ついに破局はやってきた。とにかくそうなるしかなかった。君と再びよき友人にならなかったとしてもだよ。そんな言い争いは子供に悪い影響をもたらすと気づき始めるや、破局はやってくるに決まっていた」。そして彼は、自分の母親にもう一度会いにヨーロッパへ行きたいと長い間思っていたが、その資金がなかったことを付け加えた。だが今や彼はそれが可能な状況であった。彼は子供をウィーンに連れていくのだが、私にも一緒に来てほしいと言うのだった。

エドからのヨーロッパ行きの提案

私は叫んだ。「それはどういうことなの、子供を連れていくとは？　その子の母親のことはどうするの？　彼女の子供でもあるのよ。そうでしょう？　彼女にしてみれば、その子供がすべてであるにちがいないわ。その子供を彼女から奪ってしまうというの？」。エドは立ち上がり、私をも立たせた。彼は顔を私に近づけて言った。「愛情！　愛情！　普通の母親の愛情は子供にキスを浴びせて窒息させるか、殴って殺してしまうかのどちらかだと、君はいつも言っていなかったかい？　急にこのどうしようもない母親に同情するのはどういうことなんだ？」。私は答えた。「わかっているわ、わかっているのよ。何も考えが変わったわけではないのよ。それでもその女性は産みの苦しみに耐え、そして自分の乳でその子を育てたことに変わりはないわ。男性の方はほとんど何もしていない。それなのに子供を連れ去ろうとしているのよ。このことがどんなに不公平なことがわからないの、エド？　一緒にヨーロッパに行くって？　すぐにでもそうしたいわ。でも私のために母親から子供を奪い取ることはできないわ。」

彼は私が偏見から自由になっていないと非難した。男が女に対してやりそうな不当な行為をあげつらい、男ばかりでなく子供も苦しんでいるという不正には目を向けない世の女権主張者と変わらないと言うのだ。彼はいずれにしても小さな娘を連れていってしまうだろうし、自分の子供が争いの絶えない環境の中で成長することにどうしても耐えられないのだ。

エドが立ち去ると、私は相反する感情の中で揺れ動いていた。実際に彼をあの女性の腕に飛びこませたのが私自身であることを認めざるをえなかった。彼から去らなければならなかった時にわかっていたように、他にどうすることもできなかったこともわかっていた。だがそれにしても、私が原因であったことに変わりはないのだ。私はあの恐ろしい夜のエドの暴力の炸裂をはっきりと思い出した。それは彼の心の苦しみをあまりにも証明していた。彼の悲惨な生活に対する私の責任に目をつぶることはできなかった。それならどうして、たった今、彼があの時よりさらに私を必要としているのに拒否したのだろうか？　彼が子供のために求めた助けをどうして拒絶したのか？　その女性は明らかに私にとって何の意味もなかった。それなのにどうして、彼女の失うものに良心がとがめるのだろうか？　単に肉体的に母親となる過程は女性を本当の意味での母にするものではないと、私はいつも主張してきた。それでいて、エドには彼女から子供を奪うべきではないと言ったのだ！

様々に考えた末に、エドの子供の母親に関する私の感情は、一般的な母性への感傷に深く根ざしていたという結論に至った。世の母親はその産みの苦しみの中で、生命を与えた無言の力によって青春と体力を消耗させられ、そしてその老年においては、彼女自身とその命を与えた者たちに重荷を負わせるのである。私はこの母性というものの救いのなさゆえに、これ以上の苦しみを与えたくなかったのだ。

その次にエドが来た時、私はこのことを彼に説明しようとしたが、彼は私の言うことを理解できなかった。彼は私のことを男のように理性的になれる、つまり客観的であると思っていたと言った。だが今、すべての女たちと同じように私が主観的に論じているように彼は感じたのだ。大半の男性の理性的能力は見習いたいほどの印象を受けないし、むしろ女性として自分自身で考えることを大事にしたいと私は答えた。私はすぐに彼に言ったことを繰り返した。つまり、もし彼が一人なら一緒に行くし、それとも後でヨーロッパに彼を訪ねるならとても楽しいだろうが、他の女性の子供を連れて逃げることはできないと。

私は自分の態度がエドとの間に新しく芽生えた友情にわだかまりをもたらすのではないかと心配だった。しかし彼はそのことについて寛容でさっぱりしていた。彼が訪問してくるのは楽しい出来事になってきた。彼は六月に子供を連れてヨーロッパに出発する計画を立てていた。

エドの死

四月の初めに、彼はこれから先一週間はものすごく忙しくなるだろうと私に告げた。彼の会社が大量の木材を購入することになり、その取引のために数日間街を離れることになっていた。しかし彼は私への連絡を欠かすつもりはなかったし、帰る際には電報を打つことになっていた。彼の留守の間、私はブルックリンで夜勤の仕事を頼まれて、肺病の少年の看護に当たった。それには長くて退屈な通勤が必要だった。私は疲れ果てて家に帰り、やっとの思いで風呂に入り、枕に頭を置くとすぐに眠ってしまった。ある朝とても早く、けたたましく執拗に鳴るベルの音に目を覚ました。それは一年以上も会っていなかったティマーマンだった。私は叫んだ。「クラウス！　こんな時間にどうしたの？」

彼の態度はいつになく静かで、ぎこちなく私を見ていた。ようやく重苦しい声で言った。「そこに座ってくれないか。君に言わなきゃいけないことがあるんだ」。彼に何かあったのだろうかと、私はいぶかっていた。彼は話し始めた。「エドのことなんだ」。私は突然嫌な予感がして叫んだ。「エドのこと！彼に何があったの？　病気なの？　何か言伝てがあるの？」

彼は声を詰まらせた。「エド――エド――エドはもう何の言伝てもできないんだよ」。私は平手打ちを避けるかのように手を突き出した。クラウスが震える声で言った。「エドが昨夜死んだんだ」。私は彼をじっと見つめたまま立ち尽くして、叫んだ。「あなた、酔っ払ってるのね！　そんなことありえないわ！」。クラウスは私の手を取って優しく自分のそばに引きよせ、座らせた。「僕は悪魔の使者だよ。君の友人全員の中から、僕がこの知らせを伝える役になってしまったんだ。かわいそうに、何というかわいそうな人だ！」。彼は私の髪をそっとなでつけた。私たちは言葉もなく座っていた。

ようやくクラウスは話し始めた。彼は夕食を共にしようと思ってエドの家へ行った。そして九時まで待っていたが、エドは戻ってこなかったので、彼は帰ることに決めた。ちょうどその時、一台のタクシーがエドの家に向かって走ってきた。運転手はブラディのアパートを探していて、ブラディ氏は車の中にいて気分が悪いのだと言った。誰か彼を運び出すのを手伝ってくれないか？　近所の人々が家から出てきてタクシーの周りを取り囲んだ。エドは車の中でシートに深く身を沈めていて、意識はなく、苦しそうに息をしていた。人々がエドを二階の部屋に運んでいる間に、クラウスは医師を呼びに走った。クラウスが戻ってくると、タクシーの運転手はもういなかった。その運転手から聞き出せたことといえば、彼はロングアイランドの駅近くにある酒場から呼ばれ、そこに顔の傷口から血を流している一人の紳士が背中を丸めて椅子に座っていた。その紳士は意識はあったが、自分の住所を書いた手紙を手渡すのがやっとだった。酒場の主人の説明によれば、その紳士は一杯の酒を注文し、バーで立ったまま飲んだ。それから支払いを済ませて、トイレに行った。その途中で彼は突然卒倒し、額を打ってしまった。このことはそこにいた者なら誰でも知っていることだ。医師はエドを蘇生させようと必死に手を尽くしたが、それは無駄に終わった。エドは意識が回復せずに死んだのだ。

エドの死に顔を看取り、その妻に会う

クラウスの声が私の耳の中で低くうなるように鳴っていたが、かろうじて彼の言っていることを聞き取れただけだった。エドが見も知らぬ人々の中で傷を負い、タクシーに押しこまれ、最も助けを必要としている時にたった一人だったということ以外に、重要なことは何ひとつないのだ。ああエド、私のこ

の上もなき友人、ようやく幸せになれるというその時に命を奪われてしまったのだ！　何というむごいこと、あまりにも残酷すぎる！　私の心には抗うように叫びの声が上がり、胸を締めつける激しい悲しみを和らげる涙も出ずに嗚咽していた。

クラウスは他の友人たちに知らせて、葬儀の準備を手伝わなければならないと言いながら出て行こうとした。私ははっきり言った。「私も行くわ。もう一度エドに会うつもりよ」。だがクラウスは反対した。「それは無理だ！　ブラディ夫人はすでに君を中に入れないと宣言している。生前にもエドを君に奪われたと彼女は言っているし、彼が死んだ今となっては、そばに寄らせないだろう。行けば修羅場になるだけだよ。」

私はエドとの生活の思い出を抱いて一人で残った。その午後遅くイエゴルが来て、エドの死の知らせに震えていた。彼はエドを愛していたので、今や打ちのめされていた。彼の優しいいたわりが私の凍りついていた心を和らげてくれた。イエゴルに抱きしめられて、それまで出てこなかった涙が流れているのに気づいた。私たちは身を寄せ合って座り、エドのこと、その人生、夢、早すぎた最期について語り合った。夕闇が迫ってきて、ブルックリンで私を待っている病気の少年のことを思い出した。かけがえのない死者のそばにいることは許されなかったが、少なくとも生きようと苦闘している私の若い患者の手助けはできるのだ。

私にとって葬式は常に忌まわしいものだった。人々は心の内側を外に出して悲しみを表わしているように思われた。しかし私の喪失感は、そうすることができないまでに深かった。火葬場に行くと、すでに葬儀は終わっていて、棺も閉じられていた。私とエドとの関係を知っていた友人が私のために棺の蓋を上げてくれた。彼の死に顔を見ようとして近づくと、とても美しく穏やかな永遠の眠りについていた。周囲の沈黙が死を陰惨なものにしていなかった。

突然その場に甲高い叫び声が響きわたり、それはずっと続いていた。女のヒステリックな叫び声だった。「私の夫！　私の主人よ！　彼は私のものよ！」。金切り声を上げている女性は鴉の羽根にも似た未亡人の黒いベールをまとっていたが、私と棺の間に身を投げ出し、私を後ろへ押しのけて、遺体の上に覆いかぶさった。驚きの目をした幼い金髪の少女が声も出ないほどに泣きじゃくり、その女性の服をしっかり握りしめていた。

一瞬私は激しい痛みを感じて立ちすくんだ。それから私は静かに出口に向かい、外に出て、目を背けたくなる光景から逃れた。私の心は父親に生き写しのあの子供のことで占められていた。今やあの少女の人生は、エドの望みとはかけ離れたものになってしまうだろう。

◎第27章◎ ターナー支援活動とロチェスターでの出来事

結核患者の看護体験

かつてのエドとの生活の思い出が私の心を一杯にしていた。まさに再び手が届きそうになっていたし、それを熱望していたのに、運び去られただけだった。過去の回想は、私という存在の最も隠された部分を否応なく見つめさせた。つまり私は愛情への飢えとその長い持続の不成立という、奇妙な矛盾に引き裂かれていた。それはエドの場合のように死による終わりだけでなく、また生活が始まったばかりにサーシャを奪われてしまったという事情にも、私という存在が常に介入しているのだ。私には永遠なる愛を拒否するように働きかける他の力が潜んでいた。それらの力は誰も完全に満たすことのできない私特有の熱望の一部なのか、あるいは高き所や理想を極めようとする人々に固有なものなのか、それとも他のものを排除しようとする意図を強めているからなのだろうか？ それらは私が達成しようと望んでいるものの真なる性質において条件付きで課された代価なのだろうか？ 土に根をはやした者は星まで登ることはできない。もし人が高く飛翔したとすれば、情熱と愛情を吸収してしまう深みに長くいることを望んだだろうか？ 自らの信念のために代価を払ったすべての人々のように、私もまた不可避の事柄に直面しなければならないだろう。場合によっては愛も消え去ってしまうし、理想を除いて、私の人生には永久的なものは何もないのだ。

私がニューヨークのリバティで患者とその母親につきそっている間、イエゴルは私のアパートに残っていた。それまで結核患者を看護してこなかったし、その生きようとする不屈の意志や生気のない肉体を焼き尽くす熱も、目の当たりにしていなかった。もはや臨終だと思われたその瞬間に、患者は新たに急激な変化を見せ、最後の生命力を必要とする闘病の未来に希望をつなぐという日々が続いた。ここにいるのは骨と皮だけになり、燃えるような瞳と紅潮した頰をした十八歳の若者で、これからも決して味わうことのない人生について語るのだった。

再び目覚めた彼の意志は常に肉体の衝迫、つまり性への切望をもたらした。私は彼と一緒に四ヵ月を過ごして、ようやくその若者が何を必死に抑えようとしていたかを悟った。だが、私の存在が彼の中でくすぶっている火に油を注いでいるとは少しも考えていなかった。いくつかの事柄が疑念を起こさせたが、患者の熱に浮かされた状態の兆候だと無視していた。ある時、彼の脈拍を測っていると、突然私の手をつかみ、興奮して握りしめた。また別の時には、私が寝具を直そうとかがみこむと、首筋の間近に彼の熱い息を感じた。しばしば私は、彼の大きな燃えている目につきまとわれているのに気づいた。

少年は戸外に面した仕切りのあるベランダで寝ていた。近くにいなければならないので、夜になると私はベランダに隣接している部屋に泊まっていた。母親は私に休息の時間を取らせるために、一日のいくらかは常に彼と一緒にいた。彼女の寝室は台所の奥にあり、ベランダから最も離れていた。この結核患者の世話は、それまでのどの看護よりもつらかった。長年の経験から私は患者の少しばかりの動きにさえ敏感になっていた。だから彼がテーブルの上の小さな呼び鈴を使う必要もほとんどなかった。つまり私には彼の動きが手に取るようにわかっていたのだ。

ある夜、穏やかに眠っているか見るために何度も患者の所に行った。とても疲れていたので、私もまた眠ってしまった。何か胸を押さえつけられているような気がして目を覚ました。すると患者が私のべッドに腰をかけ、熱い唇を私の胸に当て、燃えるような手で私の身体を撫で回していた。怒りにかられ、彼が危険な状態にあるということを忘れて、彼を押しのけ、床に飛び下りた。私は叫んだ。「気でも狂ったの！　すぐにベッドに戻りなさい、さもないとお母さんを呼ぶわよ」。彼は何も言わずに哀願するように両手を差し出し、それからベランダの方へ歩き始めた。その中ほどで彼は倒れこみ、咳の発作で身を震わせていた。腹も立てていたが驚きが先に来て、私は一瞬どうすべきか戸惑った。だがあえて母親を呼ばなかった。つまり私の部屋に彼がいるということは、息子が私を呼んだのに、それに気づかなかったと母親に思わせるからだった。そしてまた彼をそのままにはしておけなかった。彼はあまり重くなかったし、必死になって力をふりしぼった。私は彼を立ち上がらせ、ベッドに運んだ。彼は興奮したことで新たに喀血していた。そのために私の怒りは、死の間際にあってすらもこれほどまでに生に執着しているこの気の毒な少年に対する哀れみにとってかわった。

ずっと発作に襲われているにもかかわらず、彼は私の手にすがりつき、咳の間に母親を呼ばないで、自分のしたことを許してほしいと頼むのだった。私はどのようにしてこの看護の仕事を辞退しようかと考え続けていた。明らかに辞めるべきだった。どのような理由をつけたらいいのか？　母親に本当のことを話すことはできない。なぜならば息子のしたことを信じようとしないだろうし、たとえ信じたとしてもあまりのショックで、少年を促した衝動を理解するために傷ついてしまうだろう。私は不断の看護に疲れ果て、休息が必要だと話すべきなのだ。そしてもちろん彼女が次の看護婦を見つける猶予を与える。しかしながらこの決意を実行に移したのは数週間後だった。私の患者は重態となり、母親自身も心配のあまり肉体的に倒れる寸前であった。ようやく患者が再び死を免れ、回復に向かった時に、私は辞任を申し出た。

再び活動しなければならないことを知る

ニューヨークに戻ってくると、再び新しい住居を探さなければならなかった。またしても近所の人々が、アパートにエマ・ゴールドマンのいることに反対していた。私はさらに広いアパートに移ることになり、弟のイエゴルと、若い同志であるアルバート・ジベリンと同居した。アルバートの経歴は多彩であった。彼の父は活動的なアナキストで、フランス人であり、母は本当に優しい性格のアメリカ人でクウェーカー教徒だった。彼はメキシコで生まれ、そこで子供の時には丘陵地帯を自由に歩き回った。後に彼は、名高いフランス人科学者でアナキズムの代表者であるエリゼ・ルクリュと共に暮らした。彼の傑出した生い立ちと人生の早きにおける特異な影響は、アルバートにめざましい結果を与えていた。すなわち彼は心身ともに美しく、熱烈な自由の賛美者として成長し、優しく思慮深い友人となっていて、私の知っているアメリカ人の若者たちの中でもまったく例外的人物であった。

今回の私たちの共同生活はとても期待に満ちて始まった。それぞれのメンバーは、責任の平等よりもむしろ他人の負担を少なくしようと話し合った。それは私にとっては二重に幸いして、多くの運動への呼びかけに対して自分のエネルギーを注ぐことができた。炊事担当はアルバートで、それをイエゴルとダンが手助けしていた。ダンがやってきた時、私は社会的関心事に専念できていたし、またそれらをも彼らと分かち合っていた。

私は再びサーシャに手紙を書き始めていたし、二人の距離がより身近になっていた。彼は釈放まで三年足らずとなり、新たな希望に満ち、出所後の計画を立てていた。過去数年にわたって、彼は刑務所仲間の一人であるハリーという名の肺病患者に強い関心を示していた。どの手紙にもサーシャはその友人について書いてきたし、特に私があの結核患者を看護していた間は顕著だった。私は自分が用いている看護方法や処置について説明しなければならなかった。ハリーに対する彼の関心は、出所後に医学の勉強を考えさせもした。それゆえに私が送ることのできる医学書、雑誌、肺結核に関係するすべての情報を待ち望んでいた。

ジョン・ターナーの訪米

サーシャの手紙は私に生きる熱意を吹きこみ、また彼に対する賞讃の思いがふくらんで私を満たしてくれた。私もまたわが英雄が再び自由となり、生活や仕事を共にできるすばらしい時を夢見て、計画を立て始めていた。あとわずか三十三ヵ月で彼の苦難は終わりを告げるのだ！

そうしているうちに、ジョン・ターナーが訪米を発表した。彼は一八九六年に訪米して、七ヵ月にわたって広範な講演活動を行なっていた。彼は新しい講演旅行を計画していて、特にアメリカにおいて事務員や販売員として雇われている男女の状況の研究を望んでいた。彼はイギリスにおいて強力な組織にまで発展させた店員組合で大変な成功を収めていた。彼に指導されて、これらの従業員の状態は非常にめざましい勢いで改善されていた。アメリカの労働階級の状況は、ターナーや彼の組合仲間の努力によって改善される以前のイギリスほど悪くはなかったが、労働者たちは目覚める必要があると私たちは確信していた。ジョン・ターナーほどそれにふさわしい人物はいなかった。

ターナーが私たちの理念をより一般的に展開するという貢献ばかりでなく、このような理由で彼の訪問の申し出を歓迎して、輝けるイギリスの同志のための一連の講演の準備にただちに取りかかった。最初の集会は十月二十二日のマレイ・ヒル講堂で開かれることになっていた。

他の多くの人々と同様に、ジョン・ターナーもまた一八八七年のヘイマーケットの悲劇の影響を受けてアナキストとなっていた。国家や政治的行為に対する彼の姿勢ゆえに組合が申し出た下院議員への立候補を拒否すると同時に、声明を述べた。「私の居場所は民衆の中にある。私の仕事はいわゆる『公務』ではない。『公務』とは労働の組織的搾取の一角にある。議会を通じて可能となるささやかな緩和策でさえ、下院議員内の議員よりも、外部からの圧力による組織的労働の方が早いし、効果的である」。彼の立場は社会的諸勢力についての認識と理想への献身を示していた。彼は一度たりともアナキズム運動をやめてはいなかったが、組合活動を最重要課題と考えていた。さらに大衆を無視したアナキズムは現実的な力を欠いた単なる夢になってしまうと主張し続けていたし、労働者を動かそうとするならば、彼らの日常の経済的苦闘に自ら参加すべきだと考えていた。

ジョン・ターナーに対する国外追放の宣告

彼の最初の講演は「労働組合とゼネスト」についてであった。マレイ・ヒル講堂はあらゆる職業の人々でドアの所まであふれていた。大勢の警官が見張りに来ていた。私は聴衆にイギリスの同志を紹介し、それから印刷物の用意をするためにホールの後方に行った。ジョンが話を終えた時、数人の私服の男が壇上に近寄るのを目にした。面倒なことが起こりそうだと感じたので、ジョンに駆け寄った。それらの見知らぬ男たちはターナーに逮捕状が出ていると告げ、移民局の役人であることがわかった。聴衆が状況を理解する時間も与えられず、彼は会場からあわただしく連行されてしまった。

ターナーは一九〇三年三月三日に議会を通過した連邦反アナキスト法の最初の犠牲者という名誉を与えられた。その主たる条文である「すべて組織化された政府を信じない者や反対する者、あるいはすべての政府に対して不信や反対を吹聴したり教唆するいかなる組織の会員、もしくは関係する者は……アメリカ合衆国への入国は認められない」。ジョン・ターナーは自国ではよく知られ、分別ある人たちから尊敬を受け、全ヨーロッパの国に出入りできるというのに、今やどさくさに紛れて立案され、合衆国の最も陰険な連中の後押しで成立した法案の犠牲者になろうとしていた。私が聴衆にジョン・ターナーの逮捕と国外追放を知らせると、もし私たちの友人が去らなければならないことになったら、抗議の闘いをすべきだという満場一致の決議がなされた。

エリス島当局はすべてを独断で処理するつもりでいた。数日間、弁護士も含めて誰一人としてターナーに会うことが認められなかった。私たちはヒュー・O・ペンテコストにターナーの代理人を依頼し、ただちに身柄保護令状の手続きに取りかかった。それは国外追放を延期し、エリス島地方行政官の独断的処置を阻止した。もちろん裁判官は最初の審問でターナーに国外追放を命令し、移民当局に味方をした。それでも私たちにはまだ連邦最高裁判所への上訴が残されていた。大半の同志たちはそのような処置に対し、理念に矛盾しているし、何の結果にも結びつかない金の無駄遣いだとして反対した。私は最高裁判所がやりそうなことに何の幻想も持っていなかったが、ターナーのための闘いは、賢明な民衆の注意を不条理な法に向けさせるこの上もない情宣になると考えていた。少なくとも最終的には、アメリカで自由が保障されている事実について、多くのアメリカ人を目覚めさせる役割を果たすだろう。その中でも政治的庇護の権利が最も重要なことであり、それは七月四日に打ち上げるかんしゃく玉のように何の意味もないだけでなく、空疎な条文と化していた。しかし問題なのは、最高裁判所が彼の事件に判決を下すまでにおそらく何ヵ月もかかるだろうし、ターナーにエリス島で囚人として居続ける意志があるかどうかだった。私はそれについて手紙で彼に尋ねた。すぐに返事が来て、「エリス島の処遇を楽しんでいる」ので、闘いを支援するために全面的に私たちの判断に任せるとあった。

ターナーのための異議の申し立て

一九〇一年以来、私に対して世論の動きは明らかに変化していたが、大多数の人々にとっては依然として大いなるタブーであった。もしターナーを支援し、国外追放令に抗議する活動への参加を望むならば、私は裏方に控えていた方がよいと自覚していた。スミスという私の偽名を用いれば、エマ・ゴールドマンに会うと確実に激怒する人々でさえも、喜んで耳を傾けてくれた。それでもかなり多くのアメリカの急進派の人々は私を知っていて、私の理念に驚かないまでに進歩をとげていた。彼らの支持を受けて、私は自由言論連盟の組織化に成功し、その会員は様々な自由主義分子で構成されていた。その中にはピーター・E・バーローズ、ベンジャミン・R・タッカー、H・ゲイロード・ワイルシャー、E・B・フッツ博士とその息子、セオドール・シュツローダー、チャールズ・B・スパー、さらにその他にも進歩的サークルでよく知られている多くの人々がいた。

連盟の次なる段階はクーパー・ユニオンでの集会を準備することだった。自由言論連盟に属する人々は大半が専門職に従事していて、非常に忙しかった。そのため提案や指示、人々に協力を約束させるための面倒な交渉は私に任された。私は数多くの組合を訪問しなければならなかったが、その結果千六百ドルを集めた。かなり難しいことではあったが、最初上訴に反対していた『自由労働者の声』の編集者であるヤノフスキーに対して、私たちの主張を掲載するために紙面を開放してほしいと何とか説得にこぎつけていた。私は徐々に他の人々にも関心を喚起させ、その中でも最も活動的だったのはボルトン・ホールとその秘書のA・C・プレイデルであり、二人ともこの件に関してたゆまぬ仕事をしてくれた。ボルトン・ホールとは数年前に出会っていたが、魅力にあふれ、慈悲に富んだ人物で、私にとって貴重な友人だった。絶対的自由主義者にして単一納税主義者であり、その伝統的な服装を除いて、彼の高貴な出自から全面的に解放されていた。彼のフロックコート、シルクハット、手袋、そしてステッキは私たちの仲間内でひときわ目立っていたし、特にターナーのために小売商組合を訪ねた時や、彼が組織し、会計係を務めているアメリカ港湾労働者組合を前にして訴えた時に顕著であった。しかしボルトンは自身をよくわきまえていた。自分の流行の服装は労働者にいささかも感銘を与えるものではないと主張していた。私が忠告したとしても、彼は答えただろう。「私の話の重要性とシルクハットとは別のものだと思うが？」

集会準備を首尾よくやりとげる

クーパー・ユニオンの集会はすばらしい成功を収め、演説者たちがあらゆる面にわたって政治的見解を公表した。その中の何人かは自分が感じていることをあからさまに発言できない議員や大学の教授だったので、アナキストを弁護するためにやってきたことに弁解がましかった。しかしその他の人々はもっと大胆で、この集会にふさわしい雰囲気をかもし出していた。こうした人たちの中にはボルトン・ホール、アーネスト・クロスビー、そしてアレクサンダー・ジョナスがいた。またウィリアム・ロイド・ガリソン、エドワード・M・シェパード、ホーレス・ホワイト、カール・シュルツ、それにトーマス・ホール師からの手紙や電報が読み上げられた。彼らはあまりにもひどい法律や、独立宣言や合衆国憲法で保障されている基本原則を覆そうとするワシントン政府の企てに対して否応なしの弾劾を発していた。

私は聴衆の中にいて、努力の結果にとても満足していたし、この集会を準備し進行させてきたのがエマ・ゴールドマンとそのアナキストの同志たちであることに、壇上の大半の人々が気づいていないのだと思い、何かおかしかった。自分たちがこれからなそうとする大胆な行動に対して、いつでもあらゆる弁解を用意している立派な自由主義者たちの何人かは、この集会に「凶暴なアナキストたち」が関係しているのを知ったら、きっとあわてふためき、ショックを受けただろう。しかし私は確信犯であったので、このように重大な問題に対して、臆病な紳士たちにその考えを公表させようとする策謀を企てたことに何のとがめも感じていなかった。

このキャンペーンが盛り上がっている最中に、私はE・B・フッツ博士から、ある患者の世話を頼まれた。以前にも何度か彼と一緒に働こうとしたが、著名な自由思想家であるにもかかわらず、彼もやはり危険な人物であるエマ・ゴールドマンを雇うことをためらっていた。しかしターナーの上訴以来、私たちはよく接触するようになり、それがおそらく彼の気持ちを変えたのであろう。いずれにせよ彼は自分の患者の一人の世話をさせるつもりで私を呼び寄せた。かくして一九〇四年の大晦日、私は自分の手に託された病人のそばにいた。街中から聞こえてくる真夜中の陽気な騒ぎは、ちょうど一年前のマックス、ミリー、そしてエドと過ごしたすばらしい日のことを思い出させた。

頻繁に新しい住居に移らざるをえなかったので、それは習慣になってしまっていて、もはや気にならなくなっていた。今回は友人のアレクサンダー・ホール夫妻が住んでいる東十三番街二百十番地のアパートの一室を借りた。私は旅行に出る準備をしているところだったし、イエゴルは街の外で働いていたし、それにアルバートはフランスへ出発するところだったので、ホール夫妻からのアパートへの同居の申し出は有難かった。もちろんその後、十年間もそこに住み続けるとは夢にも思っていなかった。

ロチェスター訪問とガーソンからの便り

自由言論連盟は、私にジョン・ターナーの闘いのためにいくつかの市への訪問を要請してきたが、さらにそれ以外にも二つの招待を受けていた。ひとつはロチェスターの裁縫師たち、もうひとつはペンシルベニアの鉱夫たちからであった。ロチェスターの裁縫師たちはいくつかの衣服会社ともめごとを発生させていた。これらの会社の中にはガーソン・アンド・メーヤー工場も含まれていた。かつて週給二ドル五十セントで、私の労働力を搾取してきた男の賃金奴隷となっている人々に話をするために指名されるとは奇妙であるが、意味深いことに思えた。私はこの招待を歓迎したし、何より家族に会うこともできるのだ。

ここ数年間、私は以前よりも家族に愛着を感じるようになっていた。とりわけヘレナとは親密な関係を続けていた。ロチェスターを訪れると、私はいつも彼女と一緒にいたし、家族も当たり前のように見ていた。今回の訪問は家族全員が再会する機会であった。また弟のヘルマンとその魅力的で若い妻レイチェルとより親しくなった。学校の授業ではもの覚えの悪かった少年が優れた機械の専門家にまで成長していて、複雑な機械装置の構造を専門にしているのを知った。夜も更けて家族のそれぞれが引き上げても、私はヘレナと二人で後に残っていた。いつもお互いに話し合いたいことが多くあり、別れる時には明け方になっていた。姉はゆっくり寝ているようにと言って、私を気づかってくれた。

ちょうどまどろみかけた時、私は手紙を持ってきた使いの者に起こされた。まだ寝ぼけ眼の状態で、その署名に目をやると、そこに「ガーソン」というサインがあり、驚いてしまった。夢を見ているのではないことを確かめようと、何度もそれを読んだ。自分と同族で、同じ街出身の娘が全国的な名声を得たことにとても誇りを感じていると、彼は書いてきた。それからロチェスターに来ていることはうれしいかぎりであり、ぜひ近いうちに彼の事務所を訪ねていただきたいと伝えてきたのだ。

ガーソン氏の訪問を受ける

私は手紙をヘレナに渡しながら言った。「読んでみて。妹がいかに重要な人物になったかよくわかるわ」。彼女は読み終えてから、私に聞いた。「わかったわ。でもどうするつもりなの？」。そこで私は手紙の裏に書いた。「ガーソン様、私があなたを必要とした時、私は自ら出向きました。今回はあなたが私を必要としているようですから、あなたの方から来ていただきたいと存じます」。心配性の姉はこの成り行きを気にしていた。彼は何を望んでいるのか、そして私が何を言い、何をしようとしているのか？ そこで私はガーソンの望みを推測するのは難しくはないが、それでもなお彼女も同席した上で彼自身の口から直接話してもらうつもりだと言って、彼女を安心させた。彼女の店に彼を迎えて、「レディにふさわしい」やり方で対応するつもりでいた。

午後になって、ガーソンは自分の馬車で乗りつけてきた。この以前の雇い主と会うのは十八年ぶりで、その間ほとんど彼のことなど考えもしなかった。ところが彼が入ってきた瞬間に、彼の工場で過ごしたみじめな数ヵ月のあらゆる詳細が昨日のことのようにはっきりと浮かび上がってきた。再びあの工場と豪華な事務所、テーブルの上の赤い薔薇、奇妙な曲線を描いて立ち昇る葉巻の青い煙、そしてガーソンが気づくまで震えて立っていた私自身の姿が思い出された。それらのすべてが再現され、彼の荒々しい言葉も聞こえてきた。「何か用でもあるのか？」。シルクハットを手にして、私の前に立っているこの老人を見ながら、細部に至るあらゆることを思い出していた。彼が労働者たちに与えていた不正と屈辱、そのために酷使され窮迫していた生活を考えると、私の心は動揺した。彼をドアから追い出したいという衝動をかろうじて抑えた。たとえ私の生命が彼次第だとしても、ガーソンに椅子を勧められなかった。だがヘレナが、座るように言った——十八年前にはそれすらも私にしてくれなかったのだ。

ガーソンの申し出

彼は腰をおろし、私を見つめた。明らかに、私が先に何か言いだすのを待っていた。しかたなく、私は尋ねた。「ガーソンさん、ところで何の御用でしょうか?」。この質問は何かを彼の心に蘇らせたにちがいなかったし、それは彼を狼狽させているようだった。彼はしばらくして答えた。「いや別に何もありませんよ、ゴールドマンさん。ただあなたと何か楽しいおしゃべりでもしようと思っていたのです」。私は答えた。「ああ、そうですか」。そして彼が話しだすのを待っていた。彼は自分が生涯、一生懸命働いてきたと話し始めた。「ちょうどあなたのお父さんのようにね」。自分は少しずつ貯金して、いくらかの金を貯えた。「貯蓄することがどんなに難しいことか知らないだろうね。そう、お父さんに聞いてごらんなさい。お父さんは働き者で、とても正直な人だ。この市に住む者全員が知っていることだ。彼よりも尊敬され、これほど信望の厚い人はロチェスターに誰もいない。」

私は口をはさんだ。「少し待って下さい、ガーソンさん。あなたは何かお忘れのようですね。他の人たちの助けによって金を貯めたということを言い忘れていますよ。あなたのために働く男や女がいたからこそ、こつこつと貯えることができたのです。」

彼は弁解がましく言った。「ああ、もちろんだとも。我々の工場には『働き手』がいる。けれども彼らだって全員それなりの生活をしていたよ。」

「それなら彼らも全員その地道な貯蓄をして工場を設立できたのですか？」

彼らがそうできなかったことを認めたが、それは彼に言わせれば無知で浪費家だったからなのだ。私も続けて言った。「彼らも父と同様、正直な労働者だったと考えておられるのでしょうね？　あなたは父をとてもほめそやしました。だから、まさか父のことを浪費家などと責めないでしょう。父は生涯、まるでガレー船の奴隷のように働き続けました。でも何の富も貯えられず、また工場を開くことなどできませんでした。あなたは成功しているのに、父や他の労働者たちがずっと貧しいままでいたというのはどうしてだとお考えになりますか？　それはあなたがやってきたように、自分の利益のために他の十人の、いや百人、数百人もの人々の利益を搾取することなど考えつかなかったからです。人が金持ちになるのは地道な貯蓄によるのではありません。あなたの『働き手』の労力と彼らを容赦なく利用したことが、あなたの富を築きあげたのです。十八年前、給料を一ドル五十セント値上げしてもらうために、乞食のようにあなたの前に立っていた時、私がこのことに気づいていなかったのはしかたのないことです。もはやあなたの言い訳は通じません、ガーソンさん――今となってみれば、労働と資本との関係の真実が世間で叫ばれているのですから。」

彼は座ったままで私を見つめていたが、ようやく言った。「工場にいたあの小さな娘がこんな雄弁家になると誰が考えただろうか？」。私は答えた。「あなたでないことは確かだ！　それにあなたがそれなりの道をわきまえていたら、その娘もここまでなれなかったでしょうね。ところで私に事務所に来てほしいというあなたの頼みは一体どうなったのです。何の御用なのでしょうか？」

彼は労働者がその権利を持っているということについて話し始めた。つまり労働組合とその要求（道理にかなっていれば）を認めてきた。そして労働者の利益になるように、工場では多くの改善を行なってきた。しかし昨今は厳しく、彼は多大の損失を蒙ってきた。もし労働者の中で不平を言う者たちが道理に従って、しばらくの間忍耐し、妥協さえしてくれれば、すべてが友好的に解決する。そして彼は提案した。「あなたがこのことを労働者を前にして話してはくれないだろうか。彼らにも少しは私の立場をわかってもらいたいのだ。あなたのお父さんと私はとても仲の良い友人だ。ゴールドマンさん、彼が困っていれば、私は何でもするつもりだ。お金を貸すなり、何とかして手助けするつもりでいる。それにその才知あふれる娘さんについては、すでに手紙に書いたように同族ゆえにとても誇りに思っている。そこでこの私の気持ちをささやかな贈り物で示したいのだ。ゴールドマンさん、あなたは女性だから美しい物がお好きでしょう。何が一番お望みか言って下さい。」

彼の言葉は私に何の怒りももたらさなかった。おそらくそれは、手紙からそのような申し出を感じ取っていたからだ。気の毒な姉は悲しく心配そうな目で私を見つめていた。私は静かに椅子から立ち上がった。ガーソンも同じように立ち上がり、お互いに向かい合うと、彼のしなびた顔には老いた者の微笑が見られた。

ガーソン来訪の成果で聴衆を喜ばす

私は言った。「ガーソンさん、あなたは相手を間違えたようですね。エマ・ゴールドマンを買収することはできません。」

彼は叫んだ。「誰が買収の話なんかしているのか？　あなたは勘違いしているようだ。少し説明させてくれ。」

私は彼をさえぎった。「いいえ、その必要はありません。必要な説明は、今夜招いてくれた労働者たちの前で私がしますから。もはやこれ以上お話することはありませんわ。どうぞ、お帰り下さい。」

彼はシルクハットを手にして、渋々出て行った。ヘレナが後に続いて、彼をドアのところまで見送った。

熟慮の末、私は彼の申し出を集会で何も話すまいと決心した。それは賃金論争という中心問題をあいまいなものにしてしまい、労働者側の利益になるような解決策に悪影響を及ぼすのではないかと感じたからだ。さらに私はロチェスターの新聞にこの話がもれることを望んではいなかった。つまり彼らのようなスキャンダル屋の恰好の種にはしたくなかった。しかしその夜、私はガーソンがいかにして富を獲得したかという説明を繰り返し述べ、彼の政治的経済活動を労働者たちに語った。聴衆は大いに楽しんでいたが、それだけがガーソンの来訪の成果であった。

ツォルゴッツの逮捕と裁判の詳細

ロチェスターでの短期滞在中に、別の訪問客があり、ガーソンよりはるかに興味深い人物であった。この人は女性新聞記者で、ミス・Tと名のっていた。彼女は私との会見のためにやってきたのだが、注目すべき話を残していった。それはレオン・ツォルゴッツのことだった。

その話によれば、彼女は一九〇一年にバッファローのある日刊新聞社の記者であったが、大統領が来るというので博覧会の会場に派遣されていた。そしてマッキンレー大統領と握手するために人々が行列を作っているのを見ていた。その行列の中に白いハンカチを手に巻いた若い男がいて、他の人々と一緒に進んでいるのに気づいた。大統領の近くまで行くと、彼はピストルを取り出して発砲した。パニックとなり群衆はあわてふためいて四散した。そばにいた人たちは負傷したマッキンレー大統領を抱き起こし、集会ホールへ運んでいった。他の者たちは加害者につかみかかり、打ちのめされて倒れても、彼を殴りつけた。突然激しい悲鳴が聞こえてきた。それは地面に倒れている若い男の発したものだった。たくましい黒人が彼の上に乗って、その目に爪を立てていた。この陰惨な光景を見て、彼女はあまりの恐ろしさに気分が悪くなった。そして急いで新聞社へ戻り、記事を書いた。

編集主幹は彼女の記事を読むと、黒人がツォルゴッツの目をえぐり出そうとしていた部分は省かねばならないだろうと示唆してから、言った。「アナキストであっても、そこまでやるのは残酷だということではない。私だってそうしたかもしれない。しかし私たちは殺人者に対してではなく、大統領への読者の同情を必要としているんだ。」

ミス・Tはアナキストではなかった。実際に彼女は私たちの理念などまったく知らなかったし、マッキンレー大統領を襲った男の味方ではなかった。しかし彼女の目撃した光景や編集主幹の残忍さが、ツォルゴッツに対する気持ちを和らげていた。彼女は何度か牢獄にいる彼に接見しようとしたが、一向に成功しなかった。他の記者たちから、ツォルゴッツがひどい暴行を受け、拷問されたので、人目にさらすことができないのだと知らされた。彼は重態で、法廷に引き出されるまで命がもつかどうか危ぶまれていた。しばらくして彼女は、この裁判の取材を命ぜられた。

法廷は重武装の警官によって警備され、大半が身なりのよい婦人たちからなる物見高い人々でいっぱいだった。緊迫した空気に包まれ、すべての視線はこれから囚人が入ってくる扉に向けられていた。突然群衆の中にざわめきが起こった。扉が荒々しく開け放たれ、若い男が警官に支えられ、半ば抱えられるようにして法廷に入ってきた。彼は青ざめ、痩せ衰えていた。頭には包帯が巻かれ、顔は腫れ上がっていた。それは無惨な光景だったが、人々は彼の目をとらえていた――大きく見開かれ、思いつめたような眼差しをしていた。その目は法廷の中をひとしきり見回し、一心不乱に旧知の顔を探していた。その後、彼の目から一途な思いは消え、まるで何か心の内部の幻想に照らし出されたかのように光り輝きだした。ミス・Tは話し続けた。「夢想家や預言者のような眼差しでした。私は彼に向かって、あなたは一人ではない、私があなたの友だと叫ぶ勇気がないことを考えると恥ずかしさでいっぱいだった。その後何日も、彼の眼差しが焼きついて離れなかった。そして二年間というもの、私は新聞社に近づけませんでした。今でもフリーランスの仕事をしています。またしてもあのような体験をもたらすことになる定まった仕事を考えると、すぐにあの眼差しが目に浮かんでくるのです」。そして彼女は付け加えた。「私はずっとあなたにお会いしたかったのです。このことをお話しするために。」

あまりのことに胸がつまり、言葉もなく、黙って彼女の手を握りしめた。気持ちを落ち着けて、彼女に私の思いを伝えた。レオン・ツォルゴッツが飢えた狼たちであふれる裁判所の中で、少なくとも一人の味方が近くにいたことに気づいたであろうと信じていると。ミス・Tが語ったことは、自分の推測と一九〇二年にクリーヴランドを訪れた際にレオンについて知ったすべてを結びつけるものであった。私は彼の両親を探し出していた。彼らの生活は暗く、父親は苦労の末に頑固になっていたし、継母は鈍感で抜け殻のようだった。彼の実の母親は赤ん坊の時に死んでいたし、彼は六歳の時から靴磨きや新聞売りのために街頭に立たされた。家にそれなりの金を持って帰らないと罰を受け、食事も与えられなかった。惨めな子供時代によって、彼は臆病で内気な性格になってしまった。十二歳になると工場で働き始めたが、無口な若者となり、人から離れて読書に没頭していた。家では「馬鹿者」と呼ばれ、工場では変わり者で生意気だと思われていた。内気で辛い仕事にあえいでいる彼の姉だけが優しかった。私が彼女に会った時、彼女は一度、牢獄にいるレオンの面会にバッファローへ行ったが、もう来ないでほしいと言われたと話していた。彼女は言った。「弟は私が貧乏なことを知っているんです。私たちの家族は近所の人々から嫌われていました。父は仕事を馘になりました。ですから私は二度と行きませんでした」。彼女は泣きながら繰り返した。

おそらくそれがこの気の毒な女性にできる精一杯のことだったのだ。馬鹿げた本を読み、馬鹿げたことを夢見、馬鹿げたことをしでかし、死に直面してさえも変わり者である少年に対して、してやれることだった。

非凡で志を持っている人々でさえ、世間では変わり者と見なされているが、それでも彼らこそが、往々にして狂った世界では最も健全なのである。

ペンシルベニア鉱山を訪ねる

ペンシルベニアにおいて、ストライキ「収拾」以後の鉱夫たちの労働状態が、一八九七年にこの地方を訪れた時よりも悪くなっていることを知った。人々は以前にもまして抑圧され、無力になっていた。だが私たちの同志だけは機敏に活動していたし、組合の指導者たちの裏切りによってもたらされた恥ずべきストライキの敗北以後も、きわめて決然としていた。彼らは時間給で働いていて、やっと生活していけるかどうかの稼ぎしかなかったが、それでも何とか工面して情宣活動のためのカンパをしてくれた。私たちの主義に対するそのような貢献を目の当たりにして、大いに勇気づけられた。

私は旅行中に、訪問に先だって二つの経験をした。ひとつは鉱山で、もうひとつは労働者の家庭でのことだった。以前に訪れた際に、私は昼食時に立坑のひとつにいる男たちと話をするために、採掘坑に連れていってもらった。現場監督がいなかったので、鉱夫たちは熱心に私の話を聞いてくれた。私は真黒な顔の男たちに取り囲まれて座っていた。話している最中に、身体を丸めて一緒にいる二人の人間を目にした――年老いた男と子供であった。私は誰なのかと聞いてみた。すると答えが返ってきた。「あれはジョージ爺さんだ。彼は九十歳で、もう七十年も鉱山で働いている。子供のほうは彼の曾孫で、十四歳だと言っているが、まだわずか八歳なのは明らかです」。私の同志はただ事実を事実として述べているようだった。九十歳にもなる男と八歳の子供が、真暗な穴の中で一日十時間も働いているとは！

最初の集会の後の夜、私はある鉱夫の家に泊めてもらうことになった。案内された小さな部屋にはすでに三人が寝ていた。狭い囲いの中に二人の子供、折りたたみ式のベッドに少女がいた。私は彼女とベッドを共にすることになった。両親と赤ん坊の女の子は隣の部屋で眠っていた。私は喉の渇きを覚えていた。部屋の息詰まるような空気に咳こんでしまった。夫人が一杯の熱い牛乳を持ってきてくれた。私は疲れていて眠かったが、男の息遣いと赤ん坊の哀れな泣き声、そして赤ん坊を眠らせようとしている母親の単調な足音が聞こえて、その夜は寝苦しかった。

朝になって、私は赤ん坊のことを尋ねてみた。あんなに泣くのは病気なのか、それともお腹がすいていたからなの？　乳がよく出なくて、足りないのだと母親は言った。つまり赤ん坊は牛乳で育てられていたのだ。私は身を切られるような思いに駆られて、叫んでいた。「それでは、あなたは赤ちゃんの牛乳を私に下さったのですね！」。夫人はそれを否定しようとしたが、彼女の目を見て、私の考えが正しいことがわかった。私は彼女をとがめてしまった。「どうしてそんなことをしたのですか」。彼女は言った。「この児は夕方に一本飲んだのです。でもあなたは疲れていらしたし、咳をしておられましたから。他に私に何ができましょうか？」。私は恥ずかしさで身体が熱くなり、そして貧困にまみれながらも、その下にある優しい思いやりに感服し、圧倒されていた。

再びスペンサー夫人の看護をする

小旅行を終えてニューヨークに戻ると、ホフマン医師からの伝言が届いていて、再びスペンサー夫人の看護をしてほしいということだったが、夜はターナーのためのキャンペーンでふさがっていたので、昼間しか引き受けられなかった。患者はそれに同意したが、数週間後には夜も看護をしてほしいと頼んできた。彼女は私にとって単なる職業上の患者以上の存在となっていたが、現在の生活を認めるわけにはいかなかった。彼女が売春宿の収益で暮らしているというのはひとつの事実であったし、そのような家で働かなければならないということに対して強い違和感があった。確かに私の患者の職業は、レインズ・ホテルという表向きは立派な名前のホテルの経営であった。悪徳の排除のためのすべての法律と同様に、レインズ法も、それが廃止を要求している当の事柄を繁盛させているだけだった。そのおかげでホテルの経営者たちは同居人に対する責任を免れ、売春からの収益を上げる一方だった。

もはや客たちはスペンサー夫人の所へ来る必要がなかった。今では女たちは街頭で客引きをしていた。雨の日も寒い日も、健康であろうと病気だろうと、不幸な女たちは仕事に精を出し、年寄りもいやな奴でも相手かまわず、誘いに応じた男たちを喜んで客にするのだった。その上彼女たちは警官からの迫害に耐え、適当な場所で「仕事をする」権利を得るために、所轄署に賄賂を払わなければならなかった。それぞれの場所には相場の値段があり、女たちが男たちから稼げる金額によって決められていた。たとえばブロードウェイではボウェリーより高い賄賂が支払われた。持ち場を巡回する警官は、賄賂を払わない女たちに商売をさせないように目を光らせていた。他人の縄張りを荒らそうとする女は誰であれ逮捕され、しばしば感化院に送られた。当然の成り行きとして、女たちは自分の縄張りにしがみつき、そこに「帰属しない」いかなる同業者の侵入をも決して許さなかった。

看護から手を引く

また新しい法律の結果として、レインズ・ホテル経営者と売春婦たちとの間にも、ある一定の協定が結ばれていた。つまり、売春婦たちは客に飲ませた酒代の歩合を受け取るというものであった。それは売春宿が廃止され、街頭に放り出されてからの彼女たちの主な収入源となっていた。売春婦は男から無理を強要されても、それに耐えざるをえなかった。それは特に男がホテルの部屋代も払うことになっていたからだ。男たちの数々の要求に応じるために、また客に多く飲ませるためにも、彼女たちは大酒飲みになるしかなかった。このような哀れむべき女奴隷たちやその男たちが疲れ果て、苦悩の色を滲ませ、しかもほとんどは酔っ払っていて、夜通しスペンサー夫人のホテルに出入りするのを見たり、起きていることを耳にせざるをえないことにもはや耐えられなくなっていた。さらにホフマン医師の話によれば、私たちの患者は永久に治癒する見こみがなかった。薬の長期常用で、彼女の意志は破壊され、抵抗力も弱っていた。私たちがどれほど巧みに彼女を薬から遠ざけたとしても、いつも薬に逆戻りしてしまうのだった。私は彼女に辞任の意志を伝えた。彼女は猛烈に怒りだしわめきちらしたが、最後には望む時に世話ができないなら、いないほうがよいと言った。

ロシアでの闘いに献身する

私は社会的活動に全力を注ぐ必要があり、その中でもジョン・ターナーのキャンペーンが最も重要だった。彼の上訴が宙ぶらりんになっている間に、弁護士が五千ドルの保釈金で同志の釈放を勝ち取った。

彼はすぐに講演旅行に発ち、多くの街を訪れ、聴衆があふれる会場で何回となく講演をした。もし彼が逮捕されず、国外追放の危険に脅かされることがなかったなら、ごく限られた聴衆にしか訴えられなかったであろう。ところが今になってみると、新聞が反アナキスト法やジョン・ターナーに関しての記事にかなりの紙面を割いていたので、多くの人々が論理的かつ説得力のある言い方で説かれるアナキズムを耳にする機会を持つことになったのだ。

ジョンは組合の休暇を利用してアメリカに来ていた。休暇が終わりそうになっていたので、彼は最高裁判所の裁決を待たずしてイギリスに戻る決心をした。最終判決が下され、私たちの予想通りの結果となった。それは反アナキスト法の合憲性を認め、ターナーの国外追放命令を支持するものだった。だが、いずれにしてもこの馬鹿げた法律は自らの首を絞める結果になるだろう。合衆国に来ることを望んでいるヨーロッパの同志は、もはや移民局の役人にその理念を正直に打ち明けなくなるからだ。

これ以後、私は英語による情宣活動に、より多くの時間を費やした。それはアメリカの民衆にアナキストの思想を伝えたかっただけでなく、ヨーロッパでのいくつかの大きな出来事に対する関心を喚起したかったからだ。それらの出来事の中でも、ロシアにおける自由のための闘いは最も理解されていなかった。

◎第28章◎ バブーシュカとオルレネフの訪米、マッサージ室の開業

ロシアへの関心を喚起させようとする

何年にもわたって、「自由ロシアの友の会」というアメリカ人のグループは、ロシアの専制政治の本質に関して、この国を啓発するためにめざましい働きを行なっていた。ところが現在、その組織は沈滞していたし、急進的なイディッシュ語新聞の注目すべき努力も、完全にイーストサイドだけに限られていた。ツァーの手先たちはロシア教会、領事館、そしてジェームス・ゴードン・ベネットの所有する『ニューヨーク・ヘラルド』を通じて、アメリカにおける邪悪な宣伝活動を広範囲に展開していた。これらの力が結集することで、専制君主は自国の悪に対して責任のない心優しい夢想家であるかのように描かれ、その一方でロシアの革命家たちは極悪非道の犯罪者として告発されていた。今こそ私は革命的ロシアの英雄の大義を弁護し、アメリカ人の心に強く訴えるために、持てる力をすべて使おうと決心した。

私の努力はロシアのための他の様々な活動と同伴していたが、社会革命党のメンバーであるローゼンバウムとニコラエフという二人のロシア人がニューヨークに来たことによって、大いなる支援を受けることになった。彼らは何の予告も通告もなしにやってきたのだが、実に広範囲に影響を及ぼす仕事を果たし、多くのロシア自由化闘争の著名なリーダーたちの訪米への道を開いた。ニューヨーク到着後の数週間足らずで、ローゼンバウムはイーストサイドの戦闘的分子を社会革命党の一派にしてしまった。こ

の党が無政府社会という私たちの理念に賛成していないことは知っていたが、私もその党員となった。私を惹きつけ、新しく作られた組織のために働く決心をさせたのは、ロシアにおける彼らの活動にあった。さらにロシア革命の祖母とされ、バブーシュカと愛称で呼ばれているカテリーナ・ブレシュコフスカヤの訪米が近づいているというニュースによって、私たちの精神は昂揚していた。

ロシアの事情に通じている者であれば、ブレシュコフスカヤがその国の最も英雄的人物の一人であることを知っていた。それゆえに彼女の訪米は異例の関心を呼ぶ出来事になるだろう。私たちは彼女がイディッシュ語を話す人々には好評を博すことに何の疑いも持っていなかった――彼女の名声がそれを保証していたからだ。しかしアメリカの聴衆は彼女については何も知らなかったし、彼らの関心を得るのは困難に思われた。バブーシュカの側近のニコラエフが、彼女の訪米目的は資金の調達だけでなく、民衆の感情を目覚めさせることにあると知らせてきた。彼は「自由ロシアの友の会」との協力方法を話し合うために、しばしば私を訪ねてきた。おそらくアメリカの中でもジョージ・ケナンだけがバブーシュカを知っていて、彼女についての記述を残していた。『展望』のライマン・アボットもまた関心を持っていた。ニコラエフは私に彼らと会うように勧めた。エマ・ゴールドマンならこれらの超有名人に簡単に近づくことができると信じている彼の純真さがおかしかった。私は彼に言った。「もし私が本名で会いに行ったなら、ブレシュコフスカヤのせっかくの機会をだいなしにしてしまうだろうし、だからといってスミスというような誰だかわからない名前を名乗れば、まったく相手にされないだろう」。私の心にはアリス・ストーン・ブラックウェルのことが浮かんだ。

一九〇二年にブラックウェル女史の手になる数編のロシア詩の翻訳を見つけ、そして後にロシアの闘争についての彼女の共感的な記事を読んだことがあった。私が感謝の意を表わす手紙を書くと、彼女は返事を寄こして、誰かユダヤ語の詩を英訳できる人物を推薦してほしいと頼んできた。私はしかるべき人物を世話し、それ以後文通を続けていた。今度もブラックウェル女史に手紙を書いて、ロシアのためにアメリカ人に働きかけようとしている私たちの努力について、ロシアの現状に関する詳細なる情報を彼女に提供できるニコラエフのことも含んで伝えた。ブラックウェル女史からすぐに返事があり、ニューヨークに行って私に会うつもりだし、最近編成された自由ロシアの友の会の会長であるウィリアム・ダッドレイ・フォークも同行すると書いてきた。

フォークはローズヴェルトの熱狂的な支持者であった。私はニコラエフに言った。「その気の毒な男は、スミス女史が誰であるか知ったなら、きっと卒倒してしまうわ」。ブラックウェル女史については何も心配していなかった。ニューイングランドの古い血筋を引いていて、精力的な自由の闘士であった。それに彼女は私が誰であるか承知していた。しかしローズヴェルトの支持者については——彼が来ることでどうなるのか？　ロシアでの最も偉大な革命家たちは偽名を使って活動していると言って、ニコラエフは私の心配を振り払ってくれた。

お歴々と親しくなる

まもなくアリス・ストーン・ブラックウェルが到着し、私たちがお茶を飲んでいると、ドアをノックする者があった。ドアを開けると、五階まで上がってきたために息を切らしている、背の低いがっしりした男が立っていた。彼はあえぎながら尋ねた。「あなたがスミス女史でいらっしゃいますか」。私は大胆に答えた。「そうです。あなたがフォーク氏でしょうか？　どうぞお入りください」。東十三番街二百十番地のエマ・ゴールドマンのアパートで、立派なローズヴェルト派の共和党員がお茶をすすりながら、ロシアの独裁政治を倒す方法と手段を話し合っているのは、新聞にはまさにうってつけの話であっただろう。だから新聞記者たちにこの会合を気取られないように細心の注意を払ったし、この秘密の会合は滞りなく運んだ。ブラックウェル女史とウィリアム・D・フォールク氏は、ともにニコラエフの語るロシアの惨事に深い同情を示していた。

数週間後、ブラックウェル女史が伝えてきたところによれば、自由ロシアの友の会ニューヨーク支部が結成され、ミノット・J・サベージ牧師が会長に、ロバート・アースキン・エリイ教授が書記に就任し、ブレシュコフスカヤ夫人がアメリカ民衆の前に立てるように全力を尽くす計画を立てていた。それは私たちのささやかな会合による、早々とした満足できる成果であった。それにしてもエリイとは！私は一九〇一年のピョートル・クロポトキンの訪米の際に、彼に会っていた。彼はアナキストたちと付き合うことで、自分が長である政治経済学者同盟の後援者に対する立場を悪くすることを常に恐れている、極度に臆病な男のように思われた。確かにクロポトキンはアナキストではあったが、同時に公爵、科学者でもあり、さらにローウェル学院で講義をしていた。

エリイはクロポトキンが「公爵」であるということを重視していると私は感じていた。英国人は王室を持ち、それを愛しているが、アメリカ人の中には爵位ほしさに王室を愛している者もいた。クロポトキンが革命の列に加わった時に自分の地位を捨てたということは、彼らにとっては重要ではなかった。ピョートルが話してくれたシカゴ滞在での逸話を思い出した。それは彼の同志たちがパーソンズやスピエズその他のヘイマーケット事件の殉教者たちの墓を訪れるために、彼のワルトハイム行きを手配した時のことだった。その同じ日の朝に、彼はポッター・パルマー夫人が主宰している社交界の婦人グループから昼食の招待を受けた。「公爵様、ぜひいらしてくださいますわね」。彼は辞退の言葉を述べた。「申し訳ございませんが、ご婦人方、私には同志と先約がございますので」。ところがパルマー夫人は言い張った。「まあ、いけませんわ。公爵様は私たちとどうしても一緒に来て下さらなくては！」。そこでピョートルは答えたのだった。「奥様、どうぞあなた方はその公爵様をお連れなさい。私は仲間の所へ参ります。」

エリイ教授に対する私の印象から考えて、バブーシュカのために働いてもらうためだけでなく、彼の心の平安のためにも、E・G・スミスが誰なのか知らせるべきではないと思った。ターナー裁判の時と同様に、私は再び背後にいて、仲介者としての役割を果たさなければならなかった。臆病な人々が騙されたとしても、それは私の意図したものではないし、彼らの狭い了見ゆえに必然的にそうなるのだ。

バブーシュカ、アメリカに到着

カテリーナ・ブレシュコフスカヤは、到着するとすぐに大勢の人に取り囲まれた。その中にはロシアに対する純粋な関心というよりも、単なる好奇心に動かされての者も多かった。私はその仲間に加わる気がしなかったので、待つことにした。ニコラエフがすでに私のことを話していたし、彼女も会うことを希望していた。

ロシアの革命闘争に参加しているヴェーラ・ザスーリッチ、ソフィア・ペロフスカヤ、ジェシー・ヘルフマン、ヴェーラ・フィグネル、そしてカテリーナ・ブレシュコフスカヤといった女性たちの生き方を最初に読んで以来、それは常に私の励みとなっていたが、彼女たちの誰にも会ったことがなかった。だからブレシュコフスカヤが滞在している家に着いた時には、私は大いに興奮し、畏怖の念すら抱いていた。彼女は照明も暗く、暖房も不十分な味気ない部屋にいた。黒いドレスに厚手のショールをまとい、頭には黒いスカーフをかぶっていて、スカーフの端から波打っている灰色の髪がのぞいていた。大きな灰色の目は英知と洞察力を表わし、六十二歳の女性にしてはとても若々しい眼差しであったが、それを除くと彼女はロシアの農婦のような印象を与えた。彼女と十分間向かい合っていただけで、私はずっと前から知っていたかのように思われた。彼女の純朴さ、声の優しさ、そして身振りなどのすべてが、春の日の芳香のような感動を私に与えた。

ニューヨークでの彼女の最初の講演はクーパー・ユニオンで行なわれたが、それは近年にない励みとなる声明であった。バブーシュカはこのような大集会に登場する機会がこれまでになかったので、最初は少し神経質になっていた。しかし周囲の状況を把握してから講演を始め、聴衆を魅了した。実際に翌日の新聞は全紙が一致して、偉大な老婦人に賛辞を呈していた。彼らは自国にではなく、はるかに離れたロシアに向けられた攻撃に対しては寛大になれるのだった。それでもその好意的報道は、バブーシュカが訴えようとしてやってきた主義に対する関心を喚起させることがわかっていたので、私たちは新聞の姿勢を歓迎した。続いて彼女はサンライズ・クラブで、クラブ始まって以来の大聴衆を前にして、フランス語で講演した。彼女のために催される私的な集まりでもほとんどそうだったが、私はそこでも通訳を務めた。これらの私的な集まりのひとつが、東十三番街二百十番地でも催され、私の小さなアパートにはとても多すぎるほどの人数が集まっていた。アーネスト・クロスビー、ボルトン・ホール、コリエル一家、ギルバート・E・ロウ、そしてフェルプス・ストークス、ケロッグ・ダーランド、アーサー・ビュラード、ウィリアム・イングリッシュ・ウォーリングといった大学セツルメントのメンバーや急進派の有名な女性たちもいた。看護婦セツルメントのリリアン・D・ウォルドも温かい対応をしてくれた。彼女はバブーシュカのためにいくつかの歓迎会を準備し、多くの人々にロシアの運動についての関心を抱かせるのに成功した。

バブーシュカのバイタリティに驚く

夜遅くの集まりの後、バブーシュカはよく私のアパートに泊まりに来た。彼女は五階までの階段を恐れ入るほど元気にはつらつと駆け上がり、私を驚かせた。私は彼女に尋ねたことがあった。「ねえ、バブーシュカ。長年にわたって、亡命と牢獄の生活をしてきたのに、どうしていつまでも若々しいのですか?」。すると彼女は逆に質問してきた。「それよりも、このような精神を破壊する物質主義の国に住んでいて、どのようにすれば自分を失わずにいられるのですか?」。彼女の長い亡命生活は決して沈滞したものではなく、常に流動している政治的亡命者の群れに活気づけられていた。彼女は言った。「私には自分を鼓舞し、支えるものが多くありました。ところが理想主義は罪だと見なされ、反逆者は追放され、さらに拝金主義のこの国において、あなたは何をお持ちなのですか?」。それは彼女自身も含めた先人たちの姿であり、たゆまずに努力する勇気を与えてくれる私たちの理念であるという以外に、私は答えられなかった。私の情宣活動の人生において、バブーシュカと過ごした時間は最も貴重で実りある経験であった。

この時期におけるロシアへの私たちの熱心な運動は、ペテルブルグの一月二十二日の恐ろしい惨劇のニュースによってさらなる意義が加わった。ガポン神父を先頭にして、ツァーに救済を求めて冬の宮殿の前に集まった数千人の人々が、専制君主の腹心の部下たちによって残酷になぎ倒され、虐殺されたのだ。それまで多くの進歩的アメリカ人はバブーシュカの活動に加わろうとはしなかった。彼らは彼女の個性や勇気、堅忍不抜な姿勢に対しては敬意を表していたが、彼女が語るロシアの現状については懐疑的だった。つまり彼らは、事態がこんなに悲惨であるはずはないと主張していた。「血の日曜日」の虐殺はバブーシュカの描いたロシアの現状に悲劇的意味合いと論議の余地のない証明を与えた。優柔不断な自由主義者たちでさえも、もはやロシアの状況に目をつむることができなくなっていた。

ロシア式の新年舞踏会で、私たちは輪になって一九〇五年の到来を祝い、バブーシュカは「カザチョク」を男の子と踊った。若々しい精神を備え、血色の良い頬と輝く目をした六十二歳の女性がロシアの大衆舞踊に身を躍らせているのを見るのは楽しいものだった。

一月になるとバブーシュカは講演旅行に出かけたので、私は他の関心事と活動に戻ることができた。かわいいステラが晩秋に私と暮らすためにロチェスターから出てきていた。それはステラの幼い頃からの大きな夢だった。マッキンレー事件のヒステリックな社会状態の中で私がかろうじて逃亡していたことは、姉のレナの態度に感化を及ぼしていた。ステラの母親である彼女は私に対して前より親切で優しくなった。レナはステラの私への愛情を妬むこともしなくなり、自分の子供に対する私の関心がいかに深いかを理解するようになった。ステラの両親は娘がニューヨークで成長するよい機会であるし、私と一緒であれば安全だと考えていたのだ。彼女の誕生は暗い青春を明るくしてくれたし、私はそのかわいい姪と一緒に住めるという期待で幸せになっていた。ところが長い間待ち焦がれていたその時が来てみると、私はバブーシュカのことであまりに忙しかったのでステラに多くの時間を割けなかった。年老いた革命家は私の姪に魅了されていたし、姪もバブーシュカの魅力に取りつかれていた。それでも私たちはお互いをもっとよく知りたいと願っていた。そして革命の「祖母」の出発で、ようやく今、私たちはより近しくなれたのだった。

バブーシュカがヨーロッパへ帰る

ステラはまもなく判事の秘書の職を見つけた。だがもし彼女がエマ・ゴールドマンの姪であることを知ったら、判事は恐怖のあまり死んでしまうだろう。そして私は再び看護の仕事を始めたが、しばらくしてバブーシュカが西部の旅行から戻り、またしても彼女とその仕事のために時間を取られるようになった。彼女はロシアに武器を密輸入する仕事を任せられるに足る人物を探していると、私に打ち明けた。私はすぐにエリックのことを思い出し、彼がサーシャのためにトンネルを掘っていた時に示した勇気と忍耐についてバブーシュカに話した。エリックが優れた船乗りで、大型ボートを操縦できることに彼女はとりわけ執心だったし、意見を述べた。「それはフィンランド経由の輸送を容易にするし、陸伝いでやるよりも疑いを招かなくてすむでしょう」。私はバブーシュカをエリックに会わせた。エリックはとてもよい印象を与えたようで、彼女は言った。「この仕事に打ってつけの人物です。冷静で勇敢、そして行動の人です」。彼女がニューヨークに戻る時、エリックも同伴した。彼の航海のための準備はすでに整っていたのだ。危険な航海に出発する前に、陽気なヴァイキングにもう一度会えたのは何よりだった。

偉大な老婦人の出発を前にして、私は東十三番街二百十番地で、彼女の送別会を開いた。彼女の旧友や、この愛すべき女性の新たな友人たちが出席した。彼女はこの夕べに雰囲気を添え、誰もがその大きく自由な精神に感化されていた。私たちがすべてをわかっているように、彼女もロシアの専制政治の巣窟へ帰れば、どのような危険が待ちかまえているかを知っていたが、それでも「祖母」の眉には何の曇りもなかった。

マッサージ室を開く

バブーシュカが出国してみて、初めて私はどんなにこの一ヵ月が大変であったかに気づいた。私はまったく消耗しきっていたので、看護という厳しい仕事に耐えられなかった。しばらく前から、講演活動を続けながらこの職業につきものの厳しい仕事と責任と不安とに、もはやそれほど長く耐えられないと実感していた。身体マッサージの患者を担当してみたが、それは看護よりもさらにきついことがわかった。自分の苦境をアメリカ人の友人の一人に話してみた。彼女は自分の仕事場で、一日わずか五時間働くだけで気楽に暮らしている女性マニュキュア師であり、私に顔と頭のマッサージだけで同じことが可能だと助言してくれた。多くの職業婦人たちがマッサージで得られる休息を必要としているし、自分の顧客に私を推薦するつもりでいた。そのような仕事に従事するのは何か釈然としなかったが、ソロタロフに相談すると、それは生計を立てることができるし、なおかつ活動のための時間が取れる最善の方策だと勧めてくれた。

親しい友人のボルトン・ホールも同じ意見だった。同時に彼は仕事場をしつらえる費用を貸すことを申し出てくれた。さらに最初の患者になると約束してから、宣言した。「君の技術で私の髪がうまくもとに戻らなくても、単一納税に関する私の主張をたっぷり一時間聞いてもらうよ」。だがロシア人の友人の何人かはその企てに異なった見方をしていた。つまり彼らはマッサージが現在のロシア人の活動の隠れ蓑として役立つと考えていた。ステラはその案に対して、私が長時間の看護の仕事から解放されると考えて、大いに賛成した。そのこともあり、結局仕事場を探す羽目になったが、十七番街のブロードウェイにある建物の最上階にそれを見つけた。小さな部屋だったが、イースト・リバー越しに景色が開け、風通しも日当たりも良かった。借りた三百ドルの資金と何人かの女友達が貸してくれた数枚のかわいい掛け布で、私は魅力的なマッサージ室を開業した。

ほどなく患者たちが来るようになった。六月の末には出費を賄い、借金の一部を返済するほどに稼いでいた。仕事は厳しかったが、治療に来る人々の大半は興味深かったし、それに私のことを知っていたので身元を隠す必要もなかった。さらなる利点は、もはや騒音に満ち、混み合った場所で働かなくてもよいし、自分が看護している患者の不慮の出来事に常に感じてきた不安から解放されたことだった。担当している患者の熱が上がるたびに心配したし、その死は数週間も私に重くのしかかっていた。看護の仕事をしていた年月を通じて、人の苦しみに対して素知らぬふりや無関心な態度を取ることができなかった。

夏の数ヵ月の間、多くの患者たちは田舎へ出かけてしまった。ステラと私は自分たちも休暇が必要だという結論に達した。休暇を過ごすのに適当な場所を探し、望みうる理想的な場所として、ニューヨークの近くにあるペルハム湾のハンター島を見つけた。しかしその島は市に属していて、テントを張るのに必要な許可をどのようにして入手するのか皆目わからなかった。ステラが判事に頼むことを思いついた。数日後、彼女は意気揚々と一枚の紙をふりかざしながら戻ってきた。彼女は大きな声で言った。

「ねえ、叔母さま。これでも判事なんか役に立たないとおっしゃいますかしら。これはハンター島にテントを張る許可書ですわよ!」

友人のクララ・フェルバーグが妹と弟を連れて私たちに同行した。そして私たちがようやく島に落ち着き、その美しさと静寂さを楽しみ始めた矢先に、ポール・オルレネフ一座が市内で困っているという知らせを、クララがニューヨークから持ち帰った。座員たちは部屋代が払えずに、アパートを追い出され、生計の手段すらもないというものだった。

オルレネフ一座がやってくる

パヴェル・ニコラエヴィッチ・オルレネフとマダム・ナジモバは一九〇五年の初頭にアメリカへ来て、チリコフ作の『選ばれた人々』のすばらしい上演で、イーストサイドを夢中にさせた。オルレネフは当時ロシアで広がっていたユダヤ人虐殺の動向への抵抗として海外でこの劇を上演するように、ロシアの作家や戯曲家たちに説得されたということだった。オルレネフ一座はバブーシュカのための活動に最も忙しい時に到着したので、私はロシアの俳優たちと面識を持っていなかった。しかし公演には欠かさず行っていた。ジョゼフ・カインツを除いて、パヴェル・オルレネフに比肩する者はいないと思っていた。そのカインツでさえ、『罪と罰』でのラスコリニコフ、あるいはミーシャ・カラマーゾフを演じても、オルレネフほどの圧倒的なものを生みだしてはいなかった。彼の芸術はエレオノラ・ドゥーゼのように、人間の感情の陰影をそのまま映し出していた。アーラ・ナジモバの『選ばれた人々』でのレア役も、他の役柄と同様とてもすばらしかった。その他の役者たちもそれまでのアメリカの舞台では見られないほどすばらしく、調和のとれた演技をしていた。それゆえに、かくも多くのものを与えてくれたオルレネフ一座が、友人も資金もなく困り果てているというのは衝撃だった。

オルレネフのためにこの島にテントをひとつ張るとしても、一座の残りの十人をどのように助けるべきかを私は考えていた。クララが金をいくらか借りてくることを約束した。一週間もしないうちに一座全員が島に来て、私たちと合流してしまった。種々雑多な人々との混住生活となった。静穏な夏を過ごすという私たちの望みはすぐに破綻してしまった。昼の間、ステラと私は暑い街中へ戻らなければならなくなり、ハンター島が閑静な場所ではなくなってしまったことを残念がった。だが夜になってオルレネフを中心に大きな焚き火を囲んでみんなで座り、自分の歌に合わせて手にしたギターを無雑作にかき鳴らすオルレネフに一座の全員が合唱し、その旋律が遠く港を越え響き渡り、大きなサモワールがぐつぐつと沸き立つ時、私たちの昼間の哀惜は忘れ去られた。ロシアの苦悩の嘆きに私たちの魂は満ちていた。

サーシャの記憶が胸にしみる

ロシアを精神的に身近に感じると、サーシャがまざまざと思い出された。サーシャがいれば、このにぎやかな夜をどれほど心から楽しむことであろうか。そして彼がいつも熱愛していた祖国の歌にどれほど感動し、心を癒されるかが、私にはわかっていた。今は一九〇五年七月だった。ちょうど十三年前、彼は私たちの主義のためにその人生を賭けようとして私から去って行った。彼の受難はもうすぐ終わろうとしているが、場所を変えて続くのだ。つまり彼はさらに労役所でもう一年過ごさねばならないのだ。二十一年の無慈悲な刑に対してさらに一年を追加した裁判長は、今や一八九二年九月のあの裁判の日よりはるかに冷酷のように思われた。それさえなければ、今頃サーシャは看守の監視を解かれて自由の身になっていたであろう。

ペンシルベニア州では刑期の最終年に対して五ヵ月の減刑を認めているので、サーシャが労役所で過ごさねばならないのは七ヵ月だけだと考えると、私の苦しみはいくら軽くなった。それなのにその慰めさえもすぐに打ち砕かれてしまった。サーシャが手紙で知らせてきたところによれば、法的には五ヵ月の減刑が認められているが、労役所は彼を「新規」の囚人とみなし、彼の態度が「良」ければ、二ヵ月だけ減刑を認めると決定したのだった。サーシャは苦杯の最後の一滴まで飲み干すことを余儀なくされてしまった。

数ヵ月前にサーシャは「チャム」と呼んでいる友人を私のもとに寄こした。彼の名前はジョン・マーティンで、社会主義的傾向の持ち主であることがわかった。彼は刑務所内の織物工場にいる民間の技術指導者だった。その仕事を引き受けたのは必要に迫られたのではなく、囚人たちの力になろうとしたからだった。西部刑務所で働くようになってまもなく、彼はサーシャのことを知った。それ以後、彼はサーシャと親しく接するようになり、少しはその力になることができた。サーシャからの手紙で、その男が彼や他の囚人たちの役に立とうとして、しばしば大きな危険を冒してきたことを知った。

ジョン・マーティンは労役所での一年を無効とするように、恩赦局に対して新たな訴えを切り出した。彼はサーシャのことをアレックスと呼んでいたが、地獄のような刑務所でこれほど長い間過ごした後に、引き続き同様の所へ行かねばならないのだと考えると耐えられなかった。私はマーティンの美しい気持ちに深く心を打たれたが、サーシャを助けようという私たちの試みは以前に失敗していたし、今となってそれなりの結果を期待することはできなかった。またそれ以上に、サーシャ自身がそうすることを望んでいないことがわかっていた。彼は十三年間耐えてきたし、再度嘆願するくらいなら、追加された十ヵ月を甘受するだろうと確信していた。サーシャからの手紙は私の考えが正しかったことを明らかにした。敵からは何も望まないと彼は書いていた。

サーシャの釈放が近づく

彼が移送される前の何日かは病気になってしまいそうな不安にかられていたが、それもようやく過ぎていった。二日後に刑務所から、彼の最後の短い便りが届いた。私はそれを読んだ。

愛する君へ
ついに十九日だ、水曜日の朝になった！
心臓の鼓動よ、ゆっくりと打て、
汝ら、血のしたたる傷口よ、閉じよ、
今日が最後の日だ、
そして、今が、その最後の時なのだ。

この壁の中で、僕が最後の今になって思うのは、親愛なる友、そして永遠の人、君のことだ。

サーシャ

五月十八日から十ヵ月もすれば、自由という輝かしい日を迎えられるのだ——サーシャ、その日こそはあなたの勝利の日でもあるのだ！　その日の午後、キャンプへ戻ると、オルレネフがすぐさま私の熱に浮かされたような興奮に気づいて、叫んだ。「神の啓示を受けたみたいに見えるよ、エマさん。どんなすばらしいことが起こったというのですか？」。私は彼にサーシャのことを、ロシアでの青春時代、アメリカでの生活、暗殺計画、そして刑務所での長い年月を語った。オルレネフも熱狂的な叫びを上げた。「偉大な悲劇にふさわしい人物だ！　民衆に彼を理解させ、心に刻みつけさせねばならない——私は喜んでその役を演じるよ！」。偉大な芸術家がサーシャの精神の強さと美しさにこれほど夢中になっているのを見ることで心が慰められた。

オルレネフの芸術的熱意

オルレネフはアメリカの友人を紹介してほしい、そして彼の通訳兼マネージャーになってくれないかと私に頼んだ。彼のような天才にはありがちのことだが、自らの芸術だけで生きていくために、それ以外については何も知らなかったし、かまいもしなかった。それは自分が演じることになっている役に没頭しているオルレネフを見たり、また彼がいかに偉大な芸術家であるかを理解していたので、よくわかった。オルレネフは演じようとする人物の機微や陰影のことごとくを、完全で生き写しのものに仕上げるまで、何週間にもわたって苦悩しながら、少しずつ人物造型に励んでいた。完全を期する努力において、彼は自分自身に厳しかったし、座員たちに対しても同様だった。真夜中に、役作りに取りつかれたオルレネフが「できた！　できたぞ！」とテントの外でわめきたてる声で一度ならずも眠りを破られていた。眠気をこらえて、そのすばらしい発見は何かと尋ねると、それはラスコリニコフの独白の新しい抑揚であったり、カラマーゾフの酩酊ぶりの、ある重要な仕草であったりした。文字通りオルレネフは閃き燃えていた。それが次第に私にも伝わり、ハンター島での忘れえぬ数週間において見せつけられた彼の芸術を、何とか知らしめようという気を起こさせた。

しばらくの間、私はほとんど何もできず、パヴェル・ニコラエヴィッチと彼の多数の客たちの世話に忙殺されていた。それでも知り合いの頼りになる何人かの新聞記者がオルレネフに演劇プランについてのインタビューを行ない、また一方では三番街のホールを劇場に改造する工事が始まっていた。オルレネフはこの工事を監督するため毎日街へ行くと主張したので、必然的にあらゆる細部にわたって劇場の持ち主と衝突してしまった。オルレネフはロシア語以外はまったく話せなかったので、彼の通訳を私がするしかなかった。私は事務所と改築中の劇場の両方に時間を割かざるをえなかった。午後遅くなって、私たちは暑さと疲労で半ば死んだようになって島へ戻るのだが、オルレネフの神経は、まったく対処もできない無数のささいな揉め事のために衰弱していた。

最終的に、ハンター島の有毒なセイヨウキヅタの繁殖と蚊の大群に襲われて、私たちは街へ逃げ出すしかなかった。農村出身のたくましい役者たちの一座だけが島にとどまっていたが、他に行く所がなかったからで、この二つの厄介物と闘わざるをえなかったのである。労働祭以後になると、私の患者が増え、そしてロシア人の公演のために準備作業が始まった。それには大量の手紙のやりとりやアメリカ人の友人たちへの個人的依頼も含まれていた。数年間会っていなかったジェイムズ・ヒュネカーがオルレネフについて書くことを約束してくれたし、他の評論家たちも支持を確約してくれた。私たちの活動は何人もの富裕なユダヤ人、わけても銀行家のセリグマンによって支えられていた。

私は完全に手一杯となる

イーストサイド委員会のメンバーは田舎から帰ると、オルレネフとの約束を果たすべく熱心に活動に取り組んだ。いくつかの家では脚本の読み合わせが行なわれていて、特に熱心だったのはソロタロフ家とブラスロウ博士の家で、後者の所には目下パヴェル・ニコラエヴィッチが世話になっていた。ブラスロウ博士夫妻自身が、すでにオペラ歌手として修業を始めたソフィアという芸術家の娘の両親であり、パヴェルの心理や気持ちをよく理解することができた。彼らはパヴェルに対してとても思いやりがあったし、辛抱強かった。また一方でイーストサイドの何人かは彼が金銭的成功を収めるだろうと話していた。ブラスロウ家の人々は寛大で温かいロシア人の心根を持った魅力的な人々であったので、その家で過ごす夜は私に自由と解放感を与えてくれた。

急進的なユダヤ系新聞は積極的に宣伝活動を支援してくれた。社会主義者の日刊紙『前進』のエイヴ・キャハンはよく脚本の読み合わせに出席し、オルレネフの芸術の重要性について多くの記事を書いてくれた。さらに『自由労働者の声』や他のイーストサイドのイディッシュ語新聞が、オルレネフについてかなりの宣伝をしてくれた。

事務所での仕事や講演も含めた様々な活動で私は手一杯だった。それにアパートにいつも集まる友人たちも、おろそかにしなかった。多くの訪問客の中にはM・カッツとチェイム・ジトロフスキーがいた。カッツには特別の思い入れがあった。モストと争った挙句に追放されていた時も、その後のマッキンレー事件の嵐の間も、最も誠実な友であったのが、彼とソロタロフだったからだ。実際に活動の面でも親密な社交的集いにおいても、私はソロタロフよりもカッツと緊密に付き合ってきた。

ジトロフスキーはバブーシュカとともにアメリカへ来ていた。社会主義革命家である彼はまた熱心なユダヤ教徒でもあった。彼は私にユダヤ人の娘としてユダヤの理想実現のために専念すべきであると説いてやまなかった。前にも同じことを言われたことがあると、私は彼に言った。シカゴで会ったマックス・バギンスキーの友人の若い科学者に、ユダヤの理想実現のために尽力するようにと強く勧められたのだった。私はその科学者に言ったことをジトロフスキーに繰り返した。私は八歳の時にユデトになろうと夢見ていたし、私たちの民族になした非道に対して復讐するために、ホロフェルネスの首を切り落とす想像をしていた。しかし社会的な不正が行なわれているのは私たちの民族にとどまらないということに気づいてからは、たった一人のユデトでは切り落とすべき首の数が多すぎるという結論に達したのだと。

東十三番街二百十番地の私たちの仲間はマックスとミリー、それに彼らの六ヵ月になる女の赤ん坊がシカゴから到着して、人数が増えていた。ミリーがあえて体制当局の認可を得ずして母親になったことを知るや、法律的にも宗教的にも母親の尊厳を擁護する人々はその本領を発揮した。ミリーは何年も勤めていたシカゴの学校の教師の地位を捨てざるをえなくなった。それはマックスが『労働者新聞』の編集を辞めた後の、まったく運の悪い時の出来事だった。オーガスト・スピエズによって創刊されたその新聞は次第にその非政治的方針から逸脱しつつあった。マックスは何年間も『労働者新聞』を選挙の得票の手段にしようとしている社会主義政治家たちと闘っていた。反目し合い、陰謀をめぐらされた環境にもはや耐えられなくなって、彼は辞職したのだった。

マックスとミリーが私の農場に落ち着く

マックスは街とその人間を打ち砕いてしまう非人間的特質を憎んでいた。だから彼は自然と田園に憧れていた。友人のボルトン・ホールの好意のおかげで、私はマックスとその小家族に、オシニングから三・五マイルの田舎にあるささやかな土地を提供することができた。その土地は私が家主から追い立てを受けていた時に、ボルトンが与えてくれたものだった。彼は言った。「誰も君をそこから追い出したりはできないよ。君のこれからの人生をそこで過ごしたまえ。金鉱を掘り当てた時にでも代金を払ってくれればいい」。その家は古くて傾いていたし、敷地内には水源がなかった。しかしその素朴な美しさと静かな佇まい、それに丘からのすばらしい眺めは、便利な暮らしに欠けているものを補っていた。ホールのはからいで、マックスとミリー、それに赤ん坊はその農場に腰を落ち着けることになった。

私の所へ来る患者の数はかなり増え、その中には十四の異なった職業についている女たちがいたし、さらにあらゆる職業の男たちもいた。大半の女たちは、解放され自立することを求めていた。自分で生活費を稼いでいるという意味では、彼女たちは確かに自立していたし、解放されていた。ところが彼女たちはその代償として、自分たちの本質的な行動を抑圧していた。世間の目を恐れるあまりに、愛も親しい友人も奪われていた。彼女たちがいかに孤独で、いかに男の愛に飢えているか、またどれほど子供をほしがっているかを見ると痛ましかった。人に干渉するなと世間に告げるだけの勇気がないために、女性の解放は因習的な結婚をした場合よりも、さらに悲劇的なものになりがちだった。彼女たちは生計を立てるために、ある程度の独立を獲得したものの、精神的に自立することも、私的生活の自由を得ることもできなかったのである。

◎第29章◎『母なる大地』創刊とモストの死

オルレネフが劇場を見つける

一九〇五年十月のロシア革命のニュースは私たちを感動させ、歓喜の絶頂へと至らしめた。冬宮前での大量虐殺以来、続けて起きていた多くの非情な出来事は、離れたアメリカにいる私たちを絶えず緊張させ続けていた。社会革命党戦闘団のメンバーであるカリャーエフやバルマショフは一月二十二日の虐殺に対する報復として、セルゲイ大公と内相シピャーギンの生命を奪っていた。これらの行動に続いて、ロシア全土に及ぶゼネラル・ストライキが行なわれ、社会のあらゆる階層から大規模な参加があった。最も卑しめられ見下されている売春婦でさえも一般大衆と共通の目的で手を結び、ゼネラル・ストライキに加わっていた。ツァーの圧制に苦しむ国で起きた動乱は最後に頂点に達し、抑圧された社会勢力や鬱積した民衆の苦悩は爆発し、ついにわが愛する「母なるロシア」を席巻する革命的潮流となって表出したのだ。急進的なイーストサイドの人々は熱狂し、大半の時間を大集会に費やし、政治的立場の違いも忘れて、これらの問題をカフェで討議し、祖国で起きている輝かしい出来事によって同志的結合を深くしていた。

オルレネフとその一座が三番街にある小劇場で初公演を催したのは、これらの出来事の真只中であった。建物の外見は悪く、音響効果もあまりにもひどく、立ち回るのには舞台が狭すぎ、舞台の背景は実に悪趣味に彩られており、ちぐはぐな小道具は何人もの友人たちからかき集めたものであった。だがそのようなことを誰が気にしたであろうか？　私たちは新生ロシアのことに無我夢中であり、私たちに人生の夢を描いてくれる偉大な芸術家たちのことを考えると、あまりにも心が昂揚していたのだ。最初に幕が上がると、観客から舞台の上の人々へ、勝利の歓声が雷鳴のように鳴り響いた。この歓声によって役者たちは、これまでの演技をはるかに超越した芸術的表現の頂点にまで高めたのである。

その小劇場はニューヨークにおける演劇芸術のオアシスとなった。何百人ものアメリカ人たちが公演を観て、たとえその言葉が理解できなかったとしても、オルレネフ一座の魔法に心を奪われていた。日曜日の晩は演劇関係者たちのための夜であり、劇場経営者や男女の舞台俳優たちで劇場はあふれていた。エセル・バリモアとその弟ジョン、グレイス・ジョージ、ミニー・マダン・フィスク、夫のハリソン・グレイ・フィスク、ベン・グリート、マーガレット・アングリン、ヘンリー・ミラー、そしてその他大勢の人々、さらに街のあらゆる作家や批評家たちが常連の招待客であった。オルレネフのマネージャーとして「スミス嬢」が彼らを出迎え、楽屋に招き、人気者のオルレネフに引き合わせ、彼に対する彼らの賛辞を通訳したが、時には彼の返答を伝えぬように常に気を配っていた。

ある時、一人の非常に著名な劇場経営者によって、オルレネフやナジモバ夫人のために催された閉演後のパーティの席で、このホストはオルレネフに向かって少しばかり風変わりな質問をし始めたのである。「どうしてあなたは最初に舞台に登場する際に、オズワルドの役であんなふうに奇妙な頭の恰好をしているのですか？　『罪と罰』でも、あの男の言葉を短くしてしまえばもっと効果的になるとお考えになりませんか？　それからもしハッピーエンドで終わる劇を上演すれば、もっとお金もうけができるのではないでしょうか？」。私はすぐこの質問を伝えた。オルレネフは腹立たしげに眉をゆがめて叫んだ。「馬鹿野郎と言ってやってくれ！　彼は煙突の掃除屋にでもなるべきで、劇場経営者にはふさわしくないのだ。地獄に堕ちろと言ってやれ！」。彼は体裁屋のアングロサクソンの耳に極めて辛辣に、ロシア人の悪罵を怒濤のごとく浴びせかけたのである。ナジモバは緊張して座っていて、フランス語で話し、聞こえぬふりをしていたが、それでも大きな心配そうな目で私を盗み見ていた。オルレネフの激憤を私はいくらか「外交的」に通訳したのであった。

ロシア革命はようやくその花を咲かせようとしていた矢先にどん底に押し戻され、英雄的に立ち上がった人々の血が流され、鎮圧されてしまった。コサック人の恐怖政治が国中に広がり、拷問、投獄、そして絞首刑が頻繁に行なわれた。私たちの明るい希望は暗黒の絶望へと転化してしまった。イーストサイドの全住民が、押しつぶされた民衆の惨劇に対し深い悲しみを感じていた。

ユダヤ人によるボイコット

新たなるロシアでのユダヤ人虐殺はアメリカにいる多くのユダヤ人を嘆かせ、悲しませた。彼らの絶望と苦悶の中で、進歩的なロシア人やユダヤ人さえもロシアの万事に背を向けるようになり、その結果小劇場の観客は次第に減り始めた。それからほどなくして、どこかわからないうす汚い隅の方から、オルレネフがユダヤ人迫害者であるロシア人組織の「黒百人組」のメンバーを一座に加えたという忌まわしい噂が流れ出た。それだけでなく続いて現実的にボイコットが起きていた。ユダヤ人経営のどの店やレストラン、そしてカフェでも、ロシア演劇のポスターや宣伝を受けつけなかったのである。急進派の新聞が、これらのまったく根も葉もない噂に対して熱心に反駁したが、何の効果もなかった。オルレネフはその悪意に満ちた非難に悲嘆にくれた。彼は『選ばれた人々』におけるヒーローであるナチマンの役に全精神を傾け、ロシア人の大義を訴えた。破産が目前に迫りつつあり、債権者たちがあらゆる方面から圧力をかけてきたが、その公演は劇場代すらも支払えるものではなかった。

オルレネフは彼とナジモバのためにビアボーム・トゥリーが計画したロンドンでの謝恩公演のことを、かつて話してくれた。それはすばらしい催しで、多くのイギリス人舞台俳優の注目を集めた。だから私もニューヨークで同様の計画を試みる気になった。そうすれば緊急に必要となる金も調達できるだろうし、またおそらくイーストサイドの淀んだ流れも落ち着くだろう。というのも私は長年の経験から、アメリカ人の意見がユダヤ人移民たちに及ぼす影響を知っていたからだ。私はオルレネフを伴って『シアター・マガジン』の編集者アーサー・ホーンブローに会ったが、彼は以前から何度もこのロシア人一座に対する賞賛を表明していた。ホーンブローはまたスミス嬢の背後にいる人物も知っていて、常々その危険な人物に対して強い関心を抱いていた。

ホーンブローは我々を丁重に迎えてくれた。彼は謝恩公演の考えに好意を示し、私たち三人にマンハッタン劇場の借主にして、フィスク夫人の有能なマネージャーでもある、ハリソン・グレイ・フィスクを訪ねることを提案した。フィスクはすぐに興味を持ち、私たちが必要とするすべての援助を与え、しかも自分の妻を参加させるつもりでいた。しかし彼は劇場を提供できなかった。劇場は建設局から使用禁止を言い渡されていて、まもなく取り壊されることになっていたのである。会見が終わると、ホーンブローはフィスクと何か内密に話があるので、ホールで待つようにと言った。すぐにフィスクが事務所から出てきて、私の肩に両手を置いて叫ぶように言った。「エマ・ゴールドマンさん、あなたは偽名を使って私に会いに来るなんて恥ずかしいとは思いませんか？　フィスク夫人や私が近代演劇を紹介したり、劇場の信託義務に従わなかったりするので、常に反逆者とか、厄介者とか非難されてきたのをご存知ないのですか？　まったくスミス嬢とはね！　一体スミス嬢とは誰のことですか？　エマ・ゴールドマン――それが正体だ！　さあ、握手しましょう、そして決して二度と私を疑わないで下さい。」

その他の関係者からもさらに多くの援助や激励が届けられた。クライテリオン劇場での四回のマチネと市外での二つの契約——ボストンで一週間、そしてシカゴで二週間——は、ロシア人一座に新たなる生命を与えた。マチネはオルレネフの崇拝者であるアメリカの婦人団体、その中でも活動的な存在のエセル・バリモアとローズヴェルト大統領の従姉妹である二人の社交界で活躍する女性によって実現した。

オルレネフ、公演旅行に出る

ボストンやシカゴの契約を成立させるために何度も文書を取り交わした。すべての準備が整った時、オルレネフは私に一座と同行することを求めた。ボストンでオルレネフやナジモバを最も支援してくれたのは二十世紀クラブであった。彼らに敬意を表して、クラブが開催した様々なレセプションの席で、私はレオ・ウイーナー教授やその他のハーバード大学の人々、この一座の成功のためによく働いてくれたオール・ブル夫人、ロシアの文学の翻訳者であるネイサン・ハスケル・ドール、コニコフ博士、そしてその他多くのリーダー的地位にあるボストンの人々に会った。

シカゴではさらに満足のいく成果を収めた。ユダヤ人やロシア人の急進派を含む、その興行を支援する市の社会団体が、毎夜協力してスタンドベイカー劇場を満員にしたのである。これら数多くの社会的催事にもかかわらず、私はしばしば同志が準備した講演をするためにこっそりと抜け出していた。私の「二重」生活は厳格な人々にはショックを与えるものであっただろうが、まったく大胆にそれをこなしていた。私はスミス嬢の顔を捨て、自分自身に戻すことに慣れてきていたが、その切り替えがうまくいかないこともよくあった。

最初の失敗は、オルレネフと劇の主演女優がロシア領事であるシュリッペンバッハ男爵の家に招かれた時のことであった。私はオルレネフに言ってしまった。エマ・ゴールドマンはあなたのために装ってはいるが、ロシア帝国の虐殺者を代表する人物の家の中にいて心持ちがよいはずがないと。さらに別の失敗はハル・ハウスに関することだった。ジェーン・アダムスが席の予約に来た時、スタンドベイカー劇場の事務所で、私はE・G・スミスとして彼女に会った。それは中立的立場に立った商売上の取引であり、私の身元を明らかにする必要はなかった。しかし彼女が自ら進歩的社会理念の立場にいるとされているのに、偽名で彼女の私室に踏みこむことで、不当な優位にあるように思え、いい気持ちはしなかった。そこで私はアダムス嬢に電話をかけて、スミス嬢はオルレネフのパーティに出席できませんが、もし歓迎されればエマ・ゴールドマンは出席するでしょうと伝えた。私は正体を明かすのが少しばかり早すぎたことを彼女の息遣いから察知できた。

私がこの出来事をオルレネフに話すと、彼は非常に腹を立てた。クロポトキンがシカゴを訪れた際に、ジェーン・アダムスが大騒ぎをして、自分の部屋をロシア農民の工芸品で飾り立て、そして彼女と支援者たちがロシア農婦の衣装を着ていたことを彼は知っていた。だから、そんな彼女が私に対して異議を唱えられようかといぶかったのである。私は説明するしかなかったので、ピョートルはどのようなひけらかしも嫌っていて、絶対にハル・ハウスのロシア化に関与していなかったし、さらに私はアダムス嬢からプリンセス扱いされていないと言った。

その他にもロシア人たちの歓迎会が開かれ、ひとつは大学で、もうひとつはL・C・カウンリー＝ワード夫人の家で催された。私は安全のために偽名でその両方に出席した。ワード夫人は湖畔にある大邸宅に住んでいた。パーティには大勢の人々が出席していて、関心をそそるというよりも風変わりな感じであった。女主人自身はまったく気取りがなく、大変魅力的であった。しかし私の心を惹きつけたのは八十歳の、柔和で上品な顔立ちをした彼女の母親であった。彼女はさりげなく奴隷制度廃止運動や女性解放のための先駆的活動で果たした役割を語ってくれた。彼女の紅潮した顔や輝く目は、若き日の反逆精神を今でも持ち続けていることを証明してくれた。それなのに偽名で彼女の好意的な態度につけいったことで、私は居心地の悪い思いを感じていた。翌日、私はワード夫人とその母親に手紙を書き、二人を欺いたことの許しを請い、やむなく偽名で生活し、活動せざるをえない理由を説明した。私は二人からすばらしい手紙を受け取った。そこにはエマ・ゴールドマンが自分たちの家に栄誉を授けてくれたと考えているとあった。その後長年にわたって、私たちはお互いに連絡を取り続けた。

オルレネフが資金繰りの失敗で心を痛める

私たちがニューヨークへ戻ると、オルレネフは保証基金を立ち上げてもらえるようであれば、数シーズンの間アメリカにとどまっていたいと知らせてきた。私はロシア人一座に関心を持っている何人かの人たちに、その考えを提起した。何度かの協議の末、千六百ドルが寄せられ、結果は上出来だった。ある者はオルレネフがチャールズ・フローマンの管理下にあると推測していた。オルレネフはそれに憤激し、ロシアにおいてもそのような拘束を申し出たことは一度もないし、ましてアメリカでするわけがないと宣言した。彼が認めている唯一のマネージャーは他ならぬ「エマ嬢」だった。彼が何をどのように演じようと、普通のマネージャーがよくやるような干渉を私が決してしないことをわかっていたからだ。

彼のマネージャーを変えようとする後援会の決定に対する失望と、アメリカに残ってイギリスの舞台の足がかりにしたいとするナジモバ夫人の決意は、オルレネフをとても落ちこませることになった。彼は国を後にしてかなり経っていたので、もはや私たちの計画した謝恩公演を続ける気をなくしていた。

特別興行の準備

オルレネフの仕事に関係していた時、彼はしばしば私に給料を受け取るように促した。彼の金庫にそのような余分の支出をまかなうだけの金があったことは一度としてなかった。そして彼は自分とナジモバの取り分を削ってでもいいから、座員たちにまず給料を払うべきだと常に主張していた。彼らが得ていたわずかな金も、全面的にナジモバの豊かな才能によっていた。一座はまったく何も持っていなかったので、アーラ・ナジモバはロシア人のメイドの助けだけで、自分のものばかりでなく劇団全員の衣装を作っていた。当時と同様に豪華で色彩豊かな『フェオドール皇帝』の宮廷衣装もまた、彼女によってすべて作られていた。

公演料が少なくても、オルレネフは私に分け前を与えようとした。私は生計分は稼いでいたので、それを断っていたし、余分な負担が増えることに耐えられなかった。オルレネフがかつて金を持っていたら何を一番やりたいかと尋ねたので、私は自分の社会理念とアメリカの様々な芸術の分野で精進している若者たちとを結びつける雑誌を発行したいと答えた。マックスと私は、大いに必要とされるそのような雑誌の発行のことをよく話し合っていた。それは私たちが長い間温めてきた夢であったが、明らかに実現の望みはなかった。今になってオルレネフが再びこの件を持ち出したので、私はその計画を話した。彼は私にその目的のために特別興行を提案し、ナジモバがいつも彼と共演したがっていたストリンドベルィの『ユリア伯爵夫人』の上演を、彼女に提案すると約束した。彼はジーンの役柄を特に好んでいるわけではないと言ってから、付け加えた。「しかしあなたは私にとても尽くしてくれた。だから私は上演する気になったのだ。」

まもなくオルレネフは上演日程を定めた。私たちはバークレイ劇場を借り、広告や切符を印刷し、ステラや数人の若い同志の手を借りて、その劇場を満員にする仕事に取りかかった。それと同時に東十三番街二百十番地での会合を用意し、私たちが心にかけていた雑誌の企画に関心のありそうな人たちを招待した。彼らはストリンドベルィの翻訳者であるエドウィン・ブヨルクマン、アミ・マリッヒクス、サダキチ・ハートマン、ジョン・R・コリエル、それに何人かの同志だった。その夜友人たちが帰った後、その雑誌の名が決まった。それは『開かれた道』と命名され、この雑誌の生みの親と同様に多くの人たちがその世話をしようと強く望んでいた。

私は天にも昇る気持ちだった。ついに数年来思案してきた仕事がまさに実を結ぼうとしていたのだ！どんなにがんばっても消えてしまう話し言葉だけがもはや私の表現手段ではないのだし、演壇が唯一の居心地のよい場所でもなくなるのだ。活字になった思想があり、その影響がさらに持続し、また芸術と文学に携わる若き理想主義者のための表現の場ともなるであろう。『開かれた道』で彼らは検閲の恐れなく表現できる。決まりきった表現形式、政治的社会的偏見、そしてつまらない道徳的要求から逃れることを望んでいるすべての人々が、『開かれた道』の中で私たちと一緒に旅をする機会を持つにちがいない。

それは不幸にも失敗する

『ユリア伯爵夫人』の下稽古中に、債権者の群れがオルレネフの所に押しかけてきた。彼らはオルレネフを拘束し、劇場は閉められてしまったので、私は保証人と賃借料を払ってくれる人を捜すために、仕事を辞めなければならなかった。様々な手配が整い、彼は解放されたが、この体験で非常に苦しみ、下稽古の再開が難しいほどであった。開演の夜までわずか二週間しかなかったし、それに彼が自分の役に自信を持てるまでは舞台に上がらないこともわかっていた。彼の苦痛を取り除くために、すでに演じたことのあるいくつかの劇を提案した。私たちは『幽霊』で意見が一致した。それはオルレネフの最も偉大な創造性を発揮したオズワルドの役柄で好評だった。しかし不幸なことに、劇場の観客は同じ劇を何度も観ることを望まず、プログラムの変更が発表されると、多くの人々は金の払い戻しを要求してきた。彼らは『ユリア伯爵夫人』を見たがっていたのであり、それ以外のどの劇でもなかった。それでも上演の夜どしゃ降りに見舞われなかったなら、どうにかそれなりの観客を集められたはずだった。私たちは千ドルか、それ以上の公演収入を期待していたが、二百五十ドルにしかならず、雑誌を刊行するにはあまりにも乏しい資金であった。落胆は大きかったが、それが私たちの熱意に影響を及ぼすことはなかった。

創刊号のための資金は足りていたので、私たちは歴史的革命の月である三月に発行することを決めた。今までにこれ以上の内容の充実ぶりで始まった自由な出版物があったであろうか？　その間友人たちにも広く刊行の知らせを送った。返信があり、『オープン・ロード』という見出しのある雑誌をコロラドから受け取った。

それには著作権侵害を訴える用意があると記されていたのだ！　もしウォルト・ホイットマンが彼の偉大な詩のタイトルの著作権をあえて申請した者の存在を知ったとしたら、いたましさのあまり絶句してしまったであろう。しかし雑誌には異なった名前を与えるしかなかった。友人たちが新しい名前を送ってくれたが、私たちの意図をうまく表わすようなものは見出せなかった。

『母なる大地』第一期創刊号

ある日曜日に小さな農場を訪れた時、マックスと私は軽装馬車を乗り回した。それは二月の初めであったが、空気はすでに春の香りがただよっていた。土は冬の支配から逃れ始め、わずかではあったが、緑もすでに姿を見せ、「母なる大地」の胎内に芽生えている生命を示していた。私は思いついた。「母なる大地。ああ、これこそ私たちの子供の名前だ！それは人間を育むものだ。そして人間として自由に、何も妨げられることなく自由な大地へと至らしめるのだ！」。そのタイトルが古い忘れられた歌のように私の耳に響いていた。次の日ニューヨークへ戻り、その雑誌の創刊号の原稿に取りかかった。それは一九〇六年の三月一日に六十四ページで世に出た。雑誌名は『母なる大地』であった。

パヴェル・オルレネフは、彼の才能に大きな喜びを見出した私たちのすべての心に深い印象を残して、その後しばらくして船でロシアへ戻っていった。彼がいなくなった後のアメリカの劇場や国内で戯曲として通用しているものは、平凡で通俗的なもののように思われた。しかし私は楽しくて夢中になれる新しい仕事を持っていた。

『母なる大地』が印刷され、購読者への郵送が終わると、私は事務所に代理の者を残し、マックスと一緒に講演旅行に出た。トロント、クリーヴランド、バッファローでは多数の聴衆を得た。一九〇一年以来、バッファローを訪れたのは初めてだった。警察は依然としてツォルゴッツの亡霊に取りつかれていたために威圧的で、英語以外の言葉を話すことを禁ずる命令を下した。それゆえにマックスは演説を果たせなかったが、私は警察にそれなりの礼を要求して、その機会をやりすごすことはなかった。第二回目の集会は次の夜だったが、私たちがその会場に入る前に中止された。

ヨハン・モストの死

まだバッファローにいる時に、ヨハン・モストの死の知らせを受け取った。彼は講演旅行に出ていて、死の瀬戸際まで自分の理想のために闘っている最中にシンシナティで死んだ。マックスはモストを献身的に愛してきたので、その衝撃に非常に落ちこんでしまった。それは私もだった――私たちを引き離した苦い衝突がなかったかのように思われ、今やハネスに対する若き日の感情のすべてが私を動揺させた。彼に励まされ、教えられた時代、その年月の中で与えられたすべてが今となってまざまざと思い出され、あの反目の愚かさを私に実感させた。わが道を見つけようとする長きにわたる闘い、経験してきた幻滅と失望は、私が人間に求めているものを以前よりも教条的ではなくしていた。それらはアナキズムという忌むべきものとされる大義のために闘ってきた反逆者の辛い孤独な人生を理解する支えになっていた。私がかつての師に対して感じていたどのような苦い思いも、彼の死のかなり前から深い同情へと変わっていた。

何度かの機会に、私の変化をわかってもらおうとしたが、彼の頑な態度が、何も変わっていないことを明らかにしていた。何年も経ってから、それは一九〇三年であったが、彼がブラックウエルズ島での三回目の刑期を終えて、その釈放のためのレセプションで接触を持った。彼の髪は白くなっていたが、それでも顔色はよく、青い目には昔ながらの輝きがあった。私たちは壇上への階段でぶつかりそうになった。私は話をするために昇るところだったが、彼は降りてきていた。何の会釈もなく、また言葉もなく、彼は冷たく脇に寄り、私を通した。その日の後になって、彼が多くの取り巻きたちに囲まれているのを見た。私もそちらに行って、昔のように彼の手を取りたいと望んだが、彼の冷たい眼差しにさらされて、立ち去るしかなかった。

一九〇四年にモストはタリア劇場でハウプトマンの『織工たち』を上演した。彼の織工バウメルト解釈は絶妙の演技で、彼が私に話していた演劇への情熱的な憧れのすべてを思い出させた。その熱望を満足させることができていたら、彼の人生はどんなに違ったものになっていたであろうか！　憎悪と迫害、そして刑務所の代わりに、世に認められ、栄光に包まれていたであろう。

モストに対する古い感情があらためて心の中にわき上がってきたので、私はすばらしい演技だったことを伝えようと舞台裏へ行った。彼は周囲にいる大勢の人々に対するのと同様の態度で、私の賞讃を受け入れた。彼にとっては、私からの賞讃は明らかにその程度でしかなかった。

私が最後にモストを見たのは、ルイーズ・ミシェルの大集会においてだった。彼女は一九〇五年にマルセイユで講演している時に死んだ。彼女の死はニューヨークのすべての革命的諸派を結集させ、偉大な女性を称えるデモ行進となった。カテリーナ・ブレシュコフスカヤやアレクサンダー・ジョナスと一緒に、モストは死んだ反逆者と闘士に敬意を表する年老いた保護者を代表していた。私はモストの次に話す順番になっていた。私たちは壇上でしばらく並んで立っていた。聴衆の前に一緒に姿を見せたのはこの数年来初めてのことだったので、彼らは明らかに大きな熱狂を示していた。しかしモストは私から目をそむけ、挨拶もなく、そして私の方を一瞥することもなく離れていった。

モストへの感謝の言葉

そして今、年老いた勇士は死んでしまったのだ！　彼をそれほどまでに厳しく、無情にしてしまった苦悩を考えると、私は悲しみでやりきれない思いがした。

マックスと私がニューヨークへ戻ると、グランド・セントラル・パレスでモストの追悼集会の準備が進んでいることを知った。二人とも挨拶を頼まれた。私への招聘は何人かのモスト支持者、特に彼の妻に反対されていて、エマ・ゴールドマンがヨハン・モストを賞讃することは「死者への冒瀆」だと考えていると知らされていた。私はでしゃばる気もなかったが、ドイツ人急進派の中の若い同志やユダヤ人アナキストたちが、私の追悼の挨拶を強く主張した。

その日の午後に開かれることになっていた集会の会場には多くの人が参加し、あらゆるドイツ人とユダヤ人労働者組織が代表を送っていた。私たちの陣営からも、あらゆる外国人アナキストグループからも、多数参集していた。それは特筆すべきことであり、ヨハン・モストの才能と精神に対する大いなる共感を示していた。私はわずかの時間しか話をしなかったが、後になって私の旧師への賛辞は「自由」グループの敵対者ですら感動したと聞かされた。

◎第30章◎　サーシャの釈放と苦悶

サーシャを待つ

マッサージ室の賃貸契約期間がまさに切れようとしていたが、管理人の口ぶりから契約は更新されないだろうと私は推測した。マッサージの仕事を辞めようと決心していたので、動揺することはなかった。すべての仕事を自分一人でこなすことはできなかったし、使用人を雇いたくもなかった。その上、『母なる大地』に私の全時間を注ぐ必要があった。マッサージ室を開くことを可能にしてくれた友人たちは、成功の兆しが見えてきた時に店をやめることにいい顔をしなかった。私は借金を返してしまったが、それでも手元にわずかばかりの金が残った。それに、この仕事で得た経験と知り合った人々は、金銭的利益よりはるかに価値あるものだった。ようやく今、私は自由になれるし、偽りと欺瞞から逃れられるのだ。それだけでなく、自分自身を解放しなければならない他の問題も抱えていた。それはダンとの生活であった。

年齢、思想、そして生活態度のあまりにも大きな相違が徐々に私たちの絆をあいまいにしてしまった。ダンはアメリカの平均的水準の大学生で、考え方も社会的価値についての観点も、共通するところはほとんどなかった。私たちの生活は意図と目的において、相互の感化を欠いていた。時が経つにつれて、私たちの関係は持続できないということが確実になってきた。私はどこまでも続く誤解に傷ついていたし、破局はある夜突然に起きた。その翌日の午後、私がアパートに戻ってみると、ダンの姿はなかった。このようにして、もうひとつの甘い望みも過去とともに葬り去られてしまった。

私は『母なる大地』に専念できる自由を得た。しかし十四年間にわたって切望し夢見ていた、さらに重要な出来事が近づいていた――それはサーシャの釈放だった。

ついに一九〇六年の五月が到来した。サーシャが釈放されるまでにわずか二週間を残すだけとなった。私は落ち着きを失い始め、不安な思いにとらわれるようになった。誰も立ち会うことなく再びサーシャと対面して、彼が私の手を握ってくれるようになるのだろうか？　十四年間は長く、そして私たちの人生は異なった水路へと流れこんでいた。もしかするとその水路があまりにもかけ離れたものになっていて、私たちが別離した時に共有していた生活や同志的あり方を回復できないのではないだろうか？　そのようなことを考えると、不安に駆られ落ちこんでしまった。私は乱れる心を静めるために、『母なる大地』、短期の旅行の手配、講演の準備と忙しく立ち働いていた。サーシャが自由への一歩を踏み出す時、刑務所の門の所で会う最初の者になるつもりでいたが、彼は手紙でデトロイトで会うことを希望してきた。刑事や新聞記者や物好きな野次馬の目の前で私に会うことに耐えられないと、手紙に書いてきた。予定よりさらに長く待たなければならないのはとても残念だったが、彼が反対するのももっともであった。

当時カール・ノルドは女友達とデトロイトに住んでいた。二人は都会の騒音と煩わしさから逃れて、庭に囲まれた小さな家に居を構えていた。サーシャはそこで静かに休息できるはずだ。カールは同じ刑務所の屋根の下でサーシャと運命を共にし、一貫してサーシャの最も信頼できる友人であった。カールが私と一緒にこの偉大な瞬間に立ち会うのはきわめて当然のことだった。

バッファロー、トロント、モントリオールの集会には多くの人々が集まった――私はひとつのことだけ考えていて、それらを呆然とやり過ごしてしまった。つまりサーシャが釈放される五月十八日のことしか頭になかった。待ちに待った釈放を前にして、独房の中を落ち着かずに歩き回るサーシャの姿を思い浮かべながら、私はその日の朝早くデトロイトに到着した。カールが駅に出迎えてくれた。彼はサーシャのために公式の歓迎会と集会を用意したと伝えてくれた。それを聞きながら心は乱れ、愛しい人の刑務所での最後の瞬間が刻々と刻まれていくのを時計でずっと計っていた。正午にピッツバーグの友人から電報が届いた。「自由になった。デトロイトへ向かう」。カールは電報をつかみ、狂ったようにそれを振って叫んだ。「あいつは自由だ！　自由の身になったのだ！」。私は彼と一緒に喜べなかった。まだ疑念にさいなまれていた。夕方になってこの目でサーシャを見ることができさえすれば！

私は柱にもたれ、緊張して駅に立っていた。カールと彼の友人が近くで話をしていた。二人の声は遠くで響き、彼らの身体は茫洋となり、かすんで消えてしまいそうだった。私の内奥から突然過去が浮かび上がってきた。それは一八九二年の七月十日のことで、私はニューヨークのボルチモア・オハイオ駅で汽車のデッキに立って、サーシャにすがりついていた。汽車は速度を増し、私は飛び降り、手を伸ばし、必死になって「サーシャ！　サーシャ！」と叫びながらその後を追っていた。

駅でサーシャに会う

誰かが私の袖を引っぱって叫んでいた。「エマ！　エマ！　汽車が着いたよ。早く改札へ行こう！」。カールと女友達が先に走っていった。私も駆けつけたいと思ったが、足が麻痺したようだった。私は地に足を繋がれたかのように取り残されて柱をつかんでいたが、胸は激しく高鳴っていた。

友人たちが戻ってきた。その中におぼつかない足取りで歩いてくる見知らぬ男がいた。カールが叫んだ。「サーシャだよ!」。別人のように見えるあの男——あれがサーシャなのか。彼の顔色は死人のように白く、大きくてぶかっこうなメガネをかけていた。帽子が大きすぎるせいか、その頭を深々と覆っていた——彼は哀れで惨めに見えた。彼が私を見つめているのを感じ、私の方へ手を伸ばしているのを見た。私は怯えと哀れみにとらわれ、彼を自分の胸に抱きしめたいという抗し難い欲求にかられた。持ってきていたバラの花を彼に手渡し、抱きしめて、唇を押し当てた。愛と切望の言葉は頭の中で空白となり、私は何も言えないでいた。黙って歩きながら、私はサーシャの腕にしがみついていた。

レストランに到着すると、カールは食事とワインを注文した。私たちはサーシャのために乾杯したが、彼は帽子をかぶったまま静かに、悩みごとをかかえているような眼差しで座っていた。一度か二度サーシャは笑みを浮かべたが、それは痛々しくもあり、喜びのない笑みだった。私が彼の帽子を取ると、彼は当惑して身を縮め、うかがうような顔つきをして、何も言わずにまた帽子をかぶった。彼は丸坊主にされていたのだ! 私の目に涙がこみ上げてきた。過酷な年月に最後の侮辱まで加えられていたのだ。サーシャが外界であきれられるように、罰として丸坊主にし、ひどい服装をさせたのだ。私は涙をこらえて、わざと陽気な口調を取り繕い、彼の青白い、透き通るような手を握っていた。

ついにサーシャと私はカールの家の客間に二人だけになった。私たちは暗闇に取り残された子供のようにお互いを見つめていた。身体を寄せ合って座り、手を握りしめ合っていたが、心にあふれる思いは口から出てこなくて、私はとりとめのないことを話していた。

極度に消耗してしまい、私は疲れ果てて、ベッドに身を委ねた。サーシャも萎縮してしまったようにソファに横になった。部屋は暗く、サーシャの煙草のわずかな火だけが、時折闇に灯っていた。私は息苦しさと寒気を同時に感じた。それからサーシャが手探りで私を求めている音が聞こえ、近づいてきて、震える手で私にさわった。

まだ私たちの思いは通い合っていなかったが、重なり合って横たわっていた。夜の静寂の中で、二人の心臓が波打っていた。彼は何か言おうとしたが、つまってしまい、重苦しく呼吸し、最後に耐え切れなくなったように激しくむせび泣きだした。私は彼の責めさいなまれた精神が根底から揺さぶっている嵐の中に救済を見つけるようにと願いながら、彼をそのままにしておいた。次第に彼は落ち着いてきて、壁に押しつぶされそうな気がするので、散歩に出かけたいと言った。私はドアが閉まる音を聞き、一人で悲しみの中にいた。サーシャの自由への闘いは、ようやく始まったばかりだと切実に理解した。

安らぎを得られないサーシャ

サーシャは一人でどこか静かな場所へ行くべきだという思いが私の中で目覚めていた。しかし集会や歓迎会がデトロイト、シカゴ、ミルウォーキー、そしてニューヨークで準備されていた。同志たちは彼に会いたがっていたし、再会を望んでいた。若い人々は、その行動ゆえに生き埋めにされ続けてきた男を何としても見たいと騒ぎ立てていた。私は彼のことを心配して悩んでいたが、計画されているすべての催しが終わるまで、逃れられないだろうと感じてもいた。その後、小農場にも行けるだろうし、おそらくゆっくり生活に戻っていく道筋を見つけることになるだろう。

デトロイトの新聞は私たちがカールを訪ねたことを大々的に報じた。そしてデトロイトを離れる前に、新聞は私がアレクサンダー・バークマンと結婚して、ハネムーンの途中だという記事を載せた。シカゴでは新聞記者たちが絶え間なく私たちを追い回し、集会は重々しい警察の監視下で行なわれた。ニューヨークにおけるグランド・セントラル・パレスでの歓迎会はその規模の大きさと観衆のすさまじい熱狂のために、他のどこよりもサーシャには抑圧になっていた。だが今や苦渋を伴った催しは終わりを告げ、私たちはオシニングの小農場へ出かけた。サーシャはそこがとても気に入り、その野生と閑居と静けさを愛した。そのことで彼に対する新たなる希望があふれ、早く刑務所の影から解放されることへの思いでいっぱいになった。

あまりにも長年にわたってひもじい思いをしていたので、サーシャは貪るように食べた。それは異常なまでの大食漢ぶりだった。特に長い間食べられなかった好物のユダヤ料理についてそうだった。ひとわたり食べた後でも、一ダースのブリンツァ（チーズか肉の入ったユダヤ風ホットケーキ）、もしくは大きなアップルパイをたいらげることは、彼にとって何の造作もなかった。彼がその料理を喜んで食べるので、私は作っていて幸せだった。友人たちの大半は私の料理にお世辞を言いがちだったが、気の毒にもいつも腹をすかしているサーシャほどには誰も正当に評価してくれなかった。

私たちの田舎での牧歌的生活は長く続かなかった。過去の暗い幻影が再びいけにえを求めてつきまとい、彼を家から連れ出して、平安を奪おうとしていた。サーシャは森を歩き回ったり、何時間も手足を伸ばして静かにぼんやりと横たわっていた。

彼は田舎の静けさによって自分の内部の混乱が増すばかりだと言った。つまりそれに耐えることができないので、街へ戻るべきだと考えていた。専念できる仕事を見つける必要があったし、さもなければ気が狂いそうにもなっていた。さらに生計を立てなければならないし、仲間たちの寄付金に頼ってばかりもいられなかった。彼はすでに同志たちが集めた五百ドルを受け取るのを辞退し、その金をいくつかのアナキストの出版活動に分け与えてしまった。彼を苦しめていたのはそれだけでなく、あまりにも長きにわたって獄中で運命を共にしてきた彼の同志への思いもあった。同志たちが平和と安楽を奪われているることがわかっているのに、彼だけがどうしてそれらを甘受できようか？　だから彼の主張を言葉にし、刑務所の壁の中での悲惨さを告発することを誓っていたが、食べること、眠ること、さまよい歩くことしかしていなかった。こんなことはもはや続けられないと彼は言った。

サーシャの苦しみの原因に深く悩む

私は彼の苦しみを理解していたし、それほどまでに過去に縛られている愛しい人のために心を悩ましていた。私たちは東十三番街二百十番地へ戻ったが、そこでの生活に順応する闘いはさらに激しくなった。サーシャの衰弱した健康状態からして、仕事を見つけることはできず、さらに私の生活環境は彼にとって居心地が悪く、相容れるものではなかった。数週間が過ぎ、数ヵ月も過ぎていったが、サーシャの悲惨な状態は増すばかりだった。二人だけでアパートにいるか、マックスが来た時にはいくらかのびのびしていたし、よく私たちを訪ねてきた若い同志ベッキー・エデルソンがいると機嫌がよかった。しかしその他のすべての私の友人たちは彼を苛立たせ、悩ませた。彼らがいることに耐えられず、いつもその場を離れる口実を探していた。ほとんど彼は夜が明けてから部屋に戻っていた。私は彼が疲れたような足取りで部屋に入っていくのを聞き、それから服を着たままベッドに身を投げ、刑務所生活の恐ろしい悪夢にいつもうなされて、休まることのない眠りへと落ちていくのを知った。彼は何度も繰り返して、私の血を恐怖で凍らせるような恐ろしい叫び声で目を覚ましていた。一晩中、私は心を悩まして部屋の中を歩き回り、サーシャが普通の生活に戻れる道筋を発見する何らかの方法はないかと考え続けていた。

講演旅行がそのよすがとなるかもしれないという考えを思いついた。それは彼の心に横たわっている、刑務所と残忍な生活から解放してくれるかもしれないし、私の仕事から離れておそらく彼自身の生活を立て直す手助けとなるかもしれない。私はサーシャを説得して、いくつかの街の同志たちに連絡を取らせた。たちまち彼は多くの講演依頼を受け、それに呼応してたちどころに変化が起きた。彼は徐々に落ち着きを取り戻し、元気になり、私に会いに来る友人たちともいくらかは話すようになって、『母なる大地』十月号発行のための準備に関心を示すまでにもなった。

サーシャ姿を消す

十月号はレオン・ツォルゴッツの五周忌追悼号とし、彼に関しての記事を掲載する予定であった。サーシャとマックスはその追悼号発行の考えに大いに賛成したが、他の同志たちはツォルゴッツに関するものは何であれ、私たちの大義ばかりではなく雑誌をも傷つけるという立場で反対した。彼らはもしあえてやるのであれば物質的支援から手を引くとさえ脅してきた。私は『母なる大地』を始めた時に、団体であろうと個人であろうと、誰にも方針に口を出させないと自分自身に誓っていた。反対意見によって、十月号はツォルゴッツに捧げるという私の当初の予定を貫き通す決意をさらに固めた。

その追悼号が出版されると、ただちにサーシャは講演旅行に出た。最初の目的地はアルバニーとシラキュース、それからピッツバーグだった。彼がこれほど早くあの恐ろしい街に舞い戻ると決めたことに私は恐怖を覚えていた。ペンシルベニア州減刑法の規定によれば、サーシャは八年間州当局の監視下に置かれ、その間はいつでも、ささいな違法行為であっても、当局は彼を逮捕し、刑期である二十三年間の残りを服役させるために刑務所へ連れ戻す法的権利を保持していたからである。それなのにサーシャはピッツバーグの講演を引き受けた。だから私は彼にとってあの街で講演することが刑務所の悪夢からの解放になるという淡い望みにすがっていた。ピッツバーグの集会は成功で、すべてが順調だったという電報を受け取った時は救われたような気がした。

彼の次の滞在地はクリーヴランドだった。その街で最初の集会が開かれた翌日、サーシャが宿泊していた同志の家を出たまま戻ってこないと電報で知らされた。私はそれにさほど驚かなかったし、かわいそうなあの人が人々との接触を嫌っていたこともわかっていた。おそらく彼は一人になりたくなってホテルに行くことにしたのだろうし、夕方の講演には間違いなく現われるだろうと考えていた。しかし真夜中になって、サーシャが集会に出席せず、同志たちが心配していることを別の電報で知らされた。私も驚きのあまり、次にサーシャが行くことになっているデトロイトに住むカールへ電報を打った。その日は何の返事もなかったので、夜になると悪い予感にさいなまれ、時が静止したかのようだった。朝刊は大きな見出しでそれを報道していた。「最近釈放されたアナキスト、アレクサンダー・バークマンの失踪。」

それを見たショックで私は完全にうろたえてしまった。最初から思考停止に陥ってしまっていたので、彼に何が起きたのか考えられなかった。最終的に二つの可能性が出てきた。ピッツバーグの当局に拉致されたか、それともより可能性があり恐ろしいことだったが、彼が自分の命を絶ってしまったかであった。私はピッツバーグへ行かないように彼を説得できなかったことで、気が狂いそうだった。彼の身の危険も心配であったが、自殺というさらに恐ろしい考えも私の頭から離れなかった。サーシャはしばしば生きていたくないと言うまで絶望感にさいなまれていたし、刑務所が彼を生活不適応者にしてしまっていた。彼が戻ってきたまさにその時に、私から彼を引き離してしまった残酷な力に対して、私の心は激しい抗議の声を上げた。私はこの講演旅行を提案したことに苦い後悔を覚え、苦しんだ。

サーシャの精神的苦しみ

三日三晩にわたって、ニューヨークとあらゆる街にいる仲間たちが警察、病院、死体公示所でサーシャを捜してくれたが、見つからなかった。クロポトキンや他のヨーロッパのアナキストたちから、サーシャの安否を尋ねる電報が届き、人々が引きもきらずに、私のアパートへ押し寄せてきた。不明瞭な事態に気が狂わんばかりであったが、サーシャが取り返しのつかない一歩を踏み出してしまったと決めつけるのも恐ろしかった。

私はニュージャージー州のエリザベスでの集会に出席しなければならなかった。長い社会活動生活は、広場の聴衆に喜びや悲しみをさらけだすべきでないことを私に教えていた。だがこのような時に、私の考えのすべてに取りついているものをどのように隠せというのか？　いずれにしても数週間前からの約束だったので、行かざるをえなかった。マックスが一緒に来てくれて、すでに二人分の切符も買い、私たちは改札口の近くまで来ていた。すると突然私は何か切迫した予感にとらわれ、立ち止まって叫んだ。「ねえマックス！　私行けないわ！　何かが私をアパートへ引き戻そうとしているのよ」。わかった、君が出席できないことを説明し、代わりに話をしてくると彼は私に請け合ってくれた。急いで彼の手を握り、私はニューヨークへ戻る最初のフェリーボートに乗るために駆け出した。

三番街の近くの十三番通りで、ベッキーが興奮して黄色い紙を振りながら私の方へ走ってくるのを見た。彼女は叫んだ。「あなたをずっと探していたのよ！　サーシャは生きているわ！　十四番通りの電報局であなたのことを待っているのよ！」。心臓が飛び出しそうだった。私は彼女からその紙をひったくった。そこには「来てくれ。ここで君を待っている」とあった。私は全速力で十四番通りへ走り、局に着くと、眼前にサーシャが小さなバッグを持って、壁にもたれていた。

私は叫んだ。「サーシャ！　どうしたの、やっと見つけたわ」。私の声を聞いて、彼は悪夢から醒めたかのように自分を取り戻した。彼の唇が動いたが、言葉は出てこなかった。彼の瞳が苦悩と絶望を物語るだけだった。私は彼の腕を取って、落ち着かせたが、その身体は悪寒にかかったように震えていた。私たちが東十三番街二百十番地の近くまで来た時、彼は突然叫んだ。「ここじゃない、ここじゃないんだ！　君のアパートの誰にも会いたくないんだ！」。一瞬私にはどうしていいのかわからなかった。しばらくの間、何をしたらよいのかわからなかった。それからタクシーを停めて、運転手にパークアベニュー・ホテルへ行くように言った。

夕食の時間だったので、ロビーは客で混雑していた。全員が夜の晩餐をしていて、ディナーホールからは音楽に混じって、話し声と笑い声が聞こえてきた。部屋に二人きりになると、サーシャは眩暈のために、ソファに横になるにも手助けが必要で、そこにくずれ落ちた。私は電話に駆け寄り、ウィスキーと熱いスープを注文した。彼は貪るように飲み、かなり元気を取り戻した。三日間も何も食べていなかったし、服も着替えていなかった。私は風呂の用意をし、服を脱ぐのを手伝っていると、私の手は突然金物に触れた。それはズボンの後ろポケットに隠そうとしていた拳銃だった。

サーシャ、自己逃避する

風呂に入り、温かいスープをもう一杯飲むと、サーシャは私に語った。ニューヨークを出るとすぐにその旅行が嫌になった。講演が近づくたびに恐ろしくなってしまい、そこから逃げ出してしまいたいという抑え難い欲求にとらわれた。集会は人も少なく、散漫なものだった。彼が宿泊した同志たちの家は狭苦しく、彼のための部屋は用意されていなかった。さらに最悪だったのは、人の出入りが絶えずあり、ひっきりなしに質問を浴びせてくることだった。それでも何とかがまんしていた。ピッツバーグでは沈んだ気分がいくらか救われた。それはつまり、警官や刑事や刑務所員たちが大挙して現われたことで、彼の闘争心がかきたてられ、自分を忘れることができたからだ。

しかしクリーヴランドで到着早々にひどい扱いを受けた。駅には誰も迎えに来ておらず、同志の居場所を突き止めるのに一日中かかって、まったく疲れきってしまった。夕方の講演の聴衆は少なく、活気もなかった。講演の後、かなり長く馬に乗り、宿泊を予定していた同志の農場に行った。死ぬほど疲れ果てていたし、気分も悪かったので泥のように寝入った。ところが真夜中に目を覚ますと、隣に見知らぬ男がいびきをかいて寝ているのを見つけて恐怖に駆られた。長きにわたる独房生活の年月によって、身近に人のいることが責め苦のようになっていた。だからその家を飛び出して、田舎道に入りこみ、どこか一人になれる隠れ場所を探した。しかしそれでも心の平穏は訪れなかったし、自分が生活不適応者であるという不安からも救われなかった。そのため、このような生活をやめることを決心した。

朝になって街まで歩いていき、拳銃を買った。彼はバッファローへ行くことにした。そこだったら誰も彼を知らないし、彼が死のうが生きようが誰も関係なかった。昼も夜も一日中街を歩き回ったが、ニューヨークに抗し難い魅力を覚え、結局そこに行き、二日二晩、東十三番街二百十番地あたりをうろつきまわって過ごした。誰かに会うのではないかという絶え間ない恐怖があったが、彼はそこから離れられなかった。ボウェリーにあるごみごみした小さな部屋に帰ることを決心して、近くの公園に出かけた。小さな子供たちが遊んでいる光景が、彼に昔のことや「水兵服の少女」のことを思い出させた。そして彼は話を結んだ。「その時、君にもう一度会うまでは死ねないとわかったんだ。」

私は息を殺してこの話を聞いていた。話の邪魔をしたくなかったし、できもしなかった。サーシャの内面の葛藤はあまりにも激しく、三日間に及ぶ耐え難い私の不安すらも、それに比べたら何ものでもないように思われた。すでに無数の死を味わい尽くし、今また人生から逃れようと試みていた。この人に対する限りなき愛情が、私の中にこみ上げてきた。私の不幸な友を追いつめている不吉な力に打ち勝つのだという燃えるような思いに取りつかれ始めていた。

サーシャが安らぎを得る

私は彼に手を差しのべ、一緒に家に来てくれるようにと頼んだ。私は訴えた。「ステラしかいないのよ、サーシャ。だから誰もあなたの邪魔をしないわ」。アパートではステラとマックスとベッキーが心配して私たちの帰りを待っていた。廊下を通ってサーシャを私の部屋に連れていき、ベッドに寝かせた。すると疲れきった子供のようにすぐに寝入ってしまった。

数日間サーシャはベッドの中でほとんど眠っていたし、目覚めても周囲の事情がよくわからなかった。マックスとステラとベッキーが私を休ませるために彼の世話をしてくれたし、他の誰にもアパートの静けさを破らせなかった。

若いアナキストのグループがレオン・ツォルゴッツとその行為について討議する集会を開いた。その集会で三人の若者が逮捕された。ある朝早く、けたたましい電話のベルで起こされ、逮捕を知らされるまで、私はそのことについて何も知らなかった。私たちはただちに言論の自由への弾圧に抗議する集会を呼びかけ、ボルトン・ホール、ハリー・ケリー、ジョン・コーリエル、マックス・バギンスキーと私が講演することになっていた。当日の夜、サーシャは体調がよくなりかけていたので、行くことを望んだが、私は再発することを恐れて、それよりもステラと劇場に行くように説得した。

マックスとコーリエル兄弟と一緒に集会場に着くと、聴衆はわずかしかおらず、警官が壁に沿って並んでいた。ベッキーの兄であるヤング・ジュリアス・エデルソンは前の集会で逮捕されたが、ボルトン・ホールの尽力で保釈中の身になっていた。

その彼がちょうど演壇に上がったばかりだった。騒ぎが起きたのは彼が十分ほど話した時だった。数人の刑事が突進してきて、ジュリアスを演壇から引きずりおろし、その間に警官たちが聴衆を襲い、座っている椅子を取り上げ、女たちの髪の毛をつかんで引きずり出し、警棒で男たちを打ちのめした。悲鳴や罵声を上げながら、聴衆は出口に殺到した。私がマックスと階段にたどりついた時、一人の警官が彼に激しい蹴りを加えたので、マックスは階段の下近くまで転落し、別の警官は私の背中を殴りつけ、逮捕すると言ってわめいた。「俺たちが捕まえたかったのはお前だ！　抗議のやり方を教えてやるぞ！」。護送車の中で私は十一人の「危険分子」と一緒にいるのがわかった。彼らは全員が年端もいかない少年少女で、法に抗っているグループのメンバーだった。ボルトン・ホールやハリー・ケリー、コーリエル兄弟はかろうじて警察の残忍な行為から逃れた。起訴手続きの間、私たちは保釈が認められた。

私の逮捕でサーシャが生きかえる

私たちの逮捕はひとつのめざましい結果をもたらした。それはただちにサーシャの闘争精神を呼び覚ましたのだ。集会で起きたことを聞いて、彼は叫んだ。「僕の復活の時が来た！　今やなすべき僕の仕事があるんだ！」。サーシャの精神的覚醒に対する喜び、そして逮捕された若者たちが直面している危険への認識は私の闘志を盛り上げた。すぐに私たちは闘いの準備に取りかかった。法律顧問としてヒュー・O・ペンテコストとメイヤー・ロンドンを頼み、アメリカ人や外国人の友人たちからかなりの物質的援助を得た。すでに警察裁判所の審問会で、私たちに対する起訴理由の不成立が明らかになっていたが、地方検事団は勝利を得ようと努めていた。アナキストから街を救うためにはそれが最善の方策なのではないだろうか？　それが法令全書の反アナキスト法に則り、現在に即した、いとも簡単な仕事なのである。判事は地方検事の弁論にかなり肩入れしているように思えたが、目の前にいる大半のアナキスト犯罪者たちがとても若く、おとなしそうに見えたので、陪審の有罪判決に半信半疑であった。だから彼の面目を保つために「さらなる審理」を命じたのだった。

このような事態において、私はいつも約束を破らないことを重視していたので、講演の仕事をずっと続けることができるその猶予を歓迎すべきであった。ところが警察は英語によるすべてのアナキスト活動を計画的に取り締まり続けた。それは集会を弾圧するといったあからさまな方法ではなく、もっと狡猾なやり方であった。彼らは集会場の管理人を脅かしたのだ。そのことで私はニューヨークのいかなる公開の場所においても、発言の機会をほとんど得られなくなった。私たちの出版物のための資金集めを目的とする『母なる大地』仮装舞踏会のような他愛もない催しでさえも解散させられてしまった。五十人の警官が会場に入ってきて、人々に出て行くように命じ、仮面をむしりとってしまったのだ。つけこむ理由がでっち上げられない時には、彼らはその持ち主に会場を閉めることを強制した。これは財政上の大きな損失を意味した。

サーシャが再び意気消沈する

私たちは『母なる大地』の会を組織し、様々な議題で一週間に一回の講演を行ない、時にはミュージカルまで上演した。警察は激怒していた。それはつまり彼らが九週間にわたって弾圧してきたにもかかわらず、依然として私たちを制圧できなかったからだ。法と秩序の神聖な制度を守るためには、さらなる何か思いきった脅しが必要であった。当局の次の動きはアレクサンダー・バークマン、ジョン・R・コーリエル、そしてエマ・ゴールドマンを演説者としていた集会で起こった。全演説者が逮捕された。たまたまドアのところにいた十五歳の犯罪的アナキストも一緒で四人組として逮捕された。私は二週間前にブルックリン哲学協会で「アナキズムに関する誤解」という題目で講演したばかりだった。新たに創設されたアナキスト取締り班の刑事たちがその時も来ていたが、逮捕はなかった。たとえ演説者がエマ・ゴールドマンであっても、警察は明らかに非アナキスト団体への干渉を避けていた。それは、まだ合衆国に存在しているささやかな自由を破壊しているのがアナキズムではなく警察であることを、ブルックリンの哲学者たちに教えてしまうからだった。警察署へ行く途中で、アナキスト取締り班の担当警部が私に扇動をやめるつもりがないのかと尋ねた。私がこれまで以上にやり抜こうと決意を固めたと断言すると、彼は今後、公共の場で演説しようとするたびに逮捕してやると告げた。

しばらくの間、サーシャは本当に自分を取り戻し、私との共同生活や仕事を続けることができるかのように思われた。私たちの逮捕の日以来、活動に参加したがっていたが、二ヵ月もすると彼の関心は再び刑務所を出てからずっとつきまとっていた鬱状態によって崩されてしまった。彼を憂鬱にさせる主な理由は私への生活的依存で、彼はそれが苛立ちの原因だと考えていた。その状態から彼を解放するために、私はある親切な同志に働きかけて、小さな印刷所を始める資金をサーシャに貸してくれるよう頼んだ。これはサーシャの精神を回復させる手助けとなり、この事業を発展させようと勤勉に働き始めた。ほどなく彼は自分の印刷道具一式を揃えて、ささやかな仕事をこなせるようになった。しかしその幸運も長くは続かず、新たな問題に悩まされることになった。彼は組合の認可を得られなかった。つまり彼は植字工として印刷工の仕事をすることは許可されず、かといって印刷工を雇うことは搾取になってしまう。彼は私がマッサージの仕事をしていた時と同じ立場にあり、人を使って利益を得たり、あるいは組合に属さない仕事をするよりもと、印刷所を閉めてしまった。そして再びもとの精神的苦痛にとらわれたのである。

サーシャの受難が私の精神を苛立たせる

私は次第にサーシャを苦しめているのが生活費を稼ぐという問題ではなく、何かもっと深い、切迫した辛さではないかということがわかってきた。それは私の現実の世界である一九〇六年と、彼の夢の世界である一八九二年との差異にあったのだ。彼が二十一歳で刑務所に入った時に持っていた理想の世界は時の推移を拒んでいた。だがおそらくそれが幸いでもあった。つまりそれが十四年間の恐ろしい年月を通じての精神的支えであったし、獄中生活の闇を照らすひとつの星だった。それゆえに外の世界を、運動や友人たちやとりわけ私を、心の眼で彩色していた。その間に私は人生に翻弄され、様々な事件の渦中に巻きこまれ、否応なく沈んだり泳いだりしなければならなかった。サーシャの記憶に昔のままで残っていた小さな「水兵服の少女」ではいられなかったのだ。私は深甚な変遷を経験してきた三十七歳の女だった。もはや私は彼が望んでいるようなかつてのタイプにはあてはまらなかった。

サーシャは釈放されるとすぐにそのことを見てとり、感じてもいた。未熟な少女の殻を破り、突然現われた成熟した人物像を理解しようとしたが失敗して、彼は怒りっぽく、批判的になり、私の生活、意見、そして友人たちにしばしば非難を浴びせたりもした。彼は私の知的高慢さと革命に対する一貫性の欠如を非難した。彼からの攻撃のすべては骨まで切られるようで、私は深い悲しみに涙を流した。何度も逃げ出してしまって、二度と会うまいと思ったが、私はその痛みより何か大きなものに引き止められていた。それは彼一人だけが犠牲を払った行動の記憶であった。永久に私を彼と結びつける絆の最も強い環のままであり続けるだろうと、日を追うごとに自覚していた。青春時代や愛の思い出は色あせても、彼の十四年の苦悩は決して私の心から消え去ることはないであろう。

私は『母なる大地』のための旅にどうしても出なければならなくなり、そのことでこの悲惨な状態から脱け出そうとした。そうすればサーシャは雑誌の編集者の役割で残ることができるし、窮屈な思いから解放され、より自由に仕事ができるようになるだろう。彼はマックスが好きだったし、手助けしてくれる有能な寄稿者たちもいた。ヴォルテリン・ド・クレール、セオドール・シュツローダー、ボストン・ホール、ヒポリット・ハベル、さらにその他の人々もいた。サーシャはこの計画を快く引き受けた。彼が戻るやいなやすぐに別離しなければならないことが、私にとってとても辛いことに彼が気づいていなかったので、私は救われた。彼の釈放――私はそれを大変な思いで待ち望んでいたというのに、今になって、かくも長く待ち焦がれていた釈放から一周年の記念日にも、彼と一緒にさえいられなかった。

気の毒なヒュー・ペンテコスト

ヒュー・O・ペンテコストの死は、彼を知りその人物と仕事を高く評価していた私たち全員に衝撃を与えた。そのニュースは未亡人から伝えられたのではなく、新聞を通じてだった。ペンテコストは、遺体の処理のより見事な方法としての火葬の確固たる信奉者であった。当然のことながら誰もが彼は火葬に付されるものと思っていたし、友人たちの多くが出席して、花を手向けるつもりでいた。だからヒュー・O・ペンテコストが埋葬され、宗教儀式に則って葬式が執り行なわれたと知らされた時の私たちの驚きは大変なものだった。ヒュー・Oにとって、生涯を通じて高く掲げていたひとつが自由思想であったことを考えると、それはまったくの皮肉だった。彼の政治的立場は多くの変遷があった。単一納税主義者、社会主義者、そしてアナキスト――また同時にそれら全部であったことも、あるいは別の立場を取ったこともあった。だが宗教や教会に対する彼の態度はそうではなかった。彼は決定的にそれらから離れ、確固たる無神論に転じていた。したがってペンテコストの墓地に牧師がいるのは彼の思いに対する最も悪しき侵害であり、自由思想の友人への侮辱であった。それはペンテコストの漠然とした不安の実現のように思われた。彼は私によく言っていた。「立派に生きるということは非常に難しいことだ。だが立派に死ぬということの方がさらに難しい」。そして愛は憎しみよりも逃れ難いとも、彼はしばしば言っていた。柔らかい腕や優しい言葉で人をつなげている愛というものは鎖よりも強いのだと言いたかったのだ。それらの「柔らかい腕」から自分自身を引き離すことのできない無力さが、彼の社会的思想を変遷させてきた背景であった。

それは彼をシカゴ事件のアナキストたちの思い出に背かせさえした。彼は野心を持ち、ニューヨークの地区検事補の地位を求めるようになるまでは、シカゴ・アナキストたちの最も堅固な弁護士の一人であった。だが彼は表明してしまった。「ヘイマーケット事件の裁判で正義が行なわれなかったといったのは、私の間違いだったのかもしれない」。生きている時も、死んでからも、ヒュー・O・ペンテコストは自分自身に忠実であることを許されなかったのだ。

ロシアのための私たちの仕事は、グレゴリー・ゲルシュニの到着によってとても強い刺激を受けた。彼はキャベツ樽の中に隠れてシベリアから逃亡し、カリフォルニア経由でアメリカに来たのだった。ゲルシュニは学校の教師で、大衆の教育によってのみ、ロシアはロマノフ王朝のくびきから救われるのだとずっと信じていた。長年にわたって熱心なトルストイ主義者であり、あらゆる暴力的な活動に反対していた。しかし専制政治による絶えまない弾圧と暴力は、国内の戦闘的革命家たちが実行してきた方法の不可避性を次第にゲルシュニに体得させた。社会革命党戦闘団に加わり、その中心人物の一人になった。死刑の宣告を受けたが、最後には減刑されシベリアでの終身刑となった。

私がこれまで会ったすべての偉大なるロシア人と同様に、実直で、自分の英雄的生き方についてまったく語ることなく、ロシアの大衆の解放という理想によって、個人的利害などかまうことなく炎のように燃えていた。さらに彼は多くのロシア人革命家たちに欠けている鋭い現実感覚と確実性、そして引き受けた仕事に対する責任感を持っていた。

彼のニューヨーク滞在中に、私はこの特異な人物に何度も会った。彼の途方もない脱走は二人の若いアナキストによって支援されていたことを知った。刑務所の木工場で働いていた時、ゲルシュニが入る樽に、発覚しないような空気穴を巧妙に開け、それから彼を入れて釘づけをしたのだった。ゲルシュニは、年齢的には子供にすぎないが、革命に対してとても勇敢で頼りになる二人の少年の献身と大胆さに、賞讃を惜しまなかった。

『母なる大地』の担当者と新しい寄稿者

この頃から、私は『母なる大地』の創刊一周年の祝賀の準備を始めた。この雑誌が過去十二ヵ月にわたって様々な困難や辛苦を被りながらも生きのびたということは驚きでもあった。何人かのニューヨークの文士たちは原稿を約束通りに送ってこなかったが、それはこの雑誌を悩ませた数々のトラブルのひとつでしかない。彼らは最初は熱心だったが、それは『母なる大地』が芸術の基盤としての人生における豊かさや自由を主張していると自覚するまでだった。彼らにとって芸術は現実からの逃避を意味していた。だとすれば彼らに対して、大胆に生を求める者の擁護をどうして期待できようか？　彼らは新生の雑誌をなおざりにしていたので、自力で進むしかなかった。彼らの抜けた場所はすぐに埋まった。しかも勇敢で、自由な精神の持ち主たちによってであり、彼らの中にはレオナード・アボット、サダキチ・ハートマン、アルヴィン・サンボーンがいて、彼ら全員が人生と芸術を反逆の双生児の炎と見なしていた。

この困難を乗り越えると、もうひとつの問題が起き、それは私自身が属する陣営からの非難であった。彼らの非難は『母なる大地』に革命的精神が欠けているというものだった。その理由は疑いなく、アナキズムを教義としてよりも自由の理想として取り上げていたからだ。幸いなことに、同志たちの多くは私の味方になり、雑誌を支援するために惜しまず金を出してくれた。そしてアナキストではなくても私の付き合いのある友人たちは、出版や警察の引き続く迫害に対する闘いに対して心から応援してくれた。豊かで実りある一年であるとともに、『母なる大地』の未来に向けての抱負にも満ちていた。

◇第31章◇ アムステルダムのアナキスト会議

男の聖域に侵入

反アナキスト法により起訴された私たちの審問は何度も延期され、結局完全に取りやめになった。そのことで一八九七年以来初めての、念願の太平洋沿岸地方への旅行が可能になった。遠くへ旅立つ前ではあったが、私の集会はコロンブス、トレド、デトロイトの三都市で警察に阻止されていた。トレド当局の行為は特に非難に値するものだった。なぜならば、市長のブランド・ホイットロックはトルストイ主義者にして「哲学的」アナキストとして知られていて、進歩的思想の持ち主であったからだ。私は「哲学的」アナキストと自称している多くのアメリカの個人主義者に会ってきた。親しくなるにつれ、彼らは決まって哲学者でもアナキストでもないことが明らかになり、自由な言論に対する彼らの信念は常に「しかし」がつくのだった。

だがホイットロック市長は単一納税主義者であり、自由な言論や出版の最も勇敢な闘士として際立っているアメリカ人グループのメンバーでもあった。実際に単一納税主義者たちは警察の妨害に対する私の闘いにおいて、いつも最初に支援してくれていた。それゆえに単一納税主義者の市長が普通の役人たちと同じ専横的な態度を取るという犯罪行為に、大いに驚いた。彼の支持者の何人かに、ホイットロックのような人物のその行為についての説明を求めた。彼らの説明にとても驚いてしまったのだが、ホイットロックは、私がその時ストライキ中だった自動車労働者に紛争を扇動するという目的でトレドに来たという印象を持っていたのだ。市長は経営者と従業員たちとの間に和解を持ちかけようとしていたので、私に話をさせないことが最良だと判断したのだ。

私は言った。「明らかに市長は自分の和解案がストライキ側ではなく、経営者側の利益となることを承知しています。そうでなければ、彼は私が話すであろうことを恐れないでしょう。」

トレドに着くまで、私はストライキのことなど知りもしなかったと彼らに伝えた。私は「アナキズムへの誤解」について講演するために来た。だがもしストライキの人々が私の話を望むのであれば、最悪のおせっかい屋にして、あらゆる経済闘争の基盤を解体する手助けをする政治家たちとの関係を持たないように彼らに言うだろうと、進んで認めた。このことはアメリカ人の自由主義者グループに報告され、彼らはただちに私のために特別集会を準備する仕事に取りかかった。

彼らの中で最も活発だったのは、尊敬すべき老夫人であるケイト・B・シューウッドだった。奴隷制度廃止の時代に、彼女は多くの逃亡奴隷の身の安全に力を尽くしていて、それは時代を経ても変わってはいなかった。彼女は愛すべき人物であると同時に、熱心な女性解放論者であり、経済、教育の分野においても偉大な自由主義者であった。この愛すべき夫人は市長に騒擾罪の法文を読んで聞かせたにちがいない。なぜならば、もはやトレドで私の講演を妨害することはなかったからだ。

私はミネアポリスで面白い経験をした。奇人クラブとして知られている、専門職に従事する男たちの組織で講演するように招かれた。これまでにクラブ員の神聖な面前に出ることを許された女性は誰もいないが、私は例外であると告げられた。特権などに重きを置いていなかったので、私はクラブに返事をしたためた。看護婦としての立場で、死者の入棺を用意する時に一度も臆病になったことはない。むしろ一人で生きたままの死者に直面する方が私にとっては明らかに不安である。もし私を手助けしてくれる数人の体格のよい女性を手配してくれるのであれば、クラブ員の埋葬を準備する仕事をあえて引き受けるつもりだと。気の毒に、奇人クラブは面くらってしまった。私の依頼に同意することは女性の侵入という危険を孕んでいた。しかし拒絶することは自らを公の笑い者にしてしまうことだった。男性の自尊心は、その百合のような純潔を克服した。クラブ員は返答してきた。「エマ・ゴールドマン、あなたの仲間を連れてきなさい。でもその結果は責任をお持ち下さい」。私と女友達はクラブにおいて革命に近いものをもたらした。だがそれはクラブ員の心の中だけで、頭の中ではなかったが。自分たちの心からお互いに異性を消し去ることは決してできないのであるから、男性もしくは女性だけの閉鎖的な集まりほどこの世で退屈なものはないと私たちは彼らに気づかせた。この発言を機に、全員が性的妄想から解き放たれ、自然にくつろいだような感じになっていた。その夕べはとても楽しかった。実際にそれがクラブの歴史の中で最も刺激に満ちた啓発的な出来事であり、さらに最も陽気な催しだったと知らされた。

新聞の公正さに驚く

私に対するクラブ員の寛大な態度は、アナキズムに関して過去六年間に起きていた一般的変化の端的な例であった。新聞の論調も、もはやそれほど敵意に満ちていなかった。トレド、シンシナティ、トロント、ミネアポリス、ウィニペグの各新聞の私の集会についての報道は、異例なほどに寛大であった。ウィニペグの一紙は長い社説で次のように書いていた。

エマ・ゴールドマンはウィニペグで言論の自由を悪用したと告発され、アナキズムは殺人を弁護する制度として非難された。ところが実際にはエマ・ゴールドマンはウィニペグにいる間、危険な大言壮語にふけることもなかったし、賢明で論理的で節度ある批判以上の演説はしなかった。また事実に照らしても、アナキズムが爆弾を投げることや暴力を教えると主張する人は、自分が何について話しているのかわかっていない。アナキズムは今日だけでなく、これからもまったく実行不可能な理想の教義であり続けるであろう。世界で最も生まれよく育ち、才能に恵まれた何人かはアナキズムを信じている。トルストイがアナキストであるという事実ひとつを取ってみても、それが暴力を教えていないという決定的な証左である。

私たち全員が無政府を荒唐無稽な夢として笑い飛ばす権利を持っている。またエマ・ゴールドマンの教えに賛成する、あるいは反対する権利を持っている。しかし私たちは、彼女が言ってもいない事柄で彼女を論難したり、暴力と正反対のことを説くような教義を暴力的で残虐であると非難するような馬鹿げたことをすべきではない。

太平洋沿岸での講演旅行を終え、六月の終わりにニューヨークへ戻った。私は『母なる大地』のかなり多くの予約購読者を確保し、活動のできない夏の数ヵ月の間に、雑誌を維持できる出版物の売上げからの相当な剰余金という純粋な成果を携えていた。

初春に、私たちのヨーロッパの同志たちが、オランダのアムステルダムで八月に催されるアナキスト会議への参加を呼びかけてきていた。私が訪れた都市のグループのいくつかは、代表として会議に出席してほしいと要請してきた。同志の信頼を得るのは喜ばしいことであったし、ヨーロッパはいつも私にとって魅力の地であった。しかし牢獄から出てきてわずか一年しか経っていないサーシャがいた。すでに数ヵ月も彼と離れていた。私は再び彼に会いたかったし、投獄により隔たった私たちの気持ちを埋めたかった。

私が不在の間、サーシャは『母なる大地』ですばらしい仕事をしていた。彼の活力にあふれる文体と思想の明晰さは誰もにとって驚きだった。それは英語を知らずに牢獄に入り、それまで出版物に書くことがなかった人物にしては驚くべき完成度であった。四ヵ月にわたる旅行の間に、私が受け取った手紙には憂鬱な様子はなく、彼はその雑誌と私の仕事にとても関心を示していた。私はサーシャと彼の努力を誇りに思い、彼が外の社会に再び戻ってきてから二人の空にかかっている雲を晴らせるかもしれないという希望でいっぱいだった。これらの理由で、私はアムステルダムに行くのを躊躇していたし、ニューヨークに着いてから決めるつもりだと、同志たちに言った。

私の変化がサーシャを怒らせる

戻ってみると、サーシャは別れた時と同様だった――つまり同じ精神的動揺の状態にあり、彼の行動を奮い立たせた理想と、現在直面している現実との間の不一致に苦しんでいた。彼は過去の中に、生きながらの死の過程で独自に作り出した幻の中に、住み続けていた。現在のすべてになじむことができず、たじろぎ、それらを避けていた。サーシャのすべての友人の中でも、私が彼の最も深い失望と苦しみの原因であるとは痛烈な皮肉であった――苦しい歳月を通じて、私は彼のことを頭からも心からも離したりしなかったし、そこに誰がいようとも問題ではなかった。他の誰よりも深く愛していたエドがいてもそうだったというのに。それなのにサーシャの苛立ちや腹立たしさを最も喚起させたのは私だったのだ。それは個人的な感情というよりも、人生や周囲の人々や運動に対して引き受けざるをえなかった私の姿勢の変化のためであった。私にはひとつとして共通の考えがあるように思えなかった。それでも私は十四年間の涙と血によってサーシャと永久に結びついていると感じていた。

しばしば私は彼の非難や難癖に耐えられなくなると、過酷で辛辣な言葉で言い返し、それから自分の部屋に駆けこみ、私たちを引き離している違和に苦しみ泣き叫んだ。だがいつもサーシャのもとを離れることはできず、どのような言動であれ、彼が耐えてきたことに比べれば何でもないことだと思えた。そのことが私の比重において最も重いものであり、必要であればいかなる時にも彼のそばにつかせているのだとわかった。ところが現在では、私は少しも彼の助けになっていないようだったし、サーシャも私がいない時の方が落ち着くように思えた。

サーシャが自分の活動を決意する

私はアナキスト大会で西部の同志を代表してほしいという要請を引き受けることにした。サーシャは私が帰国するまで雑誌の編集を続けるが、自分の心は『母なる大地』にはないと言った。彼は労働者のもとに届く情宣のための週刊新聞を望んでいた。彼はヴォルテリン・ド・クレール、ハリー・ケリー、さらに他の友人たちと、その計画をすでに話し合っていた。彼らはそのような新聞が必要であることに同意し、必要な資金を集める要請書に署名することを約束した。しかしながら彼らは新しい出版物を、『母なる大地』の競争相手だと私が誤解しているのではないかと心配していた。私は抗議した。「なんて愚かな考えなの。私は運動の独占権など要求しません。どうあっても週刊新聞を発行するようにして下さい。私の名もその資金調達の呼びかけに加えるつもりだわ」。サーシャは大いに感激し、私を優しく抱きしめ、その要請書を書くために私の前に座った。ああ、愛しき人よ！　彼の企てが平穏をもたらし、人生や仕事に引き戻すよすがとなり、その言語能力と筆力でそれを可能にするという確信を私が持てさえすればよいのだ！　おそらくサーシャは意識していないかもしれないが、私が独自に創造した様々な活動様式の一部になってしまうことに対する内面的な憤りがあり、次第に私はそれに気づき始めていた。彼は何か自分自身で作るものを、何か自分自身を表現するものを切望していた。週刊新聞が彼を苦痛から解放する手段となり、それが成功することを願わずにはいられなかった。

私は海外旅行の準備に取りかかった。マックスもまたドイツ人グループを代表してアムステルダム会議へ行くことになっていた。しばらくの間私たちは二人とも周囲の環境から身を離す必要があった。農場は彼が望んでいたバラ色の現実を作り出せなかった。農場は都市の人々にはまったく向いておらず、それは自然に対してロマンチックな観念を抱き、その厳しさに対応できる能力もなく、その土地にやってくるからだった。オシニングの土地には何の設備もなく、そこでの冬はマックスの小さな娘にとっては厳しすぎた。もうひとつの理由はミリーの孤立で、彼女はそれに耐えられなかった。友人たちは都市に移って必死で家計のやりくりを試みていた。マックスはドイツ語の新聞に埋め草記事を書いたり、『母なる大地』へ寄稿したりして、ミリーは裁縫の内職をしていた。彼女は子供の出産以来ずっと耐えてきたストレスで神経質になり、苛立っていた。マックスも、少しでも面白くないことがあると自分の殻に閉じこもってしまった。誰の責任でもないのだが、私と同様に彼も苦しい状態から身を離したがっていた。

週刊新聞を発行するという計画によって、サーシャは今やずっと生き生きしていた。それに、彼の精神を奮起させるようすがとなったもうひとつの要因があった。彼は若い同志たちの間から多くの友人を得ていて、とりわけ若いベッキー・エドルソンに魅せられていたので、私は心救われるような思いでいた。『母なる大地』に問題はなかった。戻るまでの心配はなかったし、編集者としてサーシャがいて、ジョン・コーリエル、ヒポリット・ハベル、その他多くの人々が協力してくれるので、その内容には確信が持てた。

ヒポリットと私は古い付き合いであったが、ずっと疎遠になっていた。しかし私たちの友情は以前と同様に堅固であり、また社会闘争にも共通の志を持っていた。彼の歴史に対する博識と様々な出来事に関する感覚は、私たちの雑誌にとってとても貴重なものであった。

マックスとアムステルダムへ

一九〇七年八月中頃、マックスと私はオランダ―アメリカ桟橋から友人たちに別れの手を振った。会議での任務は別にして、私たち二人は旅行が空虚さを満たすための探索であると考えていた。穏やかな海と絶えず心を慰めてくれるマックスの友情は、サーシャの釈放前後の数ヵ月間の緊張を和らげてくれた。アムステルダムに着く頃になると、私は再び自分自身を取り戻し、会うべき人々、会議、そして果たさなければならない仕事に意欲を燃やしていた。

私はオランダ人が非常にきれい好きであると何度も聞いていた。しかし到着してから朝のアムステルダムを散歩するまで、そのことでオランダ人が、通行人をいかに不愉快にさせているかをわかっていなかった。私はこの趣のある古風な街を見物しにマックスと出かけたのだった。どのバルコニーでも、色彩豊かな服を着たふくよかな女中たちが目立ち、腕と脚をむき出しにして、猛烈に絨緞や敷物をたたいていた。確かに微笑ましい光景ではあるが、私たちの無防備な頭の上に激しく振り落ちてくるごみや埃が旋風のようで、喉は詰まり、服は汚れてしまった。まだそれだけなら我慢ができたであろうが、同時に植物にかける冷たい水のシャワーも浴びせられたのだ。思いがけない水浴びは、予期していた以上のオランダ人のきれい好きを示していた。

この会議は私にとって国際的なアナキストの会合に出席する三度目の機会であった。一八九三年にこのような秘密会議が計画され、その年のシカゴ博覧会の間に開かれていた。私はいくつかのアメリカ人グループの代表として選ばれていたが、裁判と入獄によって出席できなかった。十一時にシカゴ警察がこの会議を禁止してしまったが、まさに同じ時間に違う所で開かれていた——それもイメージ的に最も好ましくない場所で。市の行政局の一つに書記として雇われていた同志が、シティホールの一室に十二人の代表者を忍びこませていたのだ。

二度目は一九〇〇年のパリにおいてだった。そこで私は会議の準備の仕事に密接にかかわった。フランス警察もまた会議を開かせない方針だった。そのため一連の会議は秘密裏に開かれ、充分な盛り上がりを見せたが、建設的な仕事となるには至らなかった。

オランダに新しい寛容を見る

民主主義のアメリカと共和制のフランスの両国で国際的アナキスト会議を開くことは禁止されていたので、君主制のオランダで一堂に会する権利を求めることになった。その大半が自国を追われ、迫害されていた八十人の男女が、ここでは当局のどのような干渉も気にすることなく、大集会を開き、毎日の会議に集まり、革命、サンディカリズム、大衆反乱、そして個人の暴力的行為といった生々しい問題を自由に討論できるのだった。私たちは一人で、あるいはグループで街を歩き回り、レストランやカフェで社会的会合を持ち、話し合い、そして明け方まで革命の歌を歌ったが、尾行もされず、またいかなる妨害もなかった。

さらに注目すべきは、アムステルダムの新聞の態度であった。最も保守的な新聞でさえ、私たちは犯罪者や狂信者としてではなく、真面目な目的を共に追求してきた真剣な人々のグループとして報道した。

これらの新聞はアナキズムには反対していたが、それでも私たちを誤って伝えたり、会議での発言を歪曲したりはしなかった。

会議で力をこめて討議された重要なテーマのひとつは組織化の問題であった。何人かの代表者たちが『民衆の敵』のストックマン博士によって提示されたイプセンの思想に関して、彼が孤高の立場にいる強者ということで、反対の意を表わした。彼らはピョートル・クロポトキンの見解を支持し、その著作のすべてにおいてあまりにもはっきりと解明されているし、それは最良の結果としての相互扶助と協働性にあるとの見方を示した。だがマックスと私は、両者の共存の必要性を強調した。アナキズムはクロポトキンとイプセンの二者択一を迫るものではなく、両者を包含するものだという見解であった。クロポトキンは革命へと導かれる社会状況を綿密に分析しているし、イプセンは人間の精神の革命、個人的反逆において最高潮に達する心理的闘争を描いていた。私たちの理念にとって、現実世界に起因する精神世界、現実制度に起因する心理的動因と必然性の効力を否定するほど悲惨なことはないと、私たちは強く主張した。

さらに私たちは訴えた。いくつかの陣営においては、組織化が個人の自由を育むものではないという誤解が生じている。それは逆に個人主義の後退を意味しているのだ。それどころか、組織化の真の機能は現実的に個人の人格の進展と成長を促すことにある。まさに動物の細胞のように、相互の協働性によって完全な有機的組織体の形成における潜在的な力が発揮されるのであり、それゆえに他者の人格との協働性の努力によって、進展の高度な様式を実現する個の自立を行使するのだ。真の意味での組織化とは単なる実体なきものの結合から生じるのではない。それは自己意識と考え抜かれた個人の人格によって形成されるのだ。実際に組織化の全体的可能性と活動は、個人のエネルギーの表出において示される。アナキズムは教義も威嚇もなく、あるいは処罰もなく、さらに貧困という抑圧もない組織化の可能性を主張する。つまり新しい社会組織は生存の手段としての闘争に終止符を打つだろう――野蛮な闘争は人間の貴い品性を傷つけ、社会の混沌を永遠に広げていく。要するにアナキズムは万人が幸福であることを目指して、社会的組織化の方向に向けて闘っているのだ。

卓越したアナキストに会う

代表者のグループの中には多くの興味深く、重要な人物がいた。その中にフリードベルク博士がいて、彼はかつて社会民主党のメンバーで、ベルリン市の参事会員であり、ゼネストや反軍国主義の際立った支援者となっていた。重い反逆罪で起訴され、未決の身であったにもかかわらず、彼は会議の進行にあたって最も活動的な役目を果たし、明らかに帰国した際には危険が待ち構えていた。他にも様々な人々がいた。ルイジ・ファッブリはイタリアの教育雑誌『民衆大学』の優れた寄稿者の一人だった。ルドルフ・ロッカーはイディッシュ語の『労働者の友』の編集者であり、講演者としてもロンドンのユダヤ人たちの間でめざましい仕事をしていた。クリスチャン・コーネリッセンはオランダにおける私たちの運動の最も鋭敏な知識人の一人だった。アレクサンドル・シャピーロはイギリスの革命的商業組合の活動家で、トーマス・H・キールはロンドンの『自由』に最も献身的な労働者の一人であり、その他にも有能で精力的な同志たちが揃っていた。

フランス、スイス、オーストリア、ボヘミア、ロシア、セルビア、ブルガリア、そしてオランダの代表者たちは全員が男性で、意欲的で有能だったが、その中でも最も傑出した人物はエリンコ・マラテスタだった。優れた感受性に恵まれたマラテスタは、青春時代から革命の理想にずっと取り組んできていた。バクーニンに会った後、そのサークルの最年少のメンバーとなり、「ベンジャミン」という愛称で呼ばれていた。彼は民衆に向けての膨大なパンフレットを執筆し、それらは広く普及し、特にイタリアとスペインにおいて顕著であり、また様々なアナキズム出版物の編集者でもあった。しかし彼の文書による活動は実際に労働者の日常的闘争へのかかわりを妨げてはいなかった。彼は著名なカルロ・カフィエーロや名高いロシア人革命家セルギュス・ステプニャク（クラヴィチニスキイ）とともに、一八七七年のイタリアのベネベンテにおける蜂起に際して重要な役割を果たしていた。民衆反乱に対する彼の関心は、生涯を通じて赤い糸のように繋がっている。スイス、フランス、イギリス、あるいはアルゼンチンでたとえ何をしていたにしても、自国で反乱が起きればいつも民衆の支援に赴いた。一八九七年の南イタリアの反乱に際しても、彼は再び活動的な役割を果たしていた。彼の全生涯は波瀾万丈であり、そのエネルギーと特異な能力はアナキストの大義への奉仕に捧げられていた。しかし運動における彼のいかなる仕事も常に物質的な独立を保っていたし、生活費は肉体労働で稼いでいて、それが彼の生活原理でもあった。イタリアに、島と家からなる父親の遺産がかなりあったにもかかわらず、そこに住んでいる労働者からいかなる地代も家賃も受け取ることなく、自らの手で稼ぐことで最低限の生活を続けていた。それゆえに彼の名前はラテン諸国で最もよく知られ、最も愛されているひとつであった。

私は本当に短い時間ではあったが、一八九五年にロンドンで、この偉大な老アナキスト闘士に会っていた。一八九九年の二度目の訪英の際に、エンリコ・マラテスタがアメリカへ講演に出かけ、イタリア人アナキストの新聞『社会問題』の編集をしていることを知った。アメリカにいる間に、彼は身分を偽ったイタリア人の愛国者に撃たれたが、エンリコは真のアナキストであるがゆえに、彼の暗殺行為を告発することを拒否した。アムステルダムで、私はまさに初めて彼と日常的に接触する機会を得た。マックスと私はたちまちマラテスタという人間の虜になった。私たちは世界の重みすらも遠くに放りやり、余暇には遊びもするという彼の度量を愛した。海を見て喜んだり、公共の公園で遊び戯れたりするのを含めて、彼と過ごすすべての時間が楽しかった。

国際事務局の創設

私たちの会議の最も重要な建設的結論は国際事務局の創設だった。その幹事はマラテスタ、ロッカー、そしてシャピーロで担当することになった。ロンドンに本部を設けることになった事務局の目的は、様々な国のアナキストグループや組織と密接な連絡を取り、あらゆる国での労働闘争の詳細で入念な研究を試み、アナキストの新聞にそれらについてのデータと材料を提供することであった。そしてまた事務局は次の会議の準備にすぐに取りかかり、それは近い将来ロンドンで開催されることになっていた。

一連の会議の終盤になって、私たちは反軍国主義者の会議に出席した。それはオランダ人の平和的アナキストによって準備されていて、彼らの中ではドメラ・ニエーウェンホイスが最も著名な人物だった。ドメラの生まれは、当局の敵にふさわしい兆しを明らかに示していなかった。彼の先祖はほぼ全員が教会の牧師であり、彼自身もルター派教会の伝道者だったが、その進歩的精神ゆえに神学の狭量な道から外れてしまった。ドメラは社会民主党に加わり、オランダの有力な代表者となり、議会の最初の社会主義者として選出された。ヨハン・モストや偉大なフランス人アナキスト、ピエール・プルードンと同様に、彼も議会活動から得られる自由は何ら重要なものではないとすぐに気づき、アナキストであることを宣言して、その地位を離れた。

それから彼は私たちの運動、特に反軍国主義の情宣に、全時間と莫大な私財を惜し気もなく投じたのだった。ドメラは外見からして印象的で堂々としていた——背が高く、姿勢もよく、大きな青い瞳で表情も豊かで、流れるような白髪に髯をたくわえていた。優しさと思いやりを強く感じさせたし、闘争の理念を体現していた。彼の性格的特質のひとつは大きな包容力であった。長年にわたってベジタリアンで絶対禁酒主義者であったが、肉もワインもテーブルに欠かすことがなかった。「私が必要でないからといって、どうして家族や客からも奪えるだろうか？」。彼は夕食の時に私たちにワインを注ぎながら言ったものだ。

オランダの民主的君主制

フランスに向けて出発する前に、オランダの運輸労働者の会合に出席する機会があった。私は君主制にありながらオランダの労働者が自立していることと、民主主義のアメリカでは民衆の大半が自立の大切さを少しもわきまえていないという相違に注目したことがあった。何人かの刑事がその会合を内偵していた。しかし彼らは委員会によって発見され、有無を言わさず放り出された。私はそれを見て、ピンカートン社の探偵という害虫にあまりにも蝕まれている、アメリカ人の職業組合に欠けている精神と比較せざるをえなかった。

ようやく私たちはパリへ到着した。私は再びパリの響きを浴び、そのむこうみずな若さに気分は昂揚していた。若返ったように思われ、セーヌ河のある愛すべき街が与えてくれるすべてを熱望していた。以前に来た時よりも、さらに多く学ぶことや吸収することがあった。

それに何ヵ月も会っていなかった、わがステラもいたのだ。彼女と親しい老人のヴィクトル・デエヴェが私たちを駅で待っていて、カフェへと案内してくれた。ステラはすでにいっぱしのパリジェンヌになっていて、料理がうまくて、値段も手頃であるレストランの多いフランスと、それへの親近感を得意がっていた。ヴィクトルは白髪になっていたが、依然として足取りは若く、かつてのユーモアのセンスもそのままだった。パリでの最初の夕食の間、私たちは冗談を交わして、盛んに笑った。これほどの笑いは過去何ヵ月分以上だった。私たちの陽気な宴を特別に設けてくれたのは、疑うことを知らないステラの雇い主で、アメリカの領事ではあるが小心者で、彼女はその秘書だった。エマ・ゴールドマンに献身的な姪、それなのに依然として領事はお払い箱にしなかったのだ！

私たちがオランダにいる間に、ようやくピョートル・クロポトキンのフランスへの再入国が許可されたというニュースが入ってきていた。ピョートルはこの国とその民衆を愛していた。彼にとってフランスは自由の揺籃であるフランス革命を意味していたし、世界が社会理想主義に抱いているすべての象徴でもあった。確実に言えるのは、フランスのその栄光の時期はあまりにも短く、私の偉大な師はフランスを特別視していた。フランスの牢獄での十八ヵ月に及ぶ監禁と続けて起きた国外追放は、それを証明していた。それでも何らかの特殊事情によるものだとして、ピョートルはフランスを自由の旗を掲げる国、また世界で最も文化的な国として認めていた。フランスの民衆に対する感情の変化に、彼が個人的に何ら苦しんでいないことを私たちは知っていたので、ようやく待ち望んでいた再入国を果たせるのを祝福した。

私たちが着いた時、ピョートルはすでにパリにいて、それも私のホテルから数軒先のサン＝ミシェル通りに住んでいた。彼はこれまでにないほど精神を昂揚させていた。彼はますます活力に満ち、明るかった。その理由を問うつもりではなかったが、どうしてそんなに幸せな変化がもたらされたのかと聞いてみた。彼は大きな声で言った。「パリだ、パリなんだよ、愛しい街よ！　パリのように血を湧き立たせる街は世界のどこにもないのではなかろうか？」。私たちはフランスの運動と地方のグループの仕事について話し合った。彼が子供のように気に入っているのは、創刊にあたって支援をした『新しい時代』という新聞で、意見は異なっていても他のグループの権利に対する彼のセンスと、対立する要因をくじかせる、とても強い正義への愛が大いに示されていた。彼には何か広大で美しいものが備わっていた。彼の前に長くいれば、誰もが励ましの感情を与えられるのだった。

彼は多くのことを抱えて忙しかったが、特に『フランス大革命史』の草稿の手入れに没頭していたので、会議についてのことごとくを話すまで、私のことを聞こうとしなかった。

彼は組織化についての私たちの見解と、集産的反逆と同様に個人的権利に対する主張をとりわけ称賛してくれた。

パリの実践的サンディカリズムを学ぶ

モナトの助力で、私は労働連合においての実践的サンディカリズムについて学ぶことができた。主たるリーダーは全員アナキストに近く、パリで日常的に会っている人たちよりもさらに不屈で、興味深い人柄であった。新しい労働理論の唱導者はプジェ、パトー、デラセーユ、グルーフルイエたちだけではなかったのであり、彼らもまた労働者の日々の闘争において、実践的な知識と体験を重ねていた。協力者たちと一緒に、彼らは労働取引所を活動のための拠点に転換した。すべての組合がそこに事務所を持ち、共有の印刷工場でそれぞれの新聞など多くの出版物を印刷刊行した。『民衆の声』は労働総同盟の週刊機関紙であり、おそらく世界で最も意欲的で巧みに編集された労働者の新聞だった。そこでは夜間学校が開かれ、労働者は複雑な工業システムのあらゆる面を学んでいた。授業は科学的、経済的主題が中心で、また労働者自身によって運営される設備の整った医務室や託児所もあった。この学校は大衆にいかにして革命を起こすか、どのようにして新しい社会を誕生させるかを教える実践的な試みを代表していた。

サンディカリズムの源泉とも言える観察と学習は、労働者に資本主義者の敵としての組織された力に匹敵する強さをもたらす経済的闘争の場を代表していると、私に確信させた。

これらの体験に加えて、さらに他の事柄も付随していた。まったく啓発的なものではなかったが、ペンとブラシに依拠する現代の芸術家のグループが社会的抗議の声を上げ、スタンランやグランジュアンとともに、最も精力的に仕事を行なっていた。私はスタンランの作品は見られなかったが、グランジュアンの作品は率直でいて温かい魂に満ち、彼が生まれながらの反逆者で、真の意味での芸術家にして理想主義者であることを示していた。

彼はプロレタリアートの生活の様々な場面を描く一連の仕事をしていた。彼の理想は言葉に言い表わせない無力感の中で悲しんでいる労働者を描いていて、芽生えつつある力強さを徐々に覚醒させることにあった。芸術の使命は新しい夜明けのビジョンを喚起するのだという彼の信念を表現していたのだ。彼は私に断言するように言った。「この視点に立つならば、私たち芸術家は全員が革命的なのだ。スタンランもその他の芸術家たちも、ゾラ、ミルボー、リシェバン、そしてリクチュスが文学で実践したことを芸術でやりつつある。彼らは芸術と人生の流動を連関させ、知ることと人生を生きることの権利を求めての、偉大な人間の闘争を試みているのだ。」

私はグランジュアンに『母なる大地』のことと、アメリカでその雑誌が目論んできたことについて話した。すると即座に彼は雑誌のカバーデザインの作成を申し出て、私がパリを去る前に、それを送ってくれた。そのデザインの内容と表現はすばらしいものだった。

ランブイエにおける反軍国主義者の裁判

今回のフランス訪問の間には様々な貴重な体験をしたが、九人の反軍国主義者の裁判と、パリ近郊のランブイエでのセバスティアン・フォールによるめざましい教育実験も含まれていた。裁判にかけられたのは一人の女と八人の青年のグループで、最年長の者でも二十三歳という若さだった。若者たちは声明書を兵士に配布し、自分たちの兄弟たる労働者に銃口を向ける代わりに、上官に向けるよう訴えかけた——確かに軍の側からすればきわめてゆゆしき犯罪だった。アメリカの法廷であれば、これらの若者は強い非難を浴びせられ、脅迫され、長期間の投獄に付されるだろう。ところがパリにあっては彼らは告発者の立場にあり、国家、愛国心、軍国主義、そして戦争に対して、呪詛を浴びせたのだ。これらの若き囚人たちの挑戦的な告発は非難されるどころか、注目と尊敬をもって拝聴された。被告側弁護人の大胆な口頭弁論、被告人たちの理想主義を証言するために出廷した著名な人々、さらに法廷全体の雰囲気があいまって、この反軍国主義者の裁判は、私がこれまで見た中でも最も劇的な出来事のひとつとなった。

フランス社会の柔軟性

確かに彼らは有罪の刑を受けたが、刑期は短く、最も長い者でも三年であった。それにフランスだったので、女性には執行猶予がついていた。私の帰化した国であれば、彼らの刑は比較にならないほど苛酷なものになったであろうし、若者たちの率直な所信表明や行動、そして判事と検察官に対するたびた

び の挑発を考えれば、まぎれもなく法廷侮辱罪が適用されてもいただろう。

アメリカとフランスの法廷処理の相違の背景には、社会的反逆に対する見方に根本的な差異があることに私は気づいた。制度自体が神聖でも不変でもないし、さらに社会状況も変化するものだという認識を、フランス人はフランス革命から学んだのだ。それゆえにフランスにおいて、反逆者は来たるべき大変動の先鋒と見なされていた。

アメリカにおいては、革命の理念は死に絶えていた――触れてはいけないミイラのようなものになっていた。そのために合衆国では社会的、政治的反逆に対して憎悪や非難が浴びせかけられるのだ。

パリに来るかなり前に、アナキストのセバスティアン・フォールによるユニークな教育実践を、アナキストのフランス語新聞で読んでいた。私は一九〇〇年に彼の話を聞き、そのまったく見事な雄弁さに感動させられていた。さらにセバスティアン・フォールの特異な個人史を知り、彼が創設した近代学校に並々ならぬ関心を抱いた。フォールは神父として人生を踏み出し、カソリックの束縛を打ち砕き、その恐るべき敵となったのだ。ドレフュス事件が起きた一八九七年、彼はエミール・ゾラ、アナトール・フランス、ベルナール・ラザレ、そしてオクターヴ・ミルボーによって領導されたフランスの反動勢力に対抗する運動に参加した。フォールはドレフュスの熱烈な代弁者となって国中を講演して回り、自らの腐敗を隠蔽するために無実の人物を悪魔島に投獄してしまった軍閥を告発した。その後フォールは、来世でも現世でも権力への信仰をまったく放棄した。アナキズムが彼の目標となり、その成就のために熱烈な努力を重ねていた。

フォールの学校は「ラ・リュシェ」（みつばちの巣）と呼ばれ、古いフランスの村であるランブイエの郊外にあった。彼を支援したのは数人だけだったが、荒れた未墾の土地を、果物と野菜の育つ豊かな農園にしてしまった。彼は孤児と、親がいてもあまりに貧しく学費も払えない子供を二十四人連れて来て、自費で住居と食物と衣服を与えていた。そしてラ・リュシェにおいて、いかなる規律や強制からも子供の生活を解放する環境を創り上げていた。古い教育方法を捨て去り、その代わりに子供の欲求を理解し、その秘めたる可能性に全幅の信頼を置き、人格の尊重を確立させた。

フランスにおける実験学校

私が一九〇〇年に訪れたことのある、尊敬すべき自由論者のポール・ロビンの学校ケンプイユでさえも、生徒と教師の間の友愛と協力の精神はラ・リュシェほど完璧ではなかった。ロビンもまた子供への新しい接し方の必要性を感じていたのだが、教育についてはまだ多少なりとも古い形式の、いわゆる教科書に拘束されていた。ラ・リュシェはそれからも自由であった。寄宿舎や教室には植物や花や鳥、そして動物の生態を描いた手描きの壁紙が貼られていて、これがどのような「正規」の授業よりも子供の想像力をかきたてる効果を持っていた。子供たちは自由にグループを作って教師を取り囲み、何かの物語を聞いたり、パズルの解答を求めたりして、古風な教育に欠如していたものを充分に補っていた。年少の子供たちの教育問題を話し合っていると、フォールが子供の心理について特異な把握をしていることを見せつけられた。彼の学校での成果は、二年足らずのうちにきわめて満足のいくものになった。

彼は言った。「驚くべきなのは子供たちがお互いにかくも率直で、思いやりと愛情にあふれていることだった。ラ・リュシェでの子供たちと大人との間に培われた調和は大いに私の励みになった。子供たちが私たちを単に年長だから、恐れたり、敬意を払うというのは間違っている。私たちは子供の信頼と愛を得るためにできることはすべて実行した。そして義務が理解することに、恐れが信頼に、厳しさが愛情にとって代わり、それゆえに達成できたのだ」。子供の魂の中に秘められている同情心や親切心そして寛大さといった富について、これまで誰も充分に理解してはいなかった。すべての真の教育者はこうした宝物を表出させるように努力すべきだ――つまり子供の衝動を喚起させ、最良で高貴な気質の目覚めを促すのだ。人間という植物の生長を見守ることを天職とする者にとって、その花びらが開くのを見、本物の個性に育っていく姿を見守ることほど、すばらしい酬いがあるだろうか？

私はラ・リュシェを訪問したことで、現在の制度下にあっても、自由論者の教育方法でいかに多くのことが実現可能かを学んだのであり、貴重な経験だった。未来の大人たちを育てること、子供の魂にかけられた枷をはずすこと――単に大学の学位の力によるのではなく、詩人や芸術家がそうであるように、生来の創造的才能を持つ教育者としてのセバスティアン・フォールのような人にとって、これ以上偉大な仕事があるだろうか。

私への反アナキスト法の適用が進行する

パリはいつも新しい感銘に富んでいたし、それゆえに離れ難かった。多くの友人たちも私の心を引き止めていたし、その中にマックス・ネットラウがいた。彼に最初に会ったのは一九〇〇年のロンドンにおいてであり、博物館やその他のイギリス芸術の宝庫を案内してくれた。パリでもよく会っていたし、彼は科学者にして歴史家でもあり、私たちの運動においてもきわだって知的な人物だった。その当時、ミハエル・バクーニンに関する画期的な著作のための特殊な資料を収集していた。

私たちがパリを発つ数日前に、若いアメリカ人の彫刻家であるジョ・ダビッドソンがパリに着いた。私はニューヨークで彼と知り合っていたし、その作品に興味を持っていた。彼はアトリエを見つけたと私たちに言ったが、そこには何も揃ってはいなかった。私は家事のための一式を揃えていた――それは十数人の来客をもてなすためで、皿、ポット、湯沸し、コーヒーパーコレーター、アルコールランプなどだった。それらを抱えて、私たちは勝利の行進のように通りを闊歩してアトリエへ向かった。ジョは大きな荷物を背負い、その両側にはマックスがフライパンと湯沸しを肩から掛け、私はコーヒーポットを持って歩いた。すべての道具が無事にジョのアトリエに落ち着くと、私たちはカフェに繰り出し、まさにボヘミアン的生活に入ろうとする若き芸術家の門出を祝った。

光り輝く太陽の日差しを受けながら、マックスと私はパリを発った。ロンドンは肌を突き刺すような寒さで、この天候は二週間の滞在の間変わらなかった。到着すると、まずアメリカの新聞の急報に迎えられた。それは合衆国政府が反アナキスト法の規定によって、私を国外追放に処そうとしているという記事であった。新聞のでっち上げだと信じていたので、最初はそのことを気にもとめなかった。私はカーシュナーと結婚することで市民権を得ていたからだ。まもなくアメリカにいる数人の弁護士の友人からの手紙で、この噂が事実だとわかった。彼らの知らせによれば、ワシントン当局は私の再入国の許可を拒否する決定をしようとしているので、できるだけ早く、しかも隠密に戻るように強く勧めていた。私のための集会がすでにスコットランドで準備されていて、同志を失望させるわけにはいかないと思っていた。仕事を続ける決心をしたのだが、すぐに合衆国政府に動きを悟られることなく、イギリスを去ることはできないとわかった。

私がロンドン警察に監視されていることに気づいたのは、ロンドンのホルボーン・タウン・ホールでの講演が終わった後だった。集会の場を出た時から、十人の刑事が私を尾行していた。その時ルドルフ・ロッカーと妻のミリー、そしてマックスと数人の友人が私と一緒だった。私たちはロンドンを何時間も迂回して歩き、時々レストランや酒場に立ち寄ったりもしたが、「尾行」の影は常に近くにあり、獲物を手放すつもりはなかった。最終的にロッカー夫婦の提案で、イースト・エンドにある彼らのアパートに行くことになった。その夜は彼らの家に泊まるのだと刑事たちに思いこませれば、早朝に監視の目を逃れる唯一の機会があるのではないかと考えたからだ。家の電灯が消され、私たちは暗闇の中に座って、ロンドン警察を欺く方法を考えた。夜明けにミリーが偵察に降りていったが、誰もいなかった。この街の別の場所で友人たちが私たちを待っていた。私たちは郊外に出て、同志の園芸家であるバーナード・カンプメイヤーの家に行った。当時、彼とその妻は運動にほとんどかかわっていなかったので、当局に監視されてはいなかった。私はスコットランド人の仲間を失望させたくはなかったが、アメリカに着いてすぐに逮捕され、法廷闘争を強いられるような危険を冒す余裕もなかった。それゆえに私は帰国の決心をした。それから三日間、この同志の家に厄介になり、マックスと私はリバプールに向けて出発した。そこからモントリオールへ船で渡り、ニューヨークへ向かうことにした。

カナダを経て再び合衆国に入る

カナダの移民当局はアメリカのそれに比べてうるさくなく、カナダへの入国は何のトラブルもなかった。モントリオールからニューヨークへの車中で、プルマン式車両のボーイが検札に来た時、気前よくチップを与えてやると、ニューヨークへ無事到着するまで、二度と姿を見せなかった。新聞が私の帰国を知ったのは二週間後であり、私が初めて公に姿を現わしたからだった。彼らは私がどのようにして入国したかについて興奮ぎみに聞き出そうとしたので、移民局に問い合わせてみればと、提案した。

戻ってすぐに、私は『母なる大地』が財政的に悲惨な状態にあることを知った。私の不在の間、ほとんど収益がなく、月々の出費は雑誌の維持のために残しておいた額をはるかに超えていた。ただちに何らかの措置を講じなければならなかったし、資金調達は私にしかできず、寸刻を惜しまずに出版への支援を確保すべく、様々な催しを手配し、また急ぎの旅行に出る決意をした。

サーシャが若い愛に傾く

サーシャの私への批判的な態度は変わっていなかったし、どちらかといえば、さらに露骨になっていた。それと同時に、若いベッキーに対する彼の関心は募っていった。彼らがお互いに親密になっていることに気づくようになった。そしてサーシャがそのことを告白する必要を感じていたことで、私は傷ついた。彼が生来口数の少ないことをわかっていたが、明らかに信頼をなくした様子が、私の心の中で反発や侮辱を感じさせた。ヨーロッパに出発する前から、サーシャにとって私の肉体的な魅力は投獄の間に消滅してしまったことに気づいていた。彼が私の生き方を理解するようになり、他の人々を愛してきたにもかかわらず、彼に対する私の愛は変わっていないとわかれば、昔の情熱が再び燃え上がるだろうという希望にすがりついてきた。

サーシャに新しい愛が訪れ、私が完全に締め出されるのを知ることは辛かった。私の心はその残酷な仕打ちに反発したが、文句を言う筋合いもないと承知していた。私が人生の高みと奥行を経験している間に、サーシャはその機会を拒まれていた。十四年間にわたって、彼は若さと愛が与えてくれるものを渇望していた。今それがベッキーによって彼にもたらされたのであり、情熱と尊敬の念を抱いている前向きな十五歳の少女だけに可能だったのだ。サーシャは私より二つ年下の三十六歳だったが、そのうちの十四年の生活は空白で、女性に対しては二十一歳の時と同様の初々しさとナイーブさを保っていた。その年にしては他の女性たちに倍するほど激しく、かつ変化に富んで生きてきた三十八歳の女性よりも、ベッキーに魅かれたのも無理のないことだった。それは充分に承知していたが、同時に、彼の成熟と経験をもってすれば百倍のことが可能なのに、それを少女に求めているのは悲しく思われた。

ヨーロッパから帰ってわずか五週間足らずで、私は再び長期の旅行に出ることになり、マサチューセッツ、コネチカット、ニューヨークを経て、フィラデルフィア、バルチモア、ワシントン、そしてピッツバーグへと向かった。最初、ワシントンの警察署長は私に講演を許可しないと声明を出していた。何人かの著名な自由主義者たちが、言論の自由を妨げる権限はないと署長に忠告すると、彼は集会を開いてもかまわないと委員会に伝えてきたが、それと同時に会場の所有者の営業許可を取り上げてしまった。会場の所有者が法的な争いに持ちこもうとしたので、署長は「本管区当局に対して敵対的でない」催しや集会を認める臨時営業許可書を出した。だが私の集会は開かれなかった。

ピッツバーグでは多くの記憶が蘇ってきた——サーシャの殉難、私がよく通った監獄への道、私が切望し、そして果たされなかった望み。それでも喜びが私の胸の中に息づいていた。サーシャは囚人として死ぬことから逃れたし、私はそれに全力を尽くしたのだった。誰もこの慰安から私を引き離すことはできないのだ。

◎第32章◎ ライトマンとの出会い

シカゴでの集会が禁止される

一九〇七年から一九〇八年にかけての冬の間、アメリカは不況に苦しんでいた。どの大都市でも多くの労働者が仕事もなく、貧困と失意の状態に置かれていた。政府機関は飢餓を救う方法や手段を考えようともせずに、危機の原因を論議するあらゆる試みを妨害することで、目を覆いたくなるこの状況を悪化させていた。

フィラデルフィアのイタリア人とユダヤ人アナキストたちは、その目的を果たすために集会を呼びかけたのだった。ヴォルテリン・ド・クレールと雄弁なユダヤ人アジテーターであるハリー・ウィンバーグがその集会で演説した。聴衆の中のある者が、市庁舎の正面で職を要求するデモを行なうことを主張した。演説者はそれに反対したが、群衆は大通りへと押し寄せていった。市庁舎に向かう途中で、労働者たちは警官隊に襲撃され、めった打ちにされた。翌日ヴォルテリンとウィンバーグは暴動を扇動した容疑で逮捕され、保釈金はそれぞれ千五百ドルとされた。シカゴでも警察が無防備な男女に対して同じ方法を行使して、失業者たちの大規模なデモを追い散らした。同じような暴行が国のいたる所で起きていた。このような状況下での講演旅行は大きな緊張を伴い、旅行の経費をかろうじて賄う程度の収入しか得られなかった。さらに私はとても重い風邪をひき、ひどい咳にも見舞われて、苦しんでいた。それでもシカゴに着く頃までには何とかよくなるだろうという希望を持って旅行を続けた。親しい友人であるアニーとジェイク・リフシスの所に滞在するつもりでいた。私のために準備された十四の集会は成功するだろうと考えていた。というのも、私はシカゴでは有名になっていたし、進んで支援してくれる多くの友人もいたからだ。

私が到着する二日前に、失業者デモで警官隊に棍棒でめった打ちにされた一人のロシア人の若者が警察署長の家を訪れ、彼を殺そうとしたという記事が新聞に報道された。私はその少年を知らなかったが、集会はただちに禁止され、さらに私の名前がその事件と結びつけられた。シカゴに着いてみると、私をゲストとして招待してくれた友人ではなく、他の二人の同志に迎えられたが、その一人はまったく知らない人物であった。彼らはあわただしく人込みから私を連れ出して、リフシスの家が刑事に包囲されているので、その代わりに、今会ったばかりの同志の家に連れていくと告げた。警察が私に講演させないことを決定してしまったので、すぐにこの街を去るようにと二人が勧めた。私は敗走を拒否し、宣言した。「私はシカゴにとどまるつもりです。これまでも同じような状況下でやってきたことを実行します。表現の自由のために闘います。」

私を泊めてくれた家の妻が、かくまっていることを警察に知られるのではないかと怯えているのに気づいた。一晩中彼女は、警察が来ていないかどうかを確かめに窓の所に行きつ戻りつしていた。朝になると、私を家に連れてきたことで夫と口論を始めた。彼女は私がきっとトラブルの種になるだろうし、彼らも近所から排斥されるだろうと言った。

私はホテルに移るべきであったが、宿泊を許可されないことも確実だった。幸いなことに、二人のロシア系アメリカ人女性が訪れてきて、私を招いてくれた。その一人はベッキー・ヤムポルスキー博士といい、文通を通じての知り合いだった。彼女のアパートは事務所と居間からなっていて、よければ居間を分かち合いましょうと申し出てくれた。私は喜んで申し出に応じた。ヤムポルスキーのアパートで、私はウィリアム・ナタンソンというユダヤ人のアナキスト運動における若い活動的な学生と会った。彼は私がやろうと決めていることを支援すると申し出た。彼の同志的精神とベッキーの温かい配慮は、逃れてきた醜い言い争いの光景をすぐに忘れさせた。

私が最初に質問したのはあの不運な少年についてのことで、彼はラザルス・オーバーバックという名前だった。彼は何者で、なぜ警察署長の家まで行ったのか？　彼のことはほとんど何もわかっていないと告げられた。彼は私たちの陣営に属していなかったし、どのアナキストグループにも加わっていなかった。彼の姉を通じて、アメリカに来て間もないことがわかった。ロシアにおいて彼の家族は、恐るべきキシネフの殺戮の犠牲者の中にいた。シカゴでの失業者の行進中、その窮状と要求を敢然と訴えるデモ隊の労働者たちに同様の残虐行為が実行されるのを彼は目撃していた。自由な国で、そうであると信じていたそのアメリカで、同じ非人道的で残忍な行為を見たのだった。彼が警察署長の家へ行った本当の理由は誰にもわからなかった。少年は家に招じられるや、いきなり署長の息子に殺されたのだった。

ベン・ライトマンとの出会い

陪審においてのシッピー警察署長の証言によれば、オーバーバックは署長に手紙を渡した後、その息子を狙撃しようとして一発の弾丸が身体に当たったとされていた。しかし調べてみると、シッピーの息子はまったく傷ついていないことが明らかになった。オーバーバックは三十八口径の銃で殺されたのであって、署長の証言によれば、少年が所持していたピストルは三十二口径であった。だがこのことは、アナキストとして知られている全員に対する警察の手入れの妨げにならなかったし、同志の本拠の閉鎖や蔵書の没収に関しても同様だった。

所有者を脅迫するという警察の古い手口によって、私のためのどのような会場の確保も不可能になった。私の足取りはすべて監視されていた。私が若い医学者の友人宅に隠れているとわかった瞬間から、刑事が私を尾行していた。一方で新聞はアナキズムとエマ・ゴールドマンについての無責任な話に加えて、私たちがいかにして警察打倒を共謀しているかを書きたてていた。ワシントンはにわかに忙しくなった。移民局長官のサージェントは、エマ・ゴールドマンがアムステルダム旅行の後どのようにしてアメリカに戻ったのか不明であるとの声明を発表した。また彼は私の再入国許可を禁止する指示を怠った局員を探し出す調査を命令したことも認めた。強大な国が小さな女一人の口封じのために、上を下への大騒ぎをしているのは、まったくの悲喜劇的状況だった。幸いであったのは私の虚栄心をわずかばかりくすぐったことだけだった。

シカゴで演説ができるという望みをあきらめかけていた時に、ベン・L・ライトマン博士が失業者や放浪者の会合に使っていた空き家の店を提供してくれたとベッキー・ヤムポルスキーから知らされた。集会を開くことも可能だし、またそのことで会って、話し合いたいとライトマンは言っていた。新聞によれば、シカゴの失業者の行進の際に、ライトマンがそれを指揮し、警察によってめった打ちにされた人々の中にいたとのことだった。私は彼に会いたくなった。

彼は午後になって訪ねてきた。黒い大きなカウボーイハットをかぶり、流れるような絹のネクタイを締め、そして巨大なステッキを持った、異国情緒あふれる、絵になる身のこなしの人物だった。彼は私に挨拶して言った。「この小さなご婦人がエマ・ゴールドマンかね。常々お目にかかりたいと思っておりました」。深みのある穏やかな魅力的な声だった。エマ・ゴールドマンを支援するほどまでに言論の自由を信じている物好きにお会いしたかったと、私も挨拶を返した。

訪問客は大男で、すばらしく形のよい頭は明らかにいつ洗ったのかわからない黒い縮れ毛の塊で覆われていた。目は茶色で大きく、夢見るようだった。唇といえば肉付きがよく情熱的で、笑うときれいな歯が見えた。ハンサムな獣のようだった。手はほっそりと白く、不思議な魅力を発散させていた。指の爪は髪と同じく、石鹼とブラシに対してストライキ中であるかのようだった。私は彼の手から目を離すことができなかった。不思議な魅力がその手から放射されているようで、人の心を愛撫し、揺り動かしているようだった。

店は集会に不適当と宣告される

私たちは集会のことを話し合った。ライトマン博士は、当局がシカゴでの私の講演を邪魔しないことを保証していると言った。「会場を見つけるのは彼女次第だ」というのが当局の見解だった。彼は私が当局を試すことを喜んで支援してくれた。彼の店は二百人以上が座れた。汚れてはいたが、放浪者たちが掃除を手伝ってくれるはずだ。一度私はそこを会場にして冒険してみたかったし、望むべき手軽な場所でもあろう。訪問者は、熱情的にして精力的に自ら名づけた友愛福祉協会の本部で集会を開くことで、警察に一泡ふかせる計画を詳しく話した。数時間後に彼が帰ってしまうと、その男の手の魔力にしばらく落ち着かず、心が騒いでいた。

放浪者たちに手伝ってもらって、ライトマンは店をきれいにし、演壇を据え、二百五十人分以上のベンチを整えた。仲間の女性たちは会場を魅力的にしつらえ、詮索的な注視を遮断するために小さなカーテンを用意した。集会のための準備がすべて終わった頃、新聞がライトマンとエマ・ゴールドマンのセンセーショナルな記事を掲載した。二人が警察の命令に逆らって陰謀を企てているという報道だった。

集会を予定していた日の午後、会場の店に建築局と消防署の職員が訪ねてきた。彼らは博士に入場予定者数について質問した。面倒なことになりそうなので、彼は五十人と答えた。建築局の職員が託宣を下した。「だめだ」。それに続いて消防署員が言った。「それ以上になれば安全な場所とは言えんな」。この一撃で集会は開けなくなり、警察は勝利をまたひとつ手にした。

この新手の卑劣な手段は何紙かの新聞をも目覚めさせた。『インター・オーシャン』は私に論評欄を開放したので、数日にわたって私の論文が掲載され、どれもが無数の読者へと届けられた。このようにしてまったく検閲されることなく、オーバーバックの悲劇的事件、所長とその息子が仕組んだ役割、さらに自由な言論を抑圧する陰謀を大衆の前に公開し、最後に私の思想をも提示できたのである。もちろん編集長は私の論文にどぎつい見出しをつけ、社説でアナキズムを非難する権利を保留していた。しかし私は記事の最後に署名をしていたので、私の主張は紙面の他の記事に少しも影響されなかった。『インター・オーシャン』は警察に一泡をふかせたがっていたので、私が街で群衆に演説できるように自動車を提供してくれた。さらに「この企てを派手に飾るために」、リポーターやカメラマン、フラッシュ、ライト、その他の装備を用意しようとしていた。私はそのようなサーカスの見世物に同意するつもりはなかった。そうすることで私の自由言論が確保できはしないし、私にとって神聖なものを俗悪なものに貶めるだけだったからだ。

労働者会館でのコンサートを準備する

いくつかの集会場が閉鎖されたので、私の名前を公表せずに、労働者会館での親睦会とコンサートの計画を同志に提案した。私は監視の目をかすめて、予定の時間に会館に乗りこむつもりでいた。私たちのグループの数人だけにその計画を知らせておいたが、他の人々には親睦会の目的が闘争資金を募ることだと思わせておいた。

一人の部外者がこの秘密に引き入れられ、それはベン・ライトマンであった。何人かの同志は、博士が新参者で信用できないとの理由で反対した。彼は自分の店を提供することで偉大な精神を示したし、また私たちの仕事を広く知らしめるために大きな支援をしてくれたと私は主張した。彼の重要性は疑うべくもなかった。私は反対者を納得させられなかったが、他の同志はライトマンにこの計画を知らせることに同意した。

その夜私は眠れなかった。ほとんど何も知らない人物のために、どうしてあれほど熱くなって弁護したのかを自問しながら、心が落ち着かず、何度も寝返りを打った。見知らぬ人をすぐ信頼することには常に抵抗があった。あの男には私を信用させる何かがあるのだろうか？ 彼の強烈な魅力を認めないわけにはいかなかった。ヤムポルスキーの事務所に彼が訪ねてきた瞬間から、彼の存在は私の心を深く揺り動かしていた。それ以後彼と一緒の時が多くなり、その肉体的魅力は日増しに強まった。彼もまた私に関心を持っていることに気づいていた。彼のあらゆる眼差しがそれを示していたし、ある日突然、私を抱きしめようとした。彼の無遠慮さに怒ってはみたものの、その感触に快感を覚えた。その夜の静けさの中で、思いがひとりでに動き出し、魅力を放つ手を持った、野性的な風貌のハンサムな人物への情熱が高まっていくのに気づかされた。

私は逮捕されたが、集会は整然と散会する

三月十七日の親睦会の夕刻、ヤムポルスキーの家の前で、刑事たちが私を待ちかまえていたが、裏口

から抜け出すことに成功した。会館の近くの警官の列もうまく通り抜けた。大勢の聴衆が集まり、会館内には多くの警官が壁を背に配置についていた。コンサートはすでに始まっていて、誰かがバイオリンを独奏していた。私は薄暗い中を舞台の正面に向かって歩いて行った。音楽の演奏が終わると、ベン・ライトマンが舞台に上がり、皆さんがよくご存知のある友人がこれから話をしますと発表した。私は急いで立ち上がり、話し始めた。私の最初の声と聴衆の喝采を聞いて、警官が壇上に押し寄せて来た。服をちぎらんばかりの勢いで私を連れ出そうとした。

会館はたちまち大混乱となった。何人かの若い人々が無分別なことを仕出かすのではないかという危惧があり、私は大声で叫んだ。「警察はここでヘイマーケットの暴動の二の舞をさせるつもりなのよ。そんなことはさせてはだめよ。静かに退場して。そのほうがずっと私たちの運動のためになるのよ」。聴衆は大喝采して、革命の歌を歌いながら整然と会場を出て行った。警部は私を完全に黙らせることができなかったので、ののしったり、悪態をつきながら、私を出口に向けて押しやった。階段の所に来た時、あの会場に残してきたコートと帽子を持ってきてくれるまで、ここを梃子でも動かないと私は言った。それを待つ間、壁にもたれて立っていた。その時、ベン・ライトマンが二人の警官に引きずり出され、階段を押されて降り、通りに突き出されるのを見た。彼は私に目もくれず、声も掛けずにそばを通り過ぎていった。私はとても不愉快だったが、警官の目をくらますために知らないふりをしたのだと考えた。警察を振り切った後で、彼はきっとヤムポルスキーの家へ来るにちがいないと自分に言い聞かせた。私が外に連れ出されると、ベッキー・ヤムポルスキーの家まで、警官、刑事、新聞記者、それに大勢の群衆がついてきた。

すでに彼女の事務所には同志たちが集まっていて、当局や記者たちがどのようにして私の集会への出席を事前に知ったのかを議論していた。彼らがライトマンを疑っているのを感じた。憤慨はしたが、何も言わなかった。なぜなら彼がすぐやってきて、自分で弁明するだろうと思ったからだ。しかし夜が更けても、彼は姿を見せなかった。同志たちの疑いはますます強くなり、誰も何も言わなくても、私にはそれがはっきりとわかった。私は懸命に説明しようとした。「警察に留置されたにちがいないわ」。私を信じてくれているベッキーとナタンソンはそれにちがいないと同意してくれたが、他の者は疑っていた。私は惨めな気持ちで夜を過ごした。彼を信じたいという気持ちにすがりつきながら、一方では裏切られたのではないかと恐れてもいたのだ。

私の逮捕で嵐のような抗議が起こる

ライトマンは翌日の早朝に訪ねてきた。逮捕されていたのではないが、集会の後にある重要な理由でベッキーの家に来れなかったのだと言った。誰が新聞社や当局に知らせたのか、彼にも心当たりがなかった。彼の心を見抜こうとして、仔細に観察した。私が前夜抱いていたどのような疑惑も、朝の太陽の光の下に氷のように溶けてしまった。私にはこのように包み隠しのない顔をしている人間が、裏切ったり、計算ずくの嘘をついたりできるとはとても思えなかった。

警察の行動に対して、以前は当局に「アナキストを鎮圧する」ように扇動していた新聞の大半が、私が手荒く扱われたことに社説で抗議するという結果をもたらした。流血の事態となるのを防いだのは警察ではなく、エマ・ゴールドマンの冷静さと勇気であったと数紙の新聞は報道した。ある新聞は次のように述べている。「マホニー警部は命令に反して、講演することになっていた労働者会館からエマ・ゴールドマンを追い出した。彼女の演説を妨げたことにより、警察は彼女の思うつぼにはまり、言論の自由という憲法上の権利などは存在していないという彼女の信奉者たちの激しい主張に力を与えてしまった。」

それから数日間にわたって、『シカゴ新聞』は著名な男女による抗議の論文や手紙を掲載していた。ひとつはウィリアム・ダッドレイ・フォールクからのもので、エマ・ゴールドマンと言論の自由への抑圧に対する憤りを述べたものであった。別のものにはシカゴの著名な医師であるクー博士の署名があった。さらに最も喜ばしかったのは、親睦会での警官の行動に関するユダヤ教指導者ハーシュの見解だった。彼は、次の日曜日の説教で、アナキズムについての客観的な解説をしてくれた。また、世界で最も高貴な精神の持ち主である人々が唱えている理念を暴力的な手段で踏みにじろうとする官憲当局の愚かさを、折に触れ指摘した。クー博士によってもたらされた世間の態度の変化に伴い、さらなる貢献があった。彼は、言論の自由のための闘いに関心を持っている彼の兄弟やその他の人々に私を会わせるために、自宅に招待してくれた。それをきっかけにして、シカゴの著名な急進派をメンバーとする自由言論連盟が結成されたのだ。

連盟は私の演説する権利を確保できるまで、シカゴにとどまるように強く勧めてくれた。しかし残念なことに、すでにミルウォーキーや他の西部の街での講演日程が決まっていたので、彼らの希望にそえなかった。そのため後で戻ってくることで了承を得た。

シカゴでの集会が弾圧されたことで、私の名前はバッファローの悲劇の時以上に国の隅々に広まった。ミルウォーキーには以前にも何度か訪れていたが、多くの関心を喚起できなかった。ところが今や聴衆はどこの会場も収容人数をはるかに超え、そのため多くの人々が入場できない状態だった。社会主義者たちまでも大挙してやってきた。その中にはリーダーであるヴィクター・バーガーもいた。彼には以前に一度会っていたが、その時には私たちの理念に不寛容で、いかにもマルクス社会主義者らしかった。ところが今や私がずっと闘い続けてきたことを称賛さえしてくれた。アナキストの文献に対する需要も増加し、非常に喜ばしい事態となった。

ベン・ライトマンに焦がれる

ミルウォーキーでの反響は満足すべきものだったし、よき同志たちに囲まれて幸福なはずだったが、私は何となく落ち着かず、不満を覚えていた。激しい熱情と抗い難い思いにとらわれていた。ライトマンに電報を打ち、来てもらったが、目前にすると、私は説明もつかず、克服もできない内心の葛藤とのやるせないせめぎ合いに陥るのだった。予定された集会が終わると、私は彼と一緒にシカゴへ戻った。警察にもはや尾行されていなかったので、何週間かぶりにプライバシーを保つことができ、自由に動き回ったり、監視されているという不安もなく友人たちと語り合えた。刑事に四六時中つきまとわれる状態から解放されたことを祝って、ベンは私を夕食に連れ出した。彼は自分自身のことや青年時代のことを話してくれた。父親は裕福だったが離婚したので、母親と二人の子供は自活せざるをえず、貧困をきわめたという。少年のいわゆる「放浪癖」は五歳の時から始まり、いつも鉄道に魅惑されていた。彼は十一歳で家出し、合衆国やヨーロッパを渡り歩き、常に人間生活の底辺で、悪徳と犯罪に接していた。シカゴ工科大学の用務員として働き、そこで教授たちに目をかけられたのだった。二十三歳で結婚し、短い生活ではあったが、子供が生まれるとすぐに離婚した。母親への強い愛情やバプティスト派の牧師から受けた影響、さらに多くの冒険について彼は話してくれた。そこには彩り豊かな楽しいものや物悲しいものも含まれ、それらのすべてが彼の人生を形成していたのだった。

本を通してしか知ることのないタイプ、まさにドストエフスキーやゴーリキーが描いたタイプの生身の人間に私は心を奪われてしまった。私生活のみじめな状態やシカゴでの数週間に耐えてきた苦労が消え去ってしまうようだった。私は解放され、若返ったのだ。生きることと愛することを切望し、私とまったく異なる世界からやってきた男の腕に抱かれたかった。

その夜ヤムポルスキーの家で、私はどの男によってももたらされることのなかった思いもかけない本源的な情熱の奔流に溺れていた。その情熱の生の叫び、その赤裸々な美しさ、その恍惚に我を忘れて応えていたのだった。

ベンが刑事と親しくする

日の光が、私を現実と理想を求めての仕事へと連れ戻した。私の理想は他の神の存在を許してはいなかった。ウィニペグに向けてミネアポリスを発つ前に、友人たちがレストランでの夕食に招待してくれた。ベンはあとで合流することになっていた。私たちは陽気に騒いで、精力的に働いたシカゴにおける最後の数時間を愉快に過ごしていた。やがてベンが来たので、座の雰囲気は大いに盛り上がった。

私たちからさほど遠くない席に、男たちのグループがいた。その中の一人がシュウェットラー警部だと気づいた。彼がいることで、その場の空気が汚されてしまうように思われた。突然彼が私たちのテーブルの方へ合図を寄こした。驚いたことに、ベンが立ち上がり、彼のところへ歩み寄っていった。シュウェットラーは陽気に「やあ、ベン」と挨拶し、親しげに彼を引っぱって、その横に座らせた。他の男たちも明らかに警官で、全員がベンを知っているようで、親しく話を交わしていた。怒りと嫌悪感、そして恐怖のすべてが一体となって、私のこめかみに響き、気分が悪くなった。友人たちはお互いに顔を見合わせたり、私を見つめたりしたので、それでさらに惨めな思いが強くなった。

私をその抱擁によって歓喜させてくれたベン・ライトマンが刑事たちと親しくしているとは！　私の

肉体を燃えたたせたその手が、ルイス・リングを絞め殺すところだった獣のそのすぐそばにあるのだ！　そして一九〇一年に私を脅かし、苛んだ男の近くにいるのだ。ベン・ライトマンという自由の闘士が、言論の自由を抑圧し、失業者を棍棒で殴り、気の毒なオーバーバックを殺した、まさにその仲間たちと打ち解けて話しているのだ。どのような関係があるのだろうか？　彼自身が刑事なのかもしれないという恐ろしい考えが浮かび、しばらくの間完全に呆然としていた。その恐ろしい考えを追い払おうとしたが、さらに執拗につきまとった。三月十七日の親睦会とその集会を警官と記者に内通した裏切り行為が思い出された。知らせたのはライトマンだったのか？　そんなことがありうるのだろうか？　そしてこの私はあの男に自分を与えてしまったのだ！　十九年もの間、自由と正義の敵と闘ってきたこの私が、こともあろうにその敵の一味の腕の中で喜びに打ち震えたのだ。

私は懸命に自分を抑え、友人たちに店を出ようと言った。汽車までついてきてくれた同志たちは思いやりがあり、私の気持ちをわかってくれていた。彼らは私の成就した仕事や戻ってからの計画について話していた。その気配りはうれしかったが、私は汽車が遠くへ運んでくれることを望んでいた。ようやく汽車は出発し、私は一人になったが、様々な思いと心の中に吹き荒れる嵐を共にしていた。

その夜は果てしなく長く感じられた。神経を苛立たせる疑惑と、それでもなおベンをあきらめられない自分を恥じる気持ちとの間を、私は激しく揺れ動いた。ミルウォーキーに着くと、どうして急いで発ってしまったのかというベンからの電報が届いていた。私は返事を出さなかった。午後にはもうひとつの電報が来た。「愛している。君が欲しい。君のそばに行かせてほしい」。私は返事を出した。「シュウエットラーの仲間の愛なんか望んでいない」。ウィニペグでは手紙が待ちかまえていた。それは狂ったような情熱に満ちあふれ、説明させてほしいと哀願している手紙だった。

ベンの呼びかけに抗しきれない

昼間は集会のための仕事で忙しくしていたので、ベンへの思慕をふっ切り、我慢することもそれほど困難ではなかったが、夜になると葛藤は激しくなった。理性では拒絶しても、心は彼を求めて泣いていた。私は彼の魅力と必死に闘い、講演にわが身を打ちこむことで、彼を求める心を抑えようとした。

カナダからの帰途、アメリカの国境で私は拘束され、入国管理官に汽車から降ろされて、合衆国へ入国する権利に関する質問を浴びせられた。連邦政府のその役人は明らかに反アナキスト諸法令を研究していた。彼はアメリカ政府の栄光のためではなく、むしろ彼自身の昇進のためにあくせく努力していた。私は二十三年間もこの国に住んでいるし、反アナキスト法は三年未満の居住者にだけ適用されることを彼に伝えた。その上私は結婚によってアメリカ市民となっていた。入国管理官は意気消沈してしまった。彼の目の前にはメダルがぶら下がっていたし、それを逃すのはいまいましいことだった。

ミネアポリスに戻ると、再びそばに行きたいと懇願しているベンからの手紙が届いていた。しばらく私は彼の願いに抗っていたが、最後に不思議な夢を見たことで問題に決着がついた。ベンが私の上にかがみこんで、顔を近づけ、手を私の胸に置いているという夢だった。炎がその指先から放たれ、私の身体をゆくりなく包みこんだ。私は炎から逃れようともせず、焼きつくされたいと願って懸命に炎に近づこうとしていた。目が覚めた時、私の心は頑な頭に向かって、激しい熱情はしばしば高貴な思想や見事な行為を鼓舞するのだとささやき続けていた。ベンを励まし、私の社会的理想の世界へ伴うことができるのではないだろうか？

私は「来られたし」という電報を打った。十二時間というもの、彼への気分が悪くなるほどの疑惑と、信じたいという狂ったような願いの狭間にいた。私の本能がひどく間違っているはずはないと、自分自身に繰り返し言い聞かせていた――くだらない人間が、抗い難きまでに私を引きつけることはできないのだ。

ベンが理解を求める

シュウェットラーとの場面はベンの説明で疑いが一掃された。警察の人間がベンを知っていたのは、シュウェットラーと友達であるとか、警察と関係があるとかではないのだと彼は言った。彼の仕事は浮浪者や放浪者、そして売春婦に関係していたので、そのことでしばしば当局と接触していた。世間から見離されたそのような者たちは、何か問題が起こるといつも彼のところへやってきた。彼らはベンと知り合いであり、信頼もしていた。ベンもまたいわゆる尊敬すべき人々より以上に、彼らを理解していた。かつて彼自身が下層社会に属していたし、社会の落伍者たちに共感を抱いていた。彼らはベンを自分たちの代弁者としていたので、彼らを弁護する目的で、よく警察を訪れていたのだった。ベンは弁明した。「それ以外には何の目的もなかった。私をどうか信じてほしい。君ならわかってくれると思うが」。何がどうだったにしろ、私は彼に全幅の信頼を寄せるべきであった。

◇第33章◇ライトマンとの講演旅行と虚偽の告白

ベンが講演旅行に加わる

シカゴで私の集会が禁止されていた頃、サーシャも東部で同じような迫害を受けていた。彼の講演はマサチューセッツ州の数多くの街で禁止され、彼が主宰したユニオン広場での失業者デモは警察の手によって強制的に解散させられた。私はサーシャのことを心配していたので、ニューヨークへ戻る必要があるかを問い合わせる電報を打った。翌日の朝刊で、ユニオン広場において爆弾が破裂し、アレクサンダー・バークマンがその事件に関係している容疑で逮捕と報道された。サーシャが面倒に巻きこまれたというのに、手を差し伸べ、慰めようとしても、もはや私は彼のそばにいないのだ！　すぐにもニューヨークへ向けて出発しようと決意したが、その決意を実行に移さないうちに、サーシャからの電報が届いた。それによれば、当局はユニオン広場事件に彼を巻きこもうとしたが、それに失敗したので、「騒ぎを扇動した」容疑で彼を告発した。だがその告発も証拠不十分で却下されるしかなかった。それから手紙が来て、心配する必要がないことと、ユニオン広場での痛ましい事件の唯一の犠牲者はセリグ・シルバースタインという年若い同志だけで、温和な男なのに棍棒でめった打ちにされたことを知らせてきた。

シルバースタインは爆発騒ぎで重傷を負い、その後で警察本部において拷問にかけられていた。肉体的苦痛と精神的苦悶は彼を死に至らしめた。警察の残虐性、さらに、その最期に至るまであまりにも勇敢で冷静であった同志のことを綴ったサーシャの報告を読んで、政府機構とその組織的暴力に対する私の憎しみは高まるばかりだった。この事件によって、自らの任務を死ぬまで果たし続けようという決意をさらに強くした。

私がカリフォルニアに旅立つ前に、ベンが講演旅行への同伴を申し出た。自分のことをまかなえるだけの金があると私に請け合った。ベンは私のそばにいられるのであれば、仕事の手助け、集会の手配、文献の販売、あるいはその他のことを何でもするつもりでいた。彼の提案は私を期待で幸せにした。国中を駆けめぐる長くうんざりするような旅行に誰かが同行してくれれば、しかもそれが恋人であり、よき友であり、しかもマネージャーであったら、とてもすばらしいことであった。だが私はためらっていた。私の講演では自分の経費を差し引くと、『母なる大地』のためのささやかな収益金しか残らなかったし、さらに一人分の経費をまかなうだけの収入を上げることはとても不可能だった。だから結果として彼の経費を払えないので、ベンの協働を受け入れることは気が進まなかった。それにもうひとつ問題もあった――それは私の同志たちのことだった。彼らはいつも役立つとは限らなかったが、誠意のこもった支援をしてくれていたので、ベンをでしゃばりだと思うにちがいない。ベンは別の世界の人間だし、おまけに気性が激しく、いつも如才なく振舞うとは限らなかった。必ず衝突することになるだろうし、すでに数えきれないほどそうした場面に直面してきた。気持ちを決めかねていたが、私はベンとその素朴な人柄が生み出すものを強く必要としていたので、同行を認めることにした。他のことは成り行きにまかせるしかないのだ。

混雑した列車の中で、ベンの傍らに座り、その熱い息が頰に当たるほど近くで、私は彼がお気に入りのキプリングの一節を暗誦するのを聞いていた。

僕はただじっと座って、海のかなたを見つめている。
君と僕のただ二人だけで、他には誰もいないと思えるまで。

ベンはささやいた。「私たち二人のことだ、青い瞳の私のマミー。」このささやきが私の人生の新しい章の始まりなのかと私は思った。そしてこれから何が起きるのだろうか？　何が起きてもかまわないし、恐れることはないという思いで、私の全身は満たされていた。この上なき幸せを感じ、目を閉じ、恋人にぴったりと寄り添った。この思いはこれまでにない強い力となり、すでに根づいてしまっていることに気づいた。

サンフランシスコでの集会はアレクサンダー・ホーという友人によって手配されていた。ここではこれまで一度も妨害されていなかったので、何の心配もないと楽観していた。

だが私はサンフランシスコ警察の野心家の署長のことを考慮に入れていなかった。おそらく東部の同僚たちの手でさらわれた栄冠をねたんでのことだろうが、ビギィ署長はしきりに同じ栄冠を手に入れたがっているようだった。署長自らが警官たちを従え、大型自動車を用意して、駅に出迎えていた。彼らは全員あわててその車に乗りこみ、ベンとホーと私を乗せてセント・フランシスホテルへと向かうタクシーの後を猛烈に追いかけてきた。ホテルに着くと、署長は私の身の安全を守ると称して、四人の刑事を張り込ませた。

私がホテルに入る際の華々しい騒ぎは支配人の疑いと客の好奇心をあおりたてた。この思いがけない丁重な出迎えに納得がいかなくて、私はホーに説明を求めた。

彼は大真面目な顔をして言った。「ご存知ないでしょうが、今この港に停泊しているアメリカ艦隊を爆破するために、あなたがこのサンフランシスコにやってくるという噂が、世間に広まっているんですよ」。私は答えた。「ばかばかしい話はやめて。そんな話まともにしないでよ」。冗談を言っているのではない、それにビギィが「エマ・ゴールドマンとその一味」から艦隊を守ってみせると豪語したとホーは主張した。そのために彼はわざと高級ホテルのセント・フランシスに、私の部屋を予約しておいたのである。つまりそういうところに宿をとれば、爆弾騒ぎなどとの関係を疑われないだろうと思ったのだ。私は言い返した。「人がどう考えようと気にすることはないわ。それよりここは騒々しくて、けばけばしい。こんなところで金持ちで俗悪な人たちの非難を浴びることには耐えられないわ」。気の毒なことに、ホーは意気沮喪して別の宿を見つけるために出て行った。

その間も私は安閑としていられなかった。カメラを片手にした報道陣に取り囲まれ、撮られたくもない写真を撮られ、果てしもなく質問を浴びせかけられた。やはり多かったのは本当に艦隊を爆破するためにやってきたのかという質問だった。

どうして爆弾を浪費する必要があるの?

私は答えた。「どうして爆弾を浪費する必要があるの? 艦隊だけでなく、海軍も陸軍も丸ごと湾に投げこんでしまいたいわ。でもそうする力がないので、陸海を問わず、軍事機関そのものが無益で浪費だということを指摘するためにこのサンフランシスコへ来たのですよ。」

夜中になってから、ホーが戻ってきた。かなり街から離れていたが、泊まるところを見つけてきた。そこはジョー・エデルソンの別荘で、ベンと私が泊まるには充分だった。ジョーは同志として立派な人物だし、かなり歩かなければならないとしても、何よりもセント・フランシスホテルから脱出できることがうれしかった。私たち三人は荷物をかかえてタクシーに乗りこみ、別の車に乗った四人の刑事たちを従えて、ジョーの家に着いた。私服の刑事たちはそのまま張り込みを続け、朝になると騎馬巡査隊と交代した。この張り込みは私のサンフランシスコ滞在中ずっと続けられた。

ある日ベンは私をサンフランシスコの軍事基地がある要塞に連れていった。彼はそこの軍事病院の医長と知り合いだった。以前、大地震発生の最中に一緒に仕事をしたことがあり、患者たちの面倒を見る手助けをしていた。私たちは病院の玄関までも尾行されたが、後から入ろうとした刑事たちが締め出されたのを目にして溜飲を下げる思いだった。一方で、軍国主義の敵ともいえるエマ・ゴールドマンは軍医に歓待され、病棟を見学させてもらった。

私の集会はまさに戦闘陣地さながらであった。数ブロックにわたり、車の中にいたり、馬に乗ったり、路上に立ったりしている警官たちが通りに列をなしていた。会場の内部は厳重な警戒態勢がしかれ、演壇は警官たちに包囲されていた。この制服姿の警官たちの夥しい数は、私たちの集会にとって、予想をはるかに上回る宣伝効果を上げた。会場は五千人収容できたのだが、中へ入ろうと騒ぎ立てる群衆を見ると、小さすぎることがわかった。私の講演の開始予定の何時間も前から、行列ができていた。一八九三年のユニオン広場デモの時を除けば、初めて講演旅行に出てから今まで何年もの間で、これほど激しく熱狂的な大衆を目にしたことがなかった。これもすべてサンフランシスコの納税者たちに途方もない費用をかけさせて、当局が演出したすばらしい茶番劇のおかげであった。

聴衆を魅了する

最も興味深かったのはある日曜日の午後の集会で、「愛国心」についての講演をした時だった。会場に入ろうとしてもみ合う群衆があまりにも多かったので、パニックを防ぐために、かなり早めに会場の扉を閉めなければならないほどだった。場内の雰囲気は警察に対する憤りに満ちていた。それは警官たちがいかにも偉そうに、集まった民衆の前を練り歩いていたからだ。私自身の忍耐も、当局がもたらした不快感のために爆発寸前になっていたので、断固として抗議を申し入れる決意で集会に出かけた。興奮した聴衆の顔を見た途端に、私がわずかばかりの刺激を与えただけで、彼らは暴力行為に走るにちがいないと実感した。ビギィ署長の鈍い頭でさえ、この場の状況の雰囲気に神経をとがらせていた。彼は私に民衆をなだめてくれるように要請に来た。会場にいる警官たちを減らしてくれるのであればという条件で、私はそれを約束した。署長は承諾し、警官たちに退出するように命じた。あたかも叱られた生徒のように、彼らが並んで出ていく姿に、群衆から野次や罵声が飛んだ。

愛国心について話す

私がこの集会のために選んでおいたテーマは、数日前からサンフランシスコの新聞紙上をにぎわしている愛国心に関する記事のおかげで、実に時宜を得たものとなった。これほど多くの聴衆が詰めかけたのは私の選択の正しさを如実に示していた。民衆は明らかに国粋主義的神話について何か異なった見解を聞きたがっていた。私は話し始めた。「皆さん、愛国心とは何でしょうか？　それぞれが生まれた土地、子供の頃の思い出や希望、夢や熱望の詰まっている場所を愛することなのでしょうか？　それは子供らしい純真さで、空を横切る雲を見つめて、どうして私たちもあのようにいとも軽やかに浮かべないのかと考えたりした場所でしょうか？　輝く無数の星を数えながら、その星たちが私たちの小さな心の奥底を刺し貫くひとつひとつの目になりはしないかと恐怖にかられていた場所でしょうか？　鳥たちの歌声に耳をすまし、あの鳥たちのように遠い地へと飛んでいける翼が欲しいと憧れていた場所でしょうか？　それとも母親の膝元に座りこみ、英雄たちの手柄話にうっとりとしていた場所でしょうか？　要するに、愛国心とは幸せで、楽しく、陽気な子供時代の、懐かしい、何物にも変えがたい思い出の数々を、隅から隅まで思い浮かべさせてくれる土地を愛することなのでしょうか？」

「もしそれが愛国心だとするならば、現代のアメリカの人たちに愛国心を持てと求めることはできないでしょう。なぜならば、遊び場だった場所は工場や製粉所や鉱業場に変えられてしまったし、耳を聾する機械の音が鳥たちの歌声に取って代わってしまったからです。英雄の手柄話ももはや聞くことはできないのです。母親たちが今日話して聞かせるのは、涙ながらの悲しみにあふれた話だけなのですから。」

「それでは一体愛国心とは何なのでしょうか？『君、愛国心とは悪党たちの最後の砦である』とジョンソン博士は言いました。現代における最も偉大な反愛国論者であるレフ・トルストイは、愛国心を大量の殺人者たちの訓練を正当化する原理だと定義したのです。つまり愛国心は靴や衣服、それに家といった生活必需品を生産するよりも、人殺しの訓練のための高価な設備を必要とする商売であり、真面目な労働者たちよりもはるかに多額な報酬や、華々しい栄誉を保証する商売なのです。」

私の話は割れるような拍手喝采で中断されたが、それは五千人もの人々の私の考えへの共感を示していた。さらに私は愛国心というものの起源や性質、さらに意味を分析し、各国における恐ろしい犠牲について話し続けた。緊迫した静寂に包まれて私の講演の時間が終わると、嵐のようなうねりが巻き起こり、私は握手を求めて熱狂する男女に囲まれていた。興奮で目がくらみ、何を言われているのかもわからずに呆然となっていた。突然、私に手を差し出している背の高い軍服姿の兵士に気づいた。考える間もなく、私はその手を握った。聴衆がそれを目撃した瞬間に、熱狂は最高潮に達した。民衆はエマ・ゴールドマンが一兵士の手を握りしめた光景を目の当たりにして、空中に帽子を放り投げ、足を踏み鳴らし、抑えきれなくなった喜びの声を張り上げた。すべてがあまりにも目まぐるしく展開したので、私がその兵士の名を訊ねる時間もなかった。彼が口にした言葉は「ありがとう、ゴールドマンさん」、それだけだった。現われた時と同様に気づかれることなく姿を消してしまった。それはいかにも最高潮に達した劇的な状況にふさわしい劇的な幕切れだった。

翌日の朝刊によれば、エマ・ゴールドマンの集会から立ち去った兵士は要塞まで私服刑事に尾行され、彼らはその兵士を軍当局へ告発したとのことだった。その後、兵士の名はウィリアム・ブワルダで、彼は軍事拘置所に留置されていて、「エマ・ゴールドマンの集会に出席し、彼女と握手したかどで、軍法会議にかけられる」だろうと、新聞は報道していた。まったく理不尽な話に思われたので、とにかく私たちはすぐに彼の救援委員会を組織し、法廷闘争に必要な資金を調達する仕事に着手した。それを終えてから、ベンと私はロサンジェルスに向かった。

「好ましからざる市民、勝利を得たり。喜びにたえず」

ロサンジェルスでの広範で活発な集会活動以外に最も興味深かった出来事は、社会主義者のクロード・リドルと論争したこと、そしてジョージ・A・ペティボーンを訪問したことだった。私は以前から多数の社会主義者たちと論争を重ねてきたが、今回の論争相手は彼らより傑出していて、公平な信念を持った人物であった。だがそれゆえに彼の党派からは反動的だと見なされていたので、リドルはただちに除名された。合衆国軍人と社会主義者の双方が、エマ・ゴールドマンとあえて何らかの関係を持ったことで、同時にその資格を剝奪されることになったのは、重要であるばかりでなく、とても興味深い偶然であった。

ジョージ・A・ペティボーンは、チャールズ・H・モイヤーやウィリアム・D・ヘイウッドらとともに、西部鉱夫連盟をつぶそうとする陰謀の犠牲者だった。何年にもわたって、コロラド州の鉱山経営者たちは労働者たちの組織に残忍な闘いを仕掛けてきたが、あまり効果はなかった。鉱山経営者たちは、組合の志気を打ち砕けないし、指導者たちが脅迫や買収にも屈しないとわかると、彼らを潰滅するのに別の手段を求めた。この三人は、一九〇六年二月にデンバーで前知事ステューネンバーグを殺害した容疑で逮捕されてしまった。金と権力の独裁が完全に功を奏して、囚人たちは形式的な法的措置さえ受けられずに、ボイズ市へと連行された。護送列車も送還書類もすでに逮捕前に用意されていたのだった。労働者の被告たちに不利な唯一の証拠は、ピンカートン社のスパイであるハリー・オーチャードによって整えられていた。

一年もの間、彼らは未決のまま放置されていた。一般の新聞は、彼らを絞首台に送れとアイダホ州の当局を扇動する記事を書きたてていた。こうした人狩りとも言える風潮はローズヴェルト大統領によってお膳立てされたもので、彼はモイヤー、ヘイウッド、それにペティボーンの三人に、「好ましからざる市民」という汚名を着せたのだった。

国中の労働者と急進派組織による迅速な協調キャンペーンは、鉱山経営者たちの陰謀を打ち砕くことに成功した。この運動においてアナキストたちは大きな役割を果たし、被告たちを救うために全精力を傾け、あらゆる手段を尽くしたのだ。私は全国を回って、この事件について講演を行ない、その一方で『母なる大地』は被告たちの無実を宣言し、同志たちを罠から救いだすために、必要とあらばゼネストを打つように労働者たちに力説した。その被告たちが釈放された日に『母なる大地』のグループはローズヴェルトに宛てて電報を打った。「好ましからざる市民、勝利を得たり。喜びにたえず」と。それは合衆国大統領ともあろう人物が猟犬どもの一味に加わったことに対して、私たちが軽蔑をこめて送った電文だった。

私は公判の後にも先にも、その三人の誰とも会う機会がなかった。このロサンジェルスで、ペティボーンが投獄生活で健康を損ねてしまい、社会運動からはまったく身を引いて暮らしているのを知った。彼は私が来たことを聞いて、友人を寄こし、長年会いたいと思っていたことを伝えてきた。

私は危険なアナキスト

私は彼の顔に死の影が差していることに気づいたが、労働運動に命を燃やしたその目は依然として輝きを失ってはいなかった。彼は多くのことを語ってくれたが、それらの話から一八八七年にシカゴで起きた合法的殺人が、私と同様に、彼の反逆精神を呼び覚ました大きな要因となっていることが明らかにわかった。その日は労働者階級にとって特筆すべき日になってしまっていたが、彼は第二の十一月十一日の再現になるかもしれなかった数々の出来事を詳しく説明してくれた。またピンカートン社との闘争にまつわる多くのエピソードを語り、いかにして相手側の見せた臆病さや愚かさを手玉に取ってきたかを話してくれた。さらに当局が彼に同志を裏切るようにそそのかしてきたという話も聞かせてくれた。

「考えてもみたまえ! あいつらは私の実業家としての関心を引こうとして、自由になり、裕福になる機会だとそそのかしてきたのさ。骨の髄まで腐りきったようなあんな奴らに、仲間の髪の毛一本だって傷つけるくらいなら死んだ方が千倍もましだと思う私の気持ちなど、わかるはずもないのさ。」

オレゴン州ポートランドで私の講演会のために借りていた二つの会場、ドイツ人協会所属のアリオンとＹＭＣＡが土壇場になって断ってきたという、何とも残念なニュースを知らされた。しかし幸いなことに、この街には言論の自由の権利は単なる理論ではないのだと考えている人々が何人も存在していた。

特に前上院議員チャールズ・アースキン・スコット・ウッドはその代表で、優れた法律家にして作家であると同時に、画家でもあり、この土地においてかなりの影響力を持つ文化人であった。彼は品格のある立派な風貌の持ち主で、真の意味での自由主義者であった。彼はこの二つの会場を確保するのに力を貸してくれたのだが、会場の所有者側が約束を撤回してきたことで、とても悩んでいた。それでもアリオンは賃貸契約にサインしたのだから、法的に責任を取らせることができると請け合い、私を励まそうとしてくれた。しかし私はしばしば法による行使を受けてきたが、誰に対しても、自分から法に訴えるつもりはまったくないと彼に話した。するとウッドは叫ぶように言った。「ということは、あなたが危険なアナキストということになりますね！　あなたの正体を見破ったからには、この秘密をみんなに知らせるべきだし、本物のエマ・ゴールドマンに会うよう頼んでみよう」。数日のうちに、彼は各界の人々に私を紹介してくれただけでなく、『オレゴニアン』の編集者の一人であるチャップマンに私の講演会のことを記事にするように、またユニテリアン派のエリオット牧師に教会堂を提供するように、密かに指示してくれたのだった。さらにウッドは多くの街の著名な男女に働きかけ、人々に講演を聞いてもらう権利が私にもあると、公然と支持表明してくれた。

私と握手した兵士

その後は順風満帆だった。会場が確保できて、集会には多くの、しかも各界を代表するような聴衆が列席していた。初講演の日には、ウッド自らが司会を引き受け、見事な紹介演説をしてくれた。このような応援を得たとなれば、私が少しばかり気乗りしていなかったとしても、聴衆の心を引きつけるだけの講演をしなければならなかった。しかしこの時、私は感情的に非常に乱れていた。それは朝刊にウィリアム・ブワルダの扱いに関する記事が載っていたからだ。その記事によれば、彼は軍法会議にかけられていたが、軍隊からの追放と降格を言い渡され、アルカトラズ島の軍事刑務所に五年間服役する刑を宣告された。それも彼の上官が、ブワルダは十五年間合衆国軍隊の模範兵であったと証言しているにもかかわらずだった。ファンストン元帥の声明によれば、この判決はブワルダが「軍服を着たままでエマ・ゴールドマンの集会に出席し、彼女の演説に声援を送り、さらにこの危険極まりないアナキストと握手をした」犯罪に対して下されたものだった。

私の講演のテーマは「アナキズム」であった。国家とその軍事機構によるウィリアム・ブワルダへの迫害以上にふさわしい内容はなかった。そこには不正を正すことも逃れる術もないのだろうか？　私の演説は熱を帯び、その場にいた全員の心を揺り動かし、ただ好奇心からやってきた人々にまで及んだ。講演の最後で、私はブワルダの判決に対して世論を動かすための即時キャンペーンを訴えた。すると講演会に集まってきた人々は気前よく金を出し、ブワルダ即時釈放のための運動を起こすことを約束してくれた。会計係にはウッドが選ばれ、多くの寄付が集まった。

私の集会に来る聴衆は増え続け、それはあらゆる階層の人々が含まれていた。弁護士、判事、医者、文学者、社交界の夫人から女工に至るまで、彼らは恐れ憎むように教えこまれてきたこの思想の真実を知ろうとして集まってきた。

シアトルとスポカーンでの集会を成功裏に収めた後、私たちはモンタナ州のビュートへ向かった。その旅は私に、西部の農民と居留地に住むインディアンを観察する機会を与えた。モンタナの農民はニューイングランドの同業者とほとんど変わりがなかった。つまり一八九一年にサーシャとともに写真の彩色引き伸ばし肖像画の注文取りに行ったことのある農民たちと同様に、まったく無愛想で、吝嗇だった。モンタナは最も美しい州のひとつで、その土壌は肥沃であり、ニューイングランドの堅い芝地とは雲泥の差があった。だがモンタナの農民は不親切で欲が深く、よそ者に対し疑い深かった。インディアンの居留地では白人の決めた善意なるものを見せつけられる思いがした。アメリカの紛れもない先住民であり、かつてはこの広大な空間を治め、独自の芸術と人生観を持つ素朴で頑強なこの民族は、その面影すらもなかった。彼らは性病に冒され、肺は結核に蝕まれていた。失われた活力の代わりに、彼らが受け取ったものは聖書という贈り物であった。それでも、彼らの隣に住んでいるあの白人たちの近寄りがたい態度に接した後だったので、インディアンたちの親切で助け合う精神にとても元気づけられた。

ベンの魅力を分析できない

今回の講演旅行はこれまで以上に様々な出来事があったが、それも終わり、私はニューヨークへの帰路についた。ベンは彼の母親を見舞うためにシカゴに残り、秋に戻ってくる予定だった。四ヵ月間愛情を温め合ってきた後だけに、ベンとの別離は身を引き裂かれる思いであった。私の人生に突如としてあの風変わりな存在が出現して、わずか四ヵ月しか経っていないというのに、すでに全身が彼に感応し、恋焦がれ、身をやつしていたのだ！

この四ヵ月の間、私はベンに強く引きつけられる理由をずっと解明しようとしていた。彼に夢中になっていたが、二人の間の相違に惑わされることはなかった。知的共通点のないことも、生活態度や習慣や好みもかけ離れていることも、最初からわかっていた。彼の修士号が示す学歴、そして社会からはみ出した人々のための仕事にもかかわらず、ベンが知的に未熟で、社会的には純真すぎるように思えてならなかった。彼は社会から見捨てられた人々に深い同情を寄せ、理解し、そして彼らの寛大なる友人となっていたが、真の社会意識を持っていなかったし、偉大な人間の苦闘について把握していなかった。

多くの進歩的なアメリカ人と同様に、彼もまた表面に浮かんでいる悪の改革者にすぎず、それらが湧き出てくる根源についてはまったく考えていなかった。このことだけを取ってみても、私とベンはまったくかけ離れていたのだが、さらにもっと別の重大な相違があった。

ベンは人の評判となることを好み、目立ちたがりだという点において、典型的なアメリカ人であった。つまり激しい情熱を傾けて愛している男性が、私の最も嫌悪する性癖を先天的に備えていたのだ。私たちの最初の見解の相違は、新聞社のカメラマンの一件で起きていた。ベンは私に黙って、許可を得ずにカメラマンを「押しつけてきた」。それはシカゴからソルトレイクシティへ向かう途中のことだった。同じ列車にカメラマンが乗り合わせていて、ベンは彼に、乗客の中にエマ・ゴールドマンがいることを伝えるべきだと言い張った。次の停車駅でプラットホームを歩いていると、突然自分がすでに「撮影する」用意の整ったカメラの前に立っていることに気づいた。私は、しばしば無断で入りこんでくるアメリカ人のやり方に悩まされていたし、いつも逃げ出すことにしていた。しかし今回はどこにも逃げ場がなかった。本能的に、持っていた新聞で顔を隠したのだ。ベンにとってそれは単なる気まぐれにすぎなかった。彼には、新聞記者たちが例の調子でつけこんでくることに対して、私が心底嫌がっている理由を理解できなかったのだ。つまり大衆の前に長きにわたって身をさらして活動している人間が、人々の見世物にされるという卑劣な行為に嫌悪を抱くことに対して、彼はよくわかっていなかった。

これまでの全旅行を通じて、街から街への「移動」は一人で過ごすことに気を配ってきた。だが今回の旅行では乗り合わせた乗客や乗務員、さらに駅長までが、エマ・ゴールドマンがいるという願ってもない知らせを受けていた。そのために私たちの乗っていた車輌は居合わせた物見高い人々を引き寄せる磁石のようになってしまった。それはベンにとってこれみよがしの喜びであったが、私にしてみれば拷問でしかなかった。

ベンは私の切実なる願いを満たしてくれる

その上ベンにはアメリカ人特有の尊大さがあり、集会や同志の家で、独特な風格を誇示していた。このような彼の態度は反感を招いてしまい、私にとって大きな悩みの種となり、絶えず彼が次に何をしでかすかと怯えていた。実際にこの恋人は私の神経をかき乱し、私の好みを踏みつけにしたりして、時として疑いたくなるような面を多く持ち合わせていた。しかしながら、私は彼から離れられず、私の魂を新鮮な温もりと華やかさで満たしてくれる不思議な力の前には、それもすべて取るに足りなかった。

私はこの不可解な謎を解く二つの鍵を見つけた。ひとつはベンのまるで子供のような性格であり、それはずっと損なわれることなく、また経験からくるものでもなく、さらにわざとらしさがまったくなかった。彼の言葉と行為は何であっても、感情のおもむくままに自然に出てくるのだった。このような彼の性格は、その結果が常に歓迎されるものではないが、得がたくて、新鮮な特性ではあった。二つ目は、私の中にある女性の部分を愛し、しかも仕事をも共にしてくれる男性を私が強く求めていたことだ。私はまだこの双方を満たしてくれる男性にめぐり合っていなかった。

サーシャとの関係はそのようなものであったが、わずかの間でしかなかった。しかも彼はあまりにも大義に取りつかれていたので、愛情の表現を切望する女心を充分理解できなかった。ヨハン・モストもエドも私を心から愛してくれたが、彼らが求めたものは私の中の女性の部分だけであり、その他のすべての人々は活動家としての私の人格に引きつけられていたにすぎなかった。フェジャはすでに過去の人であり、結婚して一児の父となり、私の視界から消え去った。マックスとの友情はまだ以前のようにすがすがしい香りに満ちていたが、理解はあっても官能性はなかった。ベンは私が最も必要としていた時に現われ、共に過ごした四ヵ月は、長い間求めてきたこれらの感情が彼において完全にひとつに結びついたことを立証していた。

すでに彼は私の生活を大いに豊かなものにしてくれていた。私の仕事の協力者として、彼の関心と能力を発揮していた。すべてをなげうち、渾身のエネルギーで集会の規模の拡大と文献の売上げ増加に驚くほどの活躍を見せていた。旅行の道連れとしても新たな旅の楽しさを経験させてくれた。彼は心憎いほど優しく、そして気を配り、旅での厄介な様々な雑用から解放してくれたので、私は大きな慰安を覚えた。また恋人としても二人の間にあったあらゆる相違がもたらした私の葛藤を、嵐の中の籾殻のように吹き飛ばしてくれた。今やベンが私自身にとって欠くことのできない一角を占めるようになってしまったという実感は、何にも代え難いものだった。私の人生や仕事においていかなる犠牲を払うことになろうとも、彼を守り抜くつもりでいた。

信望を犠牲にしてベンをとる

私たちの陣営において、ベンへの反感が高まっていることを私はすでに知っていたので、その代償は小さくないだろうと考えていた。同志の中の何人かは、ベンの運動に対する可能性や価値を認めていた。しかしながら他の者たちは彼に対して敵愾心を抱いていた。当然のことながら、このような環境に置かれてベンも悠然とかまえていられなかった。また、自由のために立ち上がっている人々がどうして他者の自然な行為に対して反対するのか理解できないでいたし、特に私はニューヨークの友人たちに神経質になっていた。彼らはベンと私たちの愛に対してどのように振舞うのだろうか？　サーシャ――そうだ、彼は何と言うだろうか？　私がサーシャの行為と獄中生活、そしてその苦難について話すと、ベンは深く動揺していた。かつて私に言ったことがあった「自分にはわかっている。バークマンは君が取りつかれている巨大な妄想なのだ。だから誰も彼と肩を並べることなんかできやしないのさ」。私も言葉を返していた。「妄想ではなく、事実なのよ。サーシャは私の人生においてとても長い間その位置を占めてきたので、私たちはシャム双生児のように共に成長してきたと感じているのよ。だからといって、彼と張り合う必要はないの。サーシャは心ではなくて、頭で私を愛しているだけだからよ。」

しかし彼は納得してはいなかったし、明らかに悩んでいた。私自身もベンと彼らの性格の相違を気づかっていた。それでも人生の深遠に触れてきたサーシャであれば、他の人たちよりもベンをよく理解してくれるだろうという望みを持っていた。マックスに関しては、ベンに対する反応がどうであれ、とても思慮深いので、私の愛に何らかの影を落とすことはないとわかっていた。

『母なる大地』を続けていくにつれて、私のエネルギーは次第に消耗していった。同志やアメリカ人の友人からの支援は以前と同じくかなりあったが、やはり充分ではなかった。そのため私の講演旅行は雑誌やアナキズム文献の出版、その他の諸経費に充当する重要な収入源となっていた。今回の旅行は非常に大きな経済的収益をもたらしたが、八月には再び資金が底をついてしまった。そのため私の新たな講演活動は十月まで始めることができないでいた。しかし幸いなことに、思いもかけぬ方面から救いの手が差しのべられたのである。

私の友人で『母なる大地』の寄稿者の一人であるグレース・ポーターはニューヨークの『ワールド』で働いていた。彼女が編集者を説得し、「私の信条」についての論文を掲載するよう計らってくれた。グレースの知らせによれば、掲載論文に二百五十ドルが支払われるし、まったく自由に書いてよいとのことだった。多くの読者に私の考えを伝える機会でもあるし、同時に何かしらの金を稼げるのであるから、喜んで引き受けた。この論文が訂正されることもなくそのまま掲載された後に、私はこれを小冊子として出版する権利を与えられた。この『私の信条』は何年にもわたるベストセラーとなった。ようやく私たちは印刷屋に当月号の支払いができ、さらにニューヨークまでのベンの旅費も充分に確保できたのである。

私は自分自身に腹を立てていた

私は生まれて初めて恋をした女学生のように、彼の到着を待ちわびた。彼の熱意は変わることなく、戻ってきて雑誌の仕事に身を投じるつもりでいた。しかし彼は、二人だけでいると本来の自分でいたが、私の友人がいると別人のようになってしまった。彼らと一緒だと、ベンは神経質になり、はっきりものも言えず、のみこみも悪くなるか、あるいは彼を疑いたくなるような馬鹿げた質問をしてしまうのだった。私は失望のあまり気分を悪くしたが、狼狽のあまりぶざまになってしまうことがわかっていたので、農場でならもっとくつろげるのではないかと考えた。そこでの生活はさらに単調なものだ――ベンは自分を取り戻せるだろう。それにサーシャもベッキーやその他の友人といるし、忍耐強く彼を手助けしてくれるだろう。

しかし私の期待は外れてしまった。サーシャも他の友人たちも、決してベンに不親切だったのではなく、その場の雰囲気に緊張しすぎていて、誰もが適当な言葉を見つけられないようだった。そうした状態が子供に行儀よき振舞いを期待させるように、ベンに対しても作用した。彼は自分の才能をひけらかし、その功績を次々と自慢したり、さらに意味不明なことを言い、事態は悪くなる一方だった。私はベンのことを恥じたが、友人たちに対しても非常に憤慨し、彼らの所にベンを連れてきた自分自身に腹を立てていた。

欠点があってもベンを愛す

私が何よりも悲しく思ったのは、サーシャの態度であった。彼はベンに対して一言も口を開こうとしなかったが、私には身を切られるような痛烈な言葉を浴びせてかけてきた。彼は、よくもこんな男を愛せるものだと愚弄した。私の一時の気の迷いでしかないと確信していた。ベンは社会的感覚に欠けているし、反逆精神というものがないし、それに私たちの運動には加わっていないとサーシャは主張した。その上サーシャはベンがあまりにも無知だから、大学を出たり、学位を取ったりできないはずで、そのことを大学に問い合わせるとまで言った。サーシャの口から出たこの言葉は私を完全に打ちのめした。私は叫んでいた。「あなたは自分勝手だわ。大義にどれだけ役立つかという基準でしか、人間の本質を判断しようとしない。キリスト教徒が教会の立場からしか判断しないのと同じことだわ。釈放されて以来、あなたは私に対してずっとそういう態度を取ってきたわ。自分が成長するためにもがき苦しんで、闘い、働いてきた年月は、あなたにとっては何の意味も持たないのね。なぜならあなたは自分の主義の中でがんじがらめにされてしまっている。あなたが運動について話すすべては、あなたの理想を学ぼうとやってきた人が差しのべてきた手を払いのける結果になってしまうのよ。あなたや他の知識ある人たちは人間性についてとやかく言うけれども、少しでも普通と違う人が現われると、その人を理解しようとさえしない。でもまあ、そんなことはベンに対する私の気持ちとは何の関係もないことだわ。私は彼を愛している。だから彼のためなら闘って死んだってかまわないのよ！」

私はベンと一緒にその農場を去った。サーシャの見せた態度とそれに対して投げつけた過酷な言葉のことで、私は落ちこんでいたし、自分が間違っていたのではないかという疑念に苛まれていた。私はサーシャがベンについて言ったことの多くを真実だと認めなければならなかった。他の誰よりもベンの欠点をわかっていたし、どんなに未熟かも知っていた。だが愛さずにはいられなかったのだ。

私はその冬をずっとニューヨークで過ごすつもりでいた。汽車に乗ったり、見知らぬ土地に行ったり、他人の「空気」に触れることに疲れ果てていた。ニューヨークは狭くて乱雑ではあったが、自分の家があった。それに『母なる大地』も私の存在を必要としていた。さらに冬を通して講演をすれば、多くのユダヤ人やイギリス人の聴衆を集められるという確信もあった。私はベンとそのことをよく話し合い、そして彼はニューヨークへ移って、私の仕事に専従することを決心してくれたのだった。

ところが今になって、ベンはこの街を憎み、東十三番街二百十番地を嫌っていた。そこにいてはまったく役立てないと彼は感じていた。私と旅行に出ていれば、彼は仕事に精魂を傾けることができ、成長し、発展し、力となれるのだった。私もまたきわめて親しい人々との仲違いや非難から逃れたかった。ベンに自分のことを理解させ、彼の長所を引き出せるような、よりよき機会を与えたかった。

オーストラリア行きの計画

その前の年に、私はオーストラリアから招待を受けていた。そこでの最も活動的な同志であるJ・W・フレミングが充分な旅費の調達までしてくれていた。だがその時は一人で長旅をし、そんなに遠くまで行く決心がつかなかった。しかしベンが一緒に来てくれるなら、その航海も楽しいものになり、私は必要な休息が得られるし、争いごとから解放されるだろう。彼はこのオーストラリア行きの話に熱狂し、その他のことは眼中に入らなくなり、すぐにでも出発したがっていた。ところが二年間の旅に出るためには、その前にしなければならない多くの準備が控えていた。私たちは十月にカリフォルニアに向けて出発することに決め、その途中に講演も予定していた。そして二月までに講演旅行の全行程を終え、しばらくはニューヨークの生活を確保するに足る資金を調達するつもりでいた。それから新しい土地に向かって船出する。そこにはまだ見ぬ新しい友人たちがいて、瑞々しい知性と精神が目醒めの時を待っている。

唯一の気がかりは『母なる大地』のことだった。サーシャは引き続きその面倒を見てくれるだろうか？　最後の旅行から戻ってみると、彼が以前よりさらに生活に順応し、自分に自信を持って、今まで以上に私たちの雑誌に専念しているのを知った。その上、私のいない間に多くの自分の仕事を手がけていた。サーシャは国中のグループからなるアナキスト連合を組織し、多くの賛同者や友人たちを得ていた。彼にオーストラリア行きの計画を話すと、そのような私の突然の決定に驚いていたが、ニューヨークでの仕事については大丈夫だと保証した。彼がすべての面倒を見てくれるだろうし、マックスとヒポリットの支援もあるので、雑誌も事務所も心配ないだろう。サーシャはこれほどまでに長い私の不在に関して何も残念がる態度を見せなかったので、私は淋しかったが、前途に待つ未知なる世界への旅立ちに夢中で、彼の私に対する関心の欠如もさして気にならなかった。

私たちはオーストラリア船籍のビクトリア号に千五百ポンドの重さの本を船積みした。カリフォルニアまでの道すがらずっと友人たちと連絡を取っていたので、数週間で準備が整った。ベンは新しい土地への期待で一杯で、宣言していた。「世界中が俺の母ちゃんの実力を知ることになるだろう。」

労働祭の日に、失業者集会がクーパー・ユニオンで開かれることになっていた。ベンはその準備を手伝っていたが、演説も頼まれていた。私はよい印象を与えることを願い、草稿の用意を促した。彼は勤勉に励んだが、その努力からは何も生まれなかった。彼は私に言った。自分が話そうとすることに何ら特別な重要性もない。自分は聴衆にエマ・ゴールドマンの話を聞いてほしいのだ。君は招かれていない

ての短い文章を用意することにした。

のだから、あのような集会で話そうとすること全部を文章にすればいい。その提案はいかにもベンの思いつきらしい奇抜なものだったが、彼にとりとめのない話をさせるよりはと思い、労働祭の意義についての短い文章を用意することにした。

サーシャとベッキーが逮捕される

クーパー・ユニオンは人であふれていた。「アナキスト専従の警官隊」が待機していて、サーシャ、ベッキー、ヒポリット、それに私もそこにいた。ベンは原稿を読んでいたが、予想していた以上にうまく聴衆の心をとらえていたし、万事が順調に進んでいた。最後に彼は、自分が今読んだのは、「あのひどく中傷されている女性アナキストのエマ・ゴールドマンによって準備されたものだ」と発表した。聴衆は万雷の拍手喝采で応じたが、実行委員会は恐慌状態に陥った。司会者は「その不幸な出来事」に関してむやみに弁明の言葉を発し、ベンを激しく攻撃し始めた。ベンはすでに演壇を降りていたので、応酬することができなかった。サーシャが立ち上がって、抗議をした。彼の言葉が正確に群衆に伝わる間もなく、警官が彼を会場から引きずり出して、逮捕した。サーシャの後に従っていたベッキーも逮捕され、二人とも警察署へ引き立てられていった。彼らは頑丈な身体つきの内勤の巡査部長の前に突き出された。その男は二人に言った。「お前たちは担架でここまで運ばれても当然だったんだがな」。ヒポリットが二人のことを知ろうとして警察署を尋ねたが、情報は与えられず、ただ警官は次のように言ったのだ。「警察はやっとあの野郎——あのアナキストのバークマンを捕まえたんだ。今度こそあの男の性根を直してやる。」

ニューヨーク警察は繰り返しサーシャを捕らえようとしてきた。昨年のユニオン広場爆発事件後、彼らはサーシャをそれに巻きこむのに成功しかけていた。当然のことながら私は心配になって、サーシャ救出のために、ただちに社会主義者の弁護士メイヤー・ロンドンや他の友人たちに連絡を取った。

ロンドンとヒポリットは、サーシャとベッキーが夜間刑事裁判所に連れていかれる前に面会しようと、何時間も警察署で待機していた。ようやく彼らは、翌朝までその事件の審議はなされない旨を告げられた。彼らがその場を立ち去ると、すぐにサーシャとベッキーは裁判所へ追い立てられ、審理され、弁護の言葉の機会も与えられずに、有罪を宣告された。サーシャは治安紊乱行為の罪で五日間の労役所送りを宣告され、一方ベッキーは「浮浪者」とされ、十ドルの罰金を科された。

ベッキーは私を巻きこみたくなかったので、住所を言うことを拒否していたのだった。事実彼女は二年以上も私たちと共に暮らしていて、ある集会で逮捕され、それが原因で高校を退学させられていた。家庭の状況は悲惨なまでに貧しく、狭苦しかったので、私がアパートに呼んだのだった。ベッキーの罰金は、私たちの親愛なる友人ボルトン・ホールによって支払われた。

翌日の新聞は「警察の機敏な行動によって阻止された暴動」に関するおどろおどろしい話で埋まっていた。そして私はいつものように、何日間も記者たちに追いかけられた。それでもサーシャが意外にも短い刑で済んだことを考えると、とても幸せな気分になり、記者たちによる迷惑も気にならなかった。十四年間も服役してきた人にとって五日間など何ほどのことがあろうか？　私はサーシャに面会にブラックウエルズ島へ行った。自分がその島にいた時の記憶や、西部刑務所を二度訪ねた時のことが思い出された。その時の状況は今とは何と違っていたことか——その時サーシャが生きて出てくるチャンスについては絶望的ですらあったのだ！　今回は二人とも五日間の判決のことで冗談を交わす余裕があった。彼は笑って言った。「片方のつま先を入れただけのことだよ」。たとえ私たちの間にいかなる意見の相違があったとしても、私たちの友情は永遠のものであるという昔からの確信を新たにして、彼と別れた。

しかしそれでもベンに対するサーシャの態度によって心は傷ついたままであったし、それに私たちの間にはもはや何も訪れてこないだろうとわかっていた。

ベンの告白

私の出発の準備はすべて整っていた。ベンは事前の仕事のために私に先に行くように勧めた。出発の数日前に、彼は三十ページにも及ぶ長さの手紙を送ってきた。それは私たちが初めて出会って以来の彼の行動についての、とりとめのない支離滅裂な説明だった。ベンはノルウェー人の作家であるボイエルの『嘘の力』を読んでいたのだった。彼は書いていた。この本は彼に強い衝撃を与え、自分のついてきた嘘や、私との旅行中に犯してきた卑劣なことを告白せざるをえなくさせた。『嘘の力』は彼を不安にさせ、もはや沈黙を守ることができなかったのだ。

去年の三月のシカゴでの親睦会における私の演説予定をもらしたのは自分ではないと私に言ったが、それは嘘だったのだ。警察には知らせなかったが、他にはもらさないという約束をした新聞記者にそれを打ち明けてしまった。またあの晩、警察の出現についての説明をするために私を訪ねることができなかった理由として、「重要なこと」があったのだと言ったのも嘘だった。彼は会場からまっすぐに気にかけていた女性の所へ行っていた。さらに私との旅行に際して自分の面倒を見る金があると確約したのも嘘だった。借金して作った金であり、それを私たちの書籍の売上げから少しずつ返済していたし、またその領収金をくすねて母親に送金していた。彼は母親を熱愛していて、ずっと面倒を見てきたが、母親が自分のことを頼っているなどと私に言えなかった。なぜならば、私が彼を追い払うのではないかと恐れたからだった。売上金が明らかに不足していることに驚くたびに、彼は嘘をついていた。集会の後、あんなによく姿が見えなくなったり、昼間いなかったりした時の理由もすべて嘘だった。講演会やその他の場所で会った女たちと一緒に出かけていた。ほとんどの街でと言っていいほど、彼は女たちと過ごしていた。彼女たちを愛していたのではなく、強迫観念と言っていいほどに彼女たちの肉体に引かれていた。彼はいつもそのような妄想を抱いてきたし、おそらくこれからもずっと持ち続けるだろう。これらの女性たちは一時の気晴らしでしかなかった。彼は終わってしまえば、いつも彼女たちを忘れてしまっていたし、しばしば名前すらも覚えていなかった。確かに四ヵ月の間に他の女性たちと関係したが、彼は私だけを愛していた。最初から彼は私のことを愛し、そして日ごとに私への情熱は募っていった。彼にとって最も大切なのが私であり、私の仕事にも最大の関心を持っている。もし私が彼を追い払おうとせず、嘘と裏切りを許し、再び信頼してくれるのであれば、それを証明するつもりだ。だがこの手紙を読んだ後、私が見切りをつけたとしても、告白したことで救われるだろう。彼は今になって、嘘の力がどれほど破壊的なものであるかを実感していた。

私は泥沼に落ちこんでいくような気持ちだった。大きなショックを受け、目の前のテーブルをつかんで叫び出したかったが、声が喉から出てこなかった。放心のあまり座りこんでしまった。その恐ろしい手紙の一言一言が私の上を這いずり、ねっとりと身体の自由を奪っていくように思われた。

サーシャが訪ねてきたことで、私は自分を取り戻した。よりにもよってこんな時にサーシャが来るとは！　彼がベンについて言ったことのすべてはこの手紙によって立証されてしまったのだ！　私はこらえきれずに笑いだした。

「エマ、どうしたんだ。それでは泣き笑いだよ。身を切るような思いをしているのかい？」

「何でもないの。何でもないのよ。ただ外に出たいわ、さもないと息が詰まってしまうわ。」

私はひったくるようにコートと帽子を取り、五階下まで駆け降りた。手紙のことが頭に焼きついたまま、何時間も歩いた。

私が心を許し、仕事と生活を共にしようと考えていたのが、こんな男であったとは！　私は馬鹿な女で、恋の病に陥り、他人には見えていたことに対して、情熱ゆえに盲目になっていた。エマ・ゴールドマンともあろう者が、どこにでもいる平凡な四十女のように若い男に夢中になってしまうなんて。しかもそれは偶然出会った見知らぬ男であり、私のすべての思想や感情に関してまったく別の世界の人間で、いつも大切にしてきた男性の理想の対極にいるのだ。いいえ、違うわ！　そんなことありえないわ！　あの手紙は嘘に決まっている。あれはすべて想像の産物だ。本当であるはずがない。ベンは何にでもすぐに影響されやすく、読む本の中にいつも自分を投影してしまうようなところがある。自分のことや人生を劇的に語ることを好んでいた。ボイエルの小説には、軽率にも不必要なまでに嘘をつき、最初の嘘を保つために、死ぬまで嘘をつくことを余儀なくされた農夫の悲劇がありありと描かれていた。ベンはその主人公の中に自分自身を読みこんでしまったにちがいない。それだけのことだ。それがすべてである「はずだ」。何時間も歩きながら考えたこれらのすべてのことが、彼を信じたいという強い願望と、まったく誠実さの欠けた男、二度と信用できない人間に自分自身を賭けてきたのだという感情の間で揺れ動いていた。

ライトマンを許す

ベンの行為に何とか説明をつけて許せないものかと悩んでいたし、苦しみの日々が続いたが、この努力も苛立ちを覚えるばかりで、何の解決策も見出せなかった。私は何度も自分に言い聞かせた。「ベンはあらゆる人間関係において嘘がはびこっているような世界から来たのだ。愛や誠実な仕事や生活のもたらすべてを率直に分かち合う自由な精神の世界、そこでは人々は理想を持ち、誰もが騙したり、盗んだり、嘘をつく必要もないということを彼は知らないのだ。別の世界の人間なのだ。だが新しい人生の価値を説くことを使命としてきた私に、それをとがめるどんな権利があるのだろうか?」。私の心は抗議の叫びを上げた。「だが彼の妄想は? どんな女とも付き合うというのは? それでも愛してもいないし、その価値を認めてもいない女たちとよ。それでも弁護できるの? いいえ、それはとても無理だわ!」。そのような叫びが、私の女としての魂の内奥からこみ上げてきた。しかし私の理性は答えていた。「できるわ、もしそれがベンの本質でどうすることもできない欲求なら、どうして私に反対できるというの? 私は性の解放を説いてきたし、私自身多くの男たちと関係してきた。しかし私は彼らを愛していたし、決して見境なく男たちと付き合うことはしてこなかった。ベンの人生の中で、私自身が多くの女の中の一人でしかないと思うと、苦しく、やりきれなかった。それは愛のために支払うべき恐ろしい代償なのであろう。だが大きな犠牲を払わずに得られるものに、価値は何もない。自らの権利、私の社会的な理想、やり遂げてきたすべてのことに対して、私は大きな犠牲を払ってきた。私のベンへの愛は、彼の行動の自由が要求する代価を払えないほど弱いものなのだろうか?」。答えは返ってこなかった。心の中で争っている相反する要因を、矛盾なく調和させようとしたが、無理だった。

呆然として、ほとんど周囲のこともわからずに、私はベッドから飛び起きた。明かりもつけずに、夢遊病者のように服を着て、手探りでサーシャの部屋へ行き、彼を眠りから揺り起こした。

私は言った。「ベンのところへ行かなくてはならないの。連れていってくれない?」

サーシャは驚き、明かりをつけて、探るような目つきで私を見た。しかし何も問わず、何も言わなかった。彼は急いで服を着て、私に同行してくれた。

私たちは黙ったまま歩いた。頭がふらふらし、足もおぼつかなかった。サーシャが私の手を取ってくれた。財布にはベンの住んでいる家の鍵が入っていた。私は家に入り、一瞬サーシャの方を振り返った。しかし何も言わずに私はドアを閉め、二階へ駆け上がり、ベンの部屋に飛びこんだ。ベンが飛び上がって、叫んだ。「母さん、やっぱり来てくれたんだ！　許してくれたんだね。わかってくれたんだね」。私たちは抱きしめ合い、他のあらゆるわだかまりが消え去った。

◇第34章◇ 父の死とオーストラリア行きの中止

私たちは不法共謀で逮捕される

大統領選挙戦の間に講演旅行を計画したが、私たちはアメリカ大衆の政治的馬鹿騒ぎに対する関心を見逃していた。そのために旅の最初の頃の講演は失敗に終わっていた。インディアナポリスで初めて多数の聴衆が集まったが、ここでもやはり私の講演はいつものように禁止された。市長は警察の越権行為に遺憾の意を表わしたが、もちろん彼も警察に逆らうことはできなかった。署長は言ったのだ。集会の禁止は悪法であるかもしれないが、常識にはかなっていると。

セントルイスでは、それでも幸運なことに何の妨害も受けなかった。そこで私はセントルイスの新聞『ミラー』の編集者であるウィリアム・リーディに会った。彼の存在とその新聞は、砂漠のようにひからびたアメリカ知識人社会にあってオアシスであった。有能で、幅広い教養を備え、ユーモア精神にあふれたリーディは、さらに勇敢な精神も持ち合わせていた。彼の協力のおかげで、私たちは気持ちよくセントルイスに滞在できて、多くの様々な聴衆が集まった。私が出発した後で、彼は週刊誌に「夢みる娘」と題した記事を発表した。これまでアナキストではない人が、これほどまでに私の考えを正しく認識し、大いなる賛辞を呈した記事を書いたことはなかった。

シアトルでベンと私は逮捕された。彼の罪は会場のドアに思いきり寄りかかっていたことで、このドアには錠がかかっているのを承知していた。私の方は彼の逮捕に対して抗議したことにあった。警察署に行くと、私のマネージャーの違反に対しては一ドル五十セント支払うことになっていて、これは会場の持ち主が壊れた錠に対して請求した金額であった。この財産の神聖を汚した代償を払った後、私たちは二人とも釈放された。もちろんシアトルではもはや集会を開けなかったし、そのために蒙った損失に対する何の賠償もなかった。

エヴァレットでは私たちを受け入れてくれる会場はどこにもなかった。ベリンガムにおいて、私たちの乗った汽車は刑事の出迎えを受けた。彼らはホテルまでついてきて、私たちがレストランを探しに外出した時、逮捕しようとした。ベンが愛嬌のある笑みを浮かべて頼んだ。「すみませんが、食事が終わるまで待っていただけませんか」。私たちの保護者は言った。「いいですとも。お待ちしますよ」。レストランの中は明るく暖かかったが、外では霧雨が降り、肌寒かった。それでも番犬に哀れみを覚えなかった。私たちは食事にかなりの時間をかけたのだが、それは暖かくも明るくもない場所で一晩中過ごさなければならないと、よくわかっていたからだ。警察署で令状を呈示された。それは不滅の価値ある文書であった。「アナキストにして無法者であるエマ・ゴールドマン、並びにベン・L・ライトマン博士は不法な集会を開こうと企て――」云々と、以下同じ趣旨で書かれていた。私たちはただちにベリンガムを発つか、市の拘置所に入るかの二者択一を求められた。それはワシントン州で最初に受けた温かいもてなしであり、私たちは拘置所入りを選んだ。夜中に街から出るように再び言われたが、すでに独房でくつろいでいたので、私は出ることを拒否した。ベンも同様であった。

朝になると、私たちは判事の前に連行され、五千ドルの保釈金を申し渡された。判事は明らかに警察の越権行為であることを知っていた。単に集会を開こうと「試みた」だけで裁判にかけられることはありえないのに、彼らの思うままにされたのだ。この街で保釈金を積んで私たちを出してくれそうな人物など誰も知らなかったし、弁護士と連絡を取る方法もなかった。それでも法律的理不尽がどこまで許されるものなのか、私は突きとめてみたかった。

午後になって、二人の見知らぬ人が面会に来た。彼らは弁護士のシャメルとリンチであると自己紹介した。シャメルは無料の弁護を、リンチは保証人を申し出てくれた。

私は驚いて言った。「でもあなた方は見ず知らずの私たちにどうしてそんなに大金を投じられるのですか？」

シャメルは言った。「いや、いや、私たちはあなた方を存じております。私たちはアナキストではありませんが、あなた方がなさっているように理想のために立ち上がる人であれば、誰でも信頼するに足ると考えているのです。」

もし彼らにショックを与えることを恐れていなかったら、私は公開裁判で彼を抱きしめていただろう。私たちが午前中に支援を差し伸べる友人もなく現われた時には、威張り散らしていた時代遅れの判事は、今や愛想よき人物へと変わっていた。私たちはただちに釈放され、新しい友人たちはレストランでもてなしてくれ、汽車まで送ってくれた。

私は淑女のように見え、爆弾を所持せず

カナダ国境のブレイン市に着いた時、一人の男が私たちの車輌に乗りこんできて、私の所へ歩み寄り、尋ねた。「エマ・ゴールドマンさんですね」。私は言った。「ところで、あなたはどなたですの？」。彼は答えた。「私はカナダの入国管理官です。列車を降りていただくようにお頼みしろとの命令を受けております」。これほどまでに紳士的な要請であれば、誰であっても応じるしかなかったであろう。事務所

において、係の管理官は私が淑女のように見えるし、爆弾を持っていなかったので非常に驚いたようであった。彼はアメリカの新聞記事から、私が非常に危険な人物だと推測していたのだった。そのためオタワからの通達を受けるまで、彼は私のカナダ入国を阻止しようと決めたのだ。その一方で、彼は私に自分の客として宿舎でくつろいで下さいと言った。食べ物と飲み物も好きなだけ手配してくれ、通達が遅れる場合には当地のホテルの最上の部屋を用意すると申し出た。彼の話し方は上品で、その口調は、私がこれまでアメリカの役人から聞いたどれよりも好意的であった。結果は同じであったとしても、このような新しい異なった妨害には、ほとんど憤りを覚えなかった。

翌朝、この陽気な管理官はエマ・ゴールドマンを入国させてもよいとの電報がオタワから届いたことを知らせてくれた。君主国のカナダには私の入国を禁ずる法律はなかった。アメリカの民主主義は、反アナキスト法ゆえに、むしろ滑稽なものに思われた。

サンフランシスコには特別な関心を抱いていた。追放兵士となったウィリアム・ブワルダはローズヴェルト大統領の恩赦を受けたが、それは私たちの運動の成果であった。彼は十ヵ月間留置された後、釈放された。私たちがサンフランシスコに着く二週間前のことだった。

ウィリアム・ブワルダの軍法会議の説明

ひどい暴風雨のために、ヴィクトリー劇場での最初の集会はわずかしか出席者がいなかった。しかし私たちは落胆しなかった。それは八回の連続講演と二回の討論会を行なうことを広く宣伝してあったからだ。翌日の午後、ウィリアム・ブワルダの訪問を受けた。彼は私服だったので、ウォルトン・パヴィリオンの壇上で、あの記念すべき午後に束の間その手を握った軍人とまったく別の人のようだった。彼の美しく明朗な顔立ち、知性的な目、引き締まった口元は、独立心の強い性格を表わしていた。軍隊に毒されることなく、十五年間の兵役をどのように耐えたのだろうかと私は思った。ブワルダは慣習のために陸軍に入隊したのだと言った。アメリカ生まれではあったが、彼はオランダ人の血筋で、一族の男のほとんど全員がオランダで兵役を終えていた。彼はアメリカの自由を信じ、軍事力を必要な防衛手段だと思っていた。幾度も新聞で私の名を目にしていたが、エマ・ゴールドマンは変わり者だと思って、私についての記事にほとんど注意を払わなかった。私は口を挟んだ。「それは大したお言葉ですこと。淑女に対して失礼ではありませんこと？」。彼は笑みを浮かべて答えた。「でも本当なんですよ」。軍隊にいる人間は彼ら独自の世界に住んでいて、とりわけ彼は過去数年間とても忙しかったし、熱烈に馬が好きだったので、獣医学課程を取り、しかも速記も勉強していた。これらに加えて兵舎での任務もあり、とても忙しくて他のことに関心が持てなかったと彼は弁明した。

散歩で外出中に、彼は偶然私の集会に出くわした。ウォルトン・パヴィリオンの前に大勢の群衆と警官がいるのを見て、好奇心にかられ、これは演説を書き取って自分の速記を実践する絶好の機会だと思った。そして彼は続けて言った。「すると、あなたが登場した。暗がりの中に小柄で、気取らない姿が現われたのです。そしてあなたは話し始めた。私は動揺してきました。それは熱気と緊張した雰囲気のせいだと思いました。私は中に入った目的を忘れてはいませんでした。しばらくはあなたについていけたのですが、やがてあなたの声が気になって速記に集中できなくなった。私が高く評価しているものすべてに対するあなたの容赦ない非難に、自分がひきずられていくのを感じました。ものすごく腹が立って、私は抗議の声を張り上げ、全聴衆の前であなたの説に挑みたくなりました。しかしあなたの感化を受けまいと抵抗すればするほど、影響を受けていくのを感じたのです。あなたは雄弁で、演説の最後まで、私はかたずを呑んで聴き入っていました。混乱してしまい、逃げ出したくなりました。でもその代わりに群衆に押されて、気がついたら壇上に立って、あなたに手を差し伸べていたのです。」

私は尋ねた。「それからどうしたの？　刑事が後をつけるのを知っていました？　面倒なことになるとは思いませんでしたか？」

「どうやって会場から出たのか覚えていないんですよ。それに、私は何も悪いことをしたとは思っていなかった。ただ講演を聞いたことで、気が動転し、あなたのために私の心はすっかり乱れてしまっていました。要塞に帰り着くまで私はずっと考え続けていました。つまり『彼女は間違ってる。すべて間違ってるよ。愛国心は悪党の最後の切り札なんかじゃない。軍国主義はただ殺人と破壊だけじゃないんだ！』と。私服刑事が私のことを上官に密告し、私は逮捕されました。これはまったくの間違いで、他の誰かと間違えているのだから、朝になれば釈放されると考えました。そのように考えないと、あなたが正しいということになってしまうからです。だからそれに対して大いなる反発もありました。私が十五年間仕えた政府についてのあなたの説明は間違っている。私の国はあまりに公明正大で、あなたが大げさに告発するような罪を犯せはしないという信念に、数日間すがっていました。ところが軍事法廷に連行された時、あなたが真実を語ったのだということがわかり始めました。あのような危険人物と交際して、お前はエマに何をされたのだと問われたので、私は答えました。『彼女は私に考えさせてくれました』と。そうです、エマ・ゴールドマンさん。あなたは私に四十年間で初めて考えさせてくれたのです。」

私は彼に手を差し伸べて言った。「もう、あなたは軍の束縛から解放されたのですもの。私たちは何の恐れもなく手を握り合えますわ。これからも友人でいて下さい。」

彼は熱っぽく私の手を取って、言った。「生涯の友人として、また同志としてですね。敬愛すべき、偉大な、それでいてかわいいエマさん。」

私は彼の話に夢中になっていて、集会の準備をする時間になっていることを失念してしまっていた。講演前に食事を取ることができなかったが、夕食抜きで出かけることなどまったく気にならなかった。新しい同志は食事など本当に気にしないでと優しく言ってくれた。

サンフランシスコで逮捕される

私たちが会場の近くに来ると、通りは人であふれていた。数知れぬ群衆が集まっているのは宣伝効果があったからだと思っていたが、ヴィクトリー劇場に着くや、私は刑事に迎えられて、逮捕された。ブワルダが抗議すると、彼も逮捕された。私たちが犯人護送車に乱暴に押し込まれると、ベンもまた同じ運命に遭っていることがわかった。護送車が乱暴に通りを走り抜けていく間に、ベンは警察が勝手に棍棒を振り回しながら、劇場からの全員の退去を命じたのだと急いで語ってくれた。もちろん、ベンは警察のやり方に抗議し、それで逮捕されたのだった。ベンは私に警告しようとして同志を寄こしたのだが、私はすでに出てしまっていた。

警察本部でウィリアム・ブワルダは「危険な犯罪者たち」との交際を厳しく譴責された上で、釈放された。ベンと私は「共同謀議、不法な脅迫行為、暴力行使、ならびに社会秩序の紊乱」の容疑で告発された。朝になって、私たちは判事の前に連行され、それぞれ一万六千ドルの保釈金の裁決を受けた。同じ日にアレクサンダー・ホーが当局の行為に抗議するビラをまいたことで逮捕された。私たちの保証人を立て、弁護士と情宣の手はずを整える仕事はカシアス・V・クックに課せられた。彼は数年前に少し会っただけだったが、頼りになる人物であることはわかっていた。

数日のうちに、サーシャとその他のニューヨークの友人たちから電報が届き、保釈金に充てる五千ドルを送金するつもりでいるし、弁護資金を募っているとの知らせが入った。国中から抗議と寄付金が続々と寄せられ始めた。一八九七年に太平洋沿岸地方へ最初の講演旅行を組んだ際に、デンバーでロサンジェルスから来ていたチャールズ・T・スプレディングに初めて会ったのだが、その機知に富み、愉快な冗談を飛ばす、陽気なチャーリーが、保釈金用に二千ドルを電報為替で送ってくれた。フォレスター家の人々や他の友人たちも同様の方法で支援してくれた。私たちを助けてくれる、このようなすばらしい同志愛があるのだから、私たちの遭遇している困難など何ほどのことがあろうか？

審理中、保釈金を積んで釈放される

弁護士のカーク、キングの両氏は聡明かつ大胆な人たちで、私たちのために奮闘してくれた。カークのおかげで、数日のうちに保釈金を積んで首尾よく釈放される運びとなった。私たちは釈放されてカークの保護監督下に置かれることになった。ところが思いがけないことに、またしても起訴されたのだ。私たちが「不法な集会を開いて、組織された政府はすべて不必要だと非難」し、まさに恐るべきことに「アナキズムの教理を説いた」という容疑であった。私たちに二千ドルずつの保釈金が科せられた。まず最初に私が、続いてベンが裁判にかけられることになった。

サンフランシスコの新聞に、集会が手入れを受け、私たちが検挙されたというセンセーショナルな記事が掲載されたが、その中に「情愛に欠けるエマ・ゴールドマン」と題する、紙面を大きく割いた記事があった。その記事は次のようなものだった。「入獄中にエマは父の死を告げる電報を受け取ったが、その知らせを受けても悲しみの表情ひとつ見せなかった」と。実際には父の死を聞いて、思いがけず彼の過ごしてきた人生のあれこれを思い出していたのだった。三十年以上も健康がすぐれず、晩年はほとんど病気の身だった。この前の十月にロチェスターへ行った際に父に会ったのだが、それほど早く死ぬとは思っていなかったために、ショックを受けてしまった。昔は大男であったにもかかわらず、その時目にしたのは人生の波風に痛めつけられ、朽ち果てた父の姿だったのだ。

歳月が経つにつれて、父のことがよく理解できるようになっていたし、お互いにいたわり合い、次第に打ち解けるようになっていた。父に対するこの心の変化は、愛するヘレナに負うところが大きかった。私たちの感情を支配していた力としての性の複雑さに気づいていたことも助けになっていた。私は自分の気の荒い性格を以前よりもよく理解できていたし、長い間はっきりとわからなかった父の性格についても、経験を重ねることで推測できるようになっていた。父の激しく気難しい気質は、適切な捌け口を見つけ出せない強烈な性本能の表われにすぎなかったのだ。

茶番じみた公判は無罪放免に終わる

私の両親は古くからのユダヤのしきたりに従って、愛もなく一緒にさせられた。初めから誤った組み合わせだった。母は二十三歳で未亡人となり、二人の子供を抱えて、財産といえば一軒の小さな店だけだった。母の抱いていた愛憎がどのようなものであれ、十五歳で結婚した相手の若者とともに消えてしまっていた。父は情熱的な青春の炎を相手に傾けた。母は一つ年上で輝くばかりに美しかったからだ。父は自分の欲求本能に駆られるままに母に近づき、母が父の飽くことのない欲望に抵抗するにつれて、父はさらに固執するようになった。私の誕生は母の四番目の出産にあたっていたし、出産のたびに母は死にかけた。聞かされた当時は若すぎてその意味がよく理解できなかったのだが、母から聞かされたことを思い出した。それらのことで、はっきりしていなかった多くのことが明らかになり、両親の性生活が双方にとって苦行であったと実感させられた。

もし誰かが二人の間のいさかいや、父の手に負えない癇癪の本当の原因について耳打ちでもしていたら、おそらく両親はショックを受けていただろう。健康が衰えるにつれて、父の性的活力も減退していき、それに伴って精神的変化が起きていた。父は穏やかで、辛抱強く、そして優しくなった。それまで子供に対してほとんど示したことのなかった愛情を、父は惜し気もなく私の二人の姉に注いでいた。私が一度、父の昔の私たちに対する過酷な仕打ちに触れた時、そんなことをした覚えはないとはっきり言った。父の性格と化した優しさは、かつての過酷な仕打ちを忘れさせた。精神的ストレスや経済的重圧、さらに長年にわたる身体的な苦しみによって、以前は隠れていた父の長所がようやく本当の姿を現わした。父は私たちに新しく生まれた愛情を覚え、その変わりようによって、私たちも父を愛する気持ちが芽生えたのだった。

サンフランシスコの法廷茶番劇は、ベンと私が無罪放免となることで幕を閉じた。アナキズムのために私たちが何ヵ月もかけた情宣活動で果たす以上の成果を上げた。それだけでなく最も意義深い出来事は、ウィリアム・ブワルダが軍当局に手紙を送り、私たちの仲間に加わったことだ。この歴史的文書は『母なる大地』の一九〇五年五月号で公表された。以下がその内容である。

ブワルダ、陸軍省に手紙を書く

一九〇九年四月六日
ミシガン州ハドソンビルにて
ワシントン特別区

陸軍長官、フォン・ジョセフ・M・ディキソン閣下

拝啓
よくよく考えました末、小生はこの飾り物(フィリピンにおける忠勤に対して、ブワルダに授与されたメダル)を貴省にお返しすることに決めました。というのも、かくのごとき金ピカな飾りにすでに用はなく、小生よりも、そんなものをありがたがるどなたかにお遣わし戴きたく存じます。

これを見るにつけ、忠誠のこと、義務の遂行、別れがたき友情、それも野営や戦場で共にした危険、艱難辛苦を経て結ばれた友情のことなどを思い出します。しかし閣下、小生はそれと同時に殺戮のこと――おそらくその中には避けがたいことに罪なき者たちが含まれています――愛する者や家を守るために、その家とて、多くの場合小さな草葺きの粗末なものでしかありませんが、それでも大切な家庭を守るために、流した彼らの血のことも思い出すのです。

さらに襲撃や焼き討ちのこと、捕らえられた多くの囚人が下等動物のように汚い獄の中に投げこまれたことも思い出します。それは何ゆえだったのでしょうか？　彼らも家や愛する者のために戦ったのです。

小生はまたG・O・一〇〇のこと、それにつきまとうあらゆる恐怖と残虐行為、苦しみ、さらに戦火で荒廃した国のこと、いわれなく殺してしまった人間に必要な動物のこと、野獣のように狩り出された男女、子供のことなどを思い出します。これらはすべて自由、博愛、文明の名のもとに行なわれたのであります。

手短に申し上げれば、小生はこのメダルを見るにつけ、戦争――お望みならば合法的殺人とでも呼びましょうか――無防備な弱者たちに対して行なった戦争のことを思い出すのであります。私た

ちには正当防衛の言い訳さえないのです。

敬具

ミシガン州、ハドソンビルR・R・No3
ウィリアム・ブワルダ

市民権を剥奪され、オーストラリア行きが中止となる

私たちのオーストラリア行きは一月と決まっていた。けれども検挙されたことと、その後のサンフランシスコでの言論の自由闘争とで、四月まで延期を余儀なくされた。ようやく準備もできて、トランクの荷造りも済み、私たちの大送別会の手はずも整っていた。ところが渡航許可証を取り寄せようとしていた矢先に、ロチェスターから電報が届き、私たちの計画は中止せざるをえなかった。それには「ワシントン、カーシュナーの市民権証書を取り消す、国を離れるのは危険」とあった。

何ヵ月か前に姉から手紙が届いて、二人のいかがわしい男がカーシュナーについての情報を手に入れようとかぎ回っていることを知らせてきていた。かなり前にカーシュナーは街から姿を消していて、それ以来、彼からは何の便りもなかった。カーシュナーを見つけることができないので、二人の男はカーシュナーの両親にうるさくつきまとい、両親から手がかりを得ようとしていた。それを知った時、私は差し迫った重要事ではないと考え、すっかり忘れていた。だが今となってそれが打撃となった。連邦政府の行為に異議を唱える機会さえ与えられず、私は市民権を剥奪されたのだ。もし国を離れたら再入国は許されないことを承知していた。私のオーストラリア行きは、活動のために当地の友人たちが投じて

くれた準備費用だけでなく、多大の経済的損失を蒙って、諦めなければならなかった。苦い失望の思いではあったが、幸いにも私のさすらいのマネージャーが底抜けに楽天的だったので、大いに気持ちが和らげられた。彼の熱意は障害にぶつかるごとに増すばかりで、精力的に活動し、疲れを知ることがなかった。

オーストラリア行きは旅行計画から外して、その代わりに私たちはテキサスへ行った。エルパソ、サン・アントニオ、ヒューストンは、未知の土地だった。黒人問題は避けるようにと忠告を受けていたが、私は南部の偏見に少しも譲歩しなかった。それでも何のいやがらせもなく、警察の妨害にも遭わなかった。私はベンと一緒にエルパソからメキシコまで出かけて、また戻ってきたが、合衆国の移民局監視官はエマ・ゴールドマンから政府を救う機会を逃したと悟る間もなかった。

◇第35章◇ 自由言論闘争とフェレルの顕彰

イプセンか、それとも劇か、論題に忠実に話す

私は本当に休息を必要としていたが、今回の講演旅行は現金よりも満足感をもたらしただけで、休息を取るゆとりは与えられていなかった。実際に資金がひどく不足していたので、『母なる大地』の分量を六十四ページから三十二ページに減らさざるをえなくなった。財政状態の窮迫によって、私は再び講演を始める必要に迫られた。三月の後半にニューヨークでベンと合流し、彼は四月十五日までに私の演劇についての連続講演の用意を整えていた。最初は万事順調だったが、五月になると打つ手がなくなってしまった。その月には、それぞれ異なる十一ヵ所で警察によって講演を妨害されたのである。

私は以前にも同じような経験をしていたが、ニュー・ヘーヴンの警察署長は新たな妨害方法を用いることで、他の警察の上を行っていた。彼はベンと私に借りていた会場に入ることを許可したが、それから他の誰をも中に入れないように警官隊を入口に配置した。そのために私の講演を聞きに来た多くの学生も含めて、大勢の人々が会場から締め出されてしまった。だが署長はすぐに「奇抜なこと」をやると高くつくのを悟った。それまでエマ・ゴールドマンの権利侵害に抗議したことのなかった地方新聞が警察に対して、今回は「穏やかな集会を妨害した」ことで物笑いの種にした。

ニューヨーク市警察はいつもあきれるような方法でアナキストを迫害してきたが、レキシントンホー

ルにおける第三日曜日の連続講演に押し入ってきた時ほど愚劣な行為はかつてなかった。その際に扇動的だと決めつけられたテーマは「近代演劇の先駆者としてのヘンリク・イプセン」であった。集会が開かれる前に数人の刑事が会場の管理人を訪ね、彼とその家族に対して、もし私に講演させるようであれば逮捕すると言って脅した。哀れな管理人は怯えてしまったが、使用料はすでに払われていて、ベンがその領収書を持っていた。会場の持ち主はどうすることもできず、私服刑事は彼を警察署へと連行した。

まさに私が講演を始めた時に、アナキスト取締専従班が到着して、場内に散らばった。私が「ヘンリク・イプセン」の名を言った途端に、担当の刑事が演壇に飛び上がり、そして怒鳴った。「論題からそれてるじゃないか。もう一度やったら、集会を中止させるぞ。」

私は穏やかに答えた。「今私が言っていることはまさに論題の通りですわ」。そして講演を続けた。警官は干渉し続け、繰り返し「論題通りのことを話すように」と命令した。私は苛立ちまぎれに言った。「論題に忠実に話しているではありませんか。イプセンが論題なのです。」

彼はわめいた。「論題とはまったく違う！　論題は演劇なのに、お前はイプセンのことを言ってるじゃないか。」

聴衆の失笑は私の学問的妨害者の怒りをさらに募らせた。私が講演を続けようとすると、彼は部下たちに聴衆を追い払うように命令した。彼らは聴衆の座っている椅子をもぎ取り、棍棒を思う存分振るったのだ。

この日曜日の朝の講演に出席していたのはたまたまアメリカ人ばかりであり、その中には先祖がピルグリム・ファーザーズまでさかのぼれる人々も混じっていて、有名なスタンダード石油株式会社の株主の息子である、イーストオレンジのアルデン・フリーマンがいた。彼にとって、それは警察にかかわった初めての経験で、他の名門のアメリカ人たちがやはりそうであったように、当然のことながら警察の行為に対して憤りを覚えたのだった。

何年にもわたって、私たちは迫害の標的となっていたので、講演が中断されるのは決して珍しいことではなかった。私の集会のみならず、労働者たちの集まりでも、何の理由もなくしばしば中止させられていた。二十年間にわたる社会的な活動において、私はいつも話し続けられるだろうか、また自分のベッドかそれとも警察署の板の上で眠るのか、最後の最後までわからない状況の中で生きてきた。

メイフラワー号の子孫たちがそのような警察の策略を新聞で読んでいた時、彼らは疑いなく、私が原因をつくったのだと考えていた。つまり私が暴力や爆弾の行使を扇動したのだろうと。だから彼らは一度も警察のやり方や新聞に反対してこなかった。しかし今回は「生粋の」アメリカ人たちが侮辱を受けたのだし、彼らの中には大富豪の息子で、ロックフェラーの共同経営者にして親友である人さえいた。このようなことは許される限度を超えていた。『ニューヨークタイムズ』までもが憤慨し始め、他の日刊紙もそれに続いた。新聞の欄が抗議の手紙で埋められるようになった。私のよき友人であるセントルイスの『ミラー』のウィリアム・マリオン・リーディと、『パブリック』のルイス・F・ポストはエマ・ゴールドマンに対する迫害について、わが国の警察によって行なわれている合衆国憲法をロシア化しようとする意図的な陰謀という烙印を押した。その事態の結果として自由言論協会が結成され、あらゆる職業からなるアメリカ人の男女による署名入り声明書が出された。作家、画家、彫刻家、弁護士、医者、そしてありとあらゆる意見を異にする人々が、ニューヨーク警察の取った弾圧手段に抗議するために立ち上がった。

ピルグリム・ファーザーズの面々にショックを与える

アルデン・フリーマンはそれまでの生涯を通じて、言論の自由は事実であって、単なる見せかけではないと信じてきた。彼は現実の姿に直面するに至って、心底からショックを受け、ただちに言論の自由を確立するために新しく創立された委員会のキャンペーンに加わった。フリーマンは彼の生まれ故郷イーストオレンジにおいては、私の講演は許可されるであろうと確信し、寛大にもそこでの集会を用意すると申し出てくれた。また彼は自分が委員となっているメイフラワー号協会の昼食会にゲストとして招いてくれた。彼はこう言ったのだ。「あなたが新聞に書かれているような人ではないとわかれば、彼らも講演を喜んで聞きに来るでしょう。」

メイフラワー号協会の人々はまったく退屈で、彼らの話はつまらなかった。昼食会の終わり頃、私の出席が明らかにされた。何の疑いも持たぬ群衆に向かって投げられた爆弾でさえ、あれほどの大きな動揺を与えなかったであろう。一瞬静まり返ってしまった。それから来賓の数人が急いで立ち上がり、憮然として会場から出て行った。その場にいた婦人たちは衝撃のあまり身動きもできず、気つけ薬の壜を手探りしていた。彼女たちの何人かがフリーマンをにらみつけていた。数人の向こうみずな者たちだけが、この恐ろしい女性に面と向かって意見を申し立てた。私にとってこの光景は面白いものだったが、フリーマンにとっては痛みを伴う失望であり、彼が心に抱いていたアメリカ人の自由と伝統に対する、短い期間に起きた二度目の打撃であった。

三度目の打撃は昼食会のすぐ後にもたらされた。メイフラワー号協会は、フリーマンが意図してエマ・ゴールドマンを目の前に連れてきたという理由で、彼の除名、あるいは強制的脱会を決議した。しかしそれに対してフリーマンはうろたえなかった。勇敢にも彼は自分の街での私の集会の用意に取りかかってくれた。

その集会の夜、会場は警察によって立入禁止になっていて、講演はないと発表されていた。するとフリーマンは集まった聴衆を自宅へ招き、自分の家の庭で集会を開くと宣言した。私たちは警察と新聞記者を含む無数の群衆を従え、御殿のような住宅を横に見ながら、貴族の街イーストオレンジの大通りを勝ち誇ったように行進したのだ。それはイーストオレンジのような静かな街において、かつて起きたことのないデモのようだった。

フリーマンの家は美しい庭に囲まれた立派な大邸宅であった。そこは私有地であり、警察は私有財産権の適用が行使される場所において、彼らの権限が停止されることを知っていた。彼らはそれを犯してまであえて侵入しようとせず、門の外に残っていた。私たちの集会が開かれたガレージは労働者の家よりも快適だった。様々な色の照明はあたかも夜の影法師のように揺らめき、幻想的なシルエットを投げかけていた。それは伝説上の神の子キリストの降誕の場所を連想させる情景であり、ハレルヤの叫びは自由と抵抗を称える歌に変わっていた。

スタンダード石油、アナキストの腕の中へ

イーストオレンジでの一連の出来事によって、私がそれまで名前も聞いたことのなかった人々が支援を申し出て、『母なる大地』を予約購読し、私たちの出版物を買い求めに来てくれた。警察が棍棒を振り回したおかげで、彼らはエマ・ゴールドマンが暗殺者でもなければ、魔女でも変人でもなく、当局が抑圧しようとしている社会的理想を持った女性だと気づかされたのだった。

自由言論協会はクーパー・ユニオンでの大規模な集会をもってそのキャンペーンを開始した。六月の終わりで、焼けつくような暑さにもかかわらず、その古い歴史を持つ会場は多種多彩な社会的政治的立場にいる人々で埋めつくされていた。演説者たちもほとんどすべての問題に見解の相違があったが、全員が共通の絆によってお互いに結びつけられていた。それは拡大していく警察権力の圧制を阻止しようとする緊急の必要性であった。アルデン・フリーマンは司会を務め、スタンダード石油株式会社社長の息子である彼がいかにして「アナキズムの腕の中へ追いこまれたか」の顛末を、ユーモアたっぷりに説明した。彼は引き続いて真剣な口調で、その集会の目的を述べ、断言した。「もしエマ・ゴールドマンが猿轡をかまされ、両側を警官に囲まれてこの演壇に座っていたとしたら、その光景こそが如実に今夜の私たちの集会の理由を示すことになろうし、またどうして大西洋岸から太平洋岸、さらにメキシコ湾から五大湖の人々に至るまで、自由言論協会に抗議と共感をこめる手紙や電報を多く寄せているのかが説明できるでしょう。」

その後に続いた演説者たちも同じような口調で意見を述べたが、最もすばらしかったのはヴォルテリン・ド・クレールの訴えであった。「言論の自由は他の人々が聞きたがらないことを言える自由を意味するのであって、それ以外の何ものでもないのだ。」

集会と委員会の精力的なキャンペーンによるほとんど間断なき効果は、マクレラン市長が警視総監ビンガムを解雇したことであり、彼の軍事的警察体制に弾圧の責任の所在があったことを明らかにした。

新しい独立宣言を書く

これらの活動で多忙をきわめていた時、ボストンの『グローブ』の編集委員の一人から手紙を受け取った。それによれば、この新聞は新独立宣言起草コンテストの企画を進めていて、すでに何人かの急進主義者から参加をとりつけているが、私にも加わってもらえないかとのことだった。さらに手紙の主は最優秀の試案は『グローブ』に掲載され、原稿料も支払われると述べていた。新たなる独立を望むアメリカ人はほとんど見当たらないが、興味深い企画なので参加するとの返事を出した。私は論文をほぼ完全に独立宣言の形式で書き、それに新たな言い回しと意味を付け加えて『グローブ』に送った。そして数日後に、小切手と私の宣言文の校正刷の入った封筒を受け取った。それは『グローブ』にいる私の友人から来たもので、添えられていた手紙によれば、新聞社のオーナーがたまたま編集者の机の上にあった校正刷を見たと説明されていた。オーナーは命令を下して、言ったそうだ。「あの女に小切手を送って、その忌まわしいアナキスト宣言を返却してしまえ。『グローブ』に載せるべきではない。」

ちょうど来月号の『母なる大地』が印刷に回されようとしていたので、それほど重要ではない記事を削って私の論文を載せるのにかろうじて間に合った。七月四日になると新独立宣言は何千人もの人々に読まれることになった。というのは、この号は多くの部数が売れ、それに加えてかなりの数を無料で配布したからだ。

九月に私はベンとともにマサチューセッツ州からバーモント州にかけての短期の講演旅行に出かけた。私たちは警察による直接の妨害や会場の所有者に対する脅迫のために、どこでも講演を中止させられるばかりであった。マサチューセッツ州のウスターに至って、神学博士エリオット・ホワイトとその夫人マーベル・ホワイトの支援のおかげで、私はようやく野外で講演できることになった。私たちの友人アルデン・フリーマンの例にならって、彼らは広々とした芝地に温かく迎え入れてくれた。星条旗のもとではなく、さらにふさわしい天蓋のもと、つまり際限なく広がる大空と無数の輝く星のもとでアナキズムが語られたのだった。その間、大木が覗き見に来た物好きの目から私たちを隠してくれた。

ウスター訪問での最も重要な出来事はクラーク大学の二十周年記念祭で行なわれたシグムンド・フロイトによる講演だった。私は彼の明晰なる頭脳と講演のわかりやすさに深い印象を受けた。それぞれの大学のハットやガウンを身に着けて、堅苦しく、尊大に見える教授たちの一団の中にあって、シグムンド・フロイトは普段の装いで、もったいぶることなく遠慮がちな様子でありながら、あたかも小人の国にいる巨人のように際立っていた。彼は私が一八九六年にウィーンで講演を聞いた時より、いささか年を取っていた。ウィーン講演の当時、彼はユダヤ人として、また無責任な革新者として非難を浴びせかけられていた。今や世界的に著名な人物になっていたが、名誉も不名誉も、その偉大な人物に影響を及ぼしてはいなかった。

シャツブラウス工場のストに加わる

ニューヨークに帰った途端に、新たな闘争に献身することになった。シャツブラウス工場のストライキが一万五千人の規模で行なわれ、またペンシルベニアのマッキスポートでは製鉄工たちのストライキが起きたのだ。双方が賃上げを要求して立ち上がっていた。アナキストは常にどのような要請であっても真っ先に応じるので、私は数々の集会に出て演説したり、労働者組織を訪れて、組合員の言い分を抗弁したりしなければならなかった。それからスペインで反乱が起きた。モロッコでの虐殺に抗議して、スペインの労働者たちがゼネストを宣言したのだった。いつもながらアメリカの新聞はこの状況を誤って伝えたので、この事件の正しい見方とその意義を提出するために、私たちの迅速な行動が必要とされた。アメリカ在住のスペイン人同志たちは私の支援を求めてきたので、喜んでこれに応じた。

まもなくアナキストで自由主義教育家であるフランシスコ・フェレルがバルセロナで逮捕されたとい

う知らせが入った。彼はこのゼネストの責任を問われたのだった。私たちはこの同志に危険が差し迫っていること、そして彼のために聡明なアメリカ世論を起こす必要があることを実感した。

ヨーロッパでは進歩的な思想を持つ多くの人々が、フランシスコ・フェレルを支持する激しい運動をすでに展開していた。だがアメリカでは人員不足のために、同様の運動はできず、それゆえにこそ、状況は私たちの陣営からのさらなる活動を要求していた。集会、会議、『母なる大地』の仕事、そして絶え間なく訪れる人々のために、私たちは朝早くから夜遅くまで多忙をきわめた。

私はフィラデルフィアに用事があり、ベンは何日か前に先に出かけていた。ベンは到着するや、同胞愛の街と称されているこのフィラデルフィアでは、最近になって急進的な集会はすべて弾圧されていると同志に教えられた。それでもまだベンは警察に対してアメリカ人らしい信頼を寄せていたので、フィラデルフィアを取りしきっている公安局長に会いに行った。その有力者はぞんざいにベンを迎えただけでなく、「俺の」街でエマ・ゴールドマンの講演は絶対に許さないと言い放った。フィラデルフィアの単一納税主義者たちはこの横暴な決定を非難する決議を採択して市役所に委員を送り、私に言論の自由が与えられるべきだと要請した。アメリカ人の中にも私の友人がいることを知って、公安局長は態度を和らげ、宣言した。「エマ・ゴールドマンの講演を許可する。ただしちょっとした手続きに従うならばだ。まず俺に講演原稿を読ませてくれ。」

フィラデルフィアの平穏

もちろん私はそのようなことを絶対にするつもりはなかった。検閲などというものを認めていなかったからだ。そこで局長は私に講演させないことに決定して、言った。「集会は許可する。だがエマ・ゴールドマンはオド・フェローズ寺院に入ってはならない。いずれにしても彼女を入れないように警察を総動員するからな。」

局長はその言葉を守った。頼みもしないのに、私に六人の私服刑事をつけ、私が泊まっている小さなホテルの玄関に張り込ませた。夕方になって、私がフィラデルフィア自由言論同盟の代理人に付き添われてオド・フェローズ寺院へ出かけようとすると、刑事たちは後ろからついてきた。会場周辺の数ブロックに警官たちが並んでいて、私は入場を阻止されただけでなく、警官に先導された道を通って帰ることを余儀なくされた。警官は私が自分の部屋に戻るまで目を離そうとしなかった。集会は開かれ、アナキスト、社会主義者、単一納税主義者たちが演説を行なったが、エマ・ゴールドマンの講演はなく、そのためにフィラデルフィアは平穏であった。

単一納税主義者や自由言論同盟の人々は、この問題について裁判に問うべきだと主張した。私は法的手続きに信頼を置いていなかったが、友人たちはそれを拒めば警察は間違いなく今の作戦を続けるだろうが、法廷闘争に持ちこめば、私の言論を抑圧しようとする警察のロシア的やり方に世間の注目を集められるだろうと力説した。ヴォルテリン・ド・クレールも訴訟を起こすことに賛成し、私も同意した。

その一方で、新聞はこの状況についてのセンセーショナルな記事を載せ、刑事たちもまだホテルに残っていた。このホテルの経営者はいくらか自由主義的で、私に対して非常に礼儀正しかったが、望ましからざる風評のために、ホテルの営業に悪影響が出ていた。それゆえに私たちは別の大きなホテルに移った。新しい部屋でまさに荷物をほどきかかった時、電話がかかってきて、手違いがあったことを知らされた。私たちに当てられた部屋はすでに予約済みで、他に空部屋はないと言うのだ。同じようなことが他のホテルでも起こった。ベンは拒まれなかったが、私は宿泊できなかった。

最終的にあるアメリカ人の友人のもとに身を寄せた。三週間というもの、この家は常に見張られ、外に出てから戻るまで私は尾行された。さらに警察は私の部屋を監視して、中での出来事を報告させるために、この家の召使いを買収しようとした。だがこの愛すべき人はそれを拒否した。そればかりでなく、刑事の目から丸一日逃れさせてくれた。

フランシスコ・フェレルを顕彰する

ニューヨークから私に至急の呼び出しがかかってきた。

十月十三日の日曜日の朝に、この召使いは私とベンを裏口から連れ出して、いくつかの庭を通り、ある路地へと導いてくれた。誰にも見つかることなく、私たちは駅に着き、一路東へと向かっていた。

ニューヨークで求められた仕事は、スペインにおけるカソリック教制度と軍国主義の犠牲者であるフランシスコ・フェレルを顕彰する大集会にあった。

ローマ教会は八年間にわたってフランシスコ・フェレルに対して、情け容赦ない闘いを仕掛けていた。彼は勇敢にも教会の最も弱いところを攻めていたのだ。一九〇一年から一九〇九年にかけて、彼は百九もの近代学校を創設し、その実践と影響によって、自由主義者たちは宗派に属さない三百の教育機関を組織するようになったのである。カソリックの国スペインにおいて、フェレルの近代学校は教会の神父たちを不安に落とし入れた。子供たちを迷信や偏執から、また教義や権威という暗愚から解き放とうとするこの試みに対して、神父たちは激怒した。教会と国家は何世紀にもわたる自らの支配に危険を察知し、フェレルを潰そうと試み、一九〇六年にその陰謀はほぼ成功を収めた。その年にモラルのスペイン王殺害の企てにかかわっていたとして、神父たちはフェレルを逮捕させたのだ。

若きアナキストであるマテオ・モラルは私財を近代学校の図書館へと注ぎこみ、フェレルとともに図書館員としての能力を発揮していた。しかし企てが失敗した後、彼は自らの生涯を閉じた。スペイン当局がマテオ・モラルと近代学校との関係を発見したのはその時で、フランシスコ・フェレルは逮捕されていた。フェレルが政治的暴力に反対し、権力に対抗するものとしての近代教育を固く信じ、かつ説いていることはスペイン中に知られていた。だがそれだけでは彼を権力から救えなかった。世界中からの抗議によって、一九〇六年にフェレルは救われたのだが、今や教会と国家は彼の命を求めていた。

当局がフランシスコ・フェレルを追い求めている頃、彼はバルセロナから十マイル離れた場所で同志とともに暮らしていた。そこはまったく安全で、彼の死を要求する教会や軍閥の猛威から逃れえたはずであったのだ。ところが彼は自分をかくまう者は誰でも銃殺にするという当局の声明を読み、自首することを決めた。彼が世話になっていたアナキストの友人一家は五人の子持ちで貧しかった。その人たちは身の危険を承知で、フェレルにとどまるように頼んだ。彼は身の安全を心配してくれる一家の人々をなだめるために、そうすると約束した。しかし夜になって彼らが寝静まると、フェレルは部屋の窓から脱け出し、バルセロナへと歩いて行った。そして街から少し離れたところで発見され、捕らえられた。

見せかけだけの裁判の後、フランシスコ・フェレルは死刑を宣告され、モンチュイッチ刑務所の塀の中で銃殺された。死ぬ時にも、彼はそれまでと変わらずに、最後の言葉を発したのだった。「近代学校よ、永遠なれ！」と。

私の「誕生会」に邪魔が入る

ニューヨークでのフランシスコ・フェレルの顕彰集会が終わると、私はフィラデルフィアへ戻って、言論の自由を求める闘争を続けた。試訴となる裁判の判決を待つ間に、私の部屋で、運動を支援する委員会のための懇親会が催された。コーヒーを飲みながら様々な問題について静かに話し合っていると、荒々しいノックがなされ、数人の警官が乱入してきた。

上役の警官が声を荒げて言った。「お前たちは秘密の会合を開いている」。そして人々に外に出るように命じた。

私は答えた。「どうして私の誕生パーティをわざわざ邪魔するの？　この人たちは私の誕生日を祝いに来てくださったお客さまですよ。そういうことがフィラデルフィアでは罪になるのかしら？」

その警官は鼻で笑って、言った。「誕生日だって？　アナキストが誕生日を祝うなんて知らなかった。どれほど遅くまで祝いをするのか確かめるので、外で待たせてもらうことにする。」

その場にいた単一納税主義者の何人かは非常に憤慨していた。けれどもそれは警察が私たちの友好的な集まりに無理やり乱入したからではなく、彼らの私有財産の神聖さが汚されたためであった。客たちはまもなく帰ったが、私は一人残されて、私たちアナキストが直面している大きな問題とは、人々をとらえている私有財産の神聖さや国家信仰ではないかと考えていた。

私たちのキャンペーンは自由言論同盟の主催による大集会で幕を閉じた。レオナード・D・アボットが司会を務め、講演者には元下院議員のロバート・ベイカー、フランク・ステファンズ、セオドール・シュツローダー、ジョージ・ブラウン（あの「靴屋哲学者」）、ヴォルテリン・ド・クレール、そしてベン・ライトマンがいた。私の言論弾圧に抗議する、ホレース・トローベル、チャールズ・エドワード・ラッセル、ローズ・パスター・ストークス、アルデン・フリーマン、ウィリアム・マリオン・リーディらの手紙が読まれた。

しばらくして、フィラデルフィアの公安局長は汚職と収賄の罪で免職になった。

◎第36章◎ 講演旅行の成功とジャック・ロンドンとの出会い

道徳の守護聖人が私たちのグループを注視する

一九〇九年後半、ニューヨークで再び売春撲滅運動が起きた。撲滅論者たちは売春婦の人身売買の実態を突き止めたのだ！　彼らは撲滅しようとしている悪の根源には、いささかも気づいていなかったが、忙しく動き回っていた。

私はこれまで売春婦と接触する機会がかなりあった。最初はそこにしか住むことができなかった家で、次はスペンサー夫人の看病をした二年間に、最後はブラックウエルズ島でだった。またこの問題に関する多くの資料を読んでいたし、集めてもいた。それゆえに、目下多くの関心を集めている道徳的でおせっかいな人たちよりも、私の方がその問題を論じるのによりふさわしいと感じていた。私は売春婦の人身売買の実態、その原因、そして廃止の可能性についての講演を準備した。それは私の新しい方向をめざす強力な講演テーマとなり、また強烈な批判と論議を呼び起こした。この講演内容は『母なる大地』一月号に発表され、その後小冊子として出版された。

その後しばらくして、ベンと私は例年通りの講演旅行に出かけた。すると行った先々で、『母なる大地』の一月号がまだ届いていないという予約購読者の不満の声を聞かされた。サーシャにそのことを電報で知らせると、彼は郵政省に問い合わせ、かなりの部数がアンソニー・コムストックの申し立てによって保留されていると知らせてきた。私たちはついにコムストックの検閲の犠牲者の仲間入りをしたのかと喜ぶ半面、その思いがけない栄誉の理由を知りたいと思った。

何度目かの訪問で、サーシャはそのアメリカ人の道徳の番人である尊大な人物との面会にこぎつけた。コムストックは『母なる大地』が保留になっていたことは認めたが、それが彼の申し立てによってなされたことに関しては否定した。

彼はサーシャに言った。「この件は今や私の手中にある。その理由は売春婦の人身売買に関するゴールドマン女史の論文だ」。コムストックの要望で、サーシャは彼と地方検事の事務所へ行った。そこで道徳の守護聖人は何と秘密会議を二時間も開き、引き続き郵政省の首席検閲官と長々と相談していた。結局のところ検閲官は、その論文の中に異議を申し立てる箇所は何も見当たらないと言明した。翌日の『ニューヨークタイムズ』は、すべての事実をことごとく否定しているコムストックとのインタビュー記事を載せた。「それは自分の本に注意を引かせるためのエマ・ゴールドマンの陰謀」であり、その雑誌に対していかなる申し立てもしていないし、郵政省による保留の事実もないと彼は述べていた。だが最終的に一月号の郵送が解禁されるまでには、数多くの郵便局を回り、何度もワシントンに電報を打つなどの、サーシャによるさらに一週間の精力的な仕事が必要であった。

もしコムストックが自分の意向を前もって知らせてくれる寛大さを持ち合わせていたら、郵送保留になっていたこの号を私たちは五万部印刷していたであろう。実際に彼の妨害は私たちの出版物を宣伝してくれた。『母なる大地』を求める読者がとても増えたが、あいにく手元にはいつもの部数しか残っていなかった。

一九〇八年のシカゴでの自由言論闘争以来、初めて私はこの街に戻ることができた。警察はその時の私に対する処遇によって、アナキズムを宣伝してしまったことをおそらく気にかけているので、ベンに何も妨害されないだろうと現実的な判断を伝えた。その保証によって、私のマネージャーは彼の故郷で待ち受けている仕事への期待に燃えていた。彼は日程や演題について電報を打ち、講演の予定を組むことに全精力を注いだ。

私の人生においてシカゴは重要な意味を持っていた。私の精神的目覚めは一八八七年の殉教者たちに負っていた。それから十年後に、私はそこでマックスと出会った。彼の理解と心のこもった友情はその間絶えず私を励まし、支えとなっていた。一九〇一年にレオン・ツォルゴッツへの同情的態度ゆえに死に直面することになったのも、やはりシカゴであった。そして私とベンを引き合わせたのもシカゴではなかったか？　無責任にして妄想的というありとあらゆる欠点を持っているベン――私の人生において他の誰よりも精神的苦悩を与えていたし、私の仕事に対しては深い愛着と完全なる献身を示していた。私たちが一緒にいたのはまだわずか二年間でありながら、その間にも彼は幾度となく私の心をうかがっていたし、私の理性はいつもその不可解な男に反発していたが、私にとって片時も手放せない重要な存在になっていた。

ミシガン湖畔にあるこの街で、私は一八九二年から講演を続けてきたが、その可能性にようやく気づいたのは今回の訪問によってだった。十日間の間に私は英語で六回、イディッシュ語で三回の講演をしたが、そのいずれもが入場料を払い、しかも私たちの出版物をたくさん買い求めるという関心の高い、多数の聴衆を集めることができた。それは確かに注目すべき成果であり、まさにベンの努力のおかげで成し遂げられたのである。シカゴに根拠地を得たという私の満足感にはベンに対する誇りが入り混じっていた。その誇りとは、私の陣営でベンに敵対していた者たちが見に来て、彼の誠実さと組織能力を絶賛したことによっていた。少なくともこの街において、ベンは多くの同志たちの心をとらえ、彼らの協力と支持を勝ち得たのである。

ウイスコンシン州マディソンで新しい要素を見出す

合衆国中を旅行していると、社会の抱えている様々な問題に関して、大学のある街が最も無関心であることにいつも気づかされた。アメリカの大学生組織は自らが生活する土地の抱えている大きな問題を知らず、民衆に対する共感が欠如していた。それゆえに、ベンがウイスコンシン州マディソンに行こうと言った時も、私は乗り気ではなかった。

ウイスコンシン大学において私に大きな驚きであったのは、まったく新しい兆候を見出したことだった。そこには社会問題に真剣に取り組んでいる教授や学生がいて、さらに選びぬかれた本、新聞、雑誌を備えた図書館があった。ロス、コモンズ、ジャストローといった教授たちとその他の何人かは、アメリカの平均的教育者たちの中にあって、例外的であることがわかった。彼らは進歩的であり、世界の諸問題に敏感で、研究主題の解釈においても現代的だった。

ある学生グループが私たちをキャンパス内にあるＹＭＣＡホールでの講演に招いてくれた。ベンは教育と世論の喚起との関係について話し、私はロシアの知識階級が教育の中に見ているのは、単に出世の手段ではなく、人生や民衆の理解につながる何かであり、それゆえに彼らは民衆を教化し、支援できるのだと述べた。それらは聴く者にとって新鮮だったようだ。その一方で、アメリカの学生のほとんどは卒業証書にしか興味がなかったし、社会問題に関して、アメリカの大学人たちはほとんど何も知らず、何も気にかけていなかった。今回の講演の後には活発な討論が続けて行なわれ、学生たちは民衆と自分たちとの関係や、すべての富を生産している労働者たちに自らが負っているものをはっきりと認識したのだった。

ＹＭＣＡビルの理事たちは、このホールでこれ以上集会を続けることを拒否するしか妙案を思いつかなかった。当然のことながら、それは私たちの講演会の絶好の宣伝となり、街で確保した会場にも多くの学生がつめかけ、今までよりも熱心に私たちの話に耳を傾けてくれた。その後、私がこの街に来てから、アナキズムに関する本を借りる者が著しく増え、その数は図書館創設以来の貸し出し冊数を上回っていると、図書館司書から知らされた。

私がマディソンに出現したことでもたらされた刺激や、講演会に多くの人々がつめかけたことは、街の保守的な層にとって黙視できないことであった。彼らの代弁者である『民主主義者』は「アナキズムの精神と大学にはびこる革命の気運」に対して警鐘を鳴らした。その編集長は攻撃の対象としてロス教授を槍玉に挙げた。彼は私の世話人であり、学生たちに私の講演を聴くように勧め、自らも各講演に出席してくれた。その新聞はこの教授の免職騒ぎをもたらそうとしていた。幸いなことに、彼は私の訪れた後すぐに長年の計画であった中国旅行に出かけていて不在であった。『民主主義者』の怒号もまもなく消えうせ、ロス博士が東洋の旅から戻ってきた時には、もはや妨害もなく仕事に取りかかることができた。

「立派な」ボヘミアンたちとの出会い

私はオルレネフ座のマネージャーとして、よく社交的会合に出席していたが、情宣者としての立場から、常につまらないパーティには出ないように心がけてきた。しかし今になって、セントルイスの『ミラー』の優れた編集長であるウィリアム・マリオン・リーディのおかげで、社交的な昼食会やボヘミアン気取りの人々の夕食会に出るようになった。彼の物腰の柔らかい態度によって敵側に最も危険で禁制の人間を忍びこませることに成功したのだ。セントルイスの「すばらしい」人々との最初の昼食会で、そこでは水だけで、アルコールはほとんど出ていなかったにもかかわらず、私は多くの質問を浴びせられた。その会で活発な人物がビル・リーディで、あたかも彼は祈禱会における発泡酒のようだった。

二度目は「立派な」ボヘミアンたちの集まりである芸術家ギルドだった。彼らのボヘミアンぶりを見て、私はジャック・ロンドンが『どん底の人々』の中で描いている、ロンドンのイースト・エンドでの「偉業」のことを思い出した。それはいつでも宿に帰って、風呂に入り、シャツを着て、温かい夕食を取れるという充足した状態にありながら、パンをもらう列に並んだり、シャベルで石炭をすくう仕事を得るために何時間も待ったり、労役所に入ることを自ら志願したりすることだった。

大半の会員たちにとって、ボヘミアニズムは自分たちの人生の退屈さを紛らわすための一種の麻薬であるように思われた。もちろんそうでない人たちもいたし、彼らは人生においても芸術においても理想を求め、すべからく誠実で自由な個人の宿命とは闘いにしかないとわきまえていた。私は彼らに「人生における芸術」についての講演を行ない、なかんずく変化に富み、充足した人生はそれだけで芸術であり、しかも最高の芸術であると指摘した。人生の流動に身を寄せていない人間は、いかに巧みに夕日を描こうと、夜想曲を作曲しようとも、芸術家ではない。もちろんそれは芸術家が一定の信念を持ち、アナキストグループや社会主義者の集まりに加わるべきだという意味ではない。そうではなくて、喜びや美しさの欠落を宿命づけられている多くの大衆の悲しみを感じとらなければならないと、言っているのである。真の芸術家の着想は決してアトリエから生まれたのではない。偉大なる芸術は常に大衆の希望と夢に向けられ、彼らの魂を燃えたたせる火花として作用した。ニーチェが凡庸と呼んだ芸術もどきの「あまりにも多くの大量生産のもの」は、つまらない栄誉や社会的地位と同様に金で買うことのできる単なる商品にすぎないのだ。

演劇に関する私の講演は、その時演劇浄化運動が大臣や貞淑な婦人たちによって進められていただけに、特に時宜を得たものとなった。しかし最大規模の聴衆を集め、深い関心を呼び起こしたのは、フランシスコ・フェレルに関する講演だった。

満足に足る講演と交流

私は「社交界への乱入」よりも、ファウストの所でビル・リーディや、ベンとアイダのケープス夫妻といった楽しい仲間と時間を過ごすことに満足感を覚えていた。理論的にはビルと私の間には五千年の隔たりがあった。彼が私のことを文章にすると、ひたすら「夢見る娘」としてしか書かなかった。しかし実際には、セントルイスの『ミラー』の編集長はまごうかたなきアナキストだった。彼の視野の広さ、度量の大きさ、そしてあらゆる社会的反逆者への惜しみなき支援を考えると、私には非常に身近な存在であった。私たちには多くの共通する文学的趣味があり、彼の豊かなアイルランド人的ユーモアや機転のきいたおしゃべりで楽しい時を過ごした。

一九〇一年に警察へ出頭するためにシカゴへ行く前に、私がやはりファウストの所でカール・ノルドやその他の友人と過ごした晩のことを彼に話した。すると彼は叫んだ。「二百人もの刑事たちが君を追って国中をあちこち探し回っている時に、ここに座って食事を楽しんでいたのか！　ああ、何という女性だ！」。彼は驚きで目を丸くし、肥った腹を揺らして笑い、息を詰まらせてしまった。背中を何度かたたき、水を何杯か飲ませると、ビリーは正常の呼吸に戻ったが、その晩はずっと叫び続けていた。「ああ！　何という女性なんだ！」と。

ミシガン大学での騒動

ケープス夫妻との関係は、私たちの理想とそのための闘いという絆によって、ビルよりもさらに深い意味での親近感があった。私は以前から、大義に対する彼らの取り組み方とその必然性についての確固たる返答を聞いていた。かなり後になって、私はベンがいかにして社会的意識に目覚めたかを知った。彼は私に言った。「それはセントルイスでの君のある講演でだった。僕は君が神と人間の敵だと考え、君に腐った卵を投げつけてやろうと子供たちを何人も連れていったんだ。その晩の君の話は僕の心を深く感動させ、生き方をまったく変えさせてしまった。僕は嘲弄してやるつもりで行ったのに、君が僕の前に差し出した新しい世界観を信奉することになっていた」。それ以来、彼はこの世界観だけでなく、私たちの友情に対しても、一度もためらうことなく献身し、それは年を追うごとに強く、より見事になっていた。

ミシガン州立大学はウイスコンシン大学からわずか十時間の距離にあるが、精神においては五十年遅れていた。そこで寛大な心を持つ教授と熱心な学生の代わりに、会場の中で口笛を吹き、わめき、狂人のように振舞う五百人の騒々しい大学生を私は目の前にしていた。かつて気難しい人々を前にして講演したことがあった――彼らは船員、鉄鋼労働者、鉱夫、戦争後遺症の男たちなどであった。しかし彼らでさえも、この時明らかに集会をぶちこわすつもりで入ってきた荒っぽい一団と比べれば、寄宿学校の女生徒のようなものであった。私が会場に着く前に、私有財産の神聖を信じるこれらの人々によって、私たちのすべての著作物が破り捨てられてしまっていた。それらの行為の後で、演壇の上のカットグラスの花瓶に石炭のかけらを投げつけて面白がっていた。その場所には男たちが詰めていたが、私の横には一人だけ女性がいて、モード・トンプソン博士だった。彼女は気の毒にもドアの方に追いやられ、演壇に近づけなかった。どのようなことがあっても、私がこれらの若者たちの「騎士道精神」に訴えようとしなかったように、彼女もなす術がなかった。

私たちを親睦夕食会でもてなしてくれた数人の学生が私の身の安全を心配し始め、警察に連絡することを申し出た。だが事態はそこまで悪化しておらず、おそらくは仕組まれたものだと感じていた。私は彼らに立ち向かい、その結果に責任を持つつもりでいた。

私の演壇への登場は大きな声や鐘の音や足で床を踏みならす音によって迎えられた。そして叫び声が上がった。「ついに登場したぞ。アナキストの爆弾屋だ。それに自由恋愛主義者だ！　エマ！　お前の講演はこの街では禁止だ！　出て行け、出て行った方が身のためだぞ！」

このような事態に対処するのに苛立ちや忍耐のなさを示すべきではないとはっきり認識していた。耳をつんざくばかりに喧騒が続いている間、私は両手を組んで、そこにいる無作法な若者たちと対峙し、騒ぎが少しおさまってから発言した。「皆さん、あなた方が争いを望んでふざけているのはよくわかります。いいでしょう、そうさせてあげます。騒ぎを続けなさい。私はそれが終わるまで待ちましょう。」

一瞬唖然としたような沈黙に包まれた。それから彼らは再び騒ぎだした。私は両手を組み、意志の力をすべて凝視することに注ぎこんで、立ち続けていた。次第に叫び声はおさまり、そして誰かが言った。「よしわかった、エマ。君のアナキズムについて話を聞くことにしよう！」。他の人たちもこの提案に同調し、しばらくすると比較的静かになった。そこで私は話し始めた。

学生たちは静まり、自らを恥じる

何度か野次を飛ばされたが、私が一時間ほど話すと、まもなくその集まりは沈黙に覆われた。私は彼らに、その行為は権力とその教育制度の影響の最たる証明であると述べた。「あなたたちは権力によって作り出された産物なのです。あなたたちはどのようにして思想や言論の自由の意義を知ることができるのでしょうか？　どのようにすれば他者を敬い、周りにいる見知らぬ人に親切にしたり、もてなしたりする気持ちを持てるのでしょうか？　家庭でも学校でも、さらに政治機構においても、権力はこれらの資質を破壊しています。権力は人間を時代遅れのスローガンを繰り返すオウムに変えてしまいます。そしてついには自分で考えることも、社会の不正を感じることもできなくさせてしまう。だが私は若さというものの可能性を信じます。それに皆さんは若いのです。まさしく若いのです。若いということは幸いですし、あなたたちはまだ堕落していないし、感受性も強いのです。この午後に見事に見せつけてくれたあなたたちのエネルギーを、善用できるのです。あなたたちの同胞のために役立たせることができるのです。それなのにあなたたちは美しい花瓶を粉々にし、よりよき未来を夢見て、生き、働き、死んでいく男女の著述の営みを破壊することに無駄な労力を使い果たしてしまっているのです。」

私が話し終えるやいなや、彼らは大学のエールを叫びだした。後になって聞かされたことだが、このエールは私に向けられた最高の賛辞であった。その日の夕方近くになって、学生委員が仲間の行為を陳謝するために、また著作物と花瓶の代金とを支払うために、私のいるホテルへやってきた。彼らは言った。「あなたの勝ちです、エマ・ゴールドマンさん。僕たちはあなたによって恥を知ったのです。今度あなたが街に来られる時はまったく異なった歓迎をするつもりです。」

アン・アーバーでの思いもかけなかった興味深い出来事はこれだけではなかった。そこにはまた大学の講師であるウィリアム・ボーアム博士と、彼の夫人で、優しい気性のとてもすばらしい女性であるモード・トンプソン博士との出会いがあった。講演会の日に、ベンと私は二人から昼食会に招待された。私たちは「科学的社会主義」の信奉者であるボーアム博士と一時間ほど熱っぽい議論を闘わせた。その後の集会において、彼は私たちの理論的相違を忘れ、冷静な科学的認識にもまして同志的共感と関心に強く心を動かされ、私のために一肌脱ぐつもりでいた。

離婚した女性たち、率直な自由恋愛に眉をひそめる

バッファローで、私たちは市長の秘書に一風変わった個性を見出した。アメリカだけがそのような矛盾を生み出すことを可能にしていた。彼は急進的ではあるが、何かの信奉者というわけでもなかった。しかし同時にニューイングランドの良心によって束縛されてもいた。つまらない行為に自分の勢力を浪費しながら、大きな夢を夢想している男だった。政治家にして、日和見主義者で、世論を恐れてはいるものの、それを向こう見ずにも無視していた。彼が私の講演を市長に懇願することで、得るものは何もなかったが、逆に失うものは相当にあった。それでも彼は清教徒としての一徹さで、私の権利を擁護したのである。

警察署長は私の講演を阻止しようとしていた。秘書に繰り返し懇願された市長はそれを認めようとしなかった。これは優れた知性が官僚的狭量さに打ち勝った争いであった。

神の思し召しとは奇妙なものである。どういうわけか、この旅にはそれ以上の妨害はなかった。私たちは古い畑を耕し、新しい土地を切り開き、活動に味わいと彩りとを与えてくれる興味深い人々に出会

いながら、平穏に旅を続けた。

新聞がアナキストに対して公正な扱いをすることはこれまでありえなかった。ところがデンバーでとても驚いたのだが、三紙がコラムに私の講演の要約記事を載せたのである。地方新聞『タイムズ』の演劇批評家でさえも新たな発見を書いていた。「エマ・ゴールドマンは社会の敵として扱われているが、それは彼女がイプセンの『民衆の敵』の中のストックマン博士のように、我々の悪と欠点とを指摘しているからである。」

最低の法的条件で離婚が認められる都市として、リノは一定の階級の女性たちを魅きつけていた。彼女たちは、よくあることだが、別の男にさらに有利に自分自身を売るために、現在の夫から自由を買い取ろうとして群れをなしてやってきた。高潔さは軽んじられていた。旧来の習慣から脱して、新しい感情の経験に自己を適応させる中での、限りなき苦しみを伴う、自由な女性の心の痛みも精神の葛藤もなかった。世間の評判や自分自身の良心をなだめるための金があれば、容易に手に入れられる紙切れ一枚でことは済んでいた。それでもホテルに泊まっている離婚女性たちは、私たちの滞在に憤慨していた。彼女たちは言ったのだ。「何ですって、エマ・ゴールドマンが私たちと同じ屋根の下にいるの！　彼女は自由恋愛の擁護者よ！　そんな人と一緒なのは耐えられないわ」。気の毒なホテルのオーナーたちに何ができようか？　貧乏人たちと同様に離婚した女性たちはホテルの常客であり、利益をもたらす宿泊客であった。私はホテルを引き払うしかなかった。そうした状態から考えると、おかしなことではあるが、同じホテルに滞在できないと反対したまさにその女性たちが、「結婚の失敗」や「恋愛の意味」といった私の講演に多く詰めかけたのだった。

ジャック・ロンドンを訪ねる

私がギャンブルの世界を初めて垣間見たのは、リノにおいてであった。それまで私は公然と開かれている賭博場を見たことがなかったが、そこでは人々がルーレットのテーブルを取り囲んでいた。夢中になっている男女の表情や行為を見ることは面白かったし、私も「運」を試してみたが、五〇セントをすってしまい、幸運をものにする試みをあきらめた。

サンフランシスコで、私はジャック・ロンドンが近くに住んでいることを知った。一八九七年にカリフォルニアを初めて訪れた時、ストランスキー姉妹の家で他の若い社会主義者の学生たちと一緒に彼と会っていた。それ以来、私は彼の作品の大半を読んできたので、面識を新たにしたかった。それに他の理由もあった。つまりフェレル協会が近代学校をニューヨークに設立しようと計画していたからだった。私たちは幸運にも教育の仕事にとても意欲的な何人かの積極的な支援を取りつけていた。その中にローラ・リッジ、マニュエル・カムロフ、そしてローズとマリ・ユースターがいた。ジャック・ロンドンが私たちの計画に興味を持ってくれることを望んでいた。そこでフランシスコ・フェレルについての私の講演に出席していただけないかと、彼に手紙を書いた。

彼の返事は独特のもので、次のように書かれていた。「親愛なるエマ・ゴールドマン。あなたの便りを受け取りました。たとえ全能の神がそこで講演されても、私は集会には出席いたしません。私が集会に出席するのは自分が講演する時だけです。それよりも私たちは、あなたを『ここ』に招きたいのです。どなたかとご一緒に、グレン・エレンまで来ていただけませんか。」

このような好意にあふれる招待を誰が断れようか？　その時私と一緒にいたのは、ベンと私のかつての弁護士であったE・E・カークの二人だけだったが、もし私が一連隊を引き連れていっても、ジャックとチャーミアン・ロンドンは歓迎してくれたであろう。それほどに、この愛すべき二人のもてなしは温かく、心のこもったものであった。

『ケンプトン＝ウェイス書簡集』の中の唯物的で教条的な社会主義者と、本当のジャック・ロンドンにはどれほどの隔たりがあったことだろう！　実際の彼には若く豊かな、脈打つ生命があった。ここにいるのは、愛情を持って気遣ってくれるすばらしい同志であった。彼は私たちの訪問を愉快な休日にしようと大いに気を配ってくれた。もちろん私たちは政治に関する意見の相違について論じ合った。しかしジャックには憎悪というものがまったくなく、それは私が議論してきた社会主義者たちにしばしば見られたものだった。とはいっても、ジャック・ロンドンは何よりもまず芸術家であり、自由を人生の息吹きとしている創造的精神の持ち主であった。たとえ社会がアナキズムという高い次元に到達するとしても、その前に社会主義を通過しなければならないと彼が主張したにせよ、芸術家として彼がアナキズムの美しさを理解できないはずはなかった。いずれにしても、私にとって重要なのはジャック・ロンドンの政治的見解ではなく、彼の人間性とさらに人間の心の複雑さに対する洞察力と感受性であった。もし彼が自分の中に主人公の魂のもがきや破滅の一因となった要素を持っていなかったら、その見事な『マーティン・イーデン』を創造することはできなかったのではないだろうか？　したがってグレン・エレンを訪問した私に、意義と喜びとを与えてくれたのは唯物論者としての彼ではなく、このジャック・ロンドンであった。

ジャックの夫人のチャーミアンは妊娠中で優しくて愛らしく、とてもよくもてなしてくれた。彼女は子供の出産が迫っているにもかかわらず、よく動き元気であった——毎日の仕事にあまりに打ちこんでいるので、私は心配するほどだった。三日間の滞在で、チャーミアンは夕食を除いて、ほとんど休まな

生まれてくる赤ん坊の服を縫っていた。彼女は酒を飲んでいる間、冗談を言ったり、議論を交わしたり、私たちがとても朝早くから、かった。

ベンが私の活動を狭い殻から引き出す

これまで十五年間にわたって、私の講演は同志たちの支援によって営まれてきたし、彼らはいつも最善の助力を与えてくれた。しかし彼らの活動は広範なアメリカの大衆に行き届いていなかった。彼らの何人かはあまりにも自身の属する言語集団の活動にばかり専心し、英語を話す一般大衆に対して、進んで働きかけようとしてこなかった。そのため数年間は成果が上がらず、満足のいくものではなかった。今になってマネージャーにベンを迎えたことで、私の活動はそれまでの狭い殻から抜け出していた。今回の講演旅行で、私は二十五州を回り、三十七都市を訪れた。その中の多くはこれまでアナキズムが一度も論議されたことのなかった場所であった。私はあまりにも多くの聴衆に対して、百二十回の講演を行なった。聴衆の中で二万五千人が入場料を払い、さらに多数の貧しい学生や失業者に対しては無料であった。私の活動範囲が広がることで最も喜ばしかったのは、一万部の著作物が売れ、五千部を無料で配布したことだった。これらの様々な言論の自由闘争の場である私たちの集会において、それらの闘争資金の金までが募られたことは非常に注目すべきであった。また他の活動もおろそかにされることはなかった。新しく組織されたフランシスコ・フェレル協会や多くのストライキ闘争への私たちの呼びかけは、かなり具体的な反応をもたらしたのだった。

それにもかかわらず、私は同志たちの何人かから手厳しく非難された。彼らはアナキストである私がマネージャーを伴って旅行することはまったくの裏切り行為であるし、ましてそのマネージャーは同志でさえないし、元浮浪者の放浪癖のある男だと見なしていた。私たちの陣営にそのような派閥主義が見られるのは痛ましかったが、私は困惑しなかった。過去三年間、私はよく活動してきたし、アナキズムを以前より広範囲に知らしめたと確信することで気を取り直していた。そしてこの成果をもたらしたのは、ベンの手腕と献身のおかげであった。

◇第37章◇ 大逆事件への抗議活動とサーシャ『牢獄の回想』の完成

サーシャが再び悪夢に苦しむ

五月十八日はサーシャが復活した日であり、例年の講演旅行のために彼の釈放記念日をいつも一緒に過ごすわけにはいかなかったが、その日は私の心に深く刻まれていた。しかも精神的な意味において、私とサーシャは距離や時間によって切り離されることもなく、また彼の入獄期間を通じて、私が切望し、活動してきたその日を忘れられなかった。この年の五月十八日、彼からの電報を私はロサンジェルスで受け取った。それは私にとって大いなる喜びであった。というのは彼が牢獄生活の回想を執筆し始めると決心したという知らせであったからだ。私はこれまで何度となく回想録を書くように勧めてきた。もし彼が牢獄生活を紙の上に再現できれば、彼自身の生活の立て直しを阻んできた幻想を追い払う助けになると信じていたからだ。そして今、ついに彼は決意してくれたのだ。しかも二人の人生にとって最も意義深いその記念すべき日に。サーシャに仕事を休んでもらうためにただちに『母なる大地』の事務所に戻ること、そして残りの夏を彼の必要に応じられるようにすることを、折り返し知らせておいた。

私もまた講演を出版物にするために加筆修正をしなければならなかった。ベンがその話を持ち出したのであり、私の頭を少し混乱させたが、旅行中ずっとそのことを話し続けていた。そのための時間もなかったし、その上私の本を引き受けてくれる出版社にも心当たりがなかった。だがベンはすでに私の講演集が集会でのベストセラーになることを夢見ていた。彼の楽観主義と根気強さに動かされ、いつまでも拒否できなくなっていた。

これまでは旅行が終わると、ベンはいつも熱愛している母親と一緒にシカゴに残っていた。今回だけはサーシャの面倒を見たかったし、また私自身の執筆時間の確保のためにもベンにニューヨークに来てほしかった。しかし「放浪癖」は彼の気質であり、昔の放浪生活の時代と同様に、どうにもおさまらないものであった。『母なる大地』に負担をかけるよりは、自分で働いてヨーロッパに渡るつもりだと彼は言った。私たちはいつも夏の一時期は別々に暮らしてきたのだから、自分がシカゴにいようがロンドンにいようが、さしたる違いもないだろうと彼は主張した。

ベンが旅立ってまもなく、サーシャと私は小さな農場へ出かけた。そこは景色が美しく、静かで、私たちの気に入りの場所だった。彼はハドソン川を一望できるすばらしい眺めをもたらす小高い丘のひとつにテントを張った。私は家の片付けに取りかかり、その間にサーシャは執筆を始めた。

サーシャが一八九二年にピッツバーグに行ってしまってから、私は何度となく警察の家宅捜索を受けたが、彼が地下通信として出していた『監獄の花』の何部かはどうにか守り抜いていた。カール・ノルド、ヘンリー・バウアー、そして他の数人の友人も何部かを保持していた。それらはサーシャの執筆の手助けとなったが、生きながらの死者の家としてその牢獄でずっと過ごしてきた記憶に比べれば、ほとんど意味なきものだった。彼が体験したすべての恐怖、肉体と精神の苦悶、獄中の仲間たちの苦しみ、今これらのあらゆるものを自分の存在の深みから掘り出し、再生しなければならなかった。十四年間を通じて、彼に取りついていた黒い亡霊が、再び昼夜を問わずつきまとうようになった。

来る日も来る日も、机に向かったまま宙を凝視しているか、激怒にかられたように書いていた。彼はしばしば書いたものを破り捨てようとしたが、私は彼を墓穴から救い出すためにすべての歳月を通じて闘ってきたように、今度はその原稿を捨てさせないために必死に取り組んだ。それからサーシャが人間との接触を拒み、私からも逃れ、とりわけ執筆を始めてから再び息を吹き返した幽霊どもや彼自身からも逃れようとして、森の中に姿を消してしまうような日々がやってきたのである。私も彼の悩める魂をなだめるような適切な振舞いや言葉を見つけようとして苦しんだ。しかし私がこのような苦闘を毎日続けているのは決して彼に対する愛情のためだけではなく、書かれた第一章を見て、サーシャが現在、偉大な仕事の生みの苦しみの中にいることに気づいたからであった。その作品が完成するならば、私の払う代償など取るに足りないもののように思われた。

農場にいたある晩、私は転んで足を痛めた。私たちを訪ねてきていたある若い医者の友人が、その損傷を膝蓋骨骨折と診断したが、私はその夜に計画していた書き物を断念できなかった。膝に冷湿布を当てがい、足を吊るして、朝の六時まで仕事をした。数時間の睡眠を取った後、何の痛みも感じなかった。その日はニューヨークへ行かなければならなかったので、食べ物等の用意をするために忙しく過ごした。パンを焼き、私の特製の「ボストン」豆と砂糖漬け果物を作り、その上駅までの三・五マイルの道程を歩いていった。そして汽車に乗ろうとした時、膝がとてもおかしいのに気づいた。その夜は耐えがたい痛みに苦しみ、朝になると外科医を呼ばなければならなかった。医者は膝蓋骨骨折という友人が下した診断を確認して、私に手術を勧めた。他の二人の医者の友人も彼の意見に賛成で、聖フランシス病院を推薦してくれた。

膝を負傷する

友人の一人が言った。「その病院にはスチュアート医師という有名な外科医がいる。彼ならうまく手術してくれるだろう」

私は叫んだ。「スチュアート医師ですって！　マッキンレーを治療したと言われている人ではないの？」

友人は答えた。「まさしく彼だよ。」

私は言った。「奇遇だわ。私を誰だかわかっても彼は治療を承諾するかしら？」

友人は保証した。「もちろんだよ。それにあなたはカーシュナーと名乗ってもかまわない。」

レントゲン写真を撮った後で、スチュアート医師がやってきて、おまけに膝の骨まで折れていると言った。

彼は尋ねた。「しかしどうして靭帯が引き裂けてしまったのだろうね？」。一日中歩き回っていたのだと私が言うと、彼はどうしようもないという仕草をした。しかし彼は手術するつもりはないと私に告げた。

「手術をしたからといって膝は元に戻りませんよ。あなたには時間をかけた対症的な治療法をとるつもりです。時間も忍耐もいりますが、結局は一番いい方法なんですよ」。彼は意味ありげに目を輝かせて言った。私は考えた。「よし、それならその対症療法というのが私に効き目があるか確かめてみよう。」

それは一人のアナキストにとって苦しい丸薬を呑みこむに等しいものだったが、女性の虚栄心が膝が曲がらなくなることに抵抗を示したので、「対症治療法」に同意した。私はアパートに連れ戻され、数週間ギプス包帯と副木をして引きこもっていた。その間サーシャの執筆は中断され、自分の本の件も延期になってしまい、その方が膝の痛みより耐え難く辛かった。私の負傷を聞きつけて、ベンが海外での滞在を早めに切り上げて、ニューヨークに戻ってきた。彼がいることで気も休まり、慰めともなり、床に就いていることがうれしく思えさえした。

それから一週間して、私は農場へ戻った。松葉杖ではね回り、五人分の軽い家事をこなし、毎日の夕べをサーシャと過ごし、夜は本の仕事に戻った。その本は二ヵ月で完成したが、予測通り私の原稿を引き受けてくれる出版社はなかった。ベンは自費出版しようとしきりに勧めた。印刷屋は代金後払いで喜んで引き受けてくれたが、しかし他の制作資金はどうすればよいのだろうか？　私の楽天的なマネージャーは言った。「借りればいいのさ。次の旅行で、全部の費用が払い切れるぐらい売ればいいのだ。」

アナキストたちに対する不当な栄光

ベンは『母なる大地』事務所の仕事と私の本の出版に精力を注いでくれたので、私はオシニング農場に再び戻った。そこではサーシャが依然として回想録の執筆をしていた。気候が許す限り、そこにとどまるつもりだったが、予期せぬ出来事のために、すぐに計画を変更せざるをえなくなった。ロサンジェルスの『タイムズ』のビルの爆発と、さらに日本のアナキストのグループに危機が差し迫っているというニュースが入ってきたからである。両方の事件とも、私たちからの緊急の、しかも集中的活動を必要としていた。そして私たちは十月の初めにニューヨークへ急いで戻ったのだった。

ロサンジェルスの『タイムズ』のオーナーであるハリソン・グレイ・オーティスを会長とする、ロサンジェルス商業製造業者協会は、数年来、太平洋岸を舞台に組織労働者に対し容赦ない攻撃を仕掛け続けてきた。彼らの敵対行動はロサンジェルスの労働者のあらゆる組織化の企てを妨害し、そのことで労働者の待遇改善を妨げてきていた。その結果として、オーティスと彼の新聞はカリフォルニアの労働者の一部から非常に憎まれていた。

十月一日の夜、『タイムズ』のビルで二十二名の従業員を巻き添えにして爆発の炎が上がった。オーティスは「アナーキー！」の悲鳴を上げ、新聞も国も、そして教会も、労働者に味方するあらゆる人間に対して結束して攻撃を仕掛けた。とりわけ多くの伝道者が最も激しく復讐を渇望していた。『タイムズ』の爆発の原因が確定される前から、アナキストたちがすでに責任を負わされていた。私たちは敵の挑戦を受けて立ち、アナキズムだけではなく組織労働者も危険にさらされているのだと労働者たちに警告した。その時、私たちはこの仕事が最も重要であると感じていたので、他のすべての事柄は二の次としなければならなかった。そのためにサーシャは回想録を書き続ける機会を失ってしまった。

同じ時期に、天皇の命を狙う陰謀を企てたとして、多数のアナキストが逮捕されたというニュースが日本から届いた。そのグループの中で際立った人物は幸徳伝次郎（秋水）であった。明るい色彩で日本を描いたラフカディオ・ハーンやピエール・ロティやゴーチェ嬢のようなヨーロッパ人作家よりも、彼は自分の国についてよく知っていた。幸徳は奴隷のように働く労働者の悲惨な状態や政治体制の暴虐を個人的に経験してきた。数年来、彼は状況が求めているものを日本の知識階級や大衆に目覚めさせることに献身してきた。彼は優れた知性の持ち主であり、有能な著述家で、カール・マルクスやレフ・トルストイ、ピョートル・クロポトキンの著作の翻訳者でもあった。リエン・スン・ソーやホー・チン女史と協力して、東京帝国大学で日本人や中国人の学生にアナキズムを情宣してきた。政府は彼を政治的活動を理由に繰り返し入獄させたが、私たちの同志の熱意を挫くことはできなかった。官憲はついに天皇に対する陰謀に関係したとして、彼を「抹殺」することに決めたのだ。

日本人同志を救うキャンペーンを張る

十一月十日、ＡＰ通信社のニュースが配信された。「天皇暗殺を企てた者たちを裁くための特別法廷は、首謀者の幸徳と彼の妻管野すがを含む二十六名を有罪とする決定を下した。法廷は憲法七十三条に規定されている、天皇家の一族に対する陰謀を企てた者は死刑という、最も厳しい刑罰を下した。」

日本の死刑執行人の手を止めるにしても、時間の猶予はなかった。自由言論連盟の会長にして友人であるレオナード・D・アボットの助けを借りて、私たちはすぐに国民的広がりを持つような抗議を起こした。手紙や電報がワシントンの日本大使やニューヨークの総領事、アメリカの各新聞社のもとに送り届けられた。社会的著名人で構成されている委員会が、アメリカ在住の日本を代表するような人々に会見したりもした。アメリカの大抗議行動は明らかに天皇主義者たちの気に入らなかったらしく、彼らは死刑囚たちの人格を悪しざまにこきおろし、何とか私たちの委員会を説きふせ、運動を断念させようとした。だがそれに応じて、私たちは反対運動をさらに強化し、私的な会合や社会的な集会を開き、新聞記者たちを質問攻めにした。その他にも、日本で犯されようとしている法の犯罪に対して、世論を喚起させるために、不撓不屈で活動した。

多くの友人たちがこのキャンペーンに参加してくれたが、その中にサダキチ・ハートマンがいて、彼は詩人、作家、画家でもあり、またホイットマンやポーの詩や物語の、すばらしい朗読家であった。私は一八九四年に初めて会っていたが、その後で彼は私たちの雑誌の定期寄稿者になってくれた。彼自身日本人の血を引いていることもあり、日本の内情や幸徳の事件についてもよく知っていた。私たちの依頼に応じて、彼は死刑を宣告された同志のために広く訴える力強い声明文を書いてくれた。

一九一一年の一月、ベンと私は再び例年の講演旅行へ旅立った。旅に出る前に、私の講演選集『アナキズムとその他の試論』が出版された。その本にはヒポリット・ハベルによる著者の略伝も掲載され、私の社会的経歴の中で最も重要な事柄も含まれていた。この書物に収められた講演のいくつかは、再三、警察により禁止されたものだったし、いざそれらを伝えることができる時になっても、やはり不安と苦労につきまとわれていた。それらの講演は二十年間の精神的な苦闘を示すものであり、また深い思索と成長の後に到達した様々な結論でもあった。この本を執筆するように励ましてくれたのはベンであったが、修正や構成に至るまでの主な支援をしてくれたのはサーシャだった。活字になった私の最初の労作を見て、私たちのどちらにその喜びが大きいかは、いわく言い難かった。

フェレルセンターの開校式に出席する

旅行に発つ前に、私はニューヨークの聖マルク広場に建てられたフランシスコ・フェレルセンターの落成式に出席することができた。それはレオナード・D・アボット、ハリー・ケリーやサーシャ、そしてその他の友人たちの努力によって設立されたものであった。そこでフェレル協会は日曜と夜間の学校を始めた。この慎ましやかなスタートから、やがては近代学校へと育ってほしいと望むための用意も整っていた。この落成式に対する私の大きな満足は、センター設立の基金集めに寄与したということだけでなく、ベイヤード・ボイセンを学校の講師兼書記に迎えることができたことにあった。

ボイセンはコロンビア大学の英文学および比較文学部の教授であったが、フランシスコ・フェレルの殉教に深く感動し、二度目の顕彰集会で議長を務めていた。それをコロンビア大学の学長に咎められ、大学での職を辞したのである。そして彼はフェレル協会への入会と近代学校の書記の職を勧められ、引き受けた。彼がこの立場で期待できるものは給料でも栄光でもなかった。教育という冒険的事業の企てに対する彼の関心が、他のどんな考慮をも脇に追いやってしまったのだ。

オハイオ州のコロンバスに到着するまで、講演旅行は取り立てて言うほどの重大な事件は起こらなかったが、そこで私たちは言論を抑圧されたため、自由な発言のために闘いを始めなければならなかった。

鉱山労働者連盟定期大会がたまたまその時、そこで開催されていた。戦闘的な分子たちが警察の行為に怒りを示していた。彼らは警察の干渉と、私の会議での演説という動議を投票で否決してしまった代表者に対する抗議として、会場でデモを行なったのだ。その結果、会議の代表者たちから私宛に「招待状」がもたらされた。その興味深い文書は次の通りである。

自立的鉱山労働者の集会での講演

拝啓
我々の大会の決定に従い、明日一月十九日午後一時、記念堂で開会中のアメリカ鉱山労働者連盟の代議員たちへの講演を、ここに心から要請するものです。
我々の大会のこの決定については、代議員たちへの講演の前に郡長官から許可を得る必要があり、そうでなければ許可できないとの通知が記念堂の管理人よりありました。ライトマン氏を通じて郡長官とこの件について相談し、郡長官の許可なくして演説を引き受けることに対する面倒な問題や好ましからざる問題を避けるべきだと私は考えております。
しかしながら、我々の大会に関する限りは何の反対もありえないことを保証します。

敬具
アメリカ鉱山労働者連盟・財務主事
エドウィン・ペリー

追伸
明日の朝の記念堂におけるあなたの講演について、郡長官はいかなる状況下でも許可しないとの通達が今管理人によりもたらされました。

私たちの陣営の鉱夫仲間は、私の講演の禁止という奸計を知らされると、すでに確保されている集会場まで行進することを満場一致で決定した。しかし最初は大会が開かれていた記念堂へ行くつもりであった。それから予期せぬことが起こった。記念堂の管理人が私ばかりでなく、すべての代議員に対しても入口を閉じてしまった。私の講演に反対する者でさえ、今や憤慨し、会場への行進に加わった。私は雄弁なE・S・マククローフ代議員によって紹介され、聴衆に熱狂的に迎えられた。そうした状況において最も喜ばしい側面は、代議員たちの労働者による最も効果的な武器としてのゼネストの必要性に対する真摯な反応であった。

私たちはデトロイトで、日本の同志の死刑という最悪のニュースを受け取った。幸徳伝次郎と彼の妻管野すが、アメリカで教育を受けた医師の大石誠之助博士、農業技術者の森近運平、そして彼らの協力者が合法的に暗殺されたのだ。彼らの罪はシカゴの犠牲者のように同胞愛と理想への献身であった。幸徳伝次郎は死ぬ間際に叫んだ。「アナーキーよ永遠なれ！」

彼の仲間も死に際して答えた。「アナキズム万歳！」と。管野すがは絶叫した。「私は自由のために生き、自由のために死ぬ。なぜならば自由が私の命であるからだ」。東洋は西洋と出会ったのだ、同じ血の絆で結ばれることによって。

とても興味深い人々に出会う

この年ウィリアム・マリオン・リーディの尽力によって、セントルイスにおける成果は以前よりもさらに大きなものになった。彼と彼の友人であるダンス学校の校長アリス・マーチンの支援で、私はオディオン・リサイタルホールで講演することになった。「幸徳秋水」と「道徳の犠牲者たち」という論題はアナキストの集会に決して近寄ろうとしなかった多くの人々を引きつけた。「トルストイ」と「ゴールズワージーの正義」に関する婦人水曜クラブでの講演は、セントルイス社交界の女性たちの上品な趣味に対してかなり強烈な影響を与えた。

今回の訪問でロジャー・ボールドウィン、ロバート・マイナー、そしてゾー・アーキンスと知り合いになった。ボールドウィンはある大きなホテルで昼食会を催すにあたって手助けをしてくれ、私はそこで社会福祉家や社会改良者のグループに会った。彼はまた二つの演劇についての講演のために、婦人水曜クラブを確保する力添えをしてくれた。特に活力にあふれているというのではなかったが、とても好感の持てる人物で、どちらかといえば女性たちに囲まれた社交界の名士であり、彼女たちの関心は彼の社会改善運動の活動よりも、明らかにこの魅力的な若者に向けられていた。

ロバート・マイナーは才能ある風刺画家であったが、芸術家、社会主義者として、さらに有能で興味深い人物であるという印象を与えた。

異国的で快活なゾー・アーキンスは一風変わったアメリカ人であり、極度に保守的な家族、つまりあまりにも度が過ぎる反動性からの幼き頃の影響の束縛を断ち切って、人生の自由な表現を見出そうとしていた。私のホテルにしばしば訪ねてきて、ボヘミアンの友人たちとともに過ごすために品行方正な家族たちをあざむいた術策を面白く再現して楽しませてくれた。

私はウイスコンシン州のマディソンに戻った時、ロス教授や他の教師たちが以前よりも「無謀」でないことに気づいた。その原因は疑いもなく、州議会にかかっている大学への歳出予算案であった。たとえこの考えを好まないとしても、教授たちもやはりプロレタリアートである。確かに知的プロレタリアートではあるが、普通の機構よりもさらに雇用主に依存している。州立大学は州政府からの予算なしでは運営できない。それゆえに教職員の側に慎重さが不可欠である。しかし学生は躊躇しなかった。前年よりもさらに多くの学生が集まっていた。

活気のないカンザス州で輝く場所を見つける

マサチューセッツ州と同様に、カンザス州も過去の栄光にひたって生きていた。この土地は奴隷解放の大義に殉じたジョン・ブラウンを輩出したのではなかったか？　モーゼス・ハーマンの謀反の声はそこで鳴り響いたのではなかったのか？　この土地はまた自由思想の本拠地ではなかったか？　どのような進歩への歴史的業績がかつてあったにしても、今やカンザス州はその痕跡すらうかがえなかった。明らかに教会と禁酒法が自由主義を埋葬する最後の儀式を担っていた。思想への関心の欠如、そして気取りや自己陶酔がカンザス州の多くの都市の特質になっていた。

その例外はローレンスという大学所在地であった。他のすべてにおいて活気のない街に生気を吹きこんでいたのは、主として進歩的学生のグループであった。彼らの間で最も活動的だったのはハリー・ケンプであり、法学徒の組織である良き政府クラブを説伏して、危険なアナキストによる「法はなぜ失敗するか」というテーマの講演を企画した。私の講演内容は彼らにとって先例のない経験となった。ある者は特有の傲慢さで私の見解に意義を唱え、認めようとしなかった。またある者はこれまで完全であると見なしていた体系に欠点があることを教えられたと告白した。

集会には多くの教職員や学生が参加していた。「道徳の犠牲者たち」と題した私の講演は騒然とした状態で終わった。その講演の中で、男性は彼ら自身の性的習慣において、たとえどんなにだらしがなくとも、結婚する女性には「純潔」や貞淑を常に主張すると私は指摘した。その討論中に、聴衆の中の一人の男性が抗議のために立ち上がって、自身のことを述べた。「私は四十歳です。そして私はずっとこれまで純潔を貫いてきました」。彼は病んでいるように見え、あまりにも明らかに情緒的に不安定であった。私は答えた。「医者に診てもらうことをお勧めします」と。するとたちまちその会場は大騒ぎになった。その騒ぎの原因を集会の後になって初めて知った。ハリー・ケンプが教えてくれたことによれば、私の有徳なる反論者は植物学の教授で、植物の生命に関する講義では常にとても率直であるが、人間の性の問題には極端に頑迷固陋となるからであった。その気の毒な人が大学の教職員であることをわかっていたら、私はあれほど強烈な返答はしなかったであろうと思った。気取り屋は嫌いであったが、その清教徒の教授に対して若気の至りで攻撃したことを後悔していた。

メキシコの社会的緊張

カリフォルニア州が異議申し立てのために騒然としていた。メキシコ革命とマクナマラ兄弟二人の逮捕が太平洋沿岸の労働者を大いに奮起させていた。独裁者ディアズの強権的な政府、そしてアメリカと自国の両資本によるメキシコ人からの無情な搾取が、メキシコ自由党議会の議員であるリカルド・フローレ・マゴンと彼の弟エンリコによって暴かれた。彼らの主張はカルロ・デ・フォルナロの著書『メキシコの独裁者ディアズ』の中で充分に証明されていた。著名なニューヨークの芸術家であるフォルナロは名誉毀損罪で逮捕され、一年間の投獄を宣告された。このことはアメリカ合衆国がメキシコにおけるアメリカ石油資本の従者であることを示していた。またジョン・ケネス・ターナーによる別の著作『野蛮なメキシコ』も、支援もなく借金のために奴隷のように働いている人々からの合法的略奪を厳しく非難し、彼らの奴隷状態においてアメリカが果たしている卑劣な役割を譴責していた。

メキシコでの革命は、自分たちの国における多くの経済的政治的不正に目覚めた民衆の表現だったのだ。その闘争はアメリカの多数の戦闘的な労働者を奮い立たせた。その中には多くのアナキストやI・W・W（世界産業労働者組合）の組合員がいて、国境を越えてメキシコの同志を支援していた。プロレタリアートと同様に知識人も含めて、メキシコ革命の背後にある精神を吹きこまれていた。

その雰囲気を強めたもうひとつの要素は、労働者を鎮圧する新しい策謀であった。前年（一九一〇年十月）のタイムズ社のビル爆破事件以来、カリフォルニアの経営者たちの利害に基づくまぎれもない人間狩りが、ウィリアム・J・バーンズの私立探偵社によって続けられていた。鉄橋・鉄骨労働者国際同盟の財務主事であるジョン・J・マクナマラは誘拐されて、カリフォルニアに連れ戻された。彼はロサンジェルスのタイムズ社爆破と他のダイナマイト爆破行為の容疑で逮捕された。同時に彼の兄弟J・B・マクナマラと、オティエ・マクマニガルとして知られている男もまた逮捕された。

新聞によってアナキストとして告発されていたが、実際にはマクナマラ兄弟は善良なカソリック教徒であり、保守的なアメリカ労働総同盟の組合員であった。おそらく彼らこそが、アナーキーなる非難に対してまず最初に反発したであろう。というのも彼らは私たちの思想について何も知らなかったし、労働者の闘いとの関係に目覚めていなかった。単なる労働者組合主義者であるマクナマラ兄弟は、資本家と労働者間の衝突が生活を含む社会問題であり、そしてその解決が、単により高い賃金とか労働時間短縮というような問題にあるのではないということを理解していなかったのだ。つまり彼らはその問題が賃金制度の廃止、あらゆる独占と特権の廃止を含んでいることを知らなかったのだ。マクナマラ兄弟はアナキストではなかったが、搾取される階級に属してもいたので、私たちは彼らの味方をしていたし、その迫害の中に組織労働者を押し潰す富豪階級のもうひとつの策謀を見たのである。私たちにしてみれば、彼らの事件は一八八七年シカゴ、そして一九〇六年アイダホでの陰謀の再現であった。それはいたる所で起きていた富と権力による同一の政策であった――スペイン、イタリア、ロシア、そしてアメリカ合衆国でも同様だった。マクナマラ兄弟は私たちの同胞であり、彼らの主張を支援した。この見地から、合衆国全体のアナキストはロサンジェルス州刑務所で判決を待っている同胞の支援に駆けつけていた。

これらの事件によって引き起こされた強烈な感情は、その捌け口を太平洋岸での私の集会に見出した。そのために集会には多くの人々が参加した。私は討論に参加するほかに、ロサンジェルスで十一回、サンディエゴで二回、フレスノで二回、そしてサンフランシスコで八回の講演を行なった。ピューゲット・サウンドでも同様の反応が示された。ポートランド、シアトル、そしてスポーケンでも多くの聴衆を集めた。

アイダホ刑務所を訪ねる

ボイス市でのヘイウッド、モイヤー、そしてペティボーンの公判以来、私はそこへ行くことを望んでいたが、訪れる機会が今までなかった。今度の旅行で、ボイスまで四百マイルの所に来ていたが、それでもわずかな距離とは言えなかった。だがベンのような老練な放浪者や私のようなさまよえるユダヤ人にとって、四百マイルが何であろうか？　しかしながらその街では集会を手伝ってくれる人を誰も知らなかった。私の有能なマネージャーは以前にも処女地を開拓したことがあり、再びそれを試みるつもりでいた。ベンに続いてその二十四時間後にボイスに到着すると、日曜日の二回の講演のあらゆる準備が整えられていた。安息日に入場料を課すことを禁じる警察条例があったが、ボイスの人々はその条例を免れる方法を知っていた。その会場の女主人はベンに教えてくれたのだ。「あなたは単に入場料に相当する印刷物をみんなに提供するだけです。わかりましたか？」

翌日私たちはヘイウッド、モイヤー、それにペティボーンが投獄されていたアイダホ刑務所に車で出かけた。あの時から、もう一人の立役者がそこにいた。スパイのハリー・オーチャードだった。彼は警察の手先で、自分の仲間を罠にかける手助けをしてきたのであり、彼自身がそこに捕らえられることになったのはまったく天罰のように思えた。殺人十八件という自ら認める無法者であった。州は労働者のリーダーたちを何としても絞首刑にしようとして、彼の証言を利用し、その報酬として彼は延命してきたのであった。もし当局に、あえて広範な憤りに対処するだけの覚悟があったなら、疑う余地なく彼はまったく自由の身になっていただろう。カリフォルニア州がマクナマラ兄弟を殺害するためにスパイのオティエ・マクマニガルを使って準備していた新たな犯罪との重要な類似性について考えざるをえなかった。

ハリー・オーチャードは首が太くて、血色が悪く、落ち着かない目つきをした男であった。私たちは「模範」囚で「敬虔で信心深い」と聞かされていた。彼は自分にとって何が得なのかを心得ていたし、それは仲間を裏切ることだった。私はまるで何か忌まわしいものが近くを這っているような感じを受け、刑務所の中で彼と同じ空気を吸っていることに耐えられなかった。私にとって人間の最悪の非道な行為とは常に、密告者やスパイであることだった。

私がロシア皇帝に買収される

今度の旅行の最も興味深い点は警察の妨害がなかったことだ。私の社会的運動において自由に言葉を伝えられたのは初めてのことだった。これからもずっと妨害されないとは思ってもいなかったので、私はこの珍しい経験を楽しみ、そしてうまく利用した。

ニューヨークに戻ってみると、今度は当局からではなく、社会主義者の出版物によって意地悪な攻撃がなされているのを知った。何と私がロシアの皇帝に雇われているという疑いにさらされていたのだ！この驚くべき暴露記事はイギリスの社会民主党の機関紙『ロンドン・ジャスティス』の一九一一年五月十三日号に掲載されたのだ。

かの悪名高いエマ・ゴールドマンは最近ミルウォーキーの社会主義者たちを攻撃している。彼女によれば、彼らはいかなる革命目標も持たない、つまらない政治家たちである――まさしく「日和見主義者」が我々について言うようなものだ。これまでエマ・ゴールドマンはかなり長い年月アメリカ国内できわめて自由に振舞ってきたが、ある人々はこの女性扇動家がどうしてかくも長きにわたって、またそれほどとがめられずに暴力の情宣に携わってこれたのかを疑問に思っている。それもそのはずで、エマ・ゴールドマンは一般的に知られていなかったが、警察に雇われていたのであり、この事実は最近になって判明したのだ。かつて彼女は工作員兼スパイとしてサンフランシスコにあるロシア秘密警察のA・E・オラロフスキーに雇われていた。我々が九割の確信を持って言えるのは、弁舌のみで人を殺し、騒動が起こると姿を消し、彼らの仲間が逮捕されているにもかかわらず、まことに不思議なことにうまく逃れている、あの「有名」なアナキストたちと同じだということである。

私は最初、このとんでもない中傷に気分を悪くしていた。しかしまた私よりはるかに偉大な人物であり、アナキズムの父とも言えるミハエル・バクーニンにも同様の口汚ない非難が浴びせられたことを思い出していた。バクーニンを迫害したのは、フリードリヒ・エンゲルスとカール・マルクスであった。あの時以来、つまり社会主義の創始者たちがデマによる方法で第一インターナショナルを分裂させた時以来、どの国の社会主義者も同じような戦術を用いてきた。私は有名な同志と同じような運命にさらされて虚栄心をくすぐられたし、そのような中傷に答えれば自尊心を傷つけるだけだと考えていたが、同時にそのひどい話の出所を突き止めるべく努力を払うつもりでいた。

デマを否定する

まともな人間であれば、私にそのような裏切り行為ができるなどと信じるはずもなかったし、とんでもない話であることはわかりきっていた。イギリスとアメリカの友人たちが厳重に抗議した。労働組織のメンバーたちは決議という形式で、組合を通じて抗議した。イギリスでは『ジャスティス』の編集長に証拠を要求したが、どのような証拠も出てこなかった。ニューヨークにあるフランシスコ・フェレルセンターの創立記念夕食会で、老社会主義者のモーゼス・オッペンハイム、そして私の友人のハリー・ケリーとレオナード・D・アボットがその卑劣な捏造の責任者に考慮するように求めた。それに続いて、労働運動や芸術、文学の世界の著名な多数の男女の署名した手紙が届けられた。

『ジャスティス』編集長殿
イギリス・ロンドン

私たちは貴誌五月十一日号の「アナキスト工作員」と題した記事に対して声明を発します。

「エマ・ゴールドマンは一般的に知られていなかったが、警察に雇われていたのであり、この事実は最近になって判明したのだ。かつて彼女は工作員兼スパイとしてサンフランシスコにあるロシア秘密警察のA・E・オラロフスキーに雇われていた」。私たちはこの極めて悪質な中傷に対し、断固抗議するためペンを執ります。なぜアメリカの急進的運動の最も献身的かつ愛されている代表者の一人に対して、まったく根も葉もない中傷記事を書き、貴誌の欄に泥を塗るのか、理解の枠を超えます。

エマ・ゴールドマンはアナキスト運動に人生の最良の年月をかけてきたのです。彼女が潔白であることは疑う余地もありません。それゆえに今回の非難には真実のかけらもないのです。

その抗議文は社会主義者の新聞や自由主義的な新聞で広く伝えられたが、『ジャスティス』の編集長からは何の撤回もなかった。

その時イギリスにいた友人のローズ・ストランスキーはその男に会おうと試みたが、なぜかどこにも見つけることができなかった。彼女はイギリス社会民主党の党首であるH・H・ハイドマンにその件を具申した。彼は編集長ハリー・クエルチに、非難の証拠を示すように強く求めた。ハイドマンは約束したにもかかわらず、それを果たすことはなかった。

法を守ることに忠実なイギリスの臣民として、クエルチは自国の文書誹毀罪を承知していた。私にしてみれば、悪質な中傷をしたとして彼を告訴するのは容易なことだった。そうすれば彼はどうあっても証拠を示さねばならず、また損害賠償をし、おそらく刑務所に入ることになったであろう。しかし私はアナキストの見解にこだわっていたので、誰に対しても法的争いに巻きこむことを拒否した。彼の卑劣な行為がいかに重大であっても、それは問題ではなかった。クエルチは明らかにそのことを察知していたし、私も彼を撤回させる他の方法を有していなかった。けれども私のためになされた抗議はひとつの成果を上げ、彼は沈黙するしかなかった。新聞でも演壇でも、彼は二度と私の名前に言及しなかった。

しばらく後になって、別の容疑が私にかけられ、今度は探偵のウィリアム・J・バーンズによるものだった。新聞のインタビューで彼は宣言したのだ。「エマ・ゴールドマンは殺人者マクナマラ兄弟を弁護するようにと労働者を駆りたてている」と。私は労働者を駆りたてているのではなく、スパイによって支援されている「正義」のための死の一撃と、探偵によって維持されている政府からの解放を呼びかけているのだと新聞に声明を発した。それはロンドンのマルクス信奉者たちへの注釈であり、アメリカの探偵が彼らよりもエマ・ゴールドマンについての情報を集めていることを知らしめた。

サーシャが獄中記を完成する

夏の間にサーシャと私は再びハドソン川の別荘に出かけ、彼は本をまとめる仕事をした。幸いにも私は何も書く必要がなかったし、もはや松葉杖に頼ることもなかった。サーシャのために時間を注ぎ、その面倒を見て、仕事がはかどるように励ましていた。彼とともに私は牢獄の歳月の苦しみを通じて生きてきたし、今や彼の精神の混乱が私の心に反響していた。

夏の終わりに彼の『牢獄の回想』は完成した。それは深い感銘を与えるドキュメントであり、囚人心理学の輝かしい研究であった。サーシャが磔刑の地から、言葉の中に音楽を奏でるともいえるたぐい稀な才能を携えて出現したのを見て、私は不思議な思いに満たされていた。

私は叫んだ。「今からニューヨークに行って、出版者に会うのよ！　きっと多くの人々があなたの本の劇的な訴求力を評価するだろうし、あなたが体験してきたこれらの事柄に理解と共感を示してくれるわ。」

サーシャの本の出版を試みる

私たちは急いで街に戻り、出版者たちを訪問し始めた。いくつかの保守的な出版社は著者の名前を聞くやいなや、原稿を読むことさえ拒否した。大出版社の代表者は声を大にして叫んだ。「アレクサンダー・バークマン、フリックを撃った男じゃないか！　だめだ、わが社では出版できない」。私は主張した。「これは生々しい文学作品なのよ。そのことにも、牢獄や犯罪に関する彼の記述にも関心がないのですか？」。彼はそのような本を求めているが、著者の名前のことを考えるとリスクがあって出版できないのだと言った。

何人かの出版者はアレクサンダー・バークマンではなく匿名を使ったらどうかと提案した。私はその提案に腹を立て、『牢獄の回想』は個人史であり、長年にわたる苦しみと痛みの所産なのだと指摘した。それは彼の肉体と血そのものに関係しているし、書き手としての自己存在の隠蔽を望むであろうか？

私は何人かの「進歩的」な出版者を訪ね、彼らから原稿を読むとの約束を得た。何週間も心配して待っていたが、ようやく出版してもよいという知らせがいくつか届き、それらを読んで熱い思いを覚えた。その一通には次のように書かれていた。「これは注目すべき著作である。だがバークマン氏はアナキスト陣営から離脱したのか？」。別の手紙は牢獄でのホモセクシャルに関する章は削除すべきだと主張していた。三通目は他の章の修正を提案していた。このようにして数ヵ月が過ぎ、私は文学的にも人間的にも判断のできる誰かが原稿を認めてくれるだろうという望みにすがっていた。それに依然として、ドストエフスキーがツァーのロシアにおいて見出したことを、私たちはアメリカで発見したのだと信じていた——気骨ある出版者によって、『死の家の記録』に匹敵する最初の偉大なアメリカの研究著作が出版されるであろうと。しかし何の実も結ばなかった。

最終的に私たちは自費出版することにした。そのことで相談する必要もあって、私は友人のギルバート・E・ロウを訪ねた。彼の職業は弁護士であるが、心情的アナキストで、私の人生の変転をよく知っている最も親切な男性の一人であった。

最初に会って以来、長年にわたってギルバートとロウ夫人は頼りになる友人であり続け、私たちの活動に最も寛大に寄与してくれていた。『母なる大地』の創刊号から、ロウ一家は支援のすべての呼びかけに応じてくれた最初の読者であった。サーシャの原稿が多くの出版者から却下されてしまったので、『母なる大地』出版局がアメリカの民衆にその本を届ける名誉を担うつもりでいると、私はギルバートに伝えた。するとこのよき友人は簡潔に言った。「わかった。今夜私たちのアパートで一席設け、あなたが原稿を朗読して聞かせるために何人かを招待しよう。それから出版費用の支援を呼びかけるんだ」。私は驚いて叫んだ。「サーシャの著作を私が読むの？　それはどうしてもできないわ。私自身の人生にとってもあまりに生々しすぎる。きっと耐えられないと思うの」。私が神経質になるのはほとんどいつも社会的活動で大勢の人々を前にしているからで、小さな私的集まりだから心配ないとギルバートは慰めてくれた。

私たちのグループがサーシャの原稿に深く感動する

原稿を持って到着すると、客たちがすでにロウの家にいた。私は気弱になるのを感じ、冷や汗にまみれていた。ギルバートは私を食堂に連れていき、一杯の強い酒を手渡して、からかうように言った。

「膝をしっかり踏んばるんだ」。私たちは暗くなった部屋に戻った。そこには机の上に私のための明かりが灯されているだけだった。私は読み始めた。するとすぐに集まっていた人々たちの姿が見えなくなり、サーシャが出現していた。バルチモア・オハイオ駅でのサーシャ、牢獄で拘束服を着せられたサーシャ、それからデトロイトの駅での復活したサーシャ、あらゆる苦悶、あらゆる希望と絶望を私は彼と分かち合ってきたのだ。読んでいくにつれて、私の声は昂揚した。

ギルバートが間髪を入れずに発言した。「原稿にしても、あなたの朗読にしても、身震いするような仕事だよ。」

その晩出版費として五百ドルが募られた。数日後ギルバートは私をリンカーン・ステッフェンの所へ連れていき、彼は二百ドル寄付してくれた。今や本作りの用意は充分に整っていたが、春にそのような著作を刊行することに対して忠告を受けていた。その上サーシャはもう一度原稿に手を入れたがっていた。私たちのアパートは蜜蜂の巣のようで、毎日人の出入りが絶えなかった。『母なる大地』の事務所はまったく落ち着かず、運動にまつわる諸々の件で全時間を拘束され続けていた。夏の前に、サーシャがハドソン川の小屋に逃れて『牢獄の回想』の仕上げをするのは無理だった。

◎第38章◎ サンディエゴでの自警団との闘い

州は裏切り者をもてあそぶ

ロサンジェルス裁判所を舞台にしたマクナマラ兄弟のドラマは国中の注目を集めていたが、突然にファルス的結末を迎えることになった。何とマクナマラ兄弟が自白したのだ！　思いもかけなかったことで、誰もが驚いたが、彼らは起訴事実に対して有罪であることを認めたのである。反動的新聞は歓声を上げた。商業製造業者協会のハリソン・グレイ・オーティス、ウィリアム・J・バーンズ、そして彼らのスパイ仲間たちの仕事は兄弟を死に至らしめることであったが、幸いにも事態が急変したので、この期に及んで熱烈なる謝意を表明した。彼らは最初からマクナマラ兄弟がアナキストでダイナマイト使用者であると宣言していたではないか？

検察当局と裏切り者には有罪判決を受け入れるに至った状況に感謝する理由があった。それは探偵のバーンズでさえ夢にも考えていなかった労働者への打撃となった。悲しいことに、彼らの自白に責任を負うべき人々は敵の側からではなく、労働者階級と「善意あふれる」友人たちの集まりから出ていた。

合衆国の労働争議の歴史において画期的な事件として始まったことの馬鹿げた結果の全責任を、誰か一人に負わせようとするのは不当であったかもしれない。ジョン・Jとジェームズ・B・マクナマラが事件の社会的重要性について無知であったがゆえに、取り返しのつかない過ちを犯したのであり、そのことで非難を分かち合うべきだった。もしマクナマラ兄弟がサーシャや他の社会的反逆者の革命精神と知力を持ち合わせていたなら、その行為を誇り高く公言し、暴力に訴えざるをえなかった原因についての理性的な分析をなしえたであろう。この事件において、罪の意識も容認もありえなかったのだ。しかしマクナマラ兄弟は、その闘いを彼らの組織と鉄鋼産業の利害との間の反目としか見ることができない単なる労働組合主義者にすぎなかった。

だがいずれにしても不幸なことに、これらが二人の犠牲者の限界であり、彼らの弁護士の臆病さと、友人たちの中にいる改良主義者の馬鹿正直さはそれ以上に非難に値した。そのような人々は決して経験から学んでいるようではなかった。何回となくライオンが子羊を貪り食うのを見ていたにもかかわらず、彼らは野獣の性質が変わるかもしれないという望みにすがり続けていた。もしライオンが子羊をよくわかってくれさえしたら、きっと優しい同胞として認めてくれるだろうし、それゆえに優しくなると、彼らは話し合い、また主張もしていた。それゆえにマクナマラ兄弟の検察官が彼らに向かって言うのはたやすかった。「さて皆さん、被告が有罪であることを認めさせて下さい。自白させるべきです。そうすれば彼らの命は救われるでしょうし、事件に関連してこれ以上の犯人捜査や逮捕もありませんし、労働者階級への誰に対しても迫害が及ぶことはないのです。それを私たちは名誉にかけて誓います。皆さん、私たちを信じて下さい。ライオンのように吠えているかもしれないが、柔和な心を持っているのです。ロサンジェルス刑務所にいる哀れな羊に同情しているのです。自白させて下さい。そうすれば命は助かります。これは紳士協定です。手を握り合いましょう。そして皆さんも子羊になって下さい。」

そしてこれらの文字通りの子羊たちは信じこまされ、ずるくて陰険な野獣の約束を受け入れたのだ。彼らの前に持ち出された、ライオンと子羊を一緒にするという偉大な宿命的任務に鼓舞されて前に進んだ。しかし、一度柔らかい羊肉に味をしめたライオンの食欲をそそるのにそれほど時間はかからなかった。犯人捜査が再開され、逮捕に次ぐ逮捕となり、多くの者が起訴され、検挙の網にかかった犠牲者への残忍な迫害がなされた。

それからジョン・JとJ・B・マクナマラ兄弟は台座から地面へと突き落とされた。彼らは汚辱にまみれ、罵られ、そして彼らの道に薔薇をまき散らしてくれたまさにその支持者たちによって、汚名を着せられたのだ。卑劣な裏切り者たちは今になって胸を叩き、叫んだ。「私たちは騙されたんだ。マクナマラ兄弟が有罪であることも、暴力を行使されたことも知らなかった。あいつらは犯罪者だ。」

裁判での敗北は労働者階級内外の急進主義の目を覆いたくなるような空虚さと、その主義をあえて主張するあまりにも多くの人々の臆病な精神を明らかにした。

数人の明晰な理性と強靱な精神の持ち主が残っていたが、二人の犠牲者に悪罵を投げつけた一団と比べると、その数はあまりにも少なかった。彼らはマクナマラ兄弟の自白のすぐ後に続いて起きたパニックに動揺することはなかった。合衆国における少数派の中で、大半のアナキストたちはこの見捨てられた労働者のリーダーの味方についた。なぜならば彼らも暴力によって支えられた体制の犠牲者であり、労働闘争においての他のいかなる手段にも屈しなかったからだ。

『母なる大地』のグループは「騙されてマクナマラ兄弟が無実だと考えていた」と主張していた人々のつまらない弁明に対して、雑誌や講演で抗議を表明した。もしそのような弁解が偽りなきものであれば、政治的社会主義者と同様に、労働組合主義者も改良主義者も愚か者であり、民衆の教師たりえないというのが私たちの見解だった。階級闘争の原因に無知のままでいるのは存在責任があると指摘もした。

私がマクナマラ兄弟の事件について講演すると、必ず警官や刑事が見張っていたが、気にとめなかった。実際に逮捕されることを望んでもいた。牢獄は臆病と無力感の支配する世界よりも好ましく思われた。しかし何も起こらず、私は活動を続けていた。次の仕事がすでに控えていたし、それはローレンスのストライキであった。

ローレンスの織物ストライキに加わる

二万五千人からなる織物労働者である男女と子供たちが、十五パーセントの賃上げ闘争を繰り広げていた。何年もの間、彼らは平均週八ドルで五十六時間労働に耐えてきた。これらの人々の労力で、工場所有者たちは途方もない富を蓄積していた。貧困と悲惨な状況はついにローレンス織物労働者をストライキへと駆りたてた。その闘争が端緒につかないうちに、工場支配者は逆襲をかけてきた。これには州ばかりでなく、大学の支援さえも取りつけられていた。マサチューセッツ州の知事自身が工場所有者で、彼や同輩たちの利益を守るために民兵を差し向けたのだ。ハーバード大学の学長は株主の一人として、同じくローレンスの工場からの利益配当に関心を注いでいた。州、資本主義、そしてマサチューセッツの学問の府が一丸となった結果、無防備なストライキ参加者たちに警官、刑事、兵士、大学のならず者の群れが放たれた。武力による恐怖政治の最初の犠牲者はアンナ・ラペゾとジョン・ラモだった。小ぜり合いの最中に、少女が撃たれ、若者は兵士に銃剣で刺し殺された。加害者を逮捕する代わりに、州と地方当局はよりによってストライキの中心人物であるジョセフ・エトアーとアルトゥーロ・ジョヴァンニッティの二人を逮捕したのだ。この二人は意図した反逆者であり、I・W・Wや国内の他の革命的分子の支援を受けていた。東部の労働者たちは、ローレンスのストライキ参加者の支援と二人の男の弁護のために捨て身になって集結した。エトアーとジョヴァンニッティの逮捕によって生じた空白はすぐにビル・ヘイウッドとエリザベート・ガーリー・フリンによって埋められた。労働争議におけるヘイウッドの長年の経験と決断力と機転は、ローレンスの状況のなかでめざましい力を発揮した。また一方で、エリザベートの若さと魅力、そして雄弁ぶりはすぐに人々の心をとらえた。二人の名前とその評判によって、ストライキのことが国中に広まり、支援を得たのだった。

未熟ではあるが敬愛すべき同志

何年か前に野外集会で初めてエリザベートの演説を聞いて以来、私は彼女のことを知っていたし、感心させられてもいた。当時彼女は十四歳にもなっていなかったはずだが、美しい顔立ちと容姿で、熱意のこもった言葉を発していた。彼女は私に強い印象を与えた。その後でも、私の講演に父親と一緒に来ているのをよく見かけていた。彼女は黒髪で、大きな青い瞳を持ち、愛らしく、魅力的な美しい娘であった。私の集会で前列に座っていたので、彼女から目を離せないでいる自分にしばしば気づいた。

スポーケンでI・W・Wのメンバーたちと行なった見事な自由言論闘争と彼女が耐えてきた迫害は、エリザベート・ガーリー・フリンをとても身近な存在にしていた。彼女が出産後に病の床に伏していると聞かされて、この若い反逆者にして、プロレタリアート出身のアメリカ最初の女性革命家に、大いなる同情を覚えた。彼女に対する私の関心は、スポーケンの闘争ばかりでなく、若い母親になったばかりの数ヵ月間にエリザベートが利用できるようにと募金活動に努力を傾けさせた。

彼女がニューヨークに戻って以来、私たちは集会やより身近な場面で一緒になることもよくあった。エリザベートはアナキストではなかったが、社会主義労働党出身の彼女の何人かの同志のように狂信的でも、敵対的でもなかった。彼女は私たちの仲間に一員として受け入れられていたし、私も友人として彼女を愛していた。

ビル・ヘイウッドは最近ニューヨークに移り住んだばかりだった。私たちはほとんどすぐに会い、とても親しくなった。ビルもまたアナキストではなかったが、エリザベートのように狭量な党派から解放されていた。彼は率直にアナキストと一緒にいる方がくつろげると認めていたし、彼の陣営の狂信者たちより、特に『母なる大地』のグループにそれを感じていた。

ビルの特筆すべき性格は、人並みはずれた感受性の強さであった。この大男は外見からすると非常に頑強なのだが、粗雑な言葉にたじろぎ、痛ましい光景に身震いするのだった。かつて私たちの十一月十一日の追悼式典で演説した時、彼は私に一八八七年の犯罪が及ぼした影響を語った。彼はまだ少年にすぎなかったが、すでに鉱山で働いていた。彼は私に言った。「その時以来、シカゴの殉教者たちは私に大いなる励ましとなり、彼らの勇気は私の道しるべになってきた」。東十三番街二百十番地のアパートはビルの隠れ家になった。彼はよく自由な夜を私たちの所で過ごしていた。そこで彼は本を読んだりして、心の平安を養い、またコーヒーを飲んでいた。「夜のように黒く、革命理念のように堅固で、愛のように甘美な」コーヒーを。

社会主義とアナキズムの討論

ローレンスのストライキの最中に、私はニューヨークの社会主義者ソル・フィールドマンから、社会主義とアナキズムの間にある理論と戦術の相違についての討論を二回もちかけられた。国内のいたる所で社会主義者と討論してきたが、自分の街ではまだしたことがなかった。私はその機会を歓迎し、その提案はベンも望むところだった。カーネギーホール以外にふさわしい場所はないと彼は宣言した。そこを満員にすると確信して、借りる手続きに出かけていったが、彼は沈んだ顔で戻ってきた。ホールは一晩しか空きがなかったのだ。二回目はリパブリック劇場で手を打つしかなかった。

その討論会はローレンスのストライキのための相当な募金の絶好の機会になるだろうと私は考えていたし、フィールドマンもそれに同意してくれた。呼びかけ人を誰にするのかについては何も言わなかったが、私はそれをビッグ・ビルにやってもらいたいと思っていた。彼は実際に闘いの真只中に身を置いていたし、その目的のために最もふさわしい人物であった。

フィールドマンは自分の陣営から議長を出したがっていた。誰が議事進行を務めようとかまわなかったので、私は異議を唱えなかった。討論会のその日になって、議長がまだ見つからず、討論を提案したことに対して社会主義者の同志から厳しく非難されていると討論相手から知らせてきた。私は言った。「わかったわ。ビル・ヘイウッドに電報を打ちましょう。彼なら喜んで議長を引き受けるし、募金の呼びかけ人になってもらいましょう」。しかしフィールドマンは認めなかった。ヘイウッドよりアナキストの方がよいと彼は言った。呼びかけ人はヘイウッドでなければいけないが、議長は誰でもかまわないと私は主張した。夕方になってカーネギーホールに着くと、フィールドマンはまだ議長を見つけることができず、それでいてビルにすることも承知しなかった。私は通告した。「よくわかりました。討論はやめましょう。しかし私自身が聴衆にその理由を説明するつもりです」。彼はこの断定的な物言いに驚き、従うしかなかった。

聴衆はビルがローレンスの現場から駆けつけたことをわかっていた。ストライキに喚起された思いがビルへの熱烈なる歓迎となって表われた。ローレンスで闘っている英雄的な男女のためになされた簡潔な呼びかけは、すべての人々に応じようという気を起こさせた。数分のうちに演壇に金が寄せられ、フィールドマンは四つんばいになってビルの呼びかけによる寄付金を集めていた。寄付された総額は五百四十二ドルに及び、討論会の入場料をすでに支払っていた労働者からなる聴衆のことを考えると、非常に多額なものであった。

それから闘牛にも似た討論会が始まったが、悲しいことにこの雄牛は飼い馴らされすぎた動物であることが判明した。フィールドマンは教義的問答を心得ていて、訓練による能弁さと正確さでマルクス主義のロザリオを復誦したが、独創的でもなければ、自立した思想でもなかった。彼はドイツにおける社会民主主義のすばらしい達成を薔薇色に描き、四百万票を獲得した党の力を誇示し、さらにそれを上回る八百万人からなる労働組合員の層の支持を得ていると強調し、意気揚々と叫んだ。「千二百万人の社会主義者ができることを考えてみてください。戦争をやめさせること、生産と分配の手段を入手することもできます。しかも暴力ではなしに、政治的によってなのです。国家に関しては、エンゲルスがそれ自体死滅すると言わなかったでしょうか？」。それは巧みになされた、たいそうな社会主義者の演説であって、討論などではなかった。

私がドイツの社会主義の堕落を証明するために提示した歴史的資料や現在の潮流、権力を握った大半の社会主義者の側の裏切り、どこでも見られる矮小な改革へ向かう党派性――これらのすべてをフィールドマンは勝手に無視した。質問に応じて立つたびに、彼は最初に話したことをそのまま繰り返すのだった。

二度目の討論が活気づく

リパブリック劇場での私たちの政治的行為と直接行動についての討論は次第に活気を帯びてきた。多くのI・W・Wの若者たちが出席していたので、議事が華やかになった。ローレンスのストライキは直接行動の意義を照らしだす好例となった。私の討論相手はあれほど自信を持って社会主義者の理論を提出したというのに、確信を持てなくなっていた。特に彼はI・W・Wの若者によって会場から浴びせられた質問に当惑していた。「ひとつ場所に長くとどまることもなく、選挙登録もできない季節労働者といった大衆、あるいは年端もいかず、選挙権もない無数の少年少女にとって、政治的行動とは何の役に立つのでしょうか？　直接的大衆行動こそが彼らの唯一の手段であり、経済的保障を獲得する最も効果的な方法ではないのか？　たとえばローレンスの織物労働者の場合ですが、彼らはマサチューセッツ州議会に社会主義者の同志を選挙で送りこむまで待つべきだったのでしょうか？」

私の討論相手は明確な答えを避けようとして、汗まみれになっていた。最後の問題のところにきて、社会主義者はストライキを信じているが、過半数を得て政治的権力を握れば、そのような手段はもはやとる必要がなくなるであろうと言うのであった。これはここに集まった誰にとってもあまりの言い草であった。彼らは大笑いし、足を踏みならして、I・W・Wの歌を歌い始めた。

オルレネフのアメリカへの帰還

私たちの活動は社交や知的楽しみのための余暇をほとんど残してくれなかった。ポール・オルレネフが新しい仲間を引き連れて、アメリカへ戻ってきたのは大きな驚きであり、最初の訪米の時からこの男を知っている私たち全員に喜びをもたらしてくれた。ポールは老けて見え、顔には皺が増え、目の中にはさらなる「憂い」がこもっていた。しかし彼は以前と同様に素朴で世間ずれしていない人柄を持ち続け、芸術の世界だけに生きていた。

彼の成功をいくらかでも支援できる人々はイディッシュ語の新聞の関係者であり、特にエイヴ・キャハンやその他のユダヤ人作家たちだった。彼らに会うべきだという私の提案にオルレネフは耳を貸そうとしなかった。それは一九〇五年の訪米の最後の段階で不親切にされたことへの恨みからではなかった。

彼は説明した。「わかっているだろう、エマさん。ほとんど一年中、私はイプセンの主人公のブランドを生きてきたのです。彼の座右銘を知っているでしょう。『妥協はするな。すべてか無かのどちらかしかない』。ブランドが編集者の家のドアをノックして回るのを想像できますか？　もしブランドが軽蔑するような真似をしなければならないとしたら、私はその人物像の概念を壊すことになってしまうでしょう。」

しばらくしてオルレネフはアメリカを去った。この国において、彼は自身を風土になじませられなかったし、芸術に対する態度を容認できなかった。さらに彼とアーラ・ナジモバとの絆がはっきり切れてしまったという認識が引き続いての滞在を許さなかった。二人は今や真に創造的な芸術家と、主に物質的成功に引き寄せられた者との間に存在する溝によって離れ離れになっていた。

私はシカゴでロシアの著名な革命家であるウラジーミル・ブルツェフと会う機会があった。彼が警察のスパイであるアゼーフの正体を突き止めるに至った困難な任務についての話に大いに関心をそそられた。アゼーフは疑いなく革命史上の最も並外れた人物だった。これまでも革命の陣営から裏切り者が出なかったためしはない。またこれからもそうであろう。しかしアゼーフはありふれたスパイではなく、今日においてさえ、その男の心理は不可解な謎に包まれている。何年にもわたって、彼はロシア社会革命党の戦闘団の一員であったばかりでなく、テロリスト部隊の最高の地位にいた。ツァー政府の高官たちに対する多くの行動を計画し、実行を成功に導いたことで、彼は同志たちから絶対的な信頼を得ていた。ブルツェフがアゼーフをロシア諜報機関の回し者で、二重テロリストであると告発した時、最も身近な友人ですらも気が狂ったのではないかと考えたほどだった。そのような可能性をほのめかすことさえ革命に対する裏切りと見なされていたし、アゼーフはロシア革命運動の真の精神を体現する人物であった。

しかしながらブルツェフはこの種の事柄に関して、誤りのない直観力を備えた不屈のねばり強さの持ち主であった。彼は以前にも多くのスパイを摘発していたし、その情報源には常に全幅の信頼を置いていた。それでも戦闘団の信頼されている首領のアゼーフが有罪であるとの確信に至るまでは長い内的葛藤を経ていた。ブルツェフが確保した資料は疑問の余地がなく、二十年間にわたるロシア諜報機関と革命家たちの双方へのアゼーフの同時的裏切りをあばいたのだった。ブルツェフはアゼーフを双方への裏切り者として立証することに成功し、そして双方ともアゼーフの途方もない裏切り行為に対して、死をもって報復することを決定したのだった。ところがアゼーフはその最後の土壇場においてさえ、欺いて痕跡を残すことなく逃亡したのである。

デンバーで時を過ごす

デンバーは同志との親しい交流を除いて、私にとっていつも期待外れの街であった。そこではベンの精力的な働きがあってさえも、私たちの活動に関心を引くことができなかった。今回はイディッシュ語を話す新しい同志に加えて、リリアン・オルフ、レナとフランク・モンロー、ジョン・スピス、メイ・コートニイ、そしてその他のアメリカ人アナキストたちもいたので、友人の数が増えていた。だが一般大衆は私たちの集会に近寄ろうとしなかった。その時デンバーの『ポスト』から、増大する社会的不安についての一連の記事を書くようにとの依頼を受けた。また同時に知り合いの何人かの女性新聞記者から、ブラウンパレスホテルでの特別講演を引き受けてほしいという申し出があった。彼女たちの選んだテーマは、ロスタンの『シャントクレール』であった。

現代演劇が新しい思想の普及に効果があると確信するようになったのは、かなり前からだった。それを最初に経験したのは、一八九七年にジョージ・バーナード・ショーの劇について鉱夫のグループに話した時のことであった。彼らは昼食中で、私たちは地下四百フィートの所にいた。聴衆は私の周りに集まり、彼らの黒い顔が時々ランプの光に照らし出された。彼らの暗く沈んだ目は最初退屈そうに見えたが、話を続けているうちに、ショーの作品の社会的意義を理解してか、その輝きを増し始めた。ブラウンパレスホテルの豪華な舞踏会場にいる身なりのよい聴衆も、鉱夫たちと同様の反応を示した。彼らもまた、演劇という鏡の中に自分たちが映るのを見たのである。数人の大学と高校の教師が、演劇の講座を引き受けてほしいと私に勧めた。彼らの中でひときわ私の注意を引いたのはエレン・A・ケナンという娘で、とても向上心に燃えていて、私が戻るまでその講座を維持すると申し出た。このようにして私のデンバー訪問は五回の講座のために十四回に及び、また『ポスト』にも五回寄稿する結果となった。

デンバー滞在中の興味深い事柄の中に、『シャントクレール』の開幕公演があり、主役をモウド・アダムスが演じていた。私は新聞に劇評を依頼されていたので観に行った。私は真面目な役を演ずるアダムス嬢を好んでいたが、身長と声音からすると、『シャントクレール』の役柄には合っていないという印象を受けた。

サンディエゴでの自警団の活動

カリフォルニア州のサンディエゴではこれまでかなりの言論の自由が尊重されてきた。宗教各派の人々と同様に、アナキストも社会主義者もI・W・Wの人間も、戸外で大群衆に向かって演説する習慣があった。ところがサンディエゴ市の長老たちが、昔からのその習慣を廃止する条例を制定した。アナキストとI・W・Wの人間が自由言論闘争を開始し、その結果男女合わせて八十四人が投獄された。その中には一九〇九年にサンフランシスコで私を弁護してくれたE・E・カーク、著名な女性闘士のローラ・エマーソン夫人、そしてカリフォルニアのI・W・Wの若者で最も知的な一人であるジャック・ホワイトが含まれていた。

私とベンが四月になってロサンジェルスに着いた時、サンディエゴはまさしく内乱の渦中にあった。自警団として知られている愛国主義者たちがサンディエゴの街を戦場に変えてしまっていた。彼らは依然として憲法上の諸権利を信じている男女を殴り、棍棒で打ちのめし、殺していた。何百人もの仲間が合衆国の各地から闘争に参加するために駆けつけていた。彼らは有蓋列車に乗ったり、列車のバンパーや屋根に乗ったりして、絶えず生命の危険にさらされていたが、多くの同志たちがそのためにすでに牢獄に押しこめられた言論の自由を守るという神聖な使命感に支えられて、やってきた。

自警団はI・W・Wの本部を襲い、什器を破壊し、そこにいた多くの男たちを拘束した。彼らはソレントの国旗が立っている場所に連行された。そこでI・W・Wの男たちは跪き、国旗への接吻と国歌を歌うことを強制された。さらなる見せしめを誘発しようとして、自警団の一人が彼らの背中を平手打ちすると、それが全員による殴打の合図となった。このような暴行を受けた後、男たちは自動車に押しこまれ、郡境に近いサンオノファーに送られ、武装した見張りのいる牛小屋に閉じこめられて、十八時間食べ物も水も与えられなかった。翌朝になって、彼らは五人のグループに分けて連れ出され、鞭打ちの刑を科せられた。それは彼らが二列に並んだ自警団の間を通る時に、棍棒やブラックジャックで殴打されるというものだった。それから国旗に接吻する儀式が繰り返され、その後で線路上を「歩いて」行け、二度と戻ってくるなと告げられた。彼らは数日間歩き続け、苦痛に耐え、腹をすかせ、一文なしの悲惨な状態でロサンジェルスにたどり着いたのである。

サンディエゴへ講演に出かける

地方警察が自警団の味方についたこの闘争で、数人のI・W・Wの男たちが命を失った。最も残忍な殺人は五月七日に死亡したジョセフ・ミコラセックに対するものだった。彼はI・W・Wの演説家たちが逮捕されて生じた空白を埋めようとした多くの反逆者の一人であった。彼が演壇に上った時に、警官に襲撃され、やっとの思いで社会主義者の本部に足を引きずりながらたどりつき、そこから帰宅した。刑事たちに尾行され、自宅で襲われ、一人の警官の発砲によって重傷を負った。ミコラセックは自衛のために斧を握ったが、襲撃者に対して振りかざすチャンスもなく、彼の身体は弾丸で蜂の巣のようにされたのだ。

太平洋沿岸地方を旅行するたびに、私はサンディエゴで講演してきた。今回もまたロサンジェルスでの催事が済み次第サンディエゴで集会を計画していた。ところがサンディエゴからの知らせと、自警団による多数の負傷した犠牲者が出現するに及んで、私たちはただちにサンディエゴに赴く決心をした。特にミコラセックが殺害された後だったので、そこでの自由言論闘争に加わる緊急性を痛感していた。何よりもまず自警団から逃れ、かろうじて生きたまたどりついた気の毒な若者たちの救済を組織する必要があった。ある女性グループの支援を受けて、I・W・Wの本部に給食の場を設けた。私の集会で資金を募り、同情的な商店主たちから衣料や食料品を調達した。

サンディエゴはミコラセックの殺害で満足していなかったし、彼を市中に埋葬することさえ許可しなかった。そのために私たちは彼の遺体を船でロサンジェルスに運び、彼を顕彰する社会的デモンストレーションを準備した。ジョセフ・ミコラセックは生前においてまったく無名の人物であったが、死後その名は全国に広まった。彼の遺体に従って火葬場まで連なった大衆の数と、その荘重なる態度と深い悲しみに、街の警察官ですら深い感銘を受けていた。

サンディエゴの何人かの同志が集会の準備を整えてくれたので、私は現在の事態を表明するのに最もふさわしい主題を選んだ——それはヘンリク・イプセンの『民衆の敵』であった。

到着するや温かい歓迎を受ける

私たちが到着すると、駅には夥しい群衆が詰めかけていた。だがそれは私たちを歓迎しているようには思えなかった。誰か州の高官でも待ち受けているのではないかと考えたのである。友人であるE・E・カーク夫妻の出迎えを受けることになっていたが、どこにも姿がなかったので、ベンがアメリカグランドホテルへ行こうと提案した。私たちは誰にも気づかれずに通り過ぎ、ホテルの乗合バスに乗りこんだ。車内は暑く蒸していたので、上に登った。やっとの思いで席に着くと、誰かが叫んだ。「ここにあの女がいるわ。エマ・ゴールドマンよ!」。たちまちその叫びは群衆にまで伝わった。流行の服を着た女たちが車内で立ち上がり、金切り声で叫んだ。「あのアナキストの殺人女を見てみたいわ!」。またたく間に群衆がバスに殺到し、私を引きずり降ろそうとする多くの手が伸びてきた。稀なる冷静さで運転手がバスをフルスピードで動かしたので、群衆はあちらこちらへと四散した。

私たちはホテルで何の妨害も受けなかった。宿泊の記帳を済ませると、部屋に案内された。万事がうまくいくように思われた。カーク夫妻が訪ねてきたので、すぐに集会の最終的打ち合わせをした。午後になってからホテルの事務長がやってきて、自警団が私たちの部屋の番号を突きとめるために宿帳を調べたいと要求しているので、このホテル内の別の部屋に移ってほしいと伝えてきた。私たちはホテルの最上階に連れていかれ、大きな続き部屋をあてがわれた。後からホテルの支配人ホームズが部屋を訪れ、ここならまったく安全だと保証してくれたが、食事をするために階下に降りたり、部屋から出ることは許可できないと言った。彼は私たちを閉じこめておくつもりであった。アメリカグランドホテルは牢獄ではないと私は抗議した。私たちの意に反して閉じこめておくことはできないにしても、ホテルの客として滞在するかぎりは、身の安全のために配慮してほしいと彼は答え、警告を発した。「自警団は不穏な空気に包まれています。彼らはあなたに講演させずに、あなたたち二人を街から追い出そうとしています」。出て行くのは私たちの判断次第であるが、その時は護衛の役目を果たしますと言ってくれた。彼は親切な人であったし、その申し出に感謝したが、私たちはそれを断らなければならなかった。

電話がかかってきたので、ホームズはようやく戻っていった。電話の主はエドワードという者で、地方の音楽学校の校長だと告げた。そしてたった今新聞で読んだばかりだが、集会場の持ち主が手を引いたことを知り、学校の演奏会場を提供すると申し出てくれたのである。私は電話の向こう側にいるこの奇特な人に言った。「サンディエゴにもまだ勇敢な男性がおられるようですね」。そして彼の計画を話し合うために会いにきてほしいと頼んだ。ほどなくして二十七歳ぐらいの身なりのいい男性が訪ねてきた。話の中で、彼の学校で講演すると迷惑をかけることになるかもしれないと指摘した。彼はご心配なくと答えた。彼は芸術におけるアナキストで、言論の自由を信奉していたのである。もし私がやってみるつもりであれば、自分もその覚悟があると言った。私たちは成り行きを見守ることにした。

自警団との遭遇

夕方になって、自動車の警笛や呼子の騒々しい音が通りに反響していた。ベンが叫んだ。「自警団だ！」。ドアがノックされ、ホームズが二人の男に伴われて入ってきた。彼らは市当局の役人たちが私に降りてくるように望んでいると伝えた。ベンは危険を察知して、訪問者に上がってくるように頼むことを主張したが、私には臆病のように思われた。まだ宵の口ではあったし、市の一流ホテルにいるというのに、何が起きるというのか？　私はホームズに同行し、ベンもついてきた。私たちは階下の一室に案内されたが、そこには七人の男が半円形に立っていた。私たちは座って、警察署長を待つように言われた。まもなく彼が到着して、私に向かって言った。「私と一緒に来て下さい。市長と役人たちがあなたを隣の部屋で待っています」。私たちが立ち上がって行こうとすると、署長はベンに向かって言った。「先生、あなたは来てもらっては困る。ここで待っていた方がいい。」

私は男たちでいっぱいになっている部屋に入った。窓の鎧戸が所々降ろされていたが、前に見える大きな街路灯が、下にいる扇動された群衆の姿を照らし出していた。市長は私に近づいてきて、言った。「群衆の騒ぎが聞こえるでしょう。彼らは本気ですよ。あなたとライトマンを力ずくでもホテルから追い出そうとしています。私たちは何の保証も与えられません。それでももし立ち去ることに同意してくれれば、あなたを保護して、安全に街の外へお連れします。」

私は答えた。「とてもご親切なことで。しかしどうしてあなたたちは群衆を解散させないのですか？どうして自由言論闘争に対するのと同様の手段を、これらの人々に適用しないのですか？　条例によればビジネス街での蝟集は犯罪になっています。この条例に違反したことで多くのI・W・Wのメンバー、アナキスト、社会主義者、そして労働組合員が棍棒で殴られ、逮捕され、何人かは殺されてもいます。それなのに自警団の暴徒が繁華街に集結して交通を妨害しているのを許している。あなたがなすべきすべては、これらの法律蹂躙者を解散させることです。」

彼らはぶっきらぼうに言った。「私たちにそれはできない。この連中は不穏な空気に包まれているし、あなたがいることで事態がさらに悪化している。」

私は提案した。「わかったわ。それなら私が群衆に呼びかけます。この窓からそれができるでしょう。私は前にも激昂した男たちに立ち会い、いつも彼らをなだめてきました。」

しかし市長は私の提案を拒んだ。

それを受けて、私は言った。「これまで警察の庇護を受けたことはありませんし、今もそうするつもりはありません。私は自警団と手を組んでいるあなた方全員を告発します。」

すると役人たちは、事態はしかるべき方向に進むであろうし、もし何か起きたりすればひとえに私の責任であると宣言した。

ベンが拉致される

面会が終わり、私はベンを呼びに行ったが、部屋には鍵がかかっていたので、驚いてドアを叩いた。何も答えがなかった。私が大声を上げると、ホテルの事務員が駆けつけてきた。彼がドアの鍵を開けたが、そこには誰もいなかった。私が先ほどの部屋に走って戻ると、警察署長がちょうどそこから出てきた。

私は問いつめた。「ライトマンはどこにいるの？　彼をどうしたの？　もし彼の身に危害を加えたら、私は何があってもあなたにその代償を支払ってもらいますよ。」

彼は無愛想に答えた。「どうして私が知っているのですか？」

ホームズは事務所にいなかったし、誰もベンがどうなったのかを話してくれなかった。うろたえながら部屋に戻ったが、ベンは現われなかった。どのような手を打つべきか、また誰にベンを捜し出す手助けを頼んだらよいのかわからず、動揺して部屋を歩き回った。私の知っている誰であれ、この街で身の危険を心配することなく助けを求められる人はいなかったし、特にカークはとても無理だった。というのも、彼はすでに自由言論闘争に関連して起訴されていた。私たちに会ったことさえ、夫妻には勇気のいることだったし、そのようなことを頼めば確実に彼の立場を悪化させるだろう。夫妻が約束したにもかかわらず戻ってこないのは、とりもなおさず足止めされているという状況を示していた。

私は打つ手がないと思った。時間は遅々として進まず、真夜中になって疲労困憊して少しまどろんだ。私はベンの夢を見た。彼は縛りつけられ、猿轡をかまされ、手は私を探っていた。私は懸命にその手を握ろうとして、叫び声を上げ、それで目が覚めたが、全身が汗まみれであった。声がして、ドアを大きくノックする音がした。開けると、見回りの刑事ともう一人の男が入ってきて、ライトマンは無事だと私に言った。彼らの言う意味がよくわからず、茫然と見つめていた。ベンは自警団に拉致されたが、何の危害も加えられていないし、自警団は彼をロサンジェルス行きの汽車に乗せただけだと彼らは説明した。私は刑事の言うことを信用しなかった。もう一人の男は正直そうに見え、ライトマンの無事は絶対に確かだと繰り返して言った。

ホームズが入ってきて、その男の言うとおりだと強調し、私に街を出るように頼み、もはや街にとどまっている理由はないと言い張った。あなたの講演は許されないだろうし、あなたがいることで自分自身が危険にさらされるだけだ、あなたが女であるからといって、あまり安心してほしくない。もしとどまれば、自警団はどんなことをしてでもあなたを街から追い出すだろう。

ホームズは心から心配している様子だった。私にも集会を開く機会が失われたことがわかった。ベンの無事が確認されたら街を出ることに同意し、ロサンジェルス行きの午前二時四十五分発の夜行列車「ふくろう」に乗るつもりでいた。タクシーを頼み、駅へ向かった。街は寝静まり、通りには人影もなかった。

ベンのことを心配する

私が切符を買い、まさに列車の方に歩いていこうとした時、近づいてくる車の音を耳にした——私が最初に駅で、その後ホテルで聞いた無気味な音だった。もちろん自警団員たちだった。

誰かが叫んだ。「早く、急いで！　汽車に乗るんだ！」

一歩踏み出そうとするよりも早く、私は持ち上げられるようにして列車まで運ばれ、文字通り車室へ放りこまれた。ブラインドが降ろされ、鍵がかけられた。自警団が到着してホームへ駆け上がり、叫びながら汽車に乗りこもうとした。車掌が万全の警備をしていて、彼らの乗車を阻止した。狂ったような怒声や罵声が聞こえた——やっと汽車が出るまでの、恐ろしい恐怖に満ちた瞬間だった。

汽車は数知れない駅に停まった。そのたびにベンが一緒になるのを待っているのではないかという希望を抱いて、目を凝らして外を覗き見たが、その気配はなかった。ロサンジェルスのアパートに着いても、彼はそこにもいなかった。アメリカグランドホテルの男たちは私を街から追い出すために嘘をついたのだ！

私は苦しさのあまり叫んだ。「彼は死んだ！　死んでしまった！　奴らが私の彼を殺したんだ！」

その恐ろしい考えを追い払おうとしたが、無理であった。ロサンジェルスの『ヘラルド』とサンフランシスコの『ブルティン』の二つの新聞社に電話して、ベンの失踪を知らせた。両紙は自警団の恐怖支配を公然と非難していた。『ブルティン』の中心人物はフラモント・オルダーで、労働者の主張を弁明する勇気を備えた、おそらく資本主義の新聞では唯一の人物であった。彼はマクナマラ兄弟のために勇敢に闘っていたし、オルダーの啓発的な人間性は太平洋沿岸地帯において社会的犯罪者に対する新たな態度を培ってきていた。サンディエゴの闘い以来、彼は自警団に恐れを知らない攻撃を続けていた。オルダーと『ヘラルド』の編集長はベンを捜し出すためのできるかぎりの協力を約束してくれた。

ベンが拷問の詳細を語る

私は十時に長距離電話を受けた。聞き慣れない声がライトマン博士はロサンジェルス行きの汽車に乗るから、午後遅くに着くだろうと知らせてきた。「友人に頼んで駅まで担架を持ってこさせるといいだろう」。私は受話器に向かって叫んだ。「彼は生きているの？　本当なの？　生きているの？」。息を止めて耳を澄ましたが、何の返事もなかった。

あたかもその日は暮れないかのように、時間は遅々として進まなかった。駅で待っている間、さらに身をさいなまれていた。ついに汽車が入ってきて、ベンは身体を丸めるようにして後ろの車輛に横たわっていた。青いつなぎ服を身につけ、顔は死人のように蒼ざめ、目には恐怖の色を浮かべていた。帽子はなくなっていて、髪はタールにまみれていた。私を見るなり、彼は叫んだ。「母さん、やっと一緒になれた！　早く連れてってくれ、家へ連れていって！」

新聞記者たちが彼に質問を浴びせたが、疲れきっていたので、話すことができなかった。私はそっとしておいてほしいと頼み、後でアパートに来るように言った。

彼が服を脱ぐのを手伝いながら、私はその身体が傷だらけで、タールのしみで覆われているのを見て、震え上がった。I・W・Wの文字が肌に焼き付けられていた。ベンは話すこともできず、目だけがぐぐり抜けてきたものを伝えようとしていた。少し食べ物を口に入れ、数時間眠ると、いくらか元気を取り戻した。大勢の友人や新聞記者を前にして、彼の身に起きたことを話した。

　彼は語った。「エマとホテルの支配人が事務所を出て別室に行った時、私と七人の男たちだけになった。ドアが閉まるやいなや彼らはピストルを出して、『音を立てるか、動きでもしたら、殺すぞ』と脅かした。それから彼らに取り囲まれ、一人が右腕を、もう一人が左腕を取りおさえ、三人目は上着の前を、もう一人がその後ろをつかんで、廊下へ連れ出され、エレベーターでホテルの一階まで降ろされた。それから通りに出て、制服の警官が立っている横を通り、自動車に放りこまれた。車は大通りをゆっくり走り、やがて数人の実業家タイプの男たちが乗っていた一台の車と合流した。夜の十時半頃だった。それからの二十マイルほどのドライブは恐ろしいものだった。街から出ると彼らはすぐに、蹴ったり殴ったりし始めた。代わる代わるに私の長髪を引っ張り、指を目や鼻に突っこんだりした。彼らは言った。『はらわたを引きずり出してやってもいいんだぜ。だが警察署長との約束でお前を殺せない。俺たちは責任感もあるし、資産家だからな。それに警察はこっちの味方だ』。郡境まで来ると、車は荒涼とした場所で停まった。男たちは円陣を作り、私に服を脱げと言った。彼らは服を引き裂き、殴り倒し、私が裸で地面に横たわっていると、ほとんど感覚がなくなるまで殴ったり、蹴ったりした。火の点いているタバコで尻にI・W・Wの文字を焼き付けた。それから缶に入ったタールを頭上にかけ、羽根がなかったので、山よもぎの葉をこすりつけた。彼らの一人は細い棒を肛門に差しこもうとしたり、また別の一人が睾丸をねじったりした。無理やり国旗に接吻させたり、『星条旗よ永遠なれ』を歌うように強制した。こうした遊びに飽きると、女に会うと困るだろうと言って下着を寄こした。また金と切符と時計の入っていたチョッキを返した。しかしその他の衣類は取り上げられたままだった。私に演説をするように命令し、それから鞭打ちの刑を下した。自警団員たちが一列に並んでいるところを私が駆け抜けていくと、各自が一発ずつ殴るか蹴るかした。それで放免になったというわけです。」

ベンの事件は全国的義憤を呼び起こす

ベンの事件はサンディエゴでの闘い以来起きていた数多くの一例にすぎなかったが、それは残忍な行為に対する大きな注目を集める手助けになった。多くの労働者や急進的なジャーナリストがサンディエゴに乗りこみ、直接取材に当った。カリフォルニア州知事はH・ウエインストック大佐を事情調査の特務官に任命した。その後に出された彼の報告書は控え目で、用心深いものであったが、それでも自警団の支配による犠牲者のあらゆる告発を立証していた。それは国内の保守者層にすら義憤を呼び起こさせた。

ロサンジェルスでは共感の渦が大きく盛り上がり、私たちはいつにない大聴衆を集めた。抗議集会の夜、私たちは二つの会場で話をしなければならなかった。もし会場をもっと借りることができ、そのすべてを回れるだけ講演者の数がいれば、さらに多くの会場を埋められたであろう。

サンフランシスコは何年にもわたって成果を収めてきたので、今回も大変な人数を集めていた。私たちの同志は情宣の労力や費用を必要としなかった。つまり自警団が代わりにその役を務めてくれたのだ。彼らの行動はサンフランシスコ市当局を奮い立たせ、私たちを歓迎する結果となった。市長、警察署長、そして大勢の刑事たちが駅に出迎えていたが、妨害するためではなかった。ロサンジェルスよりも広い会場であったにもかかわらず、講演につめかけてきた人々を全員収容するには小さすぎた。私たちの印刷物への殺到ぶりは、ほとんど売れ行きに満足したことのないベンですら悲鳴を上げるほどだった。

私たちの集会は商業会議会館において最高潮に達した。友人にして著名な労働者であるアントン・ヨハンセンが司会を務め、来たるべきサンディエゴでの市会を「市民の狂犬病が治るまで」ボイコットすべきだと主張した。ベンは自警団から受けた暴行を詳細に話し、私は自分の体験を簡単に報告し、「民衆の敵」と題する反逆的な講演を行なった。

ポートランドに向けて出発する前に、私たちはサンディエゴの自由言論闘争支部に相当額の資金を回すことができ、エトアー＝ジョヴァンニッティ弁護のために送金したり、さらにしばらくの間にしろ、『母なる大地』のかなりの負債を解消したのだった。

警察による保護という妨害

サンディエゴの狂乱状態の責任の多くは二つの新聞にあった。それらが「アナキストとI・W・Wは危険だ！」という叫びをまず発したからだ。市民たちは絶えざるダイナマイトや爆弾の恐怖にとらわれていたし、それらが船で密かに運び込まれ、街を爆破すると噂されたのだった。自警団活動の元凶は、その一方の新聞のある記者だった。彼が必要としたそのような名声や栄誉は、他の資本主義の新聞の記者たちの心に嫉みを生じさせた。シアトルの新聞がサンディエゴの同業紙に張り合って報道し始めた。私たちが到着するかなり前から、その新聞は善良な愛国者たちに、国旗を守り、シアトルをアナキストから救おうというキャンペーンを始めていた。何人かのスペイン戦争の老退役軍人が突然失われた蛮勇を取り戻し、任務を果たそうと申し出た。その新聞は書きたてた。「五百人の勇敢なる兵士がエマ・ゴールドマンを駅で待ち構えて、追い返すだろう。」

その話が本当であるのか、でっち上げであるのかはともかくとして、全市民をパニックに陥れた。ポートランドの同志たちはシアトルに行かないようにと頼み、シアトルの同志たちは安全を気遣い、集会の中止を打診してきた。しかし私は予定通り行くつもりだと主張した。

シアトルに着くと、私たちはコタリル市長がまともな単一納税主義者であることを知った。彼は言論の自由には干渉しないし、集会の安全を期して警察を派遣すると発表した。ぐらついていた退役軍人の勇気も、いざとなって明らかに挫けてしまったのだ。彼らは約束の歓迎に姿を見せなかったが、警察がつきまとっていた。彼らは会場に群がり、屋根の上にまで立ち、講演にやってきた人々が武器を持っていないかまで調べた。『タイムズ』のぞっとするような記事や立ち並ぶ警官の青い制服は、当然のことながら多くの人々を威嚇するのに充分だった。私は市長に安全についての気遣いを軽減し、護衛を引き上げてくれるように頼まなければならなかった。彼がそれを実行すると、ようやく聴衆は気を取り直して、集会に出席したのだった。

顔のことを心配する

初めて講演する日曜日に、封印した一通の手紙がホテルに届けられた。匿名の差出人は私の命を狙う陰謀があると警告していた。会場に入ろうとする時に必ず撃たれるということだった。なぜかその話を信用できずにいたが、それでも同志に心配をかけたくなかったので、会場に付き添うために来ていた友人のC・V・クックにもそのことを話さなかった。私は彼に一人で行きたいと言った。

私はホテルから会場まで決してのんびり歩いて行ったわけではなかった。半ブロックも行かないうちに、いつも持ち歩いている大きな鞄を本能的に顔の所まで持ち上げた。無事に会場に入り、演壇に向かって歩いていたが、顔の前に鞄を持ち上げたままだった。「顔さえ無事であってくれたら！」。講演の間中もその考えが頭にあった。その晩は同じ行為を繰り返し、会場まで鞄を顔に当てていた。集会は順調で、陰謀者の気配は感じられなかった。

第38章　サンディエゴでの自警団との闘い

何日か経って、私は鞄に関するあの愚かな行動を何とかうまく納得させようとした。脳とか、あるいは身体の他の部分ではなく、なぜ顔のことをより心配したのであろうか？　あのような場合、きっと男性であれば顔のことなど心配しないだろう。それなのに私ときたら、死ぬかもしれないという時に、顔を傷つけられることを恐れていたのだ！　そうしたありきたりの女の虚栄心を自分の中に見出して、私は愕然とした。

〔訳者紹介〕

小田光雄（おだ・みつお）
1951年静岡県生まれ。早稲田大学卒業。出版社の経営に携わる。著書『〈郊外〉の誕生と死』（青弓社）、『出版社と書店はいかにして消えていくか』（ぱる出版）、『図書館逍遥』（編書房）、『書店の近代』（平凡社）他、訳書エミール・ゾラ『ごった煮』『夢想』（いずれも論創社）他。

小田　透（おだ・とおる）
1980年静岡県生まれ。東京大学大学院総合文化研究科表象文化論専攻修士課程在学中。

エマ・ゴールドマン自伝・上

2005年4月25日　初版発行

著　者　エマ・ゴールドマン
訳　者　小田光雄・小田　透
発行者　奥　沢　邦　成
発行所　株式会社 ぱる出版

〒160-0003　東京都新宿区若葉1-9-16
電話　03（3353）2835（代表）振替　東京　00100-3-131586
FAX　03（3353）2826　印刷・製本　中央精版印刷㈱

ISBN4-8272-0121-8　C1023